ヘイト・スピーチ法 研究序説

差別煽動犯罪の刑法学

前田 朗

MAEDA Akira, Introduction to Hate Speech Act.

三一書房

ヘイト・スピーチ法　研究序説

——差別煽動犯罪の刑法学——

前田　朗

三一書房

はしがき

表現の自由を守るためにヘイト・スピーチを刑事規制する。それが日本国憲法の基本精神に従った正当な解釈である。国際人権法もヘイト・スピーチ規制を要請している。ヘイト・スピーチ処罰は国際社会の常識である――本書は以上の結論の前提となる基礎情報を紹介することを主要な課題とする。

ヘイト・スピーチ法に関する基礎研究はほとんど手つかず状態であり、断片的な情報しか存在しない。偶然得られた断片的情報を根拠にして議論がなされ、非常に歪んだ状況がつくられ、およそ国際社会に通用しない通念が形成されてきた。「ヘイト・スピーチの規制か、表現の自由か」という奇妙な二者択一が持ち出され、表現の自由の優越的地位を理由にヘイト・スピーチ規制を否定するのが当たり前とされてきた。被害実態から目を背け、極端な場合にはヘイト・スピーチには被害がないかのごとく語る例も少なくない。現実を無視し、日本国憲法の基本精神も国際人権法も無視した議論が横行してきた。しかし、日本国憲法の基本精神に従って人格権を尊重し、法の下の平等を確保し、マイノリティの表現の自由を守るためにヘイト・スピーチを刑事規制する必要がある。

本書は、ヘイト・スピーチ法について議論するための最低限の基礎知識を提供する。

I部「本書の課題と構成」では、本書の課題を確定するために、第1章「ヘイト・クライムの現在」において、近年におけるヘイト・クライム／ヘイト・スピーチ事件を検討し、第2章「先行研究と本書の構成」

において、レイシズム研究、憲法学、刑法学の研究動向に学ぶ。

Ⅱ部「ヘイト・クライムとヘイト・スピーチ」では、ヘイト・クライムとヘイト・スピーチという用語の定義自体が必ずしも共通の理解を得られていないので、第3章「ヘイト・クライムの定義」において、主にアメリカ社会学における研究を中心に紹介し、第4章「被害者・被害研究のために」では誰が被害者とされやすく、どのような被害が生じるかを確認する。その上で、第5章「ヘイト・スピーチの類型論」において、ヘイト・スピーチが単一の行為ではないことから、作業仮説として類型論を提示する。

Ⅲ部「ヘイト・スピーチの法的構成」では、ヘイト・スピーチ法について検討する前提として、第6章「国際人権法における差別禁止」において、差別禁止の必要性と当然性を示し、第7章「ヘイト・スピーチの国際人権法」において、ヘイト・スピーチの刑事規制を要請する国際人権法の考え方を紹介する。次に、第8章「ヘイト・スピーチ法の制定状況」において、国際社会におけるヘイト・スピーチ刑事規制の具体的状況として、百ヶ国を超える法律制定状況を紹介する。第9章「ヘイト・スピーチ法の適用状況」においては、判決や統計など適用状況を紹介する。第10章「ヘイト・スピーチ法の類型論」では、前2章における紹介をもとに、世界のヘイト・スピーチ法の動向を整理する。最後に、第11章「ヘイト・スピーチの憲法論」において、ごく簡潔ではあるが憲法論に立ち入って検討し、今後の法的議論の手掛かりとする。

以上を通じてヘイト・スピーチ法に関する最低限の基礎知識を提供し、まっとうな議論を始める出発点としたい。

〈目次〉

第8章　ヘイト・スピーチ法の制定状況……553

第9章　ヘイト・スピーチ法の適用状況……656

〈凡例〉

一　用語について

1　本書には多くの類語が登場する。ヘイト・クライム／ヘイト・スピーチに関連する用語は日本語文献においても多様な意味合いで用いられている。諸外国の制定法や理論研究においても必ずしも用語の統一がされていない。本文で示すように、ヘイト・クライムとヘイト・スピーチの異同についてさえ共通の理解は存在しない。

2　人種差別、民族差別、部落差別――人種と民族は相対的に区別されて用いられてきた。日本民族と朝鮮民族という呼称が用いられてきたように、朝鮮人差別は民族差別である。しかし、人種差別撤廃条約における人種差別の定義には民族差別も含まれる。部落差別は日本民族内での差別である。しかし、人種差別撤廃条約における人種差別の定義には世系（門地、家系）に基づく差別が含まれるので、部落差別も人種差別撤廃条約の適用対象である。

3　人種主義、人種差別、外国人嫌悪――レイシズムに関する言葉も実に多様である。国連人権高等弁務官事務所が主催した人種主義に反対するダーバン会議では、人種主義、人種差別、不寛容、外国人嫌悪などの言葉が用いられた。さらにナショナリズム、排外主義など関連する用語は多様に存在する。

4　人種差別禁止法、ヘイト・クライム法、ヘイト・スピーチ法――人種差別撤廃条約第二条は人種差別禁止法制定を要請し、条約第四条はヘイト・スピーチ法制定を要請している。ヘイト・スピーチ法は刑法に規定されることが多いが、人種差別禁止法の中に位置づけられる場合もある。イギリスではヘイト・クライム法にヘイト・スピーチ規定があるが、アメリカではヘイト・クライム法は暴力犯罪の刑罰加重規定が中心である。

5　朝鮮人、韓国人、コリアン――これまで在日朝鮮人、在日韓国・朝鮮人など様々の用例が知られる。本書では、朝鮮半島の分断を持ち込まないために、朝鮮半島出身者とその子孫を在日朝鮮人と総称するが、在日コリアンという表記を排除しない。

二　略語

本書で主に用いる用語・略語は例えば次のようなものである。その他、一般に用いられる略語を用いる。

人種差別撤廃条約　International Convention on Elimination of Racial Discrimination（ＩＣＥＲＤ）

人種差別撤廃委員会　Committee on Elimination of Racial Discrimination（ＣＥＲＤ）

国際自由権規約　International Covenant on Civil and Political Rights（ＩＣＣＰＲ）

国際自由権委員会　Human Rights Committee（ＣＣＰＲ）

国際社会権規約　International Convention on Economic, Social and Cultural Rights（ＩＣＥＳＣＲ）

国連人権理事会　United Nations Human Rights Council（ＵＮＨＲＣ、またはＨＲＣ）

三　資料と訳語

1　本書では百ヶ国以上のヘイト・クライム／ヘイト・スピーチ法関連法律情報を紹介する。基本資料は人種差別撤廃委員会及び国連人権高等弁務官事務所の英文資料である。

2　法律用語の訳語選定は厳密ではない。膨大な諸国を対象とするため各国の憲法や法体系について調査を行っていない。多くの諸国について日本では先行研究がほとんど存在しない。各国法体系が異なり、用いられる語は多種多様である。本書で利用したのは国連関連の資料のうち英語に翻訳されたもので、重訳の場合が少なくないため訳語を的確に検討することは困難である。例えば刑法における共犯、教唆、煽動、幇助、共謀、陰謀、共同正犯などに相当する用語がさまざまであるため、訳し分けることさえ困難である。このため訳語の厳密さを欠くが、世界的な動向を知るための基礎情報の紹介として了解していただきたい。

3　地名、人名、団体名など固有名詞の表記は必ずしも現地語によらない。右に述べた理由から正確な発音の調査は困難である。英文資料をもとにカナ表記をしたが、正確な発音を調査していない。

Ⅰ部　本書の課題と構成

第1章　ヘイト・クライムの現在

第1節　問題意識と課題

一　ヘイト・スピーチ論議の混迷

1　ヘイト・スピーチ研究の不在

二〇一三年、ジャーナリズムにおいてヘイト・スピーチという言葉が頻繁に用いられるようになり、この年の流行語の一つに選ばれた（＊1）。

本章第2節で見るように、大勢でマイノリティの居住地域や学校に押し掛けて、「殺せ」「叩き出せ」「クビ吊れ」「日本から出ていけ」と大声で罵声を浴びせる異様な光景が目立つようになってきた。マスメディアも事態の深刻さを察知・理解して、社会の病理としてこの事実を報道し、ヘイト・スピーチに警鐘を鳴らした。ようやくヘイト・クライム／ヘイト・スピーチに関するまともな議論が始まると期待したのは当然である（＊2）。

ところが、この期待は裏切られることになった。マスメディアに登場する法学者、弁護士、ジャーナリストの発言を聞いて、耳を疑うことが少なくなかった。ヘイト・クライム／ヘイト・スピーチが何であるか、基本を理解しているとは思えないからである。表現の自由についても、そもそも表現が有する意味についても、実に奇妙な発言がマスメディアで流布された。多数の法学者、弁護士が異口同音に語ったのは「ヘイト・スピーチは表現である。言論である。従って表現の自由、言論の自由があるから、刑事規制することは許されない」というものであった。例えば、後に詳しく検討する二〇〇九年一二月四日の京都朝鮮学校襲撃事件は、威力業務妨害罪、器物損壊罪などで有罪が確定した歴然たる暴力事案であるが、これを論者は「ヘイト・スピーチ」と呼んで、「表現の自由だ」と唱える。「表現の自由」を口実に暴力事犯を正当化してしまう奇妙な言説が続いた。

同時に、「どんなに汚い言葉でも表現は表現であり、表現の自由である。気に入らない言葉を規制せよと言うのはファシズムである」という言葉も見られた。ファシズムという言葉が本来の意味とは無関係に用いられている。

「ヘイト・スピーチは表現の自由だ」という論者は「表現には被害はない。言論は被害を生まない」とも言う。表現・言論がどれほどひどい被害を生むかを理解しようとしない。

仮にヘイト・スピーチ言説が不当であり、被害を生む場合があることを認める論者でも、「そうは言っても言論・表現に対しては対抗言論が基本である」という言説を繰り出す。

「君の意見には反対だが、君の意見を述べる自由を保障する」というヴォルテール由来とされる言葉を引用する頓珍漢な論者さえいる。討論・対話における意見表明と、現在問題となっているヘイト・クライム／ヘイト・スピーチの区別がついていない。街宣車まで用いて大勢で押しかけて「殺せ」と叫ぶ暴力的な行為に対して、ヴォルテールがこのように述べるなどということは考えられない。ヴォルテールなら敢然と闘ったであろう。

法学者の中には「民主主義を尊重すればヘイト・スピーチを処罰することはできない」という主張も見られる。西欧諸国を中心に非常に多くのヘイト・スピーチ法があるにもかかわらず、すべて存在しないことにされてしまった。

ヘイト・クライム／ヘイト・スピーチをめぐる議論は非常に混迷している。そもそも基礎知識を持っていない法学者、弁護士、ジャーナリストが事実に基づかずに誤った主張をしているのが実情である。

2　定義の困難性

ヘイト・クライム／ヘイト・スピーチという言葉は一九八〇年代後半に英米で用いられるようになった言葉である。国家が法律によって黒人差別を行っていた時代にはヘイト・クライム／ヘイト・スピーチと呼ぶまでもなかった。法的制度的差別を撤廃した公民権法以後になって、社会におけるヘイト・クライム／ヘイト・スピーチに注目が集まるようになった。まだ四半世紀の歴史しかないが、すでにおびただしい研究がなされ、多くの立法例があり、国際人権機関の文書にもこの言葉が採用されている。

しかし、ヘイト・クライム／ヘイト・スピーチの普遍的な定義はないと言ってよいだろう。国により定義が異なり、文脈によって異なる。社会学研究と法学研究とでは、採用される定義が異なるだろう。

本書では「ヘイト・クライム／ヘイト・スピーチ」という表記と、ヘイト・クライム、ヘイト・スピーチ

図表1　ヘイト・クライムとヘイト・スピーチ　～どのように定義するか

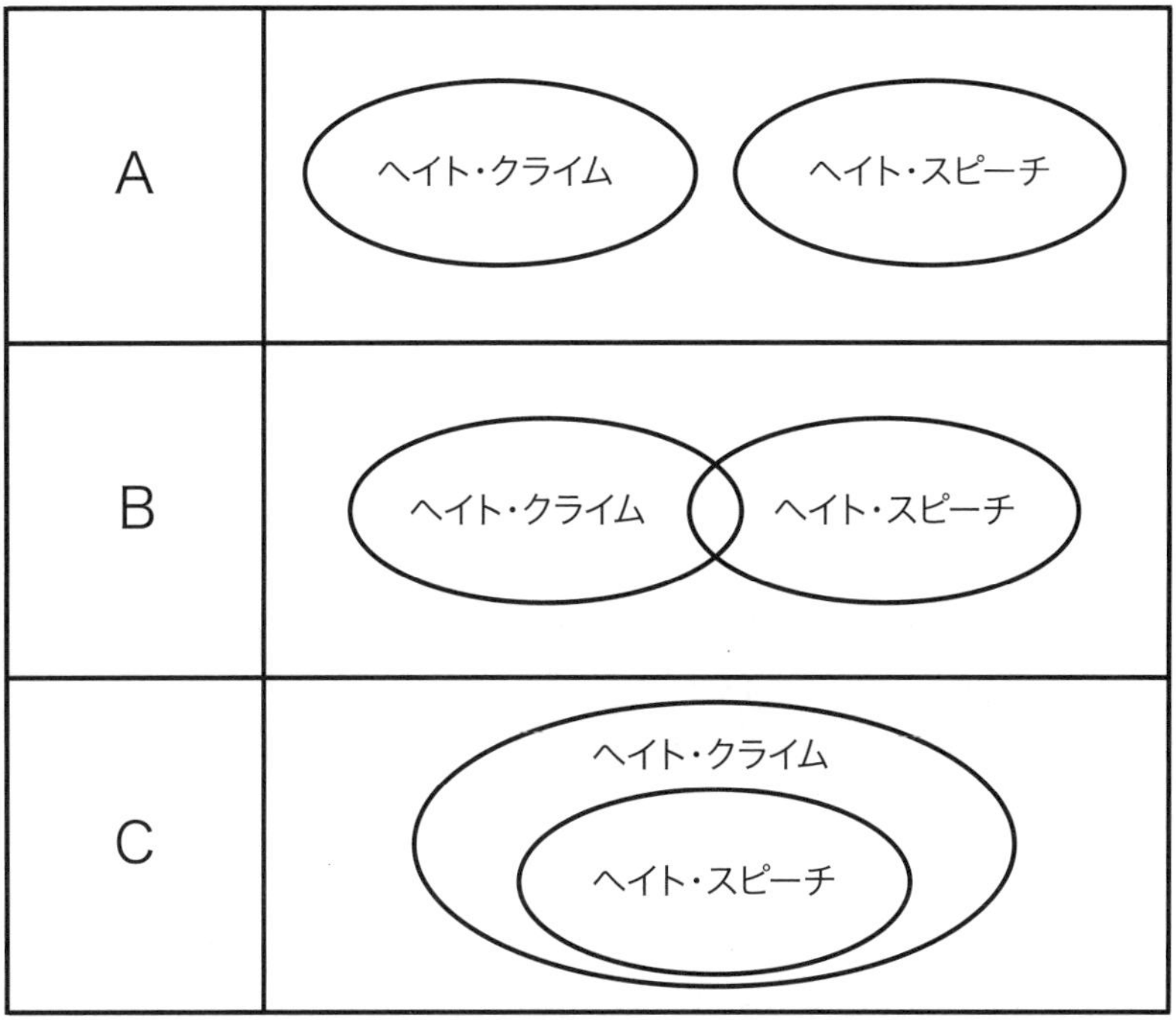

という用語を併用するが、ここにも定義の困難性が示されている。本書では、ヘイト・スピーチをヘイト・クライムの一つとして理解している。

憲法学者は、純粋に表現のみによるヘイト・スピーチを想定して、言説表現だけを切り取った議論に拘泥する。ヘイト・スピーチの暴力性は視野の外に置かれ、被害も否定ないし軽視され、木を見て森を見ない議論が横行する。ヘイト・クライムとヘイト・スピーチは別物として分断される。

しかし、イギリスのヘイト・クライム法を見れば明らかなように、ヘイト・クライム法によってヘイト・スピーチの規制が行われている。欧州諸国では、基本法である刑法典にヘイト・スピーチ処罰規定を持つのが一般的である。

以上の記述においてヘイト・クライム、

ヘイト・スピーチとともに「ヘイト・クライム／ヘイト・スピーチ」を用いているのは、概念定義のための試行である（図表1）。

図表1のAは、ヘイト・クライムとヘイト・スピーチを別物として区別する定義のイメージである。アメリカ法ではヘイト・クライムは処罰されるが、ヘイト・スピーチは処罰できないとされる。これは不正確な理解だが、その点はさて置いて、一応アメリカではヘイト・クライムとヘイト・スピーチを明確に区別していると言うことはできる。主として表現行為であるか、暴力行為であるかの差異に着目することになる。両者が明確に区別できるか否かを問うことなく、区別しなければならないから区別するという思考に立っているように見える。

図表1のBは、ヘイト・クライムとヘイト・スピーチが一部重なる場合を想定している。例えば、ヘイト・クライムの中には暴力を伴うヘイト・クライムもあるが、ヘイト・スピーチであって暴力的な場合を含むと考えることもありうる。暴力的でない場合、暴力を伴なわずに表現行為に限られる場合は、ヘイト・スピーチであってもヘイト・クライムではないと解釈することになる。

図表1のCは、ヘイト・スピーチはヘイト・クライムに含まれるという立場である。人種差別撤廃条約第四条に従ってヘイト・スピーチを犯罪化すれば、ヘイト・スピーチはすべてヘイト・クライムであるということになるだろう。犯罪でないものをヘイト・スピーチには含めない立場とも言える。

内外の論文を見ても、こうした点の整理がなされていない例が多い。筆者は基本的にCの立場を採用すべきと考えている。もっとも本書ではCの立場に限定することなく、Bの立場の可能性も視野に入れている。それは「ヘイト・クライムとしてのヘイト・スピーチ」を念頭に置いて議論を進めるという意味である。ただし、引用する諸文献ではこれとは異なる意味で言葉が用いられている。

二　法学研究の不在

1　比較法研究の方法論

ヘイト・クライム／ヘイト・スピーチという用語は英米に始まり、その後、国際的に用いられるようになった。また、ヘイト・スピーチという用語が使われる以前から、特に欧州諸国では差別煽動が犯罪とされ、国際人権法においても同じ考えが発展させられていた。それを現在はヘイト・スピーチと呼ぶようになってきている。

それゆえ、ヘイト・クライム／ヘイト・スピーチについて議論するためには、基礎知識を身につけることが必要であり、そのためには比較研究、比較法研究、国際人権法研究が不可欠である。ところが、これまでヘイト・クライム／ヘイト・スピーチの比較研究、比較法研究が十分になされていない。断片的な知識をもとにして、根拠のない主張をする憲法学者や弁護士が続出するのはこのためである。

日本におけるヘイト・クライム／ヘイト・スピーチ法研究の特徴は、圧倒的にアメリカ至上主義、アメリカ一国主義に立っていることである。圧倒的に多くの研究がアメリカ憲法研究である。アメリカ以外の諸国の研究が少ないことに加えて、アメリカ刑法の研究も少なく、憲法研究だけが突出している。憲法研究や刑法研究では一部ドイツ法研究も見られるものの、アメリカ法研究が量的には圧倒的である。ドイツ以外の欧州諸国の法研究はほとんど対象外とされてきた印象がある。

ヘイト・クライム／ヘイト・スピーチ法研究におけるアメリカ偏重と西欧軽視は、無意識になされたのではなく、意識的に選択された結果である。というのも、アメリカ法の「特殊性」はもちろん理解されてきたからである（＊3）。アメリカ法と欧州諸国法の比較を通じて、アメリカ法の「特殊性」が明確に指摘されてきた。その上で、憲法学は「特殊」なアメリカ法研究に一層突き進んでいったのである。アメリカ判例において形成されてきた法理を突如として日本国憲法第二一条の解釈に持ち込み、アメリカ法原理以外による解釈の可能性を有無を言わさず排除する姿勢が濃厚であった。日本国憲法の解釈にアメリカ判例法理を直接持ち込むことについて、その理由を示すことさえしないのが憲法教科書の通例である（本書第11章第1節）。アメリカ憲法に倣った解釈習慣が「定説」と化しているため、今さら理由を示す必要がないと考えられているように見える。憲法学の「定説」なるものは要するに「アメリカ追随」「属国主義」でしかないが、半世紀以上の日本憲法学の中で形成され、維持されてきた思考様式であり、それなりの「合理性」を持っていると考えられているのであろう。

西欧以外の諸国の法も無視される。東中欧諸国では一九九〇年代以後にヘイト・クライム／ヘイト・スピーチ法をめぐる大変動が生じたが、そのことを紹介した文献はごくごく僅かであり、研究と称するに値する分析もほとんど見られない。イスラム法にも独自のヘイト・クライム／ヘイト・スピーチ法があるが、その紹介・研究もなされていない。イスラム以外のアジア太平洋諸国についても、オーストラリアとニュージーランドについて多少の言及がなされることがあっても、それ以外はほとんど空白状態であると言ってよい。南北アメリカ州についてもアメリカ合州国に偏重し、一部カナダ法の研究が見られるものの、それ以外のラテン・アメリカ、カリブ海諸国は存在しないも同然の扱いである。

このように見るとヘイト・クライム／ヘイト・スピーチ法に関する比較法研究はまだ存在しないと評したほうが正確であろう。アメリカ追随あるのみで、「比較」という問題意識が皆無だからである。比較法研究の方法論も十分顧みられることがなかった。

また、深刻なことに国際人権法の軽視も著しい。憲法学の論文等には、日本政府が加入している国際自由権規約や人種差別撤廃条約が登場することすら珍しい。仮に登場したとしても、日本政府が人種差別撤廃条約第四条(a)(b)の適用を留保したことを好意的に受け止める結論を示すだけである。国際自由権規約や人種差別撤廃条約の解釈例を参照した文献は憲法学・刑法学ではごくまれである。

もっとも、近年の新たな傾向として、アメリカを重視しつつも、アメリカにとどまらず視野をもう少し広げた研究が増えつつある。比較法研究の対象が拡がるとともに、方法論の再考が始まっていると思われる。憲法学においては小谷順子や奈須祐治の研究があり、刑法学においては楠本孝、櫻庭総、金尚均らの研究がある（本書第2章）。かくしてようやくヘイト・クライム／ヘイト・スピーチ法研究、その比較法研究が始まろうとしている。

2　師岡康子の研究

師岡康子『ヘイト・スピーチとは何か』は、ヘイト・スピーチの意義とそれへの対処をコンパクトにまとめた概説書である（＊4）。

師岡はヘイト・スピーチに関する数々の誤解に的確に応答し、正しい理解を提示したうえで、いかなる対処が必要かを論じている。「ヘイト・スピーチは汚い言葉である」などと素朴な誤解を平気で並べ立てる論者がいるが、師岡は、マイノリティに対する人種的動機、人種差別による表現行為であることを明確に指摘して、「ヘイト・スピーチとは、広義では、人種、民族、国籍、性などの属性を有するマイノリティの集団もしくは個人に対し、その属性を理由とする差別的表現であり、その中核にある本質的な部分は、マイノリティに対する『差別、敵意又は暴力の煽動』、『差別のあらゆる煽動』であり、表現による暴力、攻撃、迫害である」とまとめている。

師岡はヘイト・スピーチの本質、被害の深刻さをきちんと論じたうえで、イギリス、ドイツ、カナダ、オーストラリアの法状況を紹介し、国連人権高等弁務官事務所主導によるラバト行動計画や、人種差別撤廃委員会の一般的勧告35など国際人権法の水準も確認し、法規制慎重論に一つひとつ反論し、最後に「規制か表現の自由かではなく」として包括的な制度構築（調査、差別禁止法、救済制度）を提言している。ヘイト・スピーチと闘うための必読書である。

師岡はヘイト・スピーチを考えるために必要不可欠の論点を手際よく整理している。師岡は「ジェノサイドの経験と国際社会の認識」として、ヘイト・スピーチが差別構造を強化し、暴力と脅迫を増長させ「究極的にはジェノサイドや戦争へと導く」と的確に認識する。ヘイト・スピーチは単なるスピーチではなく、ジェノサイドや人道に対する罪に至りかねない差別と暴力の文脈にある言葉である。それはナチス・ドイツによるユダヤ人迫害やルワンダ・ジェノサイドという歴史的経験を踏まえているからであり、日本では関東大震災朝鮮人虐殺を想起する必要がある。ヘイト・スピーチに対する法的規制の国際基準は、こうした認識を背景としている。

師岡はイギリス、ドイツ、カナダ、オーストラリアを取り上げてヘイト・スピーチ対策の比較法研究を行っているが、それは「奴隷制、先住民族弾圧、侵略戦争、植民地支配などの結果、国内に人種的マイノリティを有し、深刻な差別問題を抱え、かつ日本に近い経済規模と政治制度を有する」国だからである。従来の比較法研究は圧倒的にアメリカ法研究であるが、アメリカ法は原則としてヘイト・スピーチを規制せず、「世界の中でも特殊な位置にある」。アメリカ法だけに学ぶことの危険性は明らかである。

師岡は外国法の紹介を踏まえつつ、アメリカにおける規制慎重論を検討して、日本での議論に入っていく。こうしてヘイト・スピーチの比較法研究がようやく始まった。アメリカ憲法やドイツ刑法の研究はこれまでにも蓄積があり、憲法学においても後に見るように複合的な比較法研究が始まっている。師岡が提示した比較法研究の延長上で、実証的研究をさらに積み重ね、比較法研究方法論を鍛えていく必要がある。

3　明戸隆浩の研究

明戸隆浩はエリック・ブライシュの『ヘイトスピーチ』（原題『レイシストになる自由?』）の翻訳出版を手掛けた社会学者である。エリック・ブライシュは政治学者である。つまり、著者も訳者も法学研究者ではないが、『ヘイトスピーチ』はアメリカ法と欧州法の比較を行っており、従来の憲法学・刑法学とは次元の違う高い水準の比較法研究を提供している（ブライシュにつき第2章第1節参照）。

明戸は、ヨーロッパの主な法規制として一九六〇年のドイツの民衆扇動罪（刑法一三〇条）、一九六五年のイギリスの人種関係法、一九七二年のフランスの人種差別禁止法、一九八五年のドイツのホロコースト否定禁止法、一九八五年のイギリスの公共秩序法、一九九〇年のフランスのホロコースト否定禁止法、一九九八年のイギリスの犯罪及び秩序違反法（ヘイト・クライム法）、二〇〇六年のイギリスの宗教的憎悪禁止法、同年のドイツの一般平等待遇法を列挙して、ファシズムの歴史的経験や移民受け入れの実態を前にして欧州諸国でヘイト・スピーチ規制法が広く形成されてきたことを明らかにする（＊5）。

イギリスにしてもドイツにしても、日本と比較すると遥かに先進的な規制の歴史を持っているが、それも単線的に発展してきたわけではない。ドイツについて明戸は次のように述べる。「ドイツはファシズムという歴史的文脈との関連でヘイトスピーチの規制については他のヨーロッパ諸国に常に先んじていた。しかしここで重要なことは、ドイツにおける規制は、その多くが『刑事法』におけるそれだということだ。言い換えればイギリス人種関係法やアメリカ六四年公民権法のような『人権法』については、ドイツは基本的には冷淡な態度をとってきた。／こうした中で、二〇〇〇年、EUは加盟国に対し、〇三年までに差別禁止法を成立させるよう要請を行う。ドイツはまさにこの要請の直接的な宛先となったわけだが、結局ドイツは〇三年までという期限を守れず、〇四年に欧州委員会による告訴を受けて、ようやく〇六年に一般平等待遇法を成立させることになった（ただし、この時期は旧東ドイツ地域で『ネオナチ』の活動が活発になった時期でもあり、こうしたことも少なからず成立に影響したとされる）。／このように、ヨーロッパが積極的なヘイトスピーチ規制を行うようになった文脈は、ファシズム、反移民政党やネオナチの動き、政府の移民政策やテロ対策、さらには国際機構や地域機構における人権擁護の流れなど、きわめて多岐にわたる」。

他方、明戸は、ヘイト・スピーチ規制に消極的なアメリカについて、判例の変遷を簡略に追いかけ、ブランデンバーグ判決やスコーキー判決が「表現の自由」重視を打ち出していった経過をたどったうえで、次のように述べる。

「実は六〇年代には、公民権運動やベトナム反戦運動の活動家の発言が、州レベルにおいて、たびたび名誉毀損で有罪とされている。／これに対して連邦最高裁は、その度にそれを『表現の自由』の原則の名の下に覆した。つまりそこでは、『表現の自由』は、バックラッシュどころか、むしろマイノリティーの人権を擁護するためにこそ必要な原則だったのである。」

その後、連邦最高裁はＲＡＶ判決などを通じて、「ヘイトスピーチ規制を行わないアメリカ」をつくり出していく。

こうした情報はもちろん従来の憲法学においても知られていた。重要なのは、明戸が「マイノリティーの人権を擁護するためにこそ必要な原則」と明言しているように、法原則がいかなる機能を有するのかを的確に認識して、日本国憲法の解釈に参考にすることである。「マイノリティーの人権を擁護する」観点を抜きに、「ヘイトスピーチ規制を行わないアメリカ」に追随することが何を意味するのかを問うべきである。しかし、この問いは封じられてきた。

さらに明戸は「表現の自由という『原則』がいかなる歴史的文脈の中から生じ、そうした原則が現在の文脈においてどのような意味を持つのかを常に意識すること。アメリカであるか日本であるかにかかわらず、また表現の自由ということをめぐってどのような立場に立つかにかかわらず、そうしたことの重要性は共通したものであるように思われる」という（＊6）。

師岡や明戸の研究を通じて、ヘイト・クライム／ヘイト・スピーチ法研究の射程、対象、方法論が大きな進展の可能性を示した。憲法学や刑法学における新たな動向も含めて、いま、ヘイト・クライム／ヘイト・スピーチ法研究は大きな転換期にある。本書はこうした転換を一歩進める作業に加わるために準備されたものである。

三　課題の確認

本書はヘイト・クライム／ヘイト・スピーチ法研究の第一歩として、本格的検討の前提となる基礎知識を提供することを目的としている。これまでの研究では概念定義も不正確であり、時に恣意的な定義のもとに議論がなされてきた。憲法論の中のごく一部の狭い枠組みでの議論も目立つ。比較法研究も始まったばかりである。本質論抜きの法技術的解釈も目立つ。本書は、そうした現状を乗り越えるために、ヘイト・クライム／ヘイト・スピーチ法の議論をするために不可欠な最低限の基礎知識を紹介し、議論のための土俵づくりを目指す。

そこで、今、日本におけるヘイト・クライム／ヘイト・スピーチ法研究に求められている課題をより明確にするために、本章では、まずヘイト・スピーチの現在を確認する。日本において急速に悪化した社会現象としてのヘイト・クライム／ヘイト・スピーチについて、訴訟になった事例を中心に確認する。ヘイト・クライム／ヘイト・スピーチはずっと以前から長期にわたって存在してきたが、ここでは最近の事例に絞る。近現代日本におけるヘイト・クライム／ヘイト・スピーチの歴史的研究も必須であるが、本書の射程の外である。

次に先行研究に学ぶことが重要である。すでに繰り返し述べたようにヘイト・クライム／ヘイト・スピーチ法研究は手薄であり、本格的研究は始まったばかりだが、関連する諸分野で急速に重要な研究が公にされている。それらに学ぶことが不可欠である。次章では、そのうちレイシズム研究、憲法学、刑法学の三分野に分けて先行研究を概括して、本書の課題を確認する手がかりとしたい。本章と次章の叙述を通じてヘイト・クライム／ヘイト・スピーチ法研究の課題を確認したい。

第2節　ヘイト・クライム／ヘイト・スピーチ現象

本節では、最近の日本におけるヘイト・クライム／ヘイト・スピーチの状況について概観する。まず、レイシズムや排外主義の動向を一瞥する。次いで、裁判に顕出した事例を中心に日本におけるヘイト・クライム／ヘイト・スピーチの特徴を垣間見る。そのうえで、ヘイト・クライム／ヘイト・スピーチの基本的特徴として構造的差別があることを指摘する。

一　レイシズムとヘイト・クライム

1　最近のレイシズム

インターネット上では以前から人種差別、民族差別が隆盛であったと言われるが、最近はそれが現実世界に溢れ出してきた。

ネット上の掲示板やMLに人種差別が蔓延していると指摘されて久しい。国際人権機関でも、ネット上の人種差別問題と、ネット上での人種差別を克服する教育の普及を課題として掲げてきた。日本でも同様のことが唱えられてきたが、差別が現実世界に躍り出てきた。ネット上で差別と排除の共同行動が呼びかけられ、集った「市民」が少数者に暴力的に襲いかかり始めた。二〇〇九年一二月四日、「在日特権を許さない会（在特会）」と称する人種差別集団が京都朝鮮第一初級学校に押しかけ、聞くに堪えない差別的な暴言を撒き散らし、教員や子どもたちを恫喝・脅迫する差別行為を行った（*7）。本件は後に刑事裁判・民事裁判となったので、よく知られる（本節三～六項参照）。

ヘイト・クライム／ヘイト・スピーチが噴出した二〇〇九年に各地で話題になった他の事例も確認しておこう。カルデロン事件（二〇〇九年二月）、三鷹事件（同年八月）、秋葉原事件（同年九月）、朝鮮大学校事件（同年一一月）、名古屋市立博物館事件（同年一二月）、ウトロ事件（同年一二月）などが知られる。二〇〇九年になって、このような人種差別集団がなぜ活性化してきたのかは、より慎重な分析をする必要があるが、すでに指摘されているように、不況と時代閉塞の状況が根底にあることは見ておかなければならない。長引く不況で就職できない若者の声が「希望は戦争」と表現されているように、脱出路は戦争、差別、排外主義に求められている（第2章第1節）。

二〇一四年二月二七日、アメリカ国務省は二〇一三年の『人権報告書』を公表した。世界の約二〇〇ヶ国・地域を対象にした人権状況報告だが、日本について、在日朝鮮人へのあからさまな差別表現を繰り返すヘイト・スピーチを取り上げ、懸念を示した。

『朝日新聞』（二〇一四年三月一日）は「報告書はヘイト・スピーチについて『極右グループが東京でデモを行い、人種的な差別表現を用いた』と指摘。『在日特権を許さない市民の会』（在特会）の会長らが、ヘイト・スピーチに抗議する人たちとの衝突で逮捕されたことに触れた。民族的な少数派や同性愛者らに対する差別にも懸念を示した」と報じた。『東京新聞』「こちら特報部」（二〇一四年三月一日）も同様に国務省報告書を紹介した（＊8）。

こうした現実を前に、憲法に従って考えるのであれば、「ヘイト・スピーチはマイノリティの表現の自由を侵害し、人格権を侵害し、法の下の平等に反する差別であるから、被害を防止するために刑事規制するべきだ。表現の自由を守るために、ヘイト・スピーチを規制するべき」と考えるべきである。これが本書の基調を成す思考であり、繰り返し論じていくことになる。

2　人種差別禁止法の必要性

日本ではヘイト・クライム／ヘイト・スピーチが犯罪とされていない。しかし、最近の人種差別禁止法をめぐる議論のように、より具体的な議論が始まっており、そこでは刑事規制を必要とする具体的な立法事実があるのか否か。他に採るべき、より制限的でない手段はないのか。刑事規制立法を行うとして、それはいかなる射程で、いかなる行為を規制しようとするのか。さまざまな議論が始まっている。人種差別表現、ヘイト・クライムについては、いくつかの民間の提案が作成・公表されてきた。ヘイト・クライム／ヘイト・スピーチの法規制は、欧州諸国の例をみると刑法典に盛り込まれる例が多く、刑法の問題である。

ヘイト・クライム／ヘイト・スピーチの法規制を刑法分野に限って議論するべきではないことは言うまでもない。それは人種差別禁止法の分野の主要テーマでもあるからである。もともと、「ヘイト・スピーチ規制か、表現の自由か」という短絡的な二者択一には根拠がない。「ヘイト・スピーチ規制か、代替手段か」という二者択一にもおよそ根拠がない。このような虚妄の二者択一を並べ立てて、本当の問題を見えなくさせる思考が幅を利かせていること自体が問題である。国際人権法の基本的考え方は「表現の自由と、ヘイト・スピーチ規制は両立する」、「ヘイト・スピーチ規制も、他の（代替）手段も」というものである（本書第6章及び第7章参照）。あえて国際人権法に依拠しなくても、それが常識であり、当たり前の思考というべきであろう。

本書はこうした現状を前に、ヘイト・クライム／ヘイト・スピーチについて議論するための基礎知識の提供を目指すものである。本節では、日本における最近の状況を具体的事例を通じて明らかにする。

二　民族差別と排外主義に抗して

1　対向するメッセージ

日本政府、メインストリーム・メディア、そして「在特会」と自称する犯罪集団の動向を見ていると、日本がいつの間にか深刻な人種差別に満ちみちた国家・社会を形成していることに気づく。

戦前の大日本帝国によるアジア侵略と、その下での民族差別の異常性はあったものの、少なくとも戦後改革と日本国憲法のもとで、いわゆる「戦後民主主義」は自由、平等、基本的人権、個人の尊重を掲げてきたはずである。実際には出入国管理や外国人登録法など管理と抑圧の法制度が整備されてはいたが、タテマエ上は自由と権利を尊重する民主的社会を形成したことになっていたはずである。外国人差別、部落差別、障害者差別は一貫して続いてはいたが、少なくとも差別をなくし、克服していく方向性についての社会的了解はあったはずである。

ところが、いまやそれは極めて疑わしい状況である。二〇一〇年に大きな「政治問題」になってしまったのが、朝鮮学校への高校無償化適用除外問題である。政府が率先して差別政策を推進し、国民に差別を推奨している。それでは、日本社会と朝鮮学校が、いかなる形で向き合っているかを見てみよう。近年、朝鮮学校が日本社会に向けて発信したメッセージは何だったろうか。

第一に、サッカーのワールドカップにおける朝鮮学校出身者の活躍であった。それ以前から、朝鮮学校卒業生がサッカーで活躍していることは知られていたが、ワールドカップにおいて、祖国と民族を語りながら自らの道を模索する在日朝鮮人の活躍は日本社会にも印象的なメッセージとなった。

第二に、ボクシングの世界チャンピオンの登場である。高校インターハイなどのスポーツ大会で、ボクシングやラグビーなど朝鮮学校の活躍が続き、ついには卒業生が世界チャンピオンになった。

第三に、朝鮮大学校卒業生の司法試験合格である。朝鮮大学校には一九九九年に法律学科が設置され、学生は日本の法律を学び、司法試験その他の資格試験をめざしてきた。これまでに一二期の卒業生を送り出してきたが、そのなかから一四人の司法試験合格者が出ている（二〇一四年一二月現在）。金敬得弁護士（故人）

以来、在日朝鮮人弁護士は他にも数多い。日本の大学を卒業、または大検などを経て司法試験に合格してきた。それに加えて朝鮮大学校法律学科卒業生が合格し、弁護士になり始めたのである。

以上が、朝鮮学校が日本社会に向けて発信しているメッセージの代表例である。

それでは日本社会が朝鮮学校に向けて発信してきたメッセージは何だろうか。

第一に、高校無償化からの朝鮮学校除外問題である。二〇一〇年二月の中井大臣発言以来、長期に及ぶ政治問題となり、安倍政権になって二〇一三年に差別を恒常化する規則改正が行われた。日本政府が「朝鮮人は差別をしても良い」というメッセージを発している。

第二に、在特会による朝鮮学校襲撃である。二〇〇九年一二月の京都朝鮮学校への襲撃がもっともよく知られるが、その後も嫌がらせが続いている。朝鮮大学校に対する在特会の嫌がらせもある。さらに、朝鮮・韓国の区別なく、在日朝鮮人に対する差別デモが頻発している。

これが日本政府と日本社会が朝鮮学校に対して押し付けているメッセージである。まさに現代排外主義と人種差別（民族差別）である。

それゆえここでも注意しておかなくてはならないのは、排外主義とレイシズム、そしてヘイト・スピーチは社会において自然に発生したのではなく、国家が裏で支え、推進し、あるいは少なくとも容認していることである。国家レイシズムの弊害を見逃してはならないが、本書の直接の考察は社会現象としてのヘイト・スピーチに絞られる。

日本社会が総体として排外主義と人種差別に勤しんでいるわけではない。全国各地で市民が自発的に朝鮮学校支援の声をあげ、日本政府に抗議の声を送り届けてきた（＊9）。在特会の差別と暴力を非難する声明も幾つも出してきた。メインストリーム・メディアのなかでも、朝鮮人差別にさまざまな形で切り込んで、社会のあり方を問う記事が見られる。

各地の市民も取り組みを続けている。京都では、京都朝鮮学校襲撃事件一周年にあたる二〇一〇年一二月四日に、再び在特会による朝鮮学校に対する嫌がらせ行動があったが、市民がカウンター・デモを企画し、朝鮮学校支援の声をあげた。新大久保における差別デモに対する市民のカウンター行動もよく知られる（＊10）。

2　人はなぜ、いつ、どこでレイシストに「なる」のか

二〇一〇年一一月一〇日、第二東京弁護士会は「現代排外主義と人種差別規制立法」と題する講演会を開催した。講師は鵜飼哲と筆者である（＊11）。

二〇〇九年一二月四日の在特会による京都朝鮮第一初級学校に対する襲撃事件が起きるや、ただちに批判の声をあげた鵜飼は、『東京新聞』談話において、在特会的状況を作り出した日本社会の問題性を指摘し、さらに雑誌『インパクション』において「雑色のペスト」を蔓延させる日本を読み解く特集を手がけた。ナチス・ドイツによるユダヤ人迫害を「緋色のペスト」と呼んだことに対応して、現代日本の排外主義を「雑色のペスト」と名づけた（＊12）。

鵜飼は「人はなぜ、いつ、どこでレイシストに『なる』のか」と問いかける。レイシスト（人種差別主義者）とレイシズム（人種差別主義）について、一九八〇年代初期におけるフランスでの人種差別問題に関して、「SOS反人種差別主義運動」代表のアルレム・デジールは、人種差別主義を三つに分類したという。

①　狂信派――イデオロギー的な極右、「ネオナチ」
②　懐旧派――植民地からの引揚者、帝国的過去と同一化
③　「普通の人」――白人貧困層

これと比較すると、現代日本の状況はどの類型にもおさまらない。なぜなら「普通の人」が参加していると言われるが、必ずしも貧困層ではない。もっとも、思想的には懐旧派と似た面もあって、過去及び現在の日本を持ち上げるための「逆差別論」が用いられている。「日本を日本人の手に」「日本人差別反対」という倒錯した論理が意図的に用いられている。過激な行動様式、身体表現は狂信派に似ている面もある。

鵜飼は、現代日本の排外主義にも複数の潮流、動因があり、より厳密な分析が必要であるとし、特に自宅でテレビ／ネットの情報環境で拡大するレイシズムの浸透性と脆弱性を見ておく必要があるという。その背景として、キャピタリズムの新自由主義的段階における「自己責任論」の台頭、すなわち国家による保護の剥奪が常態化し、社会的矛盾が拡大するなか、心理的には「犠牲の山羊」探しが生じている。排除によってしか自己主張できないナショナリズム、自負／理念／目標を欠いたナショナリズム、つまり自己目的化したナショナリズムが培養される。排除は他者蔑視であり、容易にレイシズムへと転化する。国際関係のレベルでは、むしろ国家ナショナリズムの〈不足〉が取りざたされるため、それを補完するという主観的意図のもとに、客観的には「国民」国家の基盤さえ破壊しかねないレイシズムが現れる。「日本を守る」と称するレイシズムが日本を破壊する逆説である。

鵜飼は、最後に「〈克服〉の必用条件としての法文化の変革」を唱える。第一に、人種差別撤廃条約である。国連条約は国民国家を前提としつつ、レイシズムを非合法化するものである。その限りで有効であり、活用

するべきである。第二に、表現の自由をめぐる米国型法文化から欧州型法文化への転換である。先住民、旧奴隷、植民者、移民から成る複合社会においては、表現の自由の優越的地位が強調された。しかし、ファシズム、大量殺戮、社会の「自殺」を招く猛毒としての人種差別を経験した欧州では、「表現の自由」の理性的抑制が図られている。第三に、人種差別規制立法を制定した場合に予想される「倒錯的諸効果」、例えば日本人による外国人告発に悪用される危険性の評定も必要である。第四に、制度的レイシズムと人種差別規制法の問題として、現実には人種差別規制法どころか、日本政府が法的制度的に外国人を差別している（出入国管理制度の改悪、在留カードの導入）ことが指摘された。

このように二一世紀に入って、日本でナショナリズムが高まるなか、レイシズム、排外主義、外国人嫌悪、ヘイト・クライム／ヘイト・スピーチが蔓延し始めた。次項から、裁判に現れたレイシズムとヘイト・スピーチを見て行くことにする。以下ではおおよそ事件発生・判決の時期に従って紹介する。

三　京都朝鮮学校事件刑事一審判決

京都朝鮮学校襲撃事件を惹き起こした在特会会員等に有罪判決が出た（＊13）。学校授業に対する暴力による妨害を威力業務妨害罪、差別的暴言を侮辱罪と認定し、執行猶予付きとはいえ懲役刑を言い渡すなど、明快な判決が出た。被告らは後述する徳島事件も起こしているので、京都事件と徳島事件が併合して京都地裁で裁かれた。

もっとも、起訴から判決に至るまで本件をヘイト・クライム／ヘイト・スピーチとして論定することはできていない。ヘイト・クライム法がないため、刑法の威力業務妨害罪等を活用することになった。そのこと自体に異論があるわけではないが、威力業務妨害罪で有罪としたのだからそれで足りると考えるべきではない。

なお、メディアも法学者も本件をヘイト・スピーチと呼んでいる。マスメディアではヘイト・スピーチの用語解説に当たって本件を典型例としている例が多い。しかし、本件被告人らは歴然たる暴力行為を働いており、暴力を伴ったヘイト・クライムであることを見落としてはならない。

1　京都朝鮮学校襲撃事件

二〇一一年四月二一日、京都地方裁判所は、在特会構成員等が京都朝鮮第一初級学校等に対して行った差別（暴言・虚言）と暴力事件について、四人の被告人による犯罪事実を認定し、それぞれ懲役一～二年（いずれも執行猶予四年付）を言い渡した。

事件は二つの事実からなる。第一に、京都朝鮮学校襲撃事件である。二〇〇九年一二月四日、被告人ら四名（ＡＢＣＤ）が、共謀の上、京都朝鮮第一初級学校前に押しかけて暴言を撒き散らし、朝礼用のスピーカーに接続された配線コードを切断した（威力業務妨害罪、侮辱罪、器物損壊罪）。第二に、徳島県教組乱入事件である。二〇一〇年四月一四日、右の四名のうち三名（ＡＢＣ）が、共謀の上、徳島県教職員組合事務所に乱入し、暴行や暴言を伴う大騒ぎをした（建造物侵入罪、威力業務妨害罪）。

京都朝鮮学校襲撃事件について、判決理由の第一・第二は次のように述べている。

「被告人四名は、京都朝鮮第一初級学校南側路上及び勧進橋公園において、被告人ら一一名が集合し、日本国旗や『在特会』及び『主権回復を目指す会』などと書かれた各のぼり旗を掲げ、同校校長Kらに向かってこもごも怒声を張り上げ、拡声器を用いるなどして、『日本人を拉致した朝鮮総連傘下、朝鮮学校、こんなもんは学校でない』『都市公園法、京都市公園条例に違反して五〇年あまり、朝鮮学校はサッカーゴール、朝礼台、スピーカーなどなどのものを不法に設置している。こんなことは許すことできない』『北朝鮮のスパイ養成機関、朝鮮学校を日本から叩き出せ』『門を開けてくれ、設置したもんを運び届けたら我々は帰るんだよ。そもそもこの学校の土地も不法占拠なんですよ』『戦争中、男手がいないところ、女の人レイプして虐殺して奪ったのがこの土地』『ろくでなしの朝鮮学校を日本から叩き出せ。なめとったらあかんぞ。叩き出せ』『わしらはね、今までの団体のように甘くないぞ』『早く門を開けろ』『戦後、焼け野原になった日本人につけ込んで、民族学校、民族教育闘争ですか、こういった形で、至る所で土地の収奪が行われている』『日本から出て行け。何が子供じゃ、こんなもん、お前、スパイの子供やないか』『お前らがな、日本人ぶち殺してここの土地奪ったんやないか』『約束というものは人間同士がするものなんですよ。人間と朝鮮人では約束は成立しません』などと怒号し、同公園内に置かれていた朝礼台を校門前に移動させて門扉に打ち当て、同公園内に置かれていたサッカーゴールを倒すなどして、これらの引き取りを執拗に要求して喧騒を生じさせ、もって威力を用いて同校の業務を妨害するとともに、公然と同校及び前記学校法人京都朝鮮学園を侮辱し、被告人Cは、勧進橋公園内において、京都朝鮮学園が所有管理するスピーカー及びコントロールパネルをつなぐ配線コードをニッパーで切断して損壊し」た。

これらが威力業務妨害罪（学校の授業運営などを妨害した）、侮辱罪（朝鮮学校に対する侮辱）、器物損壊罪（配線コード切断）と判断された。

２　徳島県教組乱入事件

判決理由の第三は次の通りである。

「被告人ＡＢＣは、共謀の上、あしなが育英会等に寄付するとして集められた募金の中から徳島県教職員組合が四国朝鮮初中級学校に支援金を渡したとして糾弾するなどして同組合の正常な業務を妨害する目的で、四月一四日午後一時一五分ころ、徳島県教育会館二階同組合事務所内に、『日教組の正体、反日教育で日本の子供たちから自尊心を奪い、異常な性教育で日本の子供たちを蝕む変態集団、それが日教組』などと記した横断幕、日章旗、拡声器等を携帯して、『詐欺罪』などと怒号しながら侵入した上、約一三分間にわたり、同事務所において、同組合の業務に係る事務をしていた組合書記長Ｔ及び組合書記Ｍの二名を取り囲み、同人らに対し、前記横断幕、日章旗を掲げながら、拡声器を用いるなどして、『詐欺罪じゃ』『朝鮮の犬』『売国奴読め、売国奴』『国賊』『かわいそうな子供助けよう言うて金集めてね、朝鮮に一五〇万送っとんねん』『募金詐欺、募金詐欺じゃ、こら』『非国民』『死刑や、死刑』『腹切れ、お前、こら』『腹切れ、国賊』などと怒号し、『人と話をするときくらいは電話は置き』『置けや』などと言いながら前記Ｔの両腕や手首をつかむなどして同人が一一〇番通報中であった電話の受話器を取り上げて同通話を切った上、同人の右肩を突き、『朝鮮総連と日教組の癒着、許さないぞ』『政治活動をする日教組を日本から叩き出せ』などとシュプレヒコールするなどした上、机上の書類等を放り投げ、拡声器でサイレン音を吹鳴させるなどし、事務所内を喧噪状態に陥れて同組合の正常な業務を不能ならしめ、もって同事務所に正当な理由がないのに侵入した上、威力を用いて同組合の業務を妨害した」。

これらが建造物侵入罪と威力業務妨害罪と判断された(＊14)。以上が在特会事件第一審判決の概要である。事件の法的評価について言えば、起訴状自体が不十分なものであったため、判決も不十分である。朝鮮学校を舞台とする朝鮮人差別と暴行の事件は、本質的にはヘイト・クライム／ヘイト・スピーチであるが、日本にはヘイト・クライム法がない。また、名誉毀損罪があるにもかかわらず、検察官は名誉毀損罪を訴因に含めず、威力業務妨害罪、侮辱罪、器物損壊罪に絞った。

３　有罪判決の意義

これまで各地で犯罪的行為を繰り返してきた在特会に、刑事裁判で初めて有罪判決が出たことは大きい。蕨市におけるカルデロン事件、三鷹事件、名古屋博物館事件、西宮事件、秋葉原事件など各地で、在特会は警察に見守られながら激しい差別と暴力を繰り返してきた。

本判決は刑事裁判判決であるため、認定事実は検察官と被告人側の主張・立証に基づいてなされたものである。被害者である朝鮮学校側の主張は、法廷に顕出されていない。被害者側の主張は、これとは別の民事裁判で示されている（本節五項参照）。以下ではいくつか感想を記しておきたい。

第一に、被害者側の朝鮮学校による勧進橋公園利用に関して、都市公園法違反容疑での取り調べが行われるなど、あたかも「喧嘩両成敗」のような手続きが取られた。この点では、差別と暴力に専念する在特会の主張に、それなりの「正当性」があったかのような観を呈することになった。少なくとも、在特会は朝鮮学校による違法行為を告発し、捜査機関が捜査を行う契機を与えたことを自慢することができる。現に刑事裁判の法廷で、被告人らは正当行為であるとの主張を続けた。

第二に、名誉毀損罪（刑法第二三〇条）を適用せず、侮辱罪（刑法二三一条）での起訴となった。事実の摘示の有無に関する法的評価の分かれともいえるが、実際には名誉毀損罪一般につきまとう立証の困難があったのであろう。憲法上の表現の自由との関係があり、被告人側が争えば、検察側は立証に多大の精力を注ぐ必要が出てくる。「三年以下の懲役若しくは禁錮または五十万円以下の罰金」が法定刑とされた名誉毀損罪ではなく、「拘留又は科料」しか予定されていない侮辱罪を選択したことには疑問が残る。もっとも、立証上の困難をもつ名誉毀損罪を回避して侮辱罪で起訴しつつ、「三年以下の懲役又は五十万円以下の罰金」の威力業務妨害罪（刑法第二三四条）及び「三年以下の懲役又は三十万円以下の罰金若しくは科料」の器物損壊罪（刑法第二六一条）を介して懲役刑を選択する余地を生みだしたと見ることもできる。京都朝鮮学校襲撃事件だけではなく、建造物侵入罪と威力業務妨害罪の徳島県教組乱入事件もあるので、懲役刑の選択は必至であったから、名誉毀損罪と侮辱罪のいずれを選択するかはさして重要ではないとの判断もありうる。名目よりも実質を重視して、ヘイト・クライム法への関心を度外視すれば、適切な事件処理が行われたと評価できることになる。なお、在特会メンバーの三人（ＡＢＣ）は控訴せず、本判決が確定した。他方、主権回復の会メンバーのＤだけは控訴した。

第三に、逮捕・起訴・有罪判決によって在特会の違法活動に一定の制約がかかったように思われる。京都朝鮮学校襲撃については、仮処分命令と合わせて、抑止効果があった。執行猶予の四年間は一定の効果が期待できる。もっとも、京都以外の各地の在特会にどこまでの効果が及ぶかは不明である。

第四に、インターネットを活用して行動への参加を呼び掛け、ユーチューブなど映像による宣伝を行ってきた在特会に、「新しい運動だ」「問題提起だ」などと勘違いして参加してきた若者たちが、過ちに気づいて差別や暴力から遠ざかることも期待できる。その後の実態を見ていると、必ずしもそうした効果は確認できないようであるが、本件に続いて他の事件でも適正な刑事司法が発動されれば効果が期待できる。

4　京都事件判決の法理

在特会による差別と暴力は現代日本における人種差別と排外主義の典型事例である。人種差別禁止法やヘイト・クライム法について議論するための素材として、京都事件に焦点を当てて、判決の法理を検討してみよう。

被告人らは「京都朝鮮学校南側路上及び勧進橋公園において、日本国旗などを掲げ、同校校長Kらに向かってこもごも怒声を張り上げ、拡声器を用いるなどして」、差別的な発言を怒号し、「同公園内に置かれていた朝礼台を校門前に移動させて門扉に打ち当て、同公園内に置かれていたサッカーゴールを倒すなどして、これらの引き取りを執拗に要求して喧騒を生じさせ、もって威力を用いて同校の業務を妨害するとともに、公然と同校及び前記学校法人京都朝鮮学園を侮辱し、被告人Cは、勧進橋公園内において、京都朝鮮学園が所有管理するスピーカー及びコントロールパネルをつなぐ配線コードをニッパーで切断して損壊し」たものである。

第一に、罪名は威力業務妨害罪、侮辱罪、器物損壊罪である。名誉毀損罪が訴因に含まれていないため、判決も侮辱罪を適用するにとどめた。侮辱罪の刑は拘留又は科料にとどまるが、威力業務妨害罪などとセットのために、懲役刑（執行猶予付）が選択されている。名誉毀損罪の適用には立証上の問題があるため、これを適用せず侮辱罪にしたが、刑は威力業務妨害罪等の適用によって適切なものになし得たということであろう。

第二に、判決の文脈によると、怒号その他の行為によって「喧騒を生じさせ、もって威力を用いて同校の業務を妨害するとともに、公然と侮辱し、損壊し」たという流れになる。「妨害するとともに」というつながりから「喧騒を生じさせ、公然と侮辱し」と読む可能性もないわけではない。侮辱罪は名誉毀損罪と異なって事実の摘示を必要としないし、平穏侵害の要件もないので、喧騒と侮辱は関係ないはずだが、つながりがあるという読み方もありうるということだろうか。

第三に、被害者は朝鮮学校と学校法人朝鮮学園とされている。集団侮辱罪のあるドイツとは異なって、日本刑法の侮辱罪の法益は個人的法益であって、集団侮辱には適用できない。このため被害者として法人等の組織があげられている。逆に言えば、在日朝鮮人一般に対する攻撃の場合は侮辱罪が成立しない場合があることになる。

5　小括

判決の文脈を、被害者は誰かという観点から見直してみると、威力業務妨害罪、侮辱罪、器物損壊罪の三つの罪について同一の被害者を認定することが便宜であり、それに従って判決文が書かれていると考えられる。威力業務妨害罪として構成すれば、学校の授業運営が妨害されたのだから、当然、被害者は学校及び法人になる。器物損壊罪も同様である。侮辱罪もこの二罪とともに掲げられている。三つの罪名は実行行為の順に従って列挙されている。このため侮辱罪に関する判決文が、威力業務妨害罪と器物損壊罪の間に挟まれて、前者との関係で記述されているように見える。

名誉毀損罪の場合と異なって、侮辱罪の認定・評価には特段の理論的争いはないし、本件事案もくだくだしく解釈を展開するまでもなく、当然、侮辱罪との認定ができるので、このような判決文になったのであろう（＊16）。

しかし、判決が実際に起きた事案を適切に反映したものかという観点で検討すれば疑問も少なくない。ヘイト・クライム／ヘイト・スピーチ法がないため、事案が縮小認定され、事件が矮小化されたと理解でき、実態に即した法的評価を可能とするような人種差別禁止法やヘイト・クライム／ヘイト・スピーチ法の整備が課題となる。「日本には人種差別禁止法を必要とするような人種差別はない」と断言する日本政府の現状を是正するために、やはり事実に即した評価こそが重要である。

四　京都朝鮮学校事件刑事控訴審判決

二〇〇九年に発生した京都朝鮮学校事件について、在特会会員の有罪判決が確定した（＊17）。本件では、事件に関与した十数名のうち中心的役割を果たしたと見られる四名が被告人として起訴された。一審の京都地裁は、起訴された四名全員について威力業務妨害罪や侮辱罪の共謀共同正犯として有罪を言い渡した。うち三名は控訴することなく有罪が確定したが、一名のみは控訴していたところ、二審の大阪高裁が控訴を棄却した。

なお、右の三名は在特会のメンバーだが、控訴した一名は在特会メンバーではないという。在特会の中心人物が犯行を呼びかけ、中心的役割を果たしたことに焦点を当てているので、以下でも全体として在特会事件と呼称する。

1　控訴審判決——事実誤認も理由不備もない

京都事件・徳島事件の双方に関与した三名は控訴しなかったので、一審有罪判決が確定した。京都事件だけに関与したDが控訴したので、二審判決は京都事件だけを審理した。控訴理由は、第一に事実誤認、第二に理由不備、第三に法令適用の誤り、第四に量刑不当である。二〇一一年一〇月二八日、大阪高裁は控訴を棄却した。

弁護人の事実誤認の主張について、控訴審判決は、DとABCとの間に「判示事実の一連の発言についての共謀の存在を認めて被告人を侮辱罪について有罪としたのは正当である」とした。

判決は、被告人Dが本件活動について事前に詳細な打ち合わせをしたり、段取りの告知を受けたりしていなかったことを推認する。

「しかしながら、被告人は、本件活動前からAと街宣活動を共に行い、朝鮮総聯京都本部前での街宣時には、朝礼台等に触れた街宣活動をしてもいたことから、本件活動に参加する前からAが日常の街宣で使用している、朝鮮ヤクザなどといった言葉が拡声器を介して発言されることは勿論、朝礼台を本件学校に運ぶといった実力行使に至ることを認識した上で本件活動に参加したと強く推認され、事実、被告人も、検察官調書でその旨を認めている。また、Aが本件活動時に拡声器を用いて大音量で街宣をした目的は、判示事実記載の文言を本件学校関係者だけでなく、周辺住民に聞かせるためでもあったのであるから、門扉の前で仁王立ちしたり、実際にAの発言に従って朝礼台等を移動させる等していた被告人が拡声器を介してされた判示事実の発言を聞き漏らしたとは考えられないのであって、AやBの拡声器での発言内容に行き過ぎた発言はないとする被告人の検察官調書の内容に照らすと、本件活動は、被告人が参加前から考えていた範囲で行われたものと優に認められる。事実誤認をいう論旨は理由がない」。

弁護人の理由不備との主張について、控訴審判決は次のように判示した。

第一に、「原判決は、違法性阻却事由の存否の判断において、手段の相当性という、正当行為や正当防衛の判断に共通する要素について、これを認める余地はない旨説示していることに照らすと、目的などその余の要素について検討するまでもなく、違法性は阻却されないとの結論に至ったと見ることができるから、理由が具備されていることは明らかである」。

第二に、「原判決は、判示事実に列挙された発言内容をもって侮辱に当たるとの判断を示し、結論を導いているから、理由の説示には欠けるところなどない」。

第三に、「原審弁護人が侮辱罪を直接の対象としていない刑法二三〇条の二の類推適用の解釈等を主張していないのであるから、原判決がこの点の説示をしなかったことは理由不備に当たらない」。

以上から、控訴審判決は、理由不備をいう論旨には理由がないとした。

2　法令適用の誤りと量刑不当

弁護人の法令適用の誤りとの主張について、控訴審判決は次のように述べた。

第一に、「憲法二一条一項に定める表現の自由に当たる行為であっても無制限に許容されるものではなく、公共の福祉や他の人権との抵触による合理的な制限を受けるものであるところ、判示事実にあるような内容を、平日の昼間の時間帯に学校に向けて拡声器を用いて叫ぶことはおよそ許容されるような行為ではないのであって、本件について侮辱罪を適用することが憲法違反となるとはいえない」。

第二に、「侮辱罪の保護法益は社会的名誉と解されるところ、これは、自然人に特有のものではなく、自然人の集団にも、その集団の性格によっては個人とは別に帰属するものであるところ（なお、集団が名誉の帰属的主体たり得るかはその社会的実態から判断すべきであって、法人格の存否が決定的な要素に当たるとは解されない。）、学校については、長年の教育、文化、芸術活動を通じて社会から一定の評価を受け、このような活動、評価に対し、現に在校する生徒、教職員のみならず、卒業生等も強い関心を持つものであるから、侮辱罪の保護法益たる名誉の帰属主体となる集団に当たるというべきである」。

第三に、「本件の侮辱行為は一連のものとして解すべきところ、本件学校の前で、本件学校や運営主体である本件学校法人のありようについて批判する中での発言であるから、特に朝鮮人との範疇について発言したと解されず、所論は前提を欠く」。

控訴審判決は、以上により、原判決に法令適用の誤りはないとした。さらに、弁護人の量刑が重過ぎて不当であるとの主張に対して、控訴審判決は、本件犯行を主導したのはAであるが、「被告人の現場での実行行為の関わり方は積極的なものであって、本件犯行で果たした役割は決して小さくない。また、被告人は、原審の公判廷において、反省をしている旨述べてはいるものの、未だ本件犯行の正当性を主張し続けてもいるのであって、上記反省を真摯なものと評価することはできない」とし、「被告人に前科がないこと、捜査段階から相応の期間の身柄拘束を受けたこと、自業自得とはいえ職を解雇されたことといった、被告人のために酌むべき事情を十分考慮しても、被告人を懲役一年、刑執行猶予四年間とした原判決の量刑が重過ぎて不当であるとはいえない」とした。

以上が、大阪高裁判決の内容である。これによって一審・京都地裁で被告人とされ有罪判決を受けた四人全員の有罪が確定した。

3　控訴審判決の意義

控訴審判決は、一審判決に比較して突っ込んだ事実認定を行った点がある。DとABCとの間に、一審判決の判示事実の一連の発言についての共謀の存在を認めて「被告人を侮辱罪について有罪としたのは正当である」とした。侮辱罪の認定についても、具体的発言をもとに法解釈したことを確認している。

検察官による起訴状、一審判決、控訴審判決を通じて、喧噪による授業妨害という威力業務妨害、ニッパーによるコード切断という器物損壊罪、そして学校に対する侮辱という構成がとられている。名誉毀損罪は適用されていないが、侮辱罪に加えて威力業務妨害罪などが成立し、それによって懲役刑の選択が可能となっている。検察官の工夫と言ってよいであろう。

もっとも、被害認識という観点では、本件の本当の被害は朝鮮人に対する侮辱、人間の尊厳に対する攻撃であり、単なる侮辱罪で済む話ではない。本来ならばヘイト・クライム／ヘイト・スピーチの事例であるが、ヘイト・クライム／ヘイト・スピーチ法がない日本では右のような構成で処理するのが精一杯ということでもある。それゆえ、本判決は、ヘイト・クライム／ヘイト・スピーチ法がない日本で可能な範囲で刑事責任を追及したという面と、そのために事案の本質に即した処理はできなかったという面の両面を確認しておくべきである。

五　京都朝鮮学校事件民事一審判決

1　画期的判決

二〇一三年一〇月七日、京都地方裁判所は、在特会メンバーが行った京都朝鮮第一初級学校に対する差別街宣に対する民事訴訟につき、原告（被害・朝鮮学校）の請求を認めて、被告（在特会及びそのメンバーら）に対して一二二六万円の損害賠償、及び京都朝鮮学校へのデモ差止めを命じる判決を下した（*16）。

ヘイト・スピーチ対策は刑事規制だけではなく、民事訴訟もその一つである。ただし、被害者誰もが民事訴訟を起こせるわけではない。被害側が学校組織であり、京都の多数の弁護士が駆けつけて協力したことで本件民事訴訟を闘うことができた。実際、法廷で被告らが差別発言を繰り返すなど、原告と弁護団は大変な苦痛と困難に直面しながら裁判を闘い抜いた。原告及び弁護団の奮闘は目覚ましいものがある。今回勝ち取った地裁判決を生かして、次のステップに進む必要がある。

2　判決主文

判決主文は次の通りである。

「1．被告在特会、被告B、被告C、被告E、被告F、被告G及び被告Ｉは、原告に対し、連帯して、五五四万七七一〇円及びこれに対する平成二一年一二月四日から完済まで年五分の割合による金員を支払え。

2．被告在特会、被告B、被告C、被告D、被告E、被告F、被告G、被告H及び被告Ｉは、原告に対し、連帯して、三四一万五四三〇円及びこれに対する平成二二年一月一四日から完済まで年五分の割合による金員を支払え。

3、被告在特会、被告B、被告C、被告D、被告E、被告F、被告G、被告H及び被告Ｉは、原告に対して、連帯して、三三〇万円及びこれに対する平成二二年三月二八日から完済まで年五分の割合による金員を支払え。

4．被告在特会、被告B、被告D、被告F、被告G、被告H及び被告Ｉは、自ら下記の行為をしてはならず、かつ、所属会員や支援者等の第三者をして下記の行為をさせてはならない。〈以下略〉」

右の「下記の行為」とは、朝鮮学校関係者に対する面談強要、差別街宣、朝鮮学校周辺徘徊行為などを指す。つまり、将来の街宣の差止め命令である。

3　判決理由の概要――人種差別撤廃条約の適用

判決理由は多岐にわたるが、ここでは重要な論点に関するものだけを取り上げる。

第一に、判決は人種差別撤廃条約の適用についての判断を示した。判決は人種差別撤廃条約の内容に踏み込んで、次のように述べる。

「人種差別撤廃条約は、『人種差別』について『人種、皮膚の色、世系又は民族的若しくは種族的出身に基づくあらゆる区別、排除、制限又は優先であって、政治的、経済的、社会的、文化的その他のあらゆる公的生活の分野における平等の立場での人権及び基本的自由を認識し、享有し又は行使することを妨げ又は害する目的又は効果を有する者』と定義し（一条一項）、締結国に『人種差別を非難し……あらゆる形態の人種差別を撤廃する政策……をすべての適当な方法により遅滞なくとる』ことを求め、『すべての適当な方法（状況により必要とされるときは、立法を含む。）により、いかなる個人、集団又は団体による人種差別も禁止し、終了させる』ことを求めている（二条一項柱書き及びd）。さらに、人種差別撤廃条約の締約国は、その『管轄の下にあるすべての者に対し、裁判所……を通じて……あらゆる人種差別の行為に対する効果的な保護及び救済措置を確保し、並びにその差別の結果として被ったあらゆる損害に対し、公正かつ適正な賠償又は救済を……求める権利を確保する』ことをも求められる（六条）」。

そして、判決は「このように、人種差別撤廃条約二条一項は、締結国に対し、人種差別を禁止し終了させる措置を求めているし、人種差別撤廃条約六条は、締結国に対し、裁判所を通じて、人種差別に対する効果的な救済措置を確保するよう求めている。これらは、締結国に対し、国家として国際法上の義務を負わせるというにとどまらず、締結国の裁判所に対し、その名宛人として直接に義務を負わせる規定であると解される。このことから、わが国の裁判所は、人種差別撤廃条約上、法律を同条約の定めに適合するように解釈する責務を負うものというべきである」とする。

こうして判決は法律解釈の重要な指針として国際人権条約が存在することを認め、条約に適合する法律解釈をすることを宣言した。民法第七〇九条の不法行為の成立が争われているので、判決は条約そのものをもとに解釈するのではなく、民法の解釈を条約に適合させる手法を採用している。条約違反行為があっても具体的な損害のない場合にまで不法行為と認定するわけではない。民法第七〇九条が要求している損害発生が出発点となる。

「したがって、わが国の裁判所は、人種差別撤廃条約二条一項及び六条の規定を根拠として、法律を同条約の定めに適合するように解釈する責務を負うが、これを損害賠償という観点からみた場合、わが国の裁判所は、単に人種差別行為がされたというだけでなく、これにより具体的な損害が発生している場合に初めて、民法七〇九条に基づき、加害者に対し、被害者への損害賠償を命ずることができるというにとどまる」。

ここで裁判所の問題関心が、不法行為の成立自体ではなく、損害賠償額の認定にあることが判明する。逆に言えば、不法行為が成立することは人種差別撤廃条約を引き合いに出すまでもなく肯定しており、その成立を前提として人種差別撤廃条約が損害賠償額の認定に与える影響を論じている。

「人種差別となる行為が無形損害（無形損害も具体的な損害である。）を発生させており、法七〇九条に基づき、行為者に対し、被害者への損害賠償を命ずることが出来る場合には、わが国の裁判所は、人種差別撤廃条約上の責務に基づき、同条約の定めに適合するよう無形損害に対する賠償額の認定を行うべきものと解される」。

かくして、判決は次の結論に達する。

「無形損害に対する賠償額は、行為の違法性の程度や被害の深刻さを考慮して、裁判所がその裁量によって定めるべきものであるが、人種差別行為による無形損害が発生した場合、人種差別撤廃条約二条一項及び六条により、加害者に対し支払いを命ずる賠償額は、人種差別行為に対する効果的な保護及び救済措置となるような額を定めなければならないと解されるのである」。

以上が判決における人種差別撤廃条約の適用に関する理由説明である。若干のコメントをしておこう。

第一に、判決が人種差別撤廃条約を積極的に引証し、これを適用したことは評価できる。日本の裁判所は一部を除いて国際人権条約の適用に後ろ向きであったからである。

第二に、人種差別撤廃条約第一条及び第二条の基本的趣旨を理解し、適切に解釈する基本姿勢を示している。

第三に、判決には憲法第一三条及び第一四条への言及のないことが気になる。人種差別撤廃条約を「国法の一形式として法律に優位する国内的効力を有する」とした点は評価できるが、同時に、憲法第一四条に言及して、その解釈の見直しを図ることも重要である。

第四に、判決が「第４　本件活動の不法行為性について」よりも前に「第３　人種差別撤廃条約下での裁判所の判断について」を置いたことも気になる。論理的には、不法行為の成立を認定した後に損害賠償額の認定を行い、その際に人種差別撤廃条約の影響を論じるべきところであろう。不法行為の判断の前に人種差別撤廃条約の適用についての判断をしなければならなかった理由は何であろうか。

4　排除による人種差別

判決は「本件活動による業務妨害及び名誉毀損が人種差別撤廃条約上の人種差別に該当すること」において、被告人らが差別意識を有していたこと、自分たちの考えを表明するために示威活動を行ったことから「本件活動が、全体として在日朝鮮人に対する差別意識を世間に訴える意図の下に行われた」とした。

その上で、判決は被告らによる数々の差別的発言を確認し、「以上でみたように、本件活動に伴う業務妨害と名誉毀損は、いずれも、在日朝鮮人に対する差別意識を世間に訴える意図の下、在日朝鮮人に対する差別的発言を織り交ぜてされたものであり、在日朝鮮人という民族的出身に基づく排除であって、在日朝鮮人の平等の立場での人権及び基本的自由の享有を妨げる目的を有するものといえるから、全体として人種差別撤廃条約一条一項所定の人種差別に該当する」と判断し、「民法七〇九条所定の不法行為に該当すると同時に、人種差別に該当する違法性を帯びている」とした。

ここで注目するべきことは、単に人種差別撤廃条約にいう人種差別に該当すると判断したことではない。事実認定を踏まえれば、人種差別に該当すると判断するのは当然のことである。重要なのは「排除」と明言し、「人権及び基本的自由の享有を妨げる目的を有するもの」と判断したことである。

第一に、「排除」である。人種差別撤廃条約第一条一項の定義は「人種、皮膚の色、世系又は民族的若しくは種族的出身に基づくあらゆる区別、排除、制限又は優先」としている。「区別、排除、制限又は優先」のうち「区別」や「制限」に当たることはもとよりであるが、判決は「排除」に着目した。単に差別的な表現を行ったというものではなく、「排除」する行為である。よく誤解されるように、ヘイト・スピーチは単なる汚い表現や悪意の表明だけではない。他者を排除する意思の表明であり、排除する行為である。他者の安全や存在を危殆化する行為であり、放置しておくと「迫害」につながるような行為である。「迫害」が組織的に行われた場合、人道に対する罪となることがあることを想起するべきである。

第二に、被害の内実が「人権及び基本的自由の享有を妨げる目的を有するもの」として捉えられている。単に「差別されて嫌な思いをした」「おもしろくない感情を持った」というレベルではなく、具体的に人権侵害を惹起したことを認定した。人種差別撤廃条約の定義が「政治的、経済的、社会的、文化的その他のあらゆる公的生活の分野における平等の立場での人権及び基本的自由を認識し、享有し又は行使することを妨げ又は害する目的又は効果を有するもの」としていることに対応している。しばしば語られる「差別的な言葉といえども表現の自由である」という短絡的な主張とは異なり、差別的発言が具体的な人権侵害を惹起することを認めた点で、判決は事案を適切に解決する手がかりを得たといえよう。

第三に、「人権及び基本的自由を認識し、享有し又は行使することを妨げ又は害する」にも注意しておく必要がある。ヘイト・スピーチは、被害者が自らの人権や自由を「認識、享有、行使」することを妨げる効果を持つことがありうる。本件でも、朝鮮学校の教員や現場に駆け付けた父母たちが、被告らから罵声を浴びせられながら「抵抗できず」にいる姿を子どもたちに見せてしまった形となっている。教員、父母、そして子どもたちにとって、「自分たちはこれほどひどい罵声や怒号にさらされても仕方がない」と思わせるような加害がなされたのである。言葉にできないような無力感と屈辱感に耐えなければならなかったと思われる。子どもたちもこのような体験をどのように受け留めているだろうか。どのように引きずっているだろうか。ヘイト・スピーチ被害を受けたマイノリティが沈黙させられ、権利剥奪感に悩まされることは欧米の研究でも知られている（本書第4章参照）。

5　損害の認定

判決は、損害の認定に当たって積極的な財産損害のみならず、無形損害は「精神上の苦痛だけに限られるものではなく、社会通念に照らして金銭賠償を相当とする無形の損害全般を指す」とし、被告らの示威行為によって「喧噪により本件学校の校舎内に著しい混乱が生じ」、行事や授業ができなかったことを認定した。例えば、一回目の示威活動について「当日、喧噪により本件学校の校舎内に著しい混乱が生じ、これによって予定通りの行事や授業が出来なくなっている。これによって苦痛を受けたのは、本件学校の児童や教員であるが、学校法人たる原告には損害が生じていないとはいえない」とし、「混乱の対応のため費やすことになった時間と労力は、積極的な財産支出や逸失利益という形での損害認定こそ困難であるものの、被告らによる業務妨害さえなければ何ら必要なかった（あるいは他の有用な活動に振り向けることができた）時間と労力なのであって、原告の学校法人としての業務について生じた悪影響であることは疑いない」とした。

判決はこうした立場から、三回にわたる被告らの示威活動や映像公開についての無形損害を一つひとつ認定して、総計で一二二六万円の損害賠償額を算出した。

若干補足しておくと、右の人種差別撤廃委員会での出来事は、二〇〇一年二月、日本政府第一回報告書審査のことである（本書第6章参照）。日本政府は「日本には深刻な人種差別はないので、ヘイト・クライム法の立法は必要ない」と主張するとともに、「仮に人種的動機による犯罪が起きた場合も、通常の傷害罪や暴行罪で対応でき、動機を量刑に反映することができる」という趣旨の答弁をした。日本刑法は法定刑の幅が非常に広いので、「人種的動機」を考慮して刑罰を加重できるという意味である。実際に加重した事例はほとんど知られていないが、日本政府がそのように述べているので、京都地裁はこれを引用して逆手に取った形で損害賠償額の算出に用いたのである。

この点は「ヘイト・スピーチ法がなくても、現行法で適切に対応できる」という主張に関わる。しかし、第一に、ヘイト・スピーチの刑事規制と、本件民事訴訟の損害賠償とは別の話である。第二に、事案の本質を把握できるか否かが重要である。単に刑罰が重いとか、損害賠償額が高額ということよりも、人種差別による犯罪、ヘイト・クライム／ヘイト・スピーチをその実態に即して的確に把握した上での処理が必要である。

6　小括

京都地裁判決は人種差別撤廃条約を積極的に活用して事案の具体的解決を図った。業務妨害と名誉毀損の不法行為訴訟であるから、人種差別撤廃条約を引用しなくても原告勝訴の判決を容易に書くことが出来たにもかかわらず、人種差別撤廃条約の人種差別の定義に当たることを明確にするとともに、損害賠償額を加重するのに人種差別撤廃条約二条と六条を根拠にするなど、前向きの姿勢に特徴がある。以下、補足として若干気づいた点を指摘しておこう。

第一に、判決はヘイト・スピーチという語を自らの言葉としては用いなかった。原告・弁護団はヘイト・スピーチについて積極的に主張・立証したため、判決文中の原告の主張の箇所にヘイト・スピーチという言葉自体は登場するが、裁判所の判断の部分には登場しない。本件ではヘイト・スピーチについて判断するまでもなく不法行為を認定できる。ヘイト・スピーチについて判断するとなると、ヘイト・スピーチの法的定義から始めなくてはならない。ヘイト・スピーチの社会学的な定義も多様であるうえ、法的定義として普遍的なものは存在しない。国際自由権規約と人種差別撤廃条約の間にも大きな差異がある。各国の立法例を見ても、ヘイト・クライム法はあるが、ヘイト・スピーチ法と命名された法律はほとんどない。現状でヘイト・スピーチについて判断することは裁判所にとっては冒険である。それゆえ、ヘイト・スピーチという言葉を用いることよりも、従来型の判断枠組みのなかにヘイト・スピーチの実質的内容を取り入れて判断する手法になったと考えられる。

第二に、条約第四条留保の問題にかかわるが、判決は条約第一条、第二条及び第六条を引用して、そこから解釈基準を浮き彫りにする手法を採った。日本政府が条約第四条(a)(b)の適用を留保しているため、第四条は直接引用されていない。第二条を根拠に解釈基準を論じた点は評価できる。ただ、留保したのは(a)(b)だけであって、第四条本文（柱書き）及び第四条(c)の適用を留保していないから、第四条本文を引用して議論を展開することも可能である。

第三に、立法の要否に関する議論である。本判決の報道のなかでも、すでに「原告が勝訴したのだから、現行法で対処できる。ヘイト・スピーチ法は必要ない」という意見が語られている。しかし、すでに指摘したように、刑事規制と民事訴訟との差異を無視してはならない。事後的な民事訴訟にも間接的な犯罪抑止の効果はあるが、いったん被害を受けたことを前提とせざるを得ない。また、ヘイト・スピーチを明確に法的定義することによって、犯罪の本質や性格を社会に示すことに大きな意味がある。排除と迫害という本質を抜きに、業務妨害や名誉毀損を語っても解決にはならない。

第四に、人種差別撤廃委員会への報告である。今後、人種差別撤廃条約に基づく人種差別撤廃委員会に、本判決や、在特会によるヘイト・クライムを報告する必要がある。日本政府はこれまで二〇〇一年と二〇一〇年の二回の報告で「日本には深刻な人種差別はない」とし、「ヘイト・スピーチ対策法は必要ない」と主張してきた。本判決は、ヘイト・スピーチ事案が日本にあることを如実に示したので、これを人種差別撤廃委員会に報告しなければならない（本書第6章参照）。

第五に、本節では主題として取り上げなかったが、原告・弁護団は朝鮮学校の民族教育の権利を積極的に主張・立証したが、判決はこの論点を回避した。被告側が控訴したので、本件は大阪高裁に舞台を移すことになり、そこで改めて民族教育権が問われることになった（次項参照）。

六　京都朝鮮学校事件民事控訴審判決

京都地裁一審判決に対して在特会側が控訴し、事件は大阪高裁に係属した。大阪高裁は一回の公判で結審し、二〇一四年七月八日、控訴棄却の判決を下した（＊17）。判決は「当裁判所も、被控訴人の請求は原審が認容した限度で理由があり、その余は理由がないものと判断する」として、基本的には一審判決を是認したが、理由づけに関してはかなりの修正を施した。

1　人種差別撤廃条約の解釈

京都地裁が人種差別撤廃条約第二条と第六条を手掛かりに、これが裁判所の法解釈の原理となることを認め、一見すると条約の直接適用とも言える方法を提示したのに対して、大阪高裁は次のように述べて間接適用の手法を明示した。

「人種差別撤廃条約は、国法の一形式として国内法的効力を有するとしても、その規定内容に照らしてみれば、国家の国際責任を規定するとともに、憲法一三条、一四条一項と同様、公権力と個人との関係を規律するものである。すなわち、本件における被控訴人と控訴人らとの間のような私人相互の関係を直接規律するものではなく、私人相互の関係に適用又は類推適用されるものでもないから、その趣旨は、民法七〇九条等の個別の規定の解釈適用を通じて、他の憲法原理や私的自治の原則との調和を図りながら実現されるべきものであると解される。／したがって、一般に私人の表現行為は憲法二一条一項の表現の自由として保障されるものであるが、私人間において一定の集団に属する者の全体に対する人種差別的な発言が行われた場合には、上記発言が、憲法一三条、一四条一項や人種差別撤廃条約の趣旨に照らし、合理的理由を欠き、社会的に許容し得る範囲を超えて、他人の法的利益を侵害すると認められるときは、民法七〇九条にいう『他人の権利又は法律上保護される利益を侵害した』との要件を満たすと理解すべきであり、これによって生じた損害を加害者に賠償させることを通じて、人種差別を撤廃すべきものとする人種差別撤廃条約の趣旨を私人間においても実現すべきものである。」

2　公益目的に関する判断

他方、控訴人が公益目的を主張したが、判決は次のように述べている。

「しかし、本件活動は、本件学校が無許可で本件公園を使用していたことが契機となったとはいえ、本件発言の内容は、本件公園の不法占拠を糾弾するだけでなく、在日朝鮮人を劣悪な存在であるとして嫌悪・蔑視し、日本社会で在日朝鮮人が日本人その他の外国人と共存することを否定するものであって、本件発言の主眼は、本件公園の不法占拠を糾弾することではなく、在日朝鮮人を嫌悪・蔑視してその人格を否定し、在日朝鮮人に対する差別意識を世間に訴え、我が国の社会から在日朝鮮人を排斥すべきであるとの見解を声高に主張することにあったというべきであり、主として公益を図る目的であったということはできない。」

認定された事実からは朝鮮人差別目的が明瞭であり、公益目的は認められないというものである。「我が国の社会から在日朝鮮人を排斥すべきであるとの見解を声高に主張することにあった」としている点は、控訴人側に「排除」の意思があったことの認定でもある。

3　応酬的言論の法理

控訴人は応酬的言論の法理も主張した。

「しかし、控訴人らは、自ら進んで本件学校に接近して、本件示威活動を実行し、被控訴人の名誉を貶める違法行為を仕掛けたものである。控訴人らの違法行為に反発した本件学校関係者らが控訴人らに敵対的な態度や発言をしたことは否定できないが、控訴人らは、自らの違法行為によってそのような反発を招いたにすぎないし、かえってその態様をみるに、あえて相手方を挑発しそこで予想される摩擦を利用して、差別的言動を一層エスカレートさせていることがうかがえる」として、「応酬的言論の法理により控訴人らの行為が免責される余地はない」と結論付けた。

本件はそもそも言論の応酬ではなく、一方的な暴力事案であるから、当然の結論である。

4　民族教育の利益

さらに、控訴審判決は民族教育に言及した。

「被控訴人が本件活動により被った無形損害を金銭評価するに当たっては、被控訴人が受けた被害の内容・程度、被控訴人の社会的地位、侵害行為である本件活動の内容・態様その他の諸般の事情を勘案しなければならない。／そこで検討すると、被控訴人は、昭和二八年に認可された学校法人であり、朝鮮人教育や一般文化啓蒙事業を行うことを目的とし、本件学校等を設置・運営して在日朝鮮人の民族教育を行っていたこと、本件学校を含む朝鮮学校は、全国に約一二〇校、生徒数は約一万二〇〇〇人を数え、民族教育を軸に据えた学校教育を実施する場として社会的評価が形成されていること、被控訴人は、本件活動により、学校法人としての存在意義、適格性等の人格的利益について社会から受ける客観的評価を低下させられたこと、本件学校の教職員等の関係者が受けた心労や負担も大きかったこと、本件活動により、本件学校における教育業務を妨害され、本件学校の教育環境が損なわれただけでなく、我が国で在日朝鮮人の民族教育を行う社会環境も損なわれたことなどを指摘することができる。／……（差別表現、映像のインターネット公開など）以上の事情を総合するならば、本件活動は、その全体を通じ、在日朝鮮人及びその子弟を教育対象とする被控訴人に対する社会的な偏見や差別意識を助長し増幅させる悪質な行為であることは明らかである。／被控訴人は、控訴人らの上記行為によって民族教育事業の運営に重大な支障を来しただけでなく、被控訴人は理不尽な憎悪表現にさらされたもので、その結果、業務が妨害され、社会的評価が低下させられ、人格的利益に多大の打撃を受けており、今後もその被害が拡散、再生産される可能性があるというべきである」

「被控訴人は、その人格的利益の内容として、学校法人としての存在意義、適格性等の人格的価値について社会から受ける客観的評価である名誉を保持し、本件学校における教育業務として在日朝鮮人の民族教育を行う利益を有するものということができる。一方、本件活動は、被控訴人の本件学校における教育業務を妨害し、被控訴人の学校法人としての名誉を著しく損なうものであって、憲法一三条にいう『公共の福祉』に反しており、表現の自由の濫用であって、法的保護に値しないといわざるを得ない。」

第一に、判決は民族教育に言及し、「在日朝鮮人の民族教育を行う利益」と明言した。民族教育権とは表現していないが、事実上同じ意味である。原告側が主張立証したにもかかわらず、一審判決では民族教育については触れることがなかった。

第二に、「被控訴人は理不尽な憎悪表現にさらされた」という表現に注目したい。「憎悪表現」（ヘイト・

スピーチ）という語句を採用したと言えよう。一審判決ではヘイト・スピーチという言葉を用いるかどうかが注目され、言葉こそ用いなかったものの、原告側の主張を基本的に認めたため、実質的にヘイト・スピーチを取り上げたものとして、報道でもヘイト・スピーチという言葉が見出しとして掲げられた。控訴審では「憎悪表現」という語句を用いた。これはヘイト・スピーチというキーワードを用いたのか、それとも一般的な用語として使ったのか、読み方はわかれるかもしれない。日本語の憎悪表現という用語には法律用語としての格別の意味が込められてこなかったので、判決がいかなる意味でこの用語を用いたかは必ずしも明らかではない。

5　控訴審判決の意義

控訴審判決は一審判決と同様の結論を維持したが、理由づけにおいて訂正を加えた。条約の国内適用に関する訂正は、従来の法理論に照らして合理的と言えよう。一審判決は条約の直接適用かとも見える英断を下した印象があったが、直接適用が上級審で維持されることは困難であるとの指摘があった。

第一に、ヘイト・スピーチ関連の民事不法行為訴訟において前例のない多額の損害賠償を認容した。

第二に、公益目的や応酬的言論といった、差別の正当化のための隠れ蓑を許さない明快な判断を下した。

第三に、憎悪表現という語句を採用して、実質的にヘイト・スピーチ事案の解決を図った。

第四に、「在日朝鮮人の民族教育を行う利益」を人格的利益の内容として認めて、不法行為の被害を認定した。

七　水平社差別街宣事件民事一審判決

1　差別街宣一審判決

二〇一二年六月二五日、奈良地裁は、二〇一一年一月二二日に水平社博物館に対して異常な差別街宣を行った被告・在特会元副会長Kに対して名誉毀損の成立を認め、一五〇万円の損害賠償を命じる判決を言い渡した(*18)。判決は次のように判断した。

「前記第2の2(4)で判示したとおり、被告は、原告が開設する水平社博物館前の道路上において、ハンドマイクを使用して、『穢多』及び『非人』などの文言を含む演説をし、上記演説の状況を自己の動画サイトに投稿し、広く市民が視聴できる状態においている。そして、上記文言が不当な差別用語であることは公知の事実であり、原告の設立目的及び活動状況、被告の言動の時期及び場所等に鑑みれば、被告の上記言動が原告に対する名誉毀損に当たると認めるのが相当である。」

右の引用の冒頭に「前記第2の2(4)」とあるのは、「第2　事案の概要」「2　判断の前提となる事実」の「(4)被告の言動」のことであり、次のように述べられている。

「被告は、平成二三年一月二二日午後一時過ぎから、水平社博物館前の道路上において、ハンドマイクを使用して、次の通りの演説をした。そして、被告は、上演説の状況を自己の動画サイトに投稿し、広く市民が視聴できる状態においている。

『なぜここでこうやってマイクを持って叫んでいるかといいますと、この目の前にある穢多博物館ですか、非人博物館ですか、水平社博物館ですか、なんかねえ、よく分からんこの博物館』『強制連行された女性の中には、慰安婦イコール性奴隷として軍隊に従属させられ、性的奉仕を強いられた人もいましたと、こういったことも書かれておりますねえ』『慰安婦イコール性奴隷と言ってるんですよ、こいつらはバカタレ。文句あったら出てこい、穢多ども。慰安婦。性奴隷。これねえ、すごい人権侵害ですよ、これ。性風俗産業ね。自分が性風俗産業で働くのが大好きだと、これが天職だと、喜んで働いている女性に対して人権侵害なんですよ、これ』『この水平社博物館、ド穢多どもはですねえ、慰安婦イコール性奴隷だと、こういったこと言ってるんですよ。文句あったら出てこいよ、穢多ども。ね、ここなんですか、ド穢多の発祥の地、なんかそういう聖地らしいですね。』……省略……『いい加減出てきたらどうだ、穢多ども。ねえ、穢多、非人、非人。非人とは、人間じゃないと書くんですよ。おまえら人間なのかほんとうに』『穢多とは穢れが多いと書きます。穢れた、穢れた、卑しい連中、文句あったらねえ、いつでも来い。』

2　判決の意義

本件被告は水平社博物館に対して異様な差別発言を繰り返したが、刑事事件として立件されることはなかった。日本には人種差別禁止法もヘイト・クライム／ヘイト・スピーチ法もないので、悪質な憎悪犯罪が放置されている。被害者は民事名誉毀損訴訟を闘わなくてはならないし、賠償額は低く、再発防止につながらない。被告Kは一審判決が確定したにもかかわらず、生活難を理由にほとんど賠償を支払うことなく、投稿した動画の削除にも応じなかったようである。それどころか、原告を批判する発言を繰り返しているという。とはいえ、民事訴訟（不法行為訴訟）において差別発言による被害を認定したことは重要である。「言論は被害を生まない」という憲法学がまったく誤りであることが確認できる。

なお、一審判決後間もなく、原告・水平社博物館側の申し立てにより、ユーチューブは当該画像を視聴不可とする措置を講じた。

八　ロート製薬事件刑事一審判決

在特会など「行動右翼」による差別と排外主義は相変わらず続き、ロート製薬事件を引き起こした（＊19）。二〇一二年三月、大手製薬会社・ロート製薬がCMに韓国女優のキム・テヒを使ったことに抗議し「キム・テヒを使うな」「竹島は日本の領土だ」などと言いがかりをつけた。キム・テヒについて「竹島を韓国の領土だと世界中で宣伝している反日活動家だ」などと脅してCMから降板するよう求めた。大阪府警捜査四課は、五月一〇日、テレビCMで韓国人女優を起用していることに言いがかりをつけ、降板させるよう脅したとして、強要容疑で在特会・元会員ら四人を逮捕した。逮捕されたN容疑者は「日本の領土に関わることなので、あれくらい脅さないといけないと思った」と容疑を認めているという。四人のうち二人は否認したという。

大阪地裁は、二〇一二年一二月一八日、被告人Nに対して懲役一年の実刑判決を言い渡した。Nは控訴したようである。本件では分離公判となった被告人の一人Mについて、すでに二〇一二年一一月一日に大阪地裁で有罪・執行猶予付の判決が出ていたというので、二つ目の一審有罪判決である。残りの二人についても有罪判決が出たという（＊20）。

京都朝鮮学校事件や水平社博物館事件との比較をしておこう。

第一に、共通点であるが、Nらはロート製薬における自分たちの強要行為の現場をビデオ撮影し、インターネットの動画投稿サイトに投稿したので、犯罪の様子を誰でも見ることができる。この点は、京都朝鮮学校事件や水平社博物館差別街宣事件と共通である。これらの映像は長期にわたって公開され続け、誰でも見ることができた。

第二に、共通点として、犯罪者による攻撃の契機、名目はすべて朝鮮・韓国がらみである。ロート製薬事件では韓国女優をＣＭに使ったことに対する攻撃である。つまり、在特会は朝鮮・韓国に関連する人や組織に対して猛烈な攻撃を加えてきた。

第三に、警察介入の時期とあり方に着目すると、京都朝鮮学校事件・徳島県教組事件では、事件発生から一年余りも経てようやく立件がなされた。名誉毀損罪は適用されず、威力業務妨害罪や器物損壊罪に絞られた。水平社博物館事件では捜査も訴追も行われず、被害者は民事訴訟に訴えるしかなかった。ロート製薬事件では三ヶ月ほどで逮捕がなされ、容疑は強要罪であり、名誉毀損等は含まれていない。被害者はロート製薬の日本人社員とされている。

この点で確認しておくべきことは、次の点である。

第一に、警察介入が消極的だったことが在特会の増長を許してきたことである。在特会による差別と排外主義の事件は多数発生していた。しかし、警察は長期にわたって犯罪を放置してきた。このため在特会は増長して、いっそう激しい差別と排外主義の事件を引き起こしてきた。

第二に、最近になってようやく捜査が行われ、時に逮捕も行われているが、名誉毀損やヘイト・クライム／ヘイト・スピーチという認識ではない。差別に曝されてきたマイノリティの救済という観点が弱い。この点、結論を出すのは早急であるが、今後の動向を見ておく必要がある（＊21）。

九　構造的差別とヘイト・スピーチ

1　差別集団の特性

インターネットを武器に差別と排外主義を煽ってきた在特会は、市民団体と称しているが、粗暴な犯罪集団にすぎないことは映像を見ればすぐに判明する。にもかかわらず、日本社会には在特会を支持する一定の層が存在することも事実である。ジャーナリストの安田浩一の著書『ネットと愛国』は日本社会における差別と排外主義の実状を浮かび上がらせた。社会学研究者による研究も始まっている。

二〇一二年夏は、韓国や中国との間の領土問題が激しい論議の的となり、ナショナリズムが噴出した。日本の世論は異様に右傾化し、差別と排外主義を「当たり前のこと」とする意識が醸成されている。このため差別犯罪者集団は、有罪判決や損害賠償命令にもかかわらず、いっそう排外主義活動を強めている。韓国側や中国側もナショナリズムが噴き出している。中国側のデモでは「日本人皆殺し」などのヘイト・クライム表現が出始めた。双方がヒートアップする危険な状態が続いている。こうした時には政治家、外交官が冷静に交渉を行う必要があるが、日本の政治家は感情的になって相手を論難するばかりである。

国際社会に目を転じると、アメリカにおいてイスラム教のムハンマドを揶揄し、ポルノに仕立てた映像がつくられ、ネット上に公開された。イスラム社会が激しい反発を示し、アメリカ大使襲撃事件まで行われた。二〇一五年一月にはパリ週刊紙銃撃事件も発生した。西側諸国は表現の自由を唱えているが、およそ説得力がない。他者の宗教を侮辱するだけの拙劣極まりない悪質な映像である。幸いだったのは、イスラム社会側がイエス・キリストのポルノ映像を作って対抗する挙に出なかったことである。

表現の自由が重要であることは言うまでもない。しかし、表現の自由を口実にした悪質な犯罪が続出してきたし、今後も続くだろう。表現の自由を重視すればこそ、そのような悪質な「表現」を規制するのが良識というものである。

2　構造的差別とヘイト・スピーチ

ヘイト・クライム／ヘイト・スピーチが何であるかの理解がされていないことを繰り返し指摘してきたが、その要因の一つは構造的差別の下でマイノリティが置かれた地位についての理解がないことを上げることができる。憲法学は差別の実態に目を向けず、あたかも実質的に対等な者同士の言論だけが問題となっているかのごとく装う。差別・暴力事案について「対抗言論だ」などと暴論を唱えるのは、現実に目を塞いでいるからである。

こうした状況を前に、ヘイト団体は「日本人差別」という偽装を付け加える。「自分たちは朝鮮人や中国人を差別していない。自分たち日本人こそが差別されている」という「防衛的ヘイト・スピーチ」「被害妄想ヘイト・スピーチ」である。

ヘイト・クライム／ヘイト・スピーチの本質が当該社会に歴史的に形成されてきた構造的差別の下で起きるマイノリティに対する差別、脅迫、排除、迫害であることを見れば、このような主張に全く説得力のないことは明らかである。

アメリカでも「白人に対するヘイト・クライム／ヘイト・スピーチ」があるか否かは議論されてきたが、一般的に「白人に対するヘイト・クライム／ヘイト・スピーチ」は認められていない。他の要因（性的志向、ジェンダー等）によって白人の間で生じるヘイト・クライム／ヘイト・スピーチは別だが、黒人から白人に対するヘイト・クライム／ヘイト・スピーチはないとされている。もちろん、黒人が白人に対して暴力事件、脅迫事件、名誉毀損事件を起こすことはいくらでもある。それらは暴力事件、脅迫事件、名誉毀損事件として処理されるのであって、ヘイト・クライム／ヘイト・スピーチとされるわけではない。歴史的に形成されてきた構造的差別の下でマジョリティがマイノリティに対して行う差別、差別煽動、暴力、迫害をヘイト・クライム／ヘイト・スピーチと呼ぶのであるから、「白人に対するヘイト・クライム／ヘイト・スピーチ」は定義を満たしていないのである。

同様に、フランスでマリーヌ・ルペンが、フランス人の被害を主張しているが、これも倒錯した主張に過ぎない。二〇一三年七月二日、ＥＵ議会は、ルペン「国民戦線」党首の不逮捕特権をはく奪することを決めた（＊22）。ルペンは、イスラム教徒が路上で祈りをささげることを「軍事力によらない侵略」と誹謗した。フランス司法当局は「宗教上の理由での特定集団への憎悪煽動罪」容疑で事情聴取を求めていたが、ルペンはＥＵ議会議員であるため不逮捕特権を有していた。そこでＥＵ議会が不逮捕特権の剥奪を決定したのである。

日本においても、京都朝鮮学校事件では「この土地を奪った」などと、事実に反する誹謗中傷を並べ立てていた。他者の存在を否定し迫害するヘイト犯罪者は、自分たちの被害を言い募る。倒錯した防衛的ヘイト・スピーチの典型例である。

ヘイト・クライム／ヘイト・スピーチの基本は、マジョリティである日本人がマイノリティに対して行う犯罪であると考えるべきである。現に存在している非対称を前提として認識しなければ、ヘイト・クライム／ヘイト・スピーチを理解することはできない。

〈註〉

（＊1）前田朗『ヘイト・クライム』（三一書房労組、二〇一〇年）、同『増補新版ヘイト・クライム』（三一書房、二〇一三年）。なお、本書（本章）では、社会におけるヘイト・クライム／ヘイト・スピーチ状況に焦点を当てている。しかし、すでに数多く指摘されているように、日本における最大の問題は政府自ら行ってきた人種・民族差別であり、それが差別煽動となっている。社会において民間人が行うヘイト・クライム／ヘイト・スピーチよりも、国家が組織的に行うレイシズムの方が被害も大きい。国家レイシズムは国際社会においても、日本においても十分に研究されていない。国家レイシズムの研究が不可欠である。ただ、本書では政府の行為ではなく、民間人によるヘイト・クライム／ヘイト・スピーチを取り上げるが、両者の連関を問うことも今後の課題となっている。なお、この点につき、前田朗「序章　グローバル・ファシズムは静かに舞い降りる」木村朗・前田朗編『21世紀のグローバル・ファシズム』（耕文社、二〇一三年）参照。

（＊2）ヘイト・クライム／ヘイト・スピーチ研究が急激に増えている。その全体をカバーすることは到底不可能である。憲法学や刑法学の専門研究については、それぞれの個所で重要文献を紹介するが、ここでは最近の雑誌特集等を列挙しておく。

①「在特会のヘイトスピーチと人種差別」『コリアNGOセンターNEWS Letter』三四号（二〇一三年）には、「京都地裁が人種差別と明確に規定　高額賠償認める」「たかじんのそこまで言って委員会　読売テレビが番組で謝罪」「金稔万さん本名損害賠償裁判」とインタビューなど。

②「特集　レイシズム　日本そして世界」『IMADR-JC通信』一七六号（反差別国際運動日本委員会、二〇一三年）には、前田朗「表現の自由を守るためにヘイト・スピーチ規制を」／金子マーティン「マケドニア共和国スコピエ市のロマ集住地区シュトカとロマ学童の教育問題」／ゴルダナ・ロデッチ＝キタノッヴスカ「シュト・オリザリ地区について」／小森恵「人種主義的ヘイトスピーチと闘うために──CERD一般的勧告35を出す」。

③「特集日本国憲法を守る」『ひょうご部落解放』一五〇号（二〇一三年、ひょうご部落解放・人権研究所）には、冠木克彦「自民党改憲草案批判──天皇を戴く、戦争と人民抑圧国家の亡霊を生かしてはならない！」／前田朗「いま、なぜヘイト・スピーチか──差別・差別煽動と表現の自由」／正井礼子「日本国憲法について考える」／朴一「DV被害者支援の現場から見る憲法二四条」。

④『K-magazine』三〇号（二〇一三年、在日コリアン青年連合）特集1・辛淑玉「石原『三国人』発言から一三年、いまヘイトスピーチとどう戦うか？」／特集2「日本のレイシズム・ヘイトクライム」KEY座談会・三世世代以降の在日コリアンに求められていること／文字通り体を張って差別と闘う最前線を生きてきた辛淑玉さんインタヴューの小見出（「差別の政治家による後押し」「『殺せ』まできた二〇一三年」「後輩に一番言いたい言葉──『死ぬな！』」「1勝9敗で闘い続ける意味」「ヘイトスピーチでやられているところと　声をあげられるところと」「今が最初だったら壊れていたと思う」「実は、声を上げるほど叩かれない」「気づいた差別煽動の意味」「民族団体と孤立した在日コリアン」「新しい在日論、生き方をいま」「安全で安心できる空間はマイノリティの権利」「のりこえねっとに込めた覚悟」）。

⑤「特集　政治が強いる道徳を超えて」『教育』八一二号（二〇一三年、かもがわ出版・教育科学研究会）には、菅間正道「『他者と出会う』歴史教育はいかにして可能か？」／一盛真「4・28『主権回復の日』と倫理的想像力」／前田朗「在特会の

ヘイト・スピーチの実態と法的対策」など。

⑥「特集『彼ら』は『地続き』の存在なのか　ヘイトスピーチを考える」『ジャーナリズム』二八二号（朝日新聞社、二〇一三年）には、明戸隆浩「欧米のヘイトスピーチ規制から日本のすすむべき先を考える」／りむよんみ「ヘイトスピーチとマイノリティー沈黙効果　歴史的背景から見えてくるもの」／日置一太「排外主義の根底に何があるのか　NHKが取材した欧州の実情をみる」／小谷順子「アメリカとカナダの違いに学ぶヘイトスピーチ規制の法律と判例」／樋口直人「排外主義運動の核心をつかむ」／佐藤圭「差別の実態を浮かび上がらせ差別を乗り越えていく」／山口智美「フェミニズムの視点から見た行動保守運動と『慰安婦』問題」／石橋英昭「『臭いもの』を忌避している間に社会の公正さは損なわれていった」／奥平康弘「法規制はできるだけ慎重に　むしろ市民の『文化力』で対抗すべきだろう」／奈須祐治「大きな意義を持つ京都地裁判決　この国の法制度の限界も明らかに」。

⑦前田朗「ヘイトスピーチは表現の自由の問題ではない」『解放新聞・東京版』八二七・八二八号（二〇一四年）。

⑧「特集・多文化・多民族共生――違いを豊かさに」『月刊社会教育』六九九号（国土社、二〇一四年）には、藤田美佳「多文化社会における社会教育の課題」／前田朗「ヘイト・スピーチといかに闘うか」／宮島登「生活課題に立ち向かい、社会参加を進める実践へ」／石井ナナエ「うつり変わる在住外国人の実情」／成田博厚「多文化職場における参加型安全衛生活動」／宮田ますみ「多文化共生保育に出会って」。

⑨「ヘイト・スピーチをめぐる状況」『法と民主主義』四八五号（二〇一四年、日本民主法律家協会）には、金尚均「京都朝鮮学校事件におけるヘイト・スピーチ」／楠本孝「ドイツにおけるヘイト・スピーチに対する刑事規制」／前田朗「ヘイト・スピーチ処罰の世界的動向」／李春熙「ヘイト・スピーチ規制に関する弁護士会の取り組みについて」。

⑩「再び、ヘイト・スピーチについて考える」『法と民主主義』四八六号（二〇一四年）には、榎透「ヘイト・スピーチと表現の自由の相克」、神原元「ヘイト・スピーチとこれに対する『カウンター』について」。

⑪「日本社会の今を問う……」『明日を拓く』一〇四号（二〇一四年）には、デヴィッド・マクニールさんインタヴュー「在特会、ヘイトスピーチと日本」／川上隆志「出版活動と部落差別」／前田朗「ヘイトクライム・ヘイトスピーチの受けとめと日本社会・欧米社会」。

⑫「特集差別・煽動と女性――ヘイトスピーチを考える」『女たちの21世紀』七八号（アジア女性資料センター、二〇一四年）には、雨宮処凛・北原みのり「ヘイト・スピーチをする『愛国女性』たち」／亀永能布子「煽動される女性差別」／方清子「『慰安婦』問題をとりまくヘイト・スピーチと闘う」／金優綺「日本政府・政治家が主導する差別煽動」／桜井大子「反天皇制と反ヘイト・スピーチ」／貝和里江「『女が憎くて仕方ない‼』」／前田朗「ヘイト・スピーチの基礎知識」／辛淑玉「『人種差別』と『女』」。
⑬小谷順子「憎悪表現（ヘイト・スピーチ）規制消極論とその背景」『法と民主主義』四九〇号（二〇一四年）。
⑭韓国民団中央本部編『ヘイト・スピーチを許してはいけない』（新幹社、二〇一四年）。
⑮前田朗「ヘイト暴力をいかに把握するか」『アジェンダ』第四七号（二〇一四年）。
（＊3）表現の自由をめぐる法的思考がアメリカと西欧とで異なり、顕著な差異が広がってきたことについては、阪口正二郎「表現の自由をめぐる『普通の国家』と『特殊な国家』」東京大学社会科学研究所編『二〇世紀システム5　国家の多様性と市場』（東京大学出版会、一九九八年）。阪口の指摘は当時としては重要であったかもしれない。しかしその後、アメリカ型と西欧型を固定的にとらえる思考が広がり、現在のヘイト・クライム／ヘイト・スピーチ研究の課題に照らすと、視野狭窄を生み出す遠因となっている印象がある。なお、最近の阪口の見解は、阪口正二郎「法規制　拡大や乱用懸念」『朝日新聞』二〇一四年一〇月二日「耕論ヘイトスピーチへの処方箋」。

（＊4）師岡康子『ヘイト・スピーチとは何か』（岩波新書、二〇一三年）。著者は共著書に『なぜ、いまヘイト・スピーチなのか』（三一書房）、『今、問われる日本の人種差別撤廃　国連審査とNGOの取り組み』（反差別国際運動日本委員会編集・発行）、『外国人・民族的マイノリティ人権白書二〇一〇』（外国人人権法連絡会編、明石書店）などがある。最近の発言は、師岡康子「国際基準からみたヘイト・スピーチ規制問題」『ヘイト・スピーチを許してはいけない』（新幹社、二〇一四年）、同「放っておけば暴力に発展」『朝日新聞』二〇一四年一〇月二日「耕論ヘイトスピーチへの処方箋」。なお、師岡康子「包括的人種差別禁止法制定に向けて――国連人種差別撤廃委員会勧告の意義」『世界』八六二号（二〇一四年）。

（＊5）明戸隆浩「欧米のヘイトスピーチ規制から日本のすすむべき先を考える」『ジャーナリズム』二八二号（朝日新聞社、二〇一三年）。なお、エリック・ブライシュ『ヘイトスピーチ』（明石書店、二〇一四年）の訳者解説も参照。

（＊6）明戸隆浩「アメリカにおけるヘイトスピーチ規制論の歴史的文脈」『アジア太平洋レビュー』第一一号（二〇一四年）。

（＊7）在日特権を許さない会（在特会）とは「在日韓国人・朝鮮人（以下、在日）問題を広く一般に提起し、在日を特権的に扱う、いわゆる在日特権を無くすことを目的とする」団体である（会則四条）。事業は、講演会・勉強会の開催や調査・研究となっているが、「その他、当会の目的達成に必要なことを行う」（会則五条四）とある。ヘイト・クライム／ヘイト・スピーチが急増した原因や、その現象の本質をいかに把握するかについては見解が分かれている。在特会を取材したルポとして、安田浩一『ネットと愛国──在特会の「闇」を追いかけて』（講談社、二〇一二年）。安田はその後も多くのルポを発表している。例えば、安田浩一「ヘイト・スピーチを駆り立てる『在日特権』の正体」『ヘイト・スピーチを許してはいけない』（新幹社、二〇一四年）、同「新保守運動とヘイト・スピーチ」金尚均編『ヘイト・スピーチの法的研究』（法律文化社、二〇一四年）等。他方、社会学研究として樋口直人『日本型排外主義──在特会・外国人参政権・東アジア地政学』（名古屋大学出版会、二〇一四年）。また「在日特権」なる主張への批判として、野間易通『在日特権の虚構』（河出書房新社、二〇一三年）。

（＊8）『琉球新報』社説（二〇一四年三月一日）は「日本政府や国会は指摘を重く受け止めるべきだ。憎悪表現については法規制も視野に、国会論議や国民的議論を深める必要がある。／この問題に関しては、昨年一〇月、朝鮮学校周辺の街頭宣伝で憎悪表現を繰り返した在特会側に街頭宣伝の禁止と損害賠償を命じる判決が京都地裁で出ている。判決は憎悪表現が日本も批准する人種差別撤廃条約で禁止される人種差別に当たり、違法だと指摘。日本は国連人種差別撤廃委員会からも『憎悪的、レイシズム的表明に対する追加的措置』を求められていた」と踏み込んでいる。

（＊9）激化するヘイト・クライムに眉をひそめ、ただちに抗議集会に取り組んだ市民もいる。京都事件に関する緊急抗議集会が各地で取り組まれた。事件直後の二〇〇九年一二月一九日には東京、二二日には地元・京都、二三日には大阪で相次いで抗議集会が開催され、いずれも短期間の準備にもかかわらず、会場に多くの市民が駆けつけた。

（＊10）その後も、新大久保や鶴橋におけるヘイト・デモに対して、カウンター行動の取り組みが広がってきた。なお、現場の実態を無視した対抗言論の主張や、カウンター行動への批判も見られる。カウンター行動の実践現場からの報告は数多いが、弁護士によるものとして、神原元「ヘイト・スピーチとこれに対する『カウンター』について」『法と民主主義』

四八六号（二〇一四年）、同『ヘイト・スピーチに抗する人びと』（新日本出版社、二〇一四年）。なお、次の二つの詩集は重要である。『朝鮮学校無償化除外反対アンソロジー』（同刊行会、代表河津聖恵、二〇一〇年）、広島朝鮮初中高級部生徒『私たちも同じ高校生です——朝鮮学校への無償化適用を願うアンソロジー』（二〇一〇年）。

（＊11）講演会記録は下記に収録されている。『現代排外主義と人種差別規制立法』（第二東京弁護士会人権擁護委員会、二〇一一年）。なお、鵜飼哲「鎧と毒矢・原発震災の中で外国人排斥運動を再考する」『月刊社会民主』六七四号（二〇一一年）も重要である。

（＊12）鵜飼哲は次のように述べる。「人はいつ、どこでレイシストになるのかということについていえば、『どこ』かを確定することは難しいですね。今、日本の学校がどうなっているのかということも不安な気はします。しかし、大きく言ってやはりテレビやネットの情報環境でこうした考え方が拡大していることは確かでしょう。現在日本では、単にネットだけではなく、テレビの状況が相当深刻です。北朝鮮や中国に関するテレビ報道は、映像や言葉のレベルで、これは明らかにレイシズムと言える例があふれていると思います。／分類上の『狂信派』は秘教的な集団を形成し、勉強会を通じてイデオロギー的な集団性を獲得するに至るわけですけれども、どうも今大衆的に街頭行動に出てきているグループには、そのような集団性はないような気がします。広がりと裏腹の脆弱さもあるような気がしていて、この両面をどう把握するのかはひとつの課題とみなしていいかと思います。」（第二東京弁護士会主催のシンポジウムの記録『現代排外主義と人種差別規制立法』第二東京弁護士会、二〇一一年）。

（＊13）京都朝鮮学校襲撃事件一審京都地裁判決について、金尚均「在日朝鮮人の特権廃止を目的に掲げる団体の活動として、構成員ら総勢一一名で、多数の威力を示し、多数の児童がいる朝鮮学校付近において、拡声器を使って侮辱的言辞を繰り返し怒号した等の行為について、正当な政治的表現の限度を逸脱した違法なものであり、威力業務妨害罪、侮辱罪、器物損壊罪等が成立するとした事例」ＴＫＣローライブラリー速報判例解説・刑法六〇、楠本孝「在特会事件判決の意義と限界」『法と民主主義』二〇一一年一二月号、前田朗「団体構成員らが学校や労組事務所に押しかけて侮蔑的言辞を呼号し喧騒を引き起こすなどしたことが威力業務妨害、侮辱等にあたるとされた事例」ＴＫＣローライブラリー速報判例解説・国際公法一三。

（＊14）徳島県教組乱入事件について、徳島地検は、参加者全員について名誉毀損につき不起訴処分、威力業務妨害及び建造物侵入につき起訴猶予処分とした。徳島県教組はこれを不服として、徳島検察審査会に審査申立てを行い、徳島検察審査会は二〇一二年六月二一日、不起訴不当の議決を下した（『毎日新聞』二〇一二年六月二六日、『徳島新聞』二〇一二年六月二六日）。徳島地検は、二〇一三年三月二九日、威力業務妨害及び建造物侵入等で二名を起訴したが、名誉毀損については不起訴を維持した（『徳島新聞』二〇一三年四月五日）。徳島県教組乱入事件だけで訴追された事例でも罰金刑が言い渡された。「在日特権を許さない市民の会（在特会）の会員らと、徳島県教職員組合の事務所で大声をあげるなどしたとして、威力業務妨害罪などに問われた無職、N被告とM被告に徳島地裁は二五日、ともに求刑通りN被告に罰金三〇万円、M被告に罰金二〇万円の判決を言い渡した」（『産経ニュース』二〇一三年一二月二五日）。

（＊15）京都朝鮮学校刑事控訴審判決について、冨増四季「京都朝鮮学校襲撃事件」『なぜ、いまヘイト・スピーチなのか』三二頁以下。

（＊16）京都朝鮮学校民事一審判決について、金尚均「京都朝鮮学校事件におけるヘイト・スピーチ」『法と民主主義』四八五号（二〇一四年）は「この判示の意味するところは、単に当該朝鮮学校に対する名誉棄損だけでなく、その背景にある在日朝鮮人一般に対する差別的発言を不法行為の内容としている点で、まさにヘイト・スピーチによる人種差別を認定したことにあると言っても過言ではない。つまり在日朝鮮人を貶むヘイト・スピーチを通じて生じた朝鮮学校に対する名誉棄損・不法行為を認めた点で画期的と言える」と評価している。他方、奈須祐治「大きな意義を持つ京都地裁判決　この国の法制度の限界も明らかに」『ジャーナリズム』二八二号（二〇一四年）は「本判決は、非常に大きな意義を持つ。冒頭で述べたようにわが国にはヘイトスピーチ規制法が存在しないため、既存の法令の範囲内で対処せざるをえない。／このような中、本判決は、民法の枠組みで問題を処理しながら、七〇九条の規定に人種差別撤廃条約上の義務を読み込んだうえで、本件発言が同条約の禁じる差別行為にあたることを論証し、多額の損害賠償を認めたのである」としつつ、「ヘイトスピーチを特別に規制する刑事立法を検討する必要もあると思われる」と述べている。

（＊17）京都朝鮮学校事件民事控訴審判決。大阪高裁判決平成26年7月8日（平成25年（ネ）第3235号街頭宣伝差止め等請求控訴事件）。

（＊18）古川雅朗「水平社博物館差別街宣事件」『なぜ、いまヘイト・スピーチなのか』六六頁以下。

（＊19）岡本雅享「フジテレビデモからロート製薬攻撃へ」『なぜ、いまヘイト・スピーチなのか』七九頁以下参照。

（＊20）「ロート製薬（大阪市生野区）が人気韓国人女優キム・テヒさんをCM起用したことに因縁をつけ、竹島に関する会社の見解を無理に回答させたとして、強要罪に問われたN被告に、大阪地裁（石井俊和裁判官）が一八日、懲役一年の判決を言い渡した。求刑は懲役一年六月。／検察側は『右翼を紹介したる』などと担当者を脅したと指摘。被告側は『要求を会社に伝えるよう担当者に依頼しただけ。脅迫してない』と否認した。／起訴状では、三月二日午後、ほかの男三人と共謀し、ロート製薬応接室でキムさんについて『竹島を韓国領だと宣伝する反日の政治活動家だ』と言い掛かりをつけ、同社に竹島は日本の領土だと回答させ、義務のないことを行わせたとしている。」（『産経新聞』二〇一二年一二月一八日）

（＊21）在特会以外にも多くの事件があるが、地方自治体による差別が大きく報道された例として、町田朝鮮学校差別事件がある。『東京新聞』二〇一三年四月五日一面記事は「新入児童に配る防犯ブザー　朝鮮学校を除外」として、町田市教育委員会が小学校の児童に配布する防犯ブザーを、朝鮮学校児童に限って配布しないことに決めたことを報じた。『朝日新聞』同年四月五日社会面も「防犯ブザー朝鮮学校除外」として同様に報じた。このため少なからぬ市民が、差別をしないようにと要請の声を上げた。町田市は結局、除外措置の撤回を決めた。なお、二〇一四年三月に生じた浦和レッズJapanese Only事件など、サッカーにおける人種差別も大きな問題となっている（図表2参照）。陣野俊史『サッカーと人種差別』（文春新書、二〇一四年）。

（＊22）『共同通信』二〇一三年七月三日。

図表2　サッカーにおける差別事件（Jリーグの処分例）

時期	対象	処分内容
2010年5月	浦和レッズ	サポーターが対戦相手選手に差別発言をしたため譴責、制裁金200万円。
2014年3月	浦和レッズ	サポーターが「Japanese Only」と書かれた横断幕を掲出したのを放置したため譴責、1試合の無観客試合。
2014年5月	ツエーゲン金沢	J3金沢の DF が相手選手に差別発言をしたため譴責、3試合の出場停止。
2014年8月	横浜マリノス	サポーターが対戦相手の外国人選手に向かってバナナを振ったため譴責、制裁金500万円。

第2章　先行研究と本書の構成

第1節　レイシズム研究の動向

一　はじめに

本節では、ヘイト・クライム／ヘイト・スピーチ研究の課題に即してレイシズムに関する先行研究を瞥見する。本来ならば過去にさかのぼって植民地主義、人種主義、人種差別に関連する諸文献を紐解くことが必要であるが、その作業はここでは行わない。日本における植民地主義、人種主義、人種差別の歴史的展開、及びそれらに関する理論研究の変遷を追うことは別の機会に委ねたい（＊1）。また、レイシズムは単に社会的現象と言うよりも、国家主導のレイシズムや、国家が容認するレイシズムという問題でもある。国家レイシズムと社会におけるレイシズムのそれぞれを分析し、相互関係を問うような分析視角が必要であるが、今後の課題である。

以下では、二〇〇一年のダーバン人種差別反対世界会議とダーバン宣言以後において公表された重要文献を通じて、現在の日本における議論状況を確認したい。ダーバン会議とは、二〇〇一年八月三一日から九月八日にかけて、アパルトヘイトを克服した南アフリカのダーバンにおいて国連人権高等弁務官主催で開催された大規模な世界会議である（＊2）。政府間会議におけるダーバン宣言は国連の歴史上初めて「植民地時代における奴隷制は人道に対する罪であった」ことを認めた。

ダーバン宣言と行動計画は二一世紀初頭の国際社会がレイシズムと闘うための基本文書である。ところが、宣言採択の三日後、9・11が世界を変え、「テロとの戦争」という名の国家レイシズムが吹き荒れる時代に突入してしまった。その先頭に立ったのは、ダーバン会議を途中退席して立ち去ったアメリカ合州国である。アメリカ合州国は人種差別と人種主義を撤廃する闘いに抗して、「新しい人種主義戦争」に乗り出した。そのアメリカ憲法理論に「従属」してきた日本憲法学がヘイト・スピーチ規制に後ろ向きであることも確認しておこう。

ここで先行研究を網羅的に検討する余裕はない（＊3）。ヘイト・クライム／ヘイト・スピーチ研究にとって重要な先行研究の一部を取り上げて、これらに学ぶことにしたい。次項以下ではレイシズム・スタディーズ序説、ヘイト・スピーチ研究、日本型排外主義研究の三つの著作に絞って、現在の研究動向を明らかにしておきたい。これらを見るだけでも、ヘイト・クライム／ヘイト・スピーチ研究の課題にとって大きな意味がある。

二　レイシズム研究

鵜飼哲・酒井直樹・テッサ・モーリス＝スズキ・李孝徳による『レイシズム・スタディーズ序説』は、世界史におけるレイシズムを総体的にとらえ、日本におけるレイシズム状況を前にしてグローバルな視野でこの問題にアプローチした優れた研究である（＊4）。

1　世界史におけるレイシズム

冒頭で酒井直樹は、近代世界史におけるレイシズムを生み出した構造、同様にその構造に組み込まれた日本におけるレイシズム再生産構造を鮮やかに分析する。ポストコロニアルのレイシズム研究という一面をもつとともに、現代におけるグローバル・レイシズムが課題とされる。植民地近代が産み落としたレイシズムと、グローバリゼーションのもとにおけるレイシズムとが密接なつながりを持ちつつも、そこには質的な変容が見られるので、両者をどのように位置づけ、関連づけて理解するのかを問う試みでもある。

酒井はアメリカによる東アジア支配におけるレイシズムを剔抉し、同時にその枠組みに参入しながら日本自身が再生産している日本的レイシズムの関係を問う（＊5）。酒井は「西洋と文明論的転移」と表現して、一つの例証として「日本人論」をとりあげる（＊6）。西洋植民地主義にからめとられながら、それに便乗した日本の東アジア植民地主義はアイヌモシリ（北海道、千島、サハリン）、琉球、台湾、朝鮮半島、南洋諸島、「満州」へと肥大化していき、敗戦によって地理的空間的には一気に縮小したが、植民地主義精神、人種主義は見事に温存された。それはいま「上品な人種主義」として日々、練り直されて登場している。

2　グローバル化されるレイシズム

テッサ・モーリス＝スズキは、グローバル化されたレイシズムにかかわる三事例として、第一にオランダの極右政治家ウィルダースとその運動、第二に二〇〇五年一二月にオーストラリアで起きた「クロヌラの暴動」、第三に日本の在特会を取り上げる。それぞれの具体的事例を通じて、各地のレイシズム現象の特徴と共通性が明らかにされる。

「二一世紀にグローバル化されつつあるレイシズムを検証してみると、それぞれの国のレイシズム運動の中にある類似点に気がつきます。それぞれの国でのレイシズム運動を誘発する、経済的・社会的な背景は同様だ、といってもそれほど間違っていないかもしれません。またそういったレイシズム運動がつくりだす他者、よそ者に対するステレオタイプとかジェンダー的な意味づけには、深い類似性が認められる。」

「われわれ」と「かれら」を対置し、「かれら」の責任を論難し、「われわれ」の問題を回避し、「かれら」に「出ていけ」と迫る「典型的なフレーズ」である。その通りである。ただし、右の引用から「二一世紀にグローバル化されつつある」を削除しても、同じことが言える（＊7）。

鵜飼哲はフランスにおける人種差別を鮮やかに抉り出す。アフリカとイスラム、移民と郊外。現象をいかに記述するべきか。その前提に立ち返りながら、人種主義の台頭と、それに対する民間団体「SOSラシスム」に代表される反人種差別の対抗の中での揺れ動きが語られる。一方では「ブールの行進」のように「自由・平等・博愛の国だから、たてまえとしてであっても、反レイシズムで人を集めれば集まる」。だが、そのフランスに根強くはびこるレイシズム（＊8）。

鵜飼は日本のレイシズムを考え直すために、一九〇三年に開催された大阪の博覧会における「学術人類館」事件を取り上げ、西洋中心主義の土俵に奇怪な形で乗ってしまった日本と、沖縄の関係を論じる。一九七五年の沖縄海洋博の際にも議論となった「人類館」事件は、現在の沖縄差別を問う際に、まさに参照枠の一つとなる。

さらに、酒井直樹は日米戦争が日米双方の帝国主義に与えた影響を論じる。一九一〇～二〇年代に激しいレイシズムが席巻し、ナチス・ドイツの範とさえなったアメリカがいちおうは多文化主義に転じたのは、日本との戦争のためだとされる。帝国主義間において正当性を主張するには「反人種主義」を政策とする必要がある。「欧米の人種主義からアジアを解放する」という日本の主張はいかに欺瞞であれ、いちおうの「正当性」を獲得しえた。ところが、日本はナチス・ドイツと組むことによって反人種主義の化けの皮がはがれてしまう。大西洋憲章以後のアメリカは表面的には反人種主義の優等生としてふるまう。実際には国内外で人種差別政策を推進したにもかかわらず、表面的には、そして公式的にも、いちおうは反人種主義を先導する位置に立った。この転換と揺れ動きの中に日米双方の問題がごった煮のように詰まっている。

3　加害者と被害者の逆転

「人種主義の暴力は人種主義の被害者に対してだけ発現するのではなく、被害者を加害者の立場に追いやるわけですよね。被害者になりたくなかったら加害者になれという論理が、社会的に弱い立場におかれた者たちの行動指針になってしまう。ですから、被害者と加害者を本質論的に分けるのではなく、被害者がいつでも加害者になりうることの力学を解析することが必要なわけです。」

多くの場面で語られてきたことだが、この指摘は実に重要だ。いつも繰り返し立ち返るべき論点だろう。

被害者が加害者になってしまう現象は、ヘイト・クライム研究ではよく指摘される。

ヘイト・クライム研究の中では「防衛的ヘイト・クライム」が説かれている。たとえば、白人集住地区に黒人が転居し、流入してくると「奴らがわれわれの町を侵略してくる。われわれの町を守れ」という「防衛意識」が強調され、そこから差別と排外主義が始まる。よそ者を追い出すレイシズムだ（本書第3章2節参照）。

被害者になれば心置きなく差別できる。被害者になったほうが勝ちなのだ。在特会も「在日特権を許さない」という独特の理屈を掲げている。被害者を装いながら、圧倒的な弱者・少数者に対して激しい憎悪をぶつけ、排除しようとする。この心理と論理を解明することも大切だ（＊9）。

三　ヘイト・スピーチ研究

アメリカにおけるヘイト・スピーチ議論を丹念に検討したエリック・ブライシュ『ヘイトスピーチ』の翻訳が出た（＊10）。

ブライシュはアメリカの状況を前にヘイト・スピーチの議論に挑んでいるので、「ヘイト・スピーチの処罰か表現の自由か」という問いをいちおうの前提としつつ、そこで本当に問われているのは何かを突き付ける形で議論をしている。「自由と規制のあるべきバランス」という議論だ。二者択一ではない。

また、ブライシュは人種差別禁止法、ヘイト・クライム法、ヘイト・スピーチ法にきちんと目を向けている。人種差別禁止法もヘイト・クライム法も無視して、ヘイト・スピーチ法だけを取り出して恣意的な議論を展開することはしない。当たり前のことをしているだけなのだが、日本の議論とは著しい落差がある。

そしてブライシュの議論の特徴はアメリカとヨーロッパの比較法・比較政治である。それ自体は珍しいわけではない。ヘイト・スピーチを処罰しないとされがちなアメリカと、処罰するヨーロッパという話は、欧米の研究でも日本の研究でも長年指摘され、いくつかの解釈が提示されてきた。ブライシュも同じテーマを掲げる。ただし、アメリカ型とヨーロッパ型という固定的な判断を避けて、それぞれがどのようにして現状に到達し、これからどのように変化を遂げていくのかという関心で見ていることに特徴がある。

というのも、アメリカは人種差別禁止法やヘイト・クライム法では先行しているし、一時期、ヘイト・スピーチ規制にも乗りだしたのに、一九六〇年代以降、表現の自由優先の判例が確立して、ヘイト・スピーチ処罰は困難になってきた。他方、ヨーロッパは人種差別禁止法では必ずしも先進的と言えるわけではないし、ヘイト・クライム法はむしろ遅れているほどなのに、一九六〇年代以後、短期間のうちにヘイト・スピーチ規制の法体系を確立させてきた。両者のすれ違いの謎を解明することがブライシュの任務となる。

1 自由民主主義諸国における比較

ブライシュは冒頭に次のように述べる。

「自由民主主義諸国は、自国の市民のためにできるだけ多くの自由を確保しようと苦闘してきた。同時にこれらの国々は、自らの歴史を絶えず蝕んできたレイシズムと闘うことにも全力を尽くしてきた。この両方の目標を達成することは常に可能だったわけではない。なぜなら時に人々は、まさに自由民主主義が掲げている自由を根拠として、レイシズムを支持してきたからである。最も大切に育まれた二つの価値が衝突してしまうとき、社会には何ができるのだろうか。」

こうしてブライシュは、アメリカおよび西欧の自由民主主義諸国における経験を通じて、「個人と社会が自由とレイシズムの間のトレードオフをいかにして調停するかという問題」に挑戦する。

ブライシュは「人々は、まさに自由民主主義が掲げている自由を根拠として、レイシズムを支持してきたからである」と断定する。これは少々驚きである。というのも、ヘイト・スピーチ処罰反対派は、自分がレイシズムを支持しているとは認めないからである。日本憲法学の議論では「レイシズムには反対だが、表現の自由が大切だから、刑事規制には反対だ。他の手段を採用するべきである」という体裁で、自分はレイシズムを批判しているのだというポーズを手放さない。憲法学は「ヘイト・スピーチの規制か、表現の自由か」という奇妙な二者択一を掲げる。その上で「表現の自由が大切だから刑事規制に反対」と述べているのだから、二者択一の前提から言えば、明らかに「レイシズムを支持している」。しかし、そうは認めない。憲法学者たる者、レイシズムを容認するなどと口にするわけにはいかないからだろう。「人々は、まさに自由民主主義が掲げている自由を根拠として、レイシズムを支持してきたからである」というブライシュの言葉は、その意味で実はかなり挑発的である。アメリカの読者はどう読むのだろうか。

2　自由と反レイシズムを両立させるために

ブライシュは二〇〇五年九月三〇日のデンマークの新聞『ユランズ・ポステン』が預言者ムハンマドの風

刺・戯画を掲載して惹き起こした事件を手がかりにする。自由民主主義のジレンマを確認し、自由と反レイシズムのバランスを取るべきだという意見が見られるものの、具体的にどのようにバランスを取るのか、その議論が不十分であるとして課題を提示する。ブライシュは歴史的経験的な調査の結論として、次の四点を最初に示している。①「一九四五年以降、自由を守ることにこだわらずにレイシズムを抑え込む、というのが全般的な傾向となっている」。②その傾向は「すべり坂」のように急速に自由の領域を侵食しているわけではなく、「ゆっくりとした歩み」である。③一九七〇年代以後、「アメリカでは、表現の自由が実際にレイシストの表現にも拡張されている」。④一九四〇～五〇年代、「アメリカもまた、きわめて重要な意味で自由の制限を巡る戦いを経験してきた」。職場でのハラスメントの規制がその典型である。ブライシュはこれらの点を詳細に論じていくことになる。

① 自由と反レイシズムのバランスをどうとるかについての様々な一般原理についてよく考えること。
② どのような自由を最も大事にする必要があり、レイシズムのどの側面が最もたちが悪いかを判断する際には、その国の歴史的な文脈を考慮すること。
③ 治療することが病気を放置することよりもよいのか悪いかを判断するために、個別の法律の効果を評価するように努めること。

3 ヨーロッパにおける議論

ブライシュはフランス、イギリス、ドイツ、ベルギーなどを素材として、ヨーロッパにおけるヘイト・スピーチ規制が一九二〇年代から九〇年代にかけて「規制に向けたゆっくりとした歩み」をしてきたことを論証する。各国における状況だけでなく、国際人権法における発展もごく簡潔ではあるが示される。

続いて一九九〇年代以後のヨーロッパで多くの法律が制定され、規制が次第に拡大してきたことに焦点を当てている。欧州人権条約と欧州評議会の動きがあったからである。その下で、イギリスの二〇〇六年宗教的憎悪法、フランスのヘイト・スピーチ規制法、デンマークのムハンマド揶揄・風刺画事件とその対応を取り上げて分析している（＊11）。

ないものねだりを承知で言えば、次の点が欠けている。一つは、ヨーロッパと言ってもイギリス、フランス、ドイツ、イタリア、デンマークなどに限定されている。北欧、イタリア以外の南欧、東中欧は比較の外である。二つは、アメリカとヨーロッパ以外の大半の世界は無視される。ブライシュは対象を「自由民主主義国」に限定しているのだからやむを得ないが、自由民主主義の定義はなされていない。北欧諸国は福祉国家だから違うのだろうか。オーストラリアやニュージーランドはどうか。

4　ホロコースト否定とその対処

ブライシュはホロコーストにまつわるレイシズムの類型と潮流を取り上げる。三類型は、①「ホロコーストを露骨に是認したり、賛美したり、正当化したりする」、②「ホロコーストを過少化ないし極小化する」、③「露骨なホロコースト否定」である。ドイツ、フランス、オーストリア、アメリカにおける極右、歴史修正主義が一九八〇年代に大きな存在感を示すようになり、これへの対処として法規制が試みられてきたことを示す。一九八五年の欧州議会報告書、ドイツにおける法制定をはじめ、各国での試みが検討される。アメリカとイギリスでは処罰対象とならないことも示される(＊12)。

ブライシュはさらにホロコースト否定の処罰が持ちうる弊害として指摘されてきた点も検討したうえで、「ホロコースト否定が、社会全体に害を及ぼしかねない憎悪を引き起こすことが確実であると判断される場合には」「ホロコースト関連のレイシズムを、扇動に関する一般的な法令で罰することである」とする。

若干疑問を指摘しておこう。

第一に、冒頭にホロコースト否定の三つの類型を提示しているが、その後の分析ではこの三類型を区別した議論には必ずしもなっていない。例えば、スペインでは二〇〇七年一一月七日の憲法裁判所判決が、ジェノサイドの単なる否定は人間の尊厳に反するとしても犯罪ではなく、これを犯罪とした刑法第六〇七条の「否定」という文言は憲法違反であるとして処罰を否定し、他方、ジェノサイドの「正当化」は犯罪実行を間接的に煽動するものであり、憎悪誘発観念の公然たる撒布に当たるのでまさに犯罪であり、「正当化」処罰条項は合憲であるとした(本書第9章10節参照)。三類型論を唱えるのであれば、最も重要なスペイン憲法裁判所判決を分析する必要がある。

第二に、ブライシュはホロコースト否定はすべてユダヤ人に対するレイシズムであるとしている。フランス刑法は、ユダヤ人に対するホロコーストだけではなく、国際法廷判決において確定した人道に対する罪すべてを含む趣旨になっている。つまり、旧ユーゴスラヴィア国際刑事法廷で確定した民族浄化の犯罪、ルワンダ国際刑事法廷で確定したツチ・ジェノサイドなどの否定も処罰対象になりうる。スイスでは、アルメニア・ジェノサイドの否定が犯罪とされた。

このことは、二〇〇一年のダーバン人種差別反対世界会議で紛糾に紛糾を重ねた論点にかかわる。アジア・アフリカ諸国はホロコースト（holocausts）を厳しく批判し、再発防止を求めた。ユダヤ人団体はこれに徹底抗議して、ホロコースト（Holocaust）の再発防止を求めた。ホロコーストとは、ユダヤ人が被害を受けた歴史上一回限りの大事件なのか（大文字で始まる単数形 Holocaust）、それとも世界各地で繰り返されてきた悲劇なのか（小文字の複数形 holocausts）。これをめぐってダーバン世界会議は紛糾し、決着がつかなかった。

5　ヨーロッパとアメリカの差異

ブライシュは自由民主主義にアメリカ型とヨーロッパ型の差異があるかを問う。本書の中核部分である。「国際的なスペクトラムで見れば、アメリカは最も言論の自由を重視する位置にあるが、しかしものすごく外れた位置にあるというわけでもない。アメリカ国内でも、人種差別表現に対する制限は設けられている。ヨーロッパ的観点から見れば、それは取るに足らないものかもしれない。しかしそうした制限があるということを確認することで、アメリカではあらゆる状況でヘイトスピーチが認められている、という誤解を解くことができるだろう。」

この穏当な結論を証明するのが同書の中身である（＊13）。それでは一九六〇年代にアメリカでなぜこのような変化が生じたのか。ブライシュの説明はこうである。

「アメリカがヨーロッパ諸国と違う道を歩むようになるのは一九六〇年代から七〇年代のことである。公民権運動やヴェトナム戦争への反対運動のような反体制運動が盛んとなったこの時期、エスニック・マイノリティは体制に抵抗するために最大限の言論の自由を求めた。ヘイトスピーチを制限するための法は、マイノリティ自身の表現を規制するためにも用いることができるものであった。そのため、ほとんどのマイノリティ集団は、そうした法を政府に求めないことを速やかに決断した。」

なるほど、公民権運動があってさえヘイト・スピーチ処罰法ができなかったのではなく、公民権運動はヘイト・スピーチ法を求めず、運動のための言論の自由を求めたと言うのである。アメリカ的な特殊性を帯びた話である。日本で「アメリカではヘイト・スピーチ処罰法は表現の自由に反するとされる」という類いの議論をするときに、あたかもそれが普遍的な話であるかのごとく持ち出されるが、そうではないことに注意が必要だ。アメリカ現代史の具体的特殊性に由来することを的確に把握する必要がある。

6　ヘイト団体規制と結社の自由

ブライシュは、一方で表現の自由と並ぶ重要な権利としての結社の自由と、他方でヘイト・スピーチを繰り返す人種差別団体の規制をどう考えるべきかを検討している。民主主義を機能させるためには結社の自由が不可欠であるが、「危険すぎて民主主義が許容できない」団体をどうするのかである。テロリスト団体の規制は当然のこととされている。ここでも「アメリカは、積極的にレイシストの自律性を擁護している」。ネオナチ政党もＫＫＫも合法であり、公然と活動している。ヨーロッパでは人種差別団体への規制が行われている。ブライシュはアメリカ、ベルギー、ドイツの状況を詳しく紹介して検討している。

ベルギーもかつてはアメリカと同様にレイシズム団体の規制には消極的だった。しかし、人種差別的な極右政党の登場により状況が変わり、二〇〇四年、最高裁は人種差別政党を援助した団体への制裁を是認した。移民を攻撃するフラームス・ブロックという政党の活動が問題を引き起こし、人種差別撤廃条約批准に伴って制定された一九八一年法律が実際に適用されるようになった。「フラームス・ブロックが人種差別を明確に、何度も、そして明白に扇動している」ことが決め手になった。今も議論が続いている。

ドイツがネオナチと闘う必要性から結社の自由を制限する方策を積み重ねてきたことはこれまでも紹介されてきた。ブライシュによるとオランダ、フランス、オーストリア、スペイン、イタリア、ポルトガルで人種差別団体、ファシスト規制の努力が続いている。ブライシュはアメリカ、ベルギー、オランダの共通点と相違点を確認し、歴史的背景の違いから現状の差異がもたらされたことを分析している。

四　日本型排外主義研究

社会運動論研究者の樋口直人は最近のヘイト・クライム／ヘイト・スピーチを「日本型排外主義」としてとらえる（＊14）。

「激しい感情はしばしば他者を巻き込み、激情の渦を作り出す。だが、その渦中にあって事象の本質を見極めようとするのは容易なことではない。にもかかわらず、否そうだからこそ新たな発見のための努力を怠り、紋切り型の言葉に頼る解釈が、二〇〇〇年代以降のナショナリズムや排外主義にかんする言説で目立つように思える。一九九〇年代以降の日本は、高度経済成長期の安定的な社会構造を喪失し、グローバル化と経済の長期低落にともなう社会の流動化が『不安』を生み出している。その不安が最悪の形で露出したのが、弱者を攻撃する排外主義である。寄る辺なき不安を抱えた若者たちは、それを他者に対する憎悪へと変換させ、外国人排斥を訴えて街を練り歩くようになるのだ、と。」

樋口は、在特会に代表される現代ヘイト団体、排外主義を、社会的不満や不安に駆られた若者をある種の抑圧移譲的な見方で整理してしまうことに異論を唱える。現場の取材に基づく実感論としては、不安や不安に由来する排外主義と見える事象であっても、社会運動論における資源動員論の立場から丁寧に見ると異なる局面が見えてくると言う主張である。ヘイトデモ参加者が何らかの不満を抱えていることは確かだが、運動全体を社会学的に理解するためにはより精度の高い分析が求められる。樋口は資源動員論の理論をしっかりと活用するとともに、数多くのインタヴューを行い、その成果に基づいて具体的に筆を進める。西欧型排外主義の研究を参照しつつ日本型排外主義の実相を把握しようとする。理論の到達点は東アジア地政学であることが予告される。

1　問いと方法

樋口は現在の排外主義運動の三つの源流を、既成右翼の一部、歴史修正主義的な右派市民運動、ネット右翼に求める。「『右翼崩れ』からノウハウを、歴史修正主義から係争課題を、インターネットからネット右翼という動員ポテンシャルを得てきた」という。その上で、在特会はなぜ急激に勢力を拡大できたのかを問い、誰が、なぜ、いつ、何を、いかにして、動員／支持／敵視するのかを解明しようとする。

在特会については安田浩一の優れたルポ『ネットと愛国』があり、多くの論者は安田の情報に依拠し、安田の仮説をかなりの程度受け入れてきた。樋口は安田の調査を評価しつつも、安田の仮説に疑問を呈する。例えば、在特会メンバーは非正規労働者、経済生活の不安定な人、「しんどそうな人々」であるというイメージについて、樋口は、それが「チーム関西」については当てはまるかもしれないが、他を見ると、むしろ高学歴だったり、中産階級的な人物も多いと言う。承認欲求やうっぷん晴らしや、「孤独や不安定を抱えた者がイージーなナショナリズムに絡め取られていく」というイメージに、樋口は疑問を呈す。さらに、運動参加者の政治的イデオロギーを過少評価する傾向にも批判的である。

そこで樋口は「今になってなぜ多くの者が『特権』なるものを信じるに至ったのか」と問う。というのも、在日朝鮮人は長い歴史を持つにもかかわらず、なぜ、今、「在日特権」などという虚構が運動を伸張させているのかを解明するには、これまでの仮説では不十分だからである。樋口は「第一に個人レベルについては、『在日特権』なるフレームを活動家たちが受容する過程とその基盤を可能な限り詳細に分析する」。不満や不安を直ちに運動参加の動機とみるのではなく、活動家の認知過程を明らかにして、不満や不安がいかなる排外主義のイデオロギー的基盤となるのかを見る。「第二に、社会レベルでは『在日特権』なるフレームが生み出される背景を分析する」。「在日特権」という言葉よりも、その根幹にある、より包括的なイデオロギーを見るのである。それは「外国人問題」や「東アジア地政学」へと連結することになる。

樋口は「『通常の病理』から『病理的な通常』へ」とまとめる。在特会を特殊な病理的現象としてしまうのではなく、極右・排外主義について「病理的な現象だが通常の民主主義の一部とみなす研究」にならって、「『在日特権』なるデマによって排外主義運動が組織されることも、単なる非合理な病理としてではなく、可能な限り合理的な説明を試みる」という。

在特会のデマ垂れ流しと異常な理屈に驚いた私たちは、在特会を異常な病理集団として片づけてしまいがちである。しかし、樋口は、いかに病理的であっても、それがいかなるイデオロギーによって成り立ち、いかなる「論理」、いかなる運動論によって現実化しているかを明晰に分析するべきだと唱える。

樋口は西欧における極右研究の方法論を参照する。西欧の研究も徐々に深化し、進化し、本格化してきた。「誰がなぜ」支持するのかに絞っても、四つの重要な理論があるという。第一は「近代化の敗者」論で、「社会変動の結果として発生する新たな弱者の不満が、極右の成長をもたらした」と考える。社会解体や相対的剥奪に着目した理論である。第二は競合論で、「移民という要素に特化した説明図式」を提示し、エスニック競合論となる。第三は抗議政党論で、「政治状況に対して幻滅した者が、極右を既成政党とは異なる存在とみなす」と見る。第四は合理的選択論で、「有権者が極右に対して投票するのは、政府から利益を得られるものと期待しているから」と見る。樋口は合理的選択論が、特定の属性に注目するのではなく、イデオロギーや政策、争点に対する選好に注目して理論を展開していることに説明力を見る。ジェンダー、年齢、学歴・職業などの属性では極右現象を説明できず、「近代化の敗者」論、競合論、抗議政党論には難点があるとし、合理的選択論についても、トートロジー的性格を有していると指摘する。樋口は経験的研究に照らして四つの理論が否定されるわけではないとしつつ、「どれも現実の一側面を反映しているといえるが、どの仮説がどれだけの説明力を持つかが問題となる」とする。

2　資源動員論の視角

樋口は、不満があるから運動に参加するという素朴な説明を検討して、「社会運動研究の立場からすれば、不満は運動に不可欠な要素ではあるが、それは数ある要素の一つにすぎない」という。不満が運動を生み出すことはあるが、運動の組織化や、そのためのリーダーの存在を説明する必要がある。ナチスという全体主義を説明するために提唱された大衆社会論だが、そこで想定される「流動化」や「疎外」の内実は必ずしも明らかでない。競合論についても、文化的競合や経済的競合では、在日コリアンが排外主義運動の標的となる理由を適切に説明できない。政治的競合も的確な説明にならないと言う（＊15）。

3　言説の機会構造

樋口は「ミクロ動因から政治的機会構造へ」として「問題の全体像」を読み解こうとする。「政治との関連で排外主義運動の発生と展開を分析する」課題である。

樋口は政治的機会構造という考え方を紹介する。アクセスの増大、政治的編成の変動、エリートの分裂、影響力のある同盟者、という四つの次元があると言う。日本の排外主義については「制度的でハードな政治的機会構造」は閉鎖的であり、影響が大きいとは言えず、むしろ文化的でソフトな面に着目する。そこで用いられるのは「言説の機会構造」という概念である（＊16）。

4 外国人参政権の安全保障化

樋口は「外国人参政権は排外主義運動にとって重要なイシューである」、「保守から極右まで、怪しげな論拠にもとづき反対一色で盛り上がるのが、外国人参政権をめぐる現況である」とし、「しかし、これは日本に特異な現象である」と言う。統合政策の一環として外国人参政権を導入した欧州と異なり、日本の特殊性に着目する必要がある。そこでは「移民と安全保障をめぐる日本的特質」が問われる。

樋口は外国人参政権が議論された時期として、一九九五年、二〇〇〇年、二〇一〇年をあげる。一九九五年は、最高裁が外国人参政権は憲法上禁止されているものではないという見解を出した年であり、これを受けて研究者の議論も深まり、国会議員の中で立法化が議論された。二〇〇〇年には公明党が外国人参政権の法制化を唱えたため、連立政権の合意事項に取り入れられた。この時期に参政権反対派が目に見える勢力として登場した。二〇一〇年の政権交代後、鳩山由紀夫首相と小沢一郎民主党幹事長が外国人参政権法案の成立に意欲を示し、第三のピークとなった。ここから一気に安全保障化した反対論の登場となる。中国脅威論や、領土問題での対立などが盛んに唱えられた。樋口は「ここに至って外国人参政権をめぐる政治は、外国人の権利をめぐる国内問題を完全に離れ、日本と他の東アジア諸国とをめぐる安全保障の従属変数になった」と指摘する。

外国人参政権の安全保障化は「嫌韓・嫌中」といった感情的な排外主義につながり、問題を「国民／外国人という二分法」に押し込んでしまう。「安全保障化という概念は、そうした二分法的な思考の方が現実から乖離しており、問題の解決ではなく新たな問題の種でしかないことを暴露する」という。

5　東アジア地政学と日本型排外主義

外国人参政権が安全保障化した経過を確認した樋口は「第八章　東アジア地政学と日本型排外主義」において、こうした言説が「ある種の人々に信憑性を持って受け止められるのはなぜか」という問いに答えるため、東アジア地政学、とりわけ在日コリアンに関わる要素に注目し、日本と朝鮮半島をめぐる国際政治のなかで起きてきた在日コリアンに対する弾圧と差別、在日コリアンによる権利獲得運動などが、日本型排外主義とどのように関係しているのかに立ち入る。

こうして樋口は「三者関係にもとづく理解が生み出した最悪の帰結として、排外主義運動が『在日特権』を糾弾するメカニズムを検討する」。つまり、「二者関係を基に在日コリアン（ナショナル・マイノリティ）の危険性を訴えても、あまりに信憑性がなく運動の勢力拡大はおぼつかなかっただろう。そうではなく、それゆえ『民族の祖国』に対する敵意が醸成され、それがナショナル・マイノリティの排斥へと転化していったのである」という。

樋口は次のようにまとめる。「日本型排外主義とは近隣諸国との関係に規定される外国人排斥の動きを指し、植民地清算と冷戦に立脚するものである。直接の標的になるのは在日外国人だが、排斥感情の根底にあるのは外国人に対するネガティブなステレオタイプよりもむしろ、近隣諸国との歴史的関係となる。その意味で、外国人の増加や職をめぐる競合といった外国で排外主義を生み出す要因は、日本型排外主義の説明に際してさしたる重要性を持たない。」

五　おわりに

1　国家レイシズムについて

以上、レイシズム・スタディーズ、ブライシュのヘイト・スピーチ研究、樋口の社会学研究に学んできた。ヘイト・クライム／ヘイト・スピーチの法的研究を行う場合にも、その前提としてヘイト・クライム／ヘイト・スピーチの実態を解明し、その特質を明らかにしていく必要がある。世界的レベルでのヘイト・クライム／ヘイト・スピーチの特質論も必要であるし、日本におけるヘイト・クライム／ヘイト・スピーチの実態把握も不可欠である。今後もヘイト・クライム／ヘイト・スピーチへの多様な接近方法に学んでいきたい（本書第3章及び第4章参照）。

なお、本書では扱えない国家レイシズムについて、ここで一言だけ述べておこう。安田と樋口の論争は、社会におけるレイシズムと排外主義の分析をめぐるものであるが、国家レイシズムを扱っていない。安田も樋口も国家レイシズムを意識していないわけではなく、それぞれに国家政策が生み出すレイシズムとヘイト・スピーチに視線を送っている。ただ、国家レイシズムそのものを対象とはしていない。

他方、森千香子は、「思想」としてのレイシズムと「表現」としてのヘイト・スピーチという対比はわかりやすいが、その関係はそれほど自明ではないとして、両者の関係を問い直す。そのためにレイシズムの歴史をさかのぼるとともに、草の根のレイシズムと上からのレイシズムについて論じる（＊17）。

レイシズムやヘイト・スピーチの研究は、社会における差別現象を対象とし、市民、民間人による差別に焦点を当てることになる。しかし、実際にはレイシズムやヘイト・スピーチは「上からのレイシズム」「上からのヘイト・スピーチ」として発現する場合が少なくない。国家間の対立や紛争、宗教上の紛争が激化し、レイシズムとヘイト・スピーチが煽られる。差別を煽るヘイト・スピーチだが、そのヘイト・スピーチを煽るのは政府の政策や政治家の発言である。

それゆえ、レイシズムやヘイト・スピーチの研究のためには「上からのレイシズム」と「下からのレイシズム」、「上からのヘイト・スピーチ」と「下からのヘイト・スピーチ」の両面に注意を払って行われなければならない。

2　エリート・レイシズム

この点で参考になるのがチュン・ファン・ダイクの「エリート・レイシズム」論である（＊18）。エリート・レイシズムに焦点を当てたファン・ダイクは、エリートの態度が白人低階層の人々や極右に影響を与える。白人集団メンバーと白人の制度が、日常的に、白人の支配を表明し、確固たるものにする。社会的な語りや、子ども時代に読む本も、マスメディアや政治において語られるのも、マジョリティたる白人の語りである。そこにおいてマイノリティに関する語りが規制されている。社会的認知は民族的に方向づけられており、偏見が確立する。エリートは社会権力構造の中で生まれ、政府、議会、行政の長、指導的政治家、企業経営者、指導的研究者らが、社会に影響を与える決定とその実施を統制している。

メディアについてみると、メディアに雇用されるのはマジョリティのエリートである。メディアへのアクセスは一方向的であり、マイノリティにはチャンスがごく僅かしか配分されない。マイノリティ・ジャーナリストがごくわずかなので、メディアが取り上げるトピックスもマジョリティの利害と関心に左右される。レイシズムに鈍感なため、レイシズムに直面してもその事実を否定したり、反転させる。結果としてマスメディアはレイシズムの温床となる。

同様のことは、教科書についても言える。教育課程と教科書は、マジョリティのエリートによって編集・作成される。教科書には、マイノリティに関する情報が掲載されなかったり、掲載される場合にはマジョリティの視線によって構築されたマイノリティ像が掲載されることが多い。移民や人種問題が犯罪と逸脱行動に関する事項に記載されることも少なくない。専門研究や政治議論においても同様のメカニズムが働き、無自覚のうちにレイシズムが強化される。エリートは自分が持つイメージを攪拌することなく、既存のイメージに安住してしまうことによってレイシズムの強化に加担することになる。

第2節　憲法学の動向

一　憲法学の「定説」

憲法学は、表現の自由に関するアメリカ憲法判例の法理を直輸入して、ブランデンバーグ基準を日本国憲法第二一条の解釈に無媒介に持ち込むことによって、ヘイト・スピーチに対する法規制を非常に限定的に理解してきた。ヘイト・スピーチ規制を全否定するわけではないとはいえ、アメリカ同様の基準を採用した結果は全否定するのと変わりのない主張となっている。たとえ抽象的にであってもヘイト・スピーチ規制法の可能性を指摘した論文は少数であり、多くの研究は規制の可能性に消極的である。表現の自由に関する理論的研究には膨大な蓄積があり、それに基づいてどの憲法教科書にもほとんど同じことが書かれ、「定説」と称される状態となっている。「定説」ができあがったことにより、ヘイト・スピーチ規制消極論が圧倒的な影響力を保持することになり、ヘイト・スピーチに関する研究がさほどの重要性を持たない印象を与えることになった。

本書は憲法学研究ではないし、ヘイト・クライム／ヘイト・スピーチ法研究にとって従来の憲法学は参考にならないのでここで深入りすることはしないが、従来の憲法学の「定説」が形成された過程については一定の検証をしておく必要はある（本書第11章第1節参照）。

表現の自由研究の第一人者として知られる奥平康弘は、長年にわたって精力的に研究を公表してきたが、最近のヘイト・スピーチ状況に直面して、再び見解を明らかにした（＊19）。在特会を直接の対象として論じつつ、奥平は「彼らを見れば、その行動は何らかの形で抑制されるべきではないかと僕も考えてはいるのですが、ただ法的規制に頼る前に、やれることがまだあるのではないでしょうか」と述べる。具体的には市民的対抗、「文化力」を想定しているが、それによって被害がなくならないことはすでに指摘されているのに、奥平は答えない。そして、師岡康子がヘイト・スピーチの「法規制の必要性は明白」としているのに対して「どういう段階になったら権力が介入すべきか、あるいは法規制をしていくべきかという点について、端的にお答えするのは、現時点では正直言って難しいと思います」と述べ、結果として目の前の被害を放置する立場を鮮明にする(*20)。「人々は、まさに自由民主主義が掲げている自由を根拠として、レイシズムを支持してきた」というブライシュの指摘に、奥平はどのように応答するのであろうか。

他方、かつてヘイト・スピーチ規制の可能性を論究した内野正幸も、最近のヘイト・スピーチ状況に直面して、再び見解を明らかにした(*21)。内野はまず、日本政府が人種差別撤廃条約第四条(a)(b)の適用を留保したことを「理解」できるとし、「日弁連などは、この留保に対して、撤回するか限定をつけるべきであると主張しているが、疑問である。むしろ、人種優越思想と受け取れる著作物が刑罰の対象になりうるとしたら、『学問の自由』を侵害するおそれさえ出てこよう」として、表現の自由に加えて学問の自由を唱える。「学問の自由」を根拠に人種差別を支える離れ業はナチス・ドイツの専有物ではなかったようである。続いて内野は新大久保デモや京都朝鮮学校襲撃事件のような事例を念頭に、「ある言論に対し、その主張内容の不適切故に規制を及ぼすことは原則的に許されない、ということになろう」としつつ、地方自治体の公民館などの公共施設利用については「公民館運営などの立場から、主張の内容の点で適切でない利用希望者に対しては利用を拒否する、ということが許されうるかもしれない」と指摘する。さらに内野は旧著『差別的表現』について「それは規制積極論として引用されがちである。ただ、より強い規制積極論も主張される中では、『表現の自由』に配慮した中間派的なものである」として、自説を「中間派」と称し、地方自治体の条例によるさまざまの工夫の可能性を検討している(*22)。

ここでは奥平と内野の見解を見るにとどめる。最近のヘイト・スピーチ状況に直面しての憲法学全体の動向は必ずしも明らかではないが、多くの論者の見解が、規制消極派の奥平と「中間派」の内野の間に位置することになるであろう。近時のヘイト・スピーチ状況に対応して憲法学からの発言が増えているので、今後の動向に注目したいが、せめて現実を把握したうえで立論する基本姿勢を持って欲しいものである。

本書の課題から重要なのは、第一にヘイト・スピーチの本質論であり、第二に比較法研究の方法意識である。

第一に、憲法学にはヘイト・クライム／ヘイト・スピーチとは何であり、いかなる被害を生んでいるのかに関する論究が欠落しがちである。被害を否定したり、被害認識を示さなかったり、あるいは軽視したりする姿勢が顕著である。被害がないのだから「表現の自由」の一言で済んでしまう。しかし、ヘイト・クライム／ヘイト・スピーチと呼ばれる事態の下で実際に何が起きているのか。誰がどのような被害を受けているのかを認識することが議論の前提である。

第二に、比較法研究という観点からは、憲法学はヘイト・スピーチに関する比較法研究をほとんど拒否してきた。なるほど、奥平の見解はアメリカ憲法研究に由来しつつアメリカ憲法の偏りを意識し、ヨーロッパの動向も踏まえて微修正を試みている。とはいえ、基本的にアメリカ型の対応を善しとしている。内野は人種差別撤廃委員会をはじめとする国際機関からの勧告は度外視して、「日弁連など」の主張を一蹴する。奥平にしても内野にしてもアメリカ一辺倒というわけではないが、アメリカ追随から逃れているわけではない。国際人権法や欧米諸国の多様なヘイト・スピーチ法の実際に目を向けることもない。その他の世界の動向にはまったく関心を示さず、窓を閉ざす。

ここではヘイト・スピーチ規制について消極派であるか「中間派」であるか、あるいは積極派であるかは重要ではない。そうした議論をするための前提知識を持たずに偶然に手にした断片的情報を絶対化する主張を唱える傾向があまりにも強いからである。基礎知識すら持っていない憲法学の議論にいかなる意味があるのか、疑問である。いかなる社会科学的知見や比較法的知見をもとにして、いかなる論点を抽出し、ヘイト・クライム／ヘイト・スピーチ現象にいかに対処するべきかという関心を持つならば、従来の憲法学の限界が見えてくる。

もっとも、最近の研究状況はさほど単純ではなく、様々な可能性を示すようになってきた。最近の研究動向として小谷順子、奈須祐治、上村都、遠藤比呂通の研究を一瞥しておこう。

二　最近の動向

1　小谷順子の研究

小谷順子は近年、ヘイト・クライム／ヘイト・スピーチに関して相次いで論考を発表している。ここで小谷の研究に注目するのは、第一に、アメリカ憲法を中心としつつも、カナダ法にも視線を向けることによって、アメリカとカナダの対比の中から次の議論への手掛かりを探るという手法が重要だからである。第二に、アメリカについてもカナダについても、結論として形成された法理を抽出することではなく、それぞれにおける議論の変遷を明らかにし、その変遷の過程と要因を浮き彫りにする。いわば地理的比較と歴史的比較を交錯させる手法と言ってよいだろう。一人の研究者が意識的自覚的に比較と変遷の両方に踏み込んでいることは特筆すべきである。

一九七〇年代までのアメリカの議論を追跡した論文で、小谷は「ところで、皮肉なことに、Skokie村事件が展開していくにつれて、従来一貫して修正一条の絶対性を唱えてきたリベラル陣営に亀裂が生じることになった。つまり、Skokie事件において、ホロコースト生存者を含む多数のユダヤ人が居住する地域でネオナチ団体が鉤十字を掲げてデモ行進をするという特殊な事案に直面した際、果たしてそのような表現にも憲法上の自由が保障されるのかどうかについて、リベラル派内部で大論争が巻き起こったのである。そして議論の続く中、一九八〇年代以降の学説では、従来とは異なる視点からの規制正当化を説くものも出てきた。たとえば、批判的人種理論の立場から、ヘイトスピーチの害悪を重視しつつ、規制可能なヘイトスピーチの範囲の確定を試み、厳格に定義されたヘイトスピーチについては、喧嘩言葉や脅迫など既存の原則の下で、あるいは独立したカテゴリーとして規制することが可能であると言う主張が唱えられるようになった。また、共和主義の立場からは、思想の自由市場の矯正の必要性を説き、規制を合憲とする見解も唱えられている」とする(＊23)。

他方、アメリカとカナダを対比して、小谷は次のように述べる(＊24)。「カナダの連邦最高裁が、現実社会における差別構造や差別意識の存在を直視し、歴史上の反省点を振り返り、憲法や国際条約上の表現の自由や平等の価値を考慮しつつ、憎悪表現規制を合憲であると判断したことには一定の意義が認められるように思われる。そして、カナダが、刑法にもとづく厳格な構成要件にもとづく憎悪表現規制に加えて、人権法による調停機能や救済機能を特色とする人権委員会や人権審判所を通した憎悪表現規制を設けることについても、一定の意義があるように思われる。」

小谷はアメリカにおける規制消極論の論理をていねいに論じつつ、アメリカ内部における議論の亀裂や、カナダにおける変遷をも射程に入れて、ヘイト・スピーチに対処する法思想の対峙と変遷の動態を探る。

さらに、小谷は憲法第二一条が保障する「表現」の意味を確認したうえで、「表現内容規制」について、刑事法（わいせつ表現、脅迫表現、名誉毀損表現等々）、民事法（損害賠償）、人権法（国内人権機関）の現状と論点を整理し、「行為」規制と集団行動の規制について検討する（＊25）。さらに、表現の自由の保障意義に照らして、民主主義過程（自己統治）論、個人的価値（自己実現）論、真実の発見／思想の自由市場論を踏まえてヘイト・スピーチ規制の限界を論じている。小谷は次のように述べる。

「現行法制度において一定の表現規制が許容されていることを考慮すると、ヘイト・スピーチ規制についても、なんらかの論理で正当化することが可能であるようにも思われる。とくに、表現の自由の保障意義に照らした場合、民主主義過程、個人的価値、および『思想の自由市場』という意義のいずれにおいても、ヘイト・スピーチ規制の正当化は可能であるように思われる。しかし、それでもなお規制消極論が有力に唱えられているのはなぜなのか。」

小谷は続いて、ヘイト・スピーチ規制に消極的な意見が多いのはなぜなのかと問う。議論の前提として、ヘイト・スピーチの定義の困難さ、とりわけ憎悪の対象となる集団の属性についても多様性がありうるので、規制対象の限定の困難さがあることを確認している。

その上で、アメリカにおける規制消極論の背景を論じ、伝統的なリベラル派による消極論と、保守派による消極論が並立混在していると見る。伝統的な規制消極論は、表現内容規制に対する警戒感に由来する。恣意的な立法のおそれ、恣意的な運用のおそれ、そして規制乱発のおそれである。さらに、政治的言論の規制に対する警戒感も見られる。

他方で、一九八〇年以降に登場したポリティカル・コレクトネス（ＰＣ）への反発もある。保守派はアファーマティヴ・アクションやPCに反対するようになり、PC論争の激化に伴ってリベラル派にも戸惑いが広がった。

もう一つ、規制効果に対する懐疑論に基づく規制消極論がある。実際に規制できる範囲は僅かであれば、それだけの効果のためにわざわざ立法が必要かと言う問題である。規制の副作用の検討は、規制がマイノリティに適用される恐れにも及ぶ。

小谷はアメリカの議論状況を紹介・検討したうえで、だからと言って、ヘイト・スピーチの拡散を放置すべきという意味ではないと言う。アメリカにはヘイト・スピーチ処罰法はないが、何もしていないわけではない。

「ヘイト・スピーチをピンポイントで規制する立法こそ設けていないものの、人種的な動機で遂行された犯罪に刑罰を加重するヘイト・クライム法は現在も存在している。また、連邦の市民的権利に関する法律は、不特定多数の利用する施設における人種差別を禁じている。さらに、こうした立法に加え、政府も人種差別や宗教差別の解消をめざすメッセージを積極的に発信している。」

ヘイト・スピーチ論議では必ずと言ってよいほど、アメリカでは処罰しないことが語られる。アメリカ以外の状況を無視する論者が多い。小谷はこれまでの論文で、アメリカやカナダの状況を紹介しつつ、アメリカの議論の変遷を詳しく辿り、その意味を探ってきた。そして、具体的な問題解決のために、アメリカの議論のどの部分に学ぶべきかを示そうとしてきた。

2　奈須祐治の研究

奈須祐治もヘイト・スピーチに関する論考を次々と公にしている。研究対象はアメリカ憲法判例であるが、第一に、「特殊性」ばかり強調されてきたアメリカ憲法判例における違憲審査の構造自体は必ずしも特殊ではなく、西欧諸国と同型であることを指摘している。第二に、アメリカ憲法判例に学んだとしても、一定の範囲でヘイト・スピーチの法規制が可能ではないかという問いを立てて、議論を展開している。法規制の可能性について、奈須の主張には変遷が見られるが、近時の主張ではより積極的な方向に議論を進めているように見える。

奈須は次のようにまとめる(＊26)。「第一に、アメリカでは、ヘイト・スピーチの害悪を理由に規制を行うことが認められている。第二に、原則として規制することができるのは、害悪が一段階の場合で、しかも犠牲者が特定的な場合のみである。第三に、言論の保障が推定され、それに対する例外としての言論の有害性を立証すると言う方法がとられ、かつ有害な言論を事前にカテゴリカルに画定する範疇化手法がとられる。第四に、害悪ゆえに規制を行う際には、言論の自由保障根拠が考慮されているように見える。第五に、範疇化の硬度がかなり高く設定されており、事件ごとの柔軟な考慮を許さない。」

「害悪の一段階」とあるのは、アレクサンダーの議論を参考にしたものである。「アレクサンダーによれば、一段階型の害悪とは、話者が発する言葉が、第三者を媒介することなく直接被害者に加えられるものである。二段階型の害悪とは、話者の言葉が聞き手に伝わり、その聞き手による何らかの理解を経た後に、何者かに加えられるものを指す。／この説明からすると、面前で他者を攻撃する言論やプライバシー侵害等は典型的な一段階型であり、煽動や教唆のような害悪を誘発する言論等は典型的な二段階型であるといえる。ヘイト・スピーチもこの二つの類型に分けることができる」という。

奈須は、アメリカ憲法判例に従った規制消極論について次のように述べている。「これまでは規制消極論が有力だったが、その基礎はそれほど盤石ではない。第一に、立憲民主政諸国では、差別的表現規制を行うことが一般的であり、多くの国々では多様な規制が設けられている。既に長期にわたる運用の経験を持っている国もあり、『特殊な国』アメリカの立場が優越すると主張するには、さらなる議論の補強が必要である。第二に、わが国では最近、アメリカ型審査基準論が日本に適していないとの指摘が頻繁になされており、アメリカの修正一条の法理を日本の裁判所で用いることを当然のように主張できなくなってきている」(＊27)。

そして、奈須はアメリカに加えてカナダ、イギリスの状況を紹介して比較を行うとともに、アメリカにおける新たな動向として、マイノリティの地位と尊厳に着目したジェレミー・ウォルドロン等の議論を紹介している(＊28)。

3　上村都の研究

小谷と奈須がアメリカ法研究に軸足を置いているのに対して、上村都はドイツ法研究を基礎に立論を試みている。上村は、ドイツにおける集団侮辱罪について、その規制の根拠（保護法益）、成立要件を検討したうえで次のように述べている(＊29)。

「連邦憲法裁判所は、集団に対する侮辱的表現の規制の可否を、集団構成員各人にその侮辱的効果が波及するか否かを基準に判断している。この立場は、個人を基調とする基本法にも整合的である。加えて、連邦憲法裁判所は、個人の被害者性を判断するため、集団の概念を三つの基準により定めている。このことは、この種の意見が不当に制限されないように、また、しかるべき明確さを備えたものとするための配慮の現れである。とりわけ、大規模集団除外の原則は、意見表明の自由が過剰に侵害されないためのルールだと評価できる。」

ドイツの学説においても判例に肯定的な立場と否定的な立場が見られることに触れた上で、上村は次のように述べる。

「同様の議論は、わが国にも存する。大別して、差別的表現を、個人の人格発展にとっても民主主義にとっても役立たない価値の低い表現であるとして、説得力のある正当化事由、対抗利益を根拠に、規制を合憲とする見解と、対抗言論が有効であることを理由に規制を違憲とする見解がある。／このように、この種の表現の規制に関しては、侮辱罪（名誉毀損罪）の保護法益が個人の名誉である、という共通の出発点を前提に、何らかの工夫のもとに規制を可とする見解と、それを否定する見解との対立構図を読み取ることができる。否定説の根拠は、おおむね、①対抗言論が可能である、②表現の自由を過剰に制約することになる、③集団の名誉は保護法益にはなりえない、の三点に集約できる」。

そして、②③についてはドイツ連邦憲法裁判所判例をもって答えつつ、①について、上村は次の所見を明らかにする。

「対抗言論は、他者による第一撃によって名誉を毀損された者には、反撃によって自己の名誉を守る手段が残されているため、第一撃を処罰するのではなく、第一撃を思想の自由市場のなかに置いておくほうが有益だとするものであり、反撃の存在を前提に第一撃の許容を要請する。思想の自由市場の重要性に鑑みた法理である。思想の自由市場は、言論は自由であるべき、という規範的命題を前提としており、必ずしも被害者が反撃するとは限らない。それゆえ、対抗言論は、反撃の可能性がありさえすれば、第一撃の許容へと途をひらくことになる。しかし、差別的表現の場合には、反撃の存在を前提としうるかどうかは疑問が残る。」

ヘイト・スピーチについても対抗言論の可能性を指摘して法規制を否定する見解がしばしば提出される。上村は、対抗言論の有効な場合と必ずしも有効とは言えない場合を区別して、後者に属する差別的表現については対抗言論では不十分であり、ヘイト・スピーチの規制の可能性があると見ているのであろう。適切な見解であると思うが、もう少し立ち入って論じてほしいとも感じる。

いずれにせよ、上村はドイツ法研究を基に差別的表現やヘイト・スピーチについての議論を展開する一つのスタイルを確立して提示している（＊30）。

4　遠藤比呂通の研究

遠藤比呂通は「アウシュヴィッツが二度とあってはならないということは、教育に対する最優先の要請です」というアドルノの言葉を引用して、この視点から「表現の自由とヘイト・スピーチ」について再検討する。それは「日本国憲法下の表現の自由を考えるとき何よりも重要なのは、民主主義と憲法9条の思想的連関を明らかにすることであろう」と述べる（＊31）。その具体化として、京都朝鮮学校事件について「人種差別を助長し及び扇動する団体及び組織的宣伝活動を違法であると禁止する必要は、攻撃にさらされる立場からすれば、あまりにも当然なことなのである。／それができないのは、本当に表現の自由の観点からみて問題があるからなのだろうか。／『日本国憲法下の表現の自由』からすれば、そうではない。／日本において、アウシュヴィッツに匹敵する『南京大虐殺』や『従軍慰安婦』について、戦争責任の追及も戦後責任の追及も余りに不十分であるからなのではないだろうか。」と述べる。

遠藤はかつて差別的表現の刑事規制に消極的だったが、所説を改めて「苦しみを受けている被害の再発がどの程度抑止できるのか」という問いに向き合い、結論として「まず、公人による『慰安婦』に対するヘイト・スピーチを禁止することを緊急にやらなければならない」という。

第一に、被害から議論を始めることの重要性に気づいたことが改説の最大のポイントであろう。被害にどう向き合うか。この当たり前のことを平然と無視する憲法学者が多く、被害認識が完全に欠落している。遠藤は的確に被害から出発している。

第二に、ヘイト・スピーチと憲法第九条の関係を問う立場が明確である。「憲法9条とヘイト・スピーチ」という視角に学びつつ、筆者の主張をさらに補強したい（本書第11章参照）。

第三に、「慰安婦」に対するヘイト・スピーチである。遠藤は、二〇一三年の社会権規約委員会の勧告を引用して、人種差別撤廃条約第四条(c)を日本は留保していないので履行すべきと言う。二〇一四年の自由権規約委員会勧告、及び人種差別撤廃委員会勧告から言っても、ヘイト・スピーチの処罰、特に「慰安婦」に対するヘイト・スピーチ処罰が必要である。

第四に、遠藤は、「表現の自由」派の第一人者である奥平康弘の議論を引用しつつ、「耐え難い人間の尊厳の侵害が行われている事実を前にすれば、奥平氏の実際の立場はともかく、規制積極論の論拠に転換しうる」

と指摘している。ヘイト・スピーチ規制消極派の論述にも、積極論に転換しうる点を見出す姿勢は重要である。

以上見てきたように憲法学においても多様な見解が登場してきた。現実社会におけるヘイト・クライム／ヘイト・スピーチを直視すれば、憲法学がいかなる対応をするべきかを問い直すことが必要との意識も増加して来るであろう。

第3節　刑法学の動向

一　日本刑法学の特質

刑法学におけるヘイト・クライム／ヘイト・スピーチ法研究の代表例は、楠本孝、櫻庭総、金尚均と言えよう。いずれもドイツ刑法の民衆煽動罪や集団侮辱罪の研究、特にその保護法益をめぐる議論を手掛かりに、日本での議論を模索している。管見の限りでは、ドイツ以外の刑法におけるヘイト・スピーチに関する研究はまれである。刑法学がドイツ一辺倒になりがちなのは、日本刑法学の歴史的理由による。

ところが、不思議なことにヘイト・クライム／ヘイト・スピーチに関しては、ドイツ法研究もさほど活発ではなかった。日本刑法に該当条文がないため、ドイツ刑法研究を行っても、解釈の参考にならなかった。そして、日本刑法学はレイシズムや人種差別を主題とすることがなかった。第二次大戦中の刑法学（戦時刑法、植民地刑法）への歴史的反省がなされなかった（＊32）。このためドイツ刑法学重視の日本刑法学でありながら、ドイツ刑法学における「過去の克服」に学ぶことがなかった。

二　最近の動向

1　楠本孝の研究

楠本孝はかつて著書『刑法解釈の方法と実践』においてドイツ刑法の民衆煽動罪について論じたことがあるが、最近のヘイト・スピーチ状況を前に、新たに見解を公表した（＊33）。「アウシュヴィッツの嘘」罪については、次の櫻庭総の研究などもあるが、楠本はドイツ刑法の侮辱罪の規定が集団侮辱罪を含むことを指摘して、その成立要件を明らかにする。

第一に、「侮辱的表現が集団のすべての構成員に共通するメルクマールと結びついていなければならない」。第二に、「名指しされた集団が区別可能で、見渡すことのできる比較的小規模な集団であることが必要である」。プロテスタント、カソリック、女性といった大規模な集団はこれに当たらず、「兵士」も当たらないが、「連邦国防軍の兵士」であればこれに当たると解釈されている。第三に、「消極的要件として、公的機能を通じて結合している集団への侮辱は、個人に対する中傷ではなく、その公的機能への批判と推定され、原則として集団侮辱罪は成立しない」。第四に、「アウシュヴィッツの嘘」事例のように、「大規模集団であっても、例外的に『表現が、民族的・人種的・身体的・精神的メルクマールと結びついており、そこから人的集団全体の劣等性、およびそのことによって同時に、その集団のあらゆる個々の構成員の劣等性が導き出される場合』には、侮辱の個人への波及が肯定されることがありうる」。

ドイツの民衆煽動罪でしばしばキー概念となる人間の尊厳について、楠本は「人間の尊厳への攻撃とは、その人自身によってどうしようもなく決定されている人格の中核部分も含めた人間存在そのものを否定し又は相対化しようとするものである。人間の尊厳は、人間それ自体に固有のものとして内在しているものであって、個人の業績を基準にして尊厳が割り当てられるといったものではない」とする。

さらに楠本は、人間の尊厳への攻撃が単に傷つけただけで足りるのか、尊厳を破壊し尽くしたことが必要かに関連して、次のように解説する。「人間の尊厳を尊重することの中に表現されているのは、人間を人格、すなわち、その素質に応じて自分自身をその特性において意識し、自由に自己決定し、自らの環境を形成し、かつ他者と交際しうる存在として認知することである。平等者が他の平等者と交際する可能性は、彼が平等者であることを否定された場合だけでなく、他者が彼に率直に、偏見なくかつ先入見なしに出会う可能性が深刻に制限されている場合も、既に侵害されている。他者を重大な犯罪寄食者として表示することによって、他者との率直で、偏見なく、かつ留保なく交際し得る可能性は、深刻に侵害される」。

楠本の議論を見て直ちに気が付くのは、第一に、ヘイト・スピーチ規制問題を人間の尊厳、人間の本質の問題として把握していることである。ドイツ刑法の理解において、人間の尊厳の位置づけが議論の対象となってきたことから当然のことながら、ヘイト・スピーチを単に「表現の自由」だけに切り縮めて議論するべきでないことが明らかにされる。第二に、楠本は平等にも明確に言及している。「平等者が他の平等者と交際する可能性」は、楠本においては法の下の平等、差別禁止の問題であるとともに、人間の尊厳にも深くかかわるテーマである。

2　桜庭総の研究

桜庭総の『ドイツにおける民衆扇動罪と過去の克服――人種差別表現及び「アウシュヴィッツの嘘」の刑事規制』は、このテーマに関する本格的研究である（＊33）。同書「はじめに」において、桜庭は次のように語り出す。

「本書が検討対象とするマイノリティに対する差別表現ないし差別扇動行為に関する刑事規制の問題は今日、二重の意味においてアクチュアルなテーマであるといってよい。一つにはもちろん、近時の日本における排外主義的潮流およびヘイト・スピーチないしヘイト・クライム研究の興隆という、テーマに直結する社会情勢がある。しかし、いまひとつ視野を広げてみれば、近年のさまざまな刑事法領域におけるマイノリティ保護法制の進展、拡充現象との関係も無視できないだろう。したがってまずは後者の関連、すなわち現在の刑事法領域全体の布置状況における本研究の位置を明らかにするところからはじめねばならない。」

それゆえ桜庭は、近時の「被害者保護」論、厳罰化論、「刑法学の任務」論、「市民刑法」の内実など幅広い問題圏に視線を送りながら、同書の課題を整序している。

同書第一章では日本における差別扇動行為規制をめぐる議論状況を整理し、特に「表現の自由」や刑罰論上の問題に関する議論の日本的特徴を確認して、研究課題を析出している。第二章から第六章ではドイツにおける民衆扇動罪の全貌を研究対象に据える。第二章では西ドイツにおける民衆扇動罪の誕生に至る経緯を明らかにし、第三章では刑法第一三〇条の拡張とホロコースト否定表現の処罰に関する議論を見渡し、第四章では刑法解釈論上の諸問題として、行為態様、保護法益、「人間の尊厳への攻撃」要件について検討する。

さらに、第五章では民衆扇動罪の合憲性をめぐる議論に踏み込み、意見表明の自由との関係を整理し、第六章では民衆扇動罪規定の刑罰論上の位置づけに関して、民衆扇動罪の象徴的機能、積極的一般予防論に言及する。最後に第七章では欧州人権裁判所に目を転じて、欧州人権裁判所判例における表現の自由の基本的位置づけを検討している(＊34)。

同書に学ぶためには、十分な検討時間をとって本格的な論評を行う必要があるが、その余裕はないので、ここでは同書を一瞥して受けた印象を記しておくにとどめたい。

第一に、同書はドイツにおける「アウシュヴィッツの嘘」処罰に関する最初の本格的研究である。従来いくつかの研究が民衆扇動罪に関する基本的情報を紹介しつつ、問題点を剔出していた。とはいえ、「アウシュヴィッツの嘘」処罰の制定史、解釈論、憲法論、刑罰論の全体に渡って検討を加えたのは同書が初めてであろう。

日本刑法学は「ドイツ刑法学日本支部」と自虐的な発言が繰り返されるほど、ドイツ刑法と刑法学に多くを学び、解釈論の研究書にはドイツの引き写し論文が山のように「積み重ね」られてきた。それほどまでにドイツ詣でに励んできたにもかかわらず、民衆扇動罪に関する研究は、むしろ少なすぎるのが不思議な現実である。

第二に、同書は「アウシュヴィッツの嘘」だけではなく、マイノリティの法的保護、人種差別禁止法、ヘイト・クライム／ヘイト・スピーチ法規制という文脈においても、これまでの水準を一気に引き上げる研究書と言えよう。ヘイト・クライム／ヘイト・スピーチ法研究に即して言えば、さまざまな分野において数々の論文が公表され、いちおうの研究が積み上げられてきたとはいえ、本格的研究はまだ緒についたばかりである。その意味で、櫻庭の同書は今後の研究がつねにこれを参照し、乗り越えを目指すべき記念碑的な一冊と言えよう（＊35）。

第三に、結論には疑問がないわけではない。というのも、櫻庭は差別的表現、「アウシュヴィツの嘘」などについて処罰するよりも、次のように「土台整備型」を提唱している。「現状の刑事裁判における加害者意識の希薄性や、差別問題において刑罰が有する効果の限定性に鑑みると、差別問題に関する十分な啓発・救済制度が整えられていなければ、刑事規制による効果は期待できないであろう。処罰型の制度とは別個の法制度の在り方も模索される必要がある」。

指摘はよくわかるが、これでは問題を元に戻しただけである。第一に、もともと土台整備・基盤整備では対処できないから処罰の必要性が提起されたのである。ヘイト・スピーチ防止のために教育や啓蒙が重要であり、寛容と相互理解が不可欠であり、基盤整備が必要なことは自明のことである。それが実効性を持たないがゆえに処罰の必要性が唱えられたのである。「処罰先行型」と「土台整備型」を分けて優先順位をつける発想で、人種差別の現実に対処できるだろうか。第二に、人種差別撤廃条約第二条は人種差別の撤廃のために中央政府と地方政府がなすべきことを列挙している。第五条はさまざまな権利に関して差別のないようにする施策を求めている。そして、第七条は「人種差別につながる偏見との戦い」を各国に義務付けている。土台整備は真っ先に行われるべき当然の義務である。ヘイト・スピーチ処罰の議論の後に土台整備を唱えるのは、前後を取り違えているのではないだろうか。第三に、土台整備こそ重要であると主張するのであれば、これまでに世界各国で行われてきた土台整備ではなぜ不十分だったのかを検討するべきである。そして櫻庭自身が構想する独自の新たな土台整備策を提示し、その土台整備によっていつまでにどのような成果を上げることができるのかを明示するべきであろう。

3　金尚均の研究

金尚均は近時のヘイト・スピーチ現象を前に矢継ぎ早に論考を発表している（＊36）。その基本的立場は次のように提示される。

「民族などの属性を有する集団に対する侮辱表現は、それが不特定または多数の人びとに向けて行われる場合、公共に対して偏見と蔑視を醸成する可能性が高い。民主主義社会においては、個々の市民が社会を構成する主体である。その際、まず何はともあれ、平等であることが保障されていなければならない。それなしには、現実の社会では、社会に参加する機会を得ることができない場合がきわめて多い。このような状態では、社会を構成する主体とは到底なり得ない。集団に対する侮辱表現は、それに属する人びと全体と社会『一般』という形で不当に区別する重大な契機であり、その意味で民主主義社会にとって脅威である。このような表現は、民主主義にとって不可欠な社会への参加を疎外するという意味で社会侵害的といえる。／他面、このような侮辱的表現が現実の社会において行われる可能性があることを捨象して法の下の平等を説いても、それは法の平等原則そのものが社会における差別を是認することになる。それゆえ、集団に対する侮辱的発言により、その集団に属する個々の人びとの社会構成員としての地位を貶め、それにより社会における平等性を毀損するのであり社会侵害的行為といえる。」

「ヘイトスピーチは、単に『公共の平穏』を害するから処罰されると解するべきではない。それは、一般的には、すべての社会の構成員が自分の存在する社会におけるさまざまな決定に参加することができるというのが基本である。しかし、ヘイトスピーチは、人びとの民族や属性に向けられることによって、その民族に属する人たちあるいは属性を有する人びとを蔑むことになる。それが意味するところは、彼らを同じ社会の民主制を構築する構成員とは認めないということにあり、それにより、民主制にとって不可欠な社会参加の平等な機会を阻害することになる。」

さらに名誉毀損罪と侮辱罪の関係を問いながら、ドイツにおける民衆煽動罪を参考にしつつ、ヘイト・スピーチの社会侵害性を論じている（＊37）。

その上で金は京都朝鮮学校事件に即して社会侵害性について再論している。

「憲法一四条は、法の下の平等を保障しているが、ここでは、法適用の平等性・公正性、権利・義務の公正な分配、法的保護の平等性、生きる権利の平等な保障をしていると考えるべきである。特に、最後の生きる権利の平等の保障とは、法が保護すべき根本的権利である生存権保護の平等を意味するが、属性に対する侮辱的表現は、集団に属する人々に対して平等に法適用、権利保障そして権利の行使を否定している。『二級市民』『人間以下』とは、『人間じゃない』ということであり、対等平等な人として法の下に平等に生きることを否定している。」（＊38）。

金の研究の特質は明らかである。第一に、民主主義社会とは何かについての明確な認識である。「表現の自由論」が民主主義を口実としながら「差別表現の自由」を唱えるのとは対称的に、金は民主主義社会そのものの存立基盤、存立可能性を問うことから始めている。

第二に、ヘイト・スピーチの憲法論はどのようにあるべきかである。憲法第二一条だけを切り取って「差別表現の自由」を容認する憲法学とは異なり、憲法第一三条、第一四条、第二五条などを総合的に捉える必要性を明らかにしている。

第三に、以上の認識を前提として、金はヘイト・スピーチの社会侵害性を論じる。ドイツ刑法における民衆煽動罪の理解に日本国憲法の解釈も加えて、法の下の平等に反し、民主制の基礎を掘り崩し、マイノリティの社会参加を阻害するヘイト・スピーチという位置づけである。

第4節　本書の構成

一　比較法研究の方法について

レイシズム研究、憲法学、刑法学においてようやくヘイト・クライム／ヘイト・スピーチの研究が始まり、これから本格化が期待される。

比較法研究という問題関心からは、諸外国における人種差別禁止法、ヘイト・クライム／ヘイト・スピーチ法の形成と展開を射程に入れた本格的研究が期待されるが、現在の研究水準からすればまだまだ彼方の夢物語である。

もっとも、憲法学では圧倒的にアメリカ法研究が進められ、そこではヘイト・スピーチの規制が否定的に解されているため、規制否定論だけが紹介されてきた。ヘイト・スピーチ規制を否定するアメリカ法だけを研究し、ほぼそれだけを論拠にして議論が行われてきた。多くの諸国におけるヘイト・クライム／ヘイト・

スピーチの実態や法律は無視されてきた。

憲法学においてもドイツ法研究はあり、刑法学ではドイツ法の民衆煽動罪の研究が進められてきたので、ようやくアメリカとドイツの比較が可能となってきた。さらに、イギリス、カナダ、オーストラリアなどに研究が及ぶことによって、ヘイト・クライム／ヘイト・スピーチの比較法研究が始まりつつある。視線をアメリカや一部の諸国に限定して矮小化された議論を積み重ねるのではなく、ヘイト・クライム／ヘイト・スピーチ法の世界的動向を射程に入れて、まじめに物事を考える研究がようやく始まろうとしている。

第一に、研究対象の選定である。アメリカ憲法に学ぶ意義があることは誰も否定しないが、他を一切排除してアメリカ憲法だけに焦点を当て続けるべき理由はどこにもない。西欧諸国の法研究も重要であるし、それ以外の世界各国の法制度にも学ぶべき点があるのではないだろうか。

第二に、歴史的研究である。アメリカにおけるヘイト・スピーチ研究は、一九八〇年代後半にこの言葉が作られたことを明らかにしつつ、他方でヘイト・スピーチという問題意識に立ってアメリカ史全体を見直している。アメリカ以外の諸国についても同様の研究が必要なことは言うまでもない。

第三に、とりわけ一九九〇代以後の変遷過程を各国法制史に即して解明することが重要である。とくに東中欧では一九九〇年代に新たな国家が生まれたり、法体制が大幅に変更されて、一新してきた。その中でヘイト・クライム／ヘイト・スピーチ法がどのように形成されたのかは注目するべき重要研究課題である。

第四に、ヘイト・クライム／ヘイト・スピーチ法の類型論を練り上げる必要がある。比較法における法類型論・法体系論にも大きな変容があった。古くは成文法（大陸法）とコモン・ロー（英米法）の対比がなされた。二〇世紀後半には資本主義法と社会主義法の対置・対決が打ち出された。他方で、イスラム法の独自性への関心も強くなってきた。さらに地域法（アフリカ、アジア、ラテンアメリカ等）といった区分も採用されることがある。こうした法類型論・法体系論のレベルでヘイト・クライム／ヘイト・スピーチ法を論じることが可能なのかどうかも今後の研究課題であろう。

第五に、制定法の研究だけではなく、判例や、警察段階での具体的な事件処理方法に至る研究が必要である。ヘイト・クライム／ヘイト・スピーチ法がどのように運用されているのかは、それぞれの国家の法文化や社会状況によって大いに異なることが予想される。同様の制定法があっても、法現象は全く異なるかもしれない。

第六に、今日では主権国家ごとの法体系とは別に、国際人権法が発展してきている。世界人権宣言、国際人権規約、人種差別撤廃条約などの国際規範と、それらに関する解釈基準や学説も豊かな広がりを見せている。従来のヘイト・スピーチ法研究がアメリカ一国主義に立ってきたのは不思議なことであり、少なくとも国際人権法の光を当てる必要がある。

二　本書の概要

簡潔にではあるがヘイト・クライム／ヘイト・スピーチの現在を確認しレイシズム研究、憲法学、刑法学の先行研究に学んできた。以上の知見も踏まえて、本書の課題を再確認して、本書の構成を確定したい。ヘイト・クライム／ヘイト・スピーチをめぐる議論には非常に広い諸分野において、実に多様で豊かな研究成果があり、分析が深く進められている分野もある。本書で論究できるのは、ヘイト・クライム／ヘイト・スピーチのごくわずかな局面に過ぎないが、そのことを自覚している点で、従来の憲法学とは決定的に一線を画すものである。

Ⅱ部「ヘイト・クライムとヘイト・スピーチ」では、ヘイト・スピーチの法的考察に入るための前提として、ヘイト・スピーチとは何なのかを追及する。

第3章では、主にアメリカ社会学におけるヘイト・クライム／ヘイト・スピーチの定義の試みを紹介し、ヘイト行為者やヘイト団体の特質を解明する。第4章では、アメリカ社会学における被害者論と被害論を参考に、ヘイト・クライム／ヘイト・スピーチの本質に迫るための回路を模索する。第5章では、以上の紹介を踏まえて、ヘイト・クライム／ヘイト・スピーチの行為論を展開する。行為の分類を行うことによって、従来の議論がヘイト・スピーチについて重要な問題の数々を見落とし、誤解の山を積み重ねてきたことが明らかになるであろう。

Ⅱ部の全体を通じて、ヘイト・クライム／ヘイト・スピーチの法的考察を行うための最低限の基礎知識を獲得することができる。

Ⅲ部「ヘイト・スピーチの法的構成」では、ヘイト・クライムとしてのヘイト・スピーチの法理論を展開するための前提として、ヘイト・スピーチの国際人権法及び比較法研究を行う。

第6章では、国際人権法における差別禁止を主題として取り上げる。ヘイト・スピーチは差別行為の一つであるから、まず差別禁止の国際法的枠組みを明らかにする必要があるので国際人権法のメカニズムを確認する。第7章では、ヘイト・スピーチの国際人権法を再確認する。まず国際自由権規約及び人種差別撤廃条約におけるヘイト・スピーチへの対処を理解する。その上で人権条約の解釈のために提出されたガイドラインとして、人種差別撤廃委員会一般的勧告三五及び国連ラバト行動計画を紹介する。第8章では、人種差別撤廃委員会に提出された各国政府報告書を基にして、国際社会におけるヘイト・クライム／ヘイト・スピーチ法の制定状況を垣間見る。第9章では、人種差別撤廃委員会の資料を基に、ヘイト・スピーチ法の適用状況の実際を確認する。第10章では、ヘイト・スピーチ法の類型論を試みる。アメリカ法やドイツ法だけに限定するのではなく、現在の国際社会においてどのようなヘイト・スピーチ法が存在するのか、それらは相互にいかなる関係にあるのかを知るための基礎的整理作業である。

以上の第6章から第10章が、本書が考えるヘイト・クライム／ヘイト・スピーチ法を議論するための必要最低限の基礎知識である。これらの基礎知識なしにヘイト・スピーチについて論じることはできない。

さらに、第11章では、ヘイト・スピーチの憲法論を取り上げる。憲法学のこれまでの議論を一瞥したうえで、ヘイト・スピーチ規制の憲法解釈を展開する。本書の基本的立場は「日本国憲法に従ってヘイト・スピーチを処罰する。表現の自由を守るためにヘイト・スピーチを処罰する」という簡単明瞭な当たり前の主張である。

論じるべきテーマは数多いが、必要最低限の基礎知識を提示するだけでも膨大な分量になってしまったため、その他の主要論点については別の機会に譲ることにする。

〈註〉

（＊1）筆者がかかわったものとして、床井茂編『いまなぜ在日朝鮮人の人権か』（日本評論社、一九九〇年）、在日朝鮮人・人権セミナー編『在日朝鮮人と日本社会』（明石書店、一九九九年）、徐勝・前田朗編『文明と野蛮を超えて――わたしたちの東アジア歴史・人権・平和宣言』（かもがわ書店、二〇一一年）など。

（＊2）ダーバン宣言について、ダーバン二〇〇一編集「反人種主義・差別撤廃世界会議と日本」『部落解放』五〇二号（解放出版社、二〇〇二年）。ダーバン宣言と行動計画の全訳が収録されている。なお、前田朗「人種差別に反対する世界会議に参加して」『民族時報』九五五号（二〇〇一年）、同「ダーバン会議――人種差別撤廃への到達点」『世界』六九四号（二〇〇一年）。

（＊3）重要文献として、ジョージ・フレドリクソン（李孝徳訳）『人種主義の歴史』（みすず書房、二〇〇九年）。フランツ・ファノンやエメ・セゼールについて、前田朗『人道に対する罪』（青木書店、二〇〇九年）。

（＊4）鵜飼哲・酒井直樹・テッサ・モーリス＝スズキ・李孝徳『レイシズム・スタディーズ序説』（以文社、二〇一二年）。

（＊5）この点は「日本の自己植民地主義と植民地主義」という言葉で表現することができる（前田朗『人道に対する罪』青木書店、二〇〇九年、参照）。

（＊6）「『日本人論』に現れた語りの位置の固定化によって追求されるアイデンティティ・ポリティックスは、日本人として自己画定する者を植民地的な権力関係の下に捕縛する典型的なオリエンタリズムの言説である。さらに、この知識の生産の言説によって、『西洋とその他』という最も典型的な植民地体制が維持されるのであり、オリエンタリズムの言説は人種主義のあり方として私たちの研究語彙に登録しておかなければならない。」

（＊7）テッサ・モーリス＝スズキは、レイシズムへの対抗策として、①社会的格差が要因なので、富の再配分、②レイシズムに対抗する法制度の整備、③反差別教育、④メディアの重要性を指摘し、オーストラリアなどでの具体的取り組みも紹介している。

（＊8）「ユダヤ系知識人の変貌」も深刻だ。「いまやある種のユダヤ系知識人がともするといちばん人種主義的だったりします」。

アラブ対ユダヤという二項対立に問題を矮小化することのないよう、ジャック・デリダ、ヴィダル・ナケ、マクシム・ロダンソンなどが「接合」の役割を果たしていたが、その後のパリの言論状況は悪化しているという。李孝徳が述べているが、名著『人種差別』のアルベール・メンミが『脱植民地国家の現在――ムスリム・アラブ圏を中心に』に変貌している。李は「無残というほかない壊れ方」という。

（＊9）最後に鵜飼哲、酒井直樹、テッサ・モーリス＝スズキ、李孝徳による座談会「新しいレイシズムと日本」が収録されている。座談会は、レイシズム分析の射程、日本のポストコロニアル、血統主義と生地主義、生物学的レイシズムなどをめぐって進行する。日本の国籍法や、移民政策も問い直される。イギリスと日本という帝国の「退却戦」の差異も登記される。多文化主義の難しさも再確認される。

（＊10）エリック・ブライシュ『ヘイトスピーチ』（明石書店、二〇一四年）。Erik Bleich, The Freedom to Be Racist?, Oxford University Press.2011. 著者はミドルベリー大学政治学部教授で、専門はヨーロッパにおける人種とエスニシティ問題であり、主な著作に『イギリスとフランスにおける人種政治』、『ポスト9・11におけるムスリムと国家』があるという。ヨーロッパの研究をしているだけあって、ブライシュはアメリカとヨーロッパの動向を詳しく整理・対比して、議論を進めている。アメリカの研究者には、アメリカ内部のことだけで世界を語ったつもりになっている研究者が多い。「アメリカ教」の憲法学者はそれを真に受けてしまう。それに比して、本書はアメリカとヨーロッパの比較に視野を広げている。どちらがいいかなどという単純な比較ではなく、両者の差異がなぜ差異に見えるのか、なぜその差異が形成されてきたのかを検討している。訳者は明戸隆浩（社会学、多文化社会論）、池田和弘（環境社会学・市民社会論）、河村賢（科学社会学）、小宮友根（エスノメソドロジー）、鶴見太郎（歴史社会学、パレスチナ問題）、山本武秀（政治学）である。

（＊11）ブライシュはヨーロッパにおける規制の強化と、アメリカにおける表現の自由擁護との分岐について、なぜこれほど異なった方向に進んだのかと問いをたて、二つの要素に注目する。一つは「アメリカの司法制度は個人主義的な権利中心の枠組みに基づいている。これに対してヨーロッパの司法制度は、人間の尊厳、名誉、礼儀、共同体といったものに強く価値を置いている」。二つは「こうした法律が制定された文脈」である。「ドイツ、オーストリア、そしてイタリアは第二次大戦後、ファシズムの壊滅的な経験を脱してすぐに、ファシズム的な象徴や言論を禁じる法律を制定した。イギリスやフランス、またドイツでも、一九六〇年代から七〇年代に反ユダヤ的あるいは反移民的な言論が増加し、これに対する新たな法律がつくられた」。

（＊12）「ナチやファシスト、あるいはそれらに占領されたりそれらを支持したりした過去をもつ国は、ホロコースト否定を禁じる動きの最前線に立った。ドイツ、オーストリア、フランス、ベルギー、ルクセンブルク、スイス、スペイン、ポルトガル、そして多数の東欧諸国はすべて、ホロコースト否定の処罰に利用可能な法律を制定している。……法律の擁護者は、ホロコースト否定は単なる言論ではなく、ましてや歴史をめぐる議論ではないととらえている。レイシズムに反対する人々にとって、それはユダヤ人と他の社会を分裂させるためにユダヤ人を孤立させ、中傷し、侮辱しようとするユダヤ人に対する攻撃の試みである。」

（＊13）一九世紀から一九三〇年代の議論、アメリカ連邦最高裁における議論で「言論の自由」の原則が確立した。憲法修正第一条の解釈のレベルで言論の自由の原則が形成されたが、まだ「支持され始めたばかり」であって、バランスのとり方に苦心していたという。一九四〇年代から五〇年代には言論規制が進んだ。州レベルでヘイト・スピーチ規制法が作られ、有罪判決が出されていた。「喧嘩言葉」や「集団に対する名誉棄損」をめぐる議論が続いた。一九四二年、連邦最高裁は、チャプリンスキー事件判決において「ファシスト野郎」「くそチンピラ」と言った激しい怒りの言葉を投げつけた行為を有罪とした。集団に対しては有名なボハネ事件判決が出された。一九六〇年代から七〇年代に流れが変わる。連邦最高裁は「ヘイトスピーチの保護へ」舵を切った。一九六九年ブランデンバーグ事件、一九七二年ウィルソン事件を通じて、全米のヘイト・スピーチ法は表現の自由に対する侵害であり、憲法違反とされていく。一九七七年スコーキー事件で、ナチのデモ行進の自由が確立する（ただ、幸運なことにネオナチ運動はアメリカでは広がらなかった）。一九九〇年代には、ヘイト・スピーチを制限する別の試みが登場する。ＫＫＫで知られる十字架を焼く行為による憎悪と威嚇の規制である。他方、雇用差別禁止法は人種差別発言が環境型ハラスメントになる場合を認めている。大学キャンパスにおけるスピーチコードも広がり、ハラスメント禁止規定が多くつくられている。

（＊14）樋口直人『日本型排外主義――在特会・外国人参政権・東アジア地政学』（名古屋大学出版会、二〇一四年）。最近の発言として、樋口直人「極右を保守から切り離せ」『朝日新聞』二〇一四年一〇月二日「耕論ヘイトスピーチへの処方箋」。

（＊15）樋口によれば、保守運動は「外国人問題」を事後的に構築するのであって、必ずしも「外国人問題」から運動に入るわけではない。むしろ、歴史修正主義をはじめとする東アジアにかかわることがきっかけとなっている。活動家に共通する要素は「社会階層よりも政治的イデオロギーである」という。他方、人々を動員する集合的手段が必要であり、インターネットを活用した活動の特徴がある。

（＊16）言説の機会構造とは、フレーミングと政治的機会構造の統合を企図したもので、「制度的に固定した思考様式であり、それにより特定のまとまった考えが政治的に相対的に受容される傾向が生まれる」という。そして、言説の機会構造が変化していないか、変化したとしたらそれが排外主義運動に影響を与えたかを問う。一九九〇年代後半からの歴史問題や、二〇〇〇年代に東アジア諸国を敵手とみなす議論など、右派論壇の変化が大きな要因となる。もっとも、それだけでは「在日特権」と右派論壇の関係すべてを説明できるわけではないため、さらにサブカルチャーに目を向ける。ネットカルチャーと排外主義運動の関連であり、インターネットという言説の機会構造を探査する必要があるという。

（＊17）森千香子「ヘイト・スピーチとレイシズムの関係性」金尚均編『ヘイト・スピーチの法的研究』（法律文化社、二〇一四年）。なお、国家レイシズムだけではなく、グローバリズムの時代の国際環境の問題も見ておかなくてはならない。この点について、前田朗「グローバル・ファシズムは静かに舞い降りる」木村朗・前田朗編『21世紀のグローバル・ファシズム』（耕文社、二〇一三年）。

（＊18）Teun A. van Dijk, Elite Discourse and the Reproduction of Racism,Rita Kirk Whillock & David Slayden (ed.), Hate Speech, SAGE Publications,1995.　著者はアムステルダム大学教授であり、本論文は一九九〇年九月にドイツのハンブルクで開催された「欧州のレイシズムに関する国際会議」での報告に基づく。

（＊19）奥平康弘「法規制はできるだけ慎重に　むしろ市民の『文化力』で対抗すべきだろう」『ジャーナリズム』二八二号（二〇一三年）。

（＊20）奥平は「今の段階では、国家が何らかの形で出てきて、表現の自由に何らかの法的規制を加えるのが当然だと一般的にいえるかどうか、議論の余地がありそうです」と述べる。第一に、「今の段階では」という限定が何を意味するのか、どういう段階になれば事情が変わるのかについては言及がない。第二に、あくまでも「表現の自由」と呼ぶことで「差別表現の自由」「ヘイトの自由」を強く擁護する結果となっている。第三に、「法的規制を加えるのが当然だと一般的にいえるかどうか」と述べるが、誰のどのような見解を指しているのか不明である。「一般的に言える」かどうかが具体的に問題になっているのだろうか。第四に、奥平は次のように述べる。「『この事態は市民として考えれば明らかにおかしいよ』ということをもっと積極的に発言していく文化を、市民の側が作っていく必要があるということです。と同時に、そのいわば背後で、僕たち自身が自らの歴史認識を学び直すことが重要です。そのような取り組みが、ヘイトスピーチ問題に対抗する市民の在り方として重要ではないかと思っています」。なるほど確かに市民の「文化力」は重要である。しかし、半世紀以上にわたってそうした「文化力」を育むことのできなかった（あるいは不十分にしか育むことのできなかった）日本社会でヘイト・クライム／ヘイト・スピーチが猛威を奮っているのに、いつまでに、どのようにして「文化力」を作りうるのかを示そうとしない。歴史認識の重要性は誰もが指摘してきたことである。そして、現実には歴史認識を根こそぎ破壊するヘイト・クライム／ヘイト・スピーチが隆盛となっている。この現実に対処するのに歴史認識重要論を唱えても、被害を放置するという意味しか持ちえない。第五に、奥平は「ヘイトスピーチの問題は、法律を作って立法的に解決していくべきか、損害を蒙ったと主張する市民が、民事訴訟で裁判所に訴えていくか、瀬戸際に来ているといえるでしょう」、あるいは「国家が、あるいは地方自治体が、端的にいうと警察が出る幕というのは、将来的にはないことはないかもしれないという気はします」と揺れを見せるが、いかなる事態、いかなる条件の下でそのようになるのか肝心なことには触れない。第六に、「在特会のデモ行進は、公安委員会の許可を得てやっているのでしょう。そうだとすると、その公安委員会の許可の条件として、許可申請のときごとにある種の要件を具体的に突きつけていくということも可能なのではないか」と述べている。正当であるが、すでに市民側がその実践を繰り返してきたことに触れていない。日本政府も適用を認めている人種差別撤廃条約第二条及び第四条柱書の要請から言って、ヘイト・デモに許可を与えないことは「当然だと一般的にいえる」ことではないだろうか。

（＊21）内野正幸「ヘイトスピーチ」『法学教室』四〇三号（二〇一四年）。

（＊22）内野は「思うに、悪質なヘイトスピーチは今後、処罰の対象にするべきであるにしても、人種優越思想の表明・流布をすべて包括的に処罰対象にするとしたら、憲法二一条の『表現の自由』規定に違反するおそれが出てくる」としつつ、「さしあたって、条約四条(a)に関して、思想の流布と差別の扇動とを区別しておこう。独立扇動罪たる差別扇動罪については『明白かつ現在の危険の法理』も考慮しながら、わきにおいておこう。それでは、良くない思想を表明・流布することを刑事罰の対象とすることは憲法上許されるであろうか」とする。ヘイト・スピーチの中核をなす行為形態の一つである差別煽動に言及したにもかかわらず、しかも現に日本でこの問題が焦点となっているにもかかわらず、「わきにおいておこう」と言う。そして「良くない思想を表明・流布することを刑事罰の対象とすること」の可否に話をスライドさせる。そして「内容規制がかなり厳しく禁止されるのであれば、〝言論には別の言論で〟という対抗言論の原則こそ重要となる。ある言論への対抗言論には二つのタイプがある。第一は、攻撃された側による反論であり、第二は、当該言論の趣旨に反対する内容の言論である。第一のタイプは、対抗言論に必ずしもなじまない。というのも、いやがらせ攻撃に対しては、文字通りの反論を考えにくいからである。最近のヘイトスピーチ問題で話題になっている対抗言論は、第二のタイプである」とする。第一のタイプの対抗言論は実践的に非常に困難であり、被害を拡大させかねないことは従来から指摘されてきた。第二のタイプの対抗言論が話題になっているが、カウンター行動や、反ヘイト・スピーチ、反レイシズムの努力が現に積み重ねられてきた。奥平が言う「文化力」もこれに属するテーマである。内野は論点を指摘するだけで、その内実には立ち入らず、政治的言論としてのヘイト・スピーチに話題を転換する。「このような文脈でヘイトスピーチをみると、それは政治的言論としての一側面を含んでいる場合がある、ということに気づかされる。ヘイトスピーチを行う側についていえば、やるせなさ・生きづらさを感じたり鬱憤晴らしをしたくなる精神状態に由来する場合・側面もあれば、在日外国人処遇に関する特定の政治的信念に基づく場合もあろう。だが、政府の入管政策を批判する政治的言論を行いたいのであれば、法務省の入管当局に抗議するのが筋であろう。在日の人たち自身への攻撃は、筋違いであろう」。それにもかかわらず、政治的言論を口実とした差別目的のヘイト・スピーチに「政治的言論としての一側面を含んでいる場合がある」という一般論を持ち出す理由は何であろうか。

（＊23）小谷順子「Hate Speech規制をめぐる憲法論の展開――一九七〇年代までのアメリカにおける議論」『静岡大学法政研究』第一四巻一号（二〇〇九年）。なお、小谷順子「アメリカにおけるヘイトスピーチ規制」駒村圭吾・鈴木秀美編『表現の自由Ⅰ――状況へ』（尚学社、二〇一一年）、同「憎悪表現（ヘイト・スピーチ）規制消極論とその背景」『法と民主主義』四九〇号（二〇一四年）も参照。

（＊24）小谷順子「憎悪表現（ヘイト・スピーチ）の規制の合憲性をめぐる議論」『SYNODOS JOURNAL』（二〇一三年五月二三日）はインターネット上の論文である。小谷順子「アメリカとカナダの違いに学ぶヘイトスピーチ規制の法律と判例」『ジャーナリズム』二八二号（朝日新聞社、二〇一三年）も参照。

（＊25）小谷順子「表現の自由の限界」及び「言論規制消極論の意義と課題」金尚均編『ヘイト・スピーチの法的研究』（法律文化社、二〇一四年）。

（＊26）奈須祐治「ヘイト・スピーチ規制法の違憲審査の構造」『関西大学法学論集』五九巻三・四号（二〇〇九年）。奈須の次の指摘は重要である。「アメリカの内容規制／内容中立規制二分論、及びそれと密接に結びついた厳格審査をわが国に直接持ち込むべきでないし、またその必要もないだろう。『厳格審査』、『やむにやまれぬ利益』はアメリカ連邦最高裁の裁判実践において文字通り『厳格』になっている面があり、日本の違憲審査にそのままあてはめることができないし、アメリカにおいても多くの内容規制が認められる『例外範疇』が設定されているからである」。なお、奈須祐治「ヘイト・スピーチの規制と表現の自由」『関西大学法学論集』五〇巻六号（二〇〇一年）、同「ヘイト・スピーチの害悪と規制の可能性」『関西大学法学論集』五三巻六号、五四巻二号（二〇〇四年）も参照。

（＊27）奈須は次のように述べる。「従来、ヘイト・スピーチ規制に関するアメリカや日本の論文では、当該言論が特定人に向けられているか、不特定人に向けられているかという区分が用いられることが多かった。この区分は規制の合憲性を論じる上で有用だが、アレクサンダーのいう一段階／二段階の区分も同時に用いる必要がある。極めて侮辱的なヘイト・スピーチを、標的となるマイノリティが耳にすることを知った上で、もっぱら侮辱する目的で不特定多数人に向けて発するという場合、その言論がとりわけマイノリティである聞き手に直接害悪（精神的衝撃、苦痛、恐怖感等）を生むという点では一段階型だが、聞き手は不特定である。このようなときに、聞き手が不特定多数人であるからと言って、常に規制を違憲とするのは容易でないことに留意すべきだと思われる」。

（＊28）奈須祐治「憎悪煽動の規制と表現の自由」孝忠延夫編『差異と共同』（関西大学出版部、二〇一一年）。

（＊29）上村都「ドイツにおけるヘイト・スピーチ規制」駒村圭吾・鈴木秀美編『表現の自由Ⅰ』（尚学社、二〇一一年）。

（＊30）上村都「意見表明の自由と集団の名誉保護」『名城法学論集』第二五集（一九九八年）、同「集団に対する侮辱的表現」『法政論叢』三六巻二号（一九九九年）、同「一般的人格権と意見表明の自由」ドイツ憲法判例研究会編『ドイツの憲法判例Ⅲ』（信山社、二〇〇八年）。

（＊31）遠藤比呂通「表現の自由とは何か――或いはヘイト・スピーチについて」金尚均編『ヘイト・スピーチの法的研究』（法律文化社、二〇一四年）。

（＊32）前田朗『ジェノサイド論』（青木書店、二〇〇五年）「第5章侵略の刑法学」参照。なお、Christine Marie Shavers, Criminal Law Dealing with Hate Crimes: Functional Comparative Law, Germany vs. USA. Peter Lang Pub Inc. 2014. 本書は偏見に基づいて行われる犯罪に対するアメリカとドイツの対応を、その歴史的背景も踏まえながら比較している。ヘイト・スピーチではなくヘイト・クライムに焦点を絞った著作であるが、ヘイト・クライム／ヘイト・スピーチ法の研究にとっても参考になる。

（＊33）楠本孝「ドイツにおけるヘイト・スピーチに対する刑事規制」『法と民主主義』四八五号（二〇一四年）。なお、楠本孝『刑法解釈の方法と実践』（現代人文社、二〇〇四年）。

（＊34）櫻庭総『ドイツにおける民衆扇動罪と過去の克服――人種差別表現及び「アウシュヴィッツの嘘」の刑事規制』（福村出版、二〇一二年）。著者はこれまでに「新たな刑法正当化戦略の問題点とその『市民』像」『九大法学』九五号（二〇〇七年）、「ドイツにおける差別禁止規定と意見表明の自由」『九大法学』九七号（二〇〇八年）、「刑事法における『市民』の包摂と排除の統治戦略」『法と民主主義』四五〇号（二〇一〇年）などを公表している。

（＊35）櫻庭総「差別煽動行為の刑事規制に関する序論的考察」森尾亮・森川恭剛・岡田行雄編『人間回復の刑事法学』（日本評論社、二〇一〇年）は著者の主張を知るのに便利な論文である。なお、櫻庭総「刑法における表現の自由の限界」及び「名誉に対する罪によるヘイト・スピーチ規制の可能性」金尚均編『ヘイト・スピーチの法的研究』（法律文化社、二〇一四年）参照。櫻庭の研究については本格的な検討が必要であるが、ここでは若干の感想を述べるにとどめたい。第一に、櫻庭論文は、差別煽動表現の刑事規制に関する理論的研究であり、これまで手薄であったこの分野に大きく斬り込んだ重要論文である。引用紹介されている戦後日本の民主的刑事法研究者にとって、表現の自由や罪刑法定原則の保障は何物にも代えがたい重要な価値であった。一見すると正当な判断のように見えるが、その結果、「差別表現の自由」を唱えるに等しい理論を構築してしまい、現実の差別を容認し、差別に加担する刑事法学となった。ブライシュの言葉では「レイシズムを支持してきた」。こうした現状を打開することが、ヘイト・クライム／ヘイト・スピーチ法研究の課題であるが、櫻庭論文はこの意味で大きな成果である。第二に、櫻庭は刑法理論上の課題として、解釈論と制度論を区別しつつ、両者の本格的研究を目指している。解釈論については、具体的な立法提案が明示されていない時点でこれを展開しても十分な内容になるとは思えないが、少なくとも従来の研究成果を検証している点は意義がある。制度論については、日本におけるヘイト・クライム／ヘイト・スピーチ事例の事実（立法事実論）や、保護法益論をはじめとする課題が確認されている。第三に、概念定義に関連して、櫻庭はヘイト・クライム／ヘイト・スピーチの複合性には及んでいない。煽動行為の処罰と表現の自由とがもっとも尖鋭に対立するように見える局面に焦点を当てているが、それが望ましい方法か否かは議論の余地がないわけではない。複合的な現象形態を明確にしないまま議論を進めることには危険性がないとは言えない。

（＊36）金尚均「ヘイトクライムと人権」石埼学・遠藤比呂通編『沈黙する人権』（法律文化社、二〇一二年）。「社会化された差別や偏見は、個人においてその意識に根拠なく根付いている。いわばそのように認識することが当たり前のようにである。しかも会社などの団体では、社員採用の際の不文のルールとなっている場合もある。このように差別というのは、歴史的な背景を有する深刻な問題であり、しかもそうであるがゆえに人びとの社会生活において蔑視・偏見を生み、他人を『不当に』区別することから、社会的な問題でもある。そのため、差別は、個人に向けられることが最も卑劣なことに違いはないが、それが歴史的・社会的であることから、社会、すなわち、街宣活動やインターネットなどで、広く一般に向けて差別表現が行われる場合もあり、これにより一層社会における差別意識や偏見を醸成させることも大いに考えられる。これも卑劣な行為であり、差別された多くの個人の名誉を侵害する。」

（＊37）金尚均「名誉毀損罪と侮辱罪の間隙」『立命館法学』三四五・三四六号（二〇一二年）。「このような表現規制の意義としては、ヘイトスピーチに対する抑止と並んで、新たな規範意識の形成にその目的があると考えられる。それは、歴史的事実に基づいて多様性のある社会の構築を目指すうえで、人々の属性に対する侮辱的発言が『いけないこと』であることを宣言することで、市民に新たな規範意識を構築することが目指されているように思われる。しかしここで留意すべきは、刑罰という制裁を武器にするだけでは、社会にとって根の深い問題を解決することはできないであろう。刑罰の創設によって潜在的行為者の行動を抑止することはできる。けれども、彼の持つ認識を改変させることは刑罰によるだけでは不可能である。」

（＊38）金尚均「京都朝鮮学校事件におけるヘイト・スピーチ」『法と民主主義』四八五号（二〇一四年）。さらに、金尚均「刑法における名誉保護犯の処罰範囲――ヘイト・スピーチに対する刑事規制の可能性」『龍谷法学』四六巻三号（二〇一四年）、同編『ヘイト・スピーチの法的研究』（法律文化社、二〇一四年）参照。

Ⅱ部　ヘイト・クライムとヘイト・スピーチ

第3章　ヘイト・クライムの定義

第1節　問題関心

一　問題意識の再確認

ヘイト・クライム／ヘイト・スピーチを許さない社会を形成していく課題への第一歩を踏み出すことが本書の課題である。最近はヘイト・スピーチという言葉が流行語になるほど、ヘイト・クライム／ヘイト・スピーチが社会現象となっている。それゆえ検討するべき課題は多い。

第一に、ヘイト・クライムとヘイト・スピーチの区別と関係を整理することである（図表1参照）。京都朝鮮学校襲撃事件をはじめとする事件をもとに、日本社会はようやくヘイト・クライム／ヘイト・スピーチの深刻さに気付いた。しかし、京都朝鮮学校襲撃事件をヘイト・スピーチと呼ぶこと自体が問題含みであり、現実から目を背けている。京都朝鮮学校事件で行われたことは単なるスピーチではなく、被害者のもとに押し掛けて、脅迫的言辞を吐き、大騒ぎして授業を妨害し、器物を損壊することであった。日本社会はこれをヘイト・スピーチと呼び、暴行・脅迫という暴力的側面を捨象してしまう。新大久保での差別デモも単なるスピーチではない。大勢で押しかけて「殺せ」「叩き出せ」と恫喝し、商店街に入り込んでは営業妨害を繰

図表3　人種差別禁止法とヘイト・クライム法

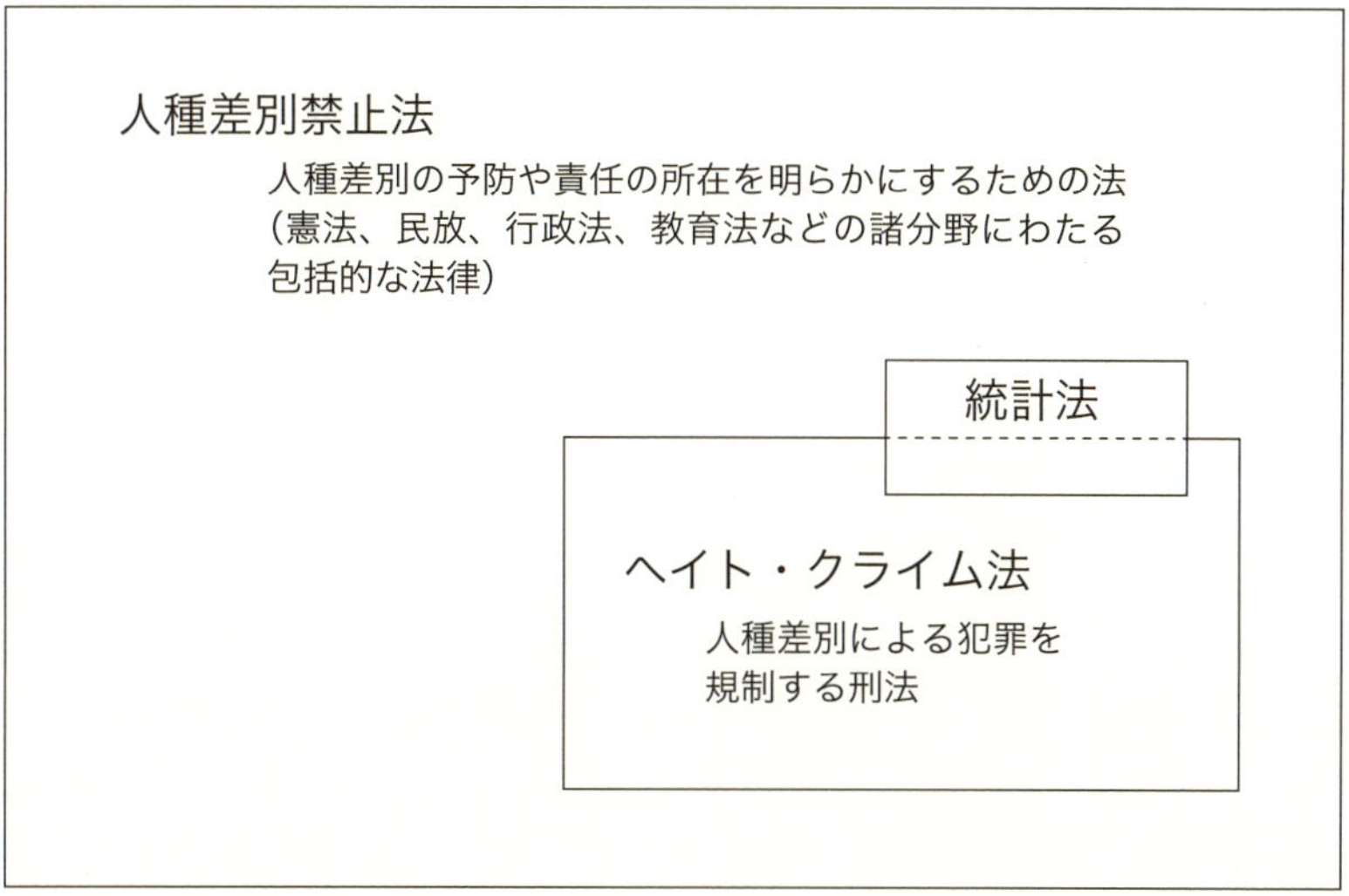

り返した。脅迫、恫喝、威嚇を含む差別行為をスピーチと呼ぶことで、日本社会は現実を隠蔽する。

第二に、日本政府は「日本には人種差別禁止法を必要とするほど深刻な人種差別はない」と何度も断定してきた（本書第6章参照）。人権NGOは日本政府見解を批判してきたが、日本政府は受け容れない。人種差別についてもヘイト・クライム／ヘイト・スピーチについてもおよそ調査をせずに「人種差別はない」と断定してきた。そうであれば民間実態調査を行うことが必要である。他方、日本政府にきちんとした調査をさせることも必要である。両者は別の課題ではなく、民間でできる範囲での調査の積み重ねによって、政府に調査をさせるように迫っていくことができる。

第三に、人種差別禁止法とヘイト・クライム／ヘイト・スピーチ法の区別も明確に意識しておく必要がある（図表3参照）。日本政府の主張では、人種差別禁止法とヘイト・クライム／ヘイト・スピーチ法の区別が十分なされていない。人種差別撤廃条約第四条の直接の要請はヘイト・スピーチ法の制定であって、人種差別禁止法一般の制定ではない。人種差別禁止法制定は条約第一条、第二条、第六条、第七条の要請である。人種差別禁止法、ヘイト・クライム法、ヘイト・スピーチ法という用語を区別する必要がある。人種差別禁止法は民事・行政・刑事など諸分野にまたがる法律である。個人や団体による人種差別の禁止、政府による人種差別の禁止、差別被害者の救済（被害補償、損害賠償、地位保全など）を包括する。他方、ヘイト・クライム法は特に暴力を伴う犯罪に焦点を当てた法である。ヘイト・スピーチ法はその一つであり、条約第四条が求めているのがヘイト・スピーチの刑事規制である。ヘイト・クライム／ヘイト・スピーチ法は人種差別禁止法の一部である。両者をきちんと区別して研究を進める必要がある。

第四に、ヘイト・スピーチの類型論が不可欠である（本書第5章参照）。ヘイト・スピーチには様々な行為態様があるにもかかわらず、それを無視して単一のヘイト・スピーチがあるかのごとく語ってきたのが憲法学である。ヘイト・スピーチの類型を明らかにするためには、その定義、発生条件、さらには標的とされる被害者、及び被害の実質も検討する必要がある。その上で作業仮説としてのヘイト・スピーチの類型を議論して、今後の議論の手掛かりとしていく必要がある。

第五に、ヘイト・クライム／ヘイト・スピーチ法の類型論も追及する必要がある。比較的早くからヘイト・クライム／ヘイト・スピーチ法を制定・運用してきた英米法では、例えば次の四つに分類している。①犯罪が憎悪の動機による場合に刑罰を重くする法。②犯罪的行動を新しい犯罪として定義づける法。③特に公民権問題に関連する法。④ヘイト・クライムの報告・データ収集に関連する法。

これら全体についての研究も必要だが、④は右の調査に関連する法律であり、早期実現が望まれる。①は、同じ殺人罪でも激情に駆られて行ったような普通殺人と、人種差別に基づいて行われた殺人とを区別し、後者の刑罰を重くするもので、多くの実例がある。これは②よりも法制定が容易なはずである。新しいヘイト・クライム／ヘイト・スピーチ法をつくるのではなく、すでにある刑法における暴行罪、傷害罪、殺人罪などについて、人種差別的動機に基づく場合や、人種差別発言とともに行われた場合について、より重い刑罰で臨むだけだからである。このようにヘイト・クライム／ヘイト・スピーチの比較法研究はまだまだ手薄なので研究の必要性が非常に高い。

第六に、憲法論を深める必要がある。というのも、日本政府はヘイト・クライム／ヘイト・スピーチを処罰することは憲法が保障する表現の自由に抵触する恐れがあるとか、刑罰構成要件を明確にすることができず罪刑法定原則に反するなどと主張しているからである。人種差別撤廃条約は処罰を求めている。人種差別撤廃委員会も日本政府に対して刑事規制の必要性を勧告している。多くの諸国にそうした法律がある。ヘイト・クライム／ヘイト・スピーチの処罰が直ちに表現の自由に抵触するなどと言うことは常識では考えられない。少なくとも表現の自由に抵触しないようなヘイト・クライム／ヘイト・スピーチ法をつくることは可能なはずである。罪刑法定原則についても同様のことが言える。ここでも比較法研究とともに、憲法論が必要である。憲法学は議論のために必要な最低限の基礎知識を無視してきたので、本書では最低限度の基礎知識を提供する。

その他、さまざまな課題を掲げることができるが、本章次節ではヘイト・クライム／ヘイト・スピーチの定義づけを行うための予備的研究として、英米における研究の到達点と評すべき最新研究から、日本においても参考になる点を順次紹介していきたい。取り上げるのはアメリカで出版されたブライアン・レヴィン編『ヘイト・クライム第一巻——ヘイト・クライムを理解し定義する』である（＊1）。

二　憎悪のピラミッド

同書のレヴィン論文「司法（正義）の長い弧」（同書五頁）に「憎悪のピラミッド」（図表４）という興味深い図が掲載されている（＊２）。図の出典は示されていないが、ブライアン・レヴィン自身の論文「奴隷制からヘイト・クライム法へ――アメリカ刑事法における人種と身分に基づく保護の登場」『社会問題雑誌』五八号（二〇〇二年）が掲げられているので、それが出典かもしれない。インターネット上でも同種の図を見ることができる。

図は正三角形を五層に分けている。下から、①偏見、②偏見による行為、③差別、④暴力行為、⑤ジェノサイド、と分節されている。図についての特段の解説は施されていない。その前後でレヴィンは次のように述べている。

「（差別行為の）関与者が政府の行為者でない場合、裁判所は、私人である当事者の対立する諸権利のバランスをとることを強いられてきた。『憎悪のピラミッド』に見られるように（図）、偏見による行動はスペクトルを横断して生じ、ヘイト・クライムの水準に即さない法律行為が含まれることになる。回避したり個人的に軽んじたりすることは、もっと積極的な行為に含まれ、直接的で、威嚇とまではいえない言葉による侮辱のようなもっと明白な攻撃的行動がこれに続く。アメリカでは、憲法修正第一条項が一般的に非暴力的な結社や信念の表明の自由を保護し、雇用、住居、商業の分野におけるそのような例外を制限している。しかし、抽象的な形式の人種その他の憎悪の類型の表明は、もっとも商業的でない条件において結社の利益にな

図表4　憎悪のピラミッド

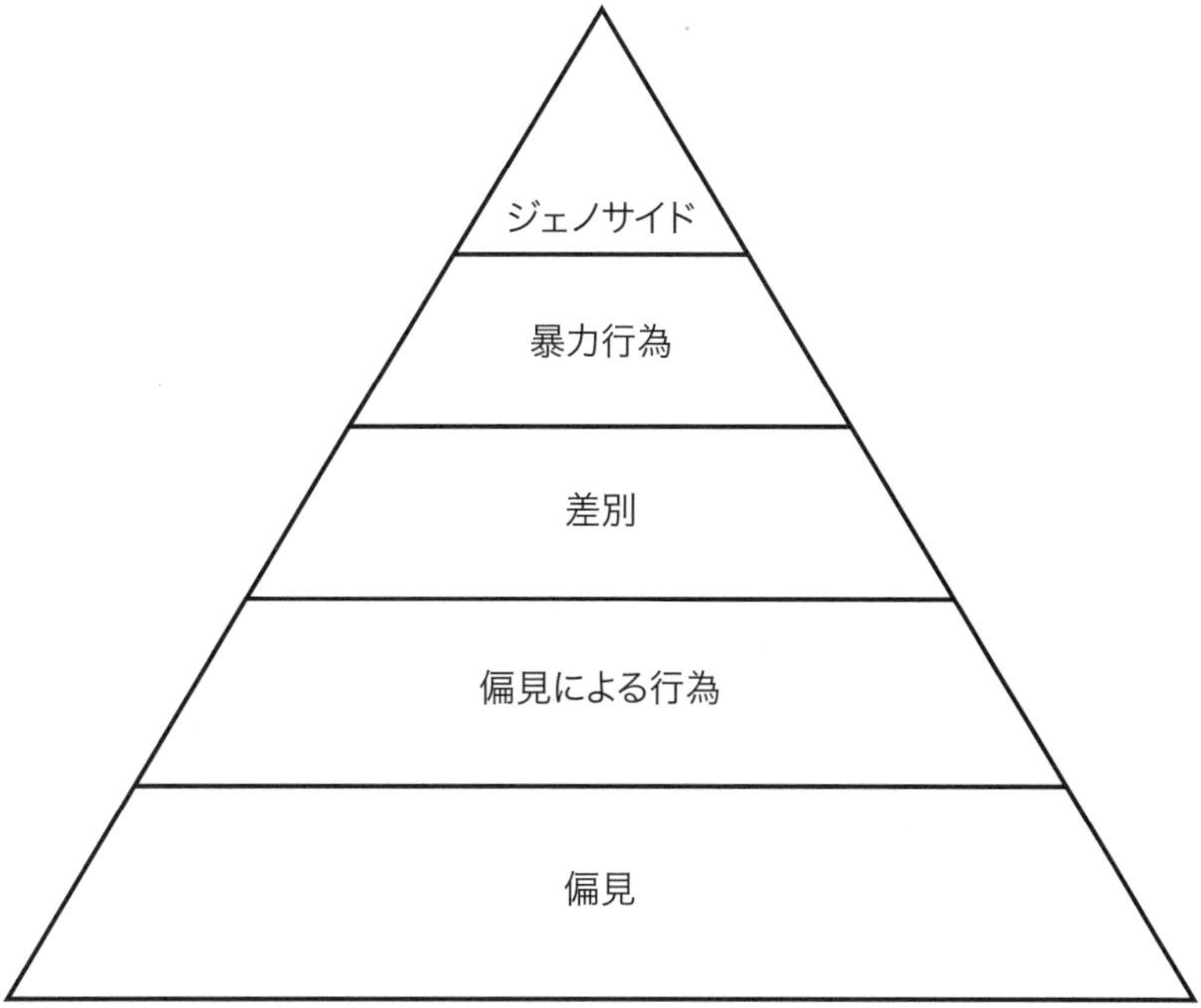

るように考慮される。同様に、非暴力的な憎悪集団構成員であることは結社の保護を受ける。そうした保護が、大きく見て社会に害を与え、特に攻撃された集団構成員に害を与える事実にもかかわらず、この権利が保障されている。一方で差別をなくすことと、他方で嫌われる言論や結社を保護することとの間の対立は、裁判所で繰り返し争われてきた問題である。」（同論文五〜六頁）

レヴィンは図表4についてこれ以上の言及をしていないが、まず言葉の意味を簡潔に確認した上で、日本的文脈で図を解釈することにしよう。

①　偏見とは、一般的に対象の性質を評価する場合に、自己の一方的な価値観を押し付けたり、対象に関する断片的な情報に基づいて、本来なされるべき評価と異なる判断をする心理作用を指す。人種差別や障がい者差別など

の差別との関連でしばしば問題にされるが、他方、人間社会の文化や価値はいずれも何らかの偏見によって支えられており、人は偏見から自由ではないとも言われる。偏見が内心にとどまる限り社会的問題は生じないが、偏見が表明されたり、偏見に基づいて行為がなされると表面化する。

② 偏見による行為とは、何らかの偏見に基づいて行為者の行為が左右される場合である。行為は能動的な場合もあるが、受動的な形でなされる場合もある。予断、偏見、先入主のゆえに相手を避けるといった行為である。より能動的な場合としては、偏見ゆえに相手に何らかの制約を課したり、相手に一定の行為を余儀なくさせる場合がある。

③ 差別は、差をつける、区別する、異なる扱いをすることである。ヘイト・クライム／ヘイト・スピーチの文脈では、例えば人種差別撤廃条約第一条に定義されるような差別が問題となる。

④ 暴力行為は、他者の身体、自由、財産に向けられた物理的な実力行使を指す。近年ではドメスティック・バイオレンスやセクシュアル・ハラスメントの研究が深まり、精神的暴力、経済的暴力、文化的暴力など、暴力の定義も多様化している。ヘイト・クライム／ヘイト・スピーチで問題となるのは、暴行・脅迫、傷害、監禁、殺人などの個人の身体や自由に向けられた暴力、さらには威力業務妨害罪、放火罪などに当たるような行為が典型例である。

⑤ ジェノサイドは特定の集団に対するせん滅、生存条件の剥奪などの「集団殺害罪」に当たる行為である。国際的には一九四八年のジェノサイド条約の定義がある。ヘイト・クライムの極限形態と言えよう。

それでは最後に、レヴィンの意図から離れて、この図を日本の文脈で読み込んでみよう。即座に思いつく解釈を三点あげておこう。

図表5　ジェノサイドの階梯

諸階梯	特徴
1．分類	集団を「われわれ」対「彼ら」に分ける。
2．象徴化	分類に「ユダヤ人」「ジプシー」「ブルジョア」などの命名をする。
3．非人間化	中傷宣伝によってその集団の人間性を否定する。
4．組織化	任務を遂行するために義勇軍がつくられ、責任を否定する。
5．分極化	隠健派や異議を唱える者が攻撃・排除される。
6．準備	集団が物理的に分けられ、殺害リストがつくられる。
7．せん滅	人間以下とされた集団の大量殺害。
8．否定	証拠が隠滅され、証人が脅迫される。

Source : From G. Stanton,“The 8 Stages of Genocide,”
http://genocidewatch.org/aboutgenocides/8stageofgenocide.htm.

第一に「偏見―偏見による行為―差別」の階層を見ることによって、「人間社会には差別はなくならない」といった言説の再考が可能となるのではないか。差別だけを論じていると「差別はなくならない」と即断しがちであるが、偏見を視野に入れることによって「人間心理や人間社会から偏見はなくならないかもしれないが、差別はなくせる」という議論が開かれることになる。人種差別撤廃条約をはじめとする国際人権法の立場は「差別はなくせるし、なくすべきである」というものである。

第二に、レヴィンの説明のなかにも類似の思考が含まれていると思われるが、五段の階層は互いに明確に区別された階層と言うよりも、相互浸透的、あるいは相互移行的な階層であって、場合によっては区別がつきにくく、両義的な事例がありうるのではないか。純粋な差別と純粋な暴力行為ではなく、差別がしだいに暴力に発展していったり、暴力行為が先行して、そこから差別が登場してくるといった事例がありうるのではないか。差別だけを分断し、孤立させて考えるべきではない。

第三に、「差別―暴力行為―ジェノサイド」の階層が示しているのは、差別を放置しておくと暴力行為に発展する危険性があり、場合によってはジェノサイドのような悲劇に発展することがありうること、それゆえ差別は早期に解消しなければならないことである。ヘイト・クライムとは、まさにそのような問題圏を開示するテーマであることを忘れてはならない。

ジェノサイドとの関連では「ジェノサイドの階梯」(図表5)も見ておく必要がある(*3)。ジェノサイドはヘイト・クライム/ヘイト・スピーチの極限形態である。ジェノサイドが常にヘイト・クライムと言えるか否かは別として、ヘイト・クライムの行き着く先がジェノサイドであることは説明を要しない。ジェノサイドの煽動も明らかにヘイト・スピーチである。欧米の研究では常識である。ところが、日本ではこのことが見事に忘却されている。憲法学はこのことを無視することによって「表現の自由」と口をそろえてきた。第一歩から踏み間違えてきたのではないだろうか。

第2節　ヘイト・クライムの定義

一　本節の課題

本節では、ヘイト・クライム/ヘイト・スピーチに関する基礎知識を得るために、英米におけるヘイト・クライム研究の到達点と評すべき研究から、日本においても参考になる点を順次紹介していきたい。取り上げるのはブライアン・レヴィン編『ヘイト・クライム第一巻——ヘイト・クライムを理解し定義する』である。ヘイト・クライム研究の代表作の一つとして知られる『憎悪の名において』の著者である犯罪学者バーバラ・ペリーが編集した全五巻のヘイト・クライム研究の第一巻である。ヘイト・クライムを定義するために、主にアメリカにおけるヘイト・クライムと規制法の歴史や、ヘイト・クライムを行う憎悪集団の歴史、そして憎悪自体の概念把握に関連する諸論文が収録されている。

二　司法（正義）の長い弧――レヴィン論文

ブライアン・レヴィンによる巻頭論文「司法（正義、ジャスティス）の長い弧」は、アメリカ近代史における法と人種暴力の複雑な関係を問い、人種差別、とりわけヘイト・クライムに関連する事象を中心に整理している。日本におけるヘイト・クライム研究の課題にとって重要と思われる点を中心に、レヴィン論文を紹介する。

レヴィンによると、人種とは一定の身体的特徴や地理的血縁的な理由で定義できる社会集団に人々をまとめる概念である。頻繁に用いられるが、不正確な概念である。科学の発展により人種概念が批判されても、人種的被害がヘイト・クライムの中心であり続けている。アメリカではユダヤ人、ラティーノのように白人に近い社会階層とともに、ネイティヴ・アメリカン、アジア系のように欧州文化の伝統を持たない者も下層に位置づけられている。前節で紹介したようにヘイト・クライムについて「憎悪のピラミッド」という仮説を前提に、偏見や差別が暴力行為に発展するメカニズムを解明することができる。

1 奴隷制廃止後に

レヴィンによると、現代ヘイト・クライム法の起源は南北戦争後の奴隷制違法化のための連邦協定にルーツをもつ。とりわけ、他人の公民権を剥奪する共謀者や政府行為者を処罰するさまざまな刑法である。アメリカ憲法修正第一三条（奴隷制廃止）と修正第一四条（平等の法的保護）と刑法がそれ以前の人種差別を覆し始めた。皮肉なことに修正第一三条が採択された同じ一八六五年一二月に過激な人種主義団体ＫＫＫ（クー・クラックス・クラン）が設立された。修正第一四条は、奴隷だった者に人種にかかわらず公民権を付与した。これによりアメリカで生まれた者に公民権が与えられ、二重国籍状態も生じた。政府による差別からの保護と、基本権への政府の介入からの保護が憲法上確立した。ＫＫＫの暴力は公民権保護法への反動として始まった。しかし、ＫＫＫはまもなく衰退した。というのも法律自身が黒人の公民権に対する障害になったからである。一八六九年のテネシー州に始まるジム・クロウ法は、アフリカ出身者の隔離と不平等処遇を基礎付け、南部諸州に広まり、連邦法による保護を破壊していった。最高裁判所は連邦公民権法の成果を骨抜きにし、ジム・クロウ法の隔離（異なる人種には異なる取り扱いを）を支持した。一九世紀の最高裁判決は次々とジム・クロウ法及び黒人差別政策を容認していった。

ＫＫＫは衰退したが、人種暴力がなくなったわけではない。公衆によるリンチ事件の被害者は圧倒的に黒人であった。一八九〇年から一九三〇年、一六州で反リンチ法が可決されたが、ほとんど効力を持たなかった。ＮＡＡＣＰ（全国有色人種前進協会）が連邦・反リンチ法上程にこぎつけたのは一九一八年であった。一九二二年、三七年、四〇年に下院を通過したが、成立しなかった。全米各地の大衆暴動はアフリカ系アメリカ人を標的とした人種暴力であった。一九一五年から二五年、KKKが再登場した。KKK第二期においては標的は黒人だけでなく、ローマ・カトリック、ユダヤ人、新たな移住者も標的とされた。この時期はアメリカ史において憎悪集団がもっとも成功を収めた時期である。KKKは四五〇万人の組織となり、二人の最高裁判事まで輩出した。アメリカ北東部ではKKK統制法（マスク禁止法）がつくられた。

2　公民権法以後

レヴィンによると、公民権期（一九五〇～六〇年代）は二度目の公民権発展期であった。一連の裁判所判決、大統領命令及び法律が反差別の流れを作り出した。もっとも有名なのが一九五四年五月一七日のブラウン対教育委員会事件最高裁判決である。判決は公教育における人種隔離について、一八九六年のファーガソン判決（隔離すれども平等）を覆した。見せかけの平等の下で隔離が進行し、実質的に差別が激化していたからである。一九六八年の刑法は人種その他の身分に関わる犯罪を明白に禁止した。この時期またしてもKKKが活動を再開し、南部諸州では人種的殺人事件や爆弾事件が発生した。

公民権期に続く時期にヘイト・クライム認識が大きく変容した。第一に、人種暴力が南部に特徴的な現象ではなく、北部や西部の大都市圏でも増加していることが明らかになった。第二に、以前よりも、偏狭な暴力に対する対抗措置が連邦政府や州政府によって行われるようになった。第三に、人種、民族、宗教に基づく差別だけでなく、性的志向、ジェンダー、障害に基づく差別もヘイト・クライムの下で考えられるようになってきた。一九八〇年代初頭までにボストン、ニューヨーク、シカゴなどの警察はヘイト・クライム対策特別班、情報収集、犯罪対処の訓練を始めた。メリーランドをはじめアメリカ北東部ではヘイト・クライムへの対応や、報告手続きを整備し始めた。ここで役割を果たしたのがそれ以前から調査や情報収集をしてきた全米反クラン・ネットワークや南部貧困法律センター（本節第六項参照）のような民間団体である。

3 ヘイト・クライム法の時代

レヴィンによると、こうしてようやく州や自治体でヘイト・クライム対策としての刑罰適用が始まった。さまざまな事件が最高裁に持ち込まれることになった。一九八三年のバークレー対フロリダ事件判決で、最高裁は、無差別殺人を行った被告人について、陪審が被告人の人種的動機に基づいて死刑を選択したことを支持した。一九九二年のドーソン対デラウェア事件判決で、殺人事件の被告人が白人優越主義団体員であることを理由に死刑が選択された事件について、被告人の差別的信念や団体所属が当該犯罪とは関連がなかったとして、死刑判決を破棄した。一九九二年のR・A・V対セントポール事件判決で、最高裁は、アフリカ系アメリカ人の庭で十字架を燃やした十代のスキンヘッド青年を訴追したヘイト・クライム命令を無効とした。当該命令の禁止条項が、言論や象徴的な物の使用を処罰するのに過度に広範な制限を課していたという理由である。一九九三年のウィスコンシン対ミッチェル事件判決で、最高裁はヘイト・クライム法の合憲性を認めた。当該法は、被告人が人種、宗教、皮膚の色、国民的出身、家系などの身分的特徴に基づいて被害者を差別的に選択したことを処罰の考慮に入れていた。事件は一九歳のアフリカ系アメリカ人トッド・ミッチェルが映画『ミシシッピ・バーニング』を見て怒りを覚え、罪のない通行人である一四歳の白人少年を殴るよう公衆に教唆したものである。

一九九〇年、全国レベルでヘイト・クライム法が導入され始めた。一九九〇年四月、ブッシュ（父）大統領が署名したヘイト・クライム統計法は人種、宗教、性的志向、民族に動機を有する犯罪について、全国的に情報収集することを定めた。後に障害も加えられた。本法に基づいて連邦捜査局（ＦＢＩ）が統計調査を続けている。二〇〇七年には総数七六二四件、そのうち五〇・八％は人種的動機であった。被害の多くはアフリカ系アメリカ人だが、加害者になることもある。反黒人の動機が全事件のほぼ三五％だが、アフリカ系アメリカ人が加害者の二〇・八％である。反白人の動機は全事件の一〇％を越える。全加害者の六二・九％は白人であった。全米の法執行機関一六〇〇〇のうち一三二四一が情報収集プログラムにかかわっているが、実際に報告書をあげたのは二〇二五であった。

一九九四年のヘイト・クライム量刑加重法（重罰化法）は、連邦犯罪について、被害者が人種、皮膚の色、宗教、国民的出身、民族、ジェンダー、障害、性的志向の故に意図的に選ばれたことが証明された場合には、刑罰を約三〇％加重することを認めた。一九九六年、教会放火事件が相次いだ後、教会放火事件の刑罰を加重する法律が採択された。

他方、一九九八年から上程されてきたマシュー・シェパード法（ヘイト・クライム予防法）は二〇〇七年にも成立しなかった。民主党が議会で多数を占めているので早晩成立するであろうと予測されている。マシュー・シェパード法はレヴィン論文執筆時には成立していなかったが、オバマ政権になって二〇〇九年に成立した（本節第八項参照）。

レヴィンは最後にアメリカのヘイト・クライム関連法規定を一覧にまとめている。

①　連邦公民権法二四一条（公民権を妨害する共謀を処罰する。人種的動機は不要）
②　連邦公民権法二四二条（公民権を妨害するために権限を用いた公務員を処罰する）
③　連邦公民権法二四五条（人種、皮膚の色、宗教、国民的出身をもとに特に列挙された諸権利を妨害した者を処罰する）
④　連邦公民権法三六三一条（人種、皮膚の色、宗教、性別、国民的出身をもとに居住権を妨害した者を処罰する）
⑤　連邦ヘイト・クライム量刑加重法（人種、皮膚の色、宗教、国民的出身、民族、ジェンダー、障害、性的志向をもとに行われた連邦犯罪の刑罰を約三分の一加重する）
⑥　連邦公民権法二四七条（礼拝所に対する攻撃について連邦法の下で刑罰を加重する）
⑦　諸州ヘイト・クライム刑罰加重法（集団の特徴をもとに被害者が選ばれたことが証明された場合に刑罰を加重する）
⑧　諸州ヘイト・クライム単独立法（集団の特徴をもとに暴力、脅迫、財産損壊がなされた場合、他の犯罪が訴追されなくても独立処罰する）
⑨　諸州十字架放火条例（他人の財産に対して、所有者の許可なしに、十字架を焼いて敵対行為をすると処罰する）

以上がレヴィン論文の紹介である。重要なのは歴史の中のヘイト・クライムへの視線である。ヘイト・クライム／ヘイト・スピーチという言葉は一九八〇年代に用いられるようになったとされるが、だからと言ってヘイト・クライム／ヘイト・スピーチ研究をその時期以後に限定するのではなく、言葉以前に実態が存在したことを歴史のなかに確認している。また、ヘイト・スピーチ規制との関係では、諸州ヘイト・クライム単独立法として脅迫が例示されていることにも注意しておく必要がある。

三　歴史的教訓――ペトロシノ論文

本項ではキャロライン・ターピン・ペトロシノ「歴史的教訓――どのような過去がプロローグとなるか」を紹介する（＊4）。前項のレヴィン論文と重なる部分は大幅に省略する。ペトロシノによると、アメリカ司法省による定義は「人種、宗教、障害、民族的出身、性的志向に対する犯行者の偏見が動機の全部又は一部となって人又は財産に対して行われた犯罪」である。ヘイト・クライムを他の犯罪カテゴリーと区別するのは、自由な社会に対する影響である。犯行者は被害者を生まれつき劣っていて、憲法によって保障された平等、正義、自由に値しないとみなしている。

1　アメリカにおけるヘイト・クライム史

ペトロシノは、アメリカにおけるヘイト・クライムの歴史を追跡している。ユキ族やチェィニィ族などネイティヴ・アメリカンに対するジェノサイドともいうべき政策なども検討し、ヘイト・クライム史を図式的かつ簡潔にまとめている。

第一に、南北戦争以前の憎悪に動機付けられた行為（一六〇〇年代～一八六五年）

①被害者集団は、政府の政策にとって障害になるか、政策実現にとって必要であるか、いずれかと見られた。地理的にも経済的にも国家を発展させる意図がネイティヴ・アメリカン、アフリカ人、アジア人を政府の目的と衝突させた。②多数者集団は一般的に当時の社会規範や文化的信念に固執していたがゆえに、政府の差別政策を支持した。③以上のことが結びついて、偏見に動機付けられた行為の発生を容認する条件がつくり出され、無実の者の殺害などが起きた。④こうした行為は地方、州、連邦の政府や過激主義者の利益のために、もっぱら政府機関や政府職員によって実行された。

第二に、南北戦争後のヘイト・クライム（一八六五～一九四九年）

①被害者集団は、政府機関と直接結びついていない少数集団によって狙われた。②犯行者は当初、テロリズムや白人優越主義のもとに結集した（ＫＫＫなど）。③ＫＫＫは、被害者集団に平等を保護しようとする連邦政府による努力に反対して組織された。④この時期のヘイト・クライムは、犯行者がその目的を達成するために暴力や暴力の威嚇を用いたので、テロリズムと同類であった。⑤その意図はジェノサイドではなく、被害者集団を脅し、統制し、抑圧することであった。

第三に、公民権期のヘイト・クライム（一九五〇～一九七九年）

①ヘイト・クライムは、特に公民権運動との関係で、法執行当局の顕著な関与を示した。爆弾事件や殺人事件に法執行官が直接関与した（ミシシッピのネショバ地区では法執行官が公民権運動の活動家殺人に関与した）。②法執行官がヘイト・クライムにかかわったり、犯行者を匿ったりするとともに、被害者集団がますます被害を受けやすくなった。この意味で法執行官は被害者を保護するのではなく、攻撃していた。

第四に、公民権運動以後のヘイト・クライム（一九八〇年から現在）

①襲撃武器、殺害方法のハウツー本、准軍事的訓練キャンプ、危険な爆発物などの致命的武器が入手できるので、今日のヘイト・クライム犯行者は容易に高度の破壊を行うことができる。②時には合州国軍隊が白人優越主義者に訓練と装備を提供している。③この時期は以前と比べて、より若い、暴力的な犯行者の関与が見られる。

2　歴史から得られる教訓

ペトロシノは、以上の整理の結果、五つの教訓を引き出している。
教訓①　人種主義と反セミティズムがヘイト運動の燃料となる。アメリカの最初期から白人人種主義イデオロギーが始まり、維持されてきた。
教訓②　ヘイト運動の課題は持続的で政治的である。KKKの設立以来続いている。「ジョージア州に白人がいる限りジョージア州のKKKは永遠である」という言葉が引用されている。
教訓③　白人がマイノリティに関して根底に持っている恐怖が、多文化教育や文化多様性に抵抗する。多文化教育の努力にもかかわらず、憤慨の種となり、人種的緊張を増加してきた。
教訓④　ヘイト運動は国際的にも成長し、より若い、暴力的な犯行者を惹きつけている。ヘイト・クライムは人種主義に向かう国際的青年運動として理解されねばならない。
教訓⑤　ヘイト・クライム行為の致命的な可能性を過小評価してはならない。ヘイト・クライム犯行者予備軍は、さまざまな危険な手段を容易に入手できる。突然、予告なしに傷害や殺人を惹き起こすことがありうる。

ペトロシノは最後に次のように述べている。「もし社会がヘイト・クライムを容易にする諸条件を無視し続けるならば、ヘイト・クライムは再発し、いっそう悪質になるだろう。効果的な介入手段を開発し、実施しなければならない。必要なことは、歴史を通じて観察され、今日もなお続いているパターンに介入し、阻止することである」。

3 ヘイト・クライム研究の方法

レヴィン論文とペトロシノ論文について、日本におけるヘイト・クライム／ヘイト・スピーチ研究との関連で、若干の感想をまとめておこう。

第一に、レヴィンもペトロシノも、ヘイト・クライム／ヘイト・スピーチをアメリカ史全体に位置づけることを試みている。奴隷制、奴隷解放、そして公民権法の時代を通して観察することによって、現状を的確に理解できるだろう。日本の議論は歴史を無視してきた。憲法学にはアメリカ史が二〇世紀に始まったかのごとき歴史記述をするものが目立つ。

日本におけるヘイト・クライム／ヘイト・スピーチについて考える場合も、日本史におけるその発生と発展過程を歴史的に検証する必要がある。近代日本の植民地主義、膨張した帝国主義の歴史が人種主義や民族差別をどのように胚胎したのかが焦点となる。

第二に、レヴィンもペトロシノも、ヘイト・クライム／ヘイト・スピーチにかかわるさまざまな主体に視線を送っている。加害者、加害を教唆する団体、被害者（被害を受けやすい集団が逆に加害者になる場合も）、警察・検察など法執行機関、裁判所、連邦捜査局、民間調査団体（反ヘイト・クライムＮＧＯ）などである。

日本における研究に際しても、ヘイト集団の思想や行動を批判的に解明するとともに、ヘイト・クライム／ヘイト・スピーチを助長・煽動する政治家や評論家を射程に入れる必要がある。日本における被害者はどのような人々であり、どのような状況に置かれているのかも不可欠の研究課題である。警察・検察など法執行機関の対応・姿勢も、単なる付随的情報ではなく、ヘイト・クライムの直接関連情報である。ヘイト集団を放任して、結果としてヘイト・クライムを増加させている警察の分析も必要である。

第三に、レヴィンとペトロシノは、現在のヘイト・クライム法の発展過程とその法理を明らかにしている。ヘイト・スピーチそれ自体を処罰する単独立法についての記述はほとんどないが、統計法（調査法）、量刑加重法の研究は大いに参考になるだろう。

日本での立法を考える場合にも、統計法（調査法）の可能性、及び刑罰加重法の可能性も検討に値する。

四　暴力の文化的正当化――レヴィン&ラブレノヴィック論文

本項では、ジャック・レヴィン&ゴルダナ・ラブレノヴィック論文「暴力の文化的正当化としてのヘイト（憎悪）」を紹介する（＊5）。

1　普通のヘイトと病理的ヘイト

レヴィン&ラブレノヴィックによると、ヘイトと偏見には典型的な逸脱であり非合理的で病理的と特徴付けることのできるものがある。極端な場合には、少数とはいえ妄想に基づくヘイト攻撃も起きる。ヘイトが病理的になるのは、犯行者が「悪人たち」の世界に入ってしまい、「悪人＝アウトサイダー（外来者、よそ者）」が自分たちの社会における遺産、文化、正当な地位を破壊していると思い込んだ場合である。

ヘイトは個人の病理に基くものではないので、社会のメインストリームの見解から、これが逸脱とみなされるわけではない。たとえ偏見が許容できないとみなされていても、ヘイト自体はごく普通であり、合理的であると見られる。つまり、文化の一部となる。その社会のライフスタイルの一部になる。ヘイトを文化的側面で検討するには、個人が学び蓄積した経験（信念、価値、態度、役割）全体の一部であることが重要である。ナチスのもとで行なわれた残虐行為を見ると、イデオロギー的な狂信や妄想に基づいて行なわれただけではなく、普通の市民によって反ユダヤ行為が行われた。ポーランドにおけるユダヤ人迫害による放火を見ても、ナチスの兵士だけではなく、普通のポーランド市民が加担した。

2　世代を超える文化的ヘイト

レヴィン&ラブレノヴィックによると、ヘイトは文化的要素を持つために、広範な国民に驚くべき広がりを示すことがある。地域も年齢も社会階層も民族的背景も異なる諸個人が、他者に対して、同じ敵対的イメージと感情を共有する。アメリカでは反黒人、反アジア、反ラティーノの人種主義が、老若男女を問わず、貧富もかかわりなく、ニューヨークからカリフォルニアまで、ノースダコタからテキサスまで、容易に広まる。9・11の後の反ムスリム感情の広がりも同様である。ナチス・ドイツの反ユダヤ主義もヒトラー個人の考えではなく、ドイツ人に広く共有された。感情的な人種的ヘイトや宗教的ヘイトは、異なる人々との接触を禁止する法律に顕著に現れる。かつてのアメリカ深南部のジム・クロウ法は有色人と白人の間の隔離を制度化した。

文化的ヘイトは世代を超えて継承される。一九世紀の西欧諸国における反ユダヤ主義はドイツやオーストリアに広がり、一九世紀末には幅広く受け容れられ、ナチス・ドイツにつながった。ヒトラー死後も長い間、ドイツ地域にはユダヤ人差別意識が継続している。最近のドイツの若者の三分の一がヒトラー体制には良い面があったと答えている。旧東ドイツでは、一四歳から一六歳の一五％がナチズムは良い考えだと答えているという。

3　文化的ヘイトが暴力を正当化する

レヴィン＆ラブレノヴィックは、サイクスとマッツァの逸脱行動理論をもとに、文化規範を侵害する行動を正当化するために中立化の手法が用いられるという。たとえば、「被害者が悪事を働いたのだ」と信じることによって、犯行者は自分が社会の主流文化に適合しており、法を犯す自由を与えられていると考える。中立化の手法の中でも強い力を持つのがヘイトである。文化的ヘイトが普及していれば、犯行者は自分が社会的に支持されていると感じられ、自分の敵意を中立化する必要さえない。

ヘイトは二つの方法で文化的正当化となる。第一に、「敵を特定する（確認する）」ことである。犯行者たちは被害者を正確に知っており、特定しており、選び出す。第二に、ヘイトは事件の後に犯行者が加えた苦痛について抗弁を提供する。文化的ヘイトのゆえに加害について良心の痛みを感じなくてすむ。自分は人間を攻撃したのではない。準人間や悪魔の力に対して攻撃して、奴らによる文化遺産の破壊を阻止したのだ。友人や家族のためにやったのだ。こうして犯行者は自分の行為を正当化する。

4 「幼児化」対「非人間化」

レヴィンとラブレノヴィックによると、ヘイトと差別の正当化に際して「幼児化」と「非人間化」のメカニズムが働く。幼児化とは、アウトサイダー（他者）は支配的集団の利益に対して従順であり従属することを期待されるので、ナイーヴな子どもや語りえない子どものイメージを与えられる。さらに、支配集団の有利な地位を脅かすものと見なされたアウトサイダーは子どもとしてではなく、動物、悪魔、悪魔の子どもとして扱われる。家財道具と見なされることもある「非人間化」である。アメリカでは、白人植民者が黒人を差別した際に、彼らは原始的であり、キリスト教の信仰を持たない、文明化されていない人間だとしたのが典型である。南北戦争後も幼児化の手法はよく使われた。レヴィン＆ラブレノヴィックは、最後に次のように述べている。

「文化的ヘイトが重要な役割を演じるのは、社会的に意味のある方法で、犯行者とは異なる被害者に対して向けられた暴力を正当化する場合である。無知のゆえに、こうした要素が共有され、永続する。それは社会の周縁にではなく、メインストリームに由来するので、ヘイトを正当化する力を受け容れる度合いを高める。ヘイト・クライムはスリル、防衛、報復といった『利益』に個人の動機を見出すが、その攻撃には社会的により広い局面が伴う。」

5　参照すべき視点

レヴィン&ラブレノヴィック論文は主にアメリカにおけるヘイトの意味合いを探るものであり、日本に直ちに適用できるものではないことは言うまでもない。ここでは今後の検討に当たって参考になると思われる若干の点について言及しておくにとどめたい。

第一に、文化的正当化の問題である。「ここは日本だから」とか「郷に入っては郷に従え」といったレベルから、日本の伝統的価値観なるものを口実にした議論まで、さまざまな文化的正当化が日本でも行われてきた。レヴィン&ラブレノヴィックは文化的正当化がなされること自体を論じている。日本でも同様の問題がある。と同時に、虚偽の捏造された文化や伝統を引き合いに出したご都合主義的な議論が横行していることも踏まえておく必要がある。「日本の伝統」なるものが明治期に創出・再編された伝統であることが少なくないが、事実が隠蔽される。

第二に、ヘイトが世代を超えて継承される問題である。部落差別に見られるように、一定の解決が見られたと思われても、実際には社会の奥底にひそんでいて、いつしか新しい若い世代に継承されてしまっていたという現象が生じるかもしれない。

朝鮮人差別の場合には単なる継承ではなく、歴史的に重層的な差別がこの社会に根付いていて、つねに再生産されていると見たほうがよい。基層には、他者に対する偏見や違和感がある。この点では朝鮮人だけではなく、その他の外国人に対する差別や偏見と共通の問題であろう。しかし、第二に、朝鮮植民地支配によって歴史的に形成された朝鮮蔑視意識がその上に折り重なっている。第三に、第二次大戦後の在日朝鮮人に対する差別と偏見である。朝鮮半島の分断、朝鮮戦争、日本における外国人登録法による管理・抑圧と阪神教育事件における弾圧が典型である。これらに加えて現在では朝鮮半島に関連する政治的緊張のもとで反朝鮮意識が培養され、それが在日朝鮮人に対するヘイトとなる。

第三に、幼児化と非人間化である。ヘイト集団の在日朝鮮人に対する物言いも、確かに幼児化と言うべき場合が少なくない。あたかも日本人が成熟した成人であり、朝鮮人が未成熟な子どもであるかのように言い募る日本人は珍しくない。「チマ・チョゴリ事件」や、公安警察による不当弾圧に対して抗議する朝鮮人に対して、テレビに登場する日本人コメンテーターが「朝鮮人は冷静になってほしい」などと発言していたのはその一例である。韓国や中国における「反日デモ」などに対する日本人の反応も、わかりやすい例だ。背景にあるのは「帝国」の植民地主義であり、「文明と野蛮」の二項枠組みである（＊6）

第四に、防衛的ヘイト・クライムである。朝鮮学校の無償化からの排除を叫んだ政治家や右翼団体の主張には、朝鮮人による日本社会への浸透や影響をことさらに取り上げるものが見られる。「日本を守るために朝鮮学校を潰せ」という類の主張である。相手側が先に攻撃してきているのだから防衛するのは当然と言いながら「予防的先制攻撃型の防衛的ヘイト・クライム」に出ている。「被害妄想ヘイト・クライム」と言ったほうが良いかもしれない。

五　憎悪の社会学――ペリー論文

本項ではバーバラ・ペリー論文「憎悪の社会学――理論的アプローチ」を紹介する（＊7）。犯罪学における理論の役割は人間行動のパターンを確認し、その意味を明確にすることだというペリーは、ヘイト・クライムに関する近年の理論研究の成果と限界を確認し、経験的情報が不足しているために概念枠組みを構築するための基礎も十分ではなかったと言う。概念的にはヘイト・クライムは、例えば暴力、被害者、人種／民族、ジェンダー、性別、差異などのテーマと交錯する。

1　心理学的／文化的異性愛主義――抑圧と暴力

アメリカにおけるヘイト・クライムには同性愛者に対する事件も多いので、ペリーは心理学的異性愛主義と文化的異性愛主義の連関を問う。異性愛主義とは、異性愛以外の行動や関係を否定する思考体系であり、ゲイやレズビアンに対する不平等な取り扱いを幅広く正当化し、それゆえヘイト・クライムを正当化する。この点ではヘレクによる先行研究があり、その他の形態のヘイト・クライム研究にとっても参考になる。ヘイト・クライムの文化的社会的正当化、支持のメカニズムは同じだからである。

ペリーによると、アイリス・ヤングの著書『正義と差異の政治学』における「抑圧の五つの顔」という議論が参考になるという(*8)。ヤングはヘイト・クライムを集団間の紛争という大きなパターンの一部であり、徴候であると見ている。人種暴力はより広い抑圧のパターンに埋め込まれた社会実践である。ヤングは次の五つの顔を想定している。

① 搾取(例えば、雇用における隔離)――搾取とは、ヤングによると、富、特権、便益の不平等な配分をつくりだすことによってエネルギーをある集団から他の集団に移転させることである。典型的には階級間で生じるが、人種や民族間でも生じる。歴史的には有色人種が召使や奴隷とされた。人種的職業隔離は今日も続いている。有色人種は低賃金労働に追い込まれている。

② 周縁化(例えば、貧困化)――周縁化とは、マイノリティが政治的社会的周縁に追い込まれる過程を意味する。先住民族の「アメリカ・インディアン」は地理的に周縁化させられた。経済的には、アフリカ系アメリカ人、ラティーノ、ネイティヴ・アメリカ人はもっとも貧困化を余儀なくされた。

③ 無力さ(例えば、政治的官職に代表を送れないこと)――不利な立場の者が周縁化されれば、構造的制度的関係において無力にされる。ネイティヴ・アメリカ人は自治権を認められていない。政治的無力化は経済的周縁化とともに、ネイティヴ・アメリカ人の自己決定権を奪ってきた。

④ 文化帝国主義(例えば、貶めるステレオタイプ)――文化帝国主義はこうしたパターンを強化する。自分が属する集団の視点から、他の集団をステレオタイプに認識し、自分の文化的信念に基づいて不平等な関係を惹き起こす。文化は、政治的議論から、イデオロギー的構築、メディアによる表象、宗教的信念に至る幅広い複合体である。

⑤ 暴力(例えば、ヘイト・クライム)――マイノリティ共同体への構造的制約・強制が、組織的暴力へ

の途を開く。もろもろの制約によってマイノリティは被害に晒されやすくされている。無力であり、政治的発言力も奪われて、従属的な地位に置かれやすい。

次に、ペリーによると、社会学者マートンの緊張理論もヘイト・クライムの説明に使われる。マートンによると、逸脱行動は文化的に制約された目標と社会的に構造づけられた実現手段との間の不均衡の結果として生じる。「成功」をめざして努力しても文化的に実現できない場合に逸脱行動が生じる。

2　憎悪の地理学――防衛する隣人

ペリーによると「憎悪の地理学」は最近登場した理論である。集団内と集団外との領域を社会的物理的に構築する点に着目する。アメリカ史では「白人であること」が人種的境界を決める基準であった。白人と非白人の生物学的分断が通有し、本質的とみなされてきた。そして、白人が属する場所・地域と、非白人が属する場所・地域が分断・固定されてきた。こうした境界をつくる力は社会的権力である。人種と場所との連結は、単なる象徴的比喩以上のものであり、実際の帰結をもたらす。警官が先住民族を町から追い出し、路上で若い黒人を見ると「職務質問」を行う。店員は入店してきた客の肌の色を見て、違法行為をしそうかどうかを見分ける。白人のほうが有色人種よりも賃金が高くなる。象徴的に決定し、民族隔離が実施される。攻撃は自分たちの場所・空間を守るために行われる。

ペリーによると、われわれはアイデンティティという規範的概念に囚われているが、アイデンティティは相関的に形成される。憎悪の犯行者と被害者は、自分たちのアイデンティティを構成する過程でひんぱんに出会う。ヘイト・クライム犯行者は、被害者が性や人種について不適切な行為をしたから罰せられると言う。白人女性と性的関係を持った黒人は、性と人種の境界を越えたために被害を受ける。他方で、彼は人種に相応しい行動をしたと考えられたがために罰せられる。ステレオタイプな「黒人」らしさゆえである。被害者は、差異というカテゴリーの規範的概念を超えると罰せられるのに、差異というカテゴリーに合致しても制裁を受ける。ヘイト・クライムは支配集団と従属集団の関係において、社会的権力の配分をめぐって生じる。犯行者は自分たちの支配的アイデンティティ、特権を再確認しようとし、自分たちのニーズを維持するために被害者のチャンスを狭めようとする。それゆえ、ヘイト暴力は「優越／劣等の自然な関係」に合致するという。

3　日本の状況への示唆

ペリーは最後に次のように述べる。

「われわれが、ある共同体全体を非人間化、悪魔化、レッテル貼りをすると、被害者化が容易になる。他者の歪んだイメージが敵意、怒り、恐怖を強めることが多く、ヘイト・クライムが実行可能な選択肢となる。」

ヘイト・クライムに関する犯罪学におけるさまざまな仮説は、それぞれ説明の方法としても、対処の方策を模索するための論拠としても重要である。理論仮説間の差異、相互関係、影響も検討していく必要があるが、ここではその準備がない。若干の感想を述べるにとどめよう。

第一に、「憎悪の社会学」が一般理論として成り立つならば、日本における「憎悪の社会学」として応用することができるだろう。その意味ではペリー論文は非常に有益である。もちろん、アメリカ社会と日本社会の差異も大きい。人種的同質性の程度の差異は決定的である。日本における「憎悪の社会学」の理論枠組みは、ペリー理論を大幅に修正する必要があるかもしれない。

第二に、日本における「憎悪の社会学」を想定すると、ペリー論文が射程に入れていないメディアの役割こそ重要と思われる。人種的同質性が高いうえに「画一的」と批判されてきたメディアの集中豪雨的報道が憎悪の醸成に大きく与っている点を考慮する必要がある。

第三に、ペリーは「防衛する隣人」について言及しているが、分析を深めてはいない。ヘイト・クライム犯行者が加害意識からではなく、自分や家族を守るという防衛意識によって行動していることがよく指摘される。そうであれば、マジョリティがなぜ、どのようにして倒錯した被害意識をもつのか。被害意識をもったマジョリティが、なぜ、どのようにして「防衛意識」を持って「防衛行動」に出るのかも研究する必要がある。

第四に、ステレオタイプの機能の二重性である。黒人らしさがいったん仮説されると、黒人であるがゆえに非難される一方、黒人らしさに合致しない場合も非難される。被害者には選択の余地がない。何を選択しても非難される。

六　ヘイト集団の作業定義のために——ブラザク論文

本項ではランディ・ブラザクの論文「ヘイト集団の作業定義のために」を紹介する（＊9）。ブラザクは「へイト集団はいくつあるだろうか。研究者にも人権活動家にも法執行官にも共通の関心であるが、答えはヘイト集団をどう定義するかによる。小規模の過激な人種主義集団にだけ当てはまる定義をする者もいる。人種主義や同性愛嫌悪者の歴史に遡って過激なイスラム主義、モルモン教、ローマ・カトリック教会などを含んだ大きな宗教集団をヘイト集団と定義して論じる者もいる」としたうえで、誰でも理解しているような物事を定義するのは意外に難しいことに注意を喚起する。ある人にとって苦痛でも、他の人には喜びとなることがある。ある人にはテロリストでも、ある人には自由の戦士である。ヘイト集団は自分たちをヘイト集団とは考えない。ヘイト集団は当該サブカルチャーのなかではヒーローとなりうる、と言う。九〇年に連邦ヘイト・クライム統計法が制定され、次のように定義している。

「人種、宗教、障害、性的志向、又は民族性に基づいた偏見の証拠を示す犯罪で、謀殺、不作為ではない殺人、強姦、重傷害、単純傷害、破壊行為、財産破壊の罪を含む」。

ブラザクによると、ヘイト・クライム法には定義に関して二つの困難がある。第一は、例えばナチス・スキンヘッドがユダヤ人だと思って人を攻撃したが、ユダヤ人ではなかった場合、ヘイト・クライムは成立するだろうか。第二は、女性を嫌悪した犯行者が女性を殺害したらヘイト・クライムになるか。こうした問題も含めて検討して行く必要がある。

1　ヘイト集団分類のために

ブラザクは、まず人権団体がヘイト集団をどのように分類しているかを取り上げる。というのも、政府は

図表6　ヘイト集団のコンセンサス・モデル

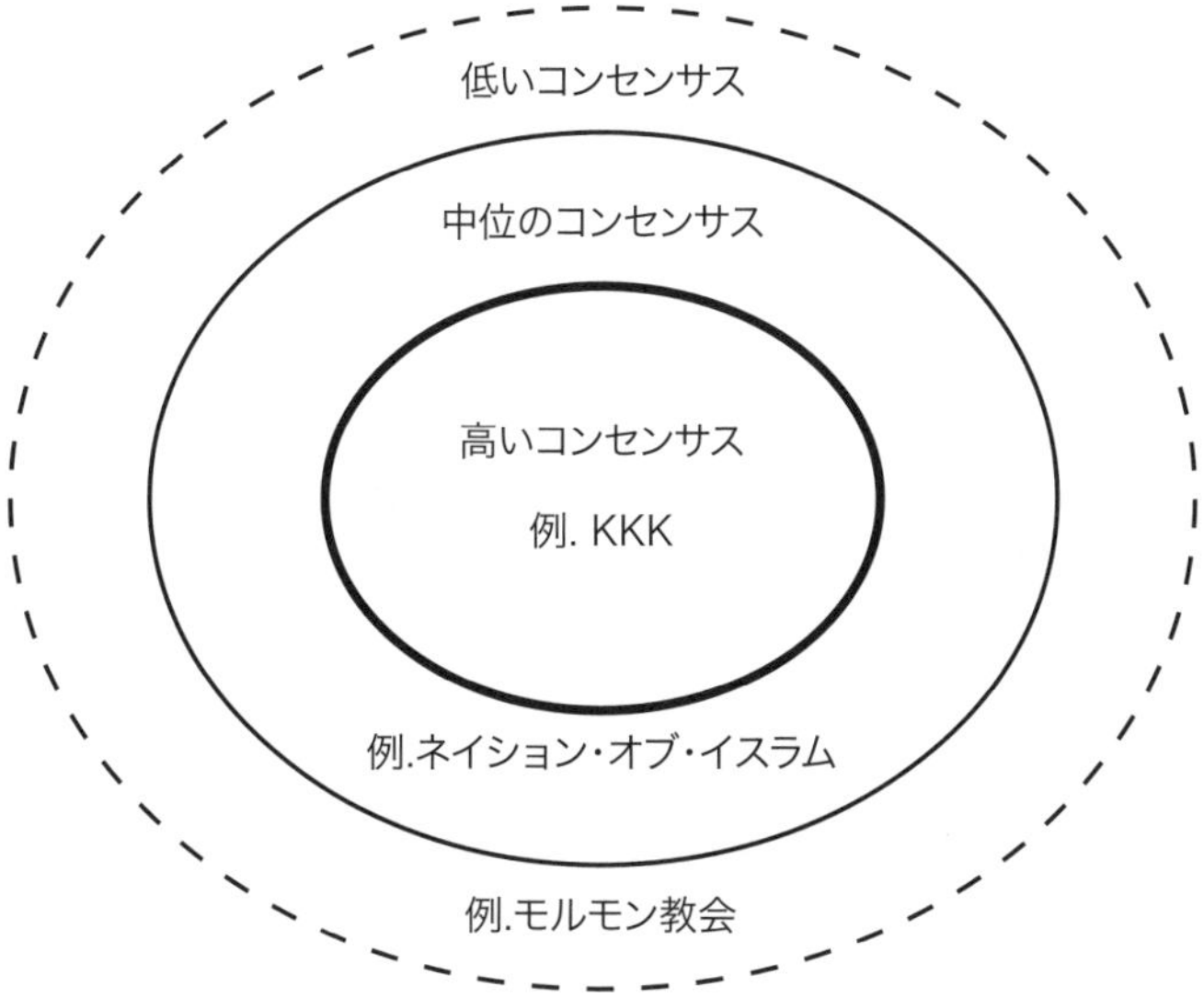

Brian Levin (ed) ,Hate Crimes Vol.1, Praeger,P.135.

犯罪活動を行っていない集団に関する情報を収集することができないので、研究者、人権団体、メディアが中核的なヘイト集団と見ている集団（例えばネオナチ）や、そうではない集団を区別していくことが定義に達する一つの方法である。一般に高いコンセンサスが得られているヘイト集団（例えばＫＫＫ）、他方であまりコンセンサスがあるとはいえない集団（例えばモルモン教会）、そしてその中間に中程度のコンセンサスのある集団（例えばネイション・オブ・イスラム）がある（図表6参照）。テロリスト集団は暴力や暴力の威嚇によって政治運動を行うが、宗教的動機の場合もあり、ヘイト集団にあたる場合もある。アイルランド共和国軍、アル・カーイダ、イスラム・アデン軍（イエメン）、ブラック・スター（ギリシア）、トルコ・ヒズボラ（トルコ）などである。ＫＫＫも含めて高いコン

図表7　左右両翼の政治スペクトル

集産的無政府	共産主義	前衛的社会主義	民主的社会主義	民主的資本主義（リベラル）			民主的資本主義（コンサバティブ）	寡頭政治	君主政治	ファシズム	個人的無政府
←多数者に権力						少数者に権力→					

Brian Levin (ed) ,Hate Crimes Vol.1, Praeger,P.137.

センサスがあるといえよう。

他方、極右過激派にもヘイト集団がある。この点を検討するためには、アメリカにおける左右両翼の政治的スペクトラムを分類しておくのが便利である。中央より左側にリベラル・デモクラシー、右側に保守的デモクラシーを配置して、位置関係を明示する。左側には民主的資本主義（リベラル）、民主的社会主義、前衛的社会主義、共産主義、集産的無政府がつらなる。右側には民主的資本主義（コンサバティブ）、寡頭政治、君主政治、ファシズム、個人的無政府が続く（図表7参照）。

ただし、これは非常にアメリカ的な発想である。両翼を過激とみなし、リベラルな民主党とコンサバティブな共和党の二者択一を説くのに便利な図である。

2　分類の試み――反中傷連盟と南部貧困法律センター

反中傷連盟は一九一三年に設立された歴史ある団体で、ユダヤ人に対する中傷に反対し、正義と公正な処遇を求めてきた。反中傷連盟は四つの分類を採用している。①個人（例えば、KKKのメンバーだった者、ホロコーストを否定するデヴィド・アーヴィング）。②運動（キリスト教アイデンティティ、エコテロリズム、KKK、準軍隊活動集団など）。③ヘイト・メディア（「アメリカン・ルネサンス」、「ターナーの日記」、ホワイト・パワー音楽集団）。④ヘイト集団。反中傷連盟が監視しているヘイト集団は一四ある。すなわち、アーリア国民連合、保守的市民委員会、創造運動、エロヒム市、国際大臣連合、ハンマースキン国民連合、歴史修正主義研究所、リトル・シェル・ペンビナ連合、モンタナ準軍隊、国民連合、国民社会主義運動、ナチ・ロウ集団、新ブラック・パンサー、白色革命。反中傷連盟事務局長のマーク・ピカヴェイジは「ヘイト集団はそのイデオロギーが何よりも他民族、人種、宗教などへの憎悪と不寛容、偏見に集中している集団である」と述べている。

ブラザクは、反中傷連盟のリストには例えば連邦捜査局のテロリスト組織リストに乗っているユダヤ人防衛連盟が登場しないと指摘している。ユダヤ人防衛連盟はアラブ人殺人事件やモスク破壊活動で逮捕歴もある。反中傷連盟はユダヤ人防衛連盟を支持せず、批判してはいるが、ヘイト集団には数え入れていない。

南部貧困法律センターは一九七一年アラバマ州のモンゴメリーで設立された、貧困者やマイノリティのための法律家集団である。ヘイト集団を監視し、犯罪に対して訴訟提起も行ってきた。南部貧困法律センターの二〇〇七年報告書には八八八のヘイト集団が列挙されている。また、アメリカにおける六四三のウェブサイトがヘイト集団又は個人によるとしている。南部貧困法律センターはヘイト集団を次のように分類している。①ＫＫＫ（一五五団体）、②ネオナチ（二〇七団体、国民連合も含む）、③白人ナショナリスト集団（一二五団体、保守的市民委員会も含む）、④人種主義スキンヘッド（九〇団体、民族戦線など）、⑤キリスト教アイデンティティ団体（三六団体）、⑥新連邦主義（一〇四団体）、⑦黒人分離主義（八団体）、⑧一般的なヘイト団体――反ゲイ、反移民、ホロコースト否定（歴史修正主義研究所）、人種主義音楽集団、過激な伝統ローマ・カトリック、その他。

ブラザクによると、このリストには高いコンセンサスのあるものから、低いコンセンサスしかないものまで多くのヘイト集団が含まれている。南部貧困法律センターのマーク・ポトクは三つの特徴を述べている。①単に他者への憎悪を持つ集団では足りず、集団名を持っていること。②集団の優越性に基づいたプラットフォームを持っていること。③出版、演説、Ｔシャツ製作など何らかの活動をしていること。

３　定義の困難性

ブラザクによると、ヘイト集団の定義にはさまざまな困難が伴う。

第一に、法律問題である。ヘイト集団であると判定できれば連邦捜査局の監視下に置かれる。しかし、ヘイト集団の活動の大半は犯罪ではなく、憲法上の保護を受ける権利行使である。許可を得たデモやチラシ配布を規制はできない。犯罪を行っていないヘイト集団の法的分類はアメリカ憲法上できない。

第二に、インターネット・アクセスの問題があるという。多くの家庭では子どもがアクセスするのを防止するために「サイバー・パトロール」「サーフ・ウオッチ」「ネット・ナニー」などのスクリーニング・プログラムを利用して、ヘイト集団のウェブサイトをフィルターにかけることができる。しかし、それによって除外できるのは高いコンセンサスのあるヘイト集団だけである。スクリーニングをすり抜けるサイトも少なくない。ヘイト用語を使わずに巧みに偽装したサイトもある。例えばＫＫＫが開設した「嵐の戦線」はアドレスに「マルティン・ルーサー・キング」のスペルを採用して偽装している。

第三に、定義が明確でないためヘイト集団の数が集計できない。高いコンセンサスのあるヘイト集団を数えることは難しくない。自ら団体数や支部数を明確にしている。しかし、低いコンセンサスしかない集団については難しい。また黒人差別のＫＫＫは同時に反ゲイであり、ＫＫＫのメンバー個人は南部バプティスト教会員であるという具合に重複もある。

第四に、武装した愛国者準軍隊がある。それ自体はヘイト集団ではないが、一部のメンバーが憎悪をたぎらせて集団を牽引することがある。アメリカでは銃保有の権利が認められているため、こうした集団がつくられやすい。彼らが取り上げるテーマは、銃の権利、税金問題、土地利用だが、反政府イデオロギーを持つ集団もあり、「ユダヤ人陰謀論」を打ち出す集団もある。

第五に、マイノリティのヘイト集団である。反中傷連盟や南部貧困法律センターは、新ブラック・パンサーをヘイト集団と見ている。ラテン系の「アストラ国民連合」をヘイト集団とする意見もある。攻撃対象とされたマイノリティが逆にヘイト集団になることがあるという見方もある。

第六に、低いコンセンサスしかない集団の中で、環境団体「地球解放戦線」、動物愛護団体「動物解放戦線」を、連邦捜査局はテロリスト集団としてきた。人に対する暴力は行わないが、器物損壊行為で知られる。他方、反人種主義で知られるＳＨＡＲＰＳは、人種主義集団に暴力的に攻撃を仕掛ける。「ヘイトに反対するヘイト集団」と言うべきだろうか。

4　七段階ヘイト・モデル

ブラザクは二〇〇三年に連邦捜査局が出版した『七段階ヘイト・モデル――ヘイト集団への道程』を引用している。南カリフォルニアでヘイト集団を調査してきた連邦捜査局の二人の職員が執筆したものだという。

＊　＊

①第一段階――憎悪者が集まる。初期段階では、他の集団に対する消極的態度が特徴である。集団を形成すると力をつけていく。

②第二段階――ヘイト集団が自己規定する。集団に名称がつけられ、自分たちの信念を表現するシンボルや服装を整える。

③第三段階――ヘイト集団が攻撃対象を特定する。集団的に攻撃対象への憎悪を表明する。出版物、歌詞、デモと演説など。他者を非難する言葉によって自分たちのイメージを高めようとする。

④第四段階――ヘイト集団が攻撃対象に接近する。ヘイト集団メンバーが自分たちのテリトリーと称する場所にいる攻撃対象に対して叫んだり、威嚇しながら接近する。

⑤第五段階――ヘイト集団が武器を持たずに攻撃対象を攻撃する。言葉による侮蔑にとどまらず身体的な行動に出る。スリルを求めるような攻撃が行われる。暴力が始まり、ヘイト集団は社会的に孤立し始め

る。

⑥第六段階――ヘイト集団が武器を持って攻撃対象を攻撃する。銃などの武器を用いてヘイト・クライムが行われ、あるいは墨、野球のバット、ベルトなどが用いられる。

⑦第七段階――ヘイト集団が攻撃対象を破壊する。最終的に被害者集団に対する破壊の象徴的行為として、被害者を破壊する（殺す）。

＊　＊

ブラザクによると、このモデルは人種主義スキンヘッド集団を基に作成されたが、他の人種主義集団にも適用できるし、職場におけるハラスメントにも応用できるという。また、すべての集団が七段階を経過するわけではなく、途中の段階を飛び越えることもあるという。

5　四基準の作業定義

最後にブラザクは、四つの基準の作業定義を示している。

基準①――ヘイト集団とは、一つ以上の大きなカテゴリー化された人々への共通の敵意を保有する人々の集合である。この悪意は、攻撃対象とされた集団がヘイト集団より劣っているという信念に基づく。ライバルの家族、ライバル・チーム、政党に、長期にわたって敵意を持つ家族は除外される。アトランタ・ブレイブスのファンはニューヨーク・ヤンキースのファンを憎むことがあるが、ニューヨーク・ヤンキースのファンが人間として劣っていると信じることはない。

基準②――ヘイト集団は命名された統合体である。ヘイト集団は自らを名づけるか又は他者からつけられた名称を受け入れている。単なる群衆はヘイト集団ではない。ヘイト集団はより大きな集団の一部となることもあれば、新しい名をつけて自ら集団として発足することもある。ヘイト集団は典型的にはシンボル、形式を整え、誰がメンバーであり誰がメンバーでないかの確認を行う。

基準③――ヘイト集団は、一つ以上の大きなカテゴリー化された人々を、歴史的条件に基づいて抑圧することを欲求する。他の集団への悪意はヘイト集団の分類にとって十分ではない。ユダヤ人やムスリムを嫌っても、彼らを抑圧しようとまでは思わないキリスト教徒もいる。同性愛者の抑圧を欲求する集団や、白人人種主義のゆえに白人に反対する集団も含まれる。

基準④――ヘイト集団は、他の集団への集団的悪意に基づいて行動しなければならない。他の集団を抑圧したいという欲求を表明する何らかの活動を行う。定例会、ウェブサイト作成、ニュースレター発行、デモ参加、音楽活動、そしてヘイト・クライムなどの犯罪行動である。第一の目的は、自分たちの信念を表明し、他人にその信念を受け入れさせようとすることである。第二の目的は、攻撃対象の集団に対する侮蔑、攻撃、破壊である。

ブラザクによると、この基準は歴史的偏見を有していても集団として行動しない「モルモンの書」を含まない。モルモン教初期の指導者は人種主義的発言を繰り返したが、一九六三年に人種主義に反対し公民権を擁護する公式見解を出して以後は、人種主義に反対し続けているという。

6　ヘイト団体研究の必要性

以上がブラザク論文の簡単な紹介である。さまざまな読み方が可能であるが、いくつか留意しておこう。

第一に、何よりも痛感させられるのは、そもそも日本ではこうした研究が白紙状態であることだ。ヘイト集団を認識する方法すら意識されていないし、その必要性すら議論されてこなかったのではないだろうか。それゆえ、個人によるヘイト・クライムや偶発的なヘイト・クライムと、ヘイト集団によって準備、計画、組織されたヘイト・クライムについて区別して考えることすらできていない。

第二に、ヘイト集団を監視するグループの存在である。反中傷連盟や南部貧困法律センターなど、アメリカにはヘイト・クライムと闘うためにヘイト集団を監視し、人権擁護を掲げる組織が多数存在する。日本にも人権団体があり、差別に反対して活動してきたが、ヘイト集団を継続的に監視する活動という点では不十分だったのではないだろうか。

第三に、高いコンセンサスのある集団、中位のコンセンサスのある集団、低いコンセンサスしかない集団の相違は、ヘイト集団が一般社会から切り離された特別の存在ではなく、一般社会の中から生み出されていく過程を意識することにつながる。もともとヘイト集団でなかった集団や、あいまいな位置にある集団が何らかの契機で変貌して行くこともありうるだろう。

第四に、ヘイト集団による偽装である。ＫＫＫが「マルティン・ルーサー・キング」の名前を悪用して、ヘイト集団であることを隠している例は重要である。日本でも市民団体を偽装したヘイト集団が登場しているし、今後、その他の方法での偽装が続くのではないだろうか。

第五に、反中傷連盟が掲げる四つの分類も参考になる。①個人（日本で言えば、石原慎太郎・元東京都知事やその他の政治家、評論家による差別発言）。②運動（戦後補償運動への反対運動、靖国神社公式参拝を求める運動など）。③ヘイト・メディア（憎悪を煽る新聞、雑誌、ヘイト漫画）。④ヘイト集団（最近では在特会が代表的であろう）。

第六に、七段階モデルである。日本のヘイト団体については最近ジャーナリストによる追跡調査が報告されているので、そうした情報を基に七段階に当てはめて検討してみる必要がある。

七　ヘイト・クライム法：批判的評価――ヘンリー論文

本項ではジェシカ・ヘンリーの論文「ヘイト・クライム法：批判的評価」を紹介する（*10）。ヘンリーは法的定義の検討を行っている。アメリカにおける法的定義であるから主にヘイト暴力犯罪を指している。なお、アメリカでは二〇〇九年に新しいヘイト・クライム法が議会を通過し、オバマ大統領が署名したことにより成立した。立法の契機となったヘイト・クライム被害者の名前を付してマシュー・シェパード法と略称されている。以下に紹介するヘンリー論文は、マシュー・シェパード法成立以前のものであるため、最新情報が含まれていないが、それ以前の状況を簡潔にわかりやすくまとめている。マシュー・シェパード法については後述する（本節次項参照）。

1　ヘイト・クライムの法的定義

ヘンリーによると、二〇年ほど前にヘイト・クライム法の歴史が始まった。弁護士や人権活動家の要請に応じて、政治家が一定の偏見に動機を有する犯罪は独立の犯罪とし、より重い刑罰を科すべきだと主張した。それまで「普通の」犯罪に入れられていた犯罪がヘイト・クライムに再編されるようになった。ヘイト・クライム概念は直感的なものに見えるが、単純明快な定義が与えられない。この犯罪は現実のヘイト（憎悪）を成立要件としていない。浮気をした妻とその愛人を憎んだ男が嫉妬心から人を殺しても、ヘイト・クライムで訴追されることはない。退屈した少年が馬鹿騒ぎをしてユダヤ人のお墓を壊した場合、現実にユダヤ人を憎んでいなくても、ヘイト・クライムで訴追されるかもしれない。ヘイト・クライムの成立要件にヘイトが含まれないのなら、ヘイト・クライムとその他の犯罪を区別するメルクマールは何であろうか。一般的に言えば、ヘイト・クライムは被害者がある集団に属している、またはそう考えられたことに基づいて、偏見によって動機付けられた犯罪である。

こうしてヘンリーはヘイト・クライムの法的概念の解明に向かう。アメリカの多くの州にヘイト・クライム法が整備され、連邦法にも関連法がある。ヘイト・クライムにはさまざまな形式がある。

ヘンリーによるとヘイト・クライムには次の四つの類型がある。①刑罰加重法――ヘイト・クライムの場合に犯罪の刑罰を加重する。②独立犯罪――偏見によって行われた犯罪を独立のヘイト・クライムと定義しなおす。③公民権法――特定集団の構成員の市民権や憲法上の権利を妨げる犯罪に刑罰を科す。④情報収集法――政府機関にヘイト・クライムに関するデータの収集・報告の権限を与える。

2　州法における刑罰加重法

多くの州は、条文に列挙されたさまざまな偏見によって動機づけられた犯罪に対する刑罰を加重する法律を制定してきた。ヘンリーが言う刑罰加重法とは、ヘイト・クライムを独立に処罰する犯罪規定ではない。暴行罪のような犯罪を行った犯行者について、その犯罪が偏見に動機づけられていた場合に量刑を加重する法律である。ヴァーモント州のヘイト・クライム法はその典型例である。何らかの犯罪を行った者が被害者の属性によって動機づけられていた場合に、刑罰を加重することができる。例えば人種、皮膚の色、宗教、国民的出身、性別、家柄、年齢、米軍人であること、障害、性的志向またはジェンダー・アイデンティティに基づいていた場合である。刑罰加重は次のように規定されている。

①当該犯罪に対する法定刑が一年以下である場合、本章の違反に対する刑罰は二年以下の刑事施設収容及び／又は二千ドル以下の罰金とする。

②当該犯罪に対する法定刑が一年以上五年以下である場合、本章の違反に対する刑罰は五年以下の刑事施設収容及び／又は一万ドル以下の罰金とする。

③当該犯罪に対する法定刑が五年以上である場合、法定刑が適用される。しかし、裁判所は被告人の動機を量刑事情として考慮に入れる。

3　偏見に基づいた犯罪

ヘンリーによると、ヘイト・クライムの予防と監視に努力を重ねてきたNGOの反中傷連盟は二〇〇一年にヘイト・クライム法の立法モデルを作成した。「他の個人又は集団の人種、皮膚の色、宗教、国民的出身、性的志向又はジェンダーの事実又は、そう考えられたことを理由として、被告人が、刑法＊＊章（刑事侵入罪、器物損壊罪、ハラスメント、脅迫罪、傷害罪、暴行罪、殴打罪、その他の制定法上の犯罪）に違反した」と規定する。人が「通常の」犯罪を行ったが、それが列挙された偏見のゆえであった場合、独立の犯罪が成立する。反中傷連盟は少なくとも刑罰を一段階加重するべきだと指摘している。

ニューヨーク州は二〇〇〇年に包括的ヘイト・クライム法を制定した。それは反中傷連盟のモデルに従い、さらに進んで独立の犯罪をヘイト・クライムと明示している。ニューヨーク州法では、ヘイト・クライムは次の二つである（ニューヨーク刑法第四八五・〇五条）。

(a)人が、全部又は重要な部分で、犯罪が行われた、又は行われようとした人を、人種、皮膚の色、国民的出身、家柄、ジェンダー、宗教、宗教的慣行、年齢、障害又は性的志向に関する信念や認識によって、故意に選んだ場合であり、その信念や認識が誤っていたとしても同じである。

(b)人が、全部又は重要な部分で、犯罪に当たる行為を、人種、皮膚の色、国民的出身、家柄、ジェンダー、宗教、宗教的慣行、年齢、障害又は性的志向に関する信念や認識によって、故意に行った場合であり、その信念や認識が誤っていたとしても同じである。

ヘンリーによると、反中傷連盟は制定法上の破壊的行為の犯罪を提案している。人が、次の客体に破壊的行為を意図的に行った場合である。①教会、シナゴーグ、その他の宗教的礼拝や宗教目的で用いられる建築物。②墓地、遺体安置所、その他の埋葬や死者を弔う目的で用いられる施設。③学校、教育施設又はコミュニティ・センター。④前記三項目に掲げられた組織、施設、建築物、建造物又は場所に隣接、所有され、貸与された土地。⑤前記三項目に掲げられた組織、施設、建築物、建造物又は場所に含まれる個人財産。

この犯罪については偏見要素が必要とされない。被告人に偏見による動機があったか否かにかかわらず、犯罪が成立する。この犯罪類型は四二州とコロンビア特別区で採用されている。破壊的犯罪が訴追されると、ヘイト・クライム法にも影響が及ぶ。ヘイト・クライム情報収集に大きな影響を与えることになる。

4　保護される集団

多くの州にヘイト・クライム法が整備されているが、保護される集団については差異がある。ヘイト・クライム法のない州もある。ヘイト・クライム法があってもそこで取り扱う集団が異なる。州と連邦法の間にも差異がある。四五州とコロンビア特別区は偏見に基づく暴力を犯罪化しているが、アーカンサス、ジョージア、インディアナ、サウスカロライナ、ワイオミングはそうではない。アーカンサス、ジョージア、サウスカロライナのヘイト・クライム法は破壊的犯罪だけに限定され、特定の集団構成員に対する憎悪に動機付けられた犯罪の刑罰加重を取り入れていない。

大多数の州では、人種、民族、宗教が掲げられている。ジェンダー、障害、性的志向を取り上げている州もあるが、これには批判も強い。

性的志向を取り上げているのは三二州である。ノースカロライナ州は人種、宗教、民族、ジェンダーに基づく犯罪の刑罰を加重しているが、性的志向については加重していない。ウエストヴァージニア州も性的志向は掲げず、政治的関係を掲げている。モンタナ州は人種、宗教、民族だけである。ジョージア州では二〇〇〇年にヘイト・クライム法が制定されたが、二〇〇四年にジョージア最高裁が、概念が漠然としていると して憲法違反と判断した。法改正の試みのなかで、性的志向を含むか否かの議論が続いている。二〇〇六年にジョージア州において報告されたヘイト・クライムの二五%が性的志向に基づいていた。

ホームレスを含めるか否かが議論になっている州もある。メリーランド州ではヘイト・クライム保護をホームレスに拡大している。メイン、カリフォルニア、フロリダ、マサチューセッツ、ネヴァダ、テキサス州も同様である。ホームレスは現行刑法で保護されているので、ヘイト・クライム法に含める必要はないという批判もある。

5　州の情報収集法

ヘンリーによると、情報収集法を持っているのは二七州とコロンビア特別区である。そのうち一六州は性的志向に動機付けられた犯罪も含み、九州はジェンダーに動機付けられた犯罪も含む。収集された情報は連邦に提供される。二〇〇六年に全米で報告されたヘイト・クライムは七七二二件である。連邦捜査局によると、五一・八%は人種的偏見、一八・九%は宗教的偏見、一二・七%は民族的／国民的出身による偏見、一%が障害に基づく偏見であった。

ヘイト・クライム情報収集は州にとっては完全に任意の調査・報告であるため、まったく報告しない地域もある。二〇〇六年には五〇〇〇もの警察署が協力しなかった。ジョージア、ミシシッピ、カリフォルニアなどでも報告は一部である。

ヘイト・クライムに取り組んできた南部貧困法律センターによると、報告が不十分であるだけではなく、調査・分析も不十分である。その結果、過小評価された数値しか出ていない。法執行機関においてヘイト・クライムに関する訓練がなされていないため、偏見による犯罪かどうかの分類さえきちんとできていない。そもそも、被害者が警察にヘイト・クライムを届け出ないという問題もある。伝統的に否定的取り扱いを受けてきたために報告しなかったり、警察に届け出ることが被害者にとって恐怖であったりする。警察によって二次被害や報復を受ける可能性もある。こうした理由からヘイト・クライム統計には大きな限界がある。

6　連邦法としての公民権法

各州とは別に、連邦は独自のヘイト・クライム法をもっているが、それは公民権法、刑罰加重法、情報収集法の三種類である（ヘンリー論文執筆時にはマシュー・シェパード法は成立していなかった）。

南北戦争後、白人による黒人に対する暴力事件が多発したため、一八七一年、最初の公民権法が制定された。他人の公民権を剥奪した者を訴追する権限を連邦に与える法である。一九六八年の公民権法は、人種、皮膚の色、宗教又は国民的出身のゆえに、暴力又は暴力の威嚇によって他人に傷害、脅迫を行った者を訴追する権限を連邦に与えた。連邦の管轄権は制限されていたので、公民権法の射程も限られていた。しかし、二〇〇〇年、合州国対モリソン事件で、連邦最高裁は女性に対する暴力法に関連して、刑法や民法に州際通商条項を組み入れることを可能とした。ヘイト・クライム規制についても同様のことが可能となったが、議論は残されている。

一九九〇年、連邦議会はヘイト・クライム統計法を採択し、人種、宗教、障害、性的志向又は民族による、殺人、強姦、加重暴行、単純暴行、放火、財産破壊などについての情報収集を定めた。連邦捜査局は毎年、収集された情報を公表する。ただし、情報提供は任意とされているため、全国の情報が適切に収集されているわけではない。

州法と同様に、連邦法でもヘイト・クライムについての刑罰加重が定められている。しかしヘンリーによると、刑罰加重の予期せぬ結果として、刑事施設がヘイト集団の構成員リクルートの機会を与えてしまっている。一九九八年、アフリカ系アメリカ人のジェームズ・バード・ジュニアがテキサス州のジャスパーという町でパーティから帰宅する途上、三人の白人に襲撃され、殺害され、遺体が切断・放置された。犯人たちは刑事施設で出会い、過激な白人ギャング集団に入っていたことが判明した。ヘイト・クライム犯罪者のなかには、偏見に基づいてというよりも、スリルを求めて犯行に及ぶ者もいる。彼らの出会いの場が刑事施設である。

7　結論

ヘンリーは各州におけるヘイト・クライム刑事規制はたぶんに偶然的な状態であると見ている。ヘイト・

クライムにきちんと対処している州もあれば、対策法のない州もある。情報収集さえも不正確で不完全である。連邦も包括的規制法を制定しようとしているが、ヘンリー論文当時、まだできていなかった。

ヘイト・クライム法は偏見を動機とする犯罪に寛容であってはならないというメッセージを送るものである。象徴的政策がヘイト・クライム法の推移を決する。ヘイト・クライム法を制定してきたニュージャージー州知事のジム・フロリオも、ニューヨーク州のマリオ・クオモも、ヘイト・クライム法は単に処罰することだけではなく、社会へのメッセージであることに言及している。ヘイト・クライムに寛容であってはならないことと、保護される集団に対して寛容であるというメッセージである。しかし、そのメッセージはどの集団に宛てられているのだろうか。多くの州や連邦では、性的志向に基づくヘイト・クライムを対象としていなかった。ゲイやレズビアンに対するヘイト・クライムはないことにされてしまう。保守的政治家は、性的志向によるヘイト・クライム処罰に強い反対姿勢である。ヘイト・クライム法が象徴的機能を有するというためには、その執行を強化する必要があるし、保護対象の検討も必要である。

8　アメリカ法の特殊性

以上がヘンリー論文の要約的な紹介である。最後に若干の感想を記しておこう。

第一に、数十の諸州において現にヘイト・クライム法が制定され、運用されていることを確認しておきたい。このことは何よりも、アメリカ連邦最高裁におけるヘイト・スピーチの刑事規制に関する憲法判断に特化してきた憲法学の視野狭窄を浮かび上がらせる。これまで、ヘイト・クライム／ヘイト・スピーチ法の基礎情報すらきちんと紹介されていないため、ヘイト・クライム法の可能性さえも否定的に語られることがあり、ヘイト・スピーチ法に至っては事実上全否定されてきた。

第二に、アメリカ諸州における実践は今後の議論にとって有益な材料を提供してくれる。ヘイト・クライム法規制にはいかなる方法がありうるのか。犯罪規定のあり方、刑罰設定のあり方、立法のための情報収集のあり方など、いずれもさらに詳しく検討するに値する。

第三に、ヘンリー論文はヘイト・クライム法規制の不十分さを強調している。日本と違ってこれだけヘイト・クライム法があっても、なお不十分であるという指摘である。実際、法律があっても効果的に機能しなければあまり意味がないのは当然のことである。ヘイト・クライム規制のための社会教育、犯罪に対する法執行、法執行官に対する訓練・教育など、さまざまな方策が配慮されなければならない。

第四に、ヘンリーは逆効果についても言及している。ジェームズ・バード事件に見られるように、ヘイト・クライム法の適用によって刑事施設に収容された者が結びつき、釈放後に新たなヘイト・クライムに及ぶという弊害もある。ヘイト・クライム犯罪者が逆恨みをしたり、刑事施設で出会って新たにヘイト集団に加わったりする恐れは否定できない。

第五に、ヘイト・クライム統計法とそれに基づく統計情報について日本では誤解が見られるので確認しておこう。近年のヘイト・スピーチ論議のなかで、アメリカ統計の数値を持ち出した見解が示されることがある。しかし、アメリカ統計にカウントされるのは暴力を伴うヘイト・クライムであって、暴力を伴わないヘイト・スピーチではない。さらに、ヘイト・クライム統計法は連邦捜査局に統計収集の権限を与えているが、州にはそれについて義務を負わせていないため、全米の信頼できる統計数値は存在しない。多くの州において統計が取られていないのが実態である。

ヘンリー論文はアメリカにおけるヘイト・クライム法の概括的知識を得るためには好便な論文である。とはいえ、多数の州の詳細な情報が得られるわけではないし、新たに制定された連邦のマシュー・シェパード法に関する情報はない。

八　アメリカのヘイト・クライム法

日本憲法学はアメリカ憲法に多くを学んできた。一見すると表現の自由を極めて重要視するように見えるアメリカ憲法の下では、表現と考えられるようなヘイト・スピーチの処罰はかなり困難である。しかし、アメリカには多数の人種差別禁止法とヘイト・クライム法があるのに、日本にはまったくない。アメリカには煽動処罰規定もある。ジェノサイドの煽動も犯罪とされている。一定の分野では表現に対するサンクションが当然視されている。ヘイト・クライム／ヘイト・スピーチ法を全面拒否している日本とはまったく状況が異なる（＊11）。

以下では、アメリカにおけるヘイト・クライム法の近況を紹介する。アメリカは二〇〇九年に連邦レベルでヘイト・クライム法を制定した。二〇年以上に及ぶ州レベルでのヘイト・クライム法の運用実績を前提に、ヘイト・クライム統計法に基づく情報の分析をも通じて、長年の努力の結果として成立したものである。実に多彩な人種、民族、宗教によって構成されているアメリカ社会では、一九六〇年代の公民権運動以後になって初めてヘイト・クライム／ヘイト・スピーチに注目が集まった。法制度上の差別をいちおう克服して以後に、社会的差別に議論が移行したとも言える。ヘイト・クライム／ヘイト・スピーチという言葉は一九八〇年代にアメリカやイギリスで用いられるようになったとされている。

第一に、アメリカはヘイト・クライム多発地域であり、同時にヘイト・クライム対策の先進国であり、ヘイト・クライム法を有している。表現に分類された行為については通常は処罰できないとされるが、暴力行為に分類された行為は処罰される。そこには日本で言うヘイト・スピーチも含まれる。

第二に、日本国憲法はアメリカ憲法の影響を受けたと誤解されたため、憲法学もアメリカ憲法解釈に学んできた。

第三に、憲法学はアメリカにおけるヘイト・スピーチ法否定論には学んできたが、ヘイト・クライム法には視線を向けてこなかった。

それゆえ改めてアメリカにおけるヘイト・クライム法について学んでおく必要がある。以下では二〇〇九年のヘイト・クライム法以前と、以後の二つの時期に分けて、アメリカにおけるヘイト・クライム法の紹介を行いたい。

1　従来のヘイト・クライム法

アメリカは二〇〇九年にマシュー・シェパード法と略称されるヘイト・クライム法を制定したが、同法について見る前に、それ以前のヘイト・クライム法を確認していこう。

アメリカ法は州法と連邦法にわかれる。州ごとに異なる州法におけるヘイト・クライム法は、①刑罰加重法、②独立犯罪法、③情報収集法である。

①刑罰加重法――多くの州は条文に明示・列挙されたさまざまな偏見によって動機づけられた犯罪に対する刑罰を加重する法律を制定してきた。暴行や傷害事件について、その犯罪が偏見に動機づけられている場合に、そうでない場合よりも刑罰を加重する法律である。ヴァーモント州のヘイト・クライム法はその典型例である。人種、皮膚の色、宗教、国民的出身、性別、家柄、年齢、米軍人であること、障害、性的志向又はジェンダー・アイデンティティに基づいた場合に刑罰を重くする。

②独立犯罪法――二〇〇〇年のニューヨーク州の包括的ヘイト・クライム法である。それはNGOの反中傷連盟のモデルに従って、ヘイト・クライムを独立犯罪として明示している。反中傷連盟の立法モデルは「他の個人又は集団の人種、皮膚の色、宗教、国民的出身、性的志向又はジェンダーの事実又は、そう考えられたことを理由として、被告人が、刑法＊＊章（刑事侵入罪、器物損壊罪、ハラスメント、脅迫罪、傷害罪、暴行罪、殴打罪、その他の制定法上の犯罪）に違反した」というものである。

ここで保護される集団は、大多数の州では人種、民族、宗教が掲げられている。ジェンダー、障害、性的志向を取り上げている州もある。最近はホームレスの被害も注目され、メリーランド、メイン、カリフォルニア、フロリダ、マサチューセッツ、ネヴァダ、テキサスではヘイト・クライム保護をホームレスにも拡大している。

③情報収集法――二七州とコロンビア特別区にある。そのうち一六州は性的志向に動機付けられた犯罪も含み、九州はジェンダーに動機付けられた犯罪も含む。収集された情報は最終的には連邦に提供される。ただし、情報収集・整理に熱心な州もあるが、怠慢で十分な情報を報告しない州もある。法を持たない州もあ

る。このため全米の情報といっても、かなり制約されている。とはいえ、他に利用可能な統計があるわけではないので、不十分さを留保しつつ、この統計がかなり広く使われている。二〇〇六年、全米で報告されたヘイト・クライムは七七二二件である。連邦情報局によると、そのうち五一・八％は人種的偏見、一八・九％は宗教的偏見、一二・七％は民族的／国民的出身による偏見、一％が障害に基づく偏見であった。

次に連邦法である。第一に、公民権法がある。一九六八年の公民権法は人種、皮膚の色、宗教又は国民的出身のゆえに、暴力又は暴力の威嚇によって、他人に傷害、脅迫を行った者を訴追する権限を連邦に与えた。第二に、一九九〇年、連邦議会はヘイト・クライム統計法を採択し、人種、宗教、障害、性的志向又は民族による、殺人、強姦、加重暴行、単純暴行、放火、財産破壊などについての情報収集を定めた。第三に、州法と同様に、連邦法でもヘイト・クライムについての刑罰加重が定められている。

2　マシュー・シェパード事件

連邦には包括的ヘイト・クライム法がなかった。そこで二〇〇九年に制定されたのが「マシュー・シェパードとジェームズ・バード・ジュニアのヘイト・クライム予防法」である(＊12)。

一九九八年、ワイオミング州でマシュー・シェパードという大学生が同性愛者であるという理由で虐待され、殺害された。シェパードはワイオミング州キャスパー生まれで、ワイオミング大学で政治学を学んでいた。一九九八年一〇月七日、シェパードはララミーでアーロン・マッキニーとラッセル・ヘンダーソンと初めて会った。二人はシェパードを車に乗せて走り回り、フェンスに吊るして暴行虐待して立ち去り、死なせた。一八時間後に発見されたシェパードは昏睡状態で病院に運び込まれたが、脳や身体各所に深刻な打撃を加えられたため一〇月一二日に死亡した。マッキニーとヘンダーソンは車から血まみれの銃とシェパードの靴が発見されたために逮捕された。二人は小柄で狙いやすいシェパードを事前に標的としていたという証言がなされた。二人は以前からシェパードを知っていて、裕福な家庭の出身であることも知っていた。シェパードはひどい暴力を受け、顔面は血まみれになっていた。二人は終身刑を言い渡された。

加害者は殺人罪で有罪となり、終身刑を言い渡された。しかし、連邦にはヘイト・クライム法がなく、ワイオミング州には法律があったが、同性愛者を保護していなかった。それゆえ、二人はヘイト・クライムで起訴されることはなかった。続いて、テキサス州でアフリカ系アメリカ人ジェームズ・バード・ジュニアが黒人であるがゆえに殺害された。本件にもヘイト・クライム法は適用できなかった。そこで連邦レベルにヘイト・クライム法を制定するべきだという運動が起きた。時のクリントン大統領も立法化を支持したという。

3 マシュー・シェパード法

二〇〇一年に最初の法案が上院に提出された。法案は同年及び二〇〇四年、二〇〇五年と続けて廃案となったが、二〇〇七年、上院の委員会を通過し下院でも審議が進み、可決の可能性が高かったが、ブッシュ（息子）大統領が法案に署名しない意向を表明したため、頓挫した。

二〇〇八年、大統領選でオバマが勝利した後に、再び法案が上院及び下院で審議され、採択に至った。二〇〇九年一〇月二八日、オバマ大統領が署名して法律が成立した。正式名称は「二〇一〇財政年のための国家防衛権限法／E章」であり、全一三条（四七〇一〜四七一三条）から成る。

　法律の主な内容は、①被害者が選挙権行使や学校通学のように連邦法によって保護された活動をしていたことという要件を外した。被害者の地位にかかわらず、差別的動機による暴力行為による被害全体に拡大された。②地方警察が犯罪捜査をしようとしない場合に、連邦にヘイト・クライム捜査の権限を与えた。③二〇一〇年から一二年にかけて、ヘイト・クライム捜査を強化するために毎年五〇〇万ドルの特別予算を講じた。④それまで連邦情報局のヘイト・クライム統計は人種、皮膚の色、宗教などを理由とするものであったが、調査対象にジェンダーに基づくヘイト・クライムを加えた。
　①第四七〇一条は本法の通称を「マシュー・シェパードとジェームズ・バード・ジュニアのヘイト・クライム予防法」とするとしている。②第四七〇二条は本法制定を必要とした事実として、差別的動機による暴力事犯が増加していること、こうした暴力が社会の平穏と安全を妨げること、既存の連邦法では適切に対応できないこと、これらの暴力が実質的に州際通商に影響を与えていることなどを列挙する。③第四七〇三条は定義の確認規定で、暴力犯罪は刑法典の定義、ヘイト・クライムは一九九四年の暴力犯罪統制法に従うことなどを定めている。④第四七〇四条は犯罪捜査と訴追への支援として、州や地方当局によるヘイト・クライム捜査と訴追への支援として、捜査技術の援助や、特別予算の支出援助などを定める。⑤第四七〇五条は州や地方当局によるヘイト・クライム捜査と訴追のための助成プログラムを定める。⑥第四七〇六条はそのための人員拡充を定める。⑦第四〇七条は「一定のヘイト・クライム行為の禁止」として、刑罰加重を定める。ヘイト・クライムの禁止は次のように定められた。第一に、「人種、皮膚の色、宗教、又は国民的出身を理由に、銃器、火器、危険な武器、爆発物又は焼夷弾を用いて、人に重傷を負わせた者」は、一〇年以下

の刑事施設収容とする。被害者に死の結果を引き起こした場合や、誘拐、性的虐待などの場合には、終身刑を選択することができる。第二に、「人種、皮膚の色、宗教、又は国民的出身、ジェンダー、性的志向、ジェンダー・アイデンティティ、障害を理由に、銃器等を用いて、人に重傷を負わせた者」は一〇年以下の刑事施設収容とする。死の結果を惹起した場合などは、終身刑を選択できる。⑧第四七〇八条は一九九〇年のヘイト・クライム統計法に「ジェンダーとジェンダー・アイデンティティ」を追加して、ジェンダーに基づくヘイト・クライムの統計もとることにした。⑨第四七〇九条は修正条項の独立性を示している。⑩第四七一〇条は解釈のルールについて、表現、信念、結社の自由との関係での確認事項を列挙する。個人による表現だけでは訴追できないことや、憲法修正第一条が適用されることなどが明示されている。アメリカ憲法は表現の自由を格別に重視するので、ヘイト・クライム法でも憲法上の権利を制約するものではないとの確認が付されている。表現行為のみによるヘイト・スピーチは基本的に本法の対象外となる。⑪第四七一一条は連邦検察局がヘイト・クライムに関するガイドラインを作成するとする。⑫第四七一二条は合州国公務員に対する攻撃についての刑罰加重を定める。⑬第四七一三条は本法施行後一年以内に、連邦量刑委員会が量刑最低基準を作成するとする。

なお、二〇一一年五月、アーカンサスで五人のヒスパニックを轢き殺した被告人が有罪答弁を行い、本法の適用事例第一号となった。

4　ヘイト・クライムとヘイト・スピーチ

最後に日本との関係で留意しておくべき点をいくつか確認しておこう。

第一に、ヘイト・クライムとヘイト・スピーチの関係を見ておく必要がある。差別的動機による犯罪としてのヘイト・クライムのなかでも、言葉のみによる侮辱・侮蔑などのヘイト・スピーチはアメリカでは一般的には憲法上の表現の自由の範囲に含まれると考えられている。ヘイト・クライムの処罰は可能だが、ヘイト・スピーチの処罰には消極的なのがアメリカ法である。アメリカではヘイト・スピーチ処罰は困難とされているが、それ以外のヘイト・クライム処罰法が整備されている。アメリカ法に学んでいるはずの日本には、およそヘイト・クライム法が存在しない。

第二に、ヘイト・スピーチ処罰は困難というが、いかなる表現行為の処罰もできないのだろうか。それほどまでにして「差別表現の自由」に固執する必要があるのだろうか。名誉毀損罪や侮辱罪に相当する処罰規定はアメリカにも日本にもある。処罰すべきヘイト・スピーチと処罰できないヘイト・スピーチの区別がありうるのではないだろうか。このように考えれば、アメリカでは実はヘイト・スピーチを処罰していることに気付くのはそう難しいことではない。ヘイト・クライムとヘイト・スピーチの区別と関連を意識していない議論には疑問がある。

第三に、「白人に対するヘイト・クライム」問題は日本における議論と重なる面がある。白人に対するヘイト・クライム論は、白人に対するヘイト・クライムがあると指摘する以上に、ヘイト・クライム処罰が黒人などを保護し、白人に対する逆差別になっているというメンタリティの所産である。同様の議論は、ドイツにおけるユダヤ人差別に関する「アウシュヴィッツの嘘」処罰にも見られる。「アウシュヴィッツのガス室での虐殺などというのは、ユダヤ人がドイツ人を貶めるために捏造した神話である」という類の議論は、逆差別の指摘を通じて、自らの差別行為を正当化する面がある。これと同様のことが現在の日本にも見られる。在特会は在日朝鮮人等が他の外国人よりも優遇されているとか、日本人よりも優遇されている、日本人が差別されているという根拠のない主張をしている。

第3節　ヘイト行為者とヘイト団体

一　研究の現状

ヘイト行為者研究の意義は、言うまでもないことだがヘイト・クライム／ヘイト・スピーチの発生についての研究や、対策を検討する際の重要な手掛かりとなる。現代世界におけるヘイト現象研究という全体ともつながるし、日本国内における社会現象と法的対策の是非に関する議論にとっても重要である。

ヘイト団体についての研究もこれまでほとんど見られなかった。人種差別撤廃条約はヘイト・スピーチのみならず、ヘイト団体の規制を定めているので、国際的にはヘイト団体の研究が当然なされてきたが、日本ではヘイト団体研究の蓄積がない。憲法学では集団・団体と言えば、結社の自由に特化した議論がなされている。

ヘイト・クライム／ヘイト・スピーチに関する議論が高まり、いくつもの著作が出版された（＊13）。従来、ヘイト・スピーチの本質や性格を理解せず、国際社会の動向、特に国際人権法におけるヘイト・クライム／ヘイト・スピーチへの対処に目をふさいだまま議論がなされてきた。最近ようやくヘイト・スピーチについて議論するための基礎知識を提供する著作が出始めた。とはいえ、まだ必要な基礎知識が十分に提供されているわけではない。議論のための土俵をきちんとつくることから始めなければならない。

二　国内極右とその犯罪活動――グリュンワルド等論文

本節では、ランディ・ブラザク編『ヘイト・クライム第四巻・ヘイト・クライム犯罪者』の主要論文の概略を紹介する（*14）。同書には、極右とヘイト・クライムの関係、人種的ヘイトの領域、ポピュラー音楽における白人優越主義、ジェンダーとヘイトの政治学、ヘイト動機犯罪者の類型論、スキンヘッドによる路上犯罪などの諸論文が掲載されている。まず、ジェフリー・グリュンワルド、ジョシュア・フリーリヒ、スティーヴン・チェーマクの共同論文「国内極右とその犯罪活動の概観」を紹介する（*15）。

1　定義問題

グリュンワルドらはテロリズム、極右犯罪、ヘイト・クライムの関係を取り上げる。従来これらには一定の共通性があると語られてきたからである。第一に、いずれも政治的課題であり、研究者は政治論議とともに語ってきた。第二に、これらに関する研究がいずれも劇的に増加している。第三に、それらの研究で取り上げられる事件が共通している。例えば、ユダヤ人シナゴーグに対する人種主義スキンヘッドによる襲撃は、ヘイト・クライムとも、極右とも、テロリズムとも呼ばれる。

グリュンワルドらはこれらを扱った研究が理論的、定義的にも完全に重なり合っているとし、諸研究を調査する重要性を指摘する。①これらの研究を行う際に研究者が直面する障害について検討する。②極右研究に関するこれまでの研究を調査して、それがテロリズムやヘイト・クライム研究といかに重なり合っているかを研究する。③ヘイト・クライムと極右犯罪の支持者が行う犯罪との対比を行う。グリュンワルドらが用いているヘイト・クライムは主に暴行・脅迫など「実力行使を伴うヘイト・クライム」を指している。

グリュンワルドらによると、三つの課題とも最近研究者の関心を集めているが、従来の枠組みではモラル・パニックが文化、政治、社会にいかなる影響を与えるかという関心が主流であった。9・11は研究者に多大の影響を与え、テロリズムに関連する研究が激増した。さらに武装した準軍事集団による犯罪も、主犯者が極右団体員であったオクラホマ市襲撃事件以前は研究者の関心を呼んでいなかった。マシュー・シェパード事件のような事例の増加も研究を加速させつつある。政府レベルの研究、学会における研究、ジャーナリストによる分析など研究は増えているが、定義問題はむしろ混迷している。専門雑誌の特集も増えており、例えば欧米の専門雑誌『社会問題公共政策分析』、『行動科学と法』、『刑事司法と行動』、『刑事司法政策評論』、『欧州犯罪学雑誌』などで特集が組まれた。研究者は将来の経験的研究のために基礎を提供しようとしているが、定義問題はまだ二の次になっている。また、各領域ごとの研究があるが、それらの相互関係が問われていない。

テロリズム、極右、ヘイト・クライムについての研究を進めるのに三つのハードルがある。①技術発展と出版物の増加の影響である。出版が増えているため、研究者がそれらを把握することが難しい。②社会学、犯罪学、心理学、政治学、法学、歴史学など多彩な分野にまたがっている。③政治家、法執行官、メディアなど研究者以外の発言も多く、相互に矛盾したことが語られている。

グリュンワルドらによると、テロリズムを定義するにも、どんな要素を含むべきかについてさえ一致が得られない。研究者の多くが概念の一致をみることは難しいと考えている。連邦法にはテロリズムの定義が二二種類も用いられていると言う。シュミットとジョングマン論文では研究者による定義が百種類もあるとされている。

2　極右犯罪の研究

グリュンワルドらは、以上のように定義が困難な現状を前に、最近の極右過激派研究状況を点検して問題点を確認する調査を行った。①誰がどのように極右研究を行っているか。その著者（学者か、非学者か、ジャーナリストか）や研究出版物の特徴である。②極右犯罪が研究文献でどのように扱われているか。③極右研究の方法論である。情報源は何か。調査観察方法やデータ分析方法はどうか。

グリュンワルドらによると、近年の極右研究文献一八九のうち、専門雑誌論文では、単独執筆が七二％、複数執筆が二八％。単行本では、単独執筆が八〇％、複数執筆が二〇％である。これは政府や財団による研究助成を受けた共同研究がまだ少ないことを示している。個別の研究者が自らの問題意識で研究している段階である。

次に極右研究の出版形態を見ると、学術論文ではテロリズム研究のなかで出たものが三九％、社会学が二七％、政治学が一五％、犯罪学が一四％。単行本では、大学出版局から出たものが四〇％、その他の出版社が六〇％である。学術書以外の出版物では政府報告書が三八％、監視団体による出版が二八％、雑誌が二八％である。

極右研究文献のなかで集団への言及がどのようになされているか。集団への言及がないのが一三％、一般的に集団に言及しているのが三九％、特定の集団に言及しているのが四八％である。極右集団全体についての研究がなされていない段階で、特定の集団に言及がなされ、しかもその多くがＫＫＫ及びアーリア・ネイションという二つの団体である。そのほかに四一団体の名前が登場するが、いずれも一回だけである。

極右研究における犯罪への言及は、言及がないものが五六％、一つの犯罪に言及のあるものが九％、複数の犯罪に言及のあるのが三五％である。必ずしも犯罪への言及は多くない。言及されている事件は特定の殺人事件と襲撃事件であり、新しい情報はほとんどない。また、税金関連犯罪に言及している研究では、殺人や襲撃には言及がない。

極右研究の情報源について見ると、情報源の記載のないのが一四％、一つの情報源によるのが二三％、複数情報源が六三％である。情報源は学会（研究雑誌や単行本）が二二％、メディアが二一％、監視団体が一五％、極右過激派団体が一四％、極右個人が一二％、警察等が一四％である。監視団体とは、例えば南部貧困法律センター、反中傷連盟である。研究の多くは実際は、極右団体や監視団体のウェブサイトだったり、必ずしも系統だっていないインタヴュー記録だったりする。二次情報に依拠している例も多いが、深い観察や系統だったインタヴューが徐々に出てきた。

3　極右犯罪とヘイト・クライム

グリュンワルドらによると、極右犯罪とヘイト・クライムは重なり合い、極右がヘイト・クライムを行ったり、誘発すると見られてきた。ノースカロライナにおける十字架燃やしは覆面のKKKメンバーによるものという一般的イメージがある。世界創造主教会、アーリア・ネイション、白人アーリア抵抗のような人種主義団体によるひどいヘイト・クライムが行われてきた。他方、経験的研究によると、極右が行う犯罪はほとんどイデオロギーに基づかない犯罪（利益目的の麻薬売買）や、イデオロギー的だがヘイトではない犯罪（税金不払い）である。逆にヘイト・クライムはスリルと興奮を求めて行われ、実行者はヘイト団体のメンバーではない青年男性が多い。

組織的に調査・分析すると、極右過激派は連邦や州の捜査当局によって捜査を受けてきていることと、暴力犯罪も非暴力犯罪も行っているが、ヘイト・クライムはまれである。むしろ、税金不払い、装填した銃の保持、無免許運転、堕胎関連犯罪、反ポルノ襲撃、反政府ストライキ、左翼攻撃、組織内抗争、生物化学兵器所持、予備犯罪（銀行強盗、クレジットカード窃盗、違法な武器入手、薬物事犯）である。フリーリヒとチェーマクが一九九〇年以後の全米における極右犯罪のデータベースを作成中だが、四〇〇〇件の事件で犯行者が四六〇〇人、被害者が三八〇〇人であり、件数でいうと税金不払い、銃犯罪、反政府計画、反堕胎事件が多い。殺人事件二五〇のうちヘイト・クライムは三〇％に満たない。

ヘイト・クライム研究について見ると行為者は極右ではない。典型的なヘイト・クライムは、①禁止された行為を行うスリルと興奮を求める犯罪、②自分が属する集団を攻撃しているとみなした集団に対する報復、③自分の隣人を守るために行う犯罪、④特定集団を破壊するというイデオロギー的世界観を満たすための「使命」による犯罪である。件数では大多数がスリルと興奮目的である。ヘイト・クライムは必ずしもイデオロギーに基づいていないので、処罰政策よりもリハビリテーションを強調する研究もある。

極右犯罪はヘイト・クライムではなく、ヘイト・クライム行為者はヘイト集団メンバーではないが、極右が重大なヘイト・クライムを行う場合もある。行為者がヘイト集団メンバーではなくても、極右人種主義集団のイデオロギーの影響を受けて犯行に及ぶ場合がある。ノースカロライナの十字架燃やしは、白人優越主義者のデモが行われた後に行われる。犯行者は白人優越主義団体メンバーではなく、白人優越主義デモに影響を受けて犯行に出ている。白人優越主義団体はそうした影響力の行使を狙ってデモを行っている。

極右の犯罪がヘイト・クライムではないのは、極右メンバーが人種主義者や反ユダヤ主義者でないからである。極右の多くは信念を共有しているが、人種主義、反ユダヤ主義、宗教の役割について一致があるわけではない。例えば、陰謀論で知られるジョン・バーチ協会は暴力や人種主義には反対してきた。極右による税金不払いは、マイノリティやユダヤ人の賛同も得てきた。有名な白人優越主義団体アーリア・ブラザーフッドはアフリカ系アメリカ人に対抗するためにヒスパニック・ギャング集団と提携しているという。

グリュンワルドらの研究は、日本における右翼とヘイト団体の関係を探るのに一定の参考になる。在特会は「直接行動」「行動する保守」を掲げ、一般には「ネット右翼」と呼ばれてきたが「保守の政治思想を保有しているとは言えない」とか、「既成右翼とは異なる」とか、「ネット右翼とも言えない」とか、様々なことが語られてきた。その前提には保守や右翼についての一定のイメージがあり、右翼のなかで過激な組織がヘイト・クライムに及ぶという認識があったように思われる。それゆえ「在特会＝右翼＝ヘイト・スピーチ」という図式が成立しえた。しかし、右翼や極右とヘイト・クライムのつながり自体、必ずしも綿密な調査に基づくイメージではない。

三　人種的ヘイトの領域——ブリー論文

本項ではキャサリーン・ブリーの論文「人種的ヘイトの領域」を紹介する(＊16)。「人種主義集団の空間的次元は見えているのに、しばしば見落されている。矛盾したことであるが、現代の組織された人種主義ヘイトは場所がありながら、場所を持たない。すなわち、人種主義ヘイト集団は特定の地理的場所に根差しながら、同時に奇妙なことに場所を特定しない。こうした場所的文脈、位置、地理的規模を反映して、人種主義集団は地域の実在の場所にいながら、抽象的な非実在的空間に存在する。現代アメリカの人種主義集団に関する場所がありながら場所を持たないという独特の混乱は、組織された人種主義ヘイトと暴力の新たな次元を理解する道を提供している」。

ブリーは、全米の人種主義集団をこのような見取り図で描いた上で、社会生活領域における人種主義集団の存在様式を明らかにするために、三つの視点からの分析を試みる。①人種主義集団がローカルな性格とグローバルな性格を同時に有する。②人種的に同質な場所において強まっている。③人種主義集団において反ユダヤ主義が中心となってきている。このように見ることで、人種主義右翼の複合的で危険な世界が見えてくると言う。

1　ローカルとグローバル

ブリーは、現代の人種主義集団が物理的実在の形態を有する場所に居住しながら、意味、歴史及び価値の世界にいることに着目する。境界や領域のなかにいながら「場所なき場所」にいるという。一方で、人種主義へイトはごく限定された場所にいる。集団は多くの場所にいるが、それぞれ局在している。南部、東海岸、西海岸など特定の地域に集中している。活動範囲も方法も限定的である。集会、チラシ、会報、インターネットへの投稿である。人種主義集団の将来イメージも地理的には限定的である。

ブリーによると、過去数十年で人種主義集団は太平洋に面した北西岸に進出した。そこは「人種的に無垢の地」だったという。他の土地は人種的に汚染されていると称して、北西岸に移動した人々がいる。しかし、大半はもともとの出身地で活動している。人種主義集団は人種主義的分離や国内の階層化をめざすので、孤立した領域、限定的な地方で活動する。当局による捜査や訴追から逃れるためにも活動領域が空間的に限定される。インターネットの普及により、場所を持たない活動が可能となったことも加わる。

しかし、ブリーは、人種主義集団が単に場所を持たないとだけ考えるのは誤りであるという。組織された人種主義者は非実在空間で活動するからである。人種主義地方主義は実は驚くべきほどに広範である。全米の人種主義集団は非地方戦略、ネットワーク、連結の戦略を有している。最近まで全米の人種主義集団は「アメリカ優先」「100％アメリカ主義」と称して国内だけの運動をしてきた。ところが、今では国際的な汎アーリア主義と結びつき、世界の反ユダヤ主義と連携している。国際主義は特定の国民観念の意味を失わせ、世界規模におけるユダヤ人の陰謀による破局の訪れへの恐怖がとってかわりつつある。

国際主義と拡散により、人種主義集団は新たに区画された場所、汎アーリア主義という場所なき観念を手にした。人種主義集団は単なる反動ではなく、過去を礼賛する反動的運動は減った。古典的ファシズム運動とも異なり、ユダヤ人を容認するアメリカ政府を侮蔑し、「シオニストに占領された政府」と非難している。現代アメリカの人種主義集団は、単にグローバルに拡張するのでもなければ、狭く国内や地域に閉じこもるのでもない。人種的ヘイトのローカリズムとグローバリズムは補完的関係にある。

2　反ユダヤ主義への集中

ブリーによると、最近、一般には反ユダヤ主義は弱体化してきたが、人種主義運動のなかでは反ユダヤ主義が中心になってきた。アメリカ史においてユダヤ人憎悪は人種主義イデオロギーの一要素であり続けたが、ここ数十年に人種主義運動のなかで特に枢要の位置を占めるようになってきた。キリスト教原理主義においては、ユダヤ人は極悪なサタンとみなされがちである。このため黒人と白人の間の歴史的緊張さえもユダヤ人のせいにされる。有色人種よりもユダヤ人こそがアーリア白人と対照をなすと考えることもあるという。

ブリーによると、組織された人種主義者にとっては、黒人対白人という対立軸とユダヤ人対白人という対立軸が複雑に絡み合っている。もともと皮膚の色によって人種を決めつけてきたのに、ユダヤ人は皮膚の色で識別できない。キリスト教原理主義は、この点を逆にとらえて、ユダヤ人は身体的に確認できない社会集団であり、見えないうちに知られざる形で忍び込む陰謀の所産であると考える。アフリカ系アメリカ人やヒスパニックなどは差異が目に見えるので人種的境界線を引くことが容易だが、ユダヤ人は場所がなく、境界線が引けないので、押しとどめることが出来ない。それゆえ、キリスト教原理主義にとって、ユダヤ人の世界的陰謀が脅威となる。ユダヤ人共産主義者、銀行家、学者、医者、公務員がどこにでもいるが、どこにもいない。場所が決まっていないので闘いにくいため、ユダヤ人の陰謀こそ恐ろしいと考える。人種主義者にとって、ユダヤ人は場所を持たない非実在であり、どこにでもいるという遍在性を有する存在となる。

人種主義者は今や地球全体のレベルでアーリア人の場所を求めて闘っている。ベネディクト・アンダーソンの言う「想像」の意味で、グローバルなアーリア人のコミュニティを求める(＊17)。想像がグローバル化すればするほど「敵」が増えていく結果となる。

3　社会的同質性

ブリーは第三の論点として、人種的に同質的な空間における組織された人種主義に関心を向ける。多人種的な空間が集団間の紛争を招き人種対立を生み出すという仮説があるが、この仮説が正しくないと見るべき反対証拠があると言う。例えば、スウェーデンはかなり人種的に同質的な国だが、反移民感情が強い。現在のポーランドにはユダヤ人はごく僅かであり同質的なのに、反ユダヤ主義が存在する。今日の人種主義集団は、人種的マイノリティのほとんどいない学校から若手メンバーを勧誘しているという。

人種的に同質的な場所で人種主義が強化されることを理解する一つの方法は、社会的地理学の中心的考察にある。人種化された空間は、過去における人種的行動や観念の帰結であると同時に原因である。スウェーデンの白人主義、インディアナのプロテスタント原理主義、ポーランドのキリスト教原理主義、アメリカの郊外における白人主義などは、過去における人種主義行為の遺産である。移民の流入を妨害し、非プロテスタントの移住を防止し、ユダヤ人を殺したり排除したり、非白人が入ることができないようにしたからこそ、白人ばかりの空間、ユダヤ人のいない空間、有色人種のいない空間ができたのである。いま観察される現実は、以前の行為が連続した帰結である。人種的地理の空間とは、つくられた人種的空間である。

ブリーによると、人種主義は、特定の空間に誰が所属し、誰が所属しないか、誰を排除するかという判断のなされた領域に見合って、成立している。同質的空間に人種主義が継続しうるのはこのためである。

4　小括

人種主義の空間に着目したブリー論文はいろいろな意味で示唆的である。若干のメモを記しておこう。

第一に、人種主義や人種的ヘイトがローカルであると同時にグローバルであるという視点は重要である。人種主義者は一方で自らが属する人種・民族や空間を大前提として、他者を排除しようとするので、まず何よりもローカルに行動することになるであろう。人種主義者が差別的に行動しながら集団を形成していく過程も通常はローカルになされていくであろう。同時に、人種主義や人種的ヘイトは容易に空間を飛び越える。インターネットは人種主義を瞬時に世界に広める。ローカルであることとグローバルであることが矛盾するのではなく、補完し合う。日本におけるヘイトが、京都朝鮮学校や新大久保や鶴橋という固有名詞に即しながら、極めて迅速に全国に波紋を広げていったことも理解できる。

第二に、反ユダヤ主義の検討に際してブリーが「ユダヤ人は皮膚の色で識別できない。キリスト教原理主義は、この点を逆にとらえて、ユダヤ人は身体的に確認できない社会集団であり、見えないうちに知られざる形で忍び込む陰謀の所産と考える」と指摘していることも参考になる。異なる他者に対する差別が実際に発現する場合、その差異がどのように見えているのかに関わる。「異なるから差別する」のと同時に「異なるはずなのに差異が見えない」ことが差別を強化すると考えられる。

在日朝鮮人に対する差別は、日本人と異なるという側面と、一見して日本人と区別できないという側面があると言える。この点はさらに検討を要する。

第三に、社会的同質性という視点も重要である。一方では、同一の社会に複数の民族、複数の文化が共存することによって、多民族間、多文化間の葛藤が生じるという理論が古くから知られてきた。ブリーは文化葛藤理論を否定しているわけではないが、人種主義集団や人種ヘイトに関しては異なる理解が有益となるとしている。社会的同質性の保たれている社会こそ、現状の同質性を守る意識が形成されやすいかもしれない。そのために異質な者の流入を拒否し、排除してきた。原因が結果となり、結果がまた原因となる。被差別部落の存在しなかった地域（実は過去において被差別部落を丸ごと消失させた地域）、在日朝鮮人の全く存在しない地域（過去において朝鮮人の流入を拒否することに成功した地域）といった特徴づけは可能だろうか。

四　ヘイト音楽と白人至上主義――ギルモア論文

以下では、コリン・ギルモアの論文「ヘイト・ロック――ポピュラー音楽形式における白人至上主義」を簡潔に紹介する（＊18）。

ギルモアは冒頭に「現在の白人至上主義運動には、若者のサブカルチャーが含まれ、人種主義ロック音楽の促進と流布によって組織されている。南部貧困法律センターや反中傷連盟など、アメリカにおける人種主義右翼を監視してきた人権団体によると、『ホワイト・パワー』音楽産業は長年成長してきた。反人種主義活動家によると、ホワイト・パワー音楽の販売収益が白人至上主義運動を財政的に維持してきただけでなく、ネオ・ナチ組織やスキンヘッド集団に若者が参加するよう促すメッセージを発してきた」という。

ギルモアによると、アメリカでは人種的不寛容の表現が憲法上の言論の自由として保護されているため、比較的小規模のホワイト・パワー音楽が国際的に人種主義スキンヘッドに影響を及ぼし、東欧諸国に広まっている。欧州諸国ではホワイト・パワー音楽の演奏や販売が禁止されているので、特にドイツでは、ホワイト・パワー音楽のメンバーを人種憎悪の煽動ゆえに刑事施設収容する例もある。

社会学において従来、サブカルチャーにおいて音楽が参加者のアイデンティティを形成する意義が問われてきた。音楽は諸個人にとってリアリティを形成する。ホワイト・パワー音楽家は彼らが大事に思う音楽サブカルチャーにおいて独特に地域を占める。ホワイト・パワー音楽家はその集団のイデオロギー的地位やあるべき行動を提供する。それゆえホワイト・パワー音楽は組織された人種主義集団の多くにとっての参照枠を共有する。

1　ホワイト・パワー音楽への道

ギルモアによると、アメリカでのホワイト・パワー・ロックンロールはグローバルな経済変動の波を受けて白人労働者階級の間から始まった。白人サブカルチャーの世界でホワイト・パワー音楽は、若者たちに自分たちこそ支配的地位にあったのだというファンタジーを提供する。より大きな白人優越主義運動との繋がりをつけてくれる。ギルモアのインタヴューに応じたある人物は「北米では若者の多くが何らかの白人のための活動にかかわっているのは、音楽のおかげさ。監獄の連中だって、アーリア連合のアイデンティティ文書を入手しているだろう。音楽のためじゃなかったら、こんなに多くの若者がパンフレットや歴史家の意見なんかに魅きつけられはしないよ」と述べる。

ホワイト・パワー運動のなかでの集団活動を提供するのが音楽ライブ・イベントであり、集団に共通の絆を作りだす。コンサートは単なる音楽会ではない。あるホワイト・パワー音楽家は次のように語る。「音楽は人びとの魂を揺さぶり、共通の関心を提供する。音楽は白人のための運動の情景を作り出す。ショーは単なるコンサートではない。ナチス党がビヤホールで結成されたのも同じことだろう」。

2　ホワイト・パワーの歌詞

ギルモアは白人至上主義音楽雑誌である『レジスタンス・マガジン』に掲載された歌詞を取り上げている。一九九四年から二〇〇七年にかけて出版されたのは二七号である。同誌のトップ・テンに登場する曲は延べで一四二九曲であり、演奏したバンドは延べ四六三バンドである。スクリュー・ドライバーが一九七回、次いでバウンド・フォー・グローリィが一一八回、ラホーワが一〇四回、ノー・リモース／ポール・バーンリィが七六回、「残忍な攻撃」が七〇回、「青い目の悪魔」が四七回である。

発売されたアルバムの表紙には典型的なデザインが施されている。筋肉派のスキンヘッドが武器を取っている姿、バイキングの戦闘シーン、暴力シーン、ナチスの写真やイラスト、第三帝国の宣伝ポスターや、強制収容所の写真をもとにしたデザインもある。

ギルモアによると、ホワイト・パワー音楽の歌詞に頻繁に登場するのは、経済的社会的条件が低下させられたとか、政府が白人を不公正に取り扱ったり、迫害しているというものである。バウンド・フォー・グローリィは「俺たちは苦難と闘いを経てきた。俺たちは殺され、奴隷化され、檻に押し込められてきた」と歌う。白人占有地域が失われ、白人のヘゲモニーが減退してきたとし、失われた白人の伝統文化を呼び戻そうとする。「断固たるヘイト」というバンドは「白人は日増しに収入を得られなくなっている。俺たち白人にふさわしい仕事がなくなったのは、黒人やユダヤ人に取られたからだ」と歌う。また、ホワイト・パワー音楽の歌詞は、標的とされた集団に対する論難となり、白人の敵と名指す。近隣で何か事件が起きるのはマイノリティ住民のせいにされる。「デイ・オブ・スウォード」は「俺たちの国は新しいアーリア人の墓を持っている。殺したのは元の奴隷だ」と歌う。黒人の路上犯罪を取り上げ、黒人の麻薬売人が白人の子どもや高齢者を餌食にすると言う。バウンド・フォー・グローリィは「嫌な暮らしを耐える、路上を歩き回る、餌食にされるイノセント、援助のない者、弱き者」と歌う。移住者も犯罪者扱いされ、財政システムを蝕む「パラサイト」と非難される。スクリュー・ドライバーは「奴らに金をやれ、奴らに仕事をやれ、イギリス白人なんて無視しろ」と逆説的に歌う。

ギルモアによると、ホワイト・パワー音楽のサブカルチャーには「陰謀論」の影響を確認できる。ユダヤ人が白人から権力を奪うという陰謀論である。陰謀論の歌詞で一番取り上げられるのがユダヤ人で、次いで政府とメディアがやり玉に挙げられる。白人至上主義者が使うのは「ユダヤ人にコントロールされたシオニスト占領政府（ZOG）」である。

3 ホワイト・パワー音楽と暴力

ギルモアによると、標的とされた集団を非人間的に描きだすだけではなく、ホワイト・パワー音楽は特定の問題を解決するための行動計画を提起する。調査した歌詞の六八・七％が、直接的に同盟者などの聴衆に行動を呼びかける。個人による暴力行為とともに、標的とされた集団に対する集団行動として物理的な暴力の呼びかけが行われる。時は今であり、即座に行動するように呼びかける。ラホーワというバンドは「今こそ立ち上がるんだ、白人よ、立ち上がれ、俺たちが結束すれば、故郷を取り戻せるんだ」と歌う。一五〇の歌詞のうち九五が白人の敵に対する暴力行為を歌っている。スキンヘッド・バンドのミッドタウン・ブーツボーイズはアフリカ系アメリカ人に対する銃撃を歌う。「撃て、撃て、奴らを死に直面させろ、ニガーを蝿のようにたたき落とせ」と歌う。

ホワイト・パワー音楽は人種的マイノリティによる路上犯罪を取り上げ、対抗して「俺たち大衆の正義」として自警団となるよう呼びかけ、体罰としてリンチにかけるように呼びかける。白人ホワイト・パワー・バンド「凶暴な戦士」は「裁きの日が来た、アメリカ人が死刑を言い渡すんだ」と歌う。

ホワイト・パワー音楽は伝統的に男性支配的であり、宣伝もこれに対応している。歌詞の大半が男性中心的世界観に貫かれ、「兄弟たちよ」という呼びかけが多く用いられる。マックス・レジストというバンドは文字通り「白人男性」という歌をこのんで歌う。一五〇のうち白人女性を歌うのは一一曲にすぎない。白人女性には白人同士の人間関係が求められる。人種を超えた性的関係を持った女性は「売春婦」という特徴を与えられる。怒れるアーリア人は「お前の体は汚れてしまった、もう純潔じゃない、ニガーを愛する売春婦」と歌って、彼女の処刑を呼びかける。白人女性は「白人女性を守り、白人社会を守る」という白人男性の行為を動機づけるための客体として描かれる。

4　ホワイト・パワー音楽の影響力

ギルモアは、音楽を通じてフラストレーションを解消するホワイト・パワー音楽が、参加者にとって「問題解決」の道筋を示す機能に注目する。仲間と共感し、兄弟愛（同志感情）を持ち、支配的な文化や社会的価値を拒絶する。伝統的社会が集団による暴力や革命によって実現されるというファンタジーが描かれる。標的とされる集団を非人間化し、モンスターであるとし、白人の生存に対して脅威となる陰謀を指弾する。

ギルモアによると、組織された白人至上主義には長い歴史があり、匿名の若い白人男性に影響を与えてきた。しかし、その社会の支配的イデオロギーや社会関係から独立しているとは考えられない。ホワイト・パワー音楽の歌詞がファンタジーに見えるにしても、組織された集団の白人男性は構造的政治的条件を現実に変化させようとしている。その創造的努力において、ホワイト・パワー音楽は集団的に経験された社会資源を同一化させる。結果として、政治的メッセージを流布し、他者を集団行動に駆り立てるのである。

以上、ギルモアの論文をごく簡潔に紹介してきた。若干の感想を述べて紹介を閉じることにしよう。

第一に、日本ではホワイト・パワーに匹敵するヘイト音楽やヘイト音楽集団は形成されていないようである。旧来型右翼が街宣車で軍歌やアニメソングを流してきたことは知られるが、独自のヘイト音楽は発展していないようである。

第二に、しかし、ヘイト音楽が生み出されていく可能性はある。既に著名ミュージシャンがレイシズム運動に協力している。また、フジテレビ事件の際のパレード化のなかで音楽が重視されていた面がある。

第三に、旧来型右翼と同様に、ヘイト団体も君が代を尊重している。君が代は歴史的には日本軍国主義を想起させる面もあるが、そのメロディは排外主義運動のテーマソング向きではないだろう。諸外国の国歌には軍隊や戦争と関わる民衆鼓舞の楽曲が多いが、君が代は趣が異なる。

五　女性によるヘイト――キャッスル論文

前項のギルモア論文も指摘しているように白人至上主義、レイシズム、ヘイト・クライム／ヘイト・スピーチは男性によって担われる傾向が強く、女性は男性による保護の客体として登場しがちである。しかし、女性が常に保護の客体というわけではない。積極的にヘイト・クライム／ヘイト・スピーチの実行に乗り出す女性たちも、数においては少数かもしれないが、確実に存在する。そこで、タミィ・キャッスルは論文「女性が実行したヘイト――ヘイト事件の内容分析」において、ヘイトと女性の関係を問い直す（＊19）。

1　女性が関与した事例

キャッスル論文の末尾に女性が関与したヘイト事案が列挙されている。第一に、女性だけが関与した事例であり、第二に、女性が男性と一緒に行なった事例である。事件処理の詳細は不明である。

第一に、女性だけが関与した事例として、例えば次のような例が掲げられる。二〇〇三年、一六歳の少女がミドルタウン（ニュージャージー）でカトリック教会に対する偏見犯罪を繰り返したとして六日間の施設収容を命じられた。二〇〇四年、バファロー（ニューヨーク）で二人の一〇代の白人少女が、イスラム系住民を車で追いかけて威嚇したと申し立てられた。イースト・ブランズウィック（ニュージャージー）で四〇歳の女性が、てんかんと精神障害を有する男性を傷害する共謀をしたことで有罪となった。モンペリエ（ヴァーモント）で二二歳と一七歳の女性が反ユダヤ主義を侮蔑するため寺院に鉤十字を描いたため、九〇日の施設収容と八〇時間の社会奉仕命令を受けた。クイーンズ（ニューヨーク）で三一歳の白人女性が学校のバスルームの壁に人種主義的な落書きを描いたためヘイト・クライムとして起訴された（＊20）。

第二に、女性が男性と一緒に行った事例である。二〇〇三年、プリマス（マサチューセッツ）で一七歳の息子とその母親が、人種的侮辱を唱えながら女性とその息子に傷害と脅迫を行ったためヘイト・クライムで訴追された。クイーンズ（ニューヨーク）で六〇歳の夫と五八歳の妻がアジア系女性に暴行を加えたため民族性について学ぶ研修を受けることを義務付けられた。マディソン（ウィスコンシン）で二人の男女が民族の異なるカップルに唾を吐きかけたためヘイト・クライムとして告発された。アノーカ（ミネソタ）で一六歳の少年と一四歳の少女が車庫に人種的中傷をスプレーしたため収監された（＊21）。

2　ヘイト・クライム統計

キャッスルによると、一九九〇年に制定されたヘイト・クライム統計法は連邦捜査局（ＦＢＩ）に人種、宗教、性的志向又は民族による偏見や憎悪に基づいた犯罪のデータを収集するように求めている（一九九四年に障害が加えられた）。そこでＦＢＩは年次報告書を作成してきた。偏見動機（人種、宗教、性的志向、民族、障害）、犯罪類型（人に対する犯罪、物に対する犯罪）、被害者（個人、企業、政府、宗教団体その他）、加害者（人種）が報告されている。ＦＢＩ報告は不完全な調査であるが、他に使えるデータは存在しない。調査に非協力的な州があるし、警察に届け出のないヘイト・クライムがある。

ＦＢＩ「全国犯罪事件報告」（一九九七〜九九年）によると、ヘイト事件は二九七六件、判明した犯行者は三〇七二名であり、うち女性は一七％（白人一一％、黒人五％、その他一％）である。もっとも性別不明が一四％である。暴力犯罪では、女性は一七％（白人一〇％、黒人六％、その他一％）であり、財産犯罪では女性は一八％（白人一五％、黒人二％、その他一％）である。逮捕された八〇八名のうち、女性は一五％（白人九％、黒人五％、その他一％）である。偏見動機とジェンダーの関係を知ることのできる統計はない。

連邦司法統計局「全国犯罪被害者調査」（二〇〇〇〜〇三年）によると、ヘイト動機の暴力犯罪の二一・二％が女性によるもので、六・六％が男性と女性の共犯事件である。女性だけによるヘイト事件のうち、六八・八％が人種動機によるものであり、二二・六％が団体によって行われ、民族動機によるものが三七・一％であった。性的志向動機は七・三％、宗教動機が一四・八％、障害動機が八・四％である。男女共犯事件は、人種動機事件の三五・九％、民族動機事件の一四・一％、性的志向動機事件の三八・三％、宗教動機事件の六・二％、障害動機事件の三七・〇％である。

次にキャッスルは南部貧困法律センターの調査事例も検討対象に加える。南部貧困法律センターは一九七一年に、公民権運動の発祥地であるアラバマ州モンゴメリーに設立された小さな法律事務所であるが、寛容教育のプログラムを公表し、白人優越主義者相手の訴訟に勝利を収めてきたことで現在では国際的に有名になっている。南部貧困法律センターは一九八一年以来ＫＫＫの活動を調査してきた。一九九八年までにＫＫＫだけでなく、その他のヘイト団体も調査するようになってきた。その調査結果は、二〇〇三年以後ウェブサイトに公表されている。ヘイト事件は、三六二件（二〇〇三年）、五五八件（二〇〇四年）、二四六件（二〇〇五年）、二四七件（二〇〇六年）、二八六件（二〇〇七年）であり、地域別、事件類型別に整理されている。

キャッスルは犯行者のジェンダー情報のないものを除外している。右の五年間の四二八件のうち、男性によるものが三八四件（九〇％）であり、女性によるものが二五件（六％）、男女共犯によるものが一九件（四％）である。女性関与事件では、暴行が一三件、器物損壊が七件で、大半を占める。ヘイト動機のハラスメント、傷害、脅迫、殺人はそれぞれ一件である。男女共犯の場合、暴行が一一件、ハラスメントが四件である。

動機別では、女性による事件のうち、人種が一二件、宗教が六件、性的志向が二件、民族的又は国民的出身が二件、障害、ホームレスがそれぞれ一件、動機不明が一件である。男女共犯事件では、人種が一二件、民族的又は国民的出身が三件、性的志向と動機不明がそれぞれ二件である。

3　分析のまとめ

キャッスルは次のようにまとめている。ヘイト事件において主要な犯行者は男性であるが、公的統計では男性六四・七％、女性三五・三％である。女性が関与するヘイト事件は主に暴行であるが、それは男女に共通である。女性によるヘイト事件が過去よりも増加しているか否かについては資料が不足しているため解答を出せないが、女性関与ヘイト事件に関心を持ち続ける必要がある。女性ヘイト犯行者へのインタヴューも今後なされる必要がある。女性に焦点を当てたヘイト事件研究はまだ不足しており、女性犯行者の性質を判定することはできないので、さらなる研究が必要である（＊22）。

日本における女性によるヘイト・クライム／ヘイト・スピーチについての統計はないが、個別の現象に関する報告が始まっている（＊23）。

〈註〉

（＊1）Brain Levin (ed.), Hate Crimes 1, Understanding and Defining Hate Crime. Praeger Perspectives, 2009. 本書責任者のブライアン・レヴィンは弁護士、カリフォルニア州立大学教授、憎悪・過激主義研究センター事務局長であり、南部貧困法律センター事務局員でもあった。本書は全一二章から成る。著者とタイトルは次の通りである。ブライアン・レヴィン「司法（正義）の長い弧——人種、暴力、ヘイト・クライム法の登場」、キャロライン・ターピン・ペトロシノ「歴史的教訓——どのような過去がプロローグとなるか」、ジャック・レヴィン＆ゴルダナ・ラブレノヴィック「暴力の文化的正当化としての憎悪」、バーバラ・ペリー「憎悪の社会学——理論的アプローチ」、デヴィッド・ガッド&ビル・ディクソン「『なぜか』という問題を提起する——人種的に動機づけられた暴力やハラスメントの実行を理解する」、マーク・ハム「クランからスキンヘッドまで——アメリカ憎悪集団の批判的歴史」、ハイジ・ベイリッチ&ケヴィン・ヒックス「アメリカにおける白人ナショナリズム」、ランディ・ブラザック「憎悪集団の作業的定義のために」、スージー・ベネット、ジェームズ・ノラン&ノーマン・コンティ「ヘイト・クライムを定義し評定する——問題のポプリ（混成）」、ジェシカ・ヘンリー「ヘイト・クライム法——批判的評価」、ティモシー・ピテル「ジェノサイドをよく考える」、サラ・エレン・アムスター「国民の誕生から嵐の前線まで——憎悪を伝える世紀」。

（＊2）Brian Levin, The Long Arc of Justice: Race, Violence, and the Emergence of Hate Crime Law. in: Brian Levin (ed), Hate Crimes 1. Praeger Perspectives, 2009. レヴィンによると、ヘイト・クライムは比較的新しい概念であり、心理学、公共政策、犯罪学、政治学、社会学などさまざまな観点からの分析対象となっている。ヘイト・クライムという用語が使われるようになる以前、アメリカ法の基礎が形成された時期に人種暴力をどのように把握していたかは無視されている。偏狭な暴力が、かつての奴隷制や人種に基づいた人権剥奪と同じ方法で、不正義な社会階層を強制している。人種的に階層構造化された社会がつくられ、それが下層の者への規範命令として、無慈悲な法制度と残忍な暴力の密接な結びつきによって強いられている。時代の変化に伴って法も変化してきた。法は人種的暴力と剥奪のための抑圧の道具から、公民権の保護者になってきた。ヘイト・クライム法をつくってきただけでなく、人種以外の集団への保護も取り入れてきた。一般にヘイト・クライムは、ある者が特定の社会的に同一とみなされる集団に属していることを理由に行われる差別犯罪行為である。人種やジェンダーのように人々が認識でき、社会が法や科学や伝統によって認識する特徴である。

（＊3）ジェノサイドの階梯はＮＧＯの「ジェノサイド・ウオッチ」のG・スタントンの「ジェノサイドの8階梯」による。G.Stanton, The 8 Stages of Genocide, http://genocidewatch.org/aboutgenocides/8stagesofgrenocide.htm.

（＊4）Carolyn Turpin-Petrosino, Historical Lessons: What's Past May Be Prologue. in: Brian Levin (ed), Hate Crimes 1. Praeger Perspectives, 2009. 著者はマサチューセッツのブリッジウォーター州立大学准教授であり、パロール（保釈）決定、コミュニティ警察、少年司法ダイヴァージョン、ヘイト・クライムについて研究してきた。

（＊5）Jack Levin and Gordana Rabrenovic, Hate as Cultural Justification for Violence. in: Brian Levin (ed.), Hate Crimes 1. Praeger Perspectives, 2009. ジャック・レヴィンはボストンのノースイースタン大学教授で犯罪学者であり、『なぜわれわれは憎むのか』（二〇〇四年）、『帰ってきたヘイト・クライム』（二〇〇二年）、『憎悪の暴力』（二〇〇一年）などの著作がある。ゴルダナ・ラブレノヴィックはノースイースタン大学准教授で社会学者であり、『コミュニティをつくる人々』（一九九六年）、『コミュニティの政治と政策』（一九九九年）などの著作がある。レヴィン&ラブレノヴィックによると、ヘイトとヘイト・クライムの結びつきは単純ではない。被害者に対する嫌悪ゆえに犯行に出る者もいるが、犯行に出ない者もいる。長期的に見るとヘイトは集団間の紛争をもたらす感情である。アメリカで語られるのは「スリルの動機によるヘイト・クライム」と「防衛的ヘイト・クライム」である。スリルの動機によるヘイト・クライムは、十代の若者が興奮して被害者に攻撃を加える場合である。「被害者には感情があり、家族や友人を持った人間である」と認識すれば罪を感じるであろうが、被害者を非人間化するために、自分の犯罪が正当化されていると思ってしまう。「防衛的ヘイト・クライム」は自分の文化に正当化根拠を見出す。ひどい経済状況のなかで自分の仕事を守る。自分が選んだ学校のなかで自分の場所（地位）を守る。アウトサイダーの進出から近隣住民を守る。防衛的ヘイト・クライムの場合は集団的ではなく、単独で行われることが多い。普通は何かきっかけとなる出来事がある。同性愛者のデモがあったとか、白人ばかりの地区にアジア人が引っ越してきたという場合に、犯行者は自分の領分を守るために犯行に及ぶ。

（＊6）徐勝・前田朗編『〈文明と野蛮〉を超えて――わたしたちの東アジア歴史・人権・平和宣言』（かもがわ出版、二〇一一年）。前田朗「東アジア歴史・人権・平和宣言をつくろう（一）（二）」『統一評論』五三七号・五三八号（二〇一〇年）参照。

（＊7）Barbara Perry, The Sociology of Hate: Theoretical Approaches. in: Brian Levin (ed.), Hate Crimes 1. Praeger Perspectives, 2009. 著者はオンタリオ大学教授で、ヘイト・クライム研究の代表作の一つとして知られる『憎悪の名において』（ルートリッジ出版、二〇〇一年）の著者である。ペリーによると、アメリカン・ドリームが社会に浸透して、誰もが豊かで快適な暮らし（財産、ライフスタイル、仕事等々）を望むが、社会構成員すべてに実現できるわけではない。階級階層構造の下位に置かれた者には可能性が大幅に制約されている。壁に直面した者の反応の一つとしてヘイト・クライムが位置づけられる。犯罪に関する一般理論の批判的犯罪学も、犯罪統制の文脈において偏見に基づく暴力に視線を向ける。マルクス主義の影響を受けた批判的犯罪理論はジェンダー分析を展開してきたが、人種や民族といった階級概念とは異なるテーマには力を入れてこなかった。批判的犯罪理論のなかでフェミニスト犯罪学は影響力を有しているが、「人種犯罪学」や「ゲイ犯罪学」は語られない。

（＊8）I.M.Young, Justice and the Politics of Difference. Princeton University Press, 1990.

（＊9）Randy Blazak, Toward a Working Definition of Hate Groups. in: Brian Levin (ed.), Hate Crimes 1. Praeger Perspectives, 2009. ブラザクはポートランド州立大学准教授、社会学者であり、「ヘイト・クライム調査センター」事務局長、オレゴン州の「ヘイト・クライム反対同盟」議長である。ブラザクによると、一九六四年のジャコベリス対オハイオ事件判決で、ステュワート最高裁判事はハードコア・ポルノのわいせつ性について、定義は難しいが「見ればわかる」と述べた。「見ればわかる」基準はヘイト集団にも当てはまるという。ＫＫＫ、ネオナチ集団、国民社会主義運動はヘイト集団と自称していないがヘイト集団である。ハンマースキンのようなスキンヘッド集団もヘイト集団とみなされている。もっとも、人種主義に反対するＳＨＡＲＰＳのような反人種主義のスキンヘッド集団もいる。団体の定義の難しさはヘイト・クライムの定義に由来する。批判者が述べるように「あらゆる犯罪がヘイト・クライムになりうる」。人種主義的動機に基づいて行われれば、どの犯罪もヘイト・クライムになりうる。ヘイト集団も同じである。高校のフットボールチームもライバルを敵視する。選挙になれば共和党員と民主党員は互いに敵意をむき出しにする。それでは共和党や民主党はヘイト集団なのか。ここに定義の難しさがあり、法的定義は数段階を経てきた。一九六〇年代には連邦公民権法が登場し、八〇年代には各州ごとにヘイト・クライム法がつくられた。

（＊10）Jessica Henry, Hate Crime Laws: A Critical Assesment. in: Brian Levin (ed.), Hate Crimes 1. Praeger Perspectives, 2009. 著者はニューヨーク大学ロースクール出身のモントクレア州立大学准教授で、ヘイト・クライムや死刑について研究している。ヘンリーによると、二〇〇〇年のアプレンディ対ニュージャージー州事件・連邦最高裁判決がある。被告人は近所に引っ越してきたアフリカ系アメリカ人家族の自宅に銃弾を撃ち込んだ。相手が黒人であり、黒人が近所に住むのを望まないから銃撃したと自白した。有罪答弁取引にしたがって被告人は武器所持について有罪答弁をしたが、法定刑は五年以上一〇年以下であった。裁判所は被告人の行為が人種的偏見によって動機づけられていたとして、被告人に上限の一〇年より重い一二年の刑事施設収容を言い渡した。連邦最高裁は、陪審員が合理的な疑いを超えた証明がなされたと判断していない事実に基づいて、裁判所が法定刑を超えて量刑を加重することはできないとして、量刑を破棄した。被告人が偏見の動機を認めなければ、訴追側は被告人に偏見があったことを合理的な疑いを超えて立証しなければならない。

（＊11）ブライシュ『ヘイトスピーチ』（明石書店、二〇一四年）。

（＊12）マシュー・シェパードと同法について、ワイオミング大学アメリカ遺産センターのウェブサイト上のコレクション（University of Wyoming. American Heritage Center.）、及びマシュー・シェパード財団（Matthew Shepard Foundation）のウェブサイト参照。なお、「白人に対するヘイト・クライム」概念を提唱する研究者がいる。ヘイト・クライムは黒人やスペイン系などに対する犯罪が念頭に置かれてきたし、アジア系住民も標的にされてきたが、白人であるがゆえに標的とされる事件もある。二〇〇二年の連邦情報局統計によると、七〇〇〇件ほどのヘイト・クライムが報告されているが、そのうち五分の一は白人に対する事件だという。別の研究によると、二八分の一しかないという。問題は「白人に対するヘイト・クライム」という概念が明確に成り立つか否かである。ヘイト・クライムは社会科学的には「集団間の優位―劣位の権力関係」の下で理解されてきた。優位にある集団に属する者が劣位にある集団に属する者に対して権力を行使する、あるいは現状の権力関係の逆転を防止するといった関係であり、それは単なる主観的関係ではない。数百年にわたって、数万人、数十万の人々について形成されてきた集団間の権力関係が問題の根底にある。白人に対するヘイト・クライムには、そうした関係が見られない。現代アメリカにおいて、多数の黒人が白人に対して優越感を抱いているとか、優越的地位から権力を行使できると考えているとは、言えない。このため多くの論者は白人に対するヘイト・クライムを格別のカテゴリーとして認めていないようである。

（＊13）前田朗『増補新版ヘイト・クライム』（三一書房、二〇一三年）、前田朗編『なぜ、いまヘイト・スピーチなのか』（三一書房、二〇一三年）、師岡康子『ヘイト・スピーチとは何か』（岩波書店、二〇一三年）、のりこえねっと編『ヘイト・スピーチって何？レイシズムってどんなこと？』（七つ森書館、二〇一四年）等。

（＊14）Randy Blazak (ed.), Hate Crimes Volume 4. Hate Crime Offenders, Praeger Perspectives, 2009.

（＊15）Jeffrey Gruenewald, Joshua D. Freilich, and Steven M. Chermak, An Overview of the Domestic Far Right and Its Criminal Activities. in: Randy Blazak (ed.), Hate Crimes Volume 4. Hate Crime Offenders, Praeger Perspectives, 2009. グリュンワルドによると、テロリズムの定義が錯綜しているのには理由がある。①テロリズムがグローバルな現象である。国境を越えて発生し、各国で定義が行われている。②大半の国の司法では「テロリズム」そのものではなく「テロリズム行為」の定義が採用されている。アメリカでも実際には恐喝罪、共謀罪、殺人罪などで訴追されている。大半がテロリズム犯罪ではなく、州法の一般犯罪で訴追されている。③テロリズムは権力を内に含む概念である。多くのテロリストはメディアへの影響を狙い、戦略的にメディア効果を意図する。メディアは政府が犯罪と呼ぶ事例を重要な新しい物語として報じる。しかも、恣意的選択がなされる。ヘイト・クライムと極右の間でも定義問題が生じる。ヘイト・クライムの定義でさえ社会科学者の間に一致が見られない。アメリカでヘイト・クライムと呼ばれる犯罪が他の国では極右暴力と呼ばれる。ペリーはヘイト・クライムの定義はディレンマにぶつかると言う。ヘイト・クライムは歴史的文脈や文化的文脈に関わるので、普遍的定義が困難だからである。極右の定義についても同じことが言える。

（＊16）Kathleen M. Blee, The Space of Racial Hate. in: Randy Blazak (ed.), Hate Crimes Volume 4. Hate Crime Offenders, Praeger Perspectives, 2009. ブリーによると、人種主義集団にはさまざまなイデオロギー、課題、戦術、活動があるが、典型例は反ユダヤ主義、KKK、ネオ・ナチ、キリスト教原理主義である。KKKがもっとも有名であり、南北戦争後に南部の白人住民がアフリカ系住民を襲撃した歴史を有するが、現在は南部と中西部に多数の小規模集団が存在している。近年では「ビジネススーツ・クラン」というイメージを帯びている。クランとネオ・ナチは一般的には別の集団である。第二次大戦期以来、国家社会主義運動、アーリア国民、国民連合や、あるいは若い白人集団による国民戦線、白い狼、北部ハンマースキンなどが活動している。ネオ・ナチが活性化しているのはホワイトパワー音楽のコンサートを開催して若者を惹きつけているためである。ネオ・ナチは東海岸と西海岸に多い。クラン、ネオ・ナチに次ぐ第三の勢力がキリスト教原理主義であり、ユダヤ人をサタンの子孫、アフリカ系アメリカ人等有色人種を人間でないとし、永遠の闘争を唱える。キリスト教原理主義はクランやネオ・ナチにも浸透してきている。

（＊17）ベネディクト・アンダーソン『想像の共同体――ナショナリズムの起源と流行』（リブロポート、一九八七年）。

（＊18） Colin Gilmore, Hate Rock: White Supremacy in Popular Music Forms, in: Randy Blazak (ed), Hate Crimes Volume 4. Hate Crime Offenders, Praeger Perspectives, 2009. ギルモアはヴァンダービルト大学大学院生である。ポートランド州立大学大学院時代に白人至上主義運動と音楽の役割について調査・研究した。ギルモアはホワイト・パワー音楽小史を簡潔に整理している。ホワイト・パワー・ロックは白人優越主義運動のフォークと繋がっていた。白人優越性のメッセージをもとに歴史的事件の修正を試みる語りである。白人優越主義のヒーローを描いた歌詞もある。人種主義集団が音楽を宣伝手段とすることは録音音楽の歴史とともに始まった。一九二〇年代、KKKによって音楽シートや78ミリ・レコードが制作された。インディアナ州で設立されたKKKレコードは伝統的な宗教音楽にのせて反移民歌曲を発売した。アメリカ・ナチ党の創設者ジョージ・リンカーン・ロックウェルは音楽を宣伝促進手段とし、一九六〇年代にヘイテナニ・レコードから発売した。公民権運動の時期に、隔離政治や人種憎悪を促進するためにレコードを発売する会社もあった。一九六六年～七二年、ジェイ・ミラーというシンガーがルイジアナ州のレッド・レーベル・レコード会社から人種主義カントリー二一曲を発表し、アルバム『隔離主義者ヒットパレード』を出した。一九七〇年代、イングランドで若者音楽サブカルチャーが人種主義集団の宣伝に力を貸した。一九八三年、イギリス国民戦線という小規模政党がホワイト・ノイズ・レコードを設立し、スキンヘッドやパンクロックに力を注いだ。最初の発売はスクリュー・ドライバーというネオナチ・バンドのシングル・レコード『ホワイト・パワー』であった。その影響を受けて一九八〇年代、イギリス各地でホワイト・パワー・バンドが結成された。一九八七年、ブラッド・アンド・オナー（血と名誉）というバンドが結成され、北米や欧州各地に出かけた。北米でもスキンヘッド集団はスクリュー・ドライバーなどに連絡を取り、バンドを結成した。一九八〇年代後半、アメリカ各地にホワイト・パワー・スキンヘッド・バンドが登場した。ミッドタウン・ブーツボーイ、バリー・ボーイズ、バインド・フォー・グローリィ、アグレヴァイテド・アソールト（加重された襲撃）、マックス・レジストなどがパンク・シーンに登場し、サブカルチャー内でのスタイルを確立した。一九九〇年代にはレジスタンス・レコードが発足し、音楽雑誌も発売し、オンラインでの楽曲提供も始めた。レジスタンス・レコードは毎年六万から一〇万枚のレコード売り上げを誇った。一九九九年、レジスタンス・レコードはウェストヴァージニア州の国民戦線に取得され、今日に至っている。

（＊19）Tammy Castle, Female-Perpetrated Hate: A Content Analysis of Hate Incidents, in: Randy Blazak (ed.), Hate Crimes Volume 4. Hate Crime Offenders, Praeger Perspectives, 2009. キャッスルはジェームス・マディソン大学准教授である。

（＊20）二〇〇五年、プリマス（マサチューセッツ）で二五歳の女性がキリスト教原理主義の伝統衣装を着た少女を殴ったと告発された。ノックバーン（イリノイ）で一九歳の黒人女性がマイノリティに対して手紙で人種主義的脅迫を行ったと告発された。アッパー・ディアフィールド（ニュージャージー）で三〇歳の女性が二軒の住宅に人種主義的中傷と鉤十字を描いて訴追された。パーム・デザート（カリフォルニア）で一三歳の少女が一二時間に及ぶ暴力行為に関与したため逮捕された。二〇〇七年、ルイストン（アイダホ）で四〇歳の女性が「ホワイト・パワー」と叫びながら一三歳のネイティヴ・アメリカン少女を蹴ったため重大なハラスメントで起訴された。ナットリー（ニュージャージー）で三四歳の女性が伝統的ムスリムの衣装を着た子どもに暴行を加えて告発された。ウィチタ・フォール（テキサス）で三七歳の女性が同室の黒人女性に対して人種的侮辱をし、暴行を加えたことで訴追された。サン・マテオ（カリフォルニア）で二〇歳の女性がゲイのカップルに対して人種的侮辱を叫びながらリンゴ等を投げつけたため告発された。クリスタル・レイク（イリノイ）で一六歳の少女が学外で反ゲイのリーフレットを配布したため一四日の施設収容と一年間の保護観察を命じられた。ワナク（ニュージャージー）で三人の十代の少女がアジア系男性の家にケチャップと白米を投げ、中国人を侮辱する言葉を使ったため告発された。レディング（カリフォルニア）で一四歳の少女が車庫、郵便受け、路上に鉤十字をスプレーで描いたためヘイト・クライムで告発された。

（＊21）二〇〇四年、ミルフォード（マサチューセッツ）で二一歳の女性と三三歳の男性がイラク生まれのアメリカ市民であるガソリンスタンド職員を攻撃したと申立てられた。イースト・ヘヴン（コネチカット）で四三歳の白人男性と五一歳の白人女性が黒人男性に対する人種的攻撃をして逮捕された。スタッテン・アイランド（ニューヨーク）で二四歳の女性が二人の男性とともに黒人やヒスパニックのカップルに人種的侮辱を叫んだとして告発された。マンリウス（ニューヨーク）で一七歳の少女と二人の少年が学校に落書きをしたため訴追された。二〇〇七年、ビッグ・クリーク（ウェストヴァージニア）で四九歳の白人女性が息子たちと一緒に黒人女性に人種的中傷し、暴行・負傷させた件で訴追された。サウシントン（コネチカット）で一四歳の少女が二人の少年とともに六軒の家屋にスプレーでヘイトメッセージを書いたために告発された。

（＊22）キャッスル論文の末尾に関連する文献が掲示されている。例えばK・M・ブリー「レイシストになる——KKKやネオ・ナチ集団における女性」『ジェンダーと社会』一〇号（一九九六年）、ブリー『組織されたレイシズムの内側で——ヘイト運動における女性』（カリフォルニア大学出版、二〇〇二年）、J・L・バフキン「ジェンダー化された行動としての偏見犯罪」『社会正義』二六号（一九九九年）、A・L・ファーバー『家庭で成長するヘイト——ジェンダーと組織されたレイシズム』（ルートリッジ出版、二〇〇四年）などが代表的な研究のようである。

（＊23）佐波優子『女子と愛国』（祥伝社、二〇一三年）、北原みのり・朴順梨『奥さまは愛国』（河出書房新社、二〇一四年）参照。

第4章　被害者・被害研究のために

第1節　問題関心

一　被害者・被害研究の始まり

ヘイト・クライム／ヘイト・スピーチの被害者や被害についての研究はまだまだ手薄である。研究がようやく始まる契機となったのは京都朝鮮学校襲撃事件と言ってよいだろう。

二〇一一年四月二一日の京都朝鮮学校襲撃事件刑事一審・京都地裁で有罪とされた四名のうち一名だけが控訴したが、同年一〇月二八日、大阪高裁は控訴を棄却した。一審判決は判例集に登載されていないため法律研究者の目に触れることが少ないが、すでに金尚均、楠本孝、筆者による判例評釈が出ている（＊1）。

京都朝鮮学校事件で被告人に有罪が確定したのだから、現行刑法で十分に対処できるので、ヘイト・クライム／ヘイト・スピーチ法の必要性はないという見解もある。しかし、実際に起きた事案を判決が適切に反映したかと言えば疑問も少なくない。ヘイト・クライム／ヘイト・スピーチ法や集団侮辱罪の規定がないことに由来するが、このことをどのように評価するかは判断が分かれうる。第一に、法がなくても、検察・裁判所は別の罪名（威力業務妨害罪等）を活用して事案を的確に把握・処理したという理解がある。なるほど、法適用に苦心した検察・裁判所の努力は評価できる。第二に、法がないため、事案が縮小認定され、事件が矮小化されたという理解がある。後者の立場からは、実態に即した法的評価を可能とするような人種差別禁止法やヘイト・クライム／ヘイト・スピーチ法の整備が課題となる。日本政府の「日本には人種差別禁止法を必要とするような人種差別はない」という立場を是正するために、やはり事実に即した評価が重要である。日本にはヘイト・クライム／ヘイト・スピーチがあり、差別と暴力が教唆・煽動されている。ヘイトは許されないというメッセージを明瞭に発することが不可欠である。

右の判例評釈において、金尚均や楠本孝も日本におけるヘイト・クライム対策として何らかの対処を行う必要があるという点で一致している。法規制に関する研究の積み重ねが必要である。そのために被害者と被害に関する研究が重要である。ヘイト・スピーチの実態を明らかにした『なぜ、いまヘイト・スピーチなのか』を見てみよう（＊2）。

冨増四季は京都朝鮮学校襲撃事件民事訴訟弁護団の立場から、事件と裁判の経過を振り返る（＊3）。刑事裁判について、加害者を威力業務妨害罪等で有罪としたことを当然のこととして評価した上で、執行猶予とした量刑について「裁判所は、本件被害の本質を矮小化し、大音量の街宣による物理的な業務妨害と、これに派生する恐怖心と把握してしまった」と述べる。民族学校に押し掛けて在日朝鮮人の民族性を攻撃した事案については「本来であれば、民族性を踏まえたうえで、在日コリアン児童らの健全な人格形成への影響や、父母その他の関係者の本件学校への期待・愛着といった事情の検討が必要であったはずです」と指摘する。民事弁護団は被害立証に力を注いだ。冨増は「学校の受けた被害に関しては、各種ヘイト・スピーチの研究において明らかにされてきたスクリーニング現象、深刻な精神的苦痛、沈黙効果といった視点に照らして分析しながら、その本質を把握する必要があります。陳述書作成にあたっては、被害の深刻さを捉えることを目標としましたが、ヘイト被害の特殊性もあって聴取作業は難航し、弁護団で手分けして長時間を割いて聴き取り作業にあたる必要がありました」という。

中村一成も被害者が被った苦痛と被害を取り上げ、民事訴訟の法廷における被告人らの言動がさらに二次被害を生んだと指摘する（＊4）。「襲撃犯らの法廷での言動は二次被害の最たるものでした。証人尋問に立った主犯は、検察官面前調書に記された『朝鮮学校で行われている授業など配慮するに値しない』との主張を今も是としました。被告席に座った在特会幹部が、泣きながら思いを訴える原告側弁護士をせせら笑う場面も繰り返されました。被告側の弁護士が、帰国前提の政治教育がなされていた数十年も前の朝鮮学校についての本や出所不明の『風聞』を持ち出し、朝鮮学校の教育を『個人崇拝の思想教育』『洗脳教育』と印象付けようとしたり、襲撃を政府の朝鮮民主主義人民共和国への敵視政策と重ね合わせ、在特会の行為に正当化を付与しようとする姿は法廷でのヘイト・クライム以外の何ものでもありませんでした」。

金東鶴は日本政府による高校無償化からの朝鮮学校排除政策の経過とその基本思考を批判的に検討し、各地の地方自治体における補助金打ち切り問題に連動していることを明らかにする（＊5）。在日朝鮮人に対する差別は自然に存在するのではなく、日本政府が率先して差別政策を展開し、政府による差別が社会的差別を助長している。それゆえ、ヘイト・クライム／ヘイト・スピーチも放置される。その基本思想は「継続する植民地主義」であり、かつての侵略と植民地支配への無反省が根底にあることを明らかにする。

古川雅朗は二〇一〇年一月二二日、奈良県御所市の水平社博物館前の路上において、在特会幹部だった男が「穢多」「非人」などの被差別部落出身者に対する差別発言をして、差別街宣を行った事件を報告する（＊6）。

被害を受けた水平社博物館は、差別街宣によって受けた損害賠償を求める民事訴訟を奈良地方裁判所に提訴した。原告と弁護団は水平社博物館及び部落差別の歴史と、これに対する人権擁護の闘いの歴史を法廷で論証した。二〇一二年六月二五日、奈良地裁は被告に対して一五〇万円の損害賠償を命じる判決を言い渡した（確定）。本件は、水平社博物館における「コリアと日本——韓国併合から一〇〇年」展をきっかけとする差別街宣であり、その意味で被差別部落出身者に対する差別と朝鮮人に対する差別とが重なりあって生じた事例である。

岡本雅亨は二〇一一年夏に発生したフジテレビ抗議デモ事件、それに続く韓国女優・金泰希に対するバッシング、その帰結として生じたロート製薬強要事件を分析して、虚偽情報とレイシズムがインターネット上でいかにして流通し、現実社会に影響を及ぼしたかを明らかにする（＊7）。抗議や暴力の直接対象はフジテレビやロート製薬であったが、実際の攻撃対象は韓国であり、韓流スターであった。虚偽情報に踊らされた市民が「反日スター」を誹謗中傷し、暴力的振る舞いに及んだ事件であった。

阿部ユポは和人（日本人）とアイヌ民族の交流の歴史を振り返りながら、大和朝廷以来、アイヌ民族に対する戦争と差別が続いたことを紹介し、一方では経済や文化面での豊かな交流にもかかわらず、他方で悲惨な現実が生み出されていたことを示す（＊8）。近代国家日本がスタートするや、アイヌモシリである蝦夷地を北海道とし、アイヌ民族を「旧土人」として差別する政策がやがてアイヌ民族文化抹殺政策となっていったこと、それゆえ現在なおアイヌ民族に対するヘイト・スピーチがあることを明らかにする。

西岡信之は二〇一三年一月二七日、東京・日比谷公会堂における「オスプレイ配備に反対する沖縄県民大会」東京集会に際して、在特会や右翼団体によって沖縄出身者に対する激しいヘイト・スピーチが投げつけられたことを手掛かりに、沖縄県民に対する差別とヘイト・スピーチを分析する（＊9）。差別とヘイト・スピーチは東京だけでなく、沖縄においても続いている。一方では沖縄戦をめぐる大江健三郎・岩波書店裁判や、八重山郡の中学校公民教科書問題など、沖縄県民の歴史と記憶をもみ消そうとする歴史否定主義の流れとともに、他方で差別集団が暴力的に襲いかかっていると西岡は指摘する。

日本においても被害者と被害についての検討が始まった。これまでは研究がほとんどなかったため、議論が現実無視の空論に陥ってきた面がある。実態に目を閉ざして議論しても事態を悪化させることにしかつながらなかった。本格的な被害研究が必要である（図表8）。

図表8　被害を受けやすい集団

国民	① 先住民族
	② 部落民
	③ LGBT
	④ 女性
	⑤ 障害者
国民でない者	⑥ 植民地支配に由来する住民
	⑦ 移住者
	⑧ 難民
	⑨ ロマ（シンティ） ※国民に属することもある

二　被害者・被害研究の意味

ヘイト・クライム／ヘイト・スピーチは人種、民族、宗教その他の差別的動機に基づいて他者の人格と尊厳を攻撃する犯罪であるため、加害側と被害側の関係に着目することが重要である。その意味では被害者・被害研究を独立の研究分野とするべきではなく、「加害と被害の関係構造」の解明が重要である。

前章では歴史や定義をめぐる研究を紹介し、その発生メカニズムにも不十分ながら言及した。本来ならそれと合わせて被害者・被害研究を進め、総合的に把握し、分析していく必要がある。とはいえ、これまでの貧弱な研究状況を前にするならば、個別のテーマに分割して、ともかくも小さな切り口から現実にアプローチする必要がある。そのため本章では前章との連接を意識しつつも、とりあえずそれとは区別された形で被害者・被害研究の方法を模索することにしたい。

被害者・被害研究と言っても、社会学的研究と法的研究とでは目的も手法も異なるが、現状ではそうした区別以前に、多様な先行研究に学ぶことが求められる。本章では主に北米における社会学的又は心理学的研究に学ぶことにする。その社会では誰が、なぜ、ターゲットとされてきたのか。どのような差別構造のもとでヘイト・クライム／ヘイト・スピーチが発生してきたのか。それはどのような被害をもたらしてきたのか。

第一に、誰がターゲットとされやすいのかを明らかにすることは、法的保護を与えられるべき人々を明らかにすることにつながる。不当な差別や人権侵害を受けている人々に法的保護を与えないことは、国家が社会的不平等を容認し、維持していることになる。すべての社会構成員に平等に降りかかる出来事であるならば別だが、そうは考えられない。現実にターゲットとされるのは特定のマイノリティであることが多い。どのようなマイノリティが、なぜターゲットにされるのかを解明することが必要である。

第二に、被害実態を解明することが不可欠である。憲法学のなかには「言論は被害を生まない」という奇怪な主張を唱える向きもある。しかし、現実には被害が多発している。被害実態を明らかにすることは立法事実を明らかにすることであり、保護法益論を展開するための出発点である。

法規制の議論をする際にヘイト犯罪の罪質を明らかにし、保護法益をどのように理解するのかが重要となる。その議論の前提として、社会学的・心理学的に被害実態を明らかにする必要がある。本章第2節では、被害者に着目して、それぞれの社会で誰が、なぜターゲットとされるのかに関する研究方法を探ることにする。第3節では、被害者が受ける苦痛の社会学的・心理学的研究をはじめとする諸研究に基づいて、被害論を考察する。

第2節　ヘイト・クライムの被害者

一　被害者研究のために

日本においても人種差別被害者については、すでに多数の報告がある。人種差別撤廃条約に基づいて日本政府が報告書を提出し、人種差別撤廃委員会において審査が行われた際に、多数のNGOが結集して作成したNGOレポートがある。これまで三回の人種差別撤廃委員会審査に向けて作成されたNGOレポートは、在日朝鮮人・中国人、アイヌ民族、琉球／沖縄、被差別部落民、中国帰国者、移住外国人、難民認定申請者などを広く取り上げている(＊10)。国連人権理事会の人種差別問題特別報告者ドゥドゥ・ディエンの日本報告書も、同様の差別被害を取り上げている(＊11)。

人種差別被害者がヘイト・クライム／ヘイト・スピーチ被害者になりやすいとはいえ、ヘイト・クライム被害者イコール人種差別被害者というわけではない。欧米におけるヘイト・クライム／ヘイト・スピーチ法は人種・民族・言語などを動機とする犯罪だけではなく、宗教、性別、性同一性に関連するヘイト・クライム、障害を持った人々や、ホームレスに対する犯罪も射程に入れている場合がある。例えば二〇〇九年のアメリカのマシュー・シェパード法第四七〇七条は、第一に「人種、皮膚の色、宗教、又は国民的出身を理由に」、第二に「人種、皮膚の色、宗教、又は国民的出身、ジェンダー、性的志向、ジェンダー・アイデンティティ、障害を理由に」という種別をしている（本書第3章第2節参照）。

その意味では、日本におけるヘイト・クライム／ヘイト・スピーチの被害者は誰であるのか、どのような集団が標的とされがちであるのかは、より慎重に検討する必要がある。

この問題はヘイト・クライム／ヘイト・スピーチをどのように定義するかにもかかわるので、論者の基本姿勢が異なれば議論の内実も異なることになる。前章で見たように定義と被害者は一義的には決まらない。一方向的ではなく相互規定的な関係にある。

以上の関心から本節ではヘイト・クライム研究の代表作の一つとして知られる『憎悪の名において』の著者である犯罪学者バーバラ・ペリー編『ヘイト・クライム第三巻――ヘイト・クライムの被害者』を紹介したい（＊12）（＊13）。

なお、アメリカにおける研究の多くは主に暴力を伴うヘイト・クライムに焦点を当てる。暴力を伴わないヘイト・スピーチについては憲法上の疑義から処罰が困難とされているためである。実際にはヘイト・クライムとヘイト・スピーチを明確に切り離すことは困難であり、社会学者の研究においては暴力を伴わないヘイト・スピーチもヘイト・クライムの一つとして言及される場合が少なくない。ペリー総合編集による全五巻の『ヘイト・クライム』を通覧すると、暴力を伴うヘイト・クライムを中心としつつ、暴力を伴わないヘイト・スピーチも随所で取り上げて考察対象としている。

二　ネイティヴ・アメリカン――ペリー論文

1　失われた断片

シリーズの編者であるバーバラ・ペリーによる巻頭論文「ネイティヴ・アメリカンに対する人種主義暴力」は「失われた断片――反インディアン暴力に関する研究の不足」という小見出しで始まる（＊14）。

ペリーによると、ネイティヴ・アメリカンに関する文献を見ても、一九九〇年代や二〇〇〇年代でさえヘイト・クライムに言及しているものは少ない。公民権委員会はアメリカ・インディアン社会に対する差別と暴力について調査したが、ほとんどが地域的調査にとどまる。「反インディアン運動」に関する調査も少ない。具体的データが不足している。ユダヤ人差別、黒人差別、ゲイ・レズビアン差別については人権擁護団体などによる調査があるが、ネイティヴ・アメリカン差別についてはそれに相当するものがないという。

統計は連邦のヘイト・クライム統計しかない。二〇〇四年の統計によると、ネイティヴ・アメリカンに対するヘイト・クライムは八三件で、事件総数の一％に満たない。ペリーによると、公的統計は対象カテゴリーが狭すぎるし実態を過小評価している。差別的動機による犯罪であってもハラスメント、差別文書頒布、人種主義的シンボルの使用などは報告されない。つまり、日常的な民族暴力の経験を無視してしまう。被害事件として報告されるのはたかだか二五％で、多くは報告されない。報復を恐れたり、警察が信用できないためである。ネイティヴ・アメリカンの場合は特にそうだと言える。

ネイティヴ・アメリカンの人種的被害者化については「植民地化の遺産」を無視することはできない。ファースト・コンタクト以来イギリス、フランス、スペインの植民者たちは先住民族の弱体化に力を注いだ。この過程をペリーはジェノサイド条約におけるジェノサイド（集団殺害）規定を用いて説明している。ジェノサイド条約第一条は「この条約では、集団殺害とは、国民的、人種的、民族的又は宗教的集団を全部又は一部破壊する意図をもって行われた次の行為のいずれをも意味する」として、次の五つを掲げている。①集団構成員を殺すこと。②集団構成員に対して重大な肉体的又は精神的な危害を加えること。③全部又は一部に肉体の破壊をもたらすために意図された生活条件を集団に対して故意に課すること。④集団内における出生を防止することを意図する措置を課すること。⑤集団の児童を他の集団に強制的に移すこと。

ペリーはネイティヴ・アメリカンという主権をもった人々に対してジェノサイドが行われてきたとし、その歴史が先住民族に対するヘイト・クライムの背景となっていると言う。

２　抑圧の五つの局面

ペリーは、アイリス・マリオン・ヤング『正義と差異の政治学』に従って「抑圧の五つの局面」を描き出す（＊15）。

① 搾取——差別によって富、特権、便益が、ある集団から他の集団に配分される。階級的な用語として理解されがちだが、人種・民族関係にも当てはまる。歴史的にネイティヴ・アメリカンは召使のカテゴリーに入れられてきた。職業の人種的隔離は現在も続いている。土地を奪われ、水や漁業の権利を奪わ

れ、職業を差別される。

②　周縁化――ネイティヴ・アメリカンは政治・社会的に社会の縁に追いやられてきた。他のマイノリティ集団以上に、反インディアン暴力にさらされた。「フロンティア」「再移動」により地理的に周縁化された。物理的隔離によって経済社会への参加から切り離され、経済的貧困を余儀なくさせられた。全米失業率が五％程度なのにネイティヴ・アメリカンは四〇％以上である。教育からも疎外される。

③　無力化――植民地化され、自立を失い、自分の運命に対する決定権すら奪われてきた。一八八五年の重罪法は重罪事件への管轄権を連邦に与え、ネイティヴ・アメリカンは政治的に無力化され、経済的無力化と相乗効果で弱体化された。

④　文化帝国主義――連邦がネイティヴ・アメリカンの伝統的統治を否定したため、彼らは見えない集団とされ、他者としてステレオタイプな位置づけしか与えられず、文化剥奪の過程が続いた。その結果、野蛮、退歩、未開といったレッテルが張られた。欧州系アメリカ人は彼らを野蛮から救済する使命を自らのものとしていった。

⑤　暴力――以上に加えて、反インディアン暴力にさらされた。集団的被害者化が始まり、先住民族に対する残虐行為、ジェノサイドが行われた。アンドレア・スミス『征服――性暴力とアメリカ・インディアン・ジェノサイド』が明らかにしたように、支配的集団による従属集団への暴力が吹き荒れた(＊16)。

3　規範的暴力

ペリーは七州（コロラド、ニューメキシコ、アリゾナ、ユタ、ウィスコンシン、ミネソタ、モンタナ）で約二八〇人にインタヴューした研究を踏まえて、ネイティヴ・アメリカンが右のような暴力を体験し、肌身に感じてきたと述べる。言葉によるハラスメントはもとより、突き飛ばす、ナイフで襲撃するといったヘイト・クライムである。もっとも頻繁に体験するのは路上や商業施設での言葉によるハラスメントである。ウィスコンシンやコロラドの最近の事例をもとに、ペリーはハラスメントや暴力はネイティヴ・アメリカンの社会の歴史と個人の歴史のプリズムを通じて見えてくると言う。どのヘイト・クライム事件も人種主義の元帳に書き加えられていくのだ。先住民族が経験するハラスメントと暴力は植民地と隔離の歴史の文脈で起きている。個人の被害経験と集団の被害経験とが合致し、「規範的」となる。被害者にとってはいつものことであり、日常であり、自然でさえある。「日々の暴力」ということは、それが重要でないことではない。

ペリーによると、反インディアン活動の累積的影響は無視できない。多くの被害者が規範的組織的な被害者化の影響について語っている。威嚇やハラスメントが繰り返され、被害者は力をそがれていく。打ち負かされ、疲弊し、泣き暮らすことになる。日々の現実を無視したり、否定しようとしても、継続的な恐怖に襲われる。白人に対する怒りや不信を持たされる。中には白人に対して報復暴力をふるう者も出てくるが、さらなるハラスメントと監視に直面することになる。

三　黒人被害者化――ターピン-ペトロシノ論文

1　統計が示すこと

本項ではキャロライン・ターピン-ペトロシノ「黒人被害者化――直感と現実」を紹介する(＊17)。一九九五年～二〇〇五年までの全米統計によると、偏見に基づく事件はおおむね年間七〇〇〇～九〇〇〇件報告されている。そのうち人種的動機に基づくものが年間三六〇〇～五三〇〇件である。黒人に対するものは二四〇〇～三六〇〇件である。比率では一九九五年の六二%が最低で、一九九九年の六九%が最高であり、例年三分の二程度が黒人に対する差別事件である。ターピン-ペトロシノは財産損壊よりも傷害の威嚇や、実際の傷害が多いと言い、人身に対する犯罪、財産に対する犯罪、社会に対する犯罪の三つに分類すると、人身に対する犯罪（殺人、傷害致死、強姦、暴行、傷害）が六割を超えるという。

2　事件の特徴

ターピン-ペトロシノは黒人に対するヘイト・クライムの特徴を次の五つにまとめている。

①　攻撃は被害者の居住地・周辺で起きる――黒人が白人居住地域に入ったために攻撃されることも多いが、実は事件の五四%は被害者の居住地・周辺で起きている。調査によると、攻撃者は目標とする集団

の居住地に出かけて行って犯行をしている。このことは欧州でも同様である。それゆえ、黒人は自宅や近所でも安全が保障されない。近年、ヒスパニックによる黒人襲撃が見られるが、やはり黒人居住地で起きている。

② 黒人に対するヘイト・クライムは全米のどの地域でも起きる——黒人が少数しか住んでいない州でも事件が起きる。二〇〇〇年に黒人は南部に五四・八％、北東部に一七・六％、中西部に一八・八％住んでいた。西部には八・九％しか住んでいない。アリゾナでは黒人は人口の三・六％だがヘイト・クライムの三七％が黒人に対する事件であった。アイダホには〇・六％しかいないのに、事件の六〇％が黒人に対するものである。メイン、フロリダ、ミシガン、コロラド、ケンタッキー、カリフォルニアも同じことが言える。

③ 攻撃者は行為の動機を被害者に通知する——犯行者は人種主義的な罵声を浴びせ、首吊りの輪や「KKK」という表記など、歴史的に暴力的行為と結びついた憎悪のシンボルを掲げる。被害者は人種的理由で攻撃されていると容易に理解できる。

④ 破壊行為だけでは満足せず人種主義的烙印が含まれる——個人や財産を攻撃しているかどうかにかかわらず、人種主義的シンボルや侮辱が加害行為の一部となる。攻撃者は憎悪集団がつくったシンボルを用いる。被害者に対するシンボルの力を過小評価すべきではない。

⑤ 犯行者は黒人の子どもに対しても攻撃を躊躇しない——黒人家族が攻撃対象とされ、子どもが目撃者になることもあれば、直接被害を受けることもある。十字架焼き捨て、放火、人種主義的文字、人種主義的落書き、言葉による威嚇は子どもに対しても影響を与え、子どもから安全感を奪う。

3　世界的人種戦争

ターピン-ペトロシノはアメリカの刑事施設における黒人に対するヘイト・クライム、黒人教会に対する放火、学校における生徒への差別とヘイト・クライムなどを取り上げて、黒人がスケープゴートとされ、自分に何か問題があればそれを黒人のせいにするメカニズムや、黒人が脅威であると考えるステレオタイプについて説明している。また、インターネットを通じての差別の伝播にも言及している。

ターピン-ペトロシノによると、黒人差別にゼロサム思考が伴走する。ヘイト運動の基礎には白人優位主義があるので、黒人が解放され前進すればするほど、白人は自らのものを失うと感じる。経済、教育、政治の分野で黒人が成功すれば、白人優位主義者は喪失感に襲われる。かくして過激な人種主義者たちは「人種的聖戦」に乗り出す。「人種戦争」を完遂することがヘイト運動の目的となり、白人でない者、アーリア人でない者に対する人種的ジェノサイドをめざす。

ターピン-ペトロシノは今後の研究課題を掲げて論文を閉じている。①人種的動機によるヘイト・クライムのカテゴリーにおける動向を見定める研究を続けること。②文化的差別に照らして人種的マイノリティ被害者へのヘイト・クライムの影響を調査すること。③反黒人ヘイト・クライムのグローバル化を促進する社会的政治的メカニズムの研究。④主流の文化に過激主義者の思考が浸透する社会的過程の検証。

4 小括

前項のペリー論文におけるネイティヴ・アメリカンへの差別と迫害と、本項のタービン-ペトロシノ論文における黒人への差別と迫害には共通性と差異がある。

共通点の第一は、何よりも両者が植民地主義の所産であることである。北米大陸の先住民族に対する植民地主義と、アフリカ大陸の諸民族に対する植民地主義である。それゆえ、共通点の第二は、犯行者の多くが白人であることである（もっとも白人に限らないことは言うまでもない）。第三に、ヘイト・クライム行為の現象形態にも共通性がある。

他方、差異の第一は、ネイティヴ・アメリカンと黒人の人口数であろう。黒人はアメリカにおいてかなりの多数に達している。第二は、ヘイト・クライム調査・研究の蓄積にも大きな差がある。黒人に対する差別や犯罪については公民権運動以来の闘いがあるが、先住民族については蓄積が比較的少ない。最後に、日本における議論との関係に絞って、二点だけ指摘しておこう。

第一に、日本での研究の不足である。在日朝鮮人に対する差別と迫害についての調査はあるが、ヘイト現象に絞っての調査には蓄積がない。被差別部落に対する差別についての記録が蓄積されているが、ヘイト・クライムという観点ではどうであろうか。アイヌ民族、琉球／沖縄民族、在日中国人等々に関する調査はまったく不十分ではないだろうか。

第二に、タービン-ペトロシノが黒人に対するヘイト・クライムについて述べていることは参考になる。例えば、攻撃は被害者の居住地・周辺で起きるという。また、攻撃者は行為の動機を被害者に通知するという。差別集団・在特会の行動様式もまったく同じである。さらに、犯行者は黒人の子どもに対しても攻撃を躊躇しないという。長年にわたって日本社会で起きてきた朝鮮学校生徒に対する差別と暴力（「チマ・チョゴリ事件」として知られる）を想起すれば、まったく同じことが言える。

四　反ラティーノ感情――イトゥアト論文

1　多様なラティーノ

本項ではシルヴィナ・イトゥアト「正当化された反ラティーノ感情――暴力を引き起こす偏見を生む」を紹介する（＊18）。

イトゥアトによると、反ラティーノ感情（反ヒスパニック感情）は新しい現象ではない。アメリカ史においてラティーノに対する虐待と暴力には一定の歴史がある。それが偏見に基づく犯罪であり、重大な結果を引き起こしていることに関心が集まったのは比較的最近のことである。ラティーノと言っても一つの集団ではない。出身国も背景も、階級も文化も宗教も言語もさまざまである。共通性と言えるのはラテン・アメリカ出身に関連することである。ラティーノの八〇％はアリゾナ、カリフォルニア、コロラド、フロリダ、イリノイ、ニュージャージー、ニューメキシコ、ニューヨーク、テキサスに在住している。メキシコ出身者・子孫のほとんどはアリゾナ、カリフォルニア、コロラド、ニューメキシコ、テキサスに住んでいる。キューバ出身者はほとんどフロリダに居住している。プエルトリカンの六一％はニューヨーク／ニュージャージー首都圏に住む。

全国的にみると一九九六年から二〇〇六年の間の大まかな傾向として、民族に基づく偏見犯罪の五〇％がラティーノに対するものである。ただし、二〇〇一年から二〇〇三年の時期は、9・11事件のために中東出身とその子孫に対する犯罪が激増したので、比較できない。ラティーノ居住者が一番多いカリフォルニアでは全体の一六～一八％がラティーノに対する犯罪である。反ラティーノ攻撃は二〇〇一年から〇三年の時期を除くと、差別犯罪の五〇％程度を占めた。9・11後に中東出身者への攻撃が激増したので、反ラティーノ攻撃の比率が下がったが、二〇〇四年以後は元に戻った。連邦捜査局によると、一九九六年から二〇〇〇年まで、全米で約八〇〇件のうち五〇〇件が反ラティーノ攻撃で、六〇％程度であった。二〇〇一年は全米約二〇〇〇件で、反ラティーノ攻撃は五九七件（二八％）に下がり、二〇〇二年と〇三年は四〇％程度であった。二〇〇四年は全米九七二件中、反ラティーノ攻撃は四七五件（四九％）で、その後は再び五〇％を超えている。

イトゥアトは加害者側にも焦点を当てる。イトゥアトはレヴィンとマクデヴィドが当初ヘイト・クライム犯罪者を三つの類型に分けたことを紹介する。①「スリルを求める型」で、若者が興奮、強さ、支配感を求めて、被害者のところに出かけて行き、犯罪を行う。②「反動型」は、外からやってきた「侵略者」に対して自分たちの居住地や職場を守るという防衛的意識から犯罪に及ぶ。経済的困難や不平等感ではなく、人口統計上の変化が動因となって自分たちの集団の地位が脅かされると感じる場合である。ラティーノは二〇五〇年にはアメリカの二九％になると予想される最大のマイノリティ集団である。③「使命感型」は人種差別団体の優越性意識に由来するが、数としては少ない。メディアに影響されやすくヘイト・クライムの典型例を示すともいえる。レヴィンとマクデヴィッドは④「報復型」を追加した。報復型はマイノリティ集団が自分たちに害悪をなしたと感じて攻撃に出る。以上は加害者側の類型だが、実際には加害者と被害者の関係の類型でもある。

２　「犬とメキシコ人お断り」

イトゥアトによると、一八四八年のメキシコ・アメリカ戦争の結果、メキシコはカリフォルニア、ネヴァダ、ユタその他の地域をアメリカに割譲した。南西部占領以後、アメリカ人は元々の所有者であったメキシコ人を「外国人」と認識していき、ラティーノに対する偏見、差別、敵意、残虐行為が始まった。

一九三〇年の大恐慌に至るまでのアメリカ史において、労働需要があればラティーノを導入し、不況になればラティーノを排除する政策が続けられた。排除の際の退去要請は強制的であった。一九四〇年代、日系人の強制収容が行われた時代の雰囲気から、ラティーノに対する迫害の様相も推測できる。アメリカ社会の文化的パラノイア状況の下でラティーノは「他者」と位置づけられた。第二次大戦後もラティーノは南西部諸州政府によって雇用の調整弁として利用された。同時にラティーノは「ズートスーツを着た奴」と特徴づけられた。一九四三年のズートスーツ暴動では、警察は被害者を助けるための介入をせず、新聞は「メキシコ人の犯罪」を書きたて、「外国人」に対する差別と攻撃を正当化した。ズートスーツ暴動は抑圧された集団が居住、雇用、教育を求めた結果であったが、差別、暴力、リンチという反応に終着した。アメリカ史におけるリンチの被害者は黒人だけではない。一八四八年から一九二八年までに少なくとも五九七人のラティーノがリンチされた記録が残っている。子どもたちは学校で隔離され、「犬とメキシコ人お断り」といってラティーノはレストランや理髪店などから追い出された。

現在の法律にも差別が存続している。ラティーノの権利を妨げる法律が制定され、民族的緊張を引き起こしている。一九九四年、カリフォルニアの「提案一八七」では五九％の住民が、非登録移住者への公共サービス提供の制限に賛成し、非登録移住者に対する教育や、緊急事態以外の医療を否定した。一九九六年、カリフォルニアの「提案二〇九」は人種主義に反対するための枠組みであった教育におけるアファーマティヴ・アクションの中止を決めた。グラスナーの著書『恐怖の文化』が指摘するように、白人は黒人やラティーノなどに対する恐怖心を持ち、そこから差別を正当化している。恐怖の文化は9・11後さらに増強された（*19）。

3　搾取とハラスメント

イトゥアトによると、二〇〇〇年、ニューヨークのファーミングヴィルでラティーノをコミュニティから追い出す住民組織が結成された。ラティーノに対する暴力事件が起き始めた。フロリダのジャクソンヴィルでも同様のことが生じ、二人の日雇労働者が殺された。ミネソタのブルーミントンでは職場でスペイン語を話したために殺される事件が起きた。ラティーノには日雇労働者が多く、偏見に基づく犯罪の被害者になりやすく、搾取されている。南カリフォルニアの約九〇ヶ所の職場における四八一人の調査では、労働者は雇用主による虐待や、危険な労働条件の下で働かされている。賃金不払いが四五％、賃金引き下げが四八％である。

ラティーノは低賃金で働かされ虐待や負傷の危険に直面している。カリフォルニアでの調査によると、日雇労働者の八％が仕事探しのさなかに逮捕され、一〇％が警察に呼び止められ、一六％が移住者地位（在留資格）の証明を求められ、九％が警備員による暴行やハラスメントを受けたことがある。メリーランドでの調査によると、七五％が超過勤務手当の支払いを拒否され、約五〇％が最低賃金以下で働かされている。

4　新しい公民権運動

イトゥアトによると、二〇〇六年、議会が採択しようとした法案は非登録移住者を重罪とし、アメリカ・メキシコ国境に軍事壁を建設し、さらに教会や人道団体などによる非登録移住者援助までも犯罪とする案であった。他方、全米各地で「グレート・アメリカ・ボイコット二〇〇六」が巻き起こり、ラティーノによる運動が組織化され始めた。「新しい公民権運動」が始まった。ところが、主流メディアでは反ラティーノ感情に火をつける過激な発言が増え、武器を用意して「なすべきことをなせ」などと煽る始末である。一般市民の間にも不寛容が広まり、「今日メキシコ人を殺す」と書いたTシャツを公然と着て歩く者さえいる。ニューヨーク大学では「不法移民を捕まえろ」というゲームが行われ、不法移民役の学生が「狩られる」という差別的なものであった。

平等を求める運動に対して立ちはだかるのが脅威論である。社会心理学者のカーソー、ストープ、ショークによると、主に四つの脅威が行動に影響を与える。①異なる集団構成員と接触する不安。②周縁化された少数者が支配集団の政治経済権力を変えてしまうことへの恐怖。③価値、信念、態度が異なる集団への不安。

④周縁化された集団構成員に対する否定的なステレオタイプ。

イトゥアトはこうした脅威論は女性差別でもラティーノ差別でも同様であると見る。制度や脅威論が偏見犯罪をエスカレートさせ、憎悪のメッセージを強化する。メディアがステレオタイプを助長する。一九九二年から九八年の『ロサンジェルス・タイムズ』の六七一本の記事にステレオタイプな比喩が四四八五回も用いられていたという。①ラティーノを「流動」「流れ」「危険な水」、②「戦争」「侵略」、③「動物」に例えるものである。同じことはテレビ、出版物、ウェブサイト、ヴィデオ・ゲームにも言える。こうして差別が温存、助長、拡大されている。

5　差別に抗して

イトゥアトは差別と虐待の歴史は長いが新しい公民権運動などにより状況が変化し始めたと見て、次の取組みの強化を掲げる。①ラティーノに対する攻撃を監視し、人々に教育するための全国組織の設立。②ラティーノをめぐる神話や犯罪を生み出す語りを取り除く教育の始まり。③差別的な移住者政策を差別のない手続に変更する努力。④法執行機関による法適用の適正化の努力。⑤搾取をなくし、社会の全構成員を保護する公正な政策を立法者に要求する試み。⑥メディア報道がバランスをとるように要求すること。

こうした努力によってヘイト・クライムに対処していく必要がある。二〇〇七年に不公正な立法に反対してラティーノが団結した事例があり、組織化の努力が続いているという。

6　小括

アメリカにおけるラティーノの歴史的経験は、日本における差別と排外主義の理解に参考になる点を有している。

第一に、問題の出発点がアメリカによる対メキシコ侵略戦争であり、領土割譲であった。これによって、かつてのメキシコ人がアメリカ人にされたにもかかわらず、「外国人」扱いされ、差別されてきた。自ら差別の原因をつくりながら、差別される側に原因を求める思考も特徴的である。

近代日本は明治維新直後にエゾを侵略して北海道とし、アイヌ民族を差別した。続いて、琉球王国を解体して沖縄県にし、琉球民族を差別した。さらに台湾や朝鮮半島へと膨張した日本は、アジア各地の人々を差別するようになっていった。

第二に、ラテン・アメリカからの移住者も今日のラティーノの構成員である。特にキューバやプエルトリコが多いが、メキシコからの移住者も多い。どこの出身者であるかによる違いもあるが、ステレオタイプなラティーノの共通性を持たされている。

日本でも、アジアからの移住者が差別の対象とされてきた。台湾、韓国、中国、そして東南アジアからの留学生や労働者がさまざまな差別に直面させられてきた。

第三に、政治的経済的差別である。差別が経済格差を生み、経済格差がさらなる差別を正当化する。権力へのアクセス可能性も格差を拡大する。移住者は社会的排除の対象となり、その延長にヘイト・クライムが生じる。抑圧者は抑圧の結果を被抑圧者の責任と考える。自らは「無垢な慈善者」になる。

日本でも移住者は階級階層構造の下位に位置づけられる。あからさまな搾取の対象とされ、低賃金、3K労働を余儀なくされ、社会的発言力を奪われたまま、貧困と差別の日々を強制される。

五　アジア系アメリカ人――リン論文

1　多様なアジア系

ヘレン・アン・リン「人種、偏狭、ヘイト・クライム――アジア系アメリカ人と差異の構築」を紹介する(*20)。

リンによると、アジア系と言っても実際には多様な人々が含まれる。アメリカへ移民してきた歴史も異なり、政治的背景も文化も宗教も言語もさまざまである。「アジア系アメリカ人」という一語で表現するよりも、バラバラと言ったほうが正確である。インド系、カンボジア系、中国系、フィリピン系、モン系、日系、コリアン系、サモア系、タイ系、ヴェトナム系などの異なる民族がいる。

リンは二〇〇二年九月から二〇〇三年七月にかけてニュージャージーで四五人のアジア系住民にインタヴューを行った。二〇〇〇年の全米統計ではアジア系住民は三・六%で、ニュージャージーでは五・七%である。サマセット市、ジャージー市、フォートリー町に多く居住する。インタヴューは平均二時間半に及ぶものである。中心的関心は、アジア系住民はヘイト・クライムをどう定義するか。自分たちは社会にどう貢献しているか。脅威にどう対処しているか。ヘイト・クライム加害者をどのように見ているか。なお、アジア系住民の間にもヘイト・クライムが起きうるが、インタヴューの中心は支配的な白人によるアジア系住民に対する犯罪である。

2　いつまで経っても「外国人」

インタヴューを受けた者はいずれも差異に着目してヘイト・クライムを表現している。「加害に至る考えは信念、人種、性、その他の主義の差異にある」「ヘイト・クライムは人種、信念の異なる人々に対する犯罪だ」「それは無知による犯罪だ。自分たちの安全が脅かされたと思い込んでいるんだ」と語られる。差異、ステレオタイプ、そして他者への無知である。「外国人」イメージは長い間、続いてきた。そこでアジア系住民がとった一つの方策は名前を変えることだった。名前を変えても皮膚の色は変えられない。アジア系の名前で生活するストレスがなくなったように見えても別のストレスに見舞われる。アイデンティティの悩みもついて回る。アメリカで生まれたアジア系アメリカ人でも、いつまで経っても「どこから来たのか」と言われる。どれだけ長く暮らそうと何度説明しようと、同じ質問を受け続ける。挙句の果てに「お前の国に帰れ」と言われる。言葉も障壁となる。アジア系住民は英語に独特の訛りが残ったために差別された。教育の場でも職場でもアジア訛りは嘲笑の対象とされた。

リンによると、アジア系は「モデル・マイノリティ」とされてきた。アジア系は他の人種的マイノリティよりも良い階級的地位を獲得しているとされ、アジア系の成功物語は「アメリカン・ドリーム」を証明するものと言われる。「モデル・マイノリティ」とは、人種的ヒエラルキーを前提として、白人の次にアジア系が位置することを意味する。職場では白人雇用主やエリートの下に置かれ、不況でも黒人ほどすぐには解雇されないが、その代わりいつまで経っても管理職には出世できない地位である。補助業務には向いているが、意思決定には向いていないとされる。善良で従順だが、指導者向きではないとみなされる。

3　モデル・マイノリティ

モデル・マイノリティという言葉は一九六〇年代から続いている。当初は逆境や困難に耐えて乗り越えるといった意味で使われたようである。二五年後にはアジア系住民の経済的成功を説明する言葉になった。なるほどアジア系住民は経済的に成功し、教育も受けている。エリート大学に進学し、上級職にも就いている。しかし、リンによると「モデル・マイノリティ」という言葉は現実を歪め、アジア系住民の多様性を覆い隠す単純化のステレオタイプになっている。他のマイノリティに対するステレオタイプの根拠にさえなってしまう。モデルから外れた者、外れようとした者に対する圧力としても機能する。

一九八二年、デトロイトで中国系のヴィンセント・チンが二人の白人によって野球バットで殴り殺された。当時、日本車がアメリカに大量輸入されアメリカ自動車産業が衰退していたため、チンを日本人と思いこんだ犯人は、日本政府や日本人への反発からチンを殺害した。日米の経済摩擦による被害であるが、善良で従順であるはずの日本（自動車産業）がアメリカ（自動車産業）を攻撃したとみなされたのである。このためもあってか二人の犯人は、殺人事件であるにもかかわらず三年の保護観察処分とされた。

４　小括

前項と本項において、ラティーノに対するヘイト・クライム、アジア系に対するヘイト・クライムに関する論文を紹介した。ネイティヴ・アメリカン及び黒人に対するヘイト・クライムと共通する面と異なる面があるのは言うまでもない。また、両論文が指摘しているように、ラティーノもアジア系も単一の人種や民族を指すものではなく、さまざまの歴史的背景、出自、宗教、言語をもつ、異なる人々を指す言葉である。このためヘイト・クライムについても一律に語ることができるわけではない。このことは、どの国家、社会における差別やヘイト・クライムについてもあてはまることではあるが、とりわけ多人種多民族のアメリカには強く現れることである。それにもかかわらず、単純化したステレオタイプが猛威をふるうことも共通と言えば共通であろう。日本の状況と単純な比較はできないが、今後の研究のための手掛かりとなる点もないわけではない。ここでは若干の思いつきを記しておきたい。

第一に、被害者論のあり方である。被害者が標的とされる理由を探る場合に、その歴史的背景、出自、支配的なマジョリティとの「差異」に視線を集中することが必要となるが、ヘイト・クライムの原因を被害者に求めることであってはならない。被害者の歴史や性格や特徴がヘイト・クライムにかかわること、条件の一つであることは明らかであるが、それが原因というわけではない。加害者と被害者の関係がどのように形成されているのかが重要である。

第二に、リン論文が示すのは被害者のナラティヴ（語り）であり、被害体験である。被害者自身が自らの体験をどのように表現し、加害者をどのように認識しているのかである。日本においても在日朝鮮人による差別批判には多くの蓄積がある。ヘイト・クライム調査研究という観点では、まず被害者の経験に即して事態を記述していく必要がある。同時に、直接の経験者でなくても、犯罪の特性から、より幅広く被害者集団に属する人々の経験を反映させることが不可欠である。例えば京都朝鮮初級学校に対する差別集団・在特会による犯罪について言えば、次のような調査が必要である。①京都朝鮮学校事件の現場で直接被害を受けた教員や保護者。②現場にはいなかったとしても、教員、保護者の家族親族。さらに同校卒業生。③同事件の報に接した在日朝鮮人（京都に限らず、大阪や東京に在住する朝鮮人）。朝鮮籍のみならず、韓国籍などを含めた在日朝鮮人全体。加えて、可能であるならば、④母国（朝鮮及び韓国）出身の朝鮮人、母国在住の朝鮮人、朝鮮人以外の在日外国人。被害は多層の人々にさまざまな形で波及していることが判明するだろう。

六　イスラモフォビア（イスラム嫌悪）――ポインティング論文

1　イスラモフォビアの要素

本項ではスコット・ポインティングの論文「イスラモフォビアとヘイト・クライム」を紹介する（＊21）。「ラニミード・トラスト」の報告書『イスラモフォビア――われわれ全員にとっての挑戦』（一九九七年）によると、イスラモフォビアという言葉は一九九一年二月に初めて使われたという。同報告書はイスラモフォビアの八つの要素を列挙している。①一枚岩、静的、新しい現実に適応しないイスラム。②切り離された他者としてのイスラム――他の諸文化と共通の価値観を持たないとされる。③西欧に対する劣等者としてのイスラム――野蛮、非合理的、性差別。④暴力、威嚇、侵略、テロ支援、「文明の衝突」に関連するイスラム。⑤政治軍事的関心で使われる、政治イデオロギーとしてのイスラム。⑥イスラムからの西欧批判は完全に拒否される。⑦イスラムに対する敵意は、ムスリムに対する差別と排除を正当化するために用いられる。⑧反ムスリム敵意は自然かつ正常なものとして受容される。

2　影響

ポインティングによると、アメリカではアメリカ・イスラム関係委員会に報告された人種的動機による攻撃事案は一九九九年の三二二件から二〇〇六年には二四六七件に急増した。二〇〇五年も一九七二件だったので、二〇〇六年には二五％増加である。カナダでは９・11以後、ムスリムに対する事件が一六倍となり、一一件から一七三件に増えた。トロント警察の記録でも二三％増えている。イギリスでは宗教的なヘイト・クライムのほとんどがムスリムに対するもので、ロンドンの七月七日爆弾事件以後、急増している。オーストラリアでは人権・平等機会委員会がシドニーとメルボルンで調査した結果、９・11以後にムスリム住民の八七％が人種主義、虐待、暴力の被害を受けているという。ニューサウス・ウェールズ州コミュニティ関係委員会のホットラインでは、９・11以後の二ヶ月に二四八件の反ムスリムの人種憎悪事件が記録されている。以上のことから、西側全体で明白な傾向を確認することができる。

3 煽動

ポインティングによると、オーストラリアでは二〇〇五年一二月一一日、シドニーのクロヌラ海岸で数千人の群衆がムスリムを標的として人種主義暴動を起こした。死者が出なかったのは奇跡と言われるような暴動で、少なくとも一三人が負傷し、一二人が逮捕された。群衆の多くが国旗を掲げ「オーストラリア人」と叫ぶ一方で「糞ったれ、レバノン人」などと叫んだ。ジョン・ハワード首相は暴動に人種主義があったことを否定した。クロヌラ事件で被害者を選別したのは、携帯電話を通じたメッセージがメディアで報道されたことによる。

ポインティングによると、この種の事件を煽動しているのはポピュリスト政治家であり、多文化主義に反対し、ムスリム移住者をメインストリーム社会に統合させない動きであるという。極端な場合には、ムスリムが西欧法を尊重せず、犯罪傾向があるとして、「テロとの戦争」、「民族的マイノリティ犯罪との戦争」を唱える。クロヌラ事件以前に、教育大臣が、モスクやムスリムの学校が「オーストラリアの価値」を促進するものとなるよう監視すべきだと威嚇し「オーストラリアの伝統と法を尊重しない者は出て行け」という著名人の発言もなされていた。

二〇〇六年一〇月、イングランド北部のブラックバーンで元大臣のジャック・ストローは、ムスリム女性のヒジャブを「目に見える分離と差異」であるとして非難した。トニー・ブレア首相らがこれを支持する発言をした。

4　メディア

ポインティングによると「人種主義と外国人嫌悪に関する欧州監視センター」の二〇〇二年報告書は、9・11以後のイギリス・メディアにおけるムスリムの否定的ステレオタイプに警鐘を鳴らした。テロリストと難民に関してイスラモフォビアが悪化している。イギリスの価値を損なうものであるとして、敵意を正当化するのに利用されているという。

カナダでもメディアに反ムスリム人種主義がみられる。9・11以後、南アジア、アラブ、アフリカ系の人間が偏見にさらされた。メディアによるムスリムへの偏見は9・11で始まったわけではないが、「テロとの戦争」がこれを強化した。カナダ・イスラム会議の二〇〇五年報告書は、メディアにおいてムスリムを否定的に描写するために使われる言葉を列挙している。すなわち、武装イスラム勢力、イスラム過激派、グローバル・イスラム戦闘、イスラム・ファナティック、イスラム原理主義、イスラム・テロリスト、独裁、過激集団、イスラム戦士、ジハード、ハイジャック犯、分離主義者、「自殺爆弾」、イスラム暴力集団、等々。オーストラリアでも、シドニーの二つの主要日刊紙は9・11前後に反アラブ・反ムスリム記事を掲載した。リベラルな『シドニー・モーニング・ヘラルド』も、右派のマードックの『デイリー・テレグラフ』も、この種の記事が三〇％にも達していた。ムスリムやイスラムと、過激派や原理主義とが直接結びつけられた。

5 テロリストの陰謀、滑稽化、悲劇

ポインティングは、イスラモフォビア政策を示す四つの事例を示しているが、そこでは第一に警察とそのスポークスマン、第二にメディア、第三に政治家がトライアングルをなしている。

第一に、二〇〇五年七月二二日、ロンドンで無実のジャン・チャールズ・デメネセスが警官によって射殺された。ロンドン「自殺爆弾」事件の二週間後、ブラジル生まれの電気技師のデメネセスが仕事に行く途中で殺された。トニー・ブレア首相は「残念な悲劇」と言いつつ、警察の射殺政策について反省の辞を述べなかった。新聞は無実のブラジル人を「爆弾魔」などと書きたて、彼はデニム・ジャケットを着ていたのに、夏に重たいコートを着ていたと捏造した。数々の虚報のなかには「アジア系に見えた」という弁解も登場したが、アジア系に見えたら射殺しても良いということはあり得ない。

第二に、二〇〇四年四月、マンチェスター・ユナイテッドのホームであるオールド・トラフォード・スタジアムで、四〇〇人以上の警察官が捜索を行い、一〇人を逮捕した。新聞『サン』は「自殺爆弾」事件と報じて、二人の犯人がスタジアムで爆弾事件を引き起こそうとしたという陰謀事件の物語を記事にした。しかし、警察がスタジアムで発見したのは二枚の使用済みチケットにすぎなかった。単なる噂話であった。

第三に、二〇〇二年、ロンドンでの毒物又は爆弾による恐怖と傷害の陰謀という「リシン陰謀」事件である。陰謀物語は二〇〇二年九月に始まった。アルジェリア人不法入国者モハメド・メゲルバがイギリスで逮捕された。メゲルバはケマル・バーガスらによるテロの陰謀があると述べた。二〇〇三年一月、ロンドン北部で警察による家宅捜索がなされ、家庭用化学実験キットが見つかった。リシンが見つかったという警察発

表は事実ではなかった。『シドニー・モーニング・ヘラルド』は、リシン陰謀事件をアルカーイダに結び付けて報じ、リシン陰謀物語が世界中に広まった。トニー・ブレア首相やコリン・パウエル米国務長官は、対イラク戦争に関連付けてリシン陰謀物語を持ちだした。

第四に、二〇〇七年一二月、オーストラリアのニューサウス・ウェールズ最高裁は、シドニーの医学生イズハル・ウルハクを誤って逮捕した捜査官による証拠の排除を決定した。捜索令状はあったが逮捕令状がないのに、捜査官はウルハクを駅で捕まえて、車で連れまわし、家宅捜索も行った。ウルハクは四ヶ月身柄拘束されたが、反テロ捜索の情報提供者になることを拒否した。マスコミは「彼は殉職者志願だ。聖戦のテロ容疑者」と書きたてた。ウルハクは特別独居房に拘禁されたが、何も事件がなかったことが明らかにされるまで三年を要した。

6　民族的攻撃、人種主義プロファイル、国家テロ

ポインティングによると、アメリカの「テロとの戦争」に協力した諸国では、ムスリム・コミュニティの国家による監視、ハラスメントが共通している。各国は反テロ法を制定し、アルカーイダのテロの恐怖をあおり、「西側」の観念への攻撃がなされている。サミュエル・ハンチントンの「文明の衝突」が利用される。イスラムを標的とした非難は、路上だけで行われるのではなく、例えば大学などの教育研究機関でも、反テロ特別警察が研究者に対してイスラム系学生の「過激度」調査への協力要請をした。カナダでは、ムスリム団体や人権団体は新しい反テロ措置が国家によるハラスメントや、ステレオタイプなプロパガンダによって

危険が増している。カナダ・イスラム会議議長は、新しい反テロ措置によってムスリムが「最大の攻撃対象」にされている。多くのムスリムが恐怖、不安、パラノイド、困惑、神経質を訴えている。オーストラリアでは、9・11以後、警察官がムスリムを「訪問」するようになった。シドニーでは家宅捜索が頻繁に行われ、警察はその都度、メディアに情報を流し、中東出身の若者に対する監視を呼びかけるコラムが発表される。何も犯罪がなされていないのに家宅捜索が繰り返され、世論は何かがあるに違いないと信じ込む。ムスリムの指導者は、家宅捜索によって、標的とされたコミュニティの誰もがヒステリーと恐怖を抱いているという。家宅捜索はそのコミュニティに対する排除のメッセージとなる。まさにそのために家宅捜索とマスコミ・キャンペーンが繰り返されてきた。

グリーンとウォードが著書『国家犯罪――政府、暴力、腐敗』において国家機関による人権侵害を論じているように「国家犯罪」が行われる(＊22)。国際人権法は宗教の自由と差別の禁止を定める。国家は人種主義プロファイリング、反テロ措置によって人権侵害を繰り返す。9・11以後の西側諸国におけるイスラムに対するヘイト・クライムは、政府とマスコミによって助長される。国家による「国家ヘイト・クライム」が行われている。

7　小括

以上がポインティング論文の紹介である。日本との関連で若干のコメントをしておこう。

第一に、西欧諸国ほどではないが、イスラモフォビアは日本社会にも見られる。もともと世界を東洋と西洋に二分してきた日本社会の意識では、イスラムやアラブの位置づけがあいまいなままにされ、日本とは疎遠なものと理解されがちであった。9・11以後は、疎遠なイスラムがあたかも邪悪な存在であるかのごとき報道が続いたためもあって、否定的イメージが植え付けられた。

第二に、9・11の衝撃がヘイト・クライムを主観的に正当化してしまうメカニズムも、ただちに一般化はできないにしても、西欧諸国と日本には共通性がある。「テロとの戦争」をほとんど無条件に支持し、アフガニスタン戦争とイラク戦争に協力したのが日本政府である。戦争理由がないにもかかわらず強行されたイラク戦争について、オランダやイギリスは戦争検証委員会を設置して、なぜ誤りを犯したかを検討した。しかし、日本では戦争協力の検証が行われていない。

第三に、西欧における9・11以後のイスラムと、日本における9・17以後（二〇〇二年の小泉純一郎首相の訪朝と日朝合意以後）の朝鮮人とは、一定の類比を持って語ることができる。在日朝鮮人に対する差別は、植民地時代に形成・強化された。第二次大戦後も、在日朝鮮人に対する差別と弾圧の政策が意図的に強行されてきた。日本社会における差別は時に強まり、時に解消の動きを見せてきたが、9・17以後は急速に状況が悪化した。日本政府・警察による朝鮮人弾圧とともに、マスコミによる差別と排外主義キャンペーン、そして社会における朝鮮人差別が進行した。

第四に、「国家ヘイト・クライム」に注目しておく必要がある。ヘイト・クライム／ヘイト・スピーチの極限形態がジェノサイドや人道に対する罪になることは従来から知られており、その多くは国家や国家機関による組織的ないし政策的な活動によって行われる。その意味では最も重大深刻な被害をもたらすヘイト・クライムは国家ヘイト・クライムであり、国家によって支援されたヘイト・クライムである。関東大震災朝鮮人虐殺（コリアン・ジェノサイド）もその典型例であった。

第3節　ヘイト・クライムの被害

一　問題関心

被害者を扱った前節に続き、本節では被害に焦点を当てる。ヘイト・クライム／ヘイト・スピーチ法の必要性を明らかにするために、ヘイト・クライム／ヘイト・スピーチによる被害とは何であるのか、他の犯罪の被害とどのような共通性があり、どのような相違があるのかを検討することにしたい。刑法学的に表現すれば保護法益論を検討するための前提を明らかにする作業である。なお、「加害と被害の構造的関係」を明らかにするべきであるが、研究が手薄な現状では総合的な検討を行うだけの知見がない。このため個別分野に分けて、それぞれの領域の先行研究に学んでいく必要がある。

第一に、そもそも日本政府は人種差別の調査すら一度も行ったことがない。人種差別撤廃条約に基づいて行われる日本政府報告書審査に際して、人種差別撤廃委員会が人種差別の実態調査の必要性を指摘してきたが、日本政府は「調査しない」と明言してきた。

第二に、研究の困難性を指摘しておかなくてはならない。個別事例の報告や、研究者の個人的努力による調査・研究はあるが、数が少ない上、報告者・調査者の問題関心がそれぞれ違うため、比較検討も困難である。最近、中村一成が京都朝鮮学校襲撃事件に関するルポを発表したのが注目される（*23）。

第三に、研究方法論の欠落である。ヘイト・クライム／ヘイト・スピーチの法規制という問題関心に立っての研究はほとんど存在しない。ジャーナリストや社会学者による研究がようやく出てきたが、それらは加害者に焦点を当てたものが多く、被害に焦点を当てたものではない。ヘイト・クライム／ヘイト・スピーチの被害者と被害をいかに研究するか、まだ模索の段階である。研究が不在のため、ヘイト・クライム／ヘイト・スピーチの法規制について十分な議論をなし得ていない。

本節では犯罪学者バーバラ・ペリー責任編集による全五巻の研究書『ヘイト・クライム』の第二巻である、ポール・イガンスキ編『ヘイト・クライム第二巻　ヘイト・クライムの結果』のなかから参考になる重要文献を紹介したい（＊24）。前節と同様、アメリカの社会学研究が中心であるため、主な焦点は暴力を伴うヘイト・クライムに向けられるが、ヘイト・クライムと暴力を伴わないヘイト・スピーチを切り離して論じることはできない。

二　ヘイト・クライムはいかにより多く侵害するか——イガンスキ&ラゴウ論文

1　より大きな実害

イガンスキ編著の巻頭論文はポール・イガンスキとスピリドウラ・ラゴウの共同論文「ヘイト・クライムはいかにより多くを侵害するか——イギリス犯罪研究からの立証」である（＊25）。共同論文「ヘイト・クライムの実害」は、次のように始まる。

「ヘイト・クライムを他の犯罪と区別するものは、ヘイト・クライムが通常は他の犯罪よりもより多く侵害することである。ヘイト・クライムが被害者により多くの実害を与えるという考えは、ヘイト・クライムの意味を概念的に把握する際に基準となる。現在よく知られている議論では、ヘイト・クライム法への批判者は次のように主張している。ヘイト・クライム犯罪者に対して、他の異なる動機による犯罪者に課される以上の刑罰を加重することは、国家が一定の思想、意見及び価値の表現を犯罪化することになってしまう。しかし、こうした批判に対して、ヘイト・クライム法の支持者は、言論その他の表現、犯罪の背後の思想、犯罪者の動機が処罰されるのではないし、特定の被害者カテゴリーが特別の処遇を必要としているのではない、と主張する。そうではなく、ヘイト・クライム法は、ヘイト・クライムによって加えられたより大きな実害について、より重い刑罰を課すということである。こうした実害が発生しているという主張は、アメリカにおいてヘイト・クライム法についての合憲性が問われたウィスコンシン対ミッチェル事件判決（一九九三年）という画期的判決にとって基礎となった。ヘイト・クライムの実害についてのこの見地から、犯罪者によって加えられた実害の性質と程度が適切な刑罰を判定するのに決定的に重要であり、ヘイト・クライム事件で犯罪者の動機が重要なのは、行われた特定の犯罪が同種だが異なる動機による犯罪よりも大きな実害を加える犯罪であるか否かを判断する際だけである。このパースペクティヴから、ヘイト・クライムの刑罰がより厳しいのはその犯罪によって加えられたより大きな害悪について正当な果実を与えたにすぎない。にもかかわらず、この論拠は加えられた実害の程度と類型についての証拠にかかっている。ヘイト・クライムによって加えられたと考えられる、より大きな実害の証拠の多くがあいまいなものだったからである。」

イガンスキとラゴウは一九九三年のウィスコンシン対ミッチェル事件判決の基本的思考が正当であるにも

かかわらず、その後も同様の批判が続いているので、正当性を裏打ちする証拠を明確に提示する必要があると言う。

2　心のなかの地図

第二に「ヘイト・クライムの空間的影響」である。

イガンスキとラゴウはヘイト・クライムによって引き起こされる実害の一つの形態として、個人及び共同体に対する「空間的影響」を取り上げる。「テロの恐怖という影響」とも呼んでいる。ヘイト・クライムに関する初期の研究である一九九四年の論文ですでにポール・ゴードンは「攻撃は個人や特定人物を超えて、単に直接被害を受けた個人に対してだけでなく、自分も被害者であり危険にさらされていると考える人々の集団に対しても脅威となり攻撃となる。特定個人に対する強姦や暴力がすべての女性に影響を与えるのと同様に、特定の黒人に対する攻撃によってすべての黒人が影響を受ける。言い換えれば、人種主義者による攻撃について語る場合、集団や共同体に対する攻撃について語っているのである」と記述しているという（＊26）。同様に一九九二年の論文でレイとヘッセは「アジア人や黒人は人種的ハラスメントの発生について『心のなかの地図（mental maps）』を描いている。人々は人種的に色分けされた社会空間を心に抱き始めている。すなわち、行動の自由がある場所と禁じられている場所、行ってはいけない場所と比較的安全な場所である。この意味で、人々の行動は心のなかの地図によって象られている」という（＊27）。

こうした議論に対して批判も続いている。ヘイト・クライムが他の動機による犯罪よりも大きな実害を与えるという主張に根拠があるかが問題となる。

そこでイガンスキとラゴウは二〇〇二年から〇五年にかけて三年間実施された「イギリス犯罪調査（BCS）」を紹介する。調査はイングランドとウェールズに居住する一六歳以上の者について行われた。調査は、まず前提として、それまで一二ヶ月の間に自分又は家族が犯罪被害を受けたかどうかの質問があり、続いてその犯罪が窃盗、自動車損壊、自動車窃盗、強盗などのどれに当たるかなどを問うものである。暴力の程度なども質問しているが、続いてその犯罪が「人種的動機」に基づいていたと思うか否かも質問されている（性的志向、宗教、障害についての質問はない）。ここで重要なのは被害を受けた後の被害者の行動に関する質問である。

イガンスキとラゴウによると、被害が人種的動機によるものだったと感じたのは、白人とアフリカ系黒人のダブル（mixed）が二四・八%、バングラデシュ人一九・四%、パキスタン人一六・七%、その他のアジア系一六・四%、インド人一三・九%、中国人一二・一%、アフリカ系黒人一二・〇%に対して、イギリス人（ブリティシュ）〇・八%、アイルランド人一・五%、その他すべての白人三・五%と、明らかな差異が見られる。

被害を受けた後の自分の行動に関する質問はさらに顕著な結果を示している。マイノリティ集団に属する者で、人種的動機による被害を受けた後の行動は、次のような結果である。他人を警戒し、信用しないようになった一七・三%、一定の場所を歩かないようになった（行かないようになった）一三・四%、自宅の安全を強化した五・六%、一定の場所に駐車しないようになった五・五%、転居した三・八%。これに対して財産（持ち物）に気をつけるようになった二・七%、財物やお金を持ち歩かなくなった一・一%、である。

同じ質問につき、マイノリティ集団に属する者で、人種的動機によらない被害を受けた後の行動は、財産（持ち物）に気をつけるようになった一三・四％、他人を警戒し、信用しないようになった一二・〇％、自宅の安全を強化した一〇・七％、自動車の安全・保管に気をつけた七・〇％、一定の場所に駐車しないようになった六・八％である。これに対して一定の場所を歩かなくなった二・六％、転居した一・六％である。

3　感情的実害

第三に「感情的実害」である。イガンスキとラゴウは「心理的実害」とも呼んでいるが、例えば、ある個人が人種的動機による被害を受けた時に家族が受ける苦痛である。親が被害を受けたために子どもが戸外で遊べなくなり、学校へ通えなくなる。それによってストレスが増加する。危険があるために子どもの通学に親が付き添わなければならない場合の負担も同様である。すでに一九九四年の論文で、バーンズとエフロスが怒り、恐怖、悲しみ、無力感、他人への疑惑、自分に対する悪感情に言及している。

しかし、ヘイト・クライム被害者の状況だけをもとにして議論しても、実証的でないと批判を受ける。人種的動機によらない犯罪の場合との比較が必要である。ヘイト・クライム被害のほうが、人種的動機によらない被害よりも感情的被害が大きいというデータを示す必要がある。ヘレク、ギリス、コーガンはレズビアンやゲイが受けた被害と、性的志向によらないその他の被害との比較を行った。それによるとヘイト・クライム被害者のほうが明らかに落胆、トラウマ、怒りが大きい数値を示したという。しかし、性的志向によらないその他の被害を受けた場合のほうが大きな数値を示している場合もある。

イガンスキとラゴウによると、この論点に関する諸研究により、落胆、神経衰弱、集中できない、思わず事件のことを考えてしまう、自分の人生が無意味に思える、などについてより大きな結果が出ているという。この研究はヘイト・クライムが心理的に悪影響を及ぼす性質を明らかに示している。被害者は被害を受けた後にも明らかに苦痛を受けている。

この点を先の「イギリス犯罪調査」によって見ると、被害を受けた後の「感情的反応」についての質問が含まれている。まず、犯罪被害を受けて「まったくひどい」と深刻な被害を感じた比率を、マイノリティ集団に属する者と白人について比較している。マイノリティ集団に属する者が人種的動機による被害を受けた場合と、人種的動機によらない被害を受けた場合、暴行脅迫（五一・八%、四四・八%）、強盗（五九・三%、三六%）、侵入盗（八八・五%、三七・四%）、窃盗（五〇・九%、二四・二%）である。白人の場合は、暴行脅迫（四一・〇%、二九・四%）、強盗（三八・九%、二三・二%）、侵入盗（九〇・〇%、二七・三%）、窃盗（五三・三%、一七・五%）である。

次に被害後の感情的反応である。マイノリティ集団に属する者（人種的動機による被害を受けた場合と、人種的動機によらない被害を受けた場合）で、怒り（六六・一%、六四・七%）、ショック（四六・四%、三五・五%）、恐怖（三八・九%、一七・〇%）、落胆（二〇・七%、一〇・一%）、不安・パニック（一六・八%、七・八%）、自信喪失（三二・九%、一七・四%）、不眠（一九・二%、一〇・二%）である。

白人の場合は、怒り（六七・九%、六二・九%）、ショック（四一・五%、二五・二%）、恐怖（三二・八%、一二・〇%）、落胆（一四・三%、六・三%）、不安・パニック（一四・七%、六・一%）、自信喪失（三二・一%、一四・五%）、不眠（一六・二%、八・六%）である。

続いて、泣き叫んだか当惑したかで分類すると、マイノリティ集団に属する者（人種的動機による被害を受けた場合と、人種的動機によらない被害を受けた場合）で、泣き叫んだ（一三・五%、八・四%）、当惑した（四二・八%、四九・八%）であり、白人の場合は、泣き叫んだ（一二・八%、七・八%）、当惑した（四九・四%、五八・六%）である。

将来再び犯罪被害を受けるのではないかという不安について、マイノリティ集団に属する者（人種的動機による被害、人種的動機によらない被害）についてみると、侵入盗（六九・七%、六五・四%）、強盗（六二・二%、五八・四%）、自動車窃盗（六六・八%、六四・五%）、自動車荒し（六九・五%、六六・二%）、強姦（四一・六%、四一・六%）、暴行（六九・九%、五六・一%）、侮辱（六九・三%、四九・一%）、人種的攻撃（七一・六%、四三・三%）である。

第四に、イガンスキとラゴウは結論に代えて次のように問いを投げかける。加害者が表明した価値がヘイト・クライムの心理的感情的影響をより大きくするだろうか。この点について一九九九年に著書『ヘイト・クライムを処罰する』を著したフレデリク・ローレンスは二〇〇六年の論文においてヘイト・クライム被害者が体験するのは、人種的烙印（スティグマタイゼーション）の一形態としての攻撃であり、標的とされた集団が取るに足りない価値しかもたないという明らかなメッセージであるという(*28)。イガンスキとラゴウは加害者が表明したメッセージが心理的感情的損害を与えると言う。換言すると、加害者が表明した価値こそが実害である。ヘイト・クライム被害者が体験した感情的実害は、加害者がその集団のアイデンティティに対して持った敵意に対する被害者の嫌悪の結果である。以上がイガンスキとラゴウの論文の概要紹介である。

4　小括

イガンスキとラゴウの論文を参考に若干の検討をしておこう。ヘイト・クライム／ヘイト・スピーチは多面的複合的な犯罪であって、言葉による侮辱から集団虐殺までの幅広く多様な犯罪を含みうるので、単純な比較検討はつねに困難を抱える。イギリスにおける調査に基づく分析結果を他の国家・地域にどのように参考にできるのかの方法論も十分明らかではない。法律制定状況、社会状況、住民構成、時代状況、文化状況などを無視することはできない。イガンスキとラゴウ自身、自らの分析についてかなり謙抑的であるが、イガンスキとラゴウがその射程を遠くまで見すえているであろうことも確認しておきたい。その上で、日本において調査や議論を行う際に参考になる主な点を確認しておきたい。

第一に、空間的影響である。例えば在日朝鮮人が集住する大阪市西成区のように、一定のマイノリティの集住地域とそうではない地域（圧倒的なマジョリティの居住地域にマイノリティが散在する場合）とでは、住民の意識が違うであろう。新大久保や鶴橋のコリアンタウンも同様である。イギリス犯罪調査ではそこまでの調査が行われていないが、それぞれの地域に居住するマイノリティの意識を明らかにしていくことは重要である。

第二に、空間的影響の記述で、イガンスキとラゴウは、異なる要素を同一性質のものとして扱っているように思われる。人間関係的な要素と地理的な要素である。ある個人が被害を受けた場合の、家族や友人がその被害発生地域について受け取るイメージは、まだ人的要素が強いだろう。個人の被害が幾度も続いた場合に、被害者と同じマイノリティに属する者が受け取るイメージは、明確にその場所・空間に特有のものとして記憶され、伝えられていくのではないか。

第三に、感情的影響・実害についても、本人の痛みの大小、家族・友人の痛みの大小、共同体が受けるダメージなどを区別しつつ、重ね合わせて議論する必要がある。その場合、歴史をどのように考慮するかも重要である。歴史は個人の記憶と無関係にあって、語られるのではない。語られ、伝えられた歴史は個人の記憶に沈殿し、個人の体験の意味や、体験を受け止める個人の意識に影響を与える。例えば在日朝鮮人は自らが体験していなくても祖国が植民地にされた歴史的記憶を再生産し、関東大震災朝鮮人虐殺を記憶し、第二次大戦後の阪神教育闘争などの弾圧の歴史を内面化し、戦後続いた朝鮮人差別も記憶し、この二十年余り続いた朝鮮人弾圧やいわゆる「チマ・チョゴリ事件」を追体験してきた。

第四に、加害者の意図である。この点はバーバラ・ペリー編集全五巻のうち第三巻がヘイト・クライムの加害者に焦点を当てているので、そちらを参照するべきところである（本書前章参照）。日本政府が差別と犯罪を繰り返してきたことを重視する必要がある。朝鮮人差別の歴史の基本は、政府による虐殺、弾圧、差別の歴史である。その上に便乗して、社会における差別が連綿と続いてきた。政府の意図は必ずしも隠されずに、かなりの程度、公然と表明されてきたのも日本の特徴である。差別を隠す必要さえない国家と社会であったからである。高校無償化からの朝鮮学校排除問題を見れば、何が何でも差別する強い意思が社会的に堂々と表明されていることがわかる。

三　ヘイトの心理学的影響——クレイグ＝ヘンダーソン論文

1　犯罪被害者と犯行者

本項ではケリーナ・クレイグ＝ヘンダーソンの論文「ヘイトの心理学的被害——連累と介入」を紹介する（＊29）。クレイグ＝ヘンダーソンによると、一般的に言って犯罪被害者は身体的、財産的、心理的なさまざまな「コスト（負担）」を被る。被害者が身体的に受けるコストは財産犯罪よりもずっと大きい。ヘイト・クライム犯行者は他の犯行者とは区別される。社会学者のレヴィンとマクデヴィットの『ヘイト・クライム』が提唱し、クック区検事局が採用したプロファイルでは、典型的なヘイト・クライム犯行者は「男性、一四〜二四歳、前科なし、貧困でも失業でもない」とされている（＊30）。若い男性が単独ではなく集団で行なうことが多いという特徴があり、それゆえ身体暴力となり、時には残虐な行為に及ぶ。ヘイト・クライムには、他の犯罪と比べて残忍性が見られることが最近知られてきた。ヘイト・クライムの議論は心理学的影響に焦点を当てる必要があるが、被害者の致死結果が起きることもあることは確認しておかなければならない。また、被害者は動揺、落涙、感覚喪失、全身硬直感、スローモーション体験、口内乾燥などさまざまな体験を強制される。こうしたことはヘイト・クライム被害者に出会っても最初は他人にはわかりにくい。被害者にとっては通常の生活や日常の当たり前のことが危機に陥る。「危機が終わった後」になってようやく理解できることがある。

ヘイト・クライム被害は、現実感覚を失わせる影響を有する。被害というトラウマとなる事件に身構える技術もないため、身体的にも心理的にも人間存在が変えられてしまう。一般的に、危機の経験は少なくとも三段階で生じる。①危機は激しく、被害者のとっさの反応は否定的なものとなる。現実に起きていることが信じられない。②激しい被害体験に気づくのは事件後二四時間後である場合もあれば、六ヶ月後や一年後ということもある。被害者はその間に恐怖、怒り、恥、罪、フラストレーションなどを様々に体験する。③最後に被害者は再統合により日常生活に戻ることができる。

2　ヘイト・クライム被害者化

一九九三年、連邦最高裁のレンキスト判事はヘイト・クライム犯罪者を有罪とする判決理由を書いた際に、ヘイト・クライムはその影響が異なると判断することが、ヘイト・クライム犯行者の憲法修正一条の権利を侵害することになるか否かを論じた。レンキスト判事によると、ヘイト・クライムは同類の他のひどい犯罪よりもずっと悪質なものである。

ヘイト・クライム被害者化の影響を検討する従来の調査の多くは、ゲイに対する犯罪や、戦時のジェノサイドの被害者に関するポスト被害経験調査に限られる。社会学者のヘレクとベリルが編集した『ヘイト・クライム』（一九九二年）はゲイやレズビアンの被害者のポスト被害経験調査である（＊31）。ガロファロの論文「アメリカにおけるヘイト・クライム被害者化」（一九九七年）は、その他の形態のヘイト・クライムの被害経験に関するものである（＊32）。一九八〇年代にニューヨーク市とボルチモア区で行われた電話調査では、偏見による犯罪被害者三〇名と、そうでない犯罪被害者二八名を比較するとヘイト・クライム被害者のほうが「とても深刻だ」「脅えた」「動転した」という比率が高い。

3 心理学的影響

クレイグ−ヘンダーソンによると、ヘイト・クライム被害は身体的被害や財産被害もあるが、心理学的コストがほとんどすべての被害者に共通である。ヘイト・クライム被害の特質を解明するには心理学的被害に焦点を当てる必要がある（＊33）。

①継続する感情的苦悩——被害者は事件から時間が経過して日常生活に戻った後にも事件のことを反芻しつづけることがある。ヘイト・クライムは他の犯罪とは異なって、被害者が否定的にステレオタイプ化された社会集団の構成員であることが多いからである。その集団と結び付けられたステレオタイプは社会に普及し、かつ変化しにくい。被害者は日常的に生じている差別行為を経験しつづけるので、疎外感が悪化しがちである。

②自信喪失——被害者は自分が「被害を受けやすい」ことを気づかせられる。「被害を受けないという幻想」と矛盾する。「そんなことは自分には起きない」という日常の信念にかかわるが、被害を受けないという幻想を持っていたので、被害に遭うと世界はきちんとした予期できる空間であるという仮定が中断される。世界は正しい場所であり、悪いことは悪い人の上に起き、良い人には良いことが起きるという社会法則が一般に受け容れられている。しかし、自分が知っている世界はもはや意味をなさなくなる。自分の経験が自分の

世界観と合致しなくなる。被害者は恐怖や不安だけではなく、災難を受けて理解力も喪失する。肯定的な自己了解を喪失し、無力感に陥る。

③逸脱感情――ヘイト・クライムを受けると、被害者の自己認識において被害以前の自己尊重が喪失させられがちである。被害者は事件後に無力感をいだくだけではなく、わざと狙われたのだとわかるので、逸脱の感覚を経験しがちである。この災難が自分に起きたのは他人と違っているからであり、逸脱の自己理解が否定的な自己イメージにつながる。他の犯罪被害者ならば被害を受けたのは運が悪いからだと考えることができるが、被害者はまさに自分の容姿や社会的地位のゆえに被害を受けると考えさせられる。

④帰責の間違い――帰責過程と偏見に関する研究によると、ヘイト・クライム被害者には心理学的な影響がある。帰責は事件の原因について人々が有する説明を表示する。その説明が現実を正確に反映することはまれである。説明は個人の経験、期待、偏見によって規定され、人によって異なる。集団外のメンバーによる社会的に望ましくない行為を、動機や性質といった自己の内的要因に帰着させてしまう。被害者は他人の行為についてこのような帰責をさせがちである。なぜ私が標的とされたのかと、自分の被害を説明しなければならない。社会的文脈や状況にではなく、自分の内部に原因を求めるようになる。

⑤被害者集団間への影響――心理学的被害は直接被害を受けた本人だけではなく、被害者と同じ社会集団に属する者に及ぶ。事件のことを聞いたり、自分と同じ社会集団の者がその集団の性質ゆえに被害を受けたと知った場合に、恐怖、怒り、絶望といった否定的反応を経験する。次は自分かもしれないと思わせられる。ゲイが被害者となったマシュー・シェパード殺人事件の後にゲイやレズビアンの人々が「身代わりのトラウマ効果」を体験したことはよく知られる。

4 小括

クレイグ-ヘンダーソンは最後にヘイト・クライム被害者への心理学的、身体的、法的ニーズに応じた救済について簡潔に論じて、論文を閉じている。以下、クレイグ-ヘンダーソン論文を読んでの感想を記しておきたい。

第一に、ヘイト・クライム／ヘイト・スピーチと他の犯罪の差異である。クレイグ-ヘンダーソンは被害の重大性、深刻性、被害感情の複雑性に眼を向けている。身体的にも財産的にも同一レベルの被害であっても、心理学的被害には大きな差異が生じうる。同じ程度の暴力による暴行事件であっても、喧嘩に際しての暴行や偶発的な暴行とは違って、人種差別的動機による暴行や人種差別発言を伴う暴行の場合は、独特の心理学的被害を産み出す。この点を見過ごしてヘイト・クライム／ヘイト・スピーチ被害の重大性を無視すると表現の自由の優越性を言い募ることが可能となる。

第二に、危機の三段階も興味深い。被害者は被害を受けた時に、その被害の意味を理解できないこともある。事後的に被害の意味に気づき、内心で反芻し、改めて恐怖に襲われることがある。心理学的被害は事件時に明らかになるとは限らない。「継続する感情的苦悩」も同じことであり、自分の属性が変わらない限り、同様の被害に遭うかもしれないと感じながら、他の被害を見続けることの心理学的影響はひじょうに大きいものと思われる。

第三に、「自信喪失」である。ドメスティック・バイオレンス被害者やセクシュアル・ハラスメント被害者についても言われてきたことであるが、被害者が自分を貶め、自分を責める傾向がある。経験と世界観の齟齬が自己認識の可能性を大幅に制約し、他者認識までも歪めることになりかねない。しかも、日本における朝鮮人差別はつねに圧倒的多数の日本人による構造的差別のなかで具体的な差別が起きるので、被害者はつねに被害状況に晒されており、その被害を内面化していることが少なくない。

第四に、「帰責の間違い」である。被害者が自分を責めるようになるプロセスは、やはりセクシュアル・ハラスメントなどと類似の現象かもしれない。特にチマ・チョゴリ事件のように電車、バス、駅などで起きたにもかかわらず、犯行者が検挙されることがほとんどない現実があり、被害者にとって加害者の特定や記憶が困難であり、それゆえ帰責すべき具体的な対象がなくなると、いっそう帰責が自己の内面に向かってしまう。あんなところを通った自分が悪い。自分の容姿や行動に問題があった、といった自己非難が始まる。

第五に、「被害者集団間への影響」である。被害者の家族、友人が受ける被害である。朝鮮学校が標的とされる場合は、父母兄弟姉妹親戚、友人、教員、卒業生など関係者のすべてが被害感情を持つに至るであろう。

第六に、クレイグ－ヘンダーソンは経済的被害に言及していない。アメリカにおける被害研究にはこの種の傾向が強いように感じられる。しかし、人種差別撤廃委員会での審議を傍聴すると、委員は人種差別やヘイト・クライム／ヘイト・スピーチによる経済的被害を強調している。差別被害によって、地価が下がり経済的損失につながる。教育や就業の機会が奪われる。直接的に攻撃された場合は、それへの対処に時間を費やさざるを得ない。営業妨害により被害も受ける。子どもの安全を考えて親が付き添いを余儀なくされれば、そこでもコストがかかる。心理的被害のために病院に通うことになれば治療費がかかる。差別が引き起こす被害には必ず経済的被害が伴うことにも注意を向ける必要がある。

四　メッセージ犯罪としてのヘイト・クライム――リン論文

1　アジア系アメリカ人の経験

本項ではヘレン・アン・リンの論文「直接被害者を越えて――ヘイト・クライムをメッセージ犯罪として理解する」を紹介する（＊34）。

リンは一九九〇年代におけるヘイト・クライム統計法について、連邦捜査局の統一犯罪報告制度に統計が取り上げられるようになったことに触れている。全米各地の法執行機関による報告が始まり、人種差別的動機による犯罪が報告・記録され、ヘイト・クライムの調査・研究が進んだ。報告制度は標的とされたコミュニティに対する影響については取り上げていない。犯行者にとってはその特定人物が重要とは限らず、被害者は標的とされたコミュニティの一員であったから被害を受けたのであり、その限りでは別の被害者であっても良かった。被害者は個人としてではなく象徴として攻撃されている。被害者はコミュニティの残りのメンバーに対するメッセージを送るために攻撃されたのである。ここでリンは二〇〇一年のファン論文「反アジア人暴力とアジア系アメリカ人の相互関係」を挙げる（＊35）。リンはファンに依拠して、ヘイト・クライムは直接の個人に対してだけではなく、標的とされたコミュニティ全体に対して行われると特徴づける。

リンはこのことをより明確に示すためにアジア系アメリカ人の物語を取り上げる。まず、リン自身の調査によるアジア系アメリカ人の経験を紹介し、次にヘイト・クライムがメッセージ犯罪であることの意味を考え、最後に結論として人種的被害者化及びヘイト・クライムの集団的影響について考える。

リンによると、ヘイト・クライムはランダムな事件として生じるが、被害者はランダムな理由で狙われるのではない。アジア系アメリカ人は白人でないがゆえに人種主義的被害に遭遇する。そこには「いつまで経っても外国人」イメージが存在する。アジア系住民の家族はどんなに長くアメリカに在住していても、外国人と見なされる。「いつまでたっても外国人」に対する人種差別が生じる。タラ・リピンスキーやミシェル・クワンがオリンピックで金メダルを獲得した時、メディアはまるで外国人のように報じた。無意識のうちに選別がなされ、アジア系住民からアメリカ人としてのアイデンティティを奪う。

リンによると、合州国憲法はすべての者に権利を保障しているが、実際にはアジア系住民は外国人として扱われる。アジア系住民が増えるに連れて反動が大きくなってきた。一九八〇～九〇年代には一・五％から二・九％であったが、二〇〇〇年には四・二％になっている。マイノリティが増えれば彼らに対する攻撃が増えるのはともかくとして、重要なのは増加の速度と人種的文脈である。全体で見るとアジア系住民の数は少ないが、一定の地理的範囲に居住しているため、その地域では増加がドラスティックに見える。アジア系住民は海岸部や都市部に居住することが多く、シアトル、ロサンゼルス、サンフランシスコ、ニューヨーク、ニューアーク、ワシントン、シカゴ、ヒューストン、ミネアポリスなど都会に多い。アジア系住民の集住地域では「いつまで経っても外国人」意識によって反アジア系感情が醸成される。

2　メッセージ犯罪とは何か

ヘイト・クライム／ヘイト・スピーチは、被害者及びそのコミュニティを脅迫するためのメッセージ犯罪である。ある集団に属しているが故に被害者に向けられる象徴的犯罪である。前述のファンによると、ヘイト・クライムが処罰されるべきなのは、単に身体的行為を超えて心理的感情的影響を有するからである。刑罰がより重くなるべきなのは、人種的不寛容の歴史に基づいて、被害者が特に傷つきやすく、身体的被害をずっと超えた被害を受けているからである。例えば、アフリカ系アメリカ人の芝生で十字架を燃やす行為は、歴史的文脈から言って、エスカレートした暴力による明白な脅迫であって、単なる放火ではない。ファンによると、ヘイト・クライム／ヘイト・スピーチは象徴的犯罪なので、直接被害者が犯罪に込められた人種的憎悪を理解したかどうかは必ずしも重要ではない。ナチスドイツのカギ十字を落書きされた商店主がたまたまその意味を理解していなかったとしても、ヘイト・クライム／ヘイト・スピーチである。

アメリカ公民権委員会によると、ハラスメントは「移動暴力」という共通の形態をとる。近所で、特に中産階級のアジア系アメリカ人が居住する郊外住宅地で発生することが多い。卵を投げる、石で窓を割る、銃で窓を割る、火炎瓶を投げるなどである。レヴィンとマクデヴィッドはこれを「防衛的ヘイト・クライム」と呼んでいる。白人が多く住む地域に引っ越してきた黒人家族、アジア系の友人とデートした白人女学生、最近職にありついたラテン系の人が狙われる。防衛的ヘイト・クライムは「出て行け。お前たちは歓迎されていない」というメッセージを送るためになされる。

アメリカ南部の人種主義の歴史を見ると、自分たちの安全について不安を感じたことが白人優越主義の動因となってきた。KKKは南北戦争後に人種隔離という南部の伝統を守るために設立され、テロルと暴力を採用し、少数者に対する憎悪を振りまいた。新たに解放された奴隷が一定の経済的政治的平等を求めたためである。KKKによって、多くのアフリカ系アメリカ人が狙われ、リンチにかけられたが、それは公民権法の下の平等の分野で前進が生じ、アフリカ系アメリカ人が「許容できない」行動をしたという理由であった。KKKの活動は南部だけではなかった。そして、KKKが攻撃したのはアフリカ系アメリカ人だけではなく、ユダヤ人、ゲイとレズビアン、移住者、ローマ・カトリック教徒も被害を受けた。ヴェトナム人に対する攻撃も裁判で取り上げられた。

アジア法律コーカスの弁護士ヴィクトール・ファンはヘイト・クライム被害者は個人としてではなく、象徴として標的にされると言う。「奴らから個人人格を剥ぎ取り、人種を消してしまえ」というメッセージを送るために狙われる。アジア太平洋系アメリカ人に繰り返し送られてきたメッセージは「お前は外国人だ。ここに居場所はない。お前はアメリカ人ではない」というものである。

3　ヘイト・クライムの集団的影響

リンによると、ヘイト・クライムは三つの相互に関係のあるレベルで社会に影響を与える。①直接被害者、②狙われたコミュニティ・グループ、③グループ間の関係、である。ヘイト・クライム被害を受けた者は被害者化を表現するのに困難を抱える。強姦被害者と同様の強烈な暴力体験だからである。被害者はPTSD、落胆、睡眠障害、無力感、深刻な対人関係といった高度の苦悩を味わう。ヘイト・クライムはコミュニティの調和を破壊することによってコミュニティに有害な影響を与え、社会的相互関係を妨げる分断をつくりだす。ヘイト・クライムがメッセージ犯罪であるということは、次のようにまとめられる。第一に、被害者は、個人としてではなく象徴として狙われる。人種的マイノリティは白人ではないという差異に基づいて攻撃される。第二に、それゆえ被害者には互換性がある。被害者はランダムに選ばれ、無差別に狙われる。潜在的被害者は自分が狙われる原因となる特徴を変えることができない。将来の攻撃を避ける方法がない。第三に、被害者は狙われたコミュニティの残りの者に対してメッセージを送るために攻撃される。アジア系アメリカ人にとっては「いつまで経っても外国人」というメッセージである。

4 小括

ヘイト・クライム／ヘイト・スピーチをメッセージ犯罪、象徴的犯罪として把握することは、日本における議論にとってどのような意味を有するだろうか。

第一に、被害者が個人としてではなく象徴としてターゲットにされる点は、日本でも同様である。在特会による秋葉原事件、池袋事件（中国人経営店舗に対する営業妨害）、京都朝鮮学校事件などは、いずれも外国人、中国人、朝鮮学校であるという理由で攻撃された。

第二に、被害者がその特徴を変えることができない点も同様である。来日外国人、中国人、朝鮮人などは帰化手続きによって自己の属性を放棄・否定して日本人になる以外に、その特徴を変えることができない。「日本から出て行け」と「日本人になれ」という二つの言説は同じことの言い換えでもある。被害者のアイデンティティを否定する犯罪である。

第三に、直接被害者以外のコミュニティ全体に対するメッセージという点も同様である。京都朝鮮学校事件は、すべての朝鮮学校に対する排除のメッセージであり、すべての朝鮮人に対する迫害のメッセージである。それゆえヘイト・クライム／ヘイト・スピーチの被害について語る時に、直接被害者だけを念頭に置くべきではない。法的定義を行う場合には、個人的法益を前提とすれば直接の被害者個人を取り上げることになるかもしれないが、社会学的にはその背後に多数の被害者がいる場合もあることを射程に入れる必要がある。

五　ヘイト・クライム被害者の必要と援助——ダン論文

1　被害者支援調査

本項ではピーター・ダンの論文「犯罪と偏見——ヘイト・クライム被害者の必要と援助」を紹介する（＊36）。ダンはまずヘイト・クライム被害者支援に関する調査研究を概括し、その成果を確認している。犯罪学者のボウリングや、メイソンとパルマーの先行研究に基づいて、公的な犯罪統計にはもともと制約があり、多くのヘイト・クライムが警察に届け出られないことを確認する。犯罪学者のネイサン・ホールやバーバラ・ペリーが強調してきたように、ヘイト・クライムの定義が多様なので比較研究にも制約がある。人種などの諸概念は社会的に構築されたものであり、論争含みの概念である。イギリス犯罪調査のような被害者調査も必ずしも正確な情報をもたらすものではない。統計的・量的把握は困難なので、ダンはヘイト・クライムに際して自分に何が起きたのかについての人々の説明を取り上げ、質的研究を行う。

2 喪失と恐怖

ダンによると一〇七人の回答者のほとんどが喪失を経験している。家屋、生計、収入、健康、安全の喪失は共通である。「マンチェスターに店を開いていたが、次々と事件が起きてどんどんひどくなった。店を閉めざるをえなくなったし、売却もできなかったので、大金を失った。」

安全の喪失は循環的なテーマである。夜に静かに眠ることができず、子どもは感情的に影響を受ける。意気阻喪、高血圧、不安から健康も損なわれる。日常の感覚が失われる。

先行研究においても、ヘイト・クライムの実害は単発の事件ではなく、継続的な過程を通じて行われることが示されてきた。しかし、刑事司法制度は進行中の被害過程よりも、個別の事件を取り扱うものである。ここに被害者が刑事司法制度に満足できない理由がある。被害が繰り返されることにより、それぞれの事件が深刻なものとなる。被害が継続するため働くことができず、被害から立ち直ることもできない。「過去に実在した生活」が失われ、「こうあるべき生活」も失われる。ヘイト・クライムは他の犯罪とは異なって自己尊重の喪失や低下ももたらす。

ダンによると、被害者は被害の反復を恐れ他人が被害を受けたことを耳にすることも恐れる。恐怖はいつもあり、避けることができない。外出すれば襲われるかもしれないという恐怖があり、外出中に自宅が襲われるかもしれないという恐怖もあり、病気、失業、孤立の原因となる。恐怖のために事件を届け出たり、支援を受けることを避けることさえある。報復される恐怖が大きな影響を与える。事件を裁判に持ち込んだのは回答者の一〇%にすぎない。被害届けをすれば警察によって被害者支援局に送られる。しかし、多くの回答者は事件を届け出ていない。被害届をしても犯行者が逮捕されるのは稀である。回答者は犯罪者が判明している場合にさえいかなる措置も採られないことにフラストレーションを感じている。

3　怒り、フラストレーション、罪

ダンによると、回答者のなかには刑事司法機関が何もしてくれないことによって被害についての怒りが強められる者もいる。被害者は状況をコントロールできるようになることを望んでいるが、刑事司法が役に立たないことがある。怒りは加害者に向けられるものだが、刑事司法が適切に対処できなければ怒りは刑事司法にも向けられる。無力感がフラストレーションにつながる。

ダンは「被害を受けたのに罪を感じるのはなぜか」と問う。他の犯罪の場合にも被害者が罪を感じることがあるが、ヘイト・クライムでは特にその傾向が強い。起きたことには責任があると感じがちである。抑圧的規範の内面化であり、事件を避けることができなかった自分への非難である。

「自分のせいだと感じました。傷つき、混乱しました。『ムスリム、お前は何を望んでいるんだ』って怒鳴られたので。」これは二〇〇五年のロンドンでのテロリストによる爆弾事件の直後に被害を受けた回答者の言葉である。同様のことは、同性愛者に対するヘイト・クライムについても確認されてきた。さらなる被害を避けることができなかったのは自分のせいだと感じる。自分だけではなく、他人の被害を避けることができなかった場合も同様である。

4　被害者の必要と援助

被害者支援局の調査等をもとに、ダンはヘイト・クライム被害者のために刑事司法やボランティア団体がいかなる対応をするべきかをまとめている。

第一に、報告である。ヘイト・クライム被害を届け出ないほとんどの被害者は、さらなる被害について援助も保護も受けられない。報復の恐れ、信じてもらえないという恐れ、結果として何もしてもらえないという予測、どうやって報告すればよいかわからないことなどから、届出がなされない。こうした理由はどの集団についても当てはまる。他方、特定集団に当てはまる理由もある。レズビアンやゲイは「発覚」を恐れる。第三者による届出がなされれば、被害者は警察と接触せずに届出ができる。警察に怖れを抱く被害者もいるので、オンラインで届出ができると十分な報告が可能となる。匿名情報が提供されれば、その地方に典型的なパターンや頻発地域を知ることができる。もっとも、被害者支援局が調査した一〇七人の例では第三者による届出はなかった。地域でヘイト・クライムに取り組む専門グループも第三者届出についての認識を持っていなかった。

第二に、犯罪予防である。ダンによると、被害経験者がもっとも望むのは、当然、ヘイト・クライムの予防である。ヘイト・クライムの根因の除去である。西欧社会では公共の場を安全に歩く権利は法と秩序政策の下で特別な意味を付与されてきた。ヘイト・クライムは人々から基本的権利を奪う。

第三に、支援サービスである。ダンによると、ヘイト・クライム被害者の必要はそれぞれの被害状況によって異なる。被害者の集団属性だけではない。アジア系の人々がタクシー運転手をしている場合、タクシー乗り場における嫌がらせは日常的であり、現場で何が起きているかを知る必要がある。公用語を話せない被害者がいる。家族と同居しているか、別に暮らしているかによる差異もある。

第四に、警察である。正義を求め、次なる被害の発生を予防したいと考える被害者は、警察に自分の被害体験を積極的に報告する。しかし、警察の対処が不十分である。ヘイト・クライムを些細な犯罪と考えて捜査しない警察もある。捜査が行われても訴追に至らないことも少なくないが、被害者は訴追決定が警察ではなく、検察によるものだと知らないこともある。

以上のように、ヘイト・クライムは被害者に多大の被害をもたらすだけではなく、被害者支援という点でも不十分であった。ダンは実証的研究に基づいて今後のヘイト・クライム被害者支援の充実を提言している。

5　小括

イギリスにおける被害者支援局の調査とダンの論文は、日本におけるヘイト・クライム／ヘイト・スピーチの理解や被害者支援にも一定の有用な知見を与える。

第一に、日本ではこうした実証的研究が不十分である。日本政府はヘイト・クライム被害者について調査しない。むしろ差別を煽ることさえある。社会学や刑法学における調査もまれである。市民団体による個別の調査はあるが系統的な調査はこれからである。

第二に、ヘイト・クライム被害の深刻さを理解するためには、個別の被害感情だけではなく集団的な調査における被害の諸相を見る必要がある。加害者―被害者関係、犯行の状況、コミュニティの状況（犯罪に寛容なコミュニティもある）などによって被害も異なって見えてくる。被害感情の持ち方も異なるだろう。個別の事例だけをもとにしてヘイト・クライム被害について語ることの限界も認識しておく必要がある。

第三に、被害の複合性、複雑性である。被害者の語りが必ずしも事案を的確に反映しないことがあるのは、その複合性ゆえに被害者が自分の体験している現実の全体を受け止められないからであろう。警察が些細な犯罪と評価してしまうのも、事案の一面だけしか見ようとしないからであろう。

六　人権侵害としてのヘイト・クライム――ペリー&オルソン論文

1　ヘイト・クライムの実害

本項ではバーバラ・ペリーとパトリク・オルソンの論文「人権侵害としてのヘイト・クライム」を紹介する（＊37）。ペリーとオルソンによると、一九九三年のウィスコンシン対ミッチェル事件判決で、レンキスト判事はヘイト・クライムを特別な犯罪類型とみなした。一九八九年、ベンソンハーストでイタリア系若者集団によって若いアフリカ系アメリカ人が殺され、ニューヨークで人種的小競り合いから殺人事件が起きた。二〇〇二年、ネヴァダ州カーソンでもネイティヴ・アメリカンが攻撃された事件の後に、一二人のネイティヴ・アメリカン男性が二人のラテン系男性を襲撃した。マクデヴィドは、ヘイト・クライム犯行者は前の事件に対する反応として報復の動機から事件を惹き起こすと分析した。前の事件が実際に起きた事件か、そういう事件があったと考えられただけかは問わない。被害者の文化集団が直接に加害者やそのコミュニティに対して報復しない場合でさえ、ヘイト・クライムはコミュニティ間の関係に有害な影響を与える。言語や価値観の異なる文化集団が偏見に動機付けられた犯罪による恐怖や猜疑ゆえにいっそう大きな距離感を持つ。

２　人権侵害という被害

ペリーとオルソンによると、人権関係文献では、国家やそれに代わろうとする勢力による人権侵害に関心が集まりがちであり、系統的で、組織された暴力や抑圧が中心とされている。ドイツのユダヤ人やルワンダのツチ人に対する残虐なジェノサイドと同様のことが、紛争のアフリカや中東、あるいは革命の中南米諸国で起きるとみなされている。だが、人権侵害という点ではヘイト・クライムにも共通性があり、しかも大規模で継続的である。被害を受けるコミュニティにとっては大規模で、継続的な脅威、日々の危険である。

被害を受けるコミュニティにとっては持続する攻撃であり、規範的である。典型的な「路上犯罪」とは違ってヘイト・クライムは一回限りの出来事ではない。多くの被害者にとって継続的なハラスメントと残虐行為である。ヘイト・クライムの持続的性質は人権侵害と類比的であり、組織的人権侵害といえる。ヘイト・クライムはランダムに起きるのではなく組織的、意識的に行われる。被害者は明確な目的をもって選ばれる。スタンコは著書『日々の暴力』で、ヘイト・クライムを「狙いを定めた暴力」と呼び、特定の集団構成員が被害を受けやすいことを示している(＊38)。人種暴力、ジェンダー暴力、反移民暴力が複雑な権力構造の下で起きる。従属的集団と支配的集団の間の相互作用が特権者に差異を定義する権限を与える。アイリス・マリオン・ヤングは論文「抑圧の五つの顔」(一九九五年)で「組織的暴力」と呼んでいる(＊39)。ヘイト・クライムと人権侵害の結びつきは明白である。どちらも被害者の価値を問題にして、被害者を恐怖に陥れ、無力化させようとする。人種的暴力を含む抑圧は偏狭な個人による意識的行動の結果にとどまらない。それは規範、仮定、行動、政策であり、人種的階層やジェンダー階層と構造的に結びついている。抑圧者はこの暴力を通じて一定の命令を押付ける。抑圧暴力は社会的権力のメカニズムであり、白人男性が白人支配を主張する特権的地位と、皮膚の色、男らしさ、性による抑圧を強化し、抑圧される者から自由と尊厳を剝奪する。すなわち、人権を剝奪する。

ペリーとオルソンによると、ボスニアの民族浄化ではヘイト・クライムが盛んに行われ、被害者の人間性を剝奪しようとした。戦時に行われるヘイト・クライムはもっとも極端な残虐行為になる。社会心理学者ネイル・クレセルの『大憎悪――ジェノサイドとテロの世界的流行』は戦時の憎悪による残虐な強姦が最悪の形態で行われたことを示している(＊40)。同じことは今日の紛争においても続いている。

国家がヘイト・クライムに寛容なために被害が生じる例もある。ラテン・アメリカの多くの都市におけるストリート・チルドレンはその例である。路上で生活するストリート・チルドレンは特権的市民から排斥され、決して受け入れられない。ストリート・チルドレンはドメスティック・バイオレンス、ネグレクト、心理的・身体的・性的虐待から逃れてきたのに行き場がなく、どこへ行っても排除される。ボゴタ、リオデジャネイロ、サンパウロなどの都市では「社会的浄化」と呼ばれる殺害が起きている。その社会でもっとも弱い立場で差別されている集団に対するヘイト・クライムである。自警団や警察官が、商売の邪魔になる子どもたちを排除していく。ストリート・チルドレンがよりよい生活条件で暮らせるように援助することはせず、子どもたちを邪魔者として理解する。

ペリーとオルソンによると、アメリカ、イギリス、カナダなど西洋文化は性、人種、ジェンダー、階級などに即した線を引いて横断的階層をつくっている。この構造は排除と周縁化を通じて強化される。この構造は非対称的であり、一方に支配、正常化、特権を、他方に従属、周縁化、不利益を用意する。ここでは善と悪、優位と劣位、強者と弱者、支配と従属の二元論が貫徹する。自己と他者が異なる場合に、他者の差異を何らかの欠落、欠乏と理解する社会的政治的過程が作動する。人種、性、階級などに着眼して差異を正当化する。劣位の者が特定されるや、劣位の者の社会的な場所も指定される。この構造が資源や権限の分配の不平等を基礎づける。他者のイメージが否定的に描かれると、その認識によって集団構成員が被害にさらされる。ヘイト・クライムは「暴力を正当化する信念体系によって支えられる」。従属集団に属する者は従属集団に属するが故に潜在的被害者なのである。何かをしても、何もしなくても非難される。実行者にとってヘイト・クライムは「優位―劣位の自然な関係」である。境界を示す文化間表現の一形態である。

ペリーとオルソンはかくして人権への抑圧問題にたどりつく。自由、尊厳、行動の最大の制限のための暴力の威嚇であり、暴力そのものがまさにヘイト・クライムの意図である。ヘイト・クライムが被害者の自由や行動を制限する他の方法も検討する必要がある。ヘイト・クライムには感情的被害もあり、多くの被害者はさらなる被害を恐れて行動を抑制する。他者との交流の欲求を抑えるからである。恐怖の結果、多くの境界がつくられてしまう。外出すると被害を受けるかもしれないから自宅にとどまるというように、被害者の選択肢が減っていく。

要するに、ヘイト・クライムはほとんどの人権侵害と同様に、被害者を隔離し、周縁化する効果を有する。歴史上知られるゲットーはまさに人種暴力の所産である。形態は異なっても今日も人種暴力は同じ役割を果している。白人でない者が地理的に、あるいは経済的に想定された境界を越えると白人の領域への侵犯とみなされて暴力被害を受ける。地理的な住居の隔離は社会的経済的隔離を伴い、健康、教育、雇用にも影響する。ワシュテルの著書『アメリカの精神における人種』は「自発的隔離」という言葉を使っている（＊41）。差別される側が被害を受けないようにするために「自発的に」自分たちの家、店舗、コミュニティに引きこもることを余儀なくされるからである。

3　結論

ペリーとオルソンによると、かつて女性に対する暴力が広範に行われ、制度的にも慣習的にも、ある程度は法的にも、社会現象として許されていた。同じことがマイノリティ集団に対する暴力についても言える。人権の基本原理が人間の完全性、平等、自由であるならば、ヘイト・クライムはまさに重大人権侵害である。ヘイト・クライムは被害者の安全と完全性を直接攻撃する。それゆえ人権侵害の脅威の深刻性を問うべきである。なぜなら、個人による個人への攻撃が問題なのではなく、社会の構造的階層的問題だからである。ある集団に力を与え、ある集団から力を奪うのである。

社会問題が発生した場合に法律を制定して対処するのはほとんどの西欧諸国の伝統的対応である。ところが、ヘイト・クライム法が制定されても制約がある。一つの国家のなかでも不均衡が生じる。伝統的に抑圧されてきた集団は法律から排除される。人種的マイノリティ保護法ができても、女性、ゲイ、レズビアンには同じ保護が与えられない。ヘイト・クライム法の性格もさまざまである。偏見に動機を持つ暴力に対処するものもあれば、制度的野蛮行為に対処するものもあれば、刑罰加重だけを定めるものもある。

ペリーとオルソンは、人権の観点から、非差別を促進しヘイト・クライムを予防するために、国家及び地方の裁判官、立法者が基本的役割を果たすべきであり、政府もＮＧＯも被害を受けやすい集団の人権を保護するための包括的立法から利益を得るという。

4　小括

以上が、ペリーとオルソン論文の簡潔な紹介である。ペリーとオルソンはヘイト・クライム／ヘイト・スピーチを人権侵害として捉えている。ここでの人権侵害とは単発で起きる個別の人権侵害ではなく、組織的継続的に起きる重大人権侵害を意味している。今後の議論のために、いくつか整理しておこう。

第一に、ペリーとオルソンが言う人権侵害は組織的継続的な重大人権侵害である。個別事件ではなく社会現象に焦点を当て、社会構造的に発生するヘイト・クライムを問題にしている。背景にはヘイト・クライム発生に関する権力論がある。多数―少数、優位―劣位の権力的構造があるがゆえに、その下で起きるヘイト・クライムである。権力構造は社会ごとに異なる。それぞれの社会の実態から自ずと明らかになる。アメリカでは基本的に白人が黒人などの有色人種に対して、男性が女性に対して、ヘテロセクシュアルを自然視する者がホモセクシュアルに対して、圧倒的な力関係の下でヘイト・クライムを行う。
第二に、刑法理論的にはヘイト・クライムの保護法益論が重要である。刑法における個人的法益は基本的には生命、身体、自由、名誉、財産という形で整理されてきた。それもまた人権の内容である。殺人罪、傷害罪、監禁罪、名誉毀損罪、窃盗罪の保護法益は、それぞれ生命、身体、自由、名誉、財産である。ヘイト・クライムの場合はこれらに直接対応するとは限らない。差別的動機による殺人の場合、もちろん生命が失われているが、保護法益を生命だけと理解するのは必ずしも適切ではない。ヘイト・スピーチのように発言だけによるヘイト・クライムも、名誉だけを侵害しているのではない。むしろ、ヘイト・スピーチは社会的迫害の一環である。その意味でヘイト・クライムに独自の法益を見定める必要がある。ヘイト・クライムが「複合的犯罪」であるというのは、実行行為にも複合性があるが、同時に保護法益にも複合性があるからである。
第三に、以上のことからみて、ヘイト・クライム／ヘイト・スピーチを古典的な個人的法益論のレベルで考えることが適切なのかどうかも再検討が必要である。ペリーとオルソンは、紛争時における民族浄化など人道に対する罪やジェノサイドにあたる行為や独裁政権による弾圧・違法行為と比較している。人道に対する罪の基本類型の一つは迫害であり、ヘイト・クライム／ヘイト・スピーチの法的性格は社会的迫害、社会的排除である。

〈註〉

（＊1）金尚均「在日朝鮮人の特権廃止を目的に掲げる団体の活動として、構成員ら総勢一一名で、多数の威力を示し、多数の児童がいる朝鮮学校付近において、拡声器を使って侮辱的言辞を繰り返し怒号した等の行為について、正当な政治的表現の限度を逸脱した違法なものであり、威力業務妨害罪、侮辱罪、器物損壊罪等が成立するとした事例」ＴＫＣローライブラリー速報判例解説・刑法六〇。楠本孝「在特会事件判決の意義と限界」『法と民主主義』二〇一一年一二月号。前田朗「団体構成員らが学校や労組事務所に押しかけて侮蔑的言辞を呼号し喧騒を引き起こすなどしたことが威力業務妨害、侮辱等にあたるとされた事例」ＴＫＣローライブラリー速報判例解説・国際公法一三。

（＊2）前田朗編『なぜ、いまヘイト・スピーチなのか』（三一書房、二〇一三年）。

（＊3）冨増四季「京都朝鮮学校襲撃事件」前田編・前掲書。

（＊4）中村一成「被害者が受ける苦痛と被害」前田編・前掲書。

（＊5）金東鶴「『高校無償化』制度からの排除」前田編・前掲書。

（＊6）古川雅朗「水平社博物館差別街宣事件」前田編・前掲書。

（＊7）岡本雅亨「フジテレビデモからロート製薬攻撃へ」前田編・前掲書。

（＊8）阿部ユポ「アイヌ民族に対する差別」前田編・前掲書。

（＊9）西岡信之「沖縄における憎悪犯罪」前田編・前掲書。

（＊10）ＩＭＡＤＲ『今、問われる日本の人種差別撤廃――国連審査とＮＧＯの取り組み』解放出版社、二〇一〇年）。さらに本書第6章参照。

（＊11）前田朗「日本には人種差別がある」『週刊金曜日』五九七号（二〇〇六年）、及び前田朗『増補新版ヘイト・クライム』（三一書房、二〇一三年）第2章参照。

（＊12）Barbara Perry, In the Name of Hate: Understanding Hate Crime, Routledge, 2001. バーバラ・ペリーはオンタリオ大学教授、犯罪学者であり、他の著書に『憎悪犯罪と偏見犯罪』がある。

（＊13）Barbara Perry (ed.), Hate Crimes, Vol.3 , The Victims of Hate Crime, Praeger Perspective, 2009. 第三巻は、全部で一〇章から成る。著者と論文タイトルを列挙しておこう。バーバラ・ペリー「ネイティヴ・アメリカンに対する人種主義暴力」、キャロライン・ターピン-ペトロシノ「黒人被害者化――直感と現実」、シルヴィナ・イトゥアト「正当化された反ラティーノ感情――暴力を引き起こす偏見を生む」、ヘレン・アン・リン「人種、偏狭、ヘイト・クライム――アジア系アメリカ人と差異の構築」、スコット・ポインティング「イスラモフォビアとヘイト・クライム」、ポール・イガンスキ「反ユダヤのヘイト・クライムを概念把握する」、エレン・フォークナー「カナダとアメリカにおける反レズビアン、ゲイ、バイセクシュアル及びトランスジェンダー被害者化」、ウォルター・デケサーディ「ヘイト・クライムとしての北米における女性に対する男性暴力」、フランク・レーン、リンダ・ショー&マーティン・キム「障害をもつ人々に対するヘイト・クライム」、サンドラ・ワクホルツ「憎悪を通る道――ホームレスの被害者化を探求する」。念のため二点留保をしておきたい。第一に、同書が対象とするのは主に北米の現象である。北米と日本とでは状況が全く異なる。国家・社会の歴史も風土も、在住する人種・民族構成も、通常犯罪の発生率も、犯罪に対する社会の反応も、刑事司法制度も全く異なる。北米の状況を直接日本に当てはめることができないし、比較対象とする場合にも数々の留意事項が必要となる。それにもかかわらず同書を紹介するのは、主に次の理由からである。ヘイト・クライム／ヘイト・スピーチをめぐる日本の憲法論議においては必ずと言ってよいほどアメリカ憲法の紹介がなされてきた。アメリカ憲法における表現の自由の解釈が圧倒的な影響を与えてきた。そうであればヘイト現象に関するアメリカの状況も紹介しておく必要がある。いかなる状況で、誰が、どのようにして犯罪の標的とされるのか、いかにして法益や人権を守るべきかという課題に関しては、すべての諸国の経験に学ぶことができるが、それだけ広範な調査・研究の余裕はない。比較的多くの研究の蓄積のある北米に学ぶことにはそれなりの理由がある。第二の留保であるが、被害者に焦点を当てることは「被害者問題」を想定することではない。「被害者問題」という構えは往々にして「被害者に問題があった」「被害を受けたのは被害者側にも一因がある」といった議論を誘引しがちである。しかし、ヘイト・クライム／ヘイト・スピーチの真の原因は加害者の側にある。百歩譲っても「加害者と被害者を取り巻く社会的関係・社会構造」の問題である。

(＊14) Barbara Perry, Racist Violence Against Native Americans, in: Barbara Perry (ed.), Hate Crimes, Vol.3, The Victims of Hate Crime, Praeger Perspective, 2009.

(＊15) Young, I., Justice and the politics of difference. Princeton University Press, 1990.

(＊16) Smith, A., Conquest: Sexual Violence and American Indian Genocide. South Side Press, 2005.

（＊17）Carolyn Turpin-Petrosino, Black Victimization: Perception and Reality. in: Barbara Perry (ed.), Hate Crimes, Vol.3, The Victims of Hate Crime, Praeger Perspective, 2009. ターピン−ペトロシノはマサチューセッツ州立ブリッジウォーター大学准教授であり、刑事司法研究者である。

（＊18）Silvina Ituarte, Legitimized Anti-Latino Sentiment: Breeding the Prejudice that Perpetuates Violence. in: Barbara Perry (ed.), Hate Crimes, Vol.3, The Victims of Hate Crime, Praeger Perspective, 2009. イトゥアトはニュージャージーのキーン大学を経てカリフォルニア州立大学准教授となり、専攻は刑事司法である。

（＊19）Glassener, B., The culture of fear: Why Americans are afraid of the wrong things. Basic Books, 1999. 9・11後の愛国者法は、すべての移住者に対する恐怖に拍車をかけた。同じ生活領域において同じ恐怖を共有するはずのラティーノがスケープゴートにされた。テロとの戦争の名目で移住者の制限と強制送還が行われた。未登録移住者の大量逮捕、人種を口実にした警察によるハラスメント、二級市民の創設が現出した。

（＊20）Helen Ahn Lim, Race, Bigotry, and Hate Crime: Asian Americans and the Construction of Difference. in: Barbara Perry (ed.), Hate Crimes, Vol.3, The Victims of Hate Crime, Praeger Perspective, 2009. リンはカリフォルニア・ルーテル大学准教授である。同シリーズ『ヘイト・クライム』第二巻にも「直接被害者を超えて――ヘイト・クライムをメッセージ犯罪として理解する」を執筆している（本章第3節参照）。リンによると、アジア系アメリカ人は「モデル・マイノリティ」とも特徴づけられ、一部ではもはやヘイト・クライムの被害を受けることはないかのように言われているが、事実ではない。アジア系に対するヘイト・クライムは実際に起きているのに、報告されていない。

（＊21）Scott Poynting, Islamophobia and Hate Crime, in: Barbara Perry (ed.), Hate Crimes, Vol.3, The Victims of Hate Crime, Praeger Perspective, 2009. ポインティングはマンチェスター・メトロポリタン大学教授であり、共著に『郊外のビン・ラディン――アラブ人を犯罪者にする』、『ケバブ、子ども、警官、犯罪』などがある。なお、9・11以後のイスラモフォビアの形成と展開を脱植民地主義的立場から検討したものとして、David Tyrer, The Politics of Islamophobia, Pluto Press, 2013.

（＊22）Green, P. & Ward, T., State crime: Governments, violence and corruption. Pluto Press, 2004. 同書につき前田朗『国

民を殺す国家』（耕文社、二〇一三年）一八頁参照。

（＊23）中村一成『ルポ京都朝鮮学校襲撃事件』（岩波書店、二〇一四年）。

（＊24）Paul Iganski (ed.), Hate Crimes, Vol.2, The Consequences of Hate Crime, Praeger Publishers, 2009. イガンスキはロンドン大学大学院で博士号を取り、ランカスター大学犯罪学講師である。編著に『ヘイト議論』、『新しい反セミティズム？』、『ロンドンのユダヤ人に対するヘイト・クライム』があり、最近の著作に『ヘイト・クライムと都市』がある。本書の著者と論文タイトルを列挙しておこう。ポール・イガンスキとスピリドウラ・ラゴウ「ヘイト・クライムはいかにより多くを侵害するか――イギリス犯罪研究からの立証」、ケリーナ・クレイグ‐ヘンダーソン「ヘイトの心理学的被害――連累と介入」、エヴァ・ティビ「スウェーデンにおけるホモフォビックなヘイト・クライム」、ガイル・メイソン「身体の地図――ホモフォビア、暴力、安全を心に描く」、モニク・ノエル「反バイセクシュアル・ゲイ・レズビアン暴力とハラスメントの心理学的影響と社会的影響」、ヘレン・アン・リン「直接被害者を越えて――ヘイト・クライムをメッセージ犯罪として理解する」、ピーター・ダン「犯罪と偏見――ヘイト・クライム被害者の必要と援助」、ネイル・チャクラボーティとジョン・ガーランド「イギリス田舎のレイシスト被害者化の確認、他者性、影響」、ニコル・アスキス「言葉や文書による憎悪の被害」、バーバラ・ペリーとパトリク・オルソン「人権侵害としてのヘイト・クライム」。

（＊25）Paul Iganski and Spiridoula Lagou, How Hate Crimes Hurt More: Evidence from the British Crime Survey. in: Paul Iganski (ed.), Hate Crimes, Vol.2, The Consequences of Hate Crime, Praeger Publishers, 2009. ラゴウは二〇〇五年にロンドン大学大学院修士号を取得した社会調査・市場調査研究者である。本論文は一三頁の短いものだが、小見出しをつけた四つのパートに分かれている。以下、本論文を紹介するが、以下ではhurtを「侵害する」、harmを「実害」（被害）と訳す。

（＊26）Gordon, P., Racist harassment and violence. in: Stanko (ed.), Perspectives on violence, Quartet, 1994.

（＊27）Rai, D.K., & Hesse, B., Racial victimization: An experiential analysis. in : Beneath the surface: Racial harassment, Avebury, 1992.

（＊28）Lawrence, F. M., The Hate Crime Project and its Limitations. George Washington University Law School, 2006.

（＊29）Kellina M. Craig-Henderson, The Psychological Harms of Hate: Implications and Interventions. in:Paul Iganski (ed.), Hate Crimes, Vol.2, The Consequences of Hate Crime, Praeger Publishers, 2009. クレイグ-ヘンダーソンは個人間の紛争や集団間の紛争に焦点をあててきた社会心理学者である。特に人種間関係と人種的偏見について調査してきた。現在、アメリカ科学財団の社会的行動と経験科学部門に勤務しつつ、ハワード大学心理学科で研究している。クレイグ-ヘンダーソンは連邦捜査局が二〇〇五年に取り扱ったヘイト・クライムについて、人種を動機とするもののうち三七％が黒人に対するものであると確認し、9・11以後はアラブ人、ムスリム、中東出身者が標的となることが増えたという。ヘイト・クライムはグローバルな問題であり長い歴史を有するが、ヘイト・クライムという名称で議論されるようになったのはこの二〇年である。研究はようやく本格化してきたが、クレイグ-ヘンダーソンは「ヘイト・クライム被害の心理学的影響」を論じるために刑事司法、社会調査、社会心理学、臨床心理学の文献に学ぶことになる。

（＊30）Levin, J. & McDevitt, J., Hate Crimes : The rising tide of bigotry and bloodshed. Plenum, 1993.

（＊31）Herek, G. M., & Berrill, K. T. (ed.), Hate Crimes. Sage, 1992.

（＊32）Garofalo, J., Hate Crime Victimization in the United States. in: Victims of Crime, Sage, 1997.

（＊33）中村一成前掲書は、クレイグ-ヘンダーソンの分析を紹介して、応用している。

（＊34）Helen Ahn Lim, Beyond the Immediate Victim: Understanding Hate Crimes as Message Crimes, in: Paul Iganski (ed.), Hate Crimes, Vol.2, The Consequences of Hate Crime, Praeger Publishers,2009. リンは二〇〇二～〇三年に四五件のインタヴュー調査をした。対象はニュージャージーとニューヨークに居住する中国系、コリアン系、日系、東アジアインド系、ベトナム系、中華インドネシア系、中華フィリピン系、中華マレーシア系、日系コーカサス系、コリアン系コーカサス系である。ただし例外があって、五件はカリフォルニア、テキサス、インディアナの住人である。女性が二三人、男性が二二人である。在留資格は永住権を有するか、アメリカ生まれである。全インタヴューに一貫しているのは攻撃者としての白人の性格である。人種主義的動機による犯罪には、マイノリティ間の犯罪も含まれるが、調査結果は圧倒的にマジョリティである白人によるヘイト・クライムに焦点が当たることになった。アジア系アメリカ人がヘイト・クライムの脅威に対してどのように反応したかを検討すれば、ヘイト・クライムの実害が直接の被害者を越えて、標的とされた住民に及んでいるかが判明する。

（＊35）Hwang, V., The interrelationship between anti-Asian violence and Asian America. in: Hall & Hwang, Anti-Asian violence in North America. AltaMira Press, 2001.

（＊36）Peter Dunn, Crime and Prejudice: Needs and Support of Hate Crime Victims, in: Paul Iganski (ed.), Hate Crimes, Vol.2, The Consequences of Hate Crime, Praeger Publishers, 2009. ピーター・ダンは一九九九年までプロベーション・オフィサー（保護観察官）、続いて青年司法局政策顧問となり、さらに被害者支援に取り組んできた。現在、ロンドン・スクール・オブ・エコノミクスでヘイト・クライムの影響について社会学研究をしている。インタヴューは二〇〇六年にイギリスのマンチェスターの四つの地域（ランベス、カーディフ、ストーク・オン・トレント、オールドハム）で一〇七人に対して行われた。ほとんどが黒人、アジア人、ゲイ、レズビアン、トランスジェンダー、難民、難民申請者である。調査報告書は『犯罪と偏見――ヘイト・クライム被害者の支援の必要』として公刊された。

（＊37）Barbara Perry and Patrik Ollson, Hate Crime as Human Rights Violation, in: Paul Iganski (ed.), Hate Crimes, Vol.2, The Consequences of Hate Crime, Praeger Publishers, 2009. オルソンは一九九〇年代から子どもと青年の権利、情報工学、社会変動、労働法などの分野の調査を行ってきた。特に子ども労働、人身売買、紛争下の子ども、刑事施設の子ども、教育の権利、非差別原則に関心を持ってきた。ペリーとオルソンはヘイト・クライムの影響を個人に対するものと集団に対するものとに分け、直接被害者への影響と被害者が属する集団構成員に対する影響について議論する必要があるとし、直接被害は被害者の人権侵害であるとする。従来の研究でも個人への被害としては身体的被害が数えられ、ついで感情的、心理学的、行動論的影響が注目されてきた。被害者化がいかに犯罪にかかわる個人の認識に影響するかを理解することが重要である。直接被害者の経験を越えて考えるならば、推測の領域に入ることになる。ヘイト・スピーチは「メッセージ犯罪」であって、被害者のコミュニティの構成員全員に対して明白な警告を発する。「境界を越えるな。目に見えない境界を越えるな。もし越えたなら、殴り倒すぞ」というメッセージである。それゆえ個人の恐怖は被害者の文化集団の集団的恐怖となる。

（＊38）Stanko, E., Everyday violence. Pandora Press, 1990.

(＊39) Young, I.M., Five faces of oppression. in: Harris, Multiculturalism from the margins, Bergin and Garvey, 1995.
(＊40) Kressel, N., Mass Hate: The Global Rise of Genocide and Terror. Westview Press, 2002.
(＊41) Wachtel,P., Race in the Mind of America. Routledge, 1999.

第5章　ヘイト・スピーチの類型論

第1節　ヘイト・スピーチ行為の分類

一　行為分類の必要性

ヘイト・クライム／ヘイト・スピーチに関する従来の比較法研究はアメリカ研究中心であり、議論を「表現の自由」に閉ざす特異な姿勢が貫かれてきた。他方、刑法学の比較法研究はドイツ中心であり、民衆煽動罪や集団侮辱罪の理論研究が中心であった。それぞれに優れた研究が多数公表されているが、ヘイト・クライム／ヘイト・スピーチの全体像を明らかにせず、本質を十分に把握していると言えるか疑問のあるものも少なくない。その他の諸国の法状況の研究も見られるものの、個別研究にとどまる。

その結果、ヘイト・クライム／ヘイト・スピーチの行為論が欠落している。ヘイト・スピーチという言葉は誤解を招きかねず、従来の議論はまさに誤解の道を歩んできた。暴力の側面を無理やりそぎ落とし、あたかも「純粋表現」でもあるかのごとく装い、被害を軽視する。ヘイト・スピーチには多様な行為があることに目を閉ざして表現の自由の議論だけに専念する。現実を無視して「表現の自由か、ヘイト・スピーチの規制か」という根拠のない二者択一を大前提にしてきた。ヘイト・スピーチ行為の多様性と複合性を無視して現実離れした議論を展開しても、意味のある法律論にはなりえない（＊1）。

もっとも、欧州の研究を見てもヘイト・スピーチ行為の多様性と複合性に着目した法的な行為分類を意識的に行っている例が見当たらない。参照すべき先行研究はあまり見当たらないようである。

国際自由権規約は「憎悪煽動」を取り上げているが、実際の行為の多様性を反映していない。人種差別撤廃条約第四条(a)はヘイト・スピーチの犯罪化を、第四条(b)はヘイト団体の犯罪化を定めているが、刑法的な犯罪実行行為論としてみた場合には不十分であるかもしれない。差別煽動に関するラバト行動計画では、①文脈、②発言者、③意図、④内容と形式、⑤言語行為の範囲、⑥切迫の度合いを含む結果の蓋然性という六つの要素を示している（本書第7章3節参照）。人種差別撤廃委員会の一般的勧告三五はヘイト・スピーチを理解するための「文脈的要素」として、①スピーチの内容と形態、②経済的、社会的および政治的風潮、③発言者の立場または地位、④スピーチの範囲、⑤スピーチの目的を取り上げている（本書第7章2節）。ラバト行動計画も人種差別撤廃委員会の一般的勧告三五も、ヘイト・スピーチの多様性と複合性を理解しているがゆえに、行為類型論という形ではなく、一般的定義と文脈的要素による絞り込みの方法を選択している。ヘイト・スピーチの多様性と複合性に着目した研究がないため、こうした方法を採るしかないだろう。

それでは他に方法はないのだろうか。議論の前提を整理するために本節では差別煽動行為の分類を提示する。必ずしも実証的な知見に基づいたものでも体系的な分類というわけでもなく、不十分な経験的知見をもとに、おおむねの理解としてひとまず提示する分類の試みである。従来の刑法規定を前提として、それに合わせてヘイト・スピーチの諸局面を切り取って考察してみる。類型論として不十分なことを断らざるを得ないが、今後の研究のためのステップとして次項で差別煽動行為の分類の試みを提示する（＊2）。

二　差別煽動行為の類型

ヘイト・クライム／ヘイト・スピーチとはいかなる事態であり、いかなる被害を生むか。このことを理解するために、現実に起きてきたヘイト・クライム／ヘイト・スピーチを最低限、見ておく必要がある。現実社会に生起しているヘイト・クライム／ヘイト・スピーチが、必ずしも法的意味でのヘイト・クライム／ヘイト・スピーチに正確に該当するとは限らないので、この方法には最初から限界がある。しかし、見るべき分類仮説が提示されていない状態で議論を続けることのほうが不健全であり、ボタンの掛け違いを繰り返すだけである。ヘイト・スピーチは広い意味で差別表現の一つであるが単なる差別表現ではない。このことさえ理解しない論者があまりに多いのが現状であるから、これまでヘイト・スピーチとして取り上げられてきた諸事例をもとに、さらに刑法やその他の法規定、及び諸外国のヘイト・スピーチ法を参照してヘイト・スピーチの行為類型を見ておこう。ここでは、①差別表明型、②名誉毀損型、③歴史否定型、④脅迫型、⑤迫害型、⑥ジェノサイド煽動型、⑦暴力付随型の七類型を提示して、それぞれについて検討する（図表9参照）。

①差別表明型――人種差別撤廃条約第四条柱書は「一の人種の優越性若しくは一の皮膚の色若しくは種族的出身の人の集団の優越性の思想若しくは理論に基づくあらゆる宣伝及び団体又は人種的憎悪及び人種差別（形態のいかんを問わない。）を正当化し若しくは助長することを企てるあらゆる宣伝及び団体を非難し、また、このような差別のあらゆる扇動又は行為」としている。自民族の優越性の主張や、人種や民族を動機として他者への差別感情を表明する行為がヘイト・スピーチとなりうる。アーリア人や日本民族の優越性の主

図表9　ヘイト・スピーチの行為類型

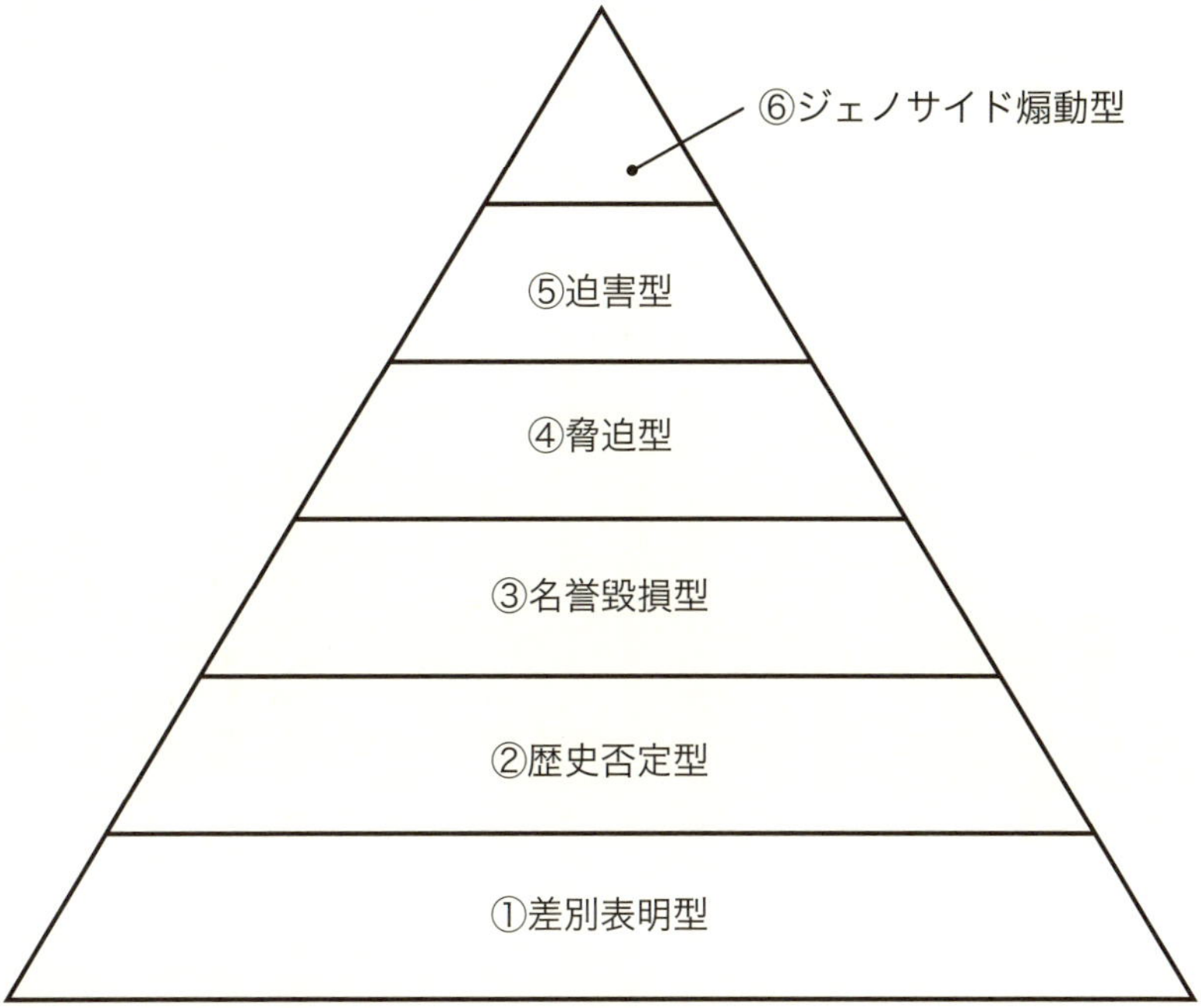

張がユダヤ人や朝鮮民族の劣等性の主張につながった。差別表明のすべてがヘイト・スピーチというわけではないが、人種差別撤廃委員会の一般的勧告三五が示す「文脈的要素」を配慮して検討した結果、ヘイト・スピーチとなる場合がある。

②名誉毀損型――名誉毀損罪や侮辱罪にあたる行為である。名誉毀損罪とは、公然と事実を摘示して人の名誉を毀損する罪で、摘示した事実の真偽にかかわらず成立する（刑法第二三〇条）。名誉とは、人がその品性・徳行・名声・信用等の人格的価値について社会から受ける客観的な評価で、通常、内部的名誉、外部的名誉及び名誉感情に分けられる。刑法が保護する名誉は外部的名誉（社会的名誉）と理解されている。侮辱罪とは、具体的事実を摘示せずに、公然と人を侮辱する罪である（刑法第二三一条）。判例・通説によると、保

護法益は名誉毀損罪と同じで、外部的名誉であり、事実の摘示の有無で名誉毀損罪と異なるとされる。京都朝鮮学校襲撃事件では、朝鮮学校をスパイ養成機関と誹謗するなど、朝鮮人を貶める発言を連呼した。ドイツでは集団侮辱も処罰されるが、日本では個人に対する名誉毀損だけが犯罪となり、民族に対する名誉毀損は犯罪ではないとされる。国際自由権規約第二〇条や人種差別撤廃条約第四条のヘイト・スピーチは名誉毀損罪や侮辱罪とは異なる犯罪であるが、ドイツでは民衆煽動罪とは別に集団侮辱罪の規定があるように、両者は密接に関連する類型である。

③歴史否定型――「アウシュヴィッツの嘘」やホロコースト否定の罪として知られる類型である。ナチス・ドイツによるユダヤ人ジェノサイドはユダヤ民族にとって決して忘れることのできない特異な歴史的経験であり、その後のユダヤ民族のアイデンティティとなっている。歴史の事実を公然と否定する発言はユダヤ民族のアイデンティティを傷つける。フランス刑法はユダヤ人ジェノサイドだけでなく、国際刑事法廷で裁かれた人道に対する罪の事実を否定する発言を対象としている。行為者の主観的認識としては単に事実認識や歴史認識を表明したにすぎないと弁明されがちであるが、国際社会で確定して受け入れられている歴史的事実の認識を根拠なく覆す発言を公然と行うことは、他者の人格権に対する攻撃とみなされることがある。

④脅迫型――脅迫罪にあたる行為である（刑法第二二二条）。刑法第二二二条第一項は「人を脅迫」する行為である、第二項は「親族」への害悪を告知して「人を脅迫」する行為である。脅迫とは、害悪を加えることを告知して人を畏怖させることである。保護法益は意思決定の自由とされる。刑法には脅迫罪のみならず、さまざまの脅迫概念があるとされる。講学上、広義の脅迫は公務執行妨害罪（刑法第九〇条）のように、人を畏怖させる害悪の告知一般をさす。狭義の脅迫は脅迫罪や強要罪（刑法第二二三条）のように、特定人

への特定法益の害悪の告知を意味する。最狭義の脅迫は相手の抵抗を抑圧するか又は著しく困難にする程度に至ることが必要である。相手に害悪が起きることを告知すれば脅迫であり、殺害予告もこれに当たる。告知がなされれば、被害者が実際に恐怖心を感じなくても既遂となる。その行為は、一般人が畏怖するに足りる程度のものであればよい。「殺す」「殴る」だけではなく、「何をするかわからない」という表現で暗に加害予告する場合も含まれる。

⑤迫害型——単なる脅迫ではなく、他者を社会から排除しようとする行為である。日本刑法には人道に対する罪としての迫害が規定されていないが、国際刑法では人道に対する罪としての迫害が犯罪であることは確立している。国際刑事裁判所規程第七条第二項は「(g)『迫害』とは、集団又は共同体の同一性を理由として、国際法に違反して基本的な権利を意図的にかつ著しくはく奪することをいう」とする（本章第2節参照）。日本政府も人道に対する罪としての迫害の犯罪規定を含む国際刑事裁判所規程に加入している。歴史的にはナチスのユダヤ人迫害や旧ユーゴスラヴィアの民族浄化が典型である。多衆で押し掛けて「朝鮮人を日本から叩き出せ」と騒ぐ状態をつくり出せば、あたる可能性が出てくる。

⑥ジェノサイド煽動型——ジェノサイドとは、アルメニア・ジェノサイドと呼ばれる集団殺害やナチス・ドイツによるユダヤ人殺害を念頭につくられた言葉であり、主に民族性に着目して当該集団を破壊する意図を持って、その集団の一部を殺害したり、出生を妨げる措置を講じることである。一九四八年のジェノサイド条約第二条に規定されたが、一九九八年の国際刑事裁判所規程第六条にも同じ規定が採用された。ジェノサイド条約第三条はジェノサイドを犯すことの「直接且つ公然の教唆」を処罰するとした。「個人の刑事責任」について定めた国際刑事裁判所規程第二五条は「既遂又は未遂となる当該犯罪の実行を命じ、教唆し、又は

勧誘すること」、「当該犯罪の実行を容易にするため、既遂又は未遂となる当該犯罪の実行をほう助し、唆し、又はその他の方法で援助すること（実行のための手段を提供することを含む。）」、「共通の目的をもって行動する人の集団による既遂又は未遂となる当該犯罪の実行に対し、その他の方法で寄与すること」、「当該集団の犯罪活動又は犯罪目的の達成を助長するために寄与する場合」を列挙したうえで、ジェノサイドについて「集団殺害犯罪に関し、他の者に対して集団殺害の実行を直接にかつ公然と扇動すること。」としている。文書により訳語が異なるが、incitement（教唆、煽動）は国際刑法ではよく用いられる用語である。集団虐殺の煽動はアルメニアでもルワンダでも八〇万人もの大虐殺をもたらした。「朝鮮人は皆殺し」「鶴橋大虐殺を行う」といった事例がこれに当たりうる。もっとも、煽動行為の全てが該当するのではなく、結果発生の具体的危険性との関係で判断されるのが通常である。

⑦暴力付随型——暴力をふるいながら差別発言や差別煽動を行う場合や、差別的動機で暴力に出る場合である。発言に暴力が伴う場合、煽動と暴力が付随する場合、差別的動機に基づいて暴力が行われる場合など多様かつ複合的な行為がありうる。アメリカではこの類型をヘイト・クライム法という名称の法律で規制している。日本刑法で言えば、殺人（刑法第一九九条）、傷害（刑法第二〇四条）、傷害致死（刑法第二〇五条）、威力業務妨害（刑法第二三四条）、器物損壊（刑法第二六一条）、放火（刑法第一〇八条等）などの犯罪に差別動機や差別発言が伴う場合である。

このようにヘイト・スピーチにはさまざまな行為類型がある。それらが複合的に発生する。ところが、憲法学は①〜③の事例だけを議論し、その他の行為は対象としてこなかったように見える。現実を射程に入れず、差別と犯罪を放置する結果となってしまう。

ヘイト・クライム／ヘイト・スピーチについて理解するためには、こうした類型を手掛かりにしながら、当該行為が果たして該当するのかを検討していくことが必要である。いかなる類型を念頭に置いて議論を展開しているのか、その都度明確にしておくべきである。そのためには全体像を描いて、そのなかでの当該行為の位置を確認するべきである。

三　ヘイト・スピーチと暴力

ヘイト・スピーチの行為類型と複合的性格を十分認識する必要がある。ジェノサイド煽動型や迫害型ならば暴力性が顕著だが、差別表明型や名誉毀損型は暴力性がないと考える向きもあるであろう。言葉と威嚇による攻撃がなされた場合はともかく、実力行使のない言語表現だけのヘイト・スピーチの場合、暴力性を認識することは難しいと思われがちだからである。憲法学がヘイト・スピーチと言えば条件反射的に憲法第二一条の表現の自由を唱えるのも理由がないわけではない。ここで考えるべきことは、次の二つである。

第一に、そもそも刑法における暴力（暴行・脅迫）概念の理解がなされていないと思われる。刑法においては、殺人・傷害・暴行などの身体暴力だけではなく、それ以外に多様な暴力概念が認められてきた。それにもかかわらず、ヘイト・スピーチ論議になったとたん、明確な身体暴力以外の暴力への視線がさえぎられるのはなぜだろうか。

第二に、日常的にも「言葉の暴力」という比喩が用いられるが、それは単なる比喩なのかという問題である。言葉と言葉の暴力と暴力を明確に区切ることの難しさと言ってもよい。セクシュアル・ハラスメントやパワー・ハラスメントの場合に、主として言葉が用いられているにもかかわらず、これらに制裁を科すことに対して「表現の自由だ」という反論がなされない。言葉と被害結果の間の因果関係が認められているからであり、ハラスメントの暴力性、少なくとも「言葉の暴力」があることが共通認識となっているからである。ハラスメントと比較すれば、ヘイト・スピーチにも少なくとも同程度の暴力性を確認することは容易なことであろう。

1 刑法における暴力概念

第一に、刑法典にはさまざまな暴行概念が用いられているため、刑法学はこれらを四つに分類整理してきた。刑法学における常識を確認しておこう。

①最広義の暴行――人のみならず、物に対する有形力・物理力の行使も含む。例えば、騒乱罪（刑法第一〇六条）は「多衆で集合して暴行又は脅迫をした者は、騒乱の罪とし、次の区別に従って処断する。一首謀者は、一年以上一〇年以下の懲役又は禁錮に処する。二 他人を指揮し、又は他人に率先して勢いを助けた者は、六月以上七年以下の懲役又は禁錮に処する。三 付和随行した者は、一〇万円以下の罰金に処する」と定める。実行行為は、集団による暴行・脅迫である。最広義であるから、特定人に対して直接向けられていなくても、不特定人に向けられていれば足りるし、人に向けられていなくても、物に対して向けられていれば足りる。暴行・脅迫の程度は、保護法益との関係で限定され、一地方の公共の平穏を害するに足りる程度のものでなければならないとされる。

②広義の暴行――人に向けられた有形力の行使であり、直接暴力だけではなく間接暴力を含む。例えば、公務執行妨害罪（刑法第九五条）は「公務員が職務を執行するに当たり、これに対して暴行又は脅迫を加えた者は、三年以下の懲役若しくは禁錮又は五十万円以下の罰金に処する。２．公務員に、ある処分をさせ、若しくはさせないため、又はその職を辞させるために、暴行又は脅迫を加えた者も、前項と同様とする」と定める。暴行・脅迫が公務員に向けられたことが必要であるが、直接公務員に対してなされた必要はなく、間接暴行で足りる。暴行・脅迫が現実に公務の執行を妨害した必要もないとされている。例えば、公務員が押収してトラックに積み込んだ物を路上に投げ捨てる行為、現行犯逮捕の現場で差し押さえられた覚せい剤注射液入りアンプルを踏みつけて破壊する行為、公務員ではなくその補助者に対して暴行を加える行為なども、公務執行妨害罪の暴行に当たるとされている。

③狭義の暴行――人に対する有形力の行使である。例えば、暴行罪（刑法第二〇八条）は「暴行を加えた者が人を傷害するに至らなかったときは、二年以下の懲役若しくは三〇万円以下の罰金又は拘留若しくは科料に処する」と規定するが、ここに言う暴行は狭義の暴行であって、殴る、蹴る、突き飛ばすなど、人の身体に対して直接加えられた有形力の行使である。判例として有名なものは、着衣を掴んで引っ張る行為、女性の頭髪を切断する行為、顔に食塩を数回振りかける行為、大太鼓を連打して意識もうろうとさせる、または脳貧血を起こさせる行為なども暴行とされている。しかも、判例によると、有形力の行使が相手方の身体に接触する必要はない。従って、驚かすために人の数歩手前に石を投げる行為、悪口を浴びせ、追いかける気勢を示す行為、脅かすために部屋のなかで日本刀を振り回す行為、他の車両にいやがらせのために車の幅寄せをする行為等も暴行とされた。暴行罪は結果犯・侵害犯だけでなく、危険犯でもあるということになる。

④最狭義の暴行――人に対する有形力の行使が人の意思又は反抗を抑圧するに足りる程度であることを要する。反抗を著しく困難にする場合である。例えば、強要罪（刑法第二二三条）、強姦罪（刑法第一七七条）、強盗罪（刑法第二三六条）である。強要罪は「生命、身体、自由、名誉若しくは財産に対し害を加える旨を告知して脅迫し、又は暴行を用いて、人に義務のないことを行わせ、又は権利の行使を妨害した者は、三年以下の懲役に処する」（刑法第二二三条第一項）である。害悪を告知して脅迫・暴行することによって一定の結果を生じさせることである。在特会等のメンバーによるロート製薬強要事件で成立したのが強要罪である（本書第1章参照）。執拗な押し売りは強要罪に当たるとされている。複数人で取り囲んで謝罪文を書かせる行為、店員にクレームをつけて土下座を強要する行為、使用者が労働者に退職を強要する行為なども強要罪の例として知られる。強姦罪は「暴行又は脅迫を用いて一三歳以上の女子を姦淫した者は、強姦の罪とし、三年以上の有期懲役に処する。一三歳未満の女子を姦淫した者も、同様とする」（刑法第一七七条）である。強盗罪は「暴行又は脅迫を用いて他人の財物を強取した者は、強盗の罪とし、五年以上の有期懲役に処する」（刑法第二三六条）である。強姦罪と強盗罪はいずれも最狭義の暴行・脅迫とされるが、強姦罪について判例では「相手方の反抗を著しく困難にする程度のものであれば足りる」とされ、強盗罪の場合のような「相手方の反抗を不能にする程度までの暴行・脅迫でなくともよい」とされる点で異なる。

以上のように、刑法においては暴行・脅迫という語句が多数用いられているが、犯罪の性質や態様に応じて異なる意味で用いられている。

⑤威力――さらに、刑法には威力業務妨害罪（刑法第二三四条）があり、「威力を用いて人の業務を妨害した者も、前条の例による」とされている。「前条の罪」とは、信用毀損・業務妨害罪（刑法第二三三条）

であり、「虚偽の風説を流布し、又は偽計を用いて、人の信用を毀損し、又はその業務を妨害した者は、三年以下の懲役又は五〇万円以下の罰金に処する」とされている。偽計等による業務妨害罪は間接的、無形的な方法で人の業務を妨害する行為を指し、威力業務妨害罪は直接的、有形的な方法で人の業務を妨害する行為を指す。有形力の程度は、公務執行妨害罪の成立に要求される広義の暴行・脅迫よりも軽度のもので足りると解されている。京都朝鮮学校襲撃事件刑事訴訟で適用されたのが威力業務妨害罪である（本書第1章参照）。

このように見れば、これまでヘイト・スピーチと報じられ、マスコミや憲法学者が「表現の自由だ」と述べてきた事件が暴力犯罪であることが判明する。ヘイト・クライム／ヘイト・スピーチの本質は表現行為ではなく、差別、暴力、差別の煽動、暴力の煽動、迫害という暴力の文脈で理解されるべきである。

2　暴行によらない傷害

傷害罪（刑法第二〇四条）は「人の身体を傷害した者は、一五年以下の懲役又は五〇万円以下の罰金に処する」としている。通常は暴行の結果として傷害に至るが、刑法上は手段・方法が特定されていないため、必ずしも暴行を必要としない場合もありうる。執拗な脅迫電話その他の嫌がらせによってノイローゼ等に至った場合は、暴行によらない傷害が成立することがあると考えられてきた。子どもに対するネグレクトにより必要な食事を与えなかったために健康状態が悪化した場合も同様である。隣家に対してラジオや時計のアラームを大音量で鳴らし続けて精神的ストレスにより病気に追い込んだ例や、病気治療と称して身体接触によって性病を感染させたことを傷害罪とした判例もある。

なお、暴行によらない傷害は、セクシュアル・ハラスメントやパワー・ハラスメントの事案でも重要である。暴行罪や傷害罪になるかとは別に、ハラスメント裁判で違法性を認められ、損害賠償が命じられた事案には、暴行・脅迫を手段とするのではなく、言葉による執拗なハラスメントによって被害者が鬱病、外傷後ストレス障害（ＰＴＳＤ）になったなどの事案が多くみられる。

ヘイト・クライム／ヘイト・スピーチについて考える場合、暴行・脅迫が行われた場合とともに、暴行がなくても心身に被害を生じる場合を検討しておく必要がある。

四　差別煽動行為の被害

ヘイト・クライム／ヘイト・スピーチを的確に把握するためには、行為を他の事情から切り離して見るのではなく、その被害と保護法益も見ておく必要がある。保護法益については人間の尊厳と見るのか、それとも公共の秩序に関連付けるのかで対立があるが、保護法益についても行為類型と併せて見ておく必要がある。ヘイト・クライム／ヘイト・スピーチの被害論を参照しつつ、法的な被害論、保護法益論を検討しなくてはならない。ヘイト・スピーチによって侵害される権利は次のように多様な広がりを持つ。
①市民的権利――「殺せ」「出ていけ」という脅迫により身の危険を感じ、実際に暴力被害を受けることもある。差別や暴力の煽動の危険性である。日本国憲法では、生命、自由及び幸福追求の権利（憲法第一三条）、集会・結社・表現の自由（第二一条）、居住・移転の自由（第二二条）、各種の人身の自由（第三一条

以下）がある。人種差別撤廃条約第五条(a)は「裁判所その他のすべての裁判及び審判を行う機関の前での平等な取扱いについての権利」、(b)は「暴力又は傷害に対する身体の安全及び国家による保護についての権利」を掲げ、さらに(d)は、国境内における移動及び居住の自由についての権利、いずれの国（自国を含む）からも離れ及び自国に戻る権利、国籍についての権利、婚姻及び配偶者の選択についての権利、単独で及び他の者と共同して財産を所有する権利、相続する権利、思想、良心及び宗教の自由についての権利、意見及び表現の自由についての権利、平和的な集会及び結社の自由についての権利を列挙している。「ヘイト・スピーチは表現の自由である」という短絡的な主張は被害を無視しているだけでなく、他者の表現の自由を侵害することも無視する。

②政治的権利――マイノリティが社会に参加して民主的な意思決定に加わることも否定される。日本国憲法は国政選挙権を国民に限定しているが（第一五条）、最高裁判所は外国人地方参政権を憲法は禁止していないと判断した。請願権（第一六条）は国民に限定されていない。人種差別撤廃条約第五条(c)は「政治的権利、特に普通かつ平等の選挙権に基づく選挙に投票及び立候補によって参加し、国政及びすべての段階における政治に参与し並びに公務に平等に携わる権利」を明記している。

③経済的権利――公然と差別が煽動されている社会では、就職にも差支える。新大久保のヘイト・デモにより店舗の営業に支障をきたし、収入が減るなどの被害がある。日本国憲法は財産権（第二九条）、職業選択の自由（第二二条）、勤労の権利（第二七条）、団結権（第二八条）を定めている。人種差別撤廃条約第五条(e)は労働、職業の自由な選択、公正かつ良好な労働条件、失業に対する保護、同一の労働についての同一報酬及び公正かつ良好な報酬についての権利、労働組合を結成し及びこれに加入する権利を列挙している。

人種差別撤廃委員会の審議では、ヘイト・クライム／ヘイト・スピーチによる経済的権利の侵害が強調されている。

④社会的権利――京都朝鮮学校のように教育機関までもが被害を受けている。マイノリティの言語、文化、歴史を学ぶ機会を奪われることに繋がる。日本国憲法は教育権（第二六条）、住居の権利（第三五条）を規定する。人種差別撤廃条約第五条は住居についての権利、公衆の健康、医療、社会保障及び社会的サービスについての権利、教育及び訓練についての権利を掲げている。

⑤文化的権利――日本国憲法は学問の自由（第二三条）を掲げる。これは教育権とも密接につながるが、広い意味では文化的権利に関連する。世界人権宣言や国際自由権規約も文化的権利を採用している。人種差別撤廃条約第五条は、文化的な活動への平等な参加についての権利を掲げている。国連先住民族権利宣言が言語の権利、自己の文化を享受する権利等を掲げたように、それぞれの民族には固有の言語、文化の権利を保障しなくてはならないのに、ヘイト・スピーチによってその基礎が失われる。

⑥公共サービス利用権――以上に加えて、人種差別撤廃条約第五条(f)は「輸送機関、ホテル、飲食店、喫茶店、劇場、公園等一般公衆の使用を目的とするあらゆる場所又はサービスを利用する権利」を掲げる。ナチス期のユダヤ人ゲットーは隔離であると同時に公共サービスの利用拒否であった。南アフリカのアパルトヘイトも、公民権法以前のアメリカの黒人差別も、特定人に対する公共空間の利用拒否が柱となっていた。ゲットー、隔離、アパルトヘイトはそれ自体が許されない差別であり、人道に対する罪に接近することになる。二〇一四年三月の浦和レッズ事件の「Japanese Only」が国際基準に照らして許されないのも、このためである。

⑦国際人権法上の諸権利――ヘイト・スピーチは社会的平穏を損ない、相互信頼と連帯を破壊する。平和への権利、連帯の権利、発展の権利等が妨げられる。

以上のように、ヘイト・クライム／ヘイト・スピーチは実に多様な権利を侵害する可能性を持っている。刑法学的に見ると、保護法益をどのように理解するかであるが、①被害者の人間の尊厳（人格権、個人の尊重等々）に重点を置く見解と、②社会的法益（公共の平穏、公共の安全、公共の秩序等）に重点を置く見解に分かれる。最近、③社会参加の機会が奪われることを強調する見解も見られる。

標的とされた被害者の人間の尊厳が失われるから犯罪だと考えるのか。それとも、現場にいた直接の被害者だけでなく、その人と同じ属性を持つすべての人が潜在的被害者であると広く見るのか。さらにヘイト・スピーチは社会における平等を損ない、差別と暴力を煽動することによって民主的手続きや公共の平穏を破壊するから犯罪だと考えるのか。この点は刑法学においても大いに議論がなされているが、人間の尊厳を中核に考えたい。

この点につき楠本孝はドイツにおける民衆煽動罪に関する判例を検討して、「個人の人格権として把握されるのは、人が主体的につくり上げてゆくものとしての人格であって、このような意味での人格について、人は価値尊重欲求を有しており、これを侵害するのが侮辱であり名誉毀損である。これに対して、人間の尊厳への攻撃とは、その人自身によってもどうしようもなく決定されている人格の中核部分も含めた人間存在そのものを否定し又は相対化しようとするものである。人間の尊厳は、人間それ自体に固有のものとして内在しているものであって、個人の業績を基準にして尊厳が割り当てられるといったものではない」とし、「人間の尊厳を尊重することのなかに表現されているのは、人間を人格、すなわち、その素質に応じて自分自身をその特性において意識し、自由に自己決定し、自らの環境を形成し、かつ他者と交際しうる存在として認知することである。平等者が他の平等者と交際する可能性は、彼が平等者であることを否定された場合だけでなく、他者が彼に率直に、偏見なくかつ先入観なしに出会う可能性が深刻に制限されている場合も、既に侵害されている。他者を重大な犯罪的寄食者として表示することによって、他者との率直で、偏見なく、かつ留保なく交際し得る可能性は深刻に侵害される」と解説する（＊3）。

他方、金尚均は「ヘイトスピーチは、単に『公共の平穏』を害するから処罰されると解するべきではない。それは、一般的に社会におけるマジョリティからマイノリティに対して向けられる。民主主義は、全ての社会構成員が自分の存在する社会におけるさまざまな決定に参加することができるというのが基本である。しかし、ヘイトスピーチは、一定の属性を有する個人又は集団に向けられることによって、当該集団に属する個々の人々を蔑むことになる。それが意味するところは、彼らを同じ社会の民主制を構築する構成員とは認めないということにあり、それにより、民主制にとって不可欠な社会参加の平等な機会を阻害することになる。ヘイトスピーチの有害性は、主として、社会のマイノリティに属する個人並び集団の社会参加の機会を阻害するところにあり、それゆえ、ヘイトスピーチを規制する際の保護法益は、社会参加の機会であり、それは社会的法益に属すると再構成すべきである」と主張する（＊4）。

楠本の所説も金の所説もそれぞれに説得的であるが、本節の検討課題との関連で言えば、ヘイト・クライム／ヘイト・スピーチの保護法益を単一の理論で説明することの可否を問うことが必要である。行為類型だけでも少なくとも七つの類型が想定され、侵害される権利も多様であり、直接の被害も複合的であるため、法益論のあり方への問題提起も含まれると言うべきであろう。

五　ヘイト・スピーチの本質を理解するために

以上のようにヘイト・クライム／ヘイト・スピーチには多様な行為類型があり、多様な被害を生みだす。従って、どこに焦点を当てるかによって議論がまったく異なることになる。従来の憲法学は差別表明型や名誉毀損型だけを取り上げ、脅迫型、迫害型、ジェノサイド煽動型を視野の外に置いてきた。暴力を伴うヘイト・クライムも対象外とされてきた。これではそもそも議論にならない。ヘイト・スピーチについて適切な議論をするためには、その本質を正しく把握しなければならない。その定義、被害、そして行為類型を的確に認識して初めてヘイト・スピーチに関する議論が始まる。

とりわけ日本の議論に欠落しているのは、ヘイト・クライム／ヘイト・スピーチの歴史的重要性の認識である。刑法学の場合にはドイツにおける民衆煽動罪、特に「アウシュヴィツの嘘」処罰を取り上げるので、一応の歴史的把握はなされているものの、ヘイト・クライム／ヘイト・スピーチの本質を正しく把握した議論になっているとは言い難い。

そこで以下では、まず「人道に対する罪としての迫害」に焦点を当てて、ヘイト・クライム／ヘイト・スピーチの一側面を明らかにする（本章第2節）。次に二〇一三年の国際社会権規約委員会及び二〇一四年の国際自由権規約委員会及び人種差別撤廃委員会が日本政府に対して、「慰安婦」に対するヘイト・スピーチの防止を勧告したので「『慰安婦』ヘイト・スピーチ」についての基礎知識を提供する（第3節）。最後にヘイト・スピーチそのものではないが、国際自由権規約において憎悪の唱道と並んで規定されている戦争宣伝について「戦争宣伝とヘイト・スピーチ」という観点から見て行きたい（第4節）。

以上の全体を視野に入れて初めてヘイト・クライム／ヘイト・スピーチの本質を理解することができるようになり、適切な議論を始めることができる。

第2節　人道に対する罪としての迫害

一　課題設定

本節ではヘイト・クライム／ヘイト・スピーチについて理解するために、人道に対する罪としての迫害とは何かを明らかにする。

欧州ではヘイト・スピーチを処罰するのが常識である。ナチス・ドイツによるユダヤ人迫害がヘイト・スピーチの歴史的典型事例であることが共通理解となっている。一九九〇年代の旧ユーゴスラヴィアにおける民族浄化も人道に対する罪としての迫害と見られており、ヘイト・スピーチ研究に際して言及されている。アメリカ合州国では暴力を伴うヘイト・クライムを処罰するのに対して、直接暴力を伴わないヘイト・スピーチの処罰はできないとされてきた。ナチスによるユダヤ人虐殺が深刻な現実問題であった欧州と異なって、アメリカ合州国では歴史的に人道に対する罪が発生した事実が社会的議論の中心になったことがない。実際には奴隷制や、先住民族に対する差別と虐殺や、米軍が国外で行った戦争に伴う膨大な人道に対する罪が記録されているが、米国内で議論の主題とならない。奴隷制や、奴隷制廃止後の黒人差別への反省は見られるが、人道に対する罪として議論することは少なかった。そのアメリカにおいても、社会学研究を見ると、ジェノサイドや暴力とのつながりのなかでヘイト・スピーチを理解する姿勢がみられる。とりわけ近年ではヘイト・スピーチの被害に関心が集まり、被害研究がかなり増えている（＊5）。

二　人道に対する罪とは何か

1　人道に対する罪概念の形成

まず、人道に対する罪とは何かの基礎知識から始める。これまでの研究では無視されることが少なくなかったからである（＊6）。

第二次大戦の終戦処理の一環として一九四五年八月九日のロンドン協定に付属するニュルンベルク裁判憲章第六条は「第一条で言及した協定によって欧州枢軸の主要戦争犯罪人を裁き処罰するために設立された法廷は、欧州枢軸諸国の利益のために行動して、個人としてであれ組織の構成員としてであれ、次に掲げる犯罪のいずれかを犯した者を裁き処罰する権限を有する。次に掲げる行為、又はそのいずれかは、その個人責任について法廷の管轄権に帰する犯罪である」として、人道に対する罪について次のように規定した（＊7）。「(c)人道に対する罪――すなわち、犯行地の国内法に違反するか否かにかかわらず、法廷の管轄権内にある犯罪の実行に際して、又はそれと結びついて、戦前または戦中に民間人に対して行われた殺人、せん滅、奴隷化、強制移送、その他の非人道的行為、または政治、人種、宗教的理由に基づく迫害。」

東京裁判憲章にも類似の規定がある（第五条（ハ））。「（ハ）人道ニ対スル罪 即チ、戦前又ハ戦時中為サレタル殺人、殲滅、奴隷的虐使、追放、其ノ他ノ非人道的行為、若ハ犯行地ノ国内法違反タルト否トヲ問ハズ、本裁判所ノ管轄ニ属スル犯罪ノ遂行トシテ又ハ之ニ関連シテ為サレタル政治的又ハ人種的理由ニ基ク迫害行為。」

一九四六年の国連総会はニュルンベルク決議と呼ばれる決議九五Iを採択した。決議第六原則は「以下に掲げられた犯罪は国際法の下で犯罪として刑罰を科しうる」として、次のように規定した。「(c)人道に対する罪——すなわち、民間人に対して行われた殺人、せん滅、奴隷化、強制移送、その他の非人道的行為、又は政治、人種、宗教的理由に基づく迫害であって、これらの行為や迫害が、平和に対する罪や戦争犯罪の遂行の際に、又はそれと結びついて行われた場合」。

ニュルンベルク裁判憲章、東京裁判憲章、ニュルンベルク原則において人道に対する罪の骨格が形成された。その内容については三者の間にも表現の差異がみられる。国際法学者アントニオ・カッセーゼは人道に対する罪が国際慣習法において確立する過程において、一八九九年および一九〇七年のハーグ条約前文におけるマルテンス条項、一九四九年一一月一五日のドイツ最高裁判所判決、フランスやカナダなどの刑法の人道に対する罪の規定、さらには一九四八年のジェノサイド条約、一九六八年の戦争犯罪時効不適用条約、一九七三年のアパルトヘイト条約が重要であったと指摘している。それらの基本は共通であるが、具体的な表現にはかなりの幅がある（＊8）。

後に一九九八年の国際刑事裁判所規程第七条第一項が「人道に対する犯罪」概念を集大成することになるが、ここではこれ以上立ち入らない。ここで確認しておくべきことは、第一に、戦争犯罪とは異なって、人道に対する罪には戦時要件（武力紛争要件）がないこと。第二に、国内法の規定にかかわらず国際法の下で犯罪であるとされ、ドイツ最高裁判決は「超個人的法益」と判断したこと。第三に、殺人、せん滅、奴隷化などと並んで一貫して迫害が規定されていることである。

2　共通要素――敷居規定と主観的要素

まず、敷居規定である。人道に対する罪の規定にはさまざまな差異があるため、ニュルンベルク憲章における人道に対する罪の解釈と、旧ユーゴスラヴィア国際刑事法廷規程における人道に対する罪の解釈、さらには国際刑事裁判所規程における人道に対する罪の解釈は、それぞれ細部においては異なることがありうる。しかし、本節の関心にとってその差異は重要ではない。以下では国際慣習法における人道に対する罪の形成・発展過程における議論状況を紹介する。

クレア・ド・ザンとエドウィン・ショートは人道に対する罪の基本性格を、その形成過程および既存の国際法廷における法適用の両面から明らかにした（＊9）。旧ユーゴスラヴィア国際刑事法廷規程とルワンダ国際刑事法廷規程における人道に対する罪の本質要素を次のように整理している。

①実行者が、その行為によって、重大な心身の苦痛を惹起しなければならない。②当該行為が、広範又は組織的な攻撃の一部でなければならない。③攻撃が文民たる住民に対してなされたものでなければならない。④当該行為は差別的理由に基づくものでなければならない（ただし、ルワンダ国際刑事法廷規程にはこの要素はない）。⑤実行者には、意図と、犯罪が行われている広範な文脈の認識がなければならない。

第一に、国際慣習法では戦時要件（武力紛争要件）がない。旧ユーゴスラヴィア国際刑事法廷規程には武力紛争要件が明記されているが、これはアドホックな規定であり、管轄権に関する要素と見られている。

第二に、文民たる住民に対する攻撃について、二〇〇一年二月二二日のクナラッチ事件判決によると、広範又は組織的な攻撃が文民たる住民に向けられていなければならない。実行者が自己の行為が攻撃の一部であることを知っていなければならない。判決は「暴力行為の実行を含む一連の行為」としての攻撃を取り上げている。「一連の行為」とは、一定の時間に数多くの行為が行われたことであり、それらの一部とは言えない単独の行為は含まれない。攻撃は必ずしも積極的物理的攻撃とは限らない。収容政策、アパルトヘイト、追放、差別は暴力的でない行為のこともありうる。

第三に、広範又は組織的な攻撃によって集団が破壊されたことは必要ではなく、広範又は組織的な暴力政策がとられたことで足りる。

第四に、文民たる住民とその財産は紛争時における害悪から保護されなければならないことが、一九七七年のジュネーヴ諸条約第一追加議定書第四八条以下に定められている。

次に主観的要素である。カッセーゼは、人道に対する罪の故意には、殺人やせん滅などの個別行為の故意に加えて、特に残虐な性質を有することを認識していたことが必要であるとしている。①広範、組織的な政策、あるいは大規模なといった広範な文脈の認識が必要である。②殺人、せん滅などの実行行為についての認識が必要である。③迫害の場合には、さらに差別や虐待などの意図も必要である、という。

迫害だけではなく人道に対する罪のすべての犯罪が一定の理由に基づく差別的意図を成立要素とするか否かについては論争がある。旧ユーゴスラヴィア規程は迫害については差別的意図があったことが必要と明示している。他方、ルワンダ規程は人道に対する罪のすべての犯罪について一定の差別的理由が必要であると明示しているが、国際刑事裁判所規程は迫害に限って差別的理由を明示している。

アレクサンダー・ザハールとゲラン・スルイターによると、カナダのフィンタ事件最高裁判決（一九九四年）は、人道に対する罪に必要な主観的要素は、通常犯罪に必要な主観的要素以上のものであるという（*10）。それが人道に対する罪となるような犯行の状況を知っていたこと、文民たる住民に対する攻撃と結びついていることの認識である。被告人が人道に対する罪を犯しているとの認識（違法性の認識）は必要ないが、その状況を認識していたことは必要である。

3　客観的要素――実行行為

ニュルンベルク裁判憲章に掲げられた個別の客観的要素（実行行為）は、殺人、せん滅、奴隷化、強制移送、その他の非人道的行為、又は「政治、人種、宗教的理由に基づく迫害」である。国際刑事裁判所規程第七条第一項では次の一一の実行行為が掲げられた。

(a)殺人
(b)絶滅させる行為
(c)奴隷化すること
(d)住民の追放又は強制移送
(e)国際法の基本的な規則に違反する拘禁その他の身体的な自由の著しいはく奪

(f)拷問

(g)強姦、性的な奴隷、強制売春、強いられた妊娠状態の継続、強制断種その他あらゆる形態の性的暴力であってこれらと同等の重大性を有するもの

(h)政治的、人種的、国民的、民族的、文化的又は宗教的な理由、3に定義する性に係る理由その他国際法の下で許容されないことが普遍的に認められている理由に基づく特定の集団又は共同体に対する迫害であって、この1に掲げる行為又は裁判所の管轄権の範囲内にある犯罪を伴うもの

(i)人の強制失踪

(j)アパルトヘイト犯罪

(k)その他の同様の性質を有する非人道的な行為であって、身体又は心身の健康に対して故意に重い苦痛を与え、又は重大な傷害を加えるもの

三　迫害とは何か

1　迫害の基本性格

迫害はユダヤ人、アルメニア人、クルド人、カンボジア人など異民族や少数集団に対する虐待と結びついてきた。宗教に対する迫害にも長い歴史があり、日本でもキリシタン迫害が知られる。国際刑事裁判所規程第七条第二項は次のように述べる。「(g)『迫害』とは、集団又は共同体の同一性を理由として、国際法に違

反して基本的な権利を意図的にかつ著しくはく奪することをいう。」

迫害が人道に対する罪のなかでも特殊な意味を有するのは、差別的理由によって行われたことに注目している点である。迫害とは身体的又は精神的害悪、追放、非人間的取り扱い、不法逮捕・拘禁、奴隷化、拷問、根絶、生存条件に影響する重大な要因などの手段によって文民たる住民の自由や生存に重大な干渉をすることである。

迫害そのものは、ニュルンベルク判決が示したように、「少数民族」である文民に対して、又は政治的宗教的理由に基づいて行われた殺人、不法監禁、拷問、奴隷化、移送である。

ニュルンベルク裁判では、帝国内務相ヴィルヘルム・フリックによるユダヤ人排斥法、経済相ヴァルター・フンクによるユダヤ人差別政策関与、ポーランド総督ハンス・フランクによるゲットー化政策や飢餓政策、ボヘミア・モラヴィア保護官コンスタンティン・フォン・ノイラートによる反セム法への関与などが問題となったが、行動の自由の否定、雇用の否定、裁判を受ける機会の否定は迫害の一形態であり、追放やせん滅をもたらすと位置づけられた。

2　ナチスのユダヤ人迫害

「個人の基本的権利を侵害しようとする差別の諸形態」という理解は迫害の罪を拡大するように思われるが、先に引用したように国際刑事裁判所規程第七条第二項は、迫害を「集団又は共同体の同一性を理由として、国際法に違反して基本的な権利を意図的にかつ著しくはく奪すること」としている。

迫害とは何かは、こうした一般的定義だけからは必ずしも判明しないかもしれない。むしろ、具体的にどのような例が迫害と判断されてきたかを検討するべきであろう。

旧ユーゴスラヴィア国際刑事法廷で弁護人として活動したグェナエル・メトローが編集した『ニュルンベルク裁判に関する展望』は現代国際法における転機となったニュルンベルク裁判を検証するために、重要な論文・資料を収集した著作であるが、同書にはプラハ大学で博士号を取得したエゴン・シュヴェルプの論文「人道に対する罪」が収録されている（＊11）。シュヴェルプはニュルンベルク判決における「人道に対する罪としてのユダヤ人迫害」を取り上げている。シュヴェルプによると、判決は一九二〇年のナチス党綱領第四項に定式化された反ユダヤ人政策を想起し、詳細に検討している。

「ナチス党はその歴史を通じてこの教義を勧めた。雑誌『シュトュルマー』その他の出版物は、ユダヤ人への憎悪の流布を行い、ナチス党の指導者の演説や声明のなかで、ユダヤ人を公然と嘲笑、侮辱することが支持された。」

「ナチス党の権力掌握により、ユダヤ人迫害が強化された。一連の差別法が制定され、ユダヤ人には公務員や専門職への道が制限された。家族生活や市民権にも制限が加えられた。一九三八年秋までに、ナチスとユダヤ人政策は、ドイツ人の生活からユダヤ人を完全に排除する方向に向けられる段階に達した。組織された計画によると、シナゴーグの放火と破壊、ユダヤ人店舗からの略奪、著名なユダヤ人商人の逮捕が含まれた。ユダヤ人には一〇〇億マルクの集団懲罰金が課せられ、ユダヤ人資産の捜索・押収が正当化され、ユダヤ人の活動は特定地域と特定時間に制限された。広範囲にゲットーが形成され、保安警察命令によって、ユダヤ人は胸と背中に黄色の星をつけるよう強制された。」

戦争の激化に伴いユダヤ人迫害が一層強化されたが、ニュルンベルク判決は一九三九年の「一九三八年におけるドイツ外交政策の要因としてのユダヤ人問題」に言及している。戦争と占領下におけるユダヤ人迫害は戦前のそれとは比較できないほどの激しさに達した。ユダヤ人絶滅政策への道である。

3　国際刑事裁判所準備会議での議論

ハーマン・フォン・ヘーベルとダリル・ロビンソンの論文「裁判所の管轄権内の犯罪」は、国際刑事裁判所準備会議での討論における迫害について次のように指摘している（＊12）。

第一に、迫害概念は曖昧であるという理由から迫害概念を削除するべきだと主張した政府代表もあったという。しかし、迫害は主要な先例であるニュルンベルク憲章その他すべての関連国際文書に一貫して規定されてきたことから、削除は否定された。そして「集団又は共同体の同一性を理由として、国際法に違反して基本的な権利を意図的にかつ著しくはく奪すること」という定義が採用された。

第二に、すべての先例に規定されているように、迫害が差別的理由に基づいて行われなければならないとされた。規定を現代的にするために、各国代表は（先例に多くみられる）政治、宗教、人種的理由に基づく迫害だけでなく、国民、民族、ジェンダー理由に基づく迫害も含めることにした。

第三に、禁止される理由のリストが網羅的であるか、例示的であるかについて、各国代表の見解は分かれたという。妥協の結果、開放的なリストが採用された。

第四に、他の犯罪が行われていない状態で迫害が行われたことを要するかについて各国政府の意見は分かれた。ニュルンベルク裁判憲章や東京裁判憲章では、迫害は戦争犯罪や平和に対する罪とのつながりで行われる必要があると主張した代表もいる。連結要件がなければ、あらゆる差別が迫害と解釈されかねないからである。連結要件に反対した政府代表は、連合国管理員会規則、国連国際法委員会草案、旧ユーゴスラヴィア規程、ルワンダ規程には連結要件がないと主張した。妥協の結果、迫害行為とその他の犯罪との間の連結を要件とすることになった。これにより迫害は単なる補助的犯罪や加重要件ではないことになった。

4　ジェンダーに基づく迫害

ティモシー・マコーマックの論文「人道に対する罪」は差別的理由についてもう一つの知見を提供している(＊13)。

国際刑事裁判所規程以前の主要な国際文書のすべてに人道に対する罪としての迫害が掲げられているが、「政治、人種、宗教的理由」が通例であった。差別的理由はこの三つに限定するべきだと強く主張する政府代表がいた。ジェノサイド条約などには民族差別も含まれていたので、差別的理由の追加が行われたが、準備段階では「文化、ジェンダー」が議論された。文化やジェンダーによる差別が慣習国際法上は重要視されるようになっていたからである。女性差別撤廃条約を根拠にしてジェンダーを入れるべきとの主張がなされた。「性」は身体的生物学的定義であり、「ジェンダー」は社会的に構築された役割を示す概念として議論されたが、この概念は幅が広すぎるため反対する代表も多かった。結局、先に引用したように規程第七条第一項(h)には「3に定義する性に係る理由」と規定された。

ただし、ここで「性」と翻訳されているのは「ジェンダー（gender）」である。日本政府公定訳ではgenderもsexも「性」としたため、第三項は次のようになっている（＊14）。

「この規程の適用上、『性』とは、社会の文脈における両性、すなわち男性及び女性をいう。『性』の語は、これと異なるいかなる意味も示すものではない。」

ミシェル・ジャーヴィスの論文「国際犯罪に関するジェンダー視点の登場」は人道に対する罪としての強姦その他の性暴力について、クナラッチ事件やフォツァ事件の判決を検討しているが、さらに迫害にも言及している（＊15）。

旧ユーゴスラヴィア国際刑事法廷規程第五条(h)は迫害が人道に対する罪に当たることを認めている。ジャーヴィスによると、ミロシェヴィチ事件、カラジッチ・ムラジッチ事件、プラヴシッチ・クラジスニク事件、スタキッチ事件の起訴状において、検察官は政治、人種、宗教的理由に基づく性暴力を迫害による人道に対する罪であるとした。二〇〇一年二月二二日のクナラッチ事件判決は迫害を「国際慣習法又は条約法に規定された基本的権利を、差別的理由に基づいて全否定又は悪質な否定をすることで、規程第五条で禁止されたその他の行為と同程度に重大なレベルに達するもの」とした。一九九七年五月七日のタディッチ事件判決では、被告人は強姦その他の性暴力に基づいて、迫害を手段とする人道に対する罪で有罪となった。二〇〇一年一一月二日のクボッチカ事件判決及び二〇〇一年八月二日のクルシュテッチ事件でも、被告人は性暴力行為に基づく迫害について有罪となった。

5　迫害の法解釈

ザハールとスルイターは国際法における迫害の観念はナチスによるユダヤ人迫害と密接に結びついていることを確認する。ユダヤ人の職業からの排除、反セム侮辱行為、ユダヤ文化や歴史を著した書籍の焼却、ダヴィデの星の着用などである。これらの行為は、もしその後に引き続いて殺人、せん滅、奴隷化、追放が生じなかったとしても、人道に対する罪として扱われたであろうか。このように問うことが学術的議論にすぎないとしても、やはりこれらの行為は殺人などとの結びつきがあってこそ人道に対する罪として処罰されるのではないか。

この問いに肯定的に回答したのは、思いもかけないことに旧ユーゴスラヴィア国際刑事法廷におけるチェルケス被告人であった。チェルケスが法廷に提出した意見では、差別的な法の制定、差別的な法慣行、家族生活の否定、一定の職業からの排除、市民権の否定、ゲットー化などが迫害であると主張している。チェルケスは人道に対する罪としての迫害はこのようなものであるから、概念が不明確であると主張した。チェルケスの批判は藁人形叩きに過ぎないが、迫害概念が拡大してきたことは事実である。ザハールとスルイターはさらに次の例を提示する。

①連合国による管理委員会規則第一〇号裁判では裁判官事件が対応する。ナチス・ドイツの裁判官がアメリカ軍事法廷で裁かれた事例である。ユダヤ人の法律専門職からの排除、公的サービスの否定、教育からの排除、差別的な刑罰適用、法律規定のない死刑適用などが迫害と理解された。

②オランダ特別法廷におけるハンス・アルビン・ラウター事件では、差別的処遇と隔離政策として、ダヴ

ィデの星の着用強制、娯楽・レクリエーションの禁止、公共公園利用の禁止、劇場・キャバレー・映画・スポーツクラブ利用禁止、図書館利用禁止などが迫害に当たると考えられた。
③ポーランド最高裁におけるヨーゼフ・ブーラー事件では、ポーランド人の学校・大学への就学禁止命令が迫害に当たるとされた。
④タディッチ事件判決はこれらの先例を検討するのではなく、選択的な方法を採用した。バルビー事件における報告者の意見を踏まえて、「個人の基本的権利を侵害しようとする差別の諸形態」と結論づけている。これは迫害の罪を拡大するものである。殺人などの行為が続いて行われなくても迫害の罪が成立するという考えにつながる。

四　おわりに

ヘイト・クライム／ヘイト・スピーチは常に迫害となるというわけではないが、迫害とのつながりにおいて理解すべきである。差別、暴力、差別の煽動、暴力の煽動、迫害は一連の出来事となる可能性がある。それゆえヘイト・スピーチの極限形態が人道に対する罪としての迫害であると言える。だからこそ欧州諸国ではヘイト・スピーチを放置すべきではなく、人間の尊厳を守るために処罰するべきだと考えるのである。

ヘイト・スピーチとは何かを正しく理解するためには、ヘイト・スピーチの全体を把握する必要がある。すなわち、ヘイト・スピーチにはどのような行為類型があるのか。ヘイト・スピーチの被害は何であり、どの程度のものなのか。直接標的とされた「被害者」だけでなく、「被害者」と同じ集団に属する人々や、社会に対してどのような影響を及ぼすのか。ヘイト・スピーチの全体を把握して、その規模と深刻さを理解しないと、「ヘイト・スピーチは言論である」とか、「表現の自由か、ヘイト・スピーチの規制か」という短絡的な誤解に陥ることになる。

第3節　人道に対する罪としての「慰安婦」

一　国際人権機関の勧告

二〇一三年五月二一日、国際社会権規約に基づいて設置された社会権規約委員会が、日本政府報告書の審査結果として勧告（総括所見）を公表した。『朝日新聞』、『共同通信』などが報じたように、「慰安婦」問題に関するヘイト・スピーチを懸念し、朝鮮学校を高校無償化から除外したことを差別と指摘した。社会権規約委員会は同年四月三〇日に第三回日本政府報告書（E/C. 12/JPN/３）を審査した。その結果としての勧告である。

近年、条約委員会としては、自由権規約委員会、女性差別撤廃委員会、人種差別撤廃委員会、子どもの権利委員会からの勧告が相次いだ。他方、国連人権理事会普遍的定期審査（UPR）の勧告も二〇一三年三月に出たばかりであり、日本の人権状況が国際基準に照らして検討されている（本書第6章第3節及び第4節参照）。

社会権委員会勧告文は全三七項目から成るが、「序」や「積極的な側面」などを除くと、実質、三〇項目である。ヘイト・スピーチ関連の勧告を紹介しておこう（以下、平野裕二訳による）。まず、「慰安婦」問題（日本軍性奴隷制問題）について、勧告は次のように述べた。

「26．委員会は、『慰安婦』が受けてきた搾取により、彼女たちによる経済的、社会的および文化的権利の享受ならびに彼女たちの賠償請求権に対する悪影響が永続していることを懸念する。委員会は、搾取の永続的影響に対応し、かつ『慰安婦』による経済的、社会的および文化的権利の享受を保障するため、締約国があらゆる必要な措置をとるよう勧告する。委員会はまた、『慰安婦』にスティグマを付与するヘイトスピーチその他の示威行動を防止するため、締約国が『慰安婦』の搾取について公衆を教育するよう勧告する。」

「慰安婦」被害者が搾取された事実と、被害者の賠償請求権が明示されている。これは法的請求権である。日本政府は法的責任を否定し、道義的責任しか認めないが、これへの批判である。同様の勧告は女性差別撤廃委員会、自由権規約委員会、国連人権委員会、アメリカその他の各国議会からも何度も繰り返し指摘されてきた。

「慰安婦」に対するヘイト・スピーチが取り上げられたのは初めてである。社会権規約委員会の審査は二〇一三年四月三〇日に行われた。橋下徹・大阪市長の発言が顰蹙を買ったのは同年五月のことであるから、審査の対象外である。ここで言及されているのは、それ以前からの過激デモや、ネット上における被害女性に対する侮辱である。ソウルの被害女性にも侮辱する手紙類が届いたという。こうした事態を受けて社会権委員会はヘイト・スピーチやヘイト・デモを防止することを呼びかけている。

二〇一四年七月二四日、国際自由権規約委員会、同年八月二九日、人種差別撤廃委員会も、社会権規約委員会と同様の勧告を行った。

二 「慰安婦」強制連行は人道に対する罪

1 「慰安婦」問題の議論

本項では国際法における強制連行概念を検証するために「人道に対する罪としての追放・強制移送」を取り上げる。その問題意識は次の通りである。

日本軍性奴隷制（「慰安婦」）問題をめぐる議論は一九九〇年代初頭以来二〇年を超えるというのに、法理論的検討が十分になされたとはいえない。各地の裁判所における「慰安婦」訴訟の闘いがあり、弁護団の精力的な努力があり、国連人権機関での議論と勧告も相次いだが、いまだ手薄な法理論分野を補う必要がある。

「慰安婦」強制連行が日本刑法における国外移送目的誘拐罪にあたることはすでに明らかにされた（＊16）。国際人道・人権法領域に目を転じると、奴隷の禁止、強制労働条約違反、醜業条約違反、戦争犯罪、人道に対する罪についての検討が積み重ねられてきた。その基本部分は国連人権委員会のラディカ・クマラスワミ「女性に対する暴力特別報告者」報告書（＊17）、国連人権小委員会のゲイ・マクドゥーガル「戦時性奴隷制特別報告者」報告書（＊18）、二〇〇〇年に開催された女性国際戦犯法廷判決（＊19）などですでに確立していた。軍隊性奴隷制、戦時性奴隷制の法概念が明確になった。こうして見ると人道に対する罪については奴隷制・性奴隷制に力点が置かれていることがわかる。

他方、「人道に対する罪としての追放・強制移送」についての研究はまだ手薄ではないだろうか。「慰安婦」

強制連行をめぐって議論が百出したにもかかわらず、「人道に対する罪としての追放・強制移送」についての研究がさほど見られない。奴隷制の解明に力が注がれたためであろうか(＊20)。「慰安婦」被害は強制連行、人身売買、国外移送目的誘拐、暴行・傷害、脅迫、監禁、奴隷制・性奴隷制、強制労働、強制売春など数々の複合的な犯罪によって生じている。そのなかで、強制連行をめぐる議論は長期にわたって論じられたにもかかわらず、実は「強制連行」概念の解明には向かわなかった。

奴隷制には「奴隷」だけではなく「奴隷取引」が含まれる。また、強制連行・強制労働をめぐって強制連行も議論の対象となったが、悲惨で劣悪な労働条件に注目が集まり、強制連行概念の確立には至っていないように見える。

2　日弁連勧告

強制連行を人道に対する罪の観点で考察した例もある。

例えば、日本弁護士連合会は、長野県天竜村の平岡発電所建設現場への強制連行・強制労働事件について、強制労働条約（ＩＬＯ二九号条約）、奴隷条約及び国際慣習法としての奴隷制の禁止について検討した上で、さらに人道に対する罪にあたる行為であるとする(＊21)。

日弁連報告書はニュルンベルク裁判及び東京裁判、さらには花岡事件軍事法廷の判決を参照しつつ、「本件強制連行及び強制労働は、上記一般人民に対する非人道的行為であることは明らかであるから、上記『人道に対する罪』に違反する人権侵害行為であるといえる」としている。朝鮮人強制連行・強制労働が人道に対する罪にあたることが適切に確認されている。もっとも、人道に対する罪の法解釈が具体的に展開されているわけではない。

第一に、日弁連報告書は「人道に対する罪」という一つの犯罪類型を前提としているように見える。しかし、人道に対する罪としての殺人、人道に対する罪としての奴隷化、人道に対する罪としての迫害は、それぞれ独立の犯罪であり、人道に対する罪としての追放・強制移送も独立の犯罪である。それゆえ個別の成立要件の解釈が施される必要がある。

第二に、人道に対する罪の基本性格を特徴付ける要素の検討もなされていない。日弁連報告書が引用しているニュルンベルク条例で言えば「本裁判所の管轄に属するいずれかの犯罪の遂行のために行われ、またはこれに関連して行われたところの」とある点に関わる検討である。ここに「いずれかの犯罪」とあるのは、通例の戦争犯罪と平和に対する罪のことである。これらとの関連性が人道に対する罪の成立要件に加えられている。他方、国際刑事裁判所規程には「文民たる住民に対する攻撃であって広範又は組織的なものの一部として」とある。こうした「敷居要件」の解釈を踏まえないと人道に対する罪の成否を確定できない。

3　人道に対する罪

「人道に対する罪としての追放・強制移送」の法解釈を明らかにするためには、第一に「人道に対する罪」の法解釈、第二に「強制移送」の法解釈を行う必要がある。まず人道に対する罪である。一九九八年の国際刑事裁判所規程第七条第一項は先に示した（本書三二七頁）。

「慰安婦」問題は国際刑事裁判所規程の(f)拷問、(g)強姦等、(i)人の強制失踪にも関連するが、「(d)住民の追放又は強制移送」が本節の直接の対象である。だが、その前に冒頭の「敷居規定」の「文民たる住民に対する攻撃であって広範又は組織的なものの一部として、そのような攻撃であると認識しつつ行う次のいずれかの行為」の部分を検討しておかなければならない。人道に対する罪の基本性格が示されているからである。

第一に「文民たる住民」である。ニュルンベルク憲章では「全て一般人民」である。軍隊構成員と文民たる住民の区別は国際慣習法で確立している。文民たる住民とその財産は紛争時における加害から保護されなければならない。一九七七年のジュネーヴ諸条約第一追加議定書第四八条以下の諸規定が文民保護を定める。一九九三年の旧ユーゴスラヴィア国際刑事法廷規程第五条は、人種、国籍、宗教などにかかわりなく文民たる住民に対する犯罪としている。一九九四年のルワンダ国際刑事法廷規程第三条は文民たる住民は国民、政治、民族、人種又は宗教的理由、それゆえ差別的理由で攻撃されたことを要するとしている。文民には非戦闘員だけではなく敵対行為にかかわらなくなった元戦闘員も含まれる。

第二に「攻撃」である。国際刑事裁判所規程第七条第二項は「(a)『文民たる住民に対する攻撃』とは、そのような攻撃を行うとの国若しくは組織の政策に従い又は当該政策を推進するため、文民たる住民に対して第一項に掲げる行為を多重的に行うことを含む一連の行為をいう」と述べる。二〇〇一年二月二二日のクナラッチ事件・旧ユーゴスラヴィア国際刑事法廷判決によると、まず、攻撃がなければならない。実行行為がその攻撃の一部でなければならない。攻撃が文民たる住民に向けられていなければならない。攻撃が広範又は組織的でなければならない。実行者が自己の行為が行われている文脈を知り、自己の行為が攻撃の一部であることを知っていなければならない。判決は「暴力行為の実行を含む一連の行為」としての攻撃を取り上げている。「一連の行為」とは一定の時間に多くの行為が行われたことであり、単独の行為は含まれない。攻撃が文民たる住民に対する広範又は組織的な作戦の一部である場合、個人に対する単発の暴力行為も人道に対する罪となる。攻撃は必ずしも積極的物理的攻撃とは限らない。収容政策、アパルトヘイト、追放、差別は必ずしも「暴力的」でない行為の場合もありうる。

第三に「広範又は組織的な攻撃」である。旧ユーゴスラヴィア国際刑事法廷、ルワンダ国際刑事法廷及び国際刑事裁判所規程のもとでは、現実に集団が破壊されたことは必要ではなく、広範又は組織的な暴力政策がとられたことがポイントである。ルワンダ国際刑事法廷規程第三条や国際刑事裁判所規程第七条と違って、旧ユーゴスラヴィア国際刑事法廷規程第五条には「広範又は組織的な」という言葉がないが、これは必須要素である。一九九八年九月二日のアカイェス事件・ルワンダ国際刑事法廷判決によると、大きな、数多くの、大規模行為が多数の被害者に向けられたことが必要である。人道に対する罪は通常は国家やその他の組織集団によって行われる。政府の政策や計画によらない自然発生的行為は人道に対する罪には当たらない。二〇〇一年二月二二日のコルディチ事件・旧ユーゴスラヴィア国際刑事法廷判決は計画や政策の存在を不可欠と見ているが、二〇〇二年三月一五日のクルノジェラッチ事件・旧ユーゴスラヴィア国際刑事法廷判決は、政策や計画は必ずしも国際慣習法上の要素ではないとしている。

4　追放

次に、人道に対する罪としての追放・強制移送の歴史と成立要件を検討しよう。クリストファー・ホールによると「住民の追放又は強制移送（deportation or forcible transfer of population）」は次のように説明されている（＊22）。この用語が国際法においてつねに使用されてきたわけではないが、両者を次のように区別すべきことは共有されている。追放は「人々をある国から他の国へ強制的に移動させること」、強制移送は「人々を同じ国のある地域から他の地域へ強制的に移動させること」である。国際刑事裁判所規程は追放と強制移送を明示的に区別していないが、この区別は一般的に共有されている。国境を越えたか否かという点では、越えても越えなくても、いずれも人道に対する罪にあたる。

追放が最初に問題となったのは第一次世界大戦であり、国家や占領地域から外国人や自国民を追放（expulsion）することが国際非難を呼び起こした。ギリシアとトルコの間の強制住民交換がローザンヌ条約によって実際に求められた。当時はアルメニア・ジェノサイドも生じており、住民の追放が国際問題となっていた。第二次大戦直後、連合国も、東欧および中欧諸国からドイツ民族、ドイツ国民の追放を認めた。しかし、ニュルンベルク憲章採択以来、追放が禁止され、自国民や外国人を国境を越えて強制的に追放することは、国家領土でも占領地域でも人道に対する罪とみなされるようになった。

追放・強制移送を人道に対する罪とした国際規範としては、ニュルンベルク憲章第六条(c)、連合国管理委員会規則第一〇号第二条一項(c)、東京裁判憲章第五条(c)、ニュルンベルク原則第六原則(c)、一九五四年の人類の平和と安全に対する罪の法典草案第二条一項、一九七三年のアパルトヘイト条約第二条(c)、一九九三年の旧ユーゴスラヴィア国際刑事法廷規程第五条(d)、一九九四年のルワンダ国際刑事法廷規程第三条(d)、一九九六年の人類の平和と安全に対する罪の法典草案第一八条(g)がある。国際人権文書も、国民の追放が国際法に違反する条件を定義している（＊23）。

5　強制移送

強制移送を禁止した国際文書は一九一九年の平和会議報告書と一九七三年のアパルトヘイト条約であり、同じ国家内での住民の強制移送を人道に対する罪としている。国内移送は限られた条件のもとでの一時的なものを除いて、ジュネーヴ諸条約第四条約第四九条などの国際人道法のもとで禁止されている（＊24）。

さらに、ジュネーヴ諸条約第二選択議定書第一七条一項は次のように規定する。「文民たる住民の移動は、その文民の安全又は絶対的な軍事上の理由のために必要とされる場合を除くほか、紛争に関連する理由で命令してはならない。そのような移動を実施しなければならない場合には、文民たる住民が住居、衛生、保健、安全及び栄養について満足すべき条件で受け入れられるよう、すべての可能な措置がとられなければならない。」

フランシス・デン国連事務総局代表が準備した「国内移送に関するガイド諸原則」は、領土内での人の恣意的移送を禁止している。その第七原則と第八原則は、国際法によって移送が許される場合についても、守られるべき安全措置を明示している（＊25）。

6　国内移送も国際犯罪

以上のように、追放と強制移送は国際法に違反する重大な犯罪であり、人道に対する罪として位置づけられている。その成立要件を見ていこう。

国際刑事裁判所規程第七条第二項は「(d)『住民の追放又は強制移送』とは、国際法の下で許容されている理由によることなく、退去その他の強制的な行為により、合法的に所在する地域から関係する住民を強制的に移動させることをいう」とする。

一般的な用例としては、追放は文民たる住民を自宅（故郷）から他の場所へと強制的に移動・避難・疎開させることである。クレア・ド・ザンとエドウィン・ショートは追放と強制移送の関連を問う(＊26)。クルシュティチ事件では、一九九五年七月一二・一三日に、約二万五〇〇〇人のボスニア・ムスリムの女性、子ども、高齢者がスレブニツァの外に強制的に移動させられ、バスでボスニアの他の地域に移送された。二〇〇一年八月二日のクルシュティチ事件・旧ユーゴスラヴィア国際刑事法廷判決によると、追放も強制移送も、住民が居住している地域からの、任意によらない不法な移動に関連するが、国際慣習法では両者は同意語ではない。追放は国境を越えた移動を予定し、強制移送は国内での移動に関連するとしている。ただし、すべての追放や強制移送が不法というわけではない。自然災害などで、住民の財産や安全を守るために行われる場合もあるからである。移動が不法となるのは、危険な状況が過ぎ去っても自宅に戻ることが許されない場合である。国内移送であっても国際社会の重大な関心事項となる場合には、人道に対する罪に当たる。

日本軍性奴隷制（「慰安婦」）問題は、従来、主に(c)奴隷化や(g)強姦等との関連で検討されてきた。本節では(d)住民の追放又は移送について検討する。

以下では、第一に、(d)についての学説を紹介して、強制移送概念を明らかにする。第二に、(c)の奴隷化と(d)の強制移送との関連について検討する。第三に、「戦争犯罪としての追放」と「人道に対する罪としての追放又は強制移送」の関係も見ておこう。以上によって、「人道に対する罪としての強制移送」の法的性格を明らかにしたい。

7　強制移送概念

第一に、国際刑法学説においてて追放又は強制移送についてどのように述べられているかを確認しよう。アントニオ・カッセーゼは、住民の追放又は強制移送は国際法上許容される理由なしに、排除又はその他の強制行為により、人が合法的に存在する地域からその者を強制的に退去させることとしている（*27）。カッセーゼはさらに、国際刑事裁判所規程の解釈のために作成された『犯罪の成立要素』では、追放又は強制的に移送された人が、彼らがそこから追放又は強制移動された地域に合法的に存在していたこと、および実行者がその者らが合法的に存在していたことを示す事実条件を知っていたことが追加されている、と述べている。その者らが非合法に存在していた場合、あるいは実行者がその者らが非合法に存在していると認識していた場合には、この罪は成立しない可能性があることになる。

アレクサンダー・ザハールとゲラン・スルイターは、人道に対する罪の概念が迫害やその他の非人道的行為のように広範なものとなってきたことに関連して、追放や強制移送についても概念が広範で不明確であるという批判があることに言及している（*28）。ザハールとスルイターによると、クラジスニク事件・旧ユーゴスラヴィア国際刑事法廷判決で、追放と強制移送は、合法的にその場所に存在している人を、国際法上許容される理由なしに、強制的に退去させることとされているという。一定の条件がある場合には、強制的に移動することが許される。例えばジュネーヴ諸条約第三条約第一九条は捕虜を戦闘地域から離れた収容所に後送しなければならないと定めている。第四条約第四九条は被保護者の強制移送や追放を禁止しているが、同条第二文以下では住民の安全又は軍事上の理由のため必要とされるときは移送を認めている。クラジスニク事件判決によると、「強制」には暴力の恐怖、不法拘禁、心理的抑圧その他脅迫のような状況が、その場所に留まる選択肢を少なくし、その地域から去らなくてはならない環境をつくり出す条件が含まれるとしている。法律上の国境を越える場合だけでなく、一定の条件のもとでは事実上の国境を越える場合も含まれるとしている。シュタキッチ事件判決はこの点で異論を提示している。

ティモシー・マコーマックは追放又は強制移送を人道に対する罪に含めることについては、国際刑事裁判所規程を作成したローマ外交官会議において論争があったという(＊29)。この規定の最終条項は不明確であるとして、もっとも強く反対したのはイスラエル政府代表である。しかし、人道に対する罪に追放を含めることはニュルンベルク裁判憲章および東京裁判憲章という前例があり、旧ユーゴスラヴィア国際刑事法廷及びルワンダ国際刑事法廷でも同様であったので、追放を人道に対する罪に含めることは国際慣習法において熟していないという主張は採用されなかった。すべての国際文書が追放を人道に対する罪に含めていたが、強制移送を含めたのは国際刑事裁判所規程が最初であるのは確かである。もっとも一九七三年のアパルトヘイト条約がすでに追放と強制移送を並べていた。以上を確認して、マコーマックは、追放はふつうある国家から他の国家へ国境を越えて人を強制移動させることであり、強制移送はある国家の国境内である地域から他の地域へ強制移動させることであるとする。外交官会議でイスラエル政府は、草案で「移動（movement）」という用語が用いられていることを嫌い、「排除（expulsion）又は移動（displacement）」に代えるよう主張した。国際刑事裁判所規程第七条二項(d)は、最終的に「排除による移動（displacement by expulsion）」

となった。この修正によっても、犯罪の成立要素が必ずしも明確ではないとして、イスラエル政府は結局、留保の意思表示をしているという。マコーマックによると、イスラエル政府は、西岸やガザ地区からパレスチナ人を強制的に「追放（expel）」しており、追放された人々が文民であり、それが国家政策として遂行されているため、理論的には、イスラエル国民が人道に対する罪に問われる可能性がある。この犯罪の被害者は「国際法上許容される理由なしに、合法的に存在する地域」から強制的に追放されたのでなければならない。ここには「国際法上」という基準と、「合法的に」という国内法的基準という二つの基準が明示されている。この点は、人道に対する罪としての拷問の規定では国内法基準のみが示されているのと対照的であるという。マコーマックは、国際刑法の発展や、第二次大戦後のニュルンベルク裁判のために考案された罪であることを考えると、イスラエルが新しい国際刑事裁判所の支持者となっていないことは悲しい皮肉であると述べている。

8　奴隷化と強制移送

人道に対する罪としての奴隷化と人道に対する罪としての追放又は強制移送は、明確に区別されている。国際法上の奴隷概念は一九二六年の奴隷条約によって規定されてきたのに対して、追放又は強制移送概念はナチス・ドイツによるユダヤ人追放又は強制移送が契機となって国際法に取り入れられた。その意味で歴史的に明らかに異なる概念である。

奴隷条約は奴隷と奴隷取引を掲げている（＊30）。奴隷と奴隷取引概念は非常に幅広いので、追放又は強制移送との関係が問題となりうるが、これまでの国際刑法テキストにおいて両者の関係を問う記述を見出すことはできない。おそらく、主な関心の向けられ方が異なるため、両者の関係を問う必要のあるような事例が国際刑事裁判に登場したことがないのかもしれない。

しかし、アウシュヴィッツに強制移送されたユダヤ人は選別されて殺害されることもあれば、収容所で強制労働させられ奴隷とされた場合もある。日本軍性奴隷制や朝鮮人・中国人強制連行・強制労働の被害者も、奴隷化の被害者であると同時に、追放又は強制移送の被害者であったこともありうる。追放又は強制移送を手段とする奴隷化という事例もあったのではないか。もちろん、「その者を奴隷の状態に置く意思をもって」行われた行為でなければ奴隷取引きには当たらないので、犯罪の主観的要件が異なる。二つの行為が手段・結果関係に当たる場合、あるいは外形的行為が明瞭に区別できない場合、主観的要素をどのように把握するかによって、奴隷化として理解するのか、追放又は強制移送として理解するのか、結論が分かれることになりそうである。

９　戦争犯罪としての追放

国際刑事裁判所規程第八条第二項(a)（vii）は「不法に追放し、移送し又は拘禁すること」を戦争犯罪としている。これは、一九四九年のジュネーヴ諸条約の重大な違反行為としての戦争犯罪の規定である。同条第二項(e)（viii）は「紛争に関連する理由で文民たる住民の移動を命令すること（当該文民の安全又は軍事上のやむを得ない理由が絶対的に必要とする場合を除く。）」として、非国際的紛争における戦争犯罪を定めている。

戦争犯罪と人道に対する罪の大きな差異は、人道に対する罪の敷居要件である「文民たる住民に対する広範な又は組織的な攻撃の一部として、当該攻撃の認識とともに行われた」にある。追放や移送という概念は、人道に対する罪では「住民の追放又は強制移送」であり、戦争犯罪では「不法に追放し、移送し」「住民の移動を命令すること」であるが、基本的には同じ意味を有するといえよう。

クヌート・デルマンによると、国際刑事裁判所準備会議において「不法に追放し又は移送し」は、ジュネーヴ諸条約第四条約第一四七条を第四九条と結びつけて理解するべきであり、すべての強制移送が禁止されているので占領地内における強制移送や占領地からの強制移送もこれに当たるとされたという（＊31）。また準備会議において、追放又は移送とは合法的に存在した地域からの追放又は移送であり、人道に対する罪としての追放又は強制移送と同じであると指摘されていた。さらにデルマンによると、戦争犯罪としての追放又は移送が取り扱われた国際刑事裁判事例はないが、旧ユーゴスラヴィア国際刑事法廷におけるコヴァセヴィッチ事件において、検察官が「被告人とその部下が、保護された者をその者が存在した地域から、その地域の外へ不法に追放又は強制移送した」と述べた。旧ユーゴスラヴィア国際刑事法廷におけるシミッチ事件においても、検察官は「被害者が、合法的に存在していた地域から、その地域の外に不法に追放又は移送された」と述べた。

さらに、検察官は、ジュネーヴ第四条約第四九条の主な目的は大量の住民の移動を禁止することであったが、同時に個人の追放又は移送も禁止している、すべての形態の文民の強制移動が禁止されていると主張していた。デルマンによると、クルシュティチ事件・旧ユーゴスラヴィア国際刑事法廷判決において人道に対する罪としての追放と強制移送が取り上げられた際に、やはり同様に第四条約第四九条を参照して判断が行われたという。

さらにデルマンによると、クルシュティチ事件判決において旧ユーゴスラヴィア法廷は住民の移送の強制的性格について次のように判断した。第四九条の赤十字国際委員会の注釈によると、差別の恐怖に動機付けられて退去したことは、必ずしも法の違反ではない。すべての種類の移送が絶対禁止されているのではなく、移送される者の同意の有無がポイントとなる。差別や迫害に悩まされ、それゆえ当該国家を立ち去った民族的又は政治的少数者に属する保護された者の事例が検討対象であった。任意の移送は正当化され、強制移送だけが禁止される。『強制的に』という語句は物理的な力に限定されず、その者に対する又は他の者に対する実力による脅迫又は威圧、すなわち暴力、束縛、拘禁、心理的抑圧又は権力乱用の恐怖によって惹き起こされた、又は威圧的環境に乗じてなされたものを含む」と判断された。本人に「純粋な選択」の余地があったか否かが重要である（＊32）。

10　小括

重要な点を簡潔にまとめておこう。

第一に、「慰安婦」問題は国際社会において性奴隷制度として認識されており、人道に対する罪としての奴隷制と関連するが、それだけではなく人道に対する罪としての強制移送との関連でも検討がなされるべきである。それは奴隷取引、人身売買、国外移送目的誘拐罪などとも直接に関連する。

第二に、人道に対する罪としての強制移送は、大量の住民の移動の禁止だけでなく、個人の移動の禁止を含むとの解釈例がある。また、「強制的に」という語句は物理的意味に限定されるのではなく、「実力による脅迫又は威圧、すなわち、暴力、束縛、拘禁、心理的抑圧又は権力乱用の恐怖によって惹き起こされた、又は威圧的環境に乗じてなされたものを含む」と解釈されている。

第三に、人道に対する罪であるとの認識が国際社会で確立しつつあるので、「慰安婦」の事実を否定したり、正当化したり、被害者を侮辱するものと受け止められるような発言については、「アウシュヴィッツの嘘」と同様に、被害者及び被害者と同じ集団に属すると考える者の人間の尊厳に対する攻撃を行っているとみなされることになる。これが「慰安婦」ヘイト・スピーチであり、社会権規約委員会や自由権規約委員会の勧告の意味である（＊33）。

第4節　戦争宣伝とヘイト・スピーチ

一　はじめに

一九六六年の国際自由権規約第二〇条一項は「戦争のためのいかなる宣伝も、法律で禁止する」と規定する。

一九六九年の米州人権宣言（人の権利及び義務の米州宣言）第一三条五項は次のように規定する。「第一三条5　いかなる戦争宣伝も、また、人種、皮膚の色、宗教、言語または国民的出身を含む何らかの理由による人又は人の集団に対する違法な暴力行為若しくはその他のすべての類似の違法行為の煽動を構成するいかなる国民的、人種的又は宗教的憎悪の唱道も、法律によって処罰される犯罪とみなされる。」なお、一九五〇年の欧州人権条約には戦争宣伝を犯罪として禁止する旨の規定はない。自由権規約第二〇条一項は戦争宣伝の禁止であり、二項は人種差別の唱道の禁止である。一項の戦争宣伝については、あまり議論の対象とされてこなかった。刑法各論の教科書で戦争宣伝の禁止が取り上げられることは、ほとんどない。刑法改正作業においても戦争宣伝の禁止が議論の対象になったことはないだろう。

刑法学において、自由権規約第二〇条一項の戦争宣伝の禁止について言及した文献の代表例は吉川経夫の論文「国際人権規約と刑事法」であろう(*34)。吉川は「B規約（自由権規約）を批准する上でのおそらく最大のネックは、戦争の宣伝および憎悪の唱道の禁止を定めた二〇条にあると思われる」とし、「B規約がこの二〇条を設けた趣旨は理解できないわけではない。しかし同条は元来、言論に対する新たな取締りを要請するものであり、しかも極めて不明確な概念をもってみたされている。その趣旨を国内実定法化するにあたってはいく多の技術的難点が予想されるばかりでなく、規定の方法如何によっては、B規約自体の定める罪刑法定主義や表現の自由の実質的保障と矛盾するおそれさえなしとしないのである」と述べている。

続いて、吉川は戦争宣伝の禁止の具体例として、当時の西ドイツ刑法、東ドイツ刑法、スウェーデン刑法を紹介・検討している。一九六八年の西ドイツ刑法第八〇条は侵略戦争の予備により戦争の危険を招来する罪、同八〇条aは侵略戦争の挑発の罪を規定していた。一九六八年の東ドイツ刑法は「侵略戦争、その他の侵略行為または原子兵器もしくは侵略目的のためのその他の大量殺戮手段の使用を宣伝した者、平和の維持および強化のための国際協定を破棄するように勧奨した者」を「戦争の扇動および宣伝の罪」としていた。

一九六五年のスウェーデン刑法一九章二条は戦争の煽動の罪を規定していた。吉川は「しかし、このような規定がB規約二〇条一項の趣旨にかなうものであるかは極めて疑わしい。それどころか、東西両ドイツ刑法にみられるような規定でさえも、これにまったく合致しているとはいえまい」とする。そして最後に、自由権規約二〇条に従っているといえるのは一九五八年のソ連邦「国家犯罪の刑事責任に関する法律」八条の戦争宣伝の罪だけであるとする。総じて吉川は戦争宣伝の禁止の刑法規定の困難性を確認して、それ以上の踏み込んだ論述は加えていないといえよう。刑法学においてはその後、戦争宣伝の禁止が本格的に議論の対象となることはなかったように思われる。

ところが国際的には、例えば一九九四年にルワンダで発生した主にツチ人に対するジェノサイドの際にラジオ放送を通じた憎悪の唱道が行われたことなどもあり、戦争宣伝、ジェノサイドの煽動、憎悪の唱道が現実問題として議論され、刑事司法の場で裁かれることになった(*35)。ルワンダ国際刑事法廷の「メディア事件」判決はこのテーマの最新の先例となった。日本でも国際法学において研究が公にされるようになってきた(*36)。以上の状況を踏まえて本節ではマイケル・カーニー『国際法における戦争宣伝の禁止』を簡潔に紹介したい(*37)。

二　戦争宣伝とは

カーニーによると、一九五八年、ジョン・ウィットンが『アメリカ国際法雑誌』に掲載した論文「ラジオ宣伝――平凡な提案」において、国際法が戦争宣伝の利用に注意を払うことができていないと指摘してから半世紀経ったが、戦争宣伝が戦争準備の中心的要素であることが、二〇〇三年のイラク戦争（侵略）に至る過程で証明された。戦争を開始し、戦争を望んでいない人や反対している人に戦争状態を受け入れさせる役割を果たしてきた。イラク戦争に反対する主要な要因が、政府による戦争宣伝を抑止することと国際法へのより大きな注意を喚起することであるならば、国際法における戦争宣伝の禁止の解明が不可欠である。

二〇〇六年、ＮＧＯグループは自由権規約委員会におけるアメリカ政府報告書の審査に際して、イラク戦争開始にあたって自由権規約第二〇条一項に規定された戦争宣伝の禁止の重要性を指摘した。アメリカ政府による「テロとの戦争」の主張と、イラク戦争の開始は、自由権規約第二〇条だけではなく、第一条、二条、六条、七条、九条、一〇条、一三条、一四条、一七条、一九条、二一条、二四条、二六条、二七条によって保護された多くの諸権利を侵害している。カーニーはその問題意識を共有して同書を執筆したという。

カーニーによると、「宣伝」も「戦争」もともに国際法において明確な定義がない。一六二二年のローマ教皇グレゴリー一五世設立の枢機卿委員会が「宣伝」の語源とされるのが普通である。ブラックの『法律辞典』には「特定の教義、見解、主張を促進したり、損ねたりするために、教義、噂、選択された情報を組織的に広めること」、あるいは「そのようにして広められた観念や情報」と定義されている。ウィットンは「事実、虚偽、論議、示唆であって、しばしば矛盾した内容を故意に隠蔽する」と見ている。戦争も国際法において多用されるが、文脈によって侵略、武力紛争、武力行使が用いられ、それらの定義は必ずしも一義的ではない。

三　戦争宣伝の禁止の淵源

二〇〇八年末から二〇〇九年初頭にかけてイスラエルによるガザ攻撃が行われ、世界の平和運動による激しい非難にもかかわらず、一三〇〇人もの人々が殺された。多くのＮＧＯは従来からイスラエルの政治・軍事指導者を国際刑事裁判所に告発してきた。イスラエルは国際刑事裁判所規程を批准していないが、国際刑事裁判所検察局は二重国籍保持者の可能性を見据えて捜査に着手したという。

他方、二〇〇九年二月一一日、国際刑事裁判所予審裁判部はスーダン西部ダルフール紛争をめぐってスーダンのバシル大統領に対する逮捕状を発行した。二〇〇八年七月に検察局が請求していた。スーダンは国際刑事裁判所規程を批准していないし、国際刑事裁判所に協力する姿勢はない。むしろ反発を強めている。中国なども国際刑事裁判所による訴追ではなく、安保理事会での議論を主張している。

こうした動きを評価するにもさまざまな観点がありうるが、戦争犯罪を裁くための国際司法を形成・確立するという観点からは、より効果的な国際刑事裁判所を実現するための方策として評価されることになるだろう。

1　戦間期の議論

カーニーによると、第一次大戦後、戦争宣伝の禁止をめぐる国際的議論が盛んになったのは二つの理由による。①戦争宣伝が一九世紀のように政治的過激者や煽動者によってではなく、国家自身によって国家政策として行われるようになった。②宣伝方法の変化である。かつてはパンフレット、リーフレット、ポスターが主たる手段であったが、ラジオが登場したことによって戦争宣伝が継続的かつ迅速に大衆に届けられるようになった。

フィリップ・テイラーは「国際政治におけるプロパガンダ」という論文において、三つの理由を掲げているという。①第一次大戦の帰結として大衆が政治外交問題に強い関心を持つようになったこと。②マスコミュニケーションにおける技術的発展。③「欧州内戦」とも呼ばれた戦間期というイデオロギー的文脈。科学技術の発達によって戦争手段にも大きな変化が生じ、非人道的な兵器を禁止するために国際法が後から事態を追いかけることが続いたように、戦争原因についても、マスコミュニケーションの発達などにより戦争宣伝が容易に、迅速かつ大規模に行われるようになったので、国際法が後追いしなければならなくなった。

こうして戦争宣伝の禁止のための議論が始まった。カーニーは戦間期における議論を三つにまとめて整理している。①二国間条約、②ＮＧＯ、③国際連盟である(＊38)。

２　第二次大戦時の戦争裁判

カーニーは次に第二次大戦時の軍事裁判を取り上げる。①ニュルンベルク裁判、②占領委員会規則第一〇号に基づく裁判における諸大臣事件、③東京裁判である。

第一に、ニュルンベルク国際軍事裁判である。ニュルンベルク裁判の起訴状は、プロパガンダの利用および侵略の教唆によって被告人らが平和に対する罪に責任があるとした。ニュルンベルク裁判憲章第六条(a)は平和に対する罪を「侵略戦争等の計画、準備、主唱、遂行」としていた。起訴状の訴因一は「共同計画または共謀」として、ドイツ民族の優越性、指導者原理、「戦争はドイツ民族の高貴な活動である」、ナチス党の指導性など、さまざまな原理を唱えて被告人らが戦争プロパガンダを行ったとした。ニュルンベルク裁判判決は一九一九年のナチス党結成から一九四五年の戦争終結までの二七年間に、平和に対する罪を犯す共同計画または共謀があったか否かを検討し、一九三七年一一月にヒトラーが召集した秘密会議によって共同計画が発動され、戦争の脅威がナチス政策の基本部分となったとした。判決はナチスの権力掌握と戦争準備においてプロパガンダが中心的役割を果したと認定した。反ユダヤ主義、「優越人種」理論、国内の不一致の一掃（全体化・同一化）がヒトラーの政権掌握の武器であった。

ヘス、カイテル、ローゼンベルク等に対する判決でもプロパガンダが取り上げられたが、特に有名なのがシュトライヒャーとフリッチュである。両名は政治家や軍人ではなく、もっぱら言論によって幅広い影響を与えたからである。シュトライヒャーは他国への侵略ではなく、もっぱらユダヤ人に対する憎悪と暴力をドイツ人に教唆した。シュトライヒャーは、自ら発行した週刊誌においてユダヤ人迫害を主張し、激しい差別言論を展開した。ユダヤ人せん滅を主張し「死のプロパガンダ」を推進した。しかし、シュトライヒャーは平和に対する罪については無罪となった。戦争に至る政策形成過程に密接に関与していたという証拠がなかったからである。それゆえ判決はシュトライヒャーのプロパガンダを、人道に対する罪と関連付けて人道に対する罪の教唆とした。

フリッチュは平和に対する罪、戦争犯罪、人道に対する罪で起訴された。ナチス党の綱領文書を配布し、戦争犯罪の遂行を主張し、反ユダヤ主義を唱道した。一九三三年にナチス党に加入し、一九三八年に国内報道局長になり、二三〇〇もの新聞を統制し、自分のラジオ番組をもっていた。判決はフリッチュの初期の経歴からいって戦争政策形成過程には関与していなかったと認めたが、戦争末期にはプロパガンダ省におけるラジオ部門の唯一の権威者であったとし、指導者原理、ユダヤ人問題、生活圏問題、その他のナチスの思考を直接報道したことによって、戦争政策に関与したのではないかを問題とした。だが、判決は最終的にフリッチュの言論とユダヤ人迫害との間に「直接の」結びつきがなかったと認定した。フリッチュは反ユダヤ主義を標榜し、一般的に戦争雰囲気を作り出すプロパガンダを行ったが、侵略戦争行為を直接に教唆するプロパガンダを行っていないとされた。

第二に、諸大臣事件である。一九四五年の連合国占領管理委員会規則第一〇号に基づいて行われた戦争犯罪法廷のうち、諸大臣事件は戦争宣伝に関連する。プロパガンダ人民啓蒙省次官だったオットー・ディートリヒはヒトラーの権力掌握の積極的加担者であり、報道機関を直接統制し、反対意見を抑圧し、ナチスによる侵略計画の一環としての報道統制とプロパガンダを行い、侵略の計画と準備に関与したとして起訴された。外務省次官だったエルンスト・フォン・ワイツゼッカーは一一ヶ国に対する侵略に関して平和に対する罪として起訴されたが、プロパガンダが問題となったのはオーストリアに対する侵略である。検察官はワイツゼッカーがオーストリアにおいてナチス党のプロパガンダを担ったとした。判決はワイツゼッカーがヒトラーのオーストリア侵略の意図を知っていたとする証拠はないと判断した。判決は侵略戦争の計画を知ってなされた戦争プロパガンダはニュルンベルク条例における犯罪であるとしたが、最終的にディートリヒやワイツゼッカーの行為は「未完の犯罪」であるとして、無罪とした。

第三に、東京裁判である。極東国際軍事裁判条例第五条aは平和に対する罪を定めている。侵略戦争遂行の共謀と実際の侵略戦争遂行である。東京裁判はニュルンベルク裁判に続いて行われた二番目の裁判であること、欧州ではなく極東での裁判だったこと、裁判中に冷戦が厳しくなり幕引きがはかられたこと、判決文がすぐには出版されなかったことなどから、国際法学においてはニュルンベルク裁判ほど重視されてこなかった。

しかし、カーニーによるとマーティの著作『プロパガンダと世界公共秩序』(イェール大学出版、一九六八年)は、戦争宣伝の禁止に関してはニュルンベルク裁判よりも東京裁判のほうが大きな影響を与えるものだと指摘しているという(＊39)。戦争宣伝の禁止という観点では東京裁判が重要な意義を有するとしている点は、日本の議論でも必ずしも意識されてこなかったように思われる。日本の議論は歴史修正主義の立場からの〈東京裁判否定論〉にかき回されて、冷静な認識ができない状態になっている。東京裁判を正当に評価するためには、国際刑事裁判の歴史的展開のなかに位置づけ、国際刑法の発展史における意義を明らかにすることが重要である(＊40)。

四 国連総会における議論

カーニーは国連総会における戦争宣伝の禁止をめぐる議論を検討する。国連憲章第二条四項は「すべての加盟国は、その国際関係において、武力よる威嚇又は武力の行使を、いかなる国の領土保全又は政治的独立に対するものも、また、国際連合の目的と両立しない他のいかなる方法によるものも慎まなければならない」として侵略戦争の違法性を確認する。

世界人権宣言第一九条は表現の自由を規定しているが、その起草過程においてソ連代表は人種主義のプロパガンダや暴力や戦争の煽動を禁止するよう提案した。提案は実現しなかったが、第七条の平等規定に「差別をそそのかすいかなる行為」からの保護が挿入され、第二九条二項に「すべて人は、自己の権利及び自由を行使するに当っては、他人の権利及び自由の正当な承認及び尊重を保障すること並びに民主的社会における道徳、公の秩序及び一般の福祉の正当な要求を満たすことをもっぱら目的として法律によって定められた制限にのみ服する」とされている。ここでの議論は戦争宣伝に関する国家責任に関するものである。

1　国連総会決議

一九四六年一二月一四日、国連総会第一会期においてフィリピンが提案した情報の自由に関する国際会議を招集するとの決議が採択された。決議前文は、情報の自由を強調するとともに情報の濫用や統制の危険性を指摘した。

一九四七年九月一八日、国連総会第二会期でソ連が戦争の犯罪的プロパガンダを非難する決議案を提出した。アメリカ、トルコ、ギリシアによる戦争宣伝を念頭においたものであるが、一〇月二七日、総会の政治安全保障委員会はこれを否決した。同日、オーストラリア、カナダ、フランスは個別の国家に言及した決議ではなく、侵略や平和に対する脅威となるようなすべての形態のプロパガンダを非難する決議案を提出し、これが採択された。

一九四七年一一月三日、新しい戦争のプロパガンダと教唆に対する措置に関する決議一一〇（Ⅱ）が全会一致で採択された。決議は、どの国家が行ったものであれすべての形態のプロパガンダを非難した。

国連総会第二会期には、ユーゴスラヴィアも諸国家間関係にとって有害となる中傷発言の流布を予防する措置を採るべきだという提案を出した。「中傷情報」は「誤った報告や歪曲した報告」に変更され、一九四七年一一月一五日、決議一二七（Ⅱ）が採択された。

一九五〇年一一月一七日、国連総会は「平和に反するプロパガンダの非難」という決議三八一（Ⅴ）を採択した。一九五〇年一二月一四日の情報の自由権に関する国連決議四二四（Ⅴ）以後も同様の決議が続いた。

2　情報とプレスの自由条約草案

カーニーによると、この間、国連は条約起草作業に入っていた。一九四八年、情報の自由とプレスに関する国連会議は国連総会決議を参考にし、国際人権規約起草における関連情報にも目を向けながら、作業を進めた。アメリカ、フランス、イギリス、ソ連などが提案を出したが、国連総会はアメリカ案とフランス案を折衷した条約案をつくりあげた。一九五二年、五八年、六〇年と議論が続き作業が進められたが、結局、条約はできあがらなかった。しかし、条約案第二条は後に国際自由権規約第二〇条第一項の議論に継承されていった。

3　国連総会宣言

こうした経過を受けて国連総会は宣言づくりを行った。一九六一年には自由権規約第二〇条案が確定し、一九六五年一二月七日の諸人民の間の平和、相互尊重、理解の観念を青年に促進涵養する宣言が続き、一九七〇年一〇月二四日、諸国間の友好関係と協力に関する国際法原則に関する宣言が採択された。一九六六年に自由権規約第二〇条第一項が確定して以後は「戦争を唆すプロパガンダ」「紛争や侵略行為の教唆」「戦争プロパガンダ」といった用語は「戦争のための宣伝」となった。一九七八年の平和的生活のための社会の準備に関する宣言前文は、世界人権宣言と自由権規約の表現を用いて「侵略戦争のための宣伝」の抑止を定めている。この宣言は一三八ヶ国の賛成で成立したが、イスラエルとアメリカは侵略戦争の宣伝禁止は表現の自由の脅威となるとして棄権した。

4　条約

一九五八年、国連宇宙の平和利用委員会が設立され、宇宙の利用が平和への脅威とならないよう国際基準をつくることになった。一九六三年、宇宙の探検と利用における国家活動を規制する法的諸原則宣言が国連総会で採択された。宣言は、宇宙の探検と利用が全人類の利益のために行われるべきであるとし、平和に対する脅威となるプロパガンダを非難している。一九六七年の宇宙条約（宇宙の探検と利用における国家活動を規制する諸原則に関する条約）は国連総会決議一一〇（Ⅱ）を再確認している。宇宙の平和利用委員会では、その後も衛星放送のあり方をめぐって議論が続けられた(＊41)。

カーニーは国連総会における戦争宣伝の禁止の議論を俯瞰して、戦争宣伝に関する国家責任についての従来の理解を確認している。国際人道法・人権法における戦争宣伝の禁止は個人の犯罪を構成し、当該個人に刑事責任を問う場合が含まれる。戦争宣伝の禁止という場合にも、国家責任を問う場合と個人責任を問う場合の議論がいちおう区別されて行われている。個人責任が問われる場合については自由権規約第二〇条一項に関する次の章で扱われる。

最後にカーニーは国連総会は決議や宣言を繰り返したように、国家には戦争のための宣伝を控える義務があることを明らかに確認したが、西欧諸国に必ずしも熱意があったわけでもなく、ソ連の崩壊と冷戦の終焉によって、戦争宣伝の禁止の議論が低調になっていった。そのため自由権規約が採択されて以後というもの、国連総会は新たな戦争宣伝の禁止の決議を行っていない、と述べている。戦争宣伝の禁止が自由権規約や国際人権法の領域の問題と考えられている。それゆえ、次に自由権規約第二〇条一項の制定過程を検討する必要がある。

五　国際自由権規約第二〇条一項

カーニーは次に戦争宣伝の禁止に向けた国際的取り組みのピークとしての国際自由権規約第二〇条の成立過程を論じる。国際人権法における戦争宣伝の禁止はどのようにして実現したのだろうか。第二〇条一項に至る一五年以上の議論の過程を、カーニーは三つの局面に着目して検討している。①表現の自由の制約としての「戦争宣伝」問題。②憎悪と暴力の煽動の禁止問題。③戦争宣伝の禁止問題。

1　表現の自由としての「戦争宣伝」問題

戦争宣伝の禁止の議論は、まず一九四七年から一九五二年にかけて国連人権委員会と国連総会第三委員会で行われた。この点をカーニーは歴史の流れに従って紹介している。ここでは「表現の自由」「情報の自由」が問題となった（＊42）。

一九五二年の国連人権委員会が採択した規定には「戦争宣伝」「戦争の煽動」「戦争のための宣伝」への言及がなかった。この時期に戦争宣伝の禁止を盛り込むべきと主張したのはソ連ブロックの諸国だけであった。西欧民主主義諸国は「公共の秩序」と「国家の安全」による表現の自由を承認したが、「戦争宣伝」の禁止を条約に盛り込むことを認めようとしなかった。

ナチス・ドイツとの戦争で二〇〇〇万もの犠牲を出したソ連が戦争宣伝の禁止を強く求めたのに対して、憲法において表現の自由、とりわけ政治的表現の自由を重要視してきたアメリカが表現の自由の一般規定に抵触しない範囲での規制に限定しようとして対立した。同時に米ソの冷戦が進行しており、資本主義対社会主義の宣伝合戦が、戦争宣伝に接近していた現実も無視できない。第二次大戦後の各地に残された地域紛争の火種が随所に見え隠れしていたからである。

2 憎悪と暴力の煽動の禁止

戦争宣伝の禁止問題は、表現の自由をめぐる議論と並行して暴力の煽動の禁止をめぐる議論として浮上した。カーニーはその経過を跡付けている(*43)。自由権規約第二〇条二項の起草史は、国際人権の枠組みの中核の一つを明らかにしている。アメリカは「憎悪」の煽動の禁止に反対したが、チリとフランスの提案が成果を得ることになった。憎悪と暴力の煽動の禁止が自由権規約の重要な要素とされた。戦争宣伝の禁止を盛り込もうとしたソ連の提案は受け容れられなかった。

カーニーの叙述からは、第一項と第二項がいかなる関連付けの下に審議されたのかは必ずしも明らかでない。しかし、ソ連やフランスの発言は第一項についても第二項についてもファシズム・ナチズムへの反省を強調している。戦争宣伝の禁止と人種的憎悪の禁止が同一の条文に並列されたのは、両者に密接な関連があると判断されたためである。

3 戦争宣伝の禁止

一九五四年の国連総会第三委員会開始時点では、表現の自由に関する第一九条と憎悪と暴力の煽動の禁止に関する第二六条の仕上げが残されていた。規約採択にいたる最終段階をカーニーは追跡する。カーニーによると、一九五四年から一九六一年の間に旧植民地が独立して国連加盟国になったことが、議論の大勢に変化をもたらしたという。非同盟諸国の登場によって、アメリカ対ソ連の対抗軸だけではない、新しい議論が生み出された(＊44)。

いよいよ第二〇条一項の戦争宣伝の禁止が議論の俎上に載せられた。アメリカは条文の精神には共感を示しつつも、表現の自由の重要性を唱えて、削除を要求した。「戦争プロパガンダを含む憎悪と暴力の煽動になる国民的、人種的、宗教的敵意の唱道は法律で禁止する」というブラジル案が最初に審議された。

審議の結果、ブラジル案は九ヶ国案によって修正された。ブラジル、カンボジア、ガーナ、ギニア、イラク、マリ、モロッコ、アラブ連合、ユーゴスラヴィアである。「憎悪、差別、暴力、並びに戦争宣伝の煽動になる国民的、人種的、宗教的敵意の唱道は禁止する。この禁止は国内法に組み入れられる」。「戦争犯罪を含む」が「並びに戦争犯罪」に変更されたが、直接に戦争を煽動する表現を超えて、戦争宣伝概念を拡張したものと理解される。

他方、サウジアラビア、フィリピン、レバノン、タイの四ヶ国は「戦争のための宣伝および暴力を煽動する国民的、人種的、宗教的憎悪の唱道は、法律で禁止する」と提案した。「戦争のための宣伝」という語句が初めて登場したが、「戦争宣伝」との区別は示されていない。

審議の結果、新しい提案がまとめられた。「1．戦争のためのいかなる宣伝も、法律で禁止する。2．差別、敵意、暴力の煽動になる国民的、人種的、宗教的憎悪の唱道は法律で禁止する」。ブラジルは、この案によって国際社会が戦争のための宣伝を強く非難する姿勢を明らかにすると述べた。アメリカは、この案は戦争の直接煽動を超えて戦争のための宣伝を含むので不当に広すぎると批判したが、賛成意見が多く、採決となった。第一項は賛成五三、反対二一、棄権九。第二項は賛成五〇、反対一八、棄権一五。条文全体の採決では賛成五二、反対一九、棄権一二で採択された。なお、国連に加盟したばかりの日本はアメリカとともに、反対投票した。

以上の経過をカーニーは次のようにまとめている。第二〇条の成立過程は戦争宣伝についての異なる二つの立場を明らかにした。多数の諸国は特定の戦争の直接煽動でなくとも、戦争のための宣伝がもたらす危険性に照らして理解することで、反対意見に勝利した。暴力の煽動の禁止の必要性に賛成した諸国のなかにも、憎悪の煽動の禁止については留保した国もある。激しい論争が行われ、「宣伝」概念が定義されていないと批判が強かったにもかかわらず、「戦争宣伝」や「戦争のための宣伝」の定義を明確にする努力はなされなかった。賛成派のほとんどの政府代表は、もし戦争宣伝が行われた場合に、自国の裁判所がそれを認定するのに問題はないと考えていたのであろう。カーニーによると、「戦争のための宣伝」には二つの要素があるという。第一は「戦争の煽動」であるが、ブラジル代表が説明したように、「諸国に武力紛争を惹き起こすために、二つ以上の諸国の人民間に憎悪や相互理解の欠如の雰囲気をつくり出す目的のための意見を繰り返し、しつように表現すること」が含まれる。自由主義諸国は後者の宣伝の禁止を義務付けることには反対したが、非同盟諸国はこの解釈を採用した。

カーニーが述べているように、国際自由権規約の成立過程において多数の旧植民地が独立して国連加盟国となったことによって、議論の流れが大きく変化した。それは自由権規約及び社会権規約の全体について言えることであるが、戦争宣伝や差別宣伝の禁止にかかわる第二〇条の成立過程において、明確に現れている。植民地支配のもとに置かれ、人種差別の被害を受けてきた旧植民地諸国、主に非同盟諸国のリードによって、第二〇条が実現した。

六　侵略の煽動の国際犯罪へ

1　国際法委員会

カーニーは国連国際法委員会における議論と、アドホックな国際刑事法廷の判例の動向を追跡し、自由権規約以後の動向を確認し、第六章「結論」をまとめている。

ニュルンベルク裁判において展開された国際法原則をまとめあげるために、国連は国際法委員会にその検討を委ねた。一九四七年、国連総会が国際法委員会に要請したのは、①ニュルンベルク裁判憲章と判決で認められた国際法の諸原則を定式化すること、②人類の平和と安全に対する罪の法典草案を準備すること、であった。

国際法委員会は一九五〇年の第二会期に法案作成作業を開始した。戦争宣伝の犯罪化の提案を提出したのはヴェスパシアン・ペラであった。ペラは戦争宣伝、国際関係を害する虚偽・歪曲情報・文書を配布すること、戦争の圧力について論じた。ペラは「武力による威嚇又は武力の行使」は国連憲章第二条四項で禁止され、ニュルンベルク憲章と判決で平和に対する罪にあたるとされていたので、これを犯罪とするべきだと考えた。もっとも、自衛権の行使のための準備を制約しないように解釈する必要があるため、問題は容易ではなかった。ポーランド政府は、ただちに犯罪実行に向けられた行為だけではなく、犯罪実行のための条件をつくり出す活動も処罰するべきだと主張した。オランダ提案は、戦争の煽動と戦争宣伝の両方を「平和に対する罪」とし、「他国との関係を危険にするような明らかに虚偽の出版のような背信的な流布」も含めるとした。オランダはこれらの犯罪はすでに国際法において犯罪とされていると理解していた。ペラはジャン・スピロプーロス特別報告者に草案を提出した。これを受けたスピロプーロス特別報告者の提案は、侵略の直接かつ公然の教唆を犯罪としていた。国際法委員会は、侵略戦争、及びそのための共同計画や共謀への参加を犯罪として、戦争宣伝の議論は次の会期に委ねた（＊45）。

カーニーはその間の経過を整理しつつ、国際法委員会における審議が一九九〇年代の二つのアドホックな国際刑事法廷、及び国際刑事裁判所規程に継承されていくことになったとする（＊46）。

2　アドホックな国際刑事法廷

一九九〇年代前半にバルカン半島とルワンダで発生した残虐な人道違反事件に関して、国際社会は二つのアドホックな刑事法廷を創設して、残虐行為の実行責任者の刑事責任を問うことにした。

旧ユーゴスラヴィア国際刑事法廷は一九九三年の国連安全保障理事会決議に基づいて設置された。ニュルンベルク国際軍事法廷及び東京国際軍事法廷以来途絶えていた国際刑事裁判が始まった。旧ユーゴスラヴィア法廷は戦争宣伝や教唆が果たした役割を正面から議論したわけではないが、いくつかの判決において、戦争犯罪と人道に対する罪の実行について宣伝が与えた影響を取り上げた。

一九九七年のタディッチ事件一審判決は、宣伝が旧ユーゴにおいて民族対立を助長したことに触れている。セルビア系メディアが、セルビア人が少数派である地域におけるセルビア人の服従の恐怖に影響を与え、セルビア人に、他の民族への全面戦争以外に選択肢がないと思わせた。セルビアの政治指導者は宣伝を通じてナショナリストの政策を支援しなくてはならないとの恐怖を抱いていた。例えばセルビア自治地域のバニャ・ルカのラドスラフ・ブルダニンは、一九九二年の政治討論においてこの地域の非セルビア人人口は上限の二%しか許されないという宣言をした。メディアのセルビア人支配はセルビア軍の力によって保障され、セルビア系番組だけが放送された。旧ユーゴスラヴィア国際刑事法廷判決は、印刷物、テレビ放送、政治宣伝によって、セルビア人は原理主義ムスリムによる脅威から自分たちを守らなければならない、クロアチア人とムスリムがセルビア人を皆殺しにする計画を保有しているから、武装しなければならないと、思わされた（＊47）。

ルワンダ国際刑事法廷は、一九九四年の国連安全保障理事会決議に基づいて設置された。ルワンダでは特にジェノサイドに焦点が当てられた。

一九九八年九月二日のアカイェス事件判決は国際法廷の歴史上初めてジェノサイドの罪を適用し、ジャン・ポール・アカイェスはジェノサイドの直接かつ公然の教唆で有罪とされた（＊48）。リーディング・ケースとなる判決である。判決はアリソン・デ・フォルジュ専門家証人の「鏡の政治」現象を引証している。自分が行ったことや、行おうと思ったことを理由に他者を非難する政治である。例えば、キガリ地方への攻撃は政府によって指令されていたが、ツチ人（ツチ民族）がそうしようとしているからという理由であった。ルワンダ国際刑事法廷は、この宣伝の目的は、経済・社会・政治紛争を民族紛争に見せることであったとした。さらに、ジェノサイドの教唆のために採用されたもう一つの宣伝方法は、ツチ女性の組織的強姦であった。ツチ人に対してフツ人を動員する宣伝は、ツチ女性は性的客体として存在していると思わせることであった。

民族的アイデンティティを性的特徴によって代表させることによって、ツチ女性に対する性暴力が惹き起こされた。

こうした宣伝は集会における演説やラジオや印刷物によって流布された。当時の首相であったジャン・カンバンダは一九九七年にジェノサイドの直接かつ公然の教唆の犯罪で起訴され、有罪答弁を行い、集会やメディアでツチ人やフツ人穏健派に対する暴力行為を民衆に直接かつ公然と教唆したことを認めた。カンバンダは首相としてラジオ局ＲＴＬＭにツチ民間人虐殺の宣伝をさせた。

もっとも重要なのが二〇〇三年一二月三日に判決の出た「メディア事件」である。フェルディナンド・ナヒマナ、ジャン・ボスコ・バラヤグィザ、ハッサン・ンゲゼがジェノサイドの直接かつ公然の教唆で起訴され、三人とも有罪判決を受けた。三人はラジオ局ＲＴＬＭを通じてツチ住民に侮辱と憎悪を促進する民族的ステレオタイプを流布し、ルワンダにおける暴力とジェノサイドを教唆した。ＲＴＬＭはツチの人々や組織を敵と見なし、敵に対抗して武装するよう呼びかけた。新聞『カングラ』や政党組織である「共和国防衛連合」もツチ少数者に対する憎悪を流布した。どんな武器を使うかとの設問に対する答えとして斧の絵が描かれていた。ルワンダ法廷判決は三人の被告人が関与したラジオ局、新聞、政党による行為を詳細に認定した上で、ジェノサイドの直接かつ公然の教唆の法解釈を展開した。アカイェス事件判決を基礎にさらに踏み込んだ。例えば、百人以上の人々を招集して、すべてのツチ人を根絶するよう呼びかけ、被害が生じるかもしれないと知りながら、ツチ人のリストに掲載された氏名を読み上げた行為は、直接かつ公然の教唆であるとされた。「直接」概念には論争があり、暗黙の示唆が含まれるか否かが問われてきた。ルワンダ法廷判決はケース・バイ・ケースで判断すべきとし、ルワンダの文化や特殊な条件を考慮し、教唆行為が直接か否かを検討している。判決は教唆が成功せずに結果を生じなかった場合に、ジェノサイドの直接かつ公然たる教唆が処罰されるべきか否かも検討し、ジェノサイド条約起草過程の資料に基づいて、成功しなかった教唆を処罰しないという立法者意思があったとは言えないとした。ルワンダ刑法のジェノサイド規定もジェノサイドの教唆が社会に高度の危険をもたらすものとしている。

3　国際刑事裁判所

一九九八年の国際刑事裁判所規程第五条は、もっとも重大な犯罪としてジェノサイド、人道に対する罪、戦争犯罪、侵略の罪を掲げた。侵略の罪の定義はできていなかったので、国際刑事裁判所規程準備委員会が侵略の罪の定義の検討を続けた(＊49)。

アドホックな国際刑事法廷がジェノサイドの直接かつ公然の教唆の概念を明確にしてきたので、侵略の罪の定義が完成すれば、侵略の罪の直接かつ公然の教唆の罪の定義も明らかになる。旧ユーゴスラヴィア国際刑事法廷とルワンダ国際刑事法廷の管轄権には侵略の罪は含まれていないが、重大国際犯罪の宣伝と教唆の中核部分を明らかにしてきた。それゆえ国際刑事裁判所もこれらの先例に従って判断することになるだろう。

七　小括――日本における議論

以上、カーニーによる戦争宣伝の禁止に関する研究を紹介してきた。日本では手薄な研究分野であり今後の議論が必要であるが、いくつか感想を記しておきたい。

第一に、日本ではこの分野の研究が手薄のため、議論の仕方自体が議論されるべきことのように思われる。刑法学における先行研究は、本節冒頭に見たように吉川経夫の論文「国際人権規約と刑事法」である。吉川は戦争宣伝の禁止の刑法規定の困難性を確認しているが、それ以上踏み込んだ論述は加えていない。換言すると吉川の議論は罪刑法定主義や表現の自由を引き合いに出すことに留まっており、まだ具体的な議論になっていない。戦争宣伝の禁止が罪刑法定主義や表現の自由とどのような関係になるのか、議論を詰めることはなされていない。

第二に、国際人権・人道法の発展と、その日本への紹介によって議論状況は大きく変化した。最近の人種差別禁止法をめぐる議論のように、より具体的な議論が始まっており、そこでは刑事規制を必要とする具体的な立法事実があるのか否か。他に採るべきより制限的でない手段はないのか。刑事規制立法を行うとして、それはいかなる射程で、いかなる行為を規制しようとするのか。さまざまな議論が始まっている。人種差別表現、ヘイト・クライム／ヘイト・スピーチについては、いくつかの民間の提案が作成・公表されている（*46）。

こうした議論を経て明らかになってきたことは、表現の自由の理解に看過できない「溝」があることである。吉川は戦争宣伝の禁止は表現の自由に抵触する可能性があるとだけ見ている。人種差別の禁止についても同様の議論をすることになるだろう。ところが、人種差別撤廃委員会や国連人権委員会の議論では、人種差別禁止が表現の自由に抵触するとは見ていない。表現の自由に抵触しない人種差別禁止法が可能であると判断している。

第三に、前記の「溝」に関連してもっとも重要なことは、欧州諸国と異なって、日本における議論が第二次大戦についての真摯な反省を前提としていないことである。その顕著な例が憲法学である。憲法学はヘイト・クライム／ヘイト・スピーチに関して表現の自由を持ち出す。かつて治安維持法による言論弾圧がなされたことへの歴史的反省があり、それゆえに表現の自由の優越的地位を認め、表現の自由に関連する刑事規制ができうる限り少ないことが望ましいという奇妙な論法を用いる。日本の植民地支配や侵略戦争に際して、治安維持法による言論弾圧が猛威を振るったことは言うまでもない。しかし同時に、戦争宣伝や他民族に対する差別と差別の煽動がなされた歴史的事実を無視するべきではない。日本国憲法前文や第九条を見るならば、明らかに植民地支配や侵略戦争や戦争犯罪への反省を前提にしている。従って治安維持法を引き合いに出して「差別表現の自由」を高唱する前に、表現の自由の濫用によって戦争と侵略を賛美し、民族差別を煽り、民衆が戦争協力と植民地支配に動員されたことを反省するべきである。このこと抜きに戦争宣伝の罪やヘイト・クライム／ヘイト・スピーチの議論をすべきではない（本書第11章参照）。

第四に、人種差別の禁止と戦争宣伝の禁止の関係である。日本では両者は切り離して議論されがちであるが、国際社会の議論は人種差別の規制が戦争宣伝の禁止と密接な関連のもとに議論されている。一般的に言っても植民地支配や戦争と人種差別には密接な関連があるというべきである。ダーバン人種差別反対世界会議の成果文書である「ダーバン宣言」を一瞥すれば明らかなように、植民地主義、侵略、占領が人種主義、人種差別を生み出してきたのが近現代世界である。議論をダーバン宣言の水準に高める必要がある（＊50）。

〈註〉

（＊1）以下の記述は、前田朗「表現の自由を守るためにどうすればよいか」のりこえねっと編『ヘイトスピーチってなに？レイシズムってどんなこと？』（七つ森書館、二〇一四年）、同「ヘイト・スピーチの基礎知識」『女たちの21世紀』七八号（二〇一四年）に大幅に加筆した。ヘイト・クライム／ヘイト・スピーチ研究の基本文献として、Rita Kirk Whillock and David Slayden (ed.), Hate Speech, SAGE Publications, 1995. Barbara Perry, In the Name of Hate, Routledge, 2001. 基本資料として、Phyllis Gerstenfeld and Diana Grant (ed.), Crimes of Hate, Selected Readings, SAGE Publications, 2004. Phyllis Gerstenfeld, Hate Crimes, 2 edition, SAGE Publications, 2011. ヘイト・クライム／ヘイト・スピーチの社会運動的機能について、Alexander Tsesis, Destructive Messages, How Hate Speech Paves the Way for Harmful Social Movements, New York University Press, 2002. ヘイトの暴力性について、Jack Levin and Kim Nolan, The Violence of Hate, Confronting Racism, Anti-Semitism, and other Forms of Bigotry, 3 Edition, Pearson, 2011. Michael Herz and Peter Molner (ed.), The Content and Context of Hate Speech, Rethinking Regulation and Responses, Cambridge University Press, 2012.

（＊2）類型論について、前田朗「刑法における類型論的方法」同『鏡の中の刑法』（水曜社、一九九二年）。

（＊3）楠本孝「ドイツにおけるヘイト・スピーチに対する刑事規制」『法と民主主義』四八五号（二〇一四年）。

（＊4）金尚均「名誉毀損罪と侮辱罪の間隙」『立命館法学』三四五・三四六号（二〇一二年）。

（＊5）Jeremy Waldron, The Harm in Hate Speech, Harvard University Press, 2012. Ishani Maitra and Mary Kate McGowan (ed.), Speech and Harm, Oxford University Press, 2012.

（＊6）前田朗『戦争犯罪論』（青木書店、二〇〇〇年）、同『人道に対する罪』（青木書店、二〇〇九年）。

（＊7）人道に対する罪の形成について、清水正義『「人道に対する罪」の誕生』（丸善プラネット、二〇一一年）。

（＊8）Antonio Cassese, Crimes against Humanity, in : Antonio Cassese, Paola Gaeta & John Jones (ed), The Rome Statute of The International Criminal Court: A Commentary, Volume I, Oxford University Press, 2002. 著者はフローレンス大学教授、旧ユーゴスラヴィア国際刑事法廷元所長である。

（＊9）Claire de Than and Edwin Shorts, International Criminal Law and Human Rights,Sweet & Maxwell, 2003.　クレア・ド・ザンはロンドン市立大学講師、エドウィン・ショートは弁護士でロンドン・メトロポリタン大学講師である。

（＊10）Alexander Zahar & Göran Sluiter,International Criminal Law, Oxford University Press, 2008.　アレクサンダー・ザハールは旧ユーゴスラヴィア国際刑事法廷・法律担当職員、ゲラン・スルイターはアムステル大学教授である。

（＊11）Egon Schwelb, Crimes Against Humanity, in: Guénaël Mettraux (ed.), Perspectives on the Nuremberg Trial, Oxford University Press, 2008.

（＊12）Herman von Hebel and Darryl Robinson, Crimes Within the Jurisdiction of the Court, in: Roy S. Lee, The International Criminal Court, Kluwer Law International,1999.　フォン・ヘーベルはオランダ外務省法律顧問、ロビンソンはカナダ外務省法律顧問である。編者のリーは国連国際法委員会で活躍し、国際刑事裁判所設置準備委員会外交官会議事務局長だった。

（＊13）Timothy McCormack, Crimes Against Humanity, in: Dominic McGoldrik, Peter Rowe & Eric Donnelly (ed.), The Permanent International Criminal Court, Hart Publishing, 2004.　マコーマックはメルボルン大学国際人道法教授で、旧ユーゴスラヴィア国際刑事法廷におけるミロシェヴィチ事件でアミカス・キュリエに任命された。

（＊14）英文は、For the purpose of this Statute, it is understood that the term "gender" refers to the two sexes, male and female, within the context of society. The term "gender" does not indicate any meaning different from above.

（＊15）Michelle Jarvis, An Emerging Gender Perspective on International Crimes,in:Gideon Boas and William Schabas (ed.), International Criminal Law Development in the Case Law of the ICTY, Martinus Nijhoff Publishers, 2003.　ジャーヴィスは旧ユーゴスラヴィア国際刑事法廷・法務職員である。

（＊16）国外移送目的誘拐罪について、前田朗「国外移送目的誘拐罪の共同正犯」（『季刊戦争責任研究』一九号、一九九八年「同『戦争犯罪論』青木書店、二〇〇〇年」、同「『慰安婦』強制連行は誘拐罪」『統一評論』五二八号（二〇〇九年）、同「『慰安婦』誘拐犯罪の証明――静岡事件判決」『統一評論』五六四号（二〇一二年）、同「『慰安婦』誘拐犯罪――静岡事件判決」VAWW RAC編『慰安婦バッシングを越えて』（大月書店、二〇一三年）。

(＊17) ラディカ・クマラスワミ『女性に対する暴力』(明石書店、二〇〇〇年)。

(＊18) ゲイ・マクドゥーガル『増補新版・戦時性暴力をどう裁くか』(凱風社、二〇〇〇年)。

(＊19) VAWW NET Japan編『女性国際戦犯法廷の全記録ⅠⅡ』(緑風出版、二〇〇二年)、前田朗「女性国際戦犯法廷判決を読む」同『民衆法廷の思想』(現代人文社、二〇〇三年)。

(＊20)「戦争と女性への暴力」リサーチ・アクションセンター編『「慰安婦」バッシングを越えて』(大月書店、二〇一三年)、日本軍「慰安婦」問題webサイト制作委員会編『「慰安婦」・強制・性奴隷』(お茶の水書房、二〇一四年)。

(＊21) 日本弁護士連合会『朝鮮人強制連行・強制労働被害者人権救済申立事件調査報告書』(二〇〇二年一〇月二五日)。

(＊22) Christopher Hall, Crimes Against Humanity, in: Otto Triffterer (ed.), The Rome Statute of the International Criminal Court, Nomos, 1999.

(＊23) 世界人権宣言第九条「何人も、ほしいままに逮捕、拘禁、又は追放されることはない」。同第一三条「すべて人は、各国の境界内において自由に移転及び居住する権利を有する。2．すべて人は、自国その他いずれの国をも立ち去り、及び自国に帰る権利を有する」。同第一五条「すべて人は、国籍をもつ権利を有する。2．何人も、ほしいままにその国籍を奪われ、又はその国籍を変更する権利を否認されることはない」。国際自由権規約第一二条四項「何人も、自国に戻る権利を恣意的に奪われない」。欧州人権条約第四議定書第三条、米州人権条約第二〇条、第二二条五項、アフリカ人権憲章第一二条二項も同様の趣旨の規定を有する。

(＊24) ジュネーヴ諸条約第四条約第四九条「1．被保護者を占領地域から占領国の領域に又は占領されているいないとを問わず他の国の領域に、個人的若しくは集団的に強制移送し、又は追放することは、その理由のいかんを問わず、禁止する(以下略)。」

(＊25) 世界人権宣言第一三条一項「すべて人は、各国の境界内において自由に移転及び居住する権利を有する」。国際自由権規約第一二条一項「合法的にいずれかの国の領域内にいるすべての者は、当該領域内において、移動の自由及び居住の自由についての権利を有する」。欧州人権条約第四議定書第二条一項、三項、米州人権条約第二二条一項、三項、四項も同様である。

（＊26）Claire de Than and Edwin Shorts, International Criminal Law and Human Rights, Sweet & Maxwell, 2003.
（＊27）Antonio Cassese, Crimes against Humanity, in : Antonio Cassese, Paola Gaeta & John Jones (ed.), The Rome Statute of The International Criminal Court: A Commentary, Volume I, Oxford University Press, 2002.
（＊28）Alexander Zahar & Göran Sluiter,International Criminal Law, Oxford University Press, 2008.
（＊29）Timothy McCormack, Crimes Against Humanity, in: Dominic McGoldrik, Peter Rowe & Eric Donnelly (ed.), The Permanent International Criminal Court, Hart Publishing, 2004.
（＊30）奴隷条約第一条「この条約の適用上、次の定義に同意する。1　奴隷制度とは、その者に対して所有権に伴う一部又は全部の権能が行使される個人の地位又は状態をいう。2　奴隷取引とは、その者を奴隷の状態に置く意思をもって行う個人の捕捉、取得又は処分に関係するあらゆる行為、その者を売り又は交換するために行う奴隷の取得に関係するあらゆる行為、売られ又は交換されるために取得された奴隷を売り又は交換することによって処分するあらゆる行為並びに、一般に、奴隷を取り引きし又は輸送するすべての行為を含む。」
（＊31）Knut Dörmann, Elements of War Crimes under the Rome Statute of the International Criminal Court, Cambridge University Press, 2002.　デルマンは赤十字国際委員会法律顧問である。
（＊32）「強制労働と強制移送」の関係については、一九三〇年の強制労働条約との関係も見ておく必要がある。第一に、奴隷化と同様に、追放又は強制移送と強制労働とが手段・結果関係になることがありうる。さらに第二に、強制労働条約自体が人の移動に言及している。強制労働条約第一一条第一項(d)「夫婦及家族ノ関係ヲ尊重スルコト」。同条約第一六条「1特殊ノ必要ノ場合ノ外強制労働ガ強要セラルル者ハ食物及気候ガ其ノ慣レタルモノト著シク異ルガ為其ノ健康ヲ害スルガ如キ地方ニ移送セラレザルベシ」。強制労働条約は、一九三〇年当時の古い条約であり、一八歳以上四五歳以下の成年男子に限って一定の条件の下での強制労働を認めていた。いくつか確認しておこう。①強制労働条約は女性の強制労働を全面禁止していた。かつて日本政府は同条約第二条第二項(d)の緊急時の例外規定を持ち出して日本軍性奴隷制の責任回避を図ったことがあるが、緊急時の例外であっても強制労働が許されたのは成年男子だけである。②強制労働条約第二一条は「鉱山ニ於ケル地下労働」の強制を禁止していた。③強制労働条約は第一二条で強制労働の期間を六〇日に限定していた。

第一四条は適正な報酬支払いを定め、第一五条は労働災害への対策も必要としていた。日本による朝鮮人・中国人強制労働はこれらの条件も満たしていなかったことが多いといえよう。

（＊33）詳しくは、前田朗「東アジアにおける歴史否定発言法の提唱」『統一評論』五八三・五八四号（二〇一四年）。

（＊34）吉川経夫「国際人権規約と刑事法」（平場安治博士還暦祝賀『現代の刑事法学（上）』有斐閣、一九七七年［後に『吉川経夫著作選集』第2巻に収録］）。

（＊35）前田朗『ジェノサイド論』（青木書店、二〇〇二年）。

（＊36）立松美也子「市民的及び政治的権利に関する国際規約における『戦争宣伝の禁止』の意義」『立教法学』四〇号（一九九四年）。

（＊37）Michal G. Kearney, The Prohibition of Propaganda for War in International Law, Oxford University Press, 2007. カーニーはヨーク大学研究員である。詳しくは、前田朗「戦争宣伝の禁止」『Let's』六一～六四号（二〇〇八～〇九年）参照。

（＊38）第一の二国間条約の例としては、一八〇一年のフランス・ロシア条約第三条が、相互に直接間接の戦争宣伝を許さないことを定めている。戦間期には同様の規定が数多く見られる。もっとも有名なのが一九一八年のブレスト・リトフスク条約第二条で「他の当事国の政府、公的施設、軍事施設に対するアジテーションやプロパガンダ」を控えることを定めている。一九三二年のソ連・フランス相互不可侵条約、一九三六年のサウジアラビア・イラク条約、一九三七年のユーゴスラヴィア・イタリア条約なども参照。

第二のNGOの議論としては、一八九三年にシカゴで開催された第一回世界報道会議、一九二六年に国際放送連盟、一九三一年に国際ジャーナリスト連盟の議論が記録されている。他方、一九一四年の列国議員連盟、一九三二年の連盟ジュネーヴ第三回会議が知られる。さらに一九二七年、ワルシャワで開催された「統一刑法典国際ビューロー」第一回会議で、侵略戦争の公的支援を鼓舞しようとした者を五年以下の自由刑とする提案がなされている。一九二七年、アテネで開催された世界平和会議は「平和に対する犯罪（offences against peace）」を国内刑法に取り入れる必要を指摘して、各国政府に注意を喚起した。一九三一年、ブリュッセルで開催された世界平和会議でも、戦争を教唆する言論に対する国内刑法の整備を要請した。

第三の国際連盟における議論は、連盟諮問技術委員会が放送によるプロパガンダ規制問題を議題として取り上げるべきだという勧告を決定したことによって始まった。一九三一年、スウェーデン政府は誤情報の流布への関心を高めるように要請し、「戦争予防手段改良一般条約案起草特別委員会」が組織され、委員会は「外国政府に対する侵略のプロパガンダ」を犯罪とする草案を作成した。侵略戦争の公然たる教唆を犯罪とする刑法第一一三条を有していたポーランドは一九三二年にジュネーヴで開催された軍縮会議に、戦争の教唆について個人の刑事責任を問うための条約案を提出した。「戦争の公然たる教唆に責任のある者」と、「諸人民間の良好な関係を妨げ、外国人への憎悪をもたらすような映画の上映、及び一般に、公然たるパフォーマンスの上演」を処罰すること、である。一九三五年、連盟軍縮会議の法律委員会は軍縮条約に「戦争挑発プロパガンダ」を処罰する国内立法を制定する提案をした。「直接の公然たるプロパガンダ」とは、他国に宣戦布告すること、宣戦布告なしに外国領土を武力によって侵略すること、宣戦布告なしに外国領土・航空機を陸海空軍によって攻撃すること、他国の海岸を封鎖すること、同様の行為の援助などである。一九三六年、国際連盟は平和のための放送利用条約を採択し、同条約は一九三八年四月に発効した。国際平和と安全に脅威となる表現を制限することを当事国に義務付ける最初の国際条約である。条約第二条は「締約国は、その領土内の放送局からの送信が、他の締約国に対する戦争や、戦争に至るような行為の教唆とならないように、相互に保障する」としている。第二次大戦時に批准していたのはブラジル、デンマーク、エジプト、エストニア、フランス、大英連邦、インド、ルクセンブルク、ニュージーランド、ノルウェー、スイス、チリである。条約に参加したのはオーストラリア、フィンランド、グアテマラ、アイルランド、ラトヴィア、ニューヘブリデス、エルサルバドル、スウェーデン、南アフリカである。

(＊39) 東京裁判がコモン・ローの概念に類した共謀概念を適用したからである。訴因は被告人ら侵略国家が世界を支配するための共謀を行い、平和に対する罪を犯し、その実行を鼓舞し、日本人民に侵略戦争のための精神的準備を行わせ、国家主義的拡張政策を教え込み、戦争プロパガンダを流布し、報道を厳しく統制したとされた。判決はプロパガンダを用いる共謀があったことを認定した。軍事化がエスカレートしていった段階を追いかけながら、判決は、軍部、民間人、教育制度、メディア、経済、基幹産業など日本社会が戦争に向かう準備が続けられたことを認定した。個人の刑事責任については、侵略戦争遂行のための共謀や実際の侵略戦争遂行に照らして個別に判断を行っている。訴因一の侵略を教唆するプロパガンダへの関与による平和に対する罪の実行の共謀で有罪とされたのは、荒木貞夫、橋本欣五郎、木戸幸一、大島浩、白鳥敏夫の五人であった。荒木貞夫は共謀の初期の時期から内閣構成員として侵略の共謀の首謀者であったとされた。また、言論による戦争雰囲気の醸成にも大きな役割を果たしたとされた。橋本欣五郎は共謀形成の中心人物であり、「満州」における日本の拡張を主導したとされた。木戸幸一は文部大臣として戦争雰囲気の醸成を行ったとされた。大島浩はドイツ大使として共謀の中心人物の一人であり、論文で戦争を宣伝したとされた。白鳥敏夫はイタリア大使と外務省顧問としてあらゆる手段で共謀を支援したとされた。日独伊三国同盟に果たした役割が強調された。最後にカーニーは「ニュルンベルク、東京、諸大臣事件判決から明らかになることは、マーティが『ある国家における政策形成者によって組織され、侵略目的のために暴力戦術を唱える準備としてデザインされたプロパガンダ活動』と特徴付けたように、戦争プロパガンダは平和に対する罪の準備のための本質的手段であった。ニュルンベルク裁判について、ホイットとラーソンはフォン・シーラハとフリッチュが無罪となったけれども、『重要な点は、法廷が、侵略戦争プロパガンダに対して疑いなくルールが存在すると考慮したことである』と確認している。また、「東京裁判は、ニュルンベルク裁判と同様に、戦争プロパガンダには、将来の戦争のために戦争雰囲気をつくりだすためのプロパガンダと、特定の侵略行為の教唆（侵略戦争遂行の共謀として個人の刑事責任の根拠となる）の両方があることを明らかにした」としている。第二次大戦後、戦争宣伝の禁止のために展開された議論はこうした成果を踏まえてなされたものである。

（＊40）前田朗『人道に対する罪』前掲、山田朗・蔵満茂明・本庄十喜『歴史認識の原点・東京裁判』（学習の友社、二〇〇八年）、田中利幸、ティム・マコーマック、ゲリー・シンプソン『再論東京裁判』（大月書店、二〇一三年）参照。

（＊41）カーニーによると、一九七〇年代、発展途上国が新しい情報通信技術の規制に関する議論を展開した。超大国による衛星放送の独占に対する批判であり、冷戦におけるプロパガンダの規制を唱えていた。新世界情報秩序をめぐる議論は、大量情報メディアが平和と国際理解を強化し、戦争宣伝、人種主義、アパルトヘイトと闘うために利用されるべきことが繰り返し主張された。一九七〇年、UNESCOでも同様の議論が始まった。一九七八年、UNESCOで平和と国際理解の強化、人権の促進、人種主義、アパルトヘイト、戦争教唆に対抗するマスメディアの寄与に関する基本諸原則に関する宣言が採択された。二国間条約の例としてインド・パキスタン条約（一九四八年）、イスラエル・レバノン条約（一九八三年）、南アフリカ・モザンビーク条約（一九八四年）、アフガニスタン・パキスタン条約（一九八八年）、イスラエル・PLO条約（一九九四年）などが知られる。

（＊42）カーニーによると、一九四七年の国連人権委員会起草委員会はイギリス起草による草案を検討した。草案は表現の自由を絶対的権利としていなかった。各人の表現の自由を保障しつつも、草案三項は、国家の安全の利害にかかわる秘密や、政府秩序を暴力によって変更する煽動のような場合に必要な制約を課すことができるとしていた。予備討論において、制約条項を一般原則の形で記述するべきか、それとも特定の制約条項を列挙するべきかが問題となった。情報の自由が破壊の宣伝を奨励するものと解釈されてしまう危険性が指摘された。一九四八年以後、議論が続き、一九五二年の国連総会第三委員会では審議の遅れが指摘され、フランスがそれまでの議論を集大成し、情報の自由会議の成果を踏まえて、提案を出した。メキシコは情報の自由といえども「殺人予告手紙」を許していないとし、サウジアラビア、チェコスロヴァキア、シリアがそれぞれ所見を述べた。一九五二年の国連人権委員会では、表現の自由の積極的な権利を定式化することにおおむねの賛同が得られたが、制約条項の表現をどうするかは残されていた。やはり「戦争宣伝」をめぐる議論が続いた。ソ連は戦争、人種憎悪、ファシストやナチスの主張を正当化するものになってしまう危険性を繰り返した。アメリカとソ連の応酬に、その他の諸国も加わって議論がなされた。数々の修正案が出されたが、いずれも否決され、第一四条原案が賛成一二、反対三、棄権三で採択された。

（＊43）カーニーによると、一九四七年の国連人権委員会では、ソ連は「国民的、人種的、宗教的敵意の唱道」を犯罪とする人種差別禁止規定を提案したが、フランスは「恣意的差別やその煽動から法によって保護される」という一般的な保護規定を提案した。議論の結果、フランスと中国による第二一条案は「暴力の煽動となる国民的、人種的、宗教的敵意の唱道は、法律で禁止する」とまとめられた。一九五三年の国連人権委員会では、人権委員会の諮問機関である専門家委員会の差別防止少数者保護小委員会（人権小委員会）が準備した「暴力の煽動になる国民的、人種的、宗教的敵意の唱道は法律で禁止する」という提案が審議された。ソ連圏諸国やラテン・アメリカ諸国は、「憎悪の煽動」が含まれていないので不十分だとした。ポーランドはナチス時代の事例を強調した上で、「排除、憎悪、侮辱」の主張を規制対象とする修正案を出した。プロパガンダと暴力の煽動の差異をめぐって多様な意見が出され、憎悪、唱道、煽動の意味を明確にする審議が続いた。結局、ポーランド案は否決され、「憎悪と暴力の煽動になる国民的、人種的、宗教的敵意の唱道は法律で禁止する」とするチリ案が賛成一一、反対三、棄権三で採択された。アメリカは、人権小委員会案には反対せず、チリ案には「憎悪」が含まれているので反対意見を表明した。

（＊44）第三委員会で、インドは情報の自由条約案の一部を国際自由権規約第一九条三項に組み入れる提案をした。諸国間の友好関係に有害な誤った情報の宣伝、戦争の煽動、国民的、人種的、宗教的憎悪の煽動などを含んでいた。ブラジルはインド案に「戦争宣伝の予防を含む」と追加する提案をした。ブラジルはすでに戦争宣伝を犯罪とする法律を持っていたので、戦争開始が違法であるならば戦争を煽動する宣伝も許されないと強調した。ソ連もブラジル案に類似した提案をした。こうして戦争宣伝の禁止を盛り込む意見が多数を占めるようになった。反対したのは北欧諸国、イギリス、カナダ、ベルギーであり、アメリカは棄権した。

（＊45）カーニーはその間の経過を次のように整理している。一九四八年のジェノサイド条約がジェノサイドの直接かつ公然の教唆を犯罪としていたので、表現の自由を根拠に条約批准を回避する国家があるとの理由から、侵略についても同様の定式化をするべきかが議論され、教唆ではなく宣伝の概念が再び用いられた。コロンビア政府は、虚偽報告書や虚偽文書の配布や、平和への脅威をもたらす宣伝を取り上げるべきとした。宣伝概念の明確化も議論が錯綜した。国際法委員会は一九八一年に議論を再開した。一九八四年、ドゥドゥ・ティアム特別報告者がペラの提案を補充した草案を提出し、「国際関係に悪影響を与えると知りながら虚偽又は歪曲したニュース又は偽造文書を流布すること」を犯罪とするよう提案し、一九九一年に人類の平和と安全に対する罪の法典草案が採択された。草案第三条二項の責任と処罰に関する規定に、教唆が盛り込まれた。その後、九一年草案の検討が重ねられ、一九九六年、修正草案と注釈が採択された。九六年草案では「犯罪実行の手段を提供するなど、犯罪の実行に、直接かつ実質的に、幇助（aids）、教唆（abets）又は援助（assists）すること」が含まれている。アイルランド国立大学国際法教授のウィリアム・シャバスは教唆（abetting）は煽動（incitement）と同じ意味であるとしている。

（＊46）同様に、旧ユーゴスラヴィア国際刑事法廷はバビッチ事件判決において「ベルグラードによって指図された放送キャンペーンがあり、クロアチアのセルビア人はクロアチア人によるジェノサイドの脅威を受けていると描写された」。こうした恐怖が、宣伝や政治煽動によって急速に広められた。ダリオ・コルディチは人道に対する罪としての迫害で訴追されたが、起訴状には、憎悪宣伝の利用によるとして、「宣伝、言論その他によって、政治、人種、民族、宗教集団に憎悪、不信、不和を助長、煽動、促進した」とされている。旧ユーゴスラヴィア国際刑事法廷は、暴力の教唆にまでは至らない憎悪言論の禁止が、慣習国際法の地位を得ているか否かを検討した。ニュルンベルク国際軍事法廷におけるシュトライヒャー事件との関連が議論された。シュトライヒャーは殺人とせん滅の教唆による迫害を認定されている。旧ユーゴスラヴィア国際刑事法廷は、国際自由権規約第二〇条や人種差別撤廃条約第四条も検討した上で、コルディチ事件起訴状記載の内容が慣習国際法の地位を得た犯罪として承認を得てはいないと判断した。旧ユーゴスラヴィア国際刑事法廷はドイツ、アメリカ、南アフリカ、カナダ、フランスなどの憎悪言論処罰規定も検討している。結局、旧ユーゴスラヴィア国際刑事法廷は同法廷規程第七条に従って、コルディチは犯罪の教唆を手段として迫害を行ったことに刑事責任があると判断した。


（＊47）前田朗『ジェノサイド論』（青木書店、二〇〇二年）参照。

（＊48）前田朗『侵略と抵抗』（青木書店、二〇〇五年）参照。

（＊49）前田朗「人種差別の刑事規制について」『法と民主主義』四三五号、二〇〇九年［前田朗『増補新版ヘイト・クライム』三一書房、二〇一三年所収］。

（＊50）ダーバン宣言について、ダーバン二〇〇一編集「反人種主義・差別撤廃世界会議と日本」『部落解放』五〇二号（解放出版社、二〇〇二年）。ダーバン宣言及び行動計画の翻訳が収録されている。

Ⅲ部　ヘイト・スピーチの法的構成

第6章　国際人権法における差別禁止

第1節　国際人権法のメカニズム

一　本節の課題

従来のヘイト・クライム／ヘイト・スピーチに関する比較法研究の特徴は、アメリカ合州国やドイツなど特定の国家を対象として、その立法例や判例を紹介する方法にある。アメリカやドイツの法状況を詳細に紹介し深く分析する研究は重要であり、今後も継続される必要がある。しかし、本書ではこの方法を採用しない。

ヘイト・スピーチに関する法的思考をめぐらせ、法整備を国際的に推進してきたのは、国際自由権規約や人種差別撤廃条約を中心とする国際人権法であって、アメリカ法やドイツ法など個別の法体系でないことは明らかだからである。

本章では、ヘイト・クライム／ヘイト・スピーチの刑事規制を進めてきた国際人権法の基本思考を明らかにすることを課題とする(＊1)。国際人権法のなかでヘイト・スピーチ処罰の位置を理解するためには、ヘイト・スピーチ論議だけを見ても不十分である。国際人権法の体系をある程度理解しなくてはならない。法律学の専門家であっても国際人権法を完全に無視したり、初歩的知識を踏まえずに議論をする例が非常に目立つ。そのためにまず国際人権法のメカニズムを必要最小限、明らかにしておかなくてはならない。その上で世界人権宣言や各種の人権条約をヘイト・クライム／ヘイト・スピーチとのかかわりで見ていく。

二　国際人権機関の概要

ファシズムによる重大深刻な人権侵害を反省した国際社会は、国連憲章前文で「われらの一生のうちに二度まで言語に絶する悲哀を人類に与えた戦争の惨害から将来の世代を救い基本的人権と人間の尊厳及び価値と男女及び大小各国の同権とに関する信念をあらためて確認し、正義と条約その他の国際法の源泉から生ずる義務の尊重とを維持することができる条件を確立し、一層大きな自由のなかで社会的進歩と生活水準の向上とを促進すること」を目的に掲げた。

国連憲章第一条二項は「人民の同権及び自決の原則の尊重に基礎をおく諸国間の友好関係を発展させること並びに世界平和を強化するために他の適当な措置をとること」とし、国連憲章第一条三項は「経済的、社会的、文化的又は人道的性質を有する国際問題を解決することについて、並びに人種、性、言語又は宗教による差別なくすべての者のために人権及び基本的自由を尊重するように助長奨励することについて、国際協力を達成すること」としている。

そして、国連経済社会理事会に人権委員会（Commission on Human Rights）が設置され、約六〇年にわたって活動した。人権委員会はさまざまの人権宣言や人権条約を起草する場となった。なお、二〇〇六年の

図表10　主要な国際人権メカニズム

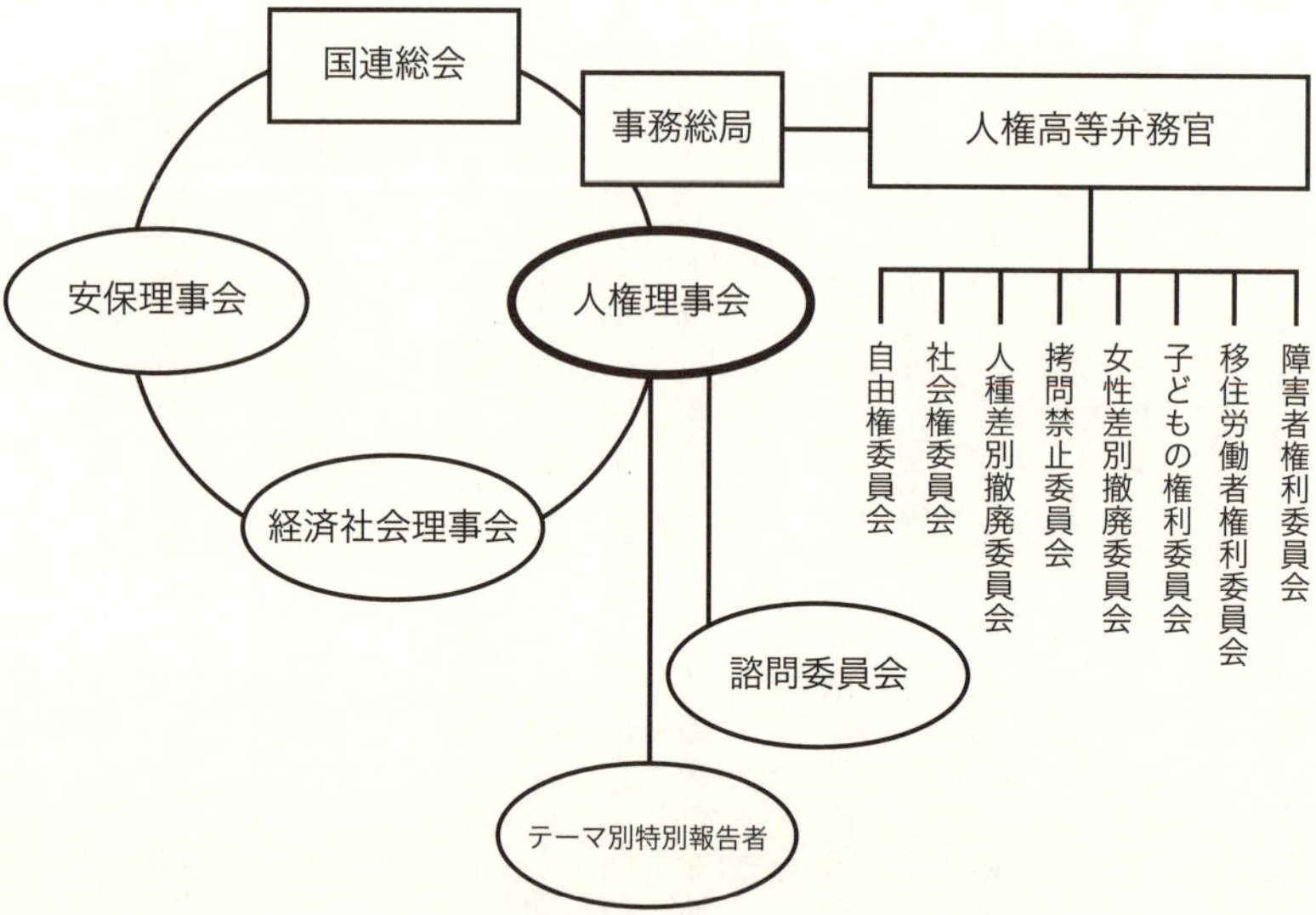

※人種差別、女性に対する暴力etc.

国連改革によって人権委員会は人権理事会（Human Rights Council）に改組・格上げされた。

他方、世界人権宣言を手始めに各種の人権宣言・条約がつくられた。一九四八年の世界人権宣言は、国際法の世界において個人の人権がもっとも重要な価値であることを宣言し、人権尊重を国連加盟各国と国際社会の課題として掲げた画期的な文書であった（本章第2節）。その後、いくつもの人権条約が採択された。つまり、国連には大まかに分けると二種類の人権機関が並存している。

Ⓐ国連憲章に基づく人権機関――人権理事会（旧・人権委員会）とその下部機関である諮問委員会（旧・人権小委員会）

Ⓑ国際条約に基づく人権機関――社会権規約委員会、自由権規約委員会、人種差別撤廃委員会、女性差別撤廃委員会、子どもの権利委員会、拷問禁止委員会など

人権委員会・人権理事会は人権宣言や人権条約な

どの人権規範・人権文書を起草する役割を果たしてきた。そうして採択された人権条約に基づいて設立された人権機関としての諸委員会は、当該条約を批准した諸国の報告書を審査したり、個人通報を受理してきた。もっとも、人権機関は国連レベルだけではなく、欧州等の地域別人権機関もあり、国際人権法の発展に寄与してきた（＊2）。本節では地域別の機関・文書ではなく、国連レベルの人権機関と人権文書に焦点を当てる（図表10）。

1　発足した人権理事会

二〇〇五年九月の国連首脳会合において設立が基本合意され、二〇〇六年三月一五日に国連総会で採択された「人権理事会」決議により、国連総会の下部機関として人権理事会が設置された。国連における人権の主流化の流れのなかで、人権問題への対処能力を強化するため人権委員会に替えて新たに設置されたものである。人権理事会はそれまでの人権委員会と同様にジュネーヴ（スイス）の国連欧州本部で開催される（＊3）。人権委員会は例年三〜四月に六週間開かれていたが、人権理事会は少なくとも年三回の会期を開催し、合計一〇週以上の期間にわたる。人権委員会よりも機動的で、即応的な態勢を目指して動き始めた。

理事会は四七ヶ国で構成される。地域的配分はアジア一三、アフリカ一三、ラテンアメリカ八、東欧六、西欧七である。総会で全加盟国の絶対過半数で直接かつ個別に選出される。任期は三年で、連続二期を務めた直後の再選はできない。また、総会の三分の二の多数により、重大な人権侵害を行った国の理事国資格を停止することができる（＊4）。

人権理事会は二〇〇六年六月の第一会期以来一年間に合計九回にのぼる理事会会合（五回の通常会期と四回の特別会期）や各種ワーキング・グループ等を開催し、テーマ別及び国別の人権状況にかかる報告や審議等のほか、人権委員会から引き継いだ活動や組織の見直しを行った。二〇〇七年六月には作業方法や組織等の制度構築にかかる包括的な合意がなされた。手続き問題が一応決着を見たので、二〇〇九年三月以後の会期では世界の人権状況をめぐる討論や人権規範作りのための議論が行われてきた。

2 諮問委員会

人権委員会の下にあった特別報告者の制度は継続となった。特定国を対象とする国別報告者の廃止を求める国もあれば、特別報告者などの行動規範を求める国もあった。特別手続の縮小、制限につながる議論も出されていたが、最終的にベラルーシとキューバの特別報告者がなくなり、国別、テーマ別の手続が継続されることになった。

さらに、人権委員会の下部組織であった人権促進保護小委員会（旧・差別防止少数者保護小委員会）に代わって人権理事会のシンク・タンクの役割を努める諮問委員会についても合意が得られた。

諮問委員会（Advisory Committee）は、国連加盟国が推薦する候補者のなかから理事会が選出する個人の資格による専門家一八人によって構成される。諮問委員会は理事会の要請を受けて調査・研究を行い、決議や決定を採択することはできない。諮問委員会はその任務を行うにあたって、国家、国内人権機関やＮＧＯと対話することが求められ、これらの機関、団体なども諮問委員会の作業に参加することができる。

二〇〇八年八月、諮問委員会第一会期がジュネーヴの国連欧州本部で開催された。諮問委員会は人権小委員会とは違うということが強調されて、第一会期の議論でも大きな論点になったが、委員の三分の一以上が人権小委員会からの「継続」であった。もっとも、権限や議題が異なるので、単なる継続でないことは言うまでもない。

第一会期の議題は、①議長団選出、②議題の採択、③人権理事会決議「諮問委員会」付録の履行、④人権理事会からの要請、⑤第一会期の報告書であった。

④の人権理事会からの要請は、さらに分かれて、ⓐ人権教育・訓練、ⓑ食料の権利、ⓒ女性の人権、ⓓ民主的公平な国際秩序の促進、ⓔ失踪者、ⓕ障害者の人権、ⓖハンセン病者とその家族に対する差別の撤廃であった。

諮問委員会は、二〇〇九年一月に第二会期を開催し、同年八月に第三会期が開かれた。その後もおおむね一～二月と八月に開催されている。議題は徐々に変化し、平和への権利、腐敗と人権、災害後の人権、オリンピック精神など多彩なテーマが取り上げられている。

3　人権高等弁務官

国連人権高等弁務官（The United Nations High Commissioner for Human Rights）は、一九九三年六月の世界人権会議の最終文書として採択された「ウィーン宣言及び行動計画」の勧告に基づき、同年一二月二〇日に国連総会決議により創設された。人権高等弁務官事務所は同弁務官を長とし、国連事務局の人権担当部門として機能する（＊5）。

国連人権高等弁務官は国連事務次長の地位を有し、国連事務総長の指揮及び機能の下で国連の人権活動に主要な責任を有している。人権高等弁務官事務所の主要な活動は人権理事会の事務局としての役割である。また、人権理事会の諮問機関である諮問委員会や各種作業部会の事務局としても活動している。その他にも人権理事会が任命した国別及びテーマ別特別報告者の業務支援を行う。このような各種機関の事務局としての機能のほか、同事務所は人権理事会が任命した国別及びテーマ別の特別報告者の業務支援、人権条約委員会の法律調査や事務局機能を担う。

4 国際人権機関の政治性

人権理事会、諮問委員会、人権高等弁務官事務所、条約委員会などが連携して世界の人権状況の発展をめざしている。しかし、国連システムの枠内での話であるから、国際外交に直接のつながりを有する。人権機関といえども、純粋に法的議論を行い人権問題を扱うのではない。むしろ、人権問題の政治化が頻繁に生じる。

例えば、人権委員会時代、アメリカは中国の人権状況に関する非難決議案を何度も提案した。これに対して中国は第三世界諸国の支持を得て否決に追い込むことに成功してきた。討論の際、アメリカは中国における人権侵害情報を次々と並べ立てたが、中国もアメリカこそ人権侵害の代表国であると猛烈に反論した。中国非難決議は採択されず、アメリカは提案することさえできなくなった。同様に、キューバの人権状況に関する決議や特別報告者の任命の度に、アメリカと、アメリカに従う諸国がキューバ非難発言を続け、キューバは反論を繰り返していた。政治的非難合戦を何度繰り返したことか。ルワンダ、スーダン、コンゴ民主共和国など重大人権侵害の頻発するアフリカ諸国に関する決議も何度も採択されたが、アフリカ諸国からは欧米中心主義ではないかとの不満も表明された。

特定の国家や地域における人権状況を取り上げると、非難する側と非難される側の対立状況が生み出され、議論がしだいに政治化していく。人権状況改善以外の隠された目的を有した発言ではないかとの疑いをもたれるような発言も増えてくる。

日本軍性奴隷制をめぐる議論は、①人権委員会への最初の問題提起がNGOメンバーである日本人によってなされたこと、②被害関係国が朝鮮や韓国だけでなく中国、フィリピン、オランダなどにも関係したこと、③女性に対する暴力特別報告者や戦時性暴力特別報告者が勧告を出したこと、④国連以外にILO条約適用専門家委員会も次々と勧告を出したことによって、問題が政治化せずに、正面から議論されることが比較的多かった。ところが、日本政府が責任の所在をあいまいにし、首相等の政治家が事実を否定する発言を繰り返したため国際政治の話題となり、現在に至っている。他方、新たに設けられた人権理事会の普遍的定期審査（UPR）の場で日本の人権状況に関する審議が行われ、充実した審議が実現した。そのなかで日本軍性奴隷制をめぐる議論も続いている（本章第3節参照）。

人権理事会は国際外交の場であり政治化を完全に避けることはできないにしても、人権状況を具体的事実に基づいて整理し、国際人権法体系に即して判断する作業を続けることによって成果を積み重ねることができるだろう。国際人権法は特効薬でも万能薬でもないが、どの国家もタテマエとしては国際人権の理念を認めざるを得ない。理念と現実の相克を前に人権NGOの役割はますます大きくなっている。

三　国際人権条約の概要

1　二つの国際人権規約

すでに述べたように国際人権機関は、Ⓐ国連憲章に基づく機関と、Ⓑ人権条約に基づく機関に大別される。それでは条約に基づく人権機関にはどのようなものがあるか。以下、条約に基づく人権機関を中心に概要を見ていくことにする。

世界人権宣言採択後、国際社会は、宣言から一歩踏み出して拘束力のある人権条約（convention）をつくることにした。その結果作成されたのが一九六六年一二月一六日に国連総会で採択された二つの国際人権規約である。規約（covenant）は条約と同じで、各国の署名や批准の対象となり、批准した国家には遵守義務が生じる。例えば、国内の人権状況に関する報告書を提出して規約人権委員会における審査を受けることである。審査を通じて各国の人権状況を改善することが狙いである。

なお当時は、世界人権宣言は宣言にすぎず、拘束力がなかった。その後、世界人権宣言は国際慣習法の地位を獲得し、拘束力があると一般に考えられるようになった。

国際人権規約を起草した国連人権委員会は、当初は一つの人権規約をつくる予定だった。西欧諸国がリードして作成した草案は、精神的自由や政治的自由が基本的な柱となっていた。これに対して主に第三世界の各国から、むしろ経済的自由や社会的自由を重視するべきだという提案がなされた。精神的自由を保障する以前に、経済的権利を保障しなければ人々の暮らしが成り立たないからである。検討の結果、二つの人権規約が作成されることになった。

①「経済的社会的文化的権利に関する国際規約（ICESCR）」（以下では「国際社会権規約」）。日本では「国際人権規約A規約」と呼ばれるが、これは日本独特の呼び方である。国際社会権規約は三五ヶ国の批准をまって効力を生じることとされ、一九七六年一月三日に発効した。日本について効力を生じたのは、一九七九年九月二一日である。

②「市民的政治的権利に関する国際規約（ICCPR）」（以下では「国際自由権規約」）。日本では「国際人権規約B規約」と呼ばれる。三五ヶ国の批准をまって効力を生じるとされ、一九七六年三月二三日に発効した。日本についての効力は社会権規約と同じ一九七九年九月二一日に生じた。

国際人権規約は、世界人権宣言が掲げた理念をより具体的に実現することをめざした。そのための手続き規定が「実施措置」として整備された。国際社会権規約の場合は、報告提出義務、一般的勧告に関する意見の提出、国際的措置としての地域会議や国際会議の開催などが定められた。後に国連経済社会理事会の決議によって社会権規約委員会が設置された。国際自由権規約の場合は、締約国に報告書提出を義務づけ、その報告書の審査のために自由権規約委員会が設置された。社会権規約委員会や自由権規約委員会は各国政府の報告書の審査を継続している（＊7）。

2　国際社会権規約

一九六六年の国連総会は国連憲章と世界人権宣言がめざした人権保障の国際体制を形成するために、①国際社会権規約を採択した。国際社会権規約は全五部三一条からなる。

第一部は「人民の自決権」を規定した第一条のみである。「すべての人民は自決の権利を有する」。すべての人民は政治的地位の決定、経済的社会的文化的発展を自由に追求することができる。天然の富や資源を自由に処分する権限も人民の自決権の内容である。

人民の自決権は、帝国主義によって分割された世界の人民が植民地からの解放を求めて闘った際のキーワードである。世界人権宣言には盛り込まれていないが、国連憲章第一条二項も人民の自決の原則を掲げているし、国際自由権規約第一条も国際社会権規約第一条と同文である。国際法において人民の自決権は基幹をなす概念とされている。人民の自決権の主体は人民であって、個人ではない。人民の自決権が個人を主体とする国際人権法の冒頭に掲げられているのは、個人の人権を実現するための大前提として人民の自決権を保障しておく必要があるからだ。

第二部は一般規定である。締約国は規約上の権利の完全な実現を漸進的に達成するための措置をとる義務があり（第二条）、規約上の権利の保障については男女同権であり（第三条）、権利を制限できる場合と方法が明示されている（第四条）。「漸進的」とあるのは、発展途上国においては、経済的社会的権利を十全に保障することが困難な場合も少なくないので、漸進的に努力する義務としたのである。

第三部は実体規定である。労働の権利、同一価値労働同一報酬、安全かつ健康的な作業条件など公正良好な労働条件を享受する権利、労働組合の権利や同盟罷業の権利などの労働基本権、社会保障の権利、家族に対する保護及び援助、相当な生活水準の権利、身体及び精神の健康を享受する権利、教育の権利、無償の初等義務教育の漸進的実現、文化的生活に参加する権利等である。

国際社会権規約は締約国の国際法上の義務を規定している。その必然的な反映として個人の諸権利が実現されるという構成である。人民の自決権を大前提としているが、人民と個人の位置づけは必ずしも明瞭とはいいがたい。自国民に対しても漸進的に実現するにとどまるから、外国人に対してはむしろ制約原理とされることもないとはいえない。とはいえ、国際協力により各国が社会権を漸進的に実現する仕組みを創出した意義は大きい。

3　社会権規約委員会の勧告

日本政府は国際社会権規約を一九七九年に批准した。その後、二回にわたって社会権規約委員会に報告書を提出し、審査を受けている。日本政府第二回報告書は二〇〇一年八月に審査が行われ、同年九月二四日に社会権規約委員会から日本政府に勧告が出された。勧告は、例えば次のように指摘した。

「委員会は、日本社会において、少数者集団、とりわけ部落及び沖縄コミュニティー、先住性のあるアイヌの人々、並びに在日朝鮮人に対する、特に雇用、住宅及び教育の分野で法律上及び事実上の差別が存続していることに懸念を有する」（パラグラフ13）。

「委員会は、主として民間の財源から資金が調達されている、アジア女性基金により『従軍慰安婦』へ提供された補償が、当該慰安婦によって受け入れられる措置とはみなされてきていないことに懸念を表明する」（パラグラフ26）。

「委員会は、少数者の児童が、公立学校において、母国語による自らの文化についての教育を享受する機会が極めて限られている事実について懸念を表明する。委員会は、少数者の学校、例えば在日朝鮮人の民族学校などが、たとえそれが国の教育課程に沿うものであっても、公的に認められず、それゆえ、中央政府の補助金も受けられず、大学入学試験受験資格も与えられない事実についても懸念を有する」（パラグラフ32）。

委員会は、次のような勧告をしている。

「委員会は、遅きに失する前に、『慰安婦』の期待に添うような方法で犠牲者に対して補償を行うための手段に関し、締約国が『慰安婦』を代表する組織と協議し、適切な調整方法を見い出すことを強く勧告する」（パラグラフ53）。

「委員会は、かなりの数の言語的少数者の児童生徒が在籍している公立学校の公式な教育課程において母国語教育が導入されることを強く勧告する。さらに委員会は、それが国の教育課程に従うものであるときは、締約国が少数者の学校、特に在日朝鮮人の民族学校を公式に認め、それにより、これらの学校が補助金その他の財政的援助を受けられるようにし、また、これらの学校の卒業資格を大学入学試験受験資格として認めることを勧告する」（パラグラフ60）。

さらに二〇一三年五月に第三回報告書審査が行われた。

4　国際自由権規約

国際社会権規約と同じ一九六六年に国連総会が採択した②国際自由権規約は全六部五三条からなる。第一部第一条は「人民の自決権」規定であり、国際社会権規約と同じ文言である。第二部は一般規定である。締約国による差別なき権利尊重、必要な立法措置、実効的な救済措置（第二条）、男女同等の権利（第三条）、緊急事態における権利の制限（第四条）などである。国際社会権規約と違って「漸進的」ではない。第三部は実体規定である。生命に対する権利、死刑の大幅制限、拷問や残虐な刑罰の禁止、奴隷及び強制労働の禁止、身体の自由、自由を奪われた者及び被告人の取り扱い、移動及び居住の自由、自国に戻る権利、外国人の追放の制限、公正な裁判を受ける権利、無罪の推定、遡及処罰の禁止、人として認められる権利、プライバシー、家族、住居への干渉・攻撃からの保護、思想・良心・宗教の自由、表現の自由、戦争宣伝及び差別唱道の禁止、集会の権利、結社の自由、家族に対する保護、子どもの権利、政治に参与する権利、法律の前の平等、少数者の権利である。

以上の諸規定を一見すれば、古典的な近代市民法における自由権の一覧と同様の規定が並んでいる。「国家からの個人の自由」を確保することによって、個人の主体的な自己実現を保護するものであり、無用な国家介入を禁止する規定である。国家と個人の関係を自由権という観点で位置付けたものである。国際社会権規約が「国家による個人の権利保障」を積極的に要求し、国家介入の必要な場合を明示していたのと対照的といえる。

日本政府は一九七九年に批准し、その後六回にわたって報告書を提出し、審査を受けている（本章第3節参照）。

5　人権諸条約

一九四八年の世界人権宣言と一九六六年の二つの国際人権規約によってつくられた国際人権保障の枠組みは、その他の多くの人権文書によって補完されて国際人権法体系として確立している。二つの国際人権規約と並んで国際人権法の基本条約とされるのが人種差別撤廃条約、女性差別撤廃条約、子どもの権利条約、拷問等禁止条約である。

③人種差別撤廃条約——一九六三年の人種差別撤廃宣言を踏まえて、一九六五年一二月二一日に国連総会で採択された。人種差別の定義、締約国の差別撤廃義務、アパルトヘイトの禁止、人種的優越主義に基づく差別の禁止、人種差別に対する救済、人種差別に対する闘いと教育を掲げ、人種差別撤廃委員会（ＣＥＲＤ）を設置し、締約国の報告書を審査する。日本政府は一九九六年に批准した。

④女性差別撤廃条約——一九七九年一二月一八日に採択された。女性に対する差別の定義、締約国の義務、保障措置、性別役割に基づく偏見等の撤廃、公的活動における平等、経済的社会的差別の撤廃を掲げ、女性差別撤廃委員会（ＣＥＤＡＷ）を設置し、締約国の報告書を審査する。日本政府は、一九八〇年に署名し、一九八五年に効力を生じた。

⑤子どもの権利条約——一九二四年及び一九五九年の子どもの権利宣言を踏まえて、一九八九年一一月二〇日に採択された。子どもの定義、差別の禁止、子どもの最善の利益、氏名・国籍の権利、アイデンティティの保全、親からの分離の禁止、意見表明権、虐待からの保護、難民子どもの保護、性的搾取からの保護等の諸規定を掲げ、子どもの権利委員会（ＣＲＣ）を設置し、締約国の報告書を審査する。日本政府は一九九

図表11　人権条約委員会の審査過程

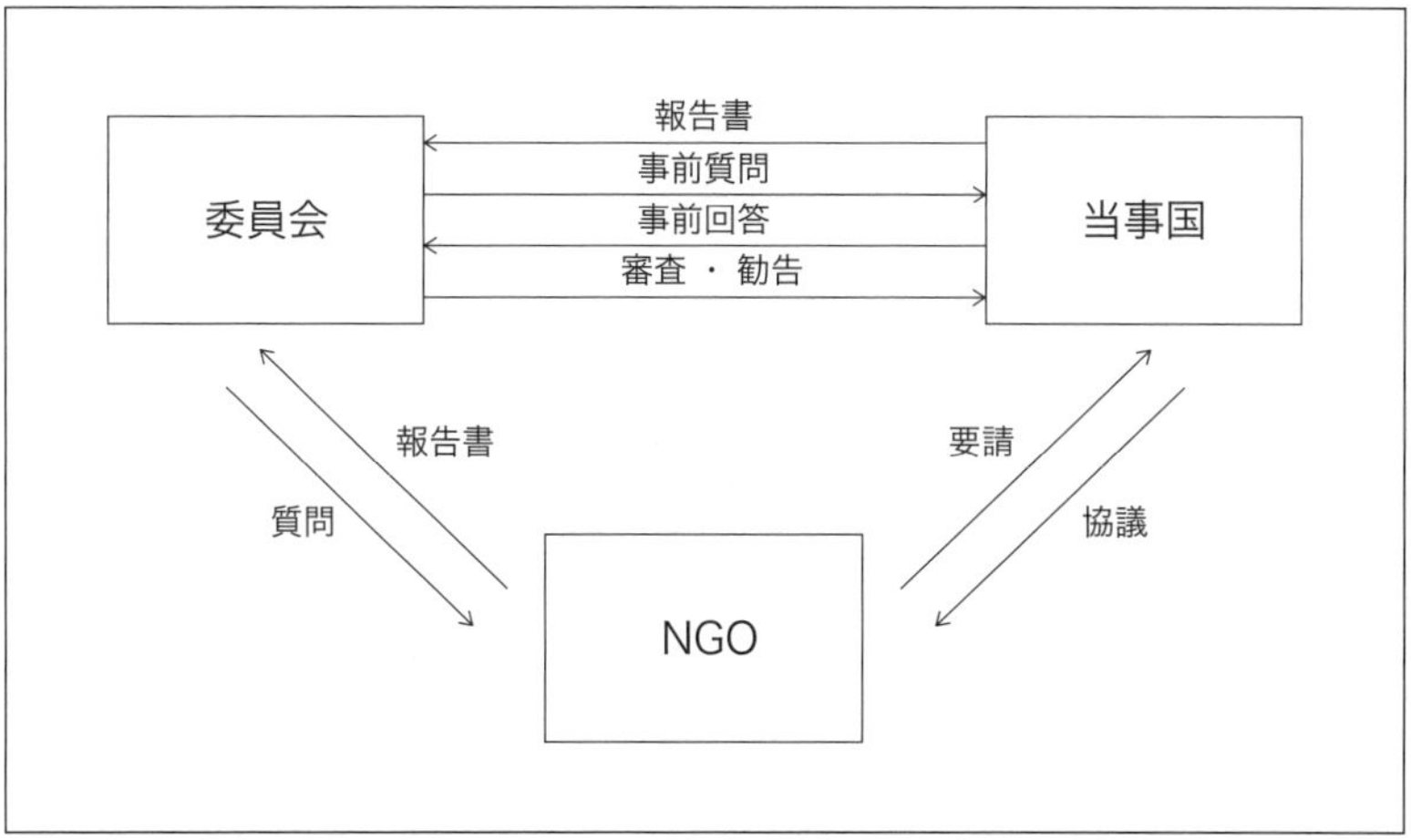

四年に批准した。

⑥拷問等禁止条約——一九七五年の拷問禁止宣言を踏まえ、一九八四年一二月一〇日に採択された。拷問の定義、拷問の禁止、追放・送還の禁止、裁判権の設定、違反者の訴追、犯罪人引渡し、法執行官の教育、被害者が補償を受ける権利を掲げて、拷問禁止委員会（ＣＡＴ）を設置し、締約国の報告書を審査する。日本政府は一九九九年に批准した。

国際自由権規約・人種差別撤廃条約・女性差別撤廃条約・子どもの権利条約・拷問等禁止条約は、いずれも条約監視機関としての委員会を設置している。唯一、国際社会権規約には委員会設置規定がなかったが、国連経済社会理事会は一九八五年に社会権委員会を設置する決議を行い、同様の委員会が設置されている。六つの基本条約の委員会は、締約国の報告書を審査して人権状況改善のための勧告を出している（図表11参照）。

以上の他にも、⑦国際自由権規約第一選択議定書（個人通報）、⑧同第二選択議定書（死刑廃止条約）、⑨女性差別撤廃条約選択議定書、⑩子ども売買・ポルノ禁止選択議定書、⑪

子ども兵士禁止議定書、⑫拷問禁止条約選択議定書、⑬アパルトヘイト条約、⑭奴隷条約、⑮人身売買禁止条約、⑯難民条約、⑰移住労働者家族権利保護条約、ＩＬＯの⑱強制労働条約、⑲強制労働廃止条約、⑳先住民条約、㉑障害者権利条約、ユネスコの㉒教育差別禁止条約など多数の人権条約や宣言がつくられ、国際人権法体系をなしている。

人権条約以外に人権宣言にも重要なものがある。一般的に言えば、人権宣言から人権条約への発展が説かれる。まずは拘束力のない人権宣言を制定して、概念の定義や権利の実質化を試み、一定期間の経過後に人権条約を制定する方式がとられてきた。人種差別撤廃宣言から人種差別撤廃条約へ、子どもの権利宣言から子どもの権利条約へ、拷問禁止宣言から拷問禁止条約へというように。

今のところ宣言にとどまっているものもある。

一九九七年に国連総会で採択された㉓マイノリティ権利宣言（民族的種族的宗教的言語的マイノリティの権利宣言）は、世界人権宣言の作成過程で削除された少数者の権利を再浮上させたものである（本章第5節参照）。

二〇〇七年に国連総会で採択された㉔先住民族権利宣言は、世界の先住民族の待遇を改善するための重要な基準である（本書第6節参照）。

以上、ごく簡潔に国際人権法の基本的な解説を施したが、国際人権法においてはマイノリティの保護が大きなテーマとなっていることが判明する。前節の世界人権宣言を第一の出発点として、次に国際人権規約などの人権条約を参照することによって国際人権法の基礎は理解できる。その上で、実際に国際人権が動いているメカニズムを踏まえながら議論を進める必要がある。ヘイト・スピーチの規制について直接言及しているのは、人種差別撤廃条約と国際自由権規約だけである。しかも、当時はヘイト・スピーチという用語が用いられていなかったので、条約では人種差別煽動や人種主義の唱道といった表現が用いられている。国際人権法全体の体系的考察に基づいて条文解釈をする必要がある。その他の人権条約においても、マイノリティや、社会的により弱い立場に置かれやすい集団の権利保護に力点が置かれていることが読み取れるだろう(*7)。

第2節　世界人権宣言を読む

一　本節の課題

1　六〇周年を契機に

現在の国際人権法における世界人権宣言の位置を見定めるために、まずは世界人権宣言六〇周年を期して東京で開催された集会のことから始めたい。

二〇〇八年一二月六日、在日朝鮮人・人権セミナーは、世界人権宣言六〇周年を記念して集会を開催した(*8)。世界人権宣言を中心とする国際人権法が在日朝鮮人の人権擁護にとって持つ意味を確認するとともに、近年相次いでいるヘイト・クライムや朝鮮総聯関連施設に対する政治弾圧との闘いについて報告がなされた。

世界人権宣言は一九四八年一二月一〇日に国連総会で採択された。当時、日本は「国連の敵」であり連合国に占領されていたから、世界人権宣言の採択は専門家以外にはほとんど知られていない(*9)。日本は一九五六年に国連加盟を認められた。しかし、世界人権宣言は「宣言」であって、各国政府による批准手続きがなく、日本政府は世界人権宣言について特別に何かを行うということもなかった。それでも今では世界人権週間に合わせて「人権ポスター」を貼り出すことだけはしている。

国際人権規約や人種差別撤廃条約が採択され、国際人権法の体系が整備され始めると、日本でも世界人権宣言に注目が向けられるようになった(*10)。朝鮮人に対する人権侵害は歴史的に根が深く、日本国家と社会に構造的に組み込まれている。戦前戦後を通じた日本政府の朝鮮人政策は「コリアン・ジェノサイド」と呼ばれるべきである(*11)。従って、今なお世界人権宣言を手元にたぐり寄せて朝鮮人の人権を考える必要がある。世界人権宣言六〇周年を記念することは、歴史を振り返るだけの記念ではなく、もっとも切実で実践的な問題関心を持った営みでなければならない。これまでヘイト・クライム／ヘイト・スピーチを論じる場合に、世界人権宣言に言及する例は極めて少ない(*12)。国際自由権規約と人種差別撤廃条約を参照するのは当然であるが、世界人権宣言の基本的な考え方と、その採択過程における議論を知っておくことは意味があるはずである。

しかも、ヘイト・クライム／ヘイト・スピーチ問題は日本と韓国や中国のレベルを超えて、世界的なグローバルな問題圏にもかかわっている。二一世紀に入ってアメリカのブッシュ（息子）政権が呼号したグローバリゼーションと「テロとの戦い」以後、現代帝国主義による新植民地主義政策とも呼ばれる状況にあり、そこでは問答無用に人権が破壊されている(*13)。それゆえ現在の問題関心に従って世界人権宣言を吟味し直し、再解釈していくことが求められている。

2　世界人権宣言と日本国憲法

世界人権宣言の採択に至る過程を見る前に指摘しておかなければならないことは、前文と日本国憲法前文との「連関」である(＊14)。世界人権宣言が採択された時期、日本は国連に加盟していない。ところが両者の前文には顕著な類似性がある(＊15)。日本国憲法前文における基本的人権の理解は、世界人権宣言のそれと同じであることが容易に読み取れる。理由は簡単である。同じ人権思想の持ち主が起草したからである。ジョアンズ・モーシンク（ドリュー大学教授）は、世界人権宣言には一九四八年の国連文書と一八世紀の古典的宣言の間に言葉の類似性があるとし、特に文書の初めの部分ほど類似性が強いとする(＊16)。世界人権宣言前文第一節の「固有の尊厳」や「平等で譲ることのできない権利」という表現は、啓蒙思想を反映しているとし、一七七六年のヴァージニア権利宣言、アメリカ独立宣言、一七八九年のフランス権利章典との類似性を指摘している。思想家としてはペイン、ロック、ルソー、ジェファーソンを列挙し、神、自然、理性に関する捉え方の共通性を確認している（二八〇～二八一頁［以下、モーシンク著の頁である］）。世界人権宣言の思想の源流を探るという意味ではモーシンクの指摘は正当である。とはいえ日本国憲法前文との類似性も指摘しておく必要がある。

3　参照されない世界人権宣言

世界人権宣言は国際人権法の中核文書である。国連憲章の人権関連規定に基づいて、かつ憲章を補完して作成された世界人権宣言は採択当時から国連憲章とともに現代国際法、とりわけ人権の国際法の基本文書であった。今日では国際慣習法として確立し、国際人権法の根幹とみなされている。にもかかわらず日本では研究者や人権活動家によって世界人権宣言が参照されることが非常に少ない。国際人権法のテキストでは当然の事ながら冒頭で世界人権宣言の意義と内容が解説されている。しかし、力点は国際人権規約などの条約に置かれている。

在日朝鮮人の人権に関連する著作で国際人権法に言及している文献も、世界人権宣言に形だけ一言触れるものの、立ち入って議論するものはあまり見当たらない。例えば、金宣昌『在日朝鮮人の人権と植民地主義』は、在日朝鮮人の人権を総合的に捉える意欲的な著作である(＊17)。「総合的」というのは、①歴史的考察を踏まえて将来へのパースペクティヴを切り拓こうとしていること、②日本国内における諸問題を国内法的観点だけではなく国際法的観点からも分析していること、③在日朝鮮人だけでなく来日外国人も含めた人権問題を射程に入れながら在日朝鮮人の人権状況の特殊性を浮かび上がらせていること、④理論と実践の両面にわたって問題提起を試みていること、などである。この意味で同書の重要性は明らかである。しかし、金宣昌は世界人権宣言にはほとんど言及しない。

4 参照されない理由

在日朝鮮人の人権を取り上げた著作も、来日外国人の人権を取り上げた著作も、難民の人権を取り上げた著作も、世界人権宣言に依拠することは少ない。その理由は何であろうか。一般的に考えられるのは次のような理由であろう。

第一に、「宣言」には拘束力がないと思われたことである。世界人権宣言は国連総会で採択されたが、条約のような批准手続きがなく、それゆえ批准による発効も観念しにくい。一般向けの解説などでは今日でも「宣言には拘束力がない」と明言しているものがある。

第二に、国際慣習法の意味が理解されにくいことがある。国際法は基本的には国家実行の積み重ねによって形成されるのであって、本体は国際慣習法である。ところが一般向けの解説などでは、国連憲章や国際人権規約のような明文化された文書だけが国際法であるかのように書かれているものがある。国内法が日本国憲法や数々の法律から成り立っているように、国際法も国連憲章や数々の条約から成り立っていると考えたほうが「理解しやすい」と思われている。このため世界人権宣言の内容は国際慣習法の地位を獲得していると言っても、一般には理解しにくい。

第三に、国際人権規約や人種差別撤廃条約を参照すれば足りると考えられた。国際人権規約などには国家報告書の審査のような手続き規定があり、自由権委員会や社会権委員会が活動している。自由権規約選択議定書には個人通報の規定もある。世界人権宣言には人権の手続規定がない。従って人種差別を取り上げるには国際人権規約や人種差別撤廃条約に直接依拠することになる。女性の権利を取り上げるには女性差別撤廃条約、拷問を取り上げるには拷問等禁止条約に依拠する。具体的な権利を支える手続規定のある条約にウェイトが置かれるのは当然のことではある。

日本に国際人権法の波が押し寄せてくるようになったのは一九八〇年代に国連人権委員会等の人権機関で精神病院における人権問題や代用監獄問題が大きく取り上げられ、自由権規約の第二回日本政府報告書の審査が法律家の間で話題になった頃からである。この時期の最大の焦点は国際人権規約であった。日本の法制度や実務が国際人権規約に照らしてどのように評価されるかが問題であった。もちろん世界人権宣言も参照枠の一つではあったが、具体的な手続き規定をもつ自由権規約のほうがはるかに重要視された。その後、女性差別撤廃条約、子どもの権利条約、人種差別撤廃条約、拷問等禁止条約の批准と報告書審査が続いたことによって、ますますその傾向が進んだ。

第四に、世界人権宣言には人民の自決権やマイノリティの権利規定がない。人民の自決権は国際人権規約に、マイノリティの権利は自由権規約に規定された。さらに「人種・言語・宗教的マイノリティ権利宣言」が続く。世界人権宣言の起草作業においてマイノリティの権利規定が用意されていたが、最終的に削除された(後述)。このため在日朝鮮人等の人権を考える際に直接参照できるのは国際人権規約や人種差別撤廃条約ということになりがちである。

第五に、世界人権宣言の研究そのものが少なかった。世界人権宣言が採択された一九四八年は、日本は連合国による占領下にあった。外務省や国際法学者による研究はなされてはいたが数も少なく、理論水準も今日の眼から見れば決して高いと言えないものであった。

二　世界人権宣言への道

世界人権宣言採択に至る過程は一般に次のように理解されている。

一九四七年、第四回国連経済社会理事会は国連人権委員会委員長の要請に基づき国際人権章典起草のため委員会を設け、オーストラリア、チリ、中国（現・台湾）、フランス、オランダ、ソ連、イギリス、アメリカを委員に選出した。起草委員会は事務局作成の章典概要、イギリスの章典案、アメリカの章典条項案、フランスの宣言条項案を基礎に審議した。その結果、①法的拘束力はないが人権保障の目標（基準）を宣言する人権宣言と、②法的拘束力をもつ人権規約の双方が必要であるとして、その草案を国連人権委員会に提出した。起草委員会は人権規約の実施問題も審議し、メモランダムを国連人権委員会に提出した。

同年の第二回国連人権委員会は国際権利章典について、①人権宣言、②人権規約、及び③実施措置の三分野のすべてを含むべきであると決定し、まず人権宣言の検討を行って、経済社会理事会を通じて総会に提出した。②の人権規約は後に一九六六年の二つの国際人権規約として実現する。

人権宣言案は一九四八年一二月一〇日に第三回国連総会において「世界人権宣言」(Universal Declaration of Human Rights) として賛成四八、反対〇、棄権八、欠席二で採択された。

この過程における議論の詳細を、モーシンクを参考にして見ていくことにしよう。

モーシンクによれば、世界人権宣言準備は国連創設期に行われたので、当然のことながらその表現の一部は国連憲章に由来する。起草者は国連憲章を手にして、その他の近代的人権文書を積み重ねていったのである。具体的には七ヶ所の類似性が指摘されている（二一～四頁）。国連憲章と世界人権宣言の間の表現の類似性は当然のことなので、ここでは省略する。

1　七段階の起草過程

次にモーシンクは一九四七年四月以後の人権宣言起草過程に立ち入る。当初、核兵器委員会（準）がラテンアメリカ諸国提出の国際章典案を受け取って検討した。人権委員会で審議することが望ましいものであり、多くのNGOの意見を聞く必要もあったため経済社会理事会は人権委員会を選出し、審議を委ねた。

モーシンクは起草過程を七段階に整理している（四～一二頁）。①人権委員会第一会期、②起草委員会第一会期、③人権委員会第二会期、④起草委員会第二会期、⑤人権委員会第三会期、⑥国連総会第三委員会、⑦国連総会本会議、である。

①第一段階では、国連事務局人権担当者ジョン・ハンフリーがエレノア・ルーズベルトの指示のもと、中国代表チャンやレバノン代表マリクらと見解を調整しながらさまざまな草案を準備していった。一九四七年二月二八日にエレノア・ルーズベルトに提示して検討しなおした上で、六月の起草委員会に提出したことが知られる。その際、パナマがサンフランシスコに設置していたアメリカ法研究所や米州法律家委員会の提案から借用した条項もあったという。

②第二段階では、数々の草案が提出された。ハンフリー案、概要文書、概要草案計画、イギリス提案などである。

③第三段階は、一九四七年一二月の人権委員会である。アメリカ労働連合、国際キリスト教者労働組合連合、列国議員連盟、国際カトリック女性連合、ユダヤ人組織連合、赤十字国際委員会、国際女性理事会、女性国際民主連合、専門職業女性国際連合、国連協会世界連合、世界ユダヤ人会議などのNGOが参加し、提

案を出した。政府間交渉ではジュネーヴ草案をもとに、この段階でほぼ骨格がまとまった。

④第四段階、一九四八年五月の起草委員会では宣言とともに採択されるべき人権規約の内容が議論された。

⑤第五段階、同年六月までの人権委員会では各条文を簡略化するイギリス・インド提案による修正が行われた。また、人権規約の仕上げを延期し、宣言だけを採択する方針が採用された。

⑥第六段階、同年九月から一二月の国連総会第三委員会では各国憲法を調査したハンフリーによる報告がなされ、特に宣言が単なる勧告にすぎないのか、法的拘束力を有するのかをめぐって議論がなされ、投票は賛成二九、反対〇、棄権七であった。第三委員会は世界人権宣言は国連加盟五八ヶ国だけのものではなく、世界のすべての人民の権利の表明であると強調した。

⑦第七段階、同年一二月一〇日の国連総会本会議では各国代表や総会議長らによる討論の後に投票が行われ、賛成四八、反対〇、棄権八で採択された。

2　植民地から人権へ

以上の起草過程で確認しておくべきことは、第一に、欧米諸国とそれ以外（東洋も含む）のバランスである。近代国際法は西欧列強による植民地支配を正当化する法体系であった。第一次大戦後の国際連盟のもとでも西欧中心主義は歴然としていた。それに比較して第二次大戦後、国連のもとでは両者のバランスを取ることが、少なくともタテマエとして目指されていた。一九四一年の大西洋憲章は、①領土不拡大、②領土変更における人民の意思、③政府選択における人民の権利、④恐怖と欠乏からの自由、を掲げていた。第二次大戦はナチス・ドイツや日本軍国主義の膨張主義との戦いという一面を有していた。それゆえ、国連は、西欧中心主義と植民地支配からの脱皮をめざさなければならなかった。ハンフリーがチャン（中国）やマリク（レバノン）と協議しながら物事を進めたのは、このためである。

第二に、NGOの参加である。主権国家による国際機関において非政府組織に場が与えられたのは画期的なことであった。労働組合、宗教者、ユダヤ人などのNGOも活躍した。現在では国際人権や国際人道の分野ではNGO抜きには物事が動かないほどになっている。国連のさまざまなレベルにNGOの存在を見ることができる。それは国連創設期から始まっていた。

第三に、女性の存在である。エレノア・ルーズベルトは別格として、人権委員会第二会期においてロビー活動を行ったNGOには女性NGOが含まれていた。国際政治の文脈で女性NGOがこれほどの参加を果したのは、言うまでもなく初めてのことである。

以上のように植民地主義への反省、NGOと女性の参加という流れのなかで世界人権宣言は採択された。そして世界人権宣言がこの流れを加速させることになった（もっとも、すでに冷戦の構図が生まれつつあり、さまざまな制約がかかることになる）。それゆえマイノリティの権利や、差別問題を考える場合にも、世界人権宣言の意義は極めて高い。

三　世界人権宣言の意義

1　普遍性と法的拘束力

世界人権宣言が採択された一九四八年に日本は連合国による占領下にあったので、日本では世界人権宣言の研究そのものが少なかった。田中耕太郎や田畑茂二郎による研究があるが、後に見るように世界人権宣言の制定過程についてさえ本格的な研究は半世紀後になってようやく登場した。

斎藤恵彦『世界人権宣言と現代』は四半世紀前の著作であるが、今日なお注目すべき数々の指摘がなされている(*18)。ここでは次の諸点を引用しておくにとどめる。

第一に、世界人権宣言制定におけるNGOの役割である。宣言は国連人権委員会、第三委員会、総会の決議を経て制定されているので主権国家の連合体である国連が制定したものであるが、NGOの役割を無視することはできない。そもそも国連憲章の人権規定の議論にNGOが大きな役割を果たしていた。

「作業の開始の時点で、会場には、将来の世界機構の基礎、目的、構造についての、多くの民間団体からの提案が届いていた。この中には、一九四四年四月に公にされていた、アメリカとカナダの二〇〇人の法律家からなるグループの作成した『将来の国際法の基準、原則、提案』というきわめて詳細なものもあった。これを人権についてみると、戦争続行中にすでにアメリカや外国の平和主義、教育、教会、またユダヤ人の各グループを代表する運動体は、人権の国際化を達成するために活動を展開してきていたことがわかる」(同書六七頁)。

第二に、世界人権宣言の普遍性である。換言すると制定時におけるイデオロギー論争の位置づけである。自由主義陣営と社会主義陣営の間の対立、そしてサウジアラビアなどイスラム諸国の立場など、宣言制定過程では、宣言の基礎や目的から具体的な条文に至るまで激しい議論が闘わされたが、それにもかかわらず最終的に一定の一致を見ることができた。このことは単に西側自由主義陣営の近代人権論が世界人権宣言にそのまま反映したわけではないことを示している。実際、中国（台湾）、レバノン、パナマなどの活躍も知られる。

「以上若干の例でみたように、基本的人権尊重の各規定、その内容の詳細な点については、ソ連を先頭とする社会主義陣営と、西欧自由主義陣営とのあいだには確かに不一致があった。イディオロギーにもとづく差異である。しかし、差異のあったことは、民主々義的自由主義国家群に属する学者のあいだにも同様で、世界観的、学問的立場においてそうであった。だが、ジャック・マリタンも言うように、それらの国や学者のあいだにも、実際的一致はあったのである」（同書九九頁）。

国際人権宣言ではなく、世界人権宣言（Universal Declaration of Human Rights、人権の普遍的宣言）という名称が採用されたこと。すべての国、すべての人の住む地域に適用されること。内容においても、ばらばらの自由と権利を統合し、国家的宣言の総合ではなく、国家を超えた観点での人権規定を内在させていること。こうした点からも世界人権宣言の普遍性を確認できる（同書一一七〜一二四頁）。

第三に、法的拘束力の問題である。世界人権宣言は国連憲章の延長として理解されたので、国連憲章に次ぐ道徳的、政治的権威を獲得した。今日では各国政府の状況が国連等で判断される際の国際的基準となっている。欧州やアフリカを初めとする地域的国際文書にも大きな影響を与えている。各国の現代憲法にも直接影響を与えている。そして国際慣習法として認められ、法的拘束力を有している（＊19）。

第四に、植民地の問題である。第二次大戦の過程で大西洋憲章は新しい国際秩序志向を掲げた。反ファシズム戦争としての戦争であり、同時に植民地主義への反省が生まれていた。世界人権宣言がナチス支配への反省に基づくことは繰り返し語られてきた。ところが世界人権宣言には具体的な植民地への言及が条文として定められていない。人民の自決権も書かれていない。植民地主義への反省と人民の自決権が具体的に明示されるのは、一九六〇年の植民地独立付与宣言と、一九六六年の二つの国際人権規約（自由権規約と社会権規約）に共通の第一条である。このため世界人権宣言を語る際に植民地主義への反省や人民の自決権に言及することは少ないのが実情であった。しかし、世界人権宣言と植民地独立付与宣言を切り離して、別の文脈で語ることは適切ではない。

「世界人権宣言を国際慣習法として宣言した国連の実行の好例は、『植民地諸国、諸人民に対する独立付与に関する宣言』である。この宣言は、『外国による人民の征服、支配及び搾取は、基本的人権の否認であり、国連憲章に違反し、世界平和と協力の促進に障害となっている』と宣言し、二段で自決権について、『すべての人民は自決の権利をもち、この権利によって、その政治的地位を自由に決定し、その経済的、社会的及び文化的発展を自由に追求する』と規定する」（同書一三九頁）。

2　世界人権宣言の制定過程

寿台順誠は「世界人権宣言の哲学に関する歴史的考察」を行うために世界人権宣言成立過程を研究した（＊20）。

従来、近代初頭に主張された基本的人権は「自由権モデル」で理解され、後に労働権や社会保障権など社会権が登場すると「社会正義モデル」による修正が語られた。自由権は人間が生まれながらにして持つ権利であり、国家の介入を防ぐことに権利の意味がある。これに対して、社会権は社会構成員として持つ権利であり、国家による介入によって権利が保障されるというイメージである。世界人権宣言の理解についても、自然権モデルと社会正義モデルの両者が語られてきた。

これに対して、寿台はまず議論の交通整理を行う。自由権か社会権の議論には「人権相関的義務及び義務保持者」に関するレベル（その人権の実現のために、義務保持者に要求される事態の区別）と、「人権の正当化根拠」に関するレベルとを区別して論じる必要があるという。他方、世界人権宣言成立過程について従来の研究が重要資料を十分に参照せずに行われてきたことを指摘して、できうる限り成立過程の事実経過を解明し、そこにおける人権の理解、意見の対立、変容がどのようなものであったかを踏査することによって、実証的具体的に世界人権宣言の哲学を浮き彫りにしようとする

寿台の研究の特質は、第一に、成立経過の実証的研究を従来よりも遥かに前進させたことである。第二に、人権の正当化根拠をめぐる議論を通じて「多元的社会正義モデル」を提示している点も重要である。

3　マイノリティの権利削除

寿台は、当初は準備されていたのに最終的に削除された「少数者の権利」条項の削除理由を解明しようとする。それによって世界人権宣言の抱える問題点を明らかにすることができ、宣言の持つ意義をより理解できるからである。起草過程の詳細な実証研究の結論として、理論的には同化主義の問題と抽象的普遍主義の問題があったという。

同化主義の問題では、少数者（マイノリティ）の権利条項を擁護する側も批判する側も、実は「新世界＝

単一民族・単一文化国家／旧世界＝多民族・多文化国家」という前提認識に立って議論を展開していたことを確認し、こうした誤った前提での議論のために人権委員会は「自ら墓穴を掘ることになってしまった」（同書一五三〜一五四頁）とみる。

他方、抽象的普遍主義の問題では、集団的権利と人権をめぐる対抗、および無差別平等原則と少数者の権利をめぐる対抗の行方を見定めて、マイノリティの権利条項を削除することによって無差別平等原則を単なる抽象的普遍主義の定式にしてしまったと批判的に検討している。こうして世界人権宣言の哲学、目的、基本性格が従来よりもずっと鮮明かつ具体的に明らかになった。

4　植民地・人種差別・少数者

斎藤および寿台の研究を受けて再び最初の問題関心に戻ってみよう。今日の人権理論と実践の場面で世界人権宣言が参照されることは、その歴史的意義にもかかわらず必ずしも多くない。特に在日朝鮮人の人権を考える際に世界人権宣言が射程の外に置かれがちである。ヘイト・クライム／ヘイト・スピーチ研究において世界人権宣言を参照するのは例外と言ってよい。その理由はすでにいくつか推定したが、在日朝鮮人の人権との関係では、やはり植民地の問題とマイノリティの権利問題に着目する必要がある。

世界人権宣言はナチスへの反省に始まって制定された。大西洋憲章、国連憲章、世界人権宣言、植民地独立付与宣言、人種差別撤廃宣言、人種差別撤廃条約、ダーバン人種差別反対世界会議という歴史を踏まえてみれば、ナチスによるユダヤ人迫害、西欧諸国による世界の植民地分割、植民地主義と奴隷制や奴隷類似慣行が人権の重大侵害であり、それゆえその除去と抑止が人権保障の最低限の要請であることは明らかである。それゆえ世界人権宣言に注目する必要がある。

従来、世界人権宣言には人民の自決権の規定がないこと、マイノリティの権利条項が準備段階で削除されたことが知られているため、この問題枠組みと世界人権宣言との対応関係が存在しないように思われてきた面がないわけではない。しかし、モーシンクは植民地と奴隷制に着目した議論を展開している。

ちなみに、寿台が検討・克服の対象としたのはモーシンクの一九八四年論文であった。寿台によれば、モーシンクの一九九九年の著書も基本趣旨は変わっていないという。そのため二〇〇〇年の寿台の著作はやはり一九八四年のモーシンク論文を主たる対象としている。世界人権宣言の成立過程の研究、あるいは世界人権宣言の哲学の研究という関心からは寿台が述べるとおりであろう。

ただし、「世界人権宣言と植民地問題」という関心からは、論文よりも著作に改めて注目するべき理由がある。モーシンクは寿台と同様に、世界人権宣言の成立過程を実証的に研究して、世界人権宣言の哲学を解明しようとするが、同時に世界人権宣言の内容となっている各条項の解釈にも目を差し向ける。

第一に、非差別である。モーシンクによると、非差別という言葉を世界人権宣言に組み入れるよう強く主張したのはソ連など共産主義諸国である。ソ連代表のヴラジミル・コレツキーは最初の原則として差別や不平等を取り壊すことを入れるべきだと主張した。差別を根絶するために国際的政治行動を考慮すること、主権国家内で行われている差別慣行をなくすことを国連の任務と主張した。コレツキーは諸草案における非差別条項は十分に練り上げられていないとして、例えば南アフリカにおけるインド人の処遇、女性に対する不平等な処遇、アメリカにおける黒人に対するリンチを取り上げた。

ところが、第七条の「恣意的差別からの法の平等保護」という表現をめぐって、「恣意的」を削除すべきだとか、差別と区別の差異をめぐる議論が行われ、例えばエレノア・ルーズベルトは「高齢者に対する保護は有益な差別だ」といった主張を唱え、「差別」「恣意的差別」「不公平な区別」などの議論の結果、「恣意的」を削除して「差別」だけが残ることになった。ソ連のアレクセイ・パヴロフは欧米諸国における女性の政治的地位の低さを強く主張した。女性NGOのロビーもあって宣言起草において性差別も意識されるようになった。差別の教唆・煽動からの保護も共産主義諸国が持ち出した。

宣言起草過程において共産主義諸国が非差別条項の導入にこのように大きな役割を果たしたことは、日本の研究書ではあまり知ることができない。

第二に、植民地である。モーシンクによると、宣言が起草された時期はちょうど植民地帝国が崩壊し始めた時期であった。宣言起草に活躍したマリクはレバノン、ロムロはフィリピン出身で、ともに一九四六年に独立した国家である。シリアもこの年に独立した。一九四七年にはインド、ビルマ（ミャンマ）、パキスタン、一九四八年にはセイロン（スリランカ）が独立し、一九五〇～六〇年代に続々と独立国家が誕生することになる。アダマンティア・ポリスとピーター・シュワブは、世界人権宣言の普遍的性格というのは歴史的事実と矛盾すると指摘している。地球上の過半数がまだ植民地状態だったからである。

モーシンクによると、植民地問題を宣言起草過程に持ち込んだのも共産主義諸国であった。一九四七年、ソ連が植民地問題を取り上げた。アンドレイ・ジュダーノフは、世界をアメリカがリードする帝国主義諸国陣営と、ソ連がリードする民主的な反帝国主義陣営に分け、独立していない地域や信託統治地域の人民にも普遍的な人権を保障しなければならないという主張となる。イギリスが反発して論争となったが、エジプト修正案により「その管轄下にある領域の人民」という形で決着した。

また、第三委員会での議論の際にユーゴスラヴィアが「非自治領域」という言葉を提案した。ニュージーランドも植民地諸国を代表する形で、植民地人民に対する抑圧を批判した。さらに外国による占領地域問題も浮上した。ユーゴスラヴィアは「つねに権利を否定されてきた不幸な植民地人民に正義の大原則を」と唱えた。結局、共産主義諸国のなかでもユーゴスラヴィアとその他の諸国との間に不一致が生じたため、植民地条項を格下げした形で残すというイギリス提案が採択された。このように宣言起草過程において植民地問題は正面から議論されたことを無視してはならない。

5　差別の原因

第三に、差別の原因である。モーシンクによると、国連憲章は人種や皮膚の色に基づく差別を禁止しているので、宣言にも同種の規定が入るのは当然であった。宣言草案も人種と皮膚の色を掲げていた。ところが人権小委員会の審議の結果、皮膚の色が削除された。人種に基づく差別を禁止すれば皮膚の色に基づく差別も禁止されるから、同じことであるという理由である。人種概念と皮膚の色概念が同じであるのか、差異があるのかが議論となった。また、人種に科学的定義があるのか否かも問題となった。フランスのサミュエル・スパニエンもイランのレザザダ・シャファクも人種の科学的定義はないことで一致した。人権委員会第二会期で、インドは、人種が皮膚の色を含むとしても、宣言に人種と皮膚の色を並列したほうがよいと述べ、レバノンのマリクは人種と皮膚の色とは同じではないと述べた。インド提案が採択されて皮膚の色が復活した。

国民的出身に基づく差別の禁止を提案したのは、人権小委員会委員だったソ連のボリソフである。当初は「国民的または社会的出身」であった。これは「国籍」と同じではないか、「国民的または社会的」を削除して「出身」だけでよいのではないかなどの議論がなされた。

モーシンクによると、言語に基づく差別の禁止は宣言第二六条の教育の権利と密接に繋がる。法廷において自己の言語を使用する言語的マイノリティの権利は、人権委員会第二会期の作業部会でベラルーシのステパネンコが指摘したことによって議論の対象となった。議論の結果、言語に基づく差別の禁止も採択された。結局、宣言第二条では「人種、皮膚の色、性、言語、宗教、政治的その他の意見、国民的または社会的出身、財産、出生又はその他の地位」に基づく差別の禁止が明示された。

6　世界人権宣言の現在

冒頭の問いに帰ろう。世界人権宣言はその重要性にもかかわらず、あまり参照されてこなかった。ヘイト・クライム／ヘイト・スピーチを論じる場合にも、あまり参照されてこなかった。世界人権宣言は今日でも国際人権法の中核をなす文書であり、国連憲章に準じる地位を獲得している。国際慣習法であり法的拘束力がある。日本政府に守らせなければならない。人権ＮＧＯはそのために努力する必要がある。

第一に、国際自由権規約や人種差別撤廃条約の委員会審査の際にも国連人権理事会のＵＰＲの際にも、世界人権宣言を真っ先に掲げて議論を展開するべきである。世界人権宣言に照らして議論の総点検をするべきである。

第二に、そのためには世界人権宣言の諸条項の解釈論を十分に踏まえる必要がある。ところが、人権NGOが利用できる世界人権宣言の注釈書が存在しない。国際人権規約の解釈についてはかなりの蓄積がある。あるいは欧州人権裁判所の判例研究も増えている。しかし世界人権宣言となると研究そのものが少ない。斉藤や寿台のすぐれた研究も、個別の条項の解釈論には立ち入っていない。寿台によると、世界人権宣言の注釈書は数点しか見当たらないという（＊21）。日本語による注釈書が必要である。

第三に、世界人権宣言と国際人権規約の関連、世界人権宣言とその他の人権条約の関連を理論的に解明していく作業も必要である。国際人権法の体系を的確に明らかにして、世界人権宣言をしかるべき位置にすえる作業である。それは世界人権宣言の意義と限界の双方を明らかにすることでもある。

第3節　国際人権法と日本

一　自由権規約委員会の勧告（二〇〇九年）

1　日本軍性奴隷制

自由権規約委員会（本章第1節参照）は二〇〇九年一〇月一五日・一六日に第五回日本政府報告書の審査を行い、同三〇日、最終見解を発表した（＊22）。

まず、日本軍性奴隷制（「慰安婦」）問題に関して自由権規約委員会は次のように述べた（パラグラフ22）。

「委員会は、日本政府が、第二次大戦時における『慰安婦』制度の責任をいまだに受け入れず、実行者が訴追されず、被害者に渡された補償は公的基金ではなく民間基金によるもので、不十分であり、『慰安婦』問題について触れている歴史教科書は僅かしかなく、政治家やマスメディアが被害者を貶めたり、事実を否定し続けていることに、関心を持って留意する。／日本政府は『慰安婦』制度について法的責任を受け入れ、被害者の大多数が受け入れることができる、かつ被害者の尊厳を回復する方法で、留保なしに謝罪するべきである。まだ生存している実行者を訴追するべきである。すべての生存者に権利として適切な補償をするために即座に効果的な立法措置および行政措置を講じるべきである。この問題について学生および一般公衆に対して教育するべきである。被害者を貶めたり、事実を否定しようとする試みを非難し、制裁を課すべきである。」

これまでの国際機関などからの勧告を継承する内容で、踏み込んだものとなっている。自由権規約委員会が最終見解の勧告に含めたのは初めてである。

一九九二年二月、この問題が国連人権委員会に報告され、その後も人権委員会、人権小委員会（差別防止少数者保護小委員会、後に人権促進保護小委員会）、現代奴隷制作業部会において議論された。

一九九三年の人権小委員会においてオランダの国際法学者テオ・ファン＝ボーベン「重大人権侵害特別報告」者が「慰安婦」問題は重大な人権侵害であり、被害者救済・保護・リハビリテーションのために日本政府が責任を果たす必要があると表明した（＊23）。

一九九六年の人権委員会においてスリランカの弁護士ラディカ・クマラスワミ「女性に対する暴力特別報告者」が「慰安婦問題報告書」を公表した。「慰安婦」問題を「軍隊性奴隷制」と定義づけ、日本政府には道義的責任とは別に法的責任があること、真相解明・情報公開、被害者への謝罪と補償、教科書記述、責任者処罰などを勧告した（＊24）。

一九九八年および二〇〇〇年の人権小委員会においてアメリカの弁護士ゲイ・マクドゥーガル「戦時性奴隷制特別報告者」が戦時性奴隷制に関する国際法を詳細に研究し、日本軍性奴隷制が奴隷の禁止、戦争犯罪、人道に対する罪に当たる犯罪であるとし、日本政府に責任者処罰と被害者補償を勧告した（＊25）。

他方、国際労働機関（ＩＬＯ）の条約適用専門家委員会でも議論が始まり、一九三〇年の強制労働条約に照らして法的評価が行われた。強制労働条約は女性の強制労働を禁止していた。日本軍性奴隷制が条約違反であったことが確認された。一九九六年のＩＬＯ条約適用専門家委員会は日本政府による条約違反を指摘し、被害者救済を呼びかけた。その後も繰り返し日本政府への勧告を続けている（＊26）。

他方、女性差別撤廃委員会、社会権委員会、拷問禁止委員会など、人権条約に基づいて設置された条約委員会も日本軍性奴隷制問題を取り上げた。例えば二〇〇七年五月の拷問禁止委員会の勧告は、被害者の提訴が時効を理由に棄却されたことは遺憾であり、日本政府は時効規定を見直すべきであるとした。性暴力被害者の救済が不適切であり、国家が事実を否認したり、事実が公開されず、拷問行為の責任者が訴追されず、被害者への適切なリハビリテーションがないことが、虐待とトラウマを継続させているとした。

各国政府による勧告や決議も続いた。二〇〇七年、日本軍性奴隷制をめぐる決議案がアメリカ、オランダ、カナダ、ＥＵ、韓国、台湾の議会においても採択された。

自由権規約委員会は従来の諸勧告と同様の内容の勧告を出した。日本政府は法的責任を否定し、責任逃れのためのアジア女性基金政策を推進し、解決を困難にしてきた。勧告を契機に政策の見直しが必要である。

2　朝鮮人差別

自由権規約委員会は、年金制度に関して日本国籍者以外に対する年金からの除外を是正すること、移行措置をとることを勧告した（パラグラフ30）。

「日本政府は、非国籍者が国民年金制度から差別的に排除されることのないよう、国民年金法における年齢要件の影響を受ける非国籍者のための移行措置を採るべきである。」

在日朝鮮人に対する年金差別は一九八二年に是正されるはずだったのに、日本政府が必要な移行措置を採らなかったため、高齢者と障がい者が排除されたままとなった。経済的社会的権利に関する社会権規約委員会などが日本政府に対して是正を勧告してきたが、自由権規約委員会は、差別問題として捉えて、やはり是正を勧告した。

次に朝鮮学校に対して他の私立学校と同様の卒業資格認定、その他の経済的手続的な利益措置が講じられることが求められている（パラグラフ31）。

「日本政府は、朝鮮学校のための適切な基金を、国家助成を増やし、朝鮮学校への寄付者に他の私立学校への寄付者と同様の税制控除を適用して認め、朝鮮学校卒業生に直接の大学受験資格を認めるべきである。」

朝鮮学校に対する差別については一九九三年の自由権規約委員会や、その後の子どもの権利委員会でも取り上げられた。国連人権委員会や人権小委員会でもＮＧＯの在日朝鮮人・人権セミナー、在日本朝鮮人人権協会、アジア女性人権評議会などが是正を求める発言を繰り返してきた。二〇〇一年の人種差別撤廃委員会も、二〇〇六年の国連人権理事会ドゥドゥ・ディエン「人種差別問題特別報告者」も同様の勧告をしている。

3 委員会勧告

自由権規約委員会はその他にも多くの勧告を出している。主要なものを項目だけ列挙してみよう。

①アイヌ民族を先住民族として認めること。琉球／沖縄についても権利を認めること。②人身売買被害者を救済すること。③外国人研修生や技能実習生に対する搾取や奴隷化を是正すること。④拷問を受ける恐れのある国への送還を行わないこと（ノン・ルフールマン原則）。⑤裁判官などにジェンダー教育を行うこと。⑥子どもの虐待に対処すること。⑦同性愛者や性同一性障がい者への差別をなくすこと。⑧死刑を廃止すること。廃止までの死刑囚処遇を改善すること。厳正独居（隔離拘禁）をやめること。⑨代用監獄を廃止すること。取調べへの弁護人立会いを認めること。⑩刑事施設視察委員会の改善。⑪立川テント村事件など表現の自由の侵害をやめること。

このように数多くの勧告であるが、さらに注目するべき勧告がある。

⑫裁判官、検察官などに国際人権法教育を行うことが勧告された。前回の勧告にも同じ内容が含まれていた。日本の裁判官や検察官は国際人権法に無知であることが、規約人権委員会によって繰り返し指摘されたのである。人権に無知な裁判官が法解釈を歪めていることが国際的批判にさらされている。

⑬公共の福祉による人権制約や、世論の支持を口実とした死刑の維持についても強い勧告が出された。日本政府は人権と公共の福祉をわざわざ対立させ、公共の福祉を優先してきたが、そうした思考方法そのものへの批判である。世論の支持によって死刑を正当化してはならないことも確認された。

二　国連人権理事会の普遍的定期審査（二〇〇八年）

1　日本審査

二〇〇八年五月九日、国連人権理事会第二回普遍的定期審査作業部会において日本の人権状況について審査が行われた（人権理事会については本章第1節参照）。

審査にあたって多くのNGOが人権理事会に情報を提供し、充実した審査が実現した。作業部会は、二〇〇八年六月の人権理事会の勧告につながった。人権理事会勧告は全部で二六項目であるが、一部を掲げてみよう。

「5　第二次世界大戦中の『慰安婦』問題に関する、国連諸機関（女性に対する暴力に関する特別報告者、女性差別撤廃委員会および拷問禁止委員会）による勧告に誠実に対応すること（韓国）。」

「6　国内法を平等・非差別の原則に合致するように適応させること（スロベニア）、あらゆる形態の差別を定義し禁止する法律の制定を検討すること（ブラジル）、刑法に差別の定義を導入することを検討すること（グアテマラ）、緊急の課題として、人種主義、差別、外国人嫌悪に対する国内法を制定すること（イラン）。」

「8　少数者に属する女性が直面する問題に取り組むこと（ドイツ）。」

「9　在日朝鮮人に対するあらゆる形態の差別を撤廃するための措置をとること（朝鮮民主主義人民共和国）。」

「10　日本における継続的な歴史の歪曲の状況に取り組む緊急措置をとること。これは、過去の人権侵害および再発の危険性に取り組むことを拒否している現れであるためである。また、現代的形態の人種主義に関する特別報告者からも呼びかけられたように、この状況に取り組む緊急措置を勧告する（朝鮮民主主義人民共和国）。」

「18　軍隊性奴隷問題、および朝鮮を含む諸国で過去に犯した人権侵害に取り組むため、具体的な措置を講じること（朝鮮民主主義人民共和国）。」

2　普遍的定期審査とは

人権理事会で新設されたのが「普遍的定期審査」である。「協力」を基本理念とし、すべての国の人権状況を審査する枠組みである。

国連加盟国各国は四年に一回審査され、理事国は任期中に優先的に審査される。審査基準は国連憲章、世界人権宣言、当該国が締結している人権条約、自発的誓約、適用されうる人権法である。最終結論は理事会本会議で採択される。結論は人権状況の評価や被審査国の同意を得た技術協力を含む人権促進のための協力等を内容とする。

普遍的定期審査結果を検討する際には、理事会はフォローアップの要否を決定するとし、審査制度への継続的な非協力については、当該国に協力へのあらゆる奨励を尽くした後に理事会が対処する旨が定められるなど、フォローアップ制度が整えられた。

人権理事会では個別に特定の国家の問題状況が報告されていたが、国連加盟国すべての国の人権状況を普遍的に審査する枠組みとして盛り込まれた。各国の審査に要する作業時間は、作業部会における審査に三時間、作業部会における報告の採択に三〇分、人権理事会総会における審査結果の検討に一時間が当てられるというように、一律適用が定められた。

審査結果文書は人権理事会本会合で採択される。結果文書は、勧告及び／又は結論と被審査国の自発的誓約から構成される。被審査国及び人権理事会メンバー国、及びオブザーバー国（その他の国連加盟国）は人権理事会本会議が結果文書を採択する前に見解を表明する機会が与えられる。その他関連のある関係者も一般コメントを述べる機会が与えられる。

審査は次の三文書に基づいて行われ、当該文書は審査の六週間前までに用意されなければならない。

①被審査国は「ガイドライン」に基づいて二〇頁以内の報告書を作成し、人権高等弁務官事務所に提出する。

②人権高等弁務官事務所は被審査国に関する条約機関及び特別手続による報告並びに関連する国連公用文書を編集した文書を準備する。

③人権高等弁務官事務所はＮＧＯ等関係者が同事務所に提出した信憑性と信頼性のある情報を要約した文書を準備する。

3　審査と日本政府

日本政府は人権理事国であるにもかかわらず、理事国にふさわしい態度を示すことができなかった（＊26）。

勧告を受けた後にも、その一部を拒否する発言を公然と行っている。作業部会が終了した時点で、日本弁護士連合会は次のような見解を発表した。

「審査を通じて浮き彫りになり国際社会から懸念が表明された人権問題の解決に向けて日本政府が一歩を踏み出すことこそが普遍的定期的審査の本来の目的にかなうと考えられる。当連合会は、改めて日本政府に対し、今回の審査において提起された人権問題について、その現状に関する情報を更に広く公開することを要請するとともに、各人権問題の解決に向けて、必要な場合には広く国民的議論を尽くし、解決に向けての具体的な一歩を踏み出すよう強く要請するものである」。

同様にＮＧＯの反差別国際運動（ＩＭＡＤＲ）も次のような見解を公にしている。

「現代的な人種主義に関する特別報告者によって浮き彫りにされた、日本において継続している差別に関する質問への応答として、日本政府は、憲法によって差別は禁止されていると述べた。しかしながらこれは、法律によって差別を定義し、その禁止を実施し、あるいは被害者を救済するための法的措置の欠如について討議する真摯な取り組みを明確に示すものではなかった。日本には依然として、人種差別撤廃条約による義務を実施するよう要請されているにもかかわらず、私人間におけるものを含む差別を定義し禁止する法律がない。」

第４節　人種差別撤廃条約と日本

一　人種差別撤廃委員会の審議（二〇一〇年）

1　高校無償化問題

二〇一〇年二月二四日、人種差別撤廃委員会が第二回日本政府報告書審査を行った。審査のなかで、直前に明らかになったばかりの高校無償化について朝鮮学校だけを対象外とする中井洽大臣発言について懸念が表明された。アレクセイ・アフトノモフ委員（ロシア）は次のように述べた。

「高校無償化問題で（中井）大臣が朝鮮学校をはずすべきだと述べている。すべての子どもに教育を保証するべきである。朝鮮学校の現状はどうなっているのか。差別的改正がなされないことを望む。今朝、新聞のウェブサイトを見たところだ。朝鮮人はずっと外国人のままでいるが、なぜ日本国籍をとらないのか。国籍法はどうなっているのか。条約と整合性のない規定があるのではないか。国籍取得を阻んでいるのは何か。朝鮮人や中国人は国籍法の手続きにアクセスできるのか。」

ホセ・フランシスコ・カリザイ委員（グアテマラ）がこれに続いた。

「朝鮮学校に関してもっとも著名な新聞の社説にも、高校無償化から朝鮮学校を排除するという大臣発言への批判が出ている。すべての子どもに平等に権利を保障するべきだ。」

翌日の日本各紙もそろってこの事実を伝えた（朝日新聞、毎日新聞、読売新聞、共同通信、時事通信）。

2　人種差別撤廃委員会

一九六五年、国連総会は人種差別撤廃条約を採択した。日本はこの条約をなかなか批准しなかったが、三〇年後の一九九五年に批准し、一九九六年一月に発効した。条約によると、政府は条約批准後一年以内に最初の報告書を委員会に提出し、審査を受けることになっている。日本政府報告書の締切りは一九九七年一月であったが、大幅に遅延して二〇〇〇年一月に提出した。二〇〇一年三月八日と九日、人種差別撤廃委員会は第一回（実は第一・第二回）日本政府報告書の審査を行った（*27）。

二〇〇一年の第一回審査の結果、人種差別撤廃委員会は、日本政府に対して数多くの勧告を出した。人種差別禁止法、アイヌ民族や沖縄／琉球、部落差別、国内人権機関の設置についてなど数多いが、在日朝鮮人に関連して次のような勧告を出した。

「14．委員会は、朝鮮人（主に子どもや児童・生徒）に対する暴力行為の報告、およびこの点における当局の不十分な対応を懸念し、政府が同様の行為を防止し、それに対抗するためのより断固とした措置をとるよう勧告する。」

「16．朝鮮人マイノリティに影響を及ぼす差別を懸念する。朝鮮学校を含むインターナショナルスクールを卒業したマイノリティに属する生徒が日本の大学に入学することへの制度的な障害のいくつかのものを取り除く努力が行われているものの、委員会は、とくに朝鮮語による学習が認められていないこと、在日朝鮮人の生徒が上級学校への進学に関して不平等な取扱いを受けていることを懸念する。日本に対して、この点における朝鮮人を含むマイノリティの差別的取扱いを撤廃し、公立学校におけるマイノリティの言語による教育を受ける機会を確保する適切な措置とるよう勧告する。」

「18．日本国籍を申請する朝鮮人に対して、自己の名前を日本流の名前に変更することを求める行政上または法律上の義務はもはや存在していないことに留意しつつ、当局が申請者に対しかかる変更を求め続けていると報告されていること、朝鮮人が差別をおそれてそのような変更を行わざるを得ないと感じていることを懸念する。個人の名前が文化的・民族的アイデンティティの基本的な一側面であることを考慮し、日本が、かかる慣行を防止するために必要な措置をとるよう勧告する。」

以上は二〇〇一年の勧告である。それから九年、人種差別撤廃委員会は第二回日本政府報告書の審査を行った。

3　在日朝鮮人の人権

まず在日朝鮮人に関連する質疑応答を見ていこう。日本政府報告書担当のパトリック・ソンベリ委員（連合王国）が冒頭に次のような指摘をした（＊28）。

「朝鮮人については、前回の審査でも話題になった。帰化の際の氏名変更や、定住者とか永住者というカテゴリーもある。一九五二年、外国人登録法によって五〇万の外国人が一夜にして生まれた。これはいったいどういうことか。日本国民とも他の外国人とも違う存在がつくられた。政治的権利は区別する必要もあるかもしれないが、人権という観点ではできるだけ幅広い枠組みで認めるべきである。特別永住者には帰化を望んでいない人がたくさんいるが、なぜなのか不思議である。名前を変更しなければならないからか。同化の問題があるのか。エスニック・マイノリティの権利に注意が向けられていない。エスニック・マイノリティの権利を保障すれば多くが日本人になるのではないか。在日朝鮮人について、公教育の教育課程のなかでマイノリティの教育をどうしているのか。歴史ではさまざまな民族が日本建設に貢献したことを教えているのか。すべての子どもに歴史、文化、言語を保証しているのか。朝鮮学校は不利な状況に置かれている。税制上の扱いも不利になっている。」

続いて、レジス・デ・グート委員（フランス）である。

「国内マイノリティ、旧植民地出身者、その他の外国人のそれぞれについて情報が必要だ。人種差別撤廃条約四条について進捗がない。四条(a)(b)を留保したままである。表現の自由が強調されているが、二〇〇一年の勧告でも触れたように四条は不可欠だ。人種差別の禁止と表現の自由は両立する。朝鮮学校生徒への嫌がらせが続いている。」

ファン・ヨンガン委員（中国）はこう指摘した。

「旧植民地出身者であるが、第二次大戦が終わって歴史的状況から定住していたものが、一九五二年に外国人とされ五〇年以上たって、二世、三世がいるが、日本社会への統合が成功していない。日本において大きな貢献をした人は日本人と同じように権利を享受しなければならない。」

イオン・ディアコヌ委員（ルーマニア）も続いた。

「朝鮮学校はどうなっているのか。他の学校と同等になってきたというが、全体はどうなのか。大学受験資格を認めないことはペナルティを課していることになるのではないか。朝鮮学校生徒に対する嫌がらせや攻撃を処罰しているのか。朝鮮学校はよりよく保護するべきである。最近、日本と朝鮮政府の関係が悪化しているが、それを理由に朝鮮学校に影響を及ぼしているのではないか。国際関係が日常生活に影響を与えてはならない。まして子どもに影響を与えるべきではない。朝鮮学校だけ免税措置を講じていないのは差別ではないのか。」

また、カリザイ委員が最後に再質問した。

「年金問題のギャップも重要である。朝鮮人高齢者、及び朝鮮人障がい者が年金の対象になっていない。法律のギャップを埋める努力が必要だ。」

4　日本政府の応答

二〇一〇年二月二五日、日本政府は委員からの質問に回答した。まず、高校無償化問題である。

「高校無償化法案について、朝鮮学校を除外する旨の（中井）大臣発言が報道されているとの指摘があった。高校無償化法案は本年一月に閣議決定がなされ、今国会に提出されたものである。今後の国会審議を踏まえつつ適切に考慮していきたい。」（外務省人権人道課長）

このほかの問題については次のような回答であった。

「学校教育法一三四条にもとづく各種学校として都道府県知事の認可を得ている外国人学校には地方自治体からの助成があり、税制優遇もなされている。認可を受けている学校は一定の要件を満たせば、消費税が非課税となり、授業料も非課税である。対象外の学校への差別とは考えていない。」（文部科学省）

「在日朝鮮人への嫌がらせについてについては人権擁護機関において啓発活動、『人権を尊重しよう』という年間を通しての啓発活動を行っている。人権相談所では人権相談に応じて、事案を認知した場合は速やかに調査し、適切な措置をとっている。」（法務省人権擁護局）

「朝鮮人の子どもが独自の文化について学ぶ機会が担保されている。朝鮮学校は各種学校として認可されており、寄付金にかかる取り扱いを除き非課税とされている。韓国学校については韓国語、韓国文化の学習もしているが、学校教育法一条の認可もある。一条校は学習指導要領にのっとった教育をしている。朝鮮学校の多くのものについては各種学校として認可され、補助金を受けている。」（外務省人権人道課長）（＊29）。

日本政府の回答は従来と同じ弁解をしているだけで質問への的確な回答とはいえない。人権擁護とは異質の考慮が働いている。一例だけ指摘しておくと、法務省人権擁護局が朝鮮人に対する嫌がらせ（差別と犯罪）について政府として対処しているかのごとく主張しているが、事実に基づいていない（＊30）。

二　人種差別撤廃委員会の勧告（二〇一〇年）

1　朝鮮学校差別に勧告

人種差別撤廃委員会は、二〇一〇年三月一六日に最終所見（勧告）を公表した。審査において複数の委員から指摘のあった朝鮮高級学校の高校無償化排除問題や、その他の朝鮮学校差別に関して、いくつかの指摘がなされた。

「13．日本政府による説明には留意するが、委員会は、条約第四条(a)(b)の留保に関心を有する。委員会は、朝鮮学校に通う子どもなどの集団に対するあからさまな、粗野な言動の事件が続いていることや、特に部落民に対してインターネットを通じて有害な人種主義的表現・攻撃にも関心を有する。／委員会は、人種的優越性や憎悪に基づく思想の流布を禁止することは、意見・表現の自由と合致するという委員会の見解を強調する。そしてこの点で、日本政府に条約第四条(a)(b)の留保を維持する必要について検討し、留保の範囲を限定し、むしろ留保を撤回するよう促す。委員会は、表現の自由の行使は、特別な任務と責任、とりわけ人種主義思想を流布させせない義務に対応するものであることを想起し、日本政府に対して、委員会の一般的勧告第七（一九八五年）と第一五（一九九三年）を考慮に入れるよう再び呼びかける。これらの勧告は、第四条は自力執行力がないとしても、命令的性格を有するとしている。委員会は日本政府に次のように勧告する。

(a)　第四条のもとで差別を禁止する規定に十分な効力を持たせる立法がないことを改正すること。

(b)　関連する憲法、民法、刑法規定が、憎悪や人種主義的現象に対処する追加措置を通じるなど、とりわけ、それらの捜査および関与者の処罰の努力を強化することにより、効果的に実施すること。

(c)　人種主義思想の流布に対して敏感になり、自覚するキャンペーンを行い、インターネット上のヘイト・スピーチや人種主義的宣伝など人種的に動機付けられた犯罪を予防すること。」

人種差別撤廃条約第四条(a)(b)は人種主義思想の流布や人種差別の煽動を犯罪として処罰する法律、人種差別助長煽動団体を禁止する法律を制定することを求めている。日本政府は条約を批准した際に条約第四条(a)(b)の適用を留保した。理由は表現の自由と抵触すること、罪刑法定原則と抵触することなどである（後述）。

「22.　委員会は、日本政府が、バイリンガル指導員や入学案内など、少数者集団の教育を促進する努力を行ったことを評価するが、教育制度において人種主義を克服する具体的な計画の実施に関する情報が欠如していることは残念である。さらに、委員会は、次のような、子どもの教育に差別的影響を与える行為に関心を表明する。

(a)　アイヌの子どもやその他の国籍の子どもが自己の言語で教育を受ける適切な機会がないこと。

(b) 条約第五条、子どもの権利条約第二八条、社会権規約第一三条二項など、日本が批准した条約にしたがって、日本にいる外国人の子どもに義務教育制度が完全に適用されていないこと。
(c) 学校認可、同等の教育課程および高等教育への進学に関して障害があること。
(d) 日本に居住する外国人、朝鮮人、中国人のための学校について、公的援助、助成金、免税についての異なる処遇。
(e) 公立・私立高校、専門学校、高校教育課程と類似する様々な教育機関について高校教育無償化のために日本で現在提案されている立法提案から朝鮮学校を除外するという政治家発言。

委員会は市民以外の者に対する差別に関する一般的勧告第三〇（二〇〇四年）に照らして、日本が教育機会に関する諸規定に差別がないようにすること、日本の管轄に居住する子どもが就学や義務教育に関して障害に直面しないようにするよう勧告する。この点でさらに、多数の外国人学校制度や代替的な制度の選択に関する研究が、日本政府によって採用されている公立学校以外にも行われるよう勧告する。委員会は日本政府に、少数者集団に自己の言語で教育を受ける適切な機会を提供するよう検討することを促し、ユネスコ教育差別禁止条約に加わるよう呼びかける。」（＊31）

2　人種差別禁止法

人種差別禁止法の制定も、二〇〇一年審査時の勧告においてすでに明確に指摘されていた。二〇〇六年には、国連人権理事会のドゥドゥ・ディエン「人種差別問題特別報告者」報告書が人種差別禁止法の制定を勧告している（*32）。今回も同様の指摘がなされた。委員会はまず次のように述べている。

「7．委員会は、前回の最終所見（二〇〇一年）の実施のための具体的措置に関する情報が、日本政府から十分提供されなかったことに留意し、勧告の実施も条約全体の実施も非常に制約されていることは残念である。／日本政府は、委員会によってなされたすべての勧告と決定に合致するよう、国内法規定が条約の効果的実施を助長するのに必要な措置を採るよう促されている。」

「9．委員会は、国内の差別禁止法は必要ないという日本政府の見解に留意し、その結果として個人及び団体が差別について法的救済を求めることができないことに関心を有する。／委員会は前回の最終所見（二〇〇一年）の勧告を強調し、日本政府に対して、条約第一条にしたがって、条約によって保護されたすべての権利を含んだ、直接及び間接の人種差別を違法化する特別立法を制定することを検討するように促す。また、日本政府に、人種差別の告発を取り扱う法執行機関に、差別の実行者を取り扱い、被害者を保護するために適切な専門家・当局を置くことも促す。」

その上で委員会は先に紹介した勧告13を明示している。さらに勧告14では、条約第四条(c)にしたがって、公務員などによる差別発言にきちんと対処するように求めている。

人種差別禁止法、とりわけヘイト・クライム法の制定について、最低限のことは確認しておきたい。なお、この時、日本政府はヘイト・クライムとヘイト・スピーチを区別せずに、ヘイト・クライムという言葉を使っていたが、その内実は暴力を伴わないヘイト・スピーチを念頭に置いていると考えられる。

第一に、ヘイト・クライムの現状認識である。日本政府は、日本にはそのような犯罪がないから法規制も必要ないと繰り返してきた。しかし、日本政府はヘイト・クライム／ヘイト・スピーチの調査を行っていない。行うつもりもないという。調査もせずに「ない」と断言してきた。

第二に、表現の自由との関係である。二〇〇一年には日本政府は人種差別表現も表現の自由であると述べて、委員会の顰蹙を買った。今回はさすがにそこまではなかったが、人種差別の刑事規制は表現の自由に反すると、相変わらずの主張を続けた。委員会は、人種差別の規制と表現の自由は矛盾しない、それどころか表現の自由を守るためにこそ人種差別の刑事規制が必要だと指摘している。

第三に、罪刑法定原則との関係である。確かに新たな刑事立法に際して罪刑法定原則に反しないことは必須の条件である。法律に適正に規定された明確な犯罪概念、適正に規定された刑罰でなければならない。しかし、日本政府は人種差別の刑事規制が罪刑法定原則に反すると一般的に述べている。世界では多数の諸国がヘイト・クライム／ヘイト・スピーチ法を有している。アメリカの過半数の州がヘイト・クライム法を有している。これら諸国の法律はみな罪刑法定原則に反しているのだろうか。そのようなことがありうるだろうか。

第四に、日本政府は、ヘイト・クライム／ヘイト・スピーチ法が表現の自由や罪刑法定原則に抵触すると述べながら、ヘイト・クライム法だけではなく、あらゆる人種差別禁止法の制定を拒否している。ヘイト・クライム／ヘイト・スピーチ法は、一定の人種差別言動を犯罪化したり、刑罰を加重する刑事法である。他方、人種差別禁止法は刑事法だけではない。憲法、民法、行政法、労働法など多方面の法分野における各種の規制法であり、そこにヘイト・クライム／ヘイト・スピーチ法も含まれる。仮にヘイト・クライム／ヘイト・スピーチ法についての日本政府の懸念に根拠があったとしても、それを理由に包括的な人種差別禁止法を拒否するのは不当である。

三　人種差別撤廃委員会の審議（二〇一四年）

二〇一四年八月二九日、人種差別撤廃委員会は、日本政府が提出した三回目の報告書（名目上は第七〜九回報告書）の審査結果としての総括所見を公表した。

審査から、ヘイト・スピーチに関連する部分を紹介しよう。審査は、一日目（八月二〇日午後三時から六時）に、まず日本政府代表によるプレゼンテーションがあり、続いて日本担当のケマル委員から総括的な報告がなされ、最後にその他の委員から多数の質問が出された。二日目（八月二一日午前一〇〜一三時）に、日本政府からの回答がなされ、各委員から二度目の発言がなされ、最後にケマル委員がまとめの発言を行った。

1　日本政府代表の報告

日本政府が先に提出した報告書には、ヘイト・スピーチに関する記載がなかった。NGOはこの点を取り上げて、日本の現状を委員会に報告していた。

日本政府を代表してジュネーヴ常駐大使がヘイト・スピーチに関連しておおむね次のような報告をした。

〈ヘイト行為を禁止する法制定について。差別行為は不法行為になり、損害賠償責任の根拠となり、一定の場合には名誉毀損となる。他方、表現の自由を慎重に検討しなければならないと考えている。差別意識を生じさせることに繋がる言動には中止させたり、啓発活動を行っている。インターネット上の権利侵害については、人権侵害情報を削除した場合、プロバイダーが責任を問われないようプロバイダー責任制限法がある。／思想の流布宣伝、ヘイト・スピーチについて、京都朝鮮学校事件で本年七月八日に大阪高裁判決が出た。事案は朝鮮学校に対して侮蔑的活動、差別的行為が行われたもので、一審（京都地裁）は授業妨害行為と名誉毀損を認定して、原告（被害者）による損害賠償請求を一部認容し、差し止め請求も認めた。控訴審（大阪高裁）は一審を支持して控訴棄却したが、本件は最高裁に係属中と聞いている。本件は、刑事事件でも威力業務妨害罪、器物損壊罪、侮辱罪などで起訴するなど厳正な処分をしている。〉

2　日本担当のケマル委員の発言

〈勧告13の条約第四条(a)(b)の留保について、留保を撤回するべきである。政府報告書八四があるが、懸念を表明したい。特定のグループ、例えば朝鮮学校の子どもを標的とした差別発言や、部落差別が続いている。ヘイト・スピーチには絶対的な定義がないからと言って、マイノリティに対するヘイト・スピーチが良いということにはならない。二〇一三年には三六〇件の差別デモがあったという情報がある。日本政府は具体的にどのような措置をとったのか。ヘイト・スピーチをおさえるのにどのように措置をとっているのか。朝鮮学校に対するデモについて判決があるというが、もっと詳しい状況を知りたい。〉

3　各委員の発言

続いて各委員の発言である。ヘイト・スピーチについてはおおむね次のような発言があった。

バスケス委員――〈ヘイト・スピーチについて、残念なビデオを見た（＊NGOブリーフィングの際に上映した五分のビデオで、在特会によるヘイト・スピーチと暴力の様子をまとめたもののこと）。朝鮮人に対するヘイト・スピーチである。条約に基づいて懸念があり、安倍総理もヘイト・スピーチに適切に対処すると述べていると言う。委員会が二〇一三年に採択した一般的勧告三五「ヘイト・スピーチと闘う」において、ヘイト・スピーチに対する対応を整理してある。一般的勧告二六にも書かれている。日本は憲法の枠内で条約を実施するとして、条約第四条を留保していることは承知している。しかしなぜ留保が必要なのか、留保の性格、範囲も問題である。勧告を受けて見直したが、留保の決定は変えないというが、性格や内容をもっと明確にしてほしい。憲法の範囲内で条約を実施するというが、憲法がなぜそこまで制約になるのか。懸念しているのは、どういう限界が必要なのか、である。表現の自由は幅広いが、ヘイト・スピーチに対応することは特に表現の自由とは抵触しない。実際に暴力をふるい、威嚇している。「出てこい」「殺すぞ」などと、非常に過激な言動であり、スピーチ以上のものである。まさに暴力の威嚇が身に迫っている。大阪高裁判決が出て、最高裁係属中ということも承知している。ヘイト・スピーチ処罰規定を設けるべきである。措置を取る必要がある。教育、寛容の精神との回答だが、公人によるヘイト・スピーチについて述べている。もっと情報を提供してほしい。高いレベルの公人（政治家等）がヘイト・スピーチをどのように非難しているのか、「ヘイト・スピーチはいけない」と言っているのか。ヘイト・スピーチに対するカウンター・デモがあるが、心配なことにカウンター・デモの側から逮捕者が出ている。カウンター側がメッセージを広めることができない。差別に反対するカウンターを阻害することは許されない。ヘイト・スピーチ法ができても心配がある。ＮＧＯによると、現政権は法律を乱用して、マイノリティに対して押さえつける心配がある、という。委員会勧告三五のパラグラフ二〇は、あいまいで幅広いヘイト・スピーチの定義によって、守られるべき人にとってマイナスになる可能性がある。条約の定義に合う形で定義する必要がある。〉

ディアコヌ委員――〈ヘイト・スピーチは、バスケス委員が言った通り、表現の自由とヘイト・スピーチの規制に矛盾はない。委員会の一般的勧告三五「ヘイト・スピーチと闘う」は長い検討の結果、採択された、情報の自由があるが、差別言説は、バスケス委員が指摘したように、単に表現の自由ということではなく、暴力であり、暴力の煽動は世界中で問題となっている。殺す、ガス室、叩き殺すと言った表現は暴力に訴える、暴力を唱導することは表現の自由とは区別できる。〉

ユエン委員――〈バスケス委員が既に発言したが、ヘイト・スピーチについて、京都朝鮮学校事件で地裁でも高裁でも一二〇〇万円の賠償命令が出ている。名誉毀損を認定し、不法行為とした。刑事の側面、起訴されたとの話も聞いたが、もう少し詳しく知りたい。刑法の罰則が幅広いようだが、ヘイト・スピーチが起訴相当の罪にあたる場合があるという。具体的にどういう罪が法律に定められているのか。実際に発動されて、判決で認定されたのか。差別は日本刑法で罰せられないのではないか。ヘイト・スピーチは法律で禁止されていない。表現の自由という理由だが、ビデオを見て懸念を抱いた。ビデオでは、特定の出来事が映っているが、加害者に警察が付き添っているように見える。ほとんどの国では、こういう事が起きれば、加害者を逮捕し、連行し、収監するはずだ。〉

ファン委員――〈ヘイト・スピーチをいかに止めるか。二〇一〇年の委員会勧告は、第四条留保を撤回すべきとしたが、日本は留保撤回は考えていないと言う。人種差別が激しいことはないとか、正当な言論を抑え込むことになるからとか、重大な人種差別はないと、言っている。しかし、日本はどうもそれほど明るい状況ではないのではないか。人種差別が実際に日本に存在する。極端な個人や団体、右翼が、日本人の優越性、植民地主義的考えを抱いて、少数派、外国人に嫌がらせをし、挑発、暴力的行為をしている。インターネット、新聞テレビでもヘイト・スピーチを流布させ、民族的対立をあおっている。閣僚、政治家が政治的発言をして、人々をあえて誤解させる発言をしている、在日の子どもたちへの差別発言がある。極右集団や個人の発言がさらにあからさまに過激になっている。被害者は司法へのアクセスができない。極右組織はあきらかに人種主義的であり、排外的デモが政府のお墨付きを得ている。排外主義デモが警察に守られている。人種主義的スローガンを叫び、かつての日本軍国主義の旗や、ナチスの旗を掲げている。過激な「殺すぞ」といった発言が、日本人以外の者に向けられている。二〇一三年の委員会の一般的勧告三五において条約に基づいて表現の自由について明示したが、ヘイト・スピーチを禁止するべきである。表現の自由を保護することとヘイト・スピーチ禁止の間に矛盾はない。一人一人が表現の自由と同時に社会的責任を有している。とくに政府、政治家は自制するべきである。条約第四条の責任を果たすよう勧める。差別禁止法を作るよう、積極的措置を取るべきである。それから、関東大震災時に六〇〇〇人もの人が警察や軍隊によって殺された。犠牲者はその後の処遇に満足せず、調査を求めている。日本政府はいつ調査を行うのか。〉

クリックリー委員――〈ヘイト・スピーチ、朝鮮人、外国人に対する暴力の唱道にどう対処するのか。表現の自由と憎悪煽動の関係をはっきりさせるべき。〉

4　日本政府の回答

二日目の冒頭は日本政府の回答の時間であり、日本の大使が冒頭にヘイト・スピーチについて説明した。おおむね次のような内容である。

〈ヘイト・スピーチだが、条約第四条が禁止する行為には、様々な場面における様々な行為が含まれるので、すべてについて刑罰法規をもって規制することは、その規制の必要性、具体的内容、合理性が厳しく要求される表現の自由との関係、刑罰法規の明確性の原則など憲法と抵触するので第四条ⓐⓑの適用を留保した。現在の我が国の状況がこの留保を撤回し、表現の自由を委縮させる危険を冒してまでヘイト・スピーチ立法をする必要がある状況に至っているとは考えない。京都朝鮮学校事件の刑事処罰に関しては、被告人四名について、威力業務妨害罪、侮辱罪等で起訴がなされ、京都地裁で有罪判決が出て、確定した。ヘイト・スピーチに関して、日本刑法では、名誉毀損罪、侮辱罪、威力業務妨害罪、脅迫罪、強要罪などが成立しうるので、捜査当局は刑事事件として取り上げるべきものがあれば法に基づいて適正に処理している。（日本のヘイト・スピーチ・デモの）ビデオを見た委員から「警察がヘイト・スピーチをする集団を守っている」という指摘があったが、警察は、いかなる立場からも違法行為を看過してはならない、公正中立な立場から規制を行っているのであって、ヘイト・デモを守っていないし、カウンター側を阻害していない。安倍首相は「一部の民族を排除するような言動は極めて残念で、あってはならない」「ヘイト・スピーチはこれまでの国際社会関係を乱し、日本の誇りを傷つけるので、厳しい対処が必要である。自民党でも検討する必要がある」と述べている。〉

5　委員と日本政府の応答

その後、各委員と日本政府の対話が続いた。ヘイト・スピーチ関連部分を列挙する。

アフトノモフ委員――〈最高裁が二〇一四年七月、京都朝鮮学校の件で、直接条約について判断し、差別は見逃すことはできないとし、京都地裁を支持しなかったが、くつがえすことはしなかったと聞いた（＊大阪高裁判決のこと）。集団に対するヘイト・スピーチの処罰を許していないと言う点だが、政府の立場はどうなのか。〉

日本法務省――〈大阪高裁控訴審判決は一審を支持して、控訴棄却した。政府は個別具体的な司法判断についてはさしひかえたい。〉

ディアコヌ委員――〈第四条の適用留保が、表現の自由という観点と説明された、条約第五条と比べて、憲法の他の権利はどうなっているのか。第四条には様々な行為、四つの行為がある。流布、煽動、暴力煽動、差別的行動参加・資金調達。表現の自由の範囲に入らない。煽動は表現の自由ではない。なんのために条約を締結したのか。暴力煽動は表現の自由ではない。暴力を予防しなければならない。留保撤回を検討しているが、結論に至らないのか。日本の条約批准から二〇年経った、あまりに長い時間が経っている。〉

クリックリー委員――〈日本政府は警察は中立であると言うが、ビデオを見てほしい、どういう発言がなされているか。「殺せ」などのビデオの翻訳が正しいのであれば、本当にこれが中立公正なのか疑わしい。〉

警察庁――〈ヘイト・スピーチにつき、ヘイト側を守っているのではないかという話が出たが、どちらかの立場を守るという警備をしているわけではない、あくまで中立的な立場で行っている。〉

法務省――〈人種差別の扇動、憎悪的人種差別的行為への対応は刑法の諸規定で行い、扇動については教唆、幇助として処罰される。〉

6　日本担当ケマル委員のまとめ

二日目の最後に日本担当のケマル委員がまとめの発言をしたが、ヘイト・スピーチについてはおおむね次のように述べた。

〈日本の条約履行状況は全体に、進捗している。条約実施がなされているのは、民主的憲法であるからである。だからこそ、もっと条約に完全に準拠することができる。まず何よりも、包括的差別禁止法の制定である。憲法とのギャップを埋めることになる。第四条(a)(b)と日本国憲法に不一致はない。しかし、日本政府は留保している。これでは、善意であっても誤解されかねない。善意の印象を与えていないパラドクスである。第四条と憲法に矛盾はなく、負担でない。ヘイト・スピーチの処罰は、表現の自由にマイナスにならない。〉

四　人種差別撤廃委員会の勧告（二〇一四年）

勧告は多岐にわたるが、ここではヘイト・スピーチ及び朝鮮学校に関する勧告を引用しておく（人種差別撤廃NGOネットワーク訳を参照した）。

〈四条に準拠した立法措置〉

10. 締約国の第四条(a)(b)項の留保の撤回あるいはその範囲の縮減を求めた委員会の勧告に関して締約国が述べた見解および理由に留意するものの、委員会は締約国がその留保を維持するという決定を遺憾に思う。人種差別思想の流布や表明が刑法上の名誉毀損罪および他の犯罪を構成しうることに留意しつつも、委員会は、締約国の法制が第四条のすべての規定を十分遵守していないことを懸念する（第四条）。

委員会は、締約国がその見解を見直し、第四条(a)(b)項の留保の撤回を検討することを奨励する。委員会は、その一般的勧告一五（一九九三年）および人種主義的ヘイト・スピーチと闘うことに関する一般的勧告三五（二〇一三年）を想起し、締約国に、第四条の規定を実施する目的で、その法律、とくに刑法を改正するための適切な手段を講じるよう勧告する。

〈ヘイト・スピーチとヘイト・クライム〉

11. 委員会は、締約国における、外国人やマイノリティ、とりわけコリアンに対する人種主義的デモや集会を組織する右翼運動もしくは右翼集団による切迫した暴力への煽動を含むヘイト・スピーチのまん延の報告について懸念を表明する。委員会はまた、公人や政治家によるヘイト・スピーチや憎悪の煽動となる発言の報告を懸念する。委員会はさらに、集会の場やインターネットを含むメディアにおけるヘイト・スピーチの広がりと人種主義的暴力や憎悪の煽動に懸念を表明する。また、委員会は、そのような行為が締約国によって必ずしも適切に捜査や起訴されていないことを懸念する。（第四条）

人種主義的ヘイト・スピーチとの闘いに関する一般的勧告三五（二〇一三年）を想起し、委員会は人種主義的スピーチを監視し闘うための措置が抗議の表明を抑制する口実として使われてはならないことを想起する。しかしながら、委員会は締約国に、人種主義的ヘイト・スピーチおよびヘイト・クライムからの防御の必要のある被害をうけやすい集団の権利を守ることの重要性を思い起こすよう促す。したがって、委員会は、以下の適切な措置を取るよう勧告する：

(a)憎悪および人種主義の表明並びに集会における人種主義的暴力と憎悪に断固として取り組むこと、
(b)インターネットを含むメディアにおけるヘイト・スピーチと闘うための適切な手段を取ること、
(c)そうした行動に責任のある民間の個人並びに団体を捜査し、適切な場合は起訴すること、
(d)ヘイト・スピーチおよび憎悪扇動を流布する公人および政治家に対する適切な制裁を追求すること、そして、
(e)人種主義的ヘイト・スピーチの根本的原因に取り組み、人種差別につながる偏見と闘い、異なる国籍、人種あるいは民族の諸集団の間での理解、寛容そして友好を促進するために、教授、教育、文化そして情報の方策を強化すること。

〈朝鮮学校〉

19．委員会は、朝鮮を起源とする子どもたちの下記を含む教育権を妨げる法規定および政府による行為について懸念する。
(a)「高校授業料就学支援金」制度からの朝鮮学校の除外
(b)朝鮮学校へ支給される地方政府による補助金の凍結もしくは継続的な縮減（第二条と第五条）
市民でない者に対する差別に関する一般的勧告三〇（二〇〇四年）を想起し、委員会は、締約国が教育機会の提供において差別がないこと、締約国の領域内に居住する子どもが学校への入学において障壁に直面し

ないことを確保する前回総括所見パラグラフ二二に含まれた勧告を繰り返す。委員会は、朝鮮学校への補助金支給を再開するか、もしくは維持するよう、締約国が地方政府に勧めることと同時に、締約国がその見解を修正し、適切な方法により、朝鮮学校が「高校授業料就学支援金」制度の恩恵を受けられるよう奨励する。委員会は、締約国がユネスコの教育差別禁止条約（一九六〇年）への加入を検討するよう勧告する（＊33）。

＊　　＊

以上が関連する勧告である。委員会勧告が公表されるや、NHKや各紙はいち早くこれを報じた。前二回の審査結果の際にはこれほどの関心を呼ばなかったが、今回はヘイト・スピーチという言葉が流行語となるほどの話題性があったためであろう（＊34）。

第5節　マイノリティ権利宣言と日本

一　マイノリティ権利宣言とは

1　民族教育の権利

前節で見た朝鮮人に対する差別、とりわけ高校無償化からの朝鮮学校除外問題はマイノリティに対する差別であり、民族教育の否定である。

日本国憲法の法の下の平等の趣旨から言っても、教育に政治問題を絡めた差別が不当であることは言うまでもない。他方、国際人権法から見れば差別の不当性はよりいっそう明らかである。第一に、人種差別撤廃委員会は二〇一〇年二月の日本政府報告書審査に際して、朝鮮学校排除を主張した大臣発言が人種差別撤廃条約に反する差別ではないかと指摘した。同年三月に公表された委員会の最終所見も中井発言が差別的結果をもたらしていると指摘した。

第二に、ユネスコの教育差別禁止条約がある。条約第一条は「差別とは、人種、皮膚の色、性、言語、宗教、政治的意見その他の意見、国民的若しくは社会的出身、経済的条件又は出生に基づいて、教育における待遇の平等を無効にし、若しくは害する目的又は効果及び、特に次の目的又は効果を有する区別、排除、制限又は特恵をいう」として、「個人又は集団からいずれかの種類又は段階の教育を受ける機会を奪うこと」「個人又は集団を劣悪な教育上の水準にとどめておくこと」などを例示している。「締約国は、この条約の意味における差別を撤廃し及び防止する」義務がある（第三条）。

第三に、国際人権規約である。国際社会権規約第一三条は「この規約の締約国は、教育についてのすべての者の権利を認める。締約国は、教育が人格の完成及び人格の尊厳についての意識の十分な発達を指向し、並びに人権及び基本的自由の尊重を強化すべきことに同意する。更に、締約国は、教育が、すべての者に対し、自由な社会に効果的に参加すること、諸国民の間及び人種的、種族的又は宗教的集団の間の理解、寛容及び友好を促進すること並びに平和の維持のための国際連合の活動を助長することを可能にすべきことに同意する」としている。国際自由権規約第二七条も「種族的、宗教的又は言語的少数者が存在する国において、当該少数民族に属する者は、その集団の他の構成員とともに自己の文化を享有し、自己の宗教を信仰しかつ実践し又は自己の言語を使用する権利を否定されない」としている。第二七条に関する自由権規約委員会の一般的勧告二三は、民族教育の権利の保障の趣旨を明示している。

第四に、子どもの権利条約である。二〇一〇年五月に開催された子どもの権利委員会でも、日本政府の差別的措置の問題性が指摘された（＊35）。

以上のように、日本政府の措置が国際人権法に違反する不当な差別であることは幾重にも裏付けられるが、民族教育の権利について日本ではなかなか理解が得られていない。以下では、さらにマイノリティ権利宣言を紹介し、検討する。

2　マイノリティ権利宣言前文

国連総会は一九九二年一二月、マイノリティ権利宣言を採択した。正式名称は「民族的、種族的、宗教的および言語的マイノリティに属する者の権利宣言」である。

宣言前文によると、国連の基本目的の一つは国連憲章にうたわれているように、人種、性、言語又は宗教による差別なく、すべての者のための人権及び基本的自由の尊重を助長奨励することである。さらに、基本的人権と人間の尊厳及び価値と男女及び大小各国の同権とに関する信念をあらためて確認し、国連憲章、世界人権宣言、ジェノサイド条約、人種差別撤廃条約、国際社会権規約、国際自由権規約、「宗教・信念に基づくあらゆる形態の不寛容及び差別撤廃宣言」、子どもの権利条約、及びその他の普遍的・地域的レベルで締結された関連文書、ならびに個々の国連加盟国間で締結された関連文書に含まれた原則の実現を伸長することが重要である。

国際自由権規約第二七条の種族的、宗教的又は言語的マイノリティに属する者の権利に関する規定に従って、マイノリティの権利の伸長と保障が、その者たちが暮らす国家の政治的、社会的安定に貢献することも考慮される。さらに、宣言前文によると、マイノリティの権利の一貫した伸長と実現、社会全体の発展の不可欠な要素であり、法の支配に基づく民主的枠組みのなかで人民及び国家間の友好協力の強化に貢献するであろうとされる。

それゆえ、国連はマイノリティ保護に関し役割を担っているので、これまで人権委員会（二〇〇六年に人権理事会に改組）、差別防止少数者保護小委員会（国連改革に伴い廃止。現在は人権理事会諮問委員会が設置されている）、ならびに国際人権規約及びその他のマイノリティの権利の伸長保障に関する関連文書に基づいて設立された機関で行われてきた作業に留意している。さらに、政府間組織とＮＧＯがマイノリティの権利の伸長保障において行ってきた重要な作業を考慮に入れ、マイノリティの権利に関する諸国際文書の一層効果的な実施を確保する必要性を認識し、この宣言を公布する、としている。

以上が宣言前文の概要である。いくつか補足しておこう。

第一に、民族、種族、宗教、言語の列挙である。差別とその被害者を特定するためには差別の根拠とされがちな要因・特徴を「人種、皮膚の色、性、言語、宗教、政治的意見その他の意見、国民的若しくは社会的出身、経済的条件又は出生」といった形で並列する方法が知られる。本宣言では、民族、種族、宗教、言語の四つに絞った上で「マイノリティに属する者」という表現方法を採用している。

第二に、訳語の問題である。従来「少数者」と訳されてきた用語だが、最近はマイノリティとカタカナ表記されることが増えている。というのも、マイノリティは単に多数か少数かの問題ではなく（実際には少数者であることが多いとはいえ)、差別被害を受けやすい集団、被害に晒されやすい集団である。社会的弱者に近い。ところが「弱者」と訳してしまうと「権利回復の主体」としての理解を妨げかねない。

第三に、権利の性質である。マイノリティの権利ではなく、正確には「マイノリティに属する者の権利」とされているように、さしあたりは個人の権利という性格規定がなされているように見える。もっとも、後に見るように、条文によっては「マイノリティ集団の権利」に関わる表現も使用されている。

3　マイノリティ権利宣言の内容

マイノリティ権利宣言はあまり知られていないので、各条文を見ていこう(＊36)(＊37)。

第一条第一項は「各国は、自国領域内のマイノリティの存在及びその民族的もしくは種族的、文化的、宗教的及び言語的アイデンティティを保護し、そのアイデンティティ伸長のための条件づくりを奨励しなくてはならない」とし、第二項は「各国は、これらの目的を達成するため、適当な立法及びその他の措置を取らなくてはならない」とする。

マイノリティが存在する場合に、存在することを認め、存在し続けることを保障するのが第一である。以前の日本政府が各種のマイノリティの存在を認めず、事実を隠蔽し、語ろうとしなかったことは、そのことによって問題を隠蔽し、差別を解決できなくしていたという意味で深刻な問題であった。マイノリティのアイデンティティの保障も重要である。マイノリティとしてのアインデンティティを保障することは、その存在と本質にかかわる。第二項は国家の義務を定めている。

第二条第一項は「民族的、種族的、宗教的及び言語的マイノリティに属する者（以下、マイノリティに属する者）は、公私において、自由かついかなる干渉差別も受けることなく、自己の文化を享受し、自己の宗教を信仰しかつ実践し、自己の言語を使用する権利を持つ」とする。続いて、第二項は「マイノリティに属する者は、文化的、宗教的、社会的、経済的及び公的生活に効果的に参加する権利を持つ」とする。さらに、第三項は「マイノリティに属する者は、自己の属するマイノリティに関して、又は、自己の居住する地域に関して、全国レベル及び適当な場合には地域レベルの決定に効果的に、国内法と矛盾しない方法で、参加する権利を持つ」。第四項は「マイノリティに属する者は、自分たちの結社を設立維持する権利を持つ」。第五項は「マイノリティに属する者は、いかなる差別も受けることなく、自己の集団の他の構成員、他のマイノリティに属する者との自由かつ平和な接触、ならびに民族的もしくは種族的、宗教的又は言語的靱帯によって結ばれた他国の市民との国境を越えた接触を築き維持する権利を持つ」とする。

第二条は自己の文化・宗教・言語の権利、参加の権利、結社の権利、社会的交通の権利を定めている。第二項の参加の権利は文化的、宗教的、社会的、経済的および公的生活への参加の権利であって、政治的参加を含んでいない。しかし、第三項の参加の権利は自己の属するマイノリティに関して、又は自己の居住する地域に関して、参加する権利を保障している。ここには政治的参加が含まれていると解釈するべきである。それに続いて第四条で結社の権利が確認されている。

第三条第一項は「マイノリティに属する者は自己の権利、特にこの宣言に述べられた権利を、いかなる差別を受けることなく、個人として、ならびにその集団のその他の構成員とともに行使することができる」とし、第二項は「この宣言に述べられた権利の行使、不行使の結果として、マイノリティに属するいかなる者に対し、何らの不利益も生じてはならない」としている。

差別の禁止である。第一項でマイノリティの権利を個人としてだけではなく「その集団のその他の構成員とともに」という表現がなされている。権利の集団的性格に接近している。端的に集団の権利とまでは表現していないが、個人の権利の単なる集積ではないことが予見できよう。

第四条第一項は「各国は、マイノリティに属する者が、すべての人権および基本的自由を、いかなる差別を受けることなく、法の前の十分な平等のなかで、十分かつ効果的に行使するよう確保する措置を、必要な場合には、取らなくてはならない」とし、第二項は「各国は、マイノリティに属する者が、自己の特性を表現し、自己の文化、言語、宗教、伝統及び慣習を発展させることができる有利な条件を、その特定の実行が国内法に違反し、かつ、国際基準に反する場合を除き、創設するための措置を取らなくてはならない」とし、第三項は「各国は、マイノリティに属する者が、可能なすべての場所において、母語を学習するための、もしくは母語で教育を受けるための適切な機会を持つよう、適当な措置を取るべきである」とする。第四項は「各国は、教育の分野において、その領域内にあるマイノリティの歴史、伝統、言語及び文化の知識を奨励するための措置を、適当な場合には、取るべきである。マイノリティに属する者は、社会全体の知識を得るための適切な機会を持つべきである」とし、第五項は「各国は、マイノリティに属する者が、国の経済的進歩と発展に十分参加できるよう適当な措置を検討するべきである」とする。

ここでは差別の禁止や権利の実効化のために国家が採るべき積極的措置が述べられている。基本的自由の行使、文化・言語・宗教・伝統などを発展させる権利、母語による教育の保障、歴史・伝統・言語・知識の習得の権利保障、経済的進歩と発展への参加である(＊38)。

二　マイノリティ宣言の理解

1　マイノリティ宣言の法的性質

マイノリティ宣言については、元百合子による研究が重要である(＊39)。以下では、元の論文「マイノリティ権利宣言コメンタリー」の一部を紹介しながら宣言について考えてみたい。

第一に、宣言の法的性質について元は次のように述べる。

宣言は条約ではないが、だからと言って「宣言に規定された権利の国内的実施が図られなくてよいということを意味しない。宣言の起草と成立の経緯、とくにコンセンサスによる採択から、宣言が『集合的意思の表明』であって、国連加盟国はそれを実行する道義的義務を負うという見方が成立し得る。このことは、前述の自由権規約第二七条との関連でとりわけ重要である。宣言は、同条約の実施機関である自由権規約委員会の活動のなかで行われてきた同条の解釈を発展させる形でその規定を敷延している。いわば同条を土台に生まれたものであるが、同条の消極性と曖昧さを克服する実体規定を置くことで、誕生後は同条の解釈をさらに精緻化することに寄与してきた」(四〇頁)。

「日本国憲法第九八条の定めに従って自由権規約二七条を誠実に遵守することと宣言に盛り込まれた基準の実現は、密接に関連する事柄である」(同右)。

日本政府が批准し、遵守義務のある自由権規約二七条がマイノリティの権利を定め、その内容を宣言が敷衍しているのだから、宣言が二七条の解釈の手がかりになる。

第二に、宣言の適用対象について元は次のように述べる。

「自由権規約委員会も前述の一般的意見二三のなかで、居住国の国籍や市民権の保有、さらに定住の度合いがマイノリティの権利享有の要件にはならないこと、したがって移住労働者や訪問者もマイノリティ集団を構成してマイノリティの権利を行使することができるという解釈を明らかにしたが、コメンタリーも同じ解釈を採用して、論争的であった問題に明快な答えを出している。短期または一時的に滞在する外国籍者も、既存のマイノリティ集団に帰属したり新たな集団を構成することによって、次項に示すような豊かな内容の権利の主体となることができるのである。日本もそうだが、領土内のマイノリティの存在を否定したり、特定の集団を基準の適用から除外しようとする国家は少なくない。マイノリティの存在や権利享有者の範囲を国家が決定できるとする解釈は実質的に否定されている」(同右)。

国家の一方的な主張によるマイノリティ存在の否定がしばしば行われてきたが、宣言及びコメンタリーによって、そのような主張の不当性が明らかにされた。日本政府もかつては、在日朝鮮人のマイノリティ性さえ認めようとしなかった。

第三に、人権とマイノリティの権利の関係について元は次のように述べる。

「コメンタリーは、マイノリティの組織や共同体の代表に対して、集団への帰属を望まず、マイノリティとしての権利を行使することを望まないメンバーに不利益を課すべきではなく、集団的アイデンティティの維持が目的であっても、構成員の人権を制約する措置をとるべきではないと警告する。集団的行使の側面を強く持つマイノリティの権利と個人の人権の間に生起し得る緊張関係について、個人の人権が優位することを明言している」（四二頁）。

個人の権利と集団の権利の関係について、まず前提として個人の権利だけではなく集団的な性質を有する権利が肯認されている。その上で集団的性質を有する権利の確保のために個人の権利を制約する措置を採ることまでは認めないとしていることが確認される。

2　日本におけるマイノリティ

第四に、日本におけるマイノリティについて元は次のように述べる。

「宣言コメンタリーと自由権規約委員会の一般的意見に示された解釈に従えば、マイノリティの権利を享有する人々は日本に数多く存在する。しかるに、日本政府が認めているのはアイヌ民族のみであり、それも先住性は認めないという留保付きである。在日コリアンをはじめとする定住者、移住労働者、難民と難民認定申請者、それらの人々の家族、留学・就学生など日本社会に暮らす外国籍者は増加の一途をたどっているが、前述のようにさまざまな形態の人権侵害さえ見過ごされることが多く、マイノリティの権利を持つ人々として認識され、処遇されることはまれである。政府や社会のマジョリティがその認識を持たないだけではなく、権利主体である人々が自らの権利を知らされていないことも多い。外国籍の人々の人権問題といえば、入国と在留、雇用・就労、社会保障、子どもの国籍と就学などに関連する排除や差別の問題が、よく取り上げられる。問題の深刻さを考えれば当然ともいえるが、文化・言語・宗教の実践の自由を含めた生活の質、外国籍や無国籍の子どもたちが受ける教育の質が問われることは少ない。マイノリティの権利の保障が社会のあり方をより公正で豊かなものにするという宣言の理念とそこに示された基準は、すべての人、とりわけマジョリティに属する人々が共有し、その実現に向けて努力する必要がある。」（四二一〜四二三頁）。

当時、日本政府はアイヌ民族をマイノリティと認めていたが、先住民族とは認めていなかった。二〇〇七年に国連先住民族権利宣言が採択された後に、アイヌ民族を先住民族と認めたが、言葉の上だけのことであって、アイヌ民族の「権利」を認めていない。

在日朝鮮人についても、日本政府は積極的には認めようとしてこなかった。一九九〇年代に日本政府が人権条約に基づく委員会に提出した報告書では、在日朝鮮人を権利主体として認めない立場が示されていた。しかし、自由権規約委員会、社会権規約委員会、人種差別撤廃委員会、子どもの権利委員会などから相次いで勧告を出されたこともあって、現在では日本政府報告書でも最初から在日朝鮮人の存在、その状況について不充分ながらも記述されている。

以上のようにマイノリティ権利宣言における権利が、日本社会では顧みられることが少ない。そのためヘイト・クライム／ヘイト・スピーチがマイノリティを標的とした差別犯罪であることも見落とされている。

第6節　先住民族権利宣言と日本

一　先住民族権利宣言

1　歴史的宣言

国連総会は二〇〇七年九月一三日、「先住民族の権利に関する国際連合宣言」を採択した。この宣言は先住民族に対する普遍的な人権宣言であり、歴史的・画期的なものである。先住民族が国際法の主体であると宣言された一九七七年から三〇年、国連先住民族作業部会が設置された一九八二年から二五年という長い年月をかけ、先住民族と政府の気の遠くなるような話し合いを経て採択された（＊40）。宣言は次のように基本思考を示す。

「先住民族は、集団または個人として、国際連合憲章、世界人権宣言および国際人権法に認められたすべての人権と基本的自由の十分な享受に対する権利を有する。」（第一条、集団および個人としての人権享有）

「先住民族および個人は、自由であり、かつ他のすべての民族および個人と平等であり、さらに、自らの権利の行使において、いかなる種類の差別からも、特にその先住民族としての出自あるいはアイデンティティ（帰属意識）に基づく差別からも自由である権利を有する。」（第二条、平等の原則、差別からの自由）

「先住民族は、自己決定の権利を有する。この権利に基づき、先住民族は、自らの政治的地位を自由に決

定し、ならびにその経済的、社会的および文化的発展を自由に追求する。」（第三条、自己決定権）

2　先住民族権利宣言の思考

一般的な国際文書の前文と同様に、先住民族権利宣言前文は宣言採択に至るまでに形成されてきた基本思考を整理している。

出発点は言うまでもなく国連憲章であり「すべての民族が異なることへの権利、自らを異なると考える権利、および異なる者として尊重される権利」（第二段落）が確認される。先住民族権利宣言らしい規定である。「すべての民族が、人類の共同遺産を成す文明および文化の多様性ならびに豊かさに貢献すること」（第三段落）、「先住民族は、とりわけ、自らの植民地化とその土地、領域（領土）および資源の奪取の結果、歴史的な不正義によって苦しみ、したがって特に、自身のニーズ（必要性）と利益に従った発展に対する自らの権利を彼／女らが行使することを妨げられてきたこと」（第六段落）、「先住民族の政治的、経済的および社会的構造と、自らの文化、精神的伝統、歴史および哲学に由来するその生得の権利、特に土地、領域および資源に対する自らの権利を尊重し促進させる緊急の必要性」（第七段落）が確認される。

続いて、「先住民族の知識、文化および伝統的慣行の尊重は、持続可能で衡平な発展と環境の適切な管理に寄与すること」（第一一段落）、「先住民族の土地および領域の非軍事化の、世界の諸国と諸民族の間の平和、経済的・社会的進歩と発展、理解、そして友好関係に対する貢献」（第一二段落）が強調される。

そして、国連憲章、二つの国際人権規約、ならびにウィーン宣言・行動計画が「すべての民族の自己決定の権利ならびにその権利に基づき、彼／女らが自らの政治的地位を自由に決定し、自らの経済的、社会的および文化的発展を自由に追求することの基本的な重要性を確認していること」（第一六段落）、「国家に対し、先住民族に適用される国際法文書の下での、特に人権に関連する文書に関するすべての義務を、関係する民族との協議と協力に従って、遵守しかつ効果的に履行すること」を述べている。

3　同化を強制されない権利

宣言は準備過程の議論では次の九つの部分に分けられていたという。

①　人権保障の原則（第一条〜六条）――冒頭に紹介した三ヶ条に続いて、先住民族権利宣言は多様な権利を掲げている。

「先住民族は、その自己決定権の行使において、このような自治機能の財源を確保するための方法と手段を含めて、自らの内部的および地方的問題に関連する事柄における自律あるいは自治に対する権利を有する。」（第四条、自治の権利）

「先住民族は、国家の政治的、経済的、社会的および文化的生活に、彼／女らがそう選択すれば、完全に参加する権利を保持する一方、自らの独自の政治的、法的、経済的、社会的および文化的制度を維持しかつ強化する権利を有する。」（第五条、国政への参加と独自な制度の維持）

さらに第六条（国籍の権利）が続く。

②　民族的アイデンティティ全体に関する権利（第七条〜一〇条）――第七条（生命、身体の自由と安全）

に続く第八条は「同化」批判である。

「1．先住民族およびその個人は、強制的な同化または文化の破壊にさらされない権利を有する。

2．国家は以下の行為について防止し、是正するための効果的な措置をとる：

(a)独自の民族としての自らの一体性、その文化的価値観あるいは民族的アイデンティティ（帰属意識）を剥奪する目的または効果をもつあらゆる行為。

(b)彼／女らからその土地、領域または資源を収奪する目的または効果をもつあらゆる行為。

(c)彼／女らの権利を侵害したり損なう目的または効果をもつあらゆる形態の強制的な住民移転。

(d)あらゆる形態の強制的な同化または統合。

(e)彼／女らに対する人種的または民族的差別を助長または扇動する意図をもつあらゆる形態のプロパガンダ（デマ、うそ、偽りのニュースを含む広報宣伝）。」（第八条、同化を強制されない権利）

そして第九条（共同体に属する権利）、第一〇条（強制移住の禁止）である。

③文化・宗教・言語の権利（第一一条〜一三条）――第一一条（文化的伝統と慣習の権利）、第一二条（宗教的伝統と慣習の権利、遺骨の返還）、第一三条（歴史、言語、口承伝統など）である。

④教育・情報などの権利（第一四条〜一七条）――第一四条（教育の権利）、第一五条（教育と公共情報に対する権利、偏見と差別の除去）、第一六条（メディアに関する権利）、第一七条（労働権の平等と子どもの労働への特別措置）。

⑤経済的社会的権利と参加の権利（第一八条〜二四条）――第一八条（意思決定への参加権と制度の維持）、第一九条（影響する立法・行政措置に対する合意）、第二〇条（民族としての生存および発展の権利）、第二

一条（経済的・社会的条件の改善と特別措置）、第二二条（高齢者、女性、青年、子ども、障害のある人々などへの特別措置）、第二三条（発展の権利の行使）、第二四条（伝統医療と保健の権利）が続く。

⑥土地・領域（領土）・資源の権利（第二五条〜三二条）――「先住民族は、自らが伝統的に所有もしくはその他の方法で占有または使用してきた土地、領域、水域および沿岸海域、その他の資源との自らの独特な精神的つながりを維持し、強化する権利を有し、これに関する未来の世代に対するその責任を保持する権利を有する。」（第二五条、土地や領域、資源との精神的つながり）

第二六条（土地や領域、資源に対する権利）、第二七条（土地や資源、領域に関する権利の承認）、第二八条（土地や領域、資源の回復と補償を受ける権利）、第二九条（環境に対する権利）と続く。

さらに、第三〇条（軍事活動の禁止）、第三一条（遺産に対する知的財産権）、第三二条（土地や領域、資源に関する発展の権利と開発プロジェクトへの事前合意）。

⑦自己決定権を行使する権利（第三三条〜三七条）――第三三条（アイデンティティと構成員決定の権利）、第三四条（慣習と制度を発展させ維持する権利）、第三五条（共同体に対する個人の責任）、第三六条（国境を越える権利）、第三七条（条約や協定の遵守と尊重）。

⑧実施と責任（第三八条〜四二条）――第三八条（国家の履行義務と法整備）、第三九条（財政的・技術的援助）、第四〇条（権利侵害に対する救済）、第四一条（国際機関の財政的・技術的援助）、第四二条（宣言の実効性のフォローアップ）。

⑨国際法上の性格（第四三条〜四六条）――第四三条（最低基準の原則）、第四四条（男女平等）、第四五条（既存または将来の権利の留保）、第四六条（主権国家の領土保全と政治的統一、国際人権の尊重）と続く。

二　日本への影響

宣言以後、アイヌ民族をめぐる動きが急速に展開した。

かつて日本政府はアイヌ民族の権利をなかなか認めようとしなかった(＊41)。「北海道旧土人保護法」は論外だが、アイヌ民族の運動によって前進をめざした「アイヌ文化保護法」も文化に関する法律であって、権利を認めるものではなかった。日本政府はアイヌ民族を先住民族として認めない発言を繰り返した。二〇〇一年の人種差別撤廃委員会でも「先住民族の国際法上の概念が確立していないからアイヌ民族を先住民族といえるかどうか判断できない」といった逃げの姿勢であった。

人種差別撤廃委員会や、国連人権理事会の人種差別問題特別報告者は、アイヌ民族を先住民族と認めて、権利保障するよう勧告してきた。頑なな日本政府だったが、最近は大きく様子が変化した。

先住民族権利宣言採択の翌二〇〇八年六月、「アイヌ民族を先住民族とすることを求める決議」を衆参両院が採択した。国会決議によって行政に対してアイヌの先住民族性の認知を求めたのである。国権の最高機関である国会なのだから「アイヌ民族は先住民族である」と確認・決議すれば足りるのだが、従来の経緯から、行政に認定を「求める」という形になった。ともあれ大きな一歩を踏み出した。

翌七月、「アイヌ政策のあり方に関する有識者懇談会」が設置された。三名の委員中、アイヌ民族委員が一名選ばれた。かつてアイヌ文化保護法制定前後の懇談会等にはアイヌ代表が選ばれなかった。大きな変化である。

有識者懇談会は、二〇〇九年七月、「アイヌ政策のあり方に関する有識者懇談会」報告書を提出した。そして、二〇〇九年八月、「アイヌ総合政策室」（旧アイヌ政策推進室）が設置された。二〇〇九年一二月には、「アイヌ政策推進会議」が設置された。一四名の委員中、アイヌ民族委員は五名である。二〇一〇年一月、推進会議が活動を開始した。

このように先住民族権利宣言が採択されてから僅か三年で日本政府の姿勢は転換を遂げた。こうした経過を、アイヌ民族の権利を求めて活動してきたＮＧＯの「市民外交センター」の上村英明は、先住民族権利宣言の精神から、そしてその延長に位置づけて評価する。有懇報告書は「大和民族」史観からの脱却と植民地主義への反省につながるからである。現状と今後の課題を重ね合わせて次のように述べている（二〇一〇年一月三一日、東京・新川区民館における講演より）。

第一に、アイヌ民族の視点からの歴史枠組みの転換である。アイヌ民族に関する歴史を知ること、アイヌ民族の視点から歴史観を転換することである。

第二に、近代史の枠組みの転換である。日本はどうやって近代国家になったのか。こう問うことは、明治政府の責任（植民地化、制度的差別、強制同化政策）を浮かび上がらせる。また、日本はどうやって「民主主義国家」になったのか。ここでは戦後政府の責任（「単一民族国家」幻想）が問われる。基本に立ち返るならば、日本の植民地主義はどうなったかであり、非植民地化プロセスはいかに辿られたのかである。このことは日本政府に問われているだけではない。日本国民に問われている。

第三に、それでは「具体的政策」とは何か。国民の理解の促進（教育・啓発）、広義の文化に関する政策の推進（国連宣言の遵守という視点から）、推進体制の整備（審議会・行政窓口の設置、法制化など）がすすめられるべきである。

遅ればせながらも日本政府が転換を遂げた現在、課題は具体的政策の策定と履行であり、社会的差別の是正である。

なお、先住民族権利宣言の射程は沖縄／琉球にも及ぶはずである（＊42）。さらなる議論が必要である。

ヘイト・クライム／ヘイト・スピーチとの関係では、第七条2「(e)彼／女らに対する人種的または民族的差別を助長または扇動する意図をもつあらゆる形態のプロパガンダ（デマ、うそ、偽りのニュースを含む広報宣伝）。」が注目される。第七条2は「国家は以下の行為について防止し、是正するための効果的な措置をとる」としている。防止・是正のために効果的な措置とは何かは書かれていない。行政指導や教育・啓発なども含まれるであろうが、民事訴訟、そして重大な被害の場合には刑事訴訟が念頭に置かれるべきであろう。

〈註〉

（＊1）国際人権法について理解するためのテキストとして、阿部浩己・今井直・藤本俊明『テキストブック国際人権法・第3版』（日本評論社、二〇〇九年）、戸塚悦朗『国際人権法入門』（明石書店、二〇〇三年）、芹田健太郎・薬師寺公夫・坂元茂樹『ブリッジブック国際人権法』（信山社、二〇〇八年）、申惠丰『国際人権法』（信山社、二〇一三年）、阿部浩己『国際法の人権化』（信山社、二〇一四年）、同『国際人権を生きる』（信山社、二〇一四年）。

（＊2）欧州人権条約は一九五〇年に採択されたが、その後、多くの追加議定書が採択されてきた。例えば第六議定書は死刑廃止、第一一議定書は差別の一般的禁止、第一三議定書は戦時死刑廃止に関するものである。また、欧州人権条約に基づいて欧州人権裁判所が設立され、個人からの提訴も受理して国際人権裁判を行ってきた。重要な判決がいくつも出ている。

米州人権条約は一九六九年に採択され、追加議定書（サンサルバドル議定書）もある。同様に米州人権裁判所が設立されている。人及び人民の権利に関するアフリカ憲章（バンジュル憲章）は一九八一年に採択され、一九九八年にはアフリカ人権裁判所設立議定書が採択された。イスラム圏では、一九八一年にイスラム評議会により世界イスラム人権宣言が採択され、一九九〇年にイスラム会議機構によりカイロ人権宣言が採択された。アジアにはこのような人権条約も人権機構もない。今後の課題である。

（＊3）戸塚悦朗『国連人権理事会』（日本評論社、二〇〇九年）。なお、開催地がジュネーヴであり、「途上国」の人権状況を取り上げることが多いため、西欧中心主義との批判が出ることもある。一面当たっているところがないわけではない。国連に人権状況を訴えようとするNGOにとって、「先進国」におけるマイノリティも重要であるが、同様に「途上国」におけるマイノリティ、先住民族の権利擁護も極めて重要である。その意味で人権理事会開催地への交通の便はしばしばNGOの話題になる。

（＊4）従来の人権委員会は五三ヶ国であった。アメリカはその少し前に人権委員会理事国選挙で落選したこともあり、人権委員会改革を主導していたが、その際に強調した点の一つが、人権侵害が多発するなど人権委員会理事国にふさわしくない諸国が選出されているので、これを改めるために理事国を二〇以下に減らすべきだという主張であった。アメリカや欧州などの「先進国」だけが人権理事会にふさわしい、世界の人権問題はアメリカ主導の先進国だけで議論し決定するべきだという意味である。驚いたのは、著名で評価の高い一部の国際人権NGOがアメリカ政府に同調したことだ。人権NGOにも南北格差が厳然として存在する。人権NGOの間に生じた亀裂はその後も続いている。欧州中心の有力NGOは自らのメンバーを人権理事会の特別報告者に推薦するなど、人権分野での影響力を増して行った。これに反比例するかのように、その他のNGOの国連人権理事会等への参加は減少していった。経費をかけてジュネーヴに行っても得られるものがごく限られているからである。現場で感じることだが、人権NGOの二極分解現象は今も続いている。

（＊5）国連人権高等弁務官事務所はジュネーブ（パレ・ウィルソン）に本部を置く。人権享受の普遍的な促進、人権に関わる国際協力、国際的基準の普遍的実施等の促進などを任務とし、本部は、人権高等弁務官オフィス、プログラム・調査部、人権手続き部、調査・発展の権利部、条約・委員会部、特別手続部、キャパシティビルディング・現地事業部、等で組織される。また、ニューヨーク事務所の他、世界各地に地域オフィス、カントリー・オフィス、技術協力オフィス等がある。

（＊6）国際自由権委員会による日本政府報告書審査について、国際人権NGOネットワーク編『ウォッチ！規約人権委員会』（日本評論社、一九九九年）、日本弁護士連合会『日本の人権保障システムの改革に向けて』（現代人文社、二〇〇九年）。国際社会権委員会による日本政府報告書審査について、社会権規約NGOレポート連絡会議『国際社会から見た日本の社会権』（現代人文社、二〇〇二年）など。

（＊7）世界人権宣言に始まる国際人権法の形成を駆け足で見てきたが、いくら人権条約がつくられても、それだけで世界の人権状況が変わるわけではない。むしろ、人権条約の実際の効力を吟味しておく必要がある。人権条約の実際の効力を見るには、第一に、条約上の義務である報告書の提出および委員会による審査と勧告の実際はどうなっているのかが重要である。第二に、締約国が国内において人権条約をどのように履行しているかも重要である。行政がどのような取り扱いしているのか。裁判所が人権条約を適用しているのかどうか。いずれも国家政策が問題になるから、国際人権法といっても「なんだ国際法の主体は国家なのか」と思われるかもしれない。確かに、二つの国際人権規約もその他の人権条約も、国家群の集合体である国際機関が採択し、国家がこれを批准して、国家の義務として報告書を提出し、委員会の審査を受けるという意味では、手続きの主体は国家である。しかし、国家だけが手続きの主体となるわけではない。第一に、それぞれの条約委員会は人権法の専門家によって構成される。第二に、自由権規約第一選択議定書のように個人通報制度がいくつもつくられている。人権侵害被害者が人権条約に救済を求める途である（ただし、日本政府はいかなる個人通報制度も受け入れていない）。第三に、人権NGO（非政府機関）である。国連はもともと「連合国（United Nations）」である。国際連合というのは訳語ではなく、日本外務省の「創作」である。連合国と戦争をして敗れたうえ、連合国に占領統治された日本が、戦後になって「連合国（The United Nations）」に加盟したのだが、同じ連合国という用語を避けて国際連合としたのであろう。国連総会や安保理事会は国家の独壇場であるが、経済社会理事会はむしろNGOの参加を奨励してきた。そこで経済社会理事会は、一定の要件を満たしたNGOに協議資格を認めてきた。協議資格のあるNGOは、国連人権委員会（現在は人権理事会）や各種の条約委員会に参加してロビー活動を展開することができる。また、協議資格のないNGOも、各種の条約委員会に参加したり、世界会議に参加することができる。人権、人道、医療、食糧支援、教育などの分野では、各種のＮＧＯが多大の活動をしてきた。国際社会の枠組みや国際人権の展開は、ＮＧＯの存在抜きに語ることができない。いまやグローバル市民社会が形成されつつある。ヴォランティアの個人の集合体であるＮＧＯが国際社会の不可欠の存在となり、国際法に確かな地歩を占めている。もっとも、人権ＮＧＯにも問題がないわけではない。①政府系ＮＧＯ（ＧＯＮＧＯ）である。一九九五年の北京女性会議に際して、政府官僚がＮＧＯ代表として登場し、自国政府のサポートをしたことが問題として指摘された。その後もＮＧＯの仮面をつけながら特定政府の代弁をする例が散見される。逆に、ある政府の意を受けたＮＧＯが、他の政府を非難する例も出てきた。さらに、ＮＧＯが政府資金による援助を受給して、その行動様式に疑念がもたれるような場合も指摘されてきた。②世界的ネットワークを有する巨大なＮＧＯと、地域限定の小さなＮＧＯの利害である。それは同時に欧米中心主義の問題でもある。世界的なネットワークを有する欧米のＮＧＯが、第三世界の人権問題を扱う際の手つき、議論の立て方が反発を招くこともある。③取り扱うテーマ間のすれ違いである。例えば、この間の刑事立法で問題となっている共謀罪法案の根拠とされている越境組織犯罪対策条約の検討過程において、人身売買の国際的規制を要求するＮＧＯは、刑事司法の人権保障原則よりも、効率的な規制措置を優先させる主張をした。このため人権と人権の擬似的対立が生じてしまうことがある。こうした問題を孕みつつも、グローバル市民社会が確実に姿を顕わして来ている。従って、ヘイト・スピーチに対する法と政策も、グローバル市民社会のレベルで議論を進めていくべきである。この点では、国連人権高等弁務官事務所主導による二〇〇一年のダーバン人種差別反対世界会議や、二〇一二年の「ラバト行動計画」が注目される（「ラバト行動計画」について本書第7章参照）。

（＊8）一九八八年一二月八日、弁護士や市民が有志で世界人権宣言四〇周年記念集会を開催した。この集会を契機として翌八九年に「在日朝鮮人・人権キャンペーン」を一年間展開した。同キャンペーンの実行委員が主体となって一九九〇年に在日朝鮮人・人権セミナー（実行委員長・床井茂弁護士、事務局長・前田朗）を発足させた。呼びかけ人の中心は社会人類学者の故・鈴木二郎（東京都立大学教授、東京造形大学学長などを歴任）であった。在日朝鮮人・人権セミナーがその活動を通じて出版した著作は、床井茂編『いま在日朝鮮人の人権は』（日本評論社、一九九一年）、在日朝鮮人・人権セミナー『在日朝鮮人と日本社会』（明石書店、一九九九年）。二〇年の歳月を経て六〇周年記念集会を開いたが、この間、在日朝鮮人の人権状況は決して改善を見ていない。近年のヘイト・スピーチがその例証であるが、遡ってみても「一九九一年問題」の後、JR定期券問題、高校体育連盟参加問題、朝鮮学校卒業生の大学受験資格問題、看護士試験受験資格問題、チマ・チョゴリ事件、年金差別問題などさまざまな問題が生起し、人権セミナーも諸団体と協力しながら活動してきた。当初の参加者のなかには「もう基本問題は解決した。あとは落穂拾いのようなものだ」と言って、人権セミナーから去っていった仲間もいた。しかし、この認識は誤っている。①そもそも日本人の人権さえも決して改善していない。その日本社会で朝鮮人の人権が保障されるとは考えられない。人種・民族差別は深刻なまま残されている。②一九九〇年代から浮上した戦後補償問題に明らかなように、植民地支配や侵略戦争の戦争責任を全くとろうとしない日本政府である。過去の人権侵害に目を塞ぎ反省していないのに、現在の人権保障が可能とは思えない。歴史認識問題が人権問題に直結している。③女性、子ども、高齢者などさまざまな分野の人権問題がある。ここでも日本人の人権状況が悪化しているくらいであるから、朝鮮人女性、子ども、高齢者の人権は軽視されたままである。④人種差別撤廃条約批准後の日本政府の報告書をめぐる審査を通して明らかになったのは、アイヌ、琉球民族、朝鮮人、中国人、来日外国人など、さまざまの層に対する新しい差別が生産され、再編成されていることである。⑤朝鮮と日本の国交正常化はいまだにメドがたっていない。東北アジアにおける政治的緊張のもとで、朝鮮学校高校無償化除外問題のように日本政府は朝鮮人に政治弾圧を加えている。

（＊9）田畑茂二郎『世界人権宣言』（アテネ文庫、一九五一年）。

（＊10）武者小路公秀『世界人権宣言』（岩波ブックレット、一九八二年）、『世界人権宣言三五周年と部落解放』（解放出版社、一九八三年）、斎藤恵彦『世界人権宣言と現代――新国際人道秩序の展望』（有信堂高文社、一九八四年）。

（＊11）前田朗『増補新版ヘイト・クライム』（三一書房、二〇一三年）第3章「コリアン・ジェノサイドとは何か」参照。

（＊12）前田朗『増補新版ヘイト・クライム』第4章「人種差別との闘い」参照。

（＊13）前田朗「国際人権法VS『テロとの戦い』」『歴史地理教育』二〇〇八年一二月号参照。

（＊14）世界人権宣言前文は次のように述べる。「人類社会のすべての構成員の固有の尊厳と平等で譲ることのできない権利とを承認することは、世界における自由、正義及び平和の基礎であるので、人権の無視及び軽侮が、人類の良心を踏みにじった野蛮行為をもたらし、言論及び信仰の自由が受けられ、恐怖及び欠乏のない世界の到来が、一般の人々の最高の願望として宣言されたので、人間が専制と圧迫とに対する最後の手段として反逆に訴えることがないようにするためには、法の支配によって人権を保護することが肝要であるので、諸国間の友好関係の発展を促進することが、肝要であるので、国際連合の諸国民は、国際連合憲章において、基本的人権、人間の尊厳及び価値並びに男女の同権についての信念を再確認し、かつ、一層大きな自由のうちで社会的進歩と生活水準の向上とを促進することを決意したので、加盟国は、国際連合と協力して、人権及び基本的自由の普遍的な尊重及び遵守の促進を達成することを誓約したので、これらの権利及び自由に対する共通の理解は、この誓約を完全にするためにもっとも重要であるので、よって、ここに、国際連合総会は、社会の各個人及び各機関が、この世界人権宣言を常に念頭に置きながら、加盟国自身の人民の間にも、また、加盟国の管轄下にある地域の人民の間にも、これらの権利と自由との尊重を指導及び教育によって促進すること並びにそれらの普遍的かつ効果的な承認と遵守とを国内的及び国際的な漸進的措置によって確保することに努力するように、すべての人民とすべての国とが達成すべき共通の規準として、この世界人権宣言を公布する。」

（＊15）日本国憲法前文は次のように述べる。「日本国民は、正当に選挙された国会における代表者を通じて行動し、われらとわれらの子孫のために、諸国民との協和による成果と、わが国全土にわたつて自由のもたらす恵沢を確保し、政府の行為によつて再び戦争の惨禍が起ることのないやうにすることを決意し、ここに主権が国民に存することを宣言し、この憲法を確定する。そもそも国政は、国民の厳粛な信託によるものであつて、その権威は国民に由来し、その権力は国民の代表者がこれを行使し、その福利は国民がこれを享受する。これは人類普遍の原理であり、この憲法はかかる原理に基くものである。われらは、これに反する一切の憲法、法令及び詔勅を排除する。日本国民は、恒久の平和を念願し、人間相互の関係を支配する崇高な理想を深く自覚するのであつて、平和を愛する諸国民の公正と信義に信頼して、われらの安全と生存を保持しようと決意した。われらは、平和を維持し、専制と隷従、圧迫と偏狭を地上から永遠に除去しようと努めてゐる国際社会において、名誉ある地位を占めたいと思ふ。われらは、全世界の国民が、ひとしく恐怖と欠乏から免かれ、平和のうちに生存する権利を有することを確認する。われらは、いづれの国家も、自国のことのみに専念して他国を無視してはならないのであつて、政治道徳の法則は、普遍的なものであり、この法則に従ふことは、自国の主権を維持し、他国と対等関係に立たうとする各国の責務であると信ずる。日本国民は、国家の名誉にかけ、全力をあげてこの崇高な理想と目的を達成することを誓ふ。」

（＊16）Johannes Morsink, The Universal Declaration of Human Rights: Origins, Drafting and Intent, University of Pennsylvania Press, 1999.

（＊17）金宣昌『在日朝鮮人の人権と植民地主義』（社会評論社、二〇〇八年）。同書巻末には「事項索引」が掲載されており、国際人権法、国際人権規約、人種差別撤廃条約の項目はあるが、世界人権宣言の項目はない。

（＊18）斎藤恵彦『世界人権宣言と現代――新国際人道秩序の展望』（有信堂高文社、一九八四年）。

（＊19）「ここで注目したいことは、このように、宣言が道義的、政治的権威を認められたことに加えて、今日では国際慣習法の一部として、法的拘束力を持つに至ったということである。ことに宣言の第二条から第二一条までの裁判になじむ権利規定についてそうである。法には言うまでもなく、その規範的拘束力の源として法源がある。国際法の場合、法源というのは究極的には国際社会の意思である。この意思は従来から直接的には慣習法、間接的には条約によって表明されてきている。この条約自体その拘束力は、慣習法である『条約は守られなければならない』（Pacta sunt servanda）にもとづいている。周知のように、この両者に加えて、国際司法裁判所規程には、第三の法源として『法の一般原則』が加わっているが、この法の一般原則自体もその実体は何んであれ、国際社会の意思の表明である。宣言が条約ではないというまぎれもない事実は、しかし、宣言が法的性質を有するということを否定するものではない。このことをすでに一九四八年の国連総会で、フランス代表は、全部とは言わないが宣言に謳われている多くの原則は法の一般原則であると述べている。この立場は、一九四七年に人権委員会の世界人権宣言の起草小委員会のために国連事務局が用意したドキュメントにも明白である。とすると、これらは『文明諸国』の法体系によって認められた法の一般原則であることによって、すみやかに国際慣習法の一部となり拘束力を持つにいたったのである。つまり法の一般原則として宣明された世界人権宣言の内容は、国際慣習法として世界的レベルで定着するにいたった」（斎藤書一三〇～一三一頁）。

（＊20）寿台順誠『世界人権宣言の研究――宣言の歴史と哲学』（日本図書刊行会、二〇〇〇年）。

（＊21）A.Eide & G.Alfredosson (eds), The Universal Declaration of Human Rghits. A Commentary, Scandinavian University Press, 1992. なお、今日では次のような著作があり、比較的容易に入手できる。William Wilson, Universal Declaration of Human Rights, United Nations, 1999. Eric Puybaret, Universal Declaration of Human Rights, United Nations, 2008.

Jay Winter and Antonie Prost, René Cassin and Human Rights: From the Great War to the Universal Declaration, Cambridge University Press, 2013.

（＊22）テオ・ファン・ボーベン『ファン・ボーベン国連最終報告書：人権と基本的自由の重大な侵害を受けた被害者の原状回復、賠償および更生を求める権利についての研究』（日本の戦争責任資料センター、一九九四年）。

（＊23）ラディカ・クマラスワミ『女性に対する暴力——国連人権委員会特別報告書』（明石書店、二〇〇〇年）。なお、同『女性に対する暴力をめぐる一〇年』（明石書店、二〇〇三年）。

（＊24）ゲイ・マクドゥーガル『戦時・性暴力をどう裁くか——国連マクドゥーガル報告全訳』（凱風社、一九九八年）、同『戦時・性暴力をどう裁くか——国連マクドゥーガル報告全訳〈増補新装2000年版〉』（凱風社、二〇〇〇年）。さらに、前田朗『戦争犯罪論』（青木書店、二〇〇〇年）、同『人道に対する罪』（青木書店、二〇〇九年）参照。

（＊25）戸塚悦朗『ILOとジェンダー』（日本評論社、二〇〇六年）。

（＊26）国際協力について日本政府は次のように述べている。「①キャパシティ・ビルディングは、各国の人権状況改善努力に対する支援の主要な要素との考えの下、民主的発展、女性支援、教育等の分野の二国間協力を実施。また、これまで一〇ヶ国以上と人権対話を実施。②人権関連国際機関（OHCHR、ユニセフ、国連婦人開発基金、国連民主主義基金）による人権関連活動に協力・貢献。③国際会議、シンポジウム等の積極的な開催を通じ、人権関係の理解促進を図る取り組みを実施」。今後の貢献・決意については、「①制度構築議論や普遍的定期審査を含む人権理事会の活動への積極的な参加。②相互の理解と尊重に基づく対話と協力の促進と、大規模かつ組織的な人権侵害等への対応。③二国間対話及び技術協力を通じた国際社会の人権状況改善努力への支援。④障害者権利条約と強制失踪条約の早期批准。⑤OHCHRへの自発的拠出を含めた継続的支援。⑥人権関連条約体との協力。⑦人権プログラムの実施・促進におけるNGOとの協力。」

（＊27）前田朗「問われた日本の人種差別——人種差別撤廃委員会日本政府報告書審査」『生活と人権』一二号（二〇〇一年）。人種差別撤廃条約について、Ion Diaconu, Racial Discrimination, Eleven International Publishing, 2011. イオン・ディアコヌはルーマニアの元外交官で、長年、人種差別撤廃委員を務めている（本章第四節一項参照）。

（＊28）以下の引用は傍聴した筆者自身のメモによる。審査全体について詳しくは、反差別国際運動日本委員会編『今、問わ

れる日本の人種差別撤廃』（反差別国際運動日本委員会、二〇一〇年）参照。

（＊29）そのほかに「モニタリングメカニズムや統計について質問があった。外国人に対する差別を含む人権問題について、全国の法務局は、適切な助言を行い、関係機関の紹介をしている。人権侵害の疑いある場合、侵犯事件として調査する。人権侵害の排除、再発防止につとめている。二〇〇八年、新規の事件数は一二一件であり、うち差別待遇九七、暴行虐待一六である」（法務省人権擁護局）。「特別永住者については、サンフランシスコ平和条約の締結により、朝鮮、台湾が日本国から分離したので、本人の意思に関わりなく日本国籍がなくなった。その後、特例法が定められ、その他の外国人と比べて退去強制事由が限定され三年の再入国許可上限は四年となった。これは歴史的経緯を配慮した措置である。また、特別永住者は帰化できる。特別な地縁、血縁があれば、帰化条件は緩和されている。永住者が帰化しない理由について質問があった。帰化する、しないということは申請者の意志に基づくものであり、それぞれの方がどのようなメリット、デメリットを感じているかについてコメントすることはむずかしい。帰化の際の氏名変更について質問があったが、日本国籍を取得しようとする際に氏名変更を促す事実はない。氏名は帰化しようとする本人の意思で自身で決定できる。」（法務省）。「年金には国籍要件はない。外国人も対象となっている。一九八一年以前は国籍要件があったが、一九八二年に撤廃された。」（厚生労働省）。

（＊30）①人権擁護局の人権ポスターや人権ボールペンには「人権を大切にしよう」と書いてあるだけで、朝鮮人のことは一切出てこない。②テポドン騒動の際に筆者は人権擁護局を訪れて話を聞いたが、人権擁護局がやっていたのは新聞記事の切り抜きを集めることだけであった。③長期にわたって何度も何度も起きてきたのに、人権擁護局は被害者（個人被害者、朝鮮学校校長、教育会関係者）からの被害聞き取りさえしていない。そのことは一〇年以上指摘され続けてきたが、全く改善していない。にもかかわらず日本政府は人種差別撤廃委員会に、人権擁護をしています、と報告している。

（＊31）委員会勧告は三五項目に及ぶ長さであり、到底全部を紹介しきれない。主要な項目の内容を列挙しておこう。①日本政府は人種差別禁止法は必要ないと主張しているが、それでは差別された個人や集団が補償を受けることができない。②国内人権委員会を設置する人権擁護法が廃案になったのは残念である。③日本には包括的で効果のある救済機関がない。④朝鮮学校に通う生徒らに対する有害な、人種主義的表現などに関心を有する。インターネットにおける部落民攻撃に関心を有する。日本政府は人種差別撤廃条約第四条(a)(b)の留保を再検討するよう、留保の範囲を限定するか、留保を撤回するよう促す。⑤人種主義思想の流布に対して敏感になり、意識を高めるキャンペーンをするべきである。インターネット上のヘイトスピーチや人種主義宣伝などの犯罪を予防するべきである。⑥公務員による差別発言がなされているのに、これに対する措置が何ら取られていない。公務員、法執行官、一般公衆に、人種差別に関する人権教育をするよう勧告する。⑦部落差別を取り扱う担当官庁がないので、部落問題を扱う機関を設置するべきである。⑧アイヌ対策についてアイヌの代表が十分選出されていない。アイヌ民族の権利についての国家調査がなされていない。前進があるといっても国連先住民族権利宣言には遠く及ばない。⑨沖縄の人々が被っている差別にも関心を有する。⑩公的援助や免税措置について朝鮮学校などへの差異的処遇など教育に差別的影響がある。⑪公衆浴場その他、人種や国籍を理由としたアクセスの権利の拒否が見られる。

（＊32）国連人権理事会のドゥドゥ・ディエン「人種差別問題特別報告者」報告書について、前田朗「日本には人種差別がある」『週刊金曜日』五九七号（二〇〇六年）。

（＊33）高校無償化問題について、前田朗「朝鮮学校の高校無償化除外問題」『統一評論』五四八・五四九号（二〇一一年）参照。なお、その後、各地で訴訟が提起されている。

（＊34）二〇一四年九月二日、人種差別撤廃NGOネットワークは参議院会館でNGO報告会・記者会見を開催した。

（＊35）前田朗「子どもの権利委員会と日本」『統一評論』五三八号（二〇一〇年）参照。

（＊36）宣言の訳文はいくつかあるが、本稿ではNGOの反差別国際運動（IMADR）による訳を参考にし、便宜上修正した。

（＊37）マイノリティ概念について、窪誠『マイノリティの国際法』（信山社、二〇〇六年）。

（＊38）第五条第一項は「国家の政策とプログラムは、マイノリティに属する者の正当な利益に適性な考慮を払って立案実施されなくてはならない」とし、第二項は「国家間の協力援助プログラムは、マイノリティに属する者の正当な利益に適正な考慮を払って立案実施されるべきである」とする。マイノリティの利益を配慮したプログラムの策定である。政府はマジョリティの視点だけで政策を作成しがちであり、マイノリティを無視することが状態となる。マイノリティの利益を配慮するように常に求め続ける必要がある。第六条は「各国は、マイノリティに属する者に関する問題について、相互理解と信頼を伸長するために、協力、特に情報と経験の交換をすべきである」とする。国家による相互理解のための協力が定められている。第七条は「各国は、この宣言に述べられた権利の尊重を伸長するために協力すべきである」とする。ここには国家による協力だけではなく、国家間の協力が含まれている。第六条と第七条は内容が重なるように見えるが、あえて別条とされたのは、第六条では国内における国家や諸機関の協力にウェイトが置かれているのに対して、第七条は国家間の協力にウェイトが置かれているのであろう。

（＊39）元百合子「マイノリティ権利宣言の意義に関する一考察」『国際人権』第一〇号（国際人権法学会、一九九九年）、同「マイノリティ権利宣言コメンタリー（逐条解説）について」『アジア太平洋研究センター年報二〇〇三――二〇〇四』所収。

（＊40）日本のＮＧＯとして、アイヌ民族や沖縄・琉球民族とともにこのプロセスに参加してきた市民外交センターがこの宣言の翻訳を行っている。市民外交センターブックレット『アイヌ民族の視点から見た「先住民族の権利に関する国際連合宣言」の解説と利用法』（二〇〇八年）参照。宣言翻訳は市民外交センターのウェブサイト参照。

（＊41）上村英明『知っていますか？　アイヌ民族一問一答・新版』（解放出版社、二〇〇七年）、市民外交センター監修『市民の外交――先住民族と歩んだ30年』（法政大学出版局、二〇一三年）。

（＊42）松島泰勝『琉球独立への道――植民地主義に抗う琉球ナショナリズム』（法律文化社、二〇一二年）、同『琉球独立論』（バジリコ、二〇一四年）。

第7章　ヘイト・スピーチの国際人権法

第1節　人権条約におけるヘイト・スピーチ

一　本節の課題

国際人権法においては差別禁止が最も重要なテーマの一つとなっており、日本の実情について国際人権法の視座から見直しを試みる動きも続いている。日本社会では朝鮮人、中国人、その他の来日外国人に対する差別と暴力の表現が横行している。女性、障がい者、性的マイノリティに対する差別や、部落差別も解消されていない。人種差別撤廃条約第一条が定義する「人種」概念に関連して多様な差別と差別煽動が社会に蔓延している。

ところが、日本社会は「差別表現の自由」を唱えてきた。このように言うと、言い過ぎだとの反論が出てくるかもしれない。「差別表現は許されるか」と問われれば、多くの人々が「差別表現はよくない」と答える。差別表現が名誉毀損にあたる場合には民法や刑法の名誉毀損で対処してきた。日本社会が差別表現を容認してきたわけではない、と。

しかし、日本政府も憲法学者も一般の市民も「表現を刑事規制するのは行き過ぎだ」と唱えてきた。「へイト・スピーチを刑事規制する必要がある」と主張すると、「ファシストだ」と非難を浴びせられることさえある。ファシズムやレイシズムに反対する者に「ファシスト」というレッテルを貼る異常な社会である。「差別表現は許されるか」と「差別表現を禁止するべきか」の間の齟齬をていねいに分析することが求められる。

ヘイト・スピーチは単なる差別表現ではなく、差別煽動、暴力、排除と迫害である。多面的な複合的行為である。とはいえ、実力行使を伴わない差別表現もヘイト・スピーチに該当することがある。暴行・脅迫を伴う場合に処罰するのは当然であるが、実力行使を伴わない場合について憲法の表現の自由との関連で議論がなされるのも理由がある。

このため「表現の自由か、差別禁止か」という短絡的な二者択一思考が登場する。憲法学者や弁護士の多くはこの二者択一を絶対視する。別様の問題設定を受け付けようとしない。二者択一の誤りを指摘しても聞き入れず、「論点をすり替えるな」と非難する。

ところが、この思考は直ちに矛盾に直面する。二者択一を絶対化し、「表現の自由が大切だ」と唱えるのであるから、論理必然的に「差別表現を禁止してはいけない。差別表現は自由だ」という結論が出ることになる。にもかかわらず、そうは表明しない。論者の著作を見ると「表現の自由が大切だから刑事規制は難しいという考えがあることを紹介する」という体裁になっていることが多い。自分の言葉で「表現の自由が大切だから差別表現を禁止するべきではない」と書くのは、さすがにためらわれるからであろう。二者択一を提示しておきながら、実際には隠された第三項に逃げ込むことがあらかじめ予定されている。最初から誤った二者択一を持ち出さなければ良いのである。

本章では国際人権法におけるヘイト・スピーチについての基本的な考え方をさらに検討する。国際人権法では「表現の自由とヘイト・スピーチの禁止は矛盾しない」ことが繰り返し明らかにされてきた。本節では、まず人権条約において差別の禁止とヘイト・スピーチの禁止がどのように示されているかを確認する。「差別表現は許されるか」と「差別表現を禁止するべきか」を対置する議論は採用されていないことを見ていこう。次節以降では、人権条約の解釈基準を設定するための二つの国際文書を紹介する。

なお、国連ラバト行動計画の策定過程で、専門家により世界各地のヘイト・クライム／ヘイト・スピーチ法状況に関する情報が収集され、検討された。第8章において別の情報源に依拠してヘイト・スピーチ法状況を明らかにするので、本章第3節及び第8章における紹介は議論の出発点に立つための基礎情報である。

二　差別の禁止

国際人権法における差別の禁止は、一九四八年の世界人権宣言第二条では次のように表現される。「すべて人は、人種、皮膚の色、性、言語、宗教、政治上その他の意見、国民的若しくは社会的出身、財産、門地その他の地位又はこれに類するいかなる事由による差別をも受けることなく、この宣言に掲げるすべての権利と自由とを享有することができる」。

この規定は、同第一条の「すべての人間は、生れながらにして自由であり、かつ、尊厳と権利とについて平等である。人間は、理性と良心とを授けられており、互いに同胞の精神をもって行動しなければならない」と、第六条の「すべて人は、いかなる場所においても、法の下において、人として認められる権利を有する」と併せて理解されるべきである。

一九六六年の国際自由権規約第二〇条第二項は「差別、敵意又は暴力の扇動となる国民的、人種的又は宗教的憎悪の唱道は、法律で禁止する」と定める。同条第一項は戦争宣伝の禁止を定める（本書第5章第4節参照）。第二項が差別の扇動の禁止を定めるが、「法律で禁止する」とあるのみで、いかなる法律でなければならないかは明示されていない。

マイノリティ権利宣言第二条第一項は「民族的、種族的、宗教的及び言語的マイノリティに属する者（以下、マイノリティに属する者）は、公私において、自由かついかなる干渉差別もうけることなく、自己の文化を享受し、自己の宗教を信仰しかつ実践し、自己の言語を使用する権利を持つ」とする。第二項は「マイノリティに属する者は、文化的、宗教的、社会的、経済的及び公的生活に効果的に参加する権利を持つ」とする。そして、第五項は「マイノリティに属する者は、いかなる差別も受けることなく、自己の集団の他の構成員、他のマイノリティに属する者との自由かつ平和な接触、ならびに民族的もしくは種族的、宗教的又は言語的靱帯によって結ばれた他国の市民との国境を越えた接触を築き維持する権利を持つ」とする（第6章第5節参照）。

他方、一九六五年の人種差別撤廃条約第一条第一項は次のように述べる（*1）。「この条約において、『人種差別』とは、人種、皮膚の色、世系又は民族的若しくは種族的出身に基づくあらゆる区別、排除、制限又は優先であって、政治的、経済的、社会的、文化的その他のあらゆる公的生活の分野における平等の立場での人権及び基本的自由を認識し、享有し又は行使することを妨げ又は害する目的又は効果を有するものをいう」。

「人種差別」には、人種だけではなく民族差別や世系差別も含まれる。なお「世系」は世界人権宣言第二条に「門地」とあるのと同じ語を日本政府が意訳したものである（＊2）。

条約第一条第二項は「この条約は、締約国が市民と市民でない者との間に設ける区別、排除、制限又は優先については、適用しない」としているので、「市民（日本国籍者）」と「市民でない者（外国人）」の間の異なる取り扱いのすべてが差別となるわけではない。また、条約第一条第三項は「この条約のいかなる規定も、国籍、市民権又は帰化に関する締約国の法規に何ら影響を及ぼすものと解してはならない。ただし、これらに関する法規は、いかなる特定の民族に対しても差別を設けていないことを条件とする」としている。

以上が差別の禁止に関連する国際人権法の枠組みをつくる文書である。

三　差別煽動の刑事規制

国際自由権規約第二〇条第二項は差別扇動を「法律で禁止する」としているが、いかなる法律であるべきかを明示していない。人種差別撤廃条約第四条(a)(b)は差別煽動を犯罪とすることを明示している。

「締約国は、一の人種の優越性若しくは一の皮膚の色若しくは種族的出身の人の集団の優越性の思想若しくは理論に基づくあらゆる宣伝及び団体又は人種的憎悪及び人種差別（形態のいかんを問わない。）を正当化し若しくは助長することを企てるあらゆる宣伝及び団体を非難し、また、このような差別のあらゆる扇動又は行為を根絶することを目的とする迅速かつ積極的な措置をとることを約束する。このため、締約国は、世界人権宣言に具現された原則及び次条に明示的に定める権利に十分な考慮を払って、特に次のことを行う。

(a)人種的優越又は憎悪に基づく思想のあらゆる流布、人種差別の扇動、いかなる人種若しくは皮膚の色若しくは種族的出身を異にする人の集団に対するものであるかを問わずすべての暴力行為又はその行為の扇動及び人種主義に基づく活動に対する資金援助を含むいかなる援助の提供も、法律で処罰すべき犯罪であることを宣言すること。

(b)人種差別を助長し及び扇動する団体及び組織的宣伝活動その他のすべての宣伝活動を違法であるとして禁止するものとし、このような団体又は活動への参加が法律で処罰すべき犯罪であることを認めること。

(c)国又は地方の公の当局又は機関が人種差別を助長し又は扇動することを認めないこと。」

日本政府は第四条(a)(b)について適用を留保しているため、日本に直接適用されるのは第四条本文（柱書）と(c)である。第四条(a)(b)を世界各国がどのように適用しているかについて本書第8章及び第9章参照。

四　人種差別撤廃委員会一般的勧告一五

人種差別撤廃委員会は条約の適用・履行に関連して、各国政府報告書の審査結果としての勧告とは別に、より一般的な性格の勧告を出してきた。二〇一三年の一般的勧告三五号は非常に重要なので次節で紹介する。ここでは一般的勧告一五を簡潔に見ておこう。

人種差別撤廃委員会は一九九三年三月一七日、「条約第四条に関する一般的勧告第一五」を採択した（＊3）。勧告一五は人種差別撤廃条約採択当時、条約第四条が人種差別と闘うための中核であるとみなされていたことを確認する。権威主義的イデオロギーが復興して広範な恐怖を呼び覚ましたので、人種的優越性の観念の流布や、他人に対して人種的暴力を煽動する組織的活動の禁止が重要だと考えられた。人種差別撤廃委員会は民族的出身に基づく組織的暴力の証拠を受理してきた。そこで人種差別撤廃委員会は一般的勧告七において条約第四条が義務的性格を有することを確認した(＊4)。この義務を満たすために各国は適切な立法を行い、効果的に執行しなければならない。人種暴力の脅迫や暴力は敵対的雰囲気を作り出すので、迅速な介入だけが効果的な対応の義務を果たすことができる。

条約第四条は四つの行為類型を犯罪化しようとしている。①人種的優越性や憎悪に基づく観念の流布。②人種的憎悪の煽動。③皮膚の色や民族的出身の異なる人種や集団に対する暴力行為。④それらの煽動。

人種差別撤廃委員会の見解では、人種的優越性や憎悪に基づく観念の流布の禁止は意見・表現の自由の権利と合致している。意見・表現の自由は世界人権宣言第一九条、人種差別撤廃条約第五条(d)八号でも言及されている。市民の意見・表現の自由の行使に特別の義務と責任が伴うことは世界人権宣言第二九条第二項に明示されている。国際自由権規約第二〇条第二項は「差別、敵意又は暴力の扇動となる国民的、人種的又は宗教的憎悪の唱道は、法律で禁止する」とする。

一般的勧告一五は条約第四条(a)が人種主義活動に対する財政支援を犯罪としていることを確認する。自国の法秩序の下では団体を違法化することはできないと主張する国があるが、一般的勧告一五は、条約第四条(b)は人種主義団体に早期に警戒することが国家のより大きな責務であるとする。これらの団体、団体的活動、宣伝活動は違法であると宣言し、禁止するべきである。条約第四条(c)は当局の義務を示し、当局はこの条項に拘束される。人種差別撤廃委員会は各国がこの義務を順守するように呼び掛けている。

以上が一般的勧告一五の概要である。人種差別撤廃条約採択から二八年に及ぶ解釈の試みを踏まえて人種差別撤廃委員会が出した勧告である。当時の各種人権条約委員会による一般的勧告はいずれも比較的短いものが多かった。最近では人権条約の解釈・適用の豊富な蓄積をもとに、徐々に長文かつ詳細な分析を試みる一般的勧告が増えているが、一九九三年当時はおおむね経過と結論を示すにとどまっていた。本勧告も端的に結論を提示しているが、それ以前の長期にわたる実践の帰結である。

第2節　人種差別撤廃委員会一般的勧告第三五

一　一般的勧告第三五に至る経過

二〇一三年九月二六日、人種差別撤廃委員会はその第八二会期において一般的勧告第三五「人種主義的ヘイト・スピーチと闘う」を採択した（＊5）。

二〇一二年の人種差別撤廃委員会第八〇会期において、第八一会期に人種主義的ヘイト・スピーチに関するテーマ別討論を行うことを決定し、二〇一二年八月二八日に討論が行われた。重点は、人種主義的ヘイト・スピーチの原因とその影響は何か、及びヘイト・スピーチと闘うために人種差別撤廃条約をどのように活用できるかの二点であった。討論参加者は委員会委員の他に各国政府代表、国内人権機関代表、ＮＧＯ、学識者等であった。その結果、人種差別撤廃委員会はヘイト・スピーチについて人種差別撤廃条約が何を命じているのかを、一般的勧告を作成して明らかにすることにした。

一般的勧告第三五を作成するために参照されたのは、言うまでもなく国際人権法の基本文書であるが、人種差別撤廃委員会が長年にわたって表明してきた勧告が中心である。①条約第四条の実施に関する一般的勧告第七（一九八五年）、②第四条と表現の自由の権利との両立性を強調した一般的勧告第一五（一九九三年）、③人種差別のジェンダーに関連する側面に関する一般的勧告第二五（二〇〇〇年）、④ロマに対する差別に関する一般的勧告第二七（二〇〇〇年）、⑤世系に関する一般的勧告第二九（二〇〇二年）、⑥市民でない者に対する差別に関する一般的勧告第三〇（二〇〇四年）、⑦刑事司法制度の運営及び機能における人種差別防止に関する一般的勧告第三一（二〇〇五年）、⑧アフリカ系の人々に対する人種差別に関する一般的勧告第三四（二〇一一年）である。

二　人種主義的ヘイト・スピーチ

一般的勧告第三五は人種主義的ヘイト・スピーチの定義から始める。ヘイト・スピーチという言葉は一九八〇年代に英米で使われるようになった言葉であり、一九六五年に採択された人種差別撤廃条約のなかでは使われていないからである。

「5．本条約の起草者らは、スピーチが人種的憎悪と差別の風潮を生み出すおそれについて認識していたので、スピーチが実際に生み出した危険について詳しく検討してきた。人種主義は本条約前文において、『人種主義に基づく理論及び慣行』という文脈でしか言及されていないが、それでも、第四条の人種の優越性の思想の流布に対する非難と密接に関係している。『ヘイト・スピーチ』という用語は本条約において明示的に使用されてはいないものの、そのことによって、委員会がヘイト・スピーチの現象を明らかにしてヘイト・スピーチと呼び、スピーチの行為と本条約の基準の関係を考察することが妨げられるものではない。」

図表12　ヘイト・スピーチの法と政策

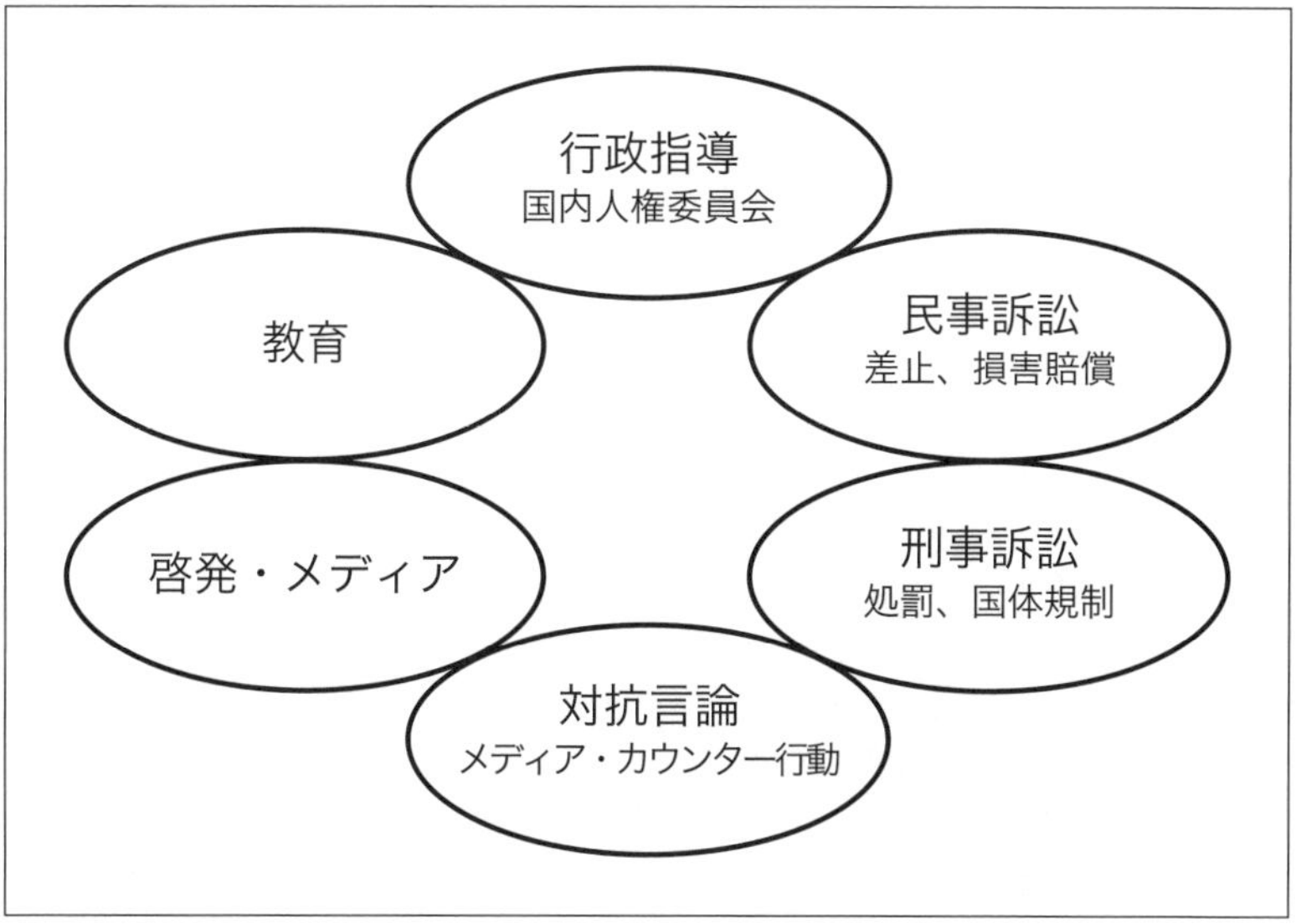

基本となる条文は、条約第一条と第四条である。

「6．委員会の実務のなかで取りあげた人種主義的ヘイト・スピーチとしてまず挙げられるのは第四条が規定するすべての表現形式であり、第一条が認める集団を対象にしたものである。第一条は、人種、皮膚の色、世系又は民族的もしくは種族的出身に基づく差別を禁止しているので、例えば先住民族、世系に基づく集団、並びに移住者又は市民でない者の集団が対象となる。移住者又は市民でない者の集団には、移住家事労働者、難民及び庇護申請者が含まれる。人種主義的ヘイト・スピーチとして次に挙げられるのは、上記集団の女性及び他の脆弱な集団の女性に対して向けられたスピーチである。さらに、委員会は、インターセクショナリティ（交差性）の原則を考慮し『宗教指導者に対する批判や宗教の教義に対する意見』は禁止も処罰もされるべきではないことを認めつつも、多数派とは異なる宗教を信仰または実践する特定の種族的集団に属する人々に向けられたヘイト・スピーチにも注目してきた。イスラム嫌悪、反ユダヤ主義、種族宗教的集団に対する類似した他の憎悪表現などがその例であるが、ジェノサイドやテロリズムの煽動といった極端な憎悪表現もある。」

勧告は条約第四条、第五条、第七条に焦点を当て、「最低限やらなくてはならないのは、人種差別を禁止する、民法、行政法、刑法にまたがる包括立法の制定であり、これはヘイト・スピーチに対して効果的に闘うために不可欠である。このことはさらなる措置をとることを妨げない」とする（図表12及び13参照）。

図表13　人種差別にかかわる諸機関の主要任務

国会	・人種差別禁止法制定 ・ヘイト・スピーチ法制定（刑法改正）
行政	・人種差別撤廃行動計画策定 ・ヘイト・スピーチ実態調査 ・反差別教育・啓発
司法	・民事訴訟 ・刑事訴訟
人権委員会	・人権侵害事例の調査・報告 ・人権侵害事例申立受理 ・人権侵害事例申立解決 ・人権政策・法制定の提言
地方自治体	・人権条例制定 ・人権教育、反差別教育 ・ヘイト団体に公共施設を利用させない

三　条約第四条に基づく検討

委員会は、条約第四条が煽動と差別を根絶するために「迅速かつ積極的な措置」をとる義務を明記し、ヘイト・スピーチの根絶のために最大限の資源を投入することを求める他の条約規定の義務を補完し強化しているところから、「締約国が以下について法律により処罰することのできる犯罪であると宣言し、効果的に処罰するよう勧告する」として、次の五項目を列挙している。

(a) あらゆる手段による、あらゆる人種主義的又は種族的優越性又は憎悪に基づく思想の流布。
(b) 人種、皮膚の色、世系、民族的又は種族的出身に基づく特定の集団に対する憎悪、侮辱、差別の煽動。
(c) (b)の根拠に基づく個人又は集団に対する暴力の煽動及び威嚇。
(d) 上記(b)の根拠に基づく個人又は集団に対する軽蔑、愚弄若しくは中傷、又は憎悪、侮辱若しくは差別の正当化の表現が、明らかに憎悪又は差別の煽動となる場合。
(e) 人種差別を煽動及び助長する団体や活動に参加すること。

ヘイト・スピーチの犯罪規定については国連人権高等弁務官事務所が作成した「ラバト行動計画」（本章次節参照）に従って次の五項目の文脈を考慮するべきだとしている。

①スピーチの内容と形態——スピーチが挑発的かつ直接的か、どのような形態でスピーチが作られ広められ、どのような様式で発せられたか。

②経済的、社会的及び政治的風潮——先住民族を含む種族的又はその他の集団に対する差別の傾向を含むスピーチが行われ流布された時に、一般的であった経済的、社会的及び政治的風潮。ある文脈において無害または中立である言説であっても、他の文脈では危険な意味をもつおそれがある。委員会は、ジェノサイドに関する指標において人種主義的ヘイト・スピーチの意味及び潜在的効果を評価する際に地域性が関連することを強調した。

③発言者の立場又は地位——社会における発言者の立場又は地位及びスピーチが向けられた聴衆。委員会は、本条約が保護する集団に対して否定的な風潮をつくりだす政治家及び他の世論形成者の役割に常に注意を喚起しており、そのような人や団体に異文化間理解と調和の促進に向けた積極的アプローチをとるよう促

してきた。委員会は、政治問題における言論の自由の特段の重要性を認めるが、その行使に特段の義務と責任が伴うとしている。

④スピーチの範囲――例えば聴衆の性質や伝達の手段。すなわち、スピーチが主要メディアを通して伝えられているのかインターネットを通して伝えられているのか、そして、特に発言の反復が種族的及び人種的集団に対する敵意を生じさせる意図的な戦略の存在を示唆する場合、コミュニケーションの頻度及び範囲。

⑤スピーチの目的――個人や集団の人権を保護又は擁護するスピーチは刑事罰又はその他の処罰の対象とされるべきでない。

さらに勧告は法律制定だけではなく適切な適用にも言及している。

「17. 委員会は、第四条における行為の形態が犯罪であると宣言するだけでは十分でなく、また条項の規定が効果的に実施されなければならないことを繰り返す。効果的な実施とは、特徴として、本条約にあげられる犯罪の捜査と、適切な場合には加害者を訴追することによって達成できる。」

四　条約第五条に基づく検討

勧告は条約第五条にも言及して、検討している。

「24. 本条約第五条は、締約国が人種差別を禁止して撤廃し、人種、皮膚の色あるいは民族的又は種族的出身の区別なく、すべての人の法の前での平等の権利、とりわけ、思想、良心及び信教の自由、意見及び表現の自由、そして平和的集会及び結社の自由を含む、市民的、政治的、経済的、社会的及び文化的権利の享有における平等の権利を保障する義務を謳うものである。」

表現の自由は世界人権宣言や国際自由権規約においても言及され、基本的自由と人権の主要な柱と理解されているが、人種差別撤廃条約においても基本的権利とされている。重要なのは、勧告が「締約国が表現の自由の享有における平等の権利を保障する義務を謳うものである」としていることである。マジョリティだけが表現の自由を享受し、マイノリティの表現の自由を顧みない国家は人種差別撤廃条約に違反していると言わざるを得ない。

「28．意見と表現の自由は、他の権利及び自由の行使の土台を支え保障するものであるというだけでなく、本条約の文脈において格別な重要性を持っている。人種主義的ヘイト・スピーチから人びとを保護するということは、一方に表現の自由の権利を置き、他方に集団保護のための権利制限を置くといった単純な対立ではない。すなわち、本条約による保護を受ける権利を持つ個人及び集団にも、表現の自由の権利と、その権利の行使において人種差別を受けない権利がある。ところが、人種主義的ヘイト・スピーチは犠牲者から自由なスピーチを奪いかねないのである。」

表現の自由が奪われているマイノリティは表現の自由だけでなくその他の自由や権利も奪われていると考えられる。マイノリティを沈黙に追い込む「沈黙効果」である。

五　条約第七条に基づく検討

条約第七条は人種差別につながる偏見との闘い、人種差別との闘いを掲げている。主に教育や啓蒙による人種差別の克服であり、ヘイト・スピーチについても同じことが言える。勧告三五は次のように述べる。

「32．締約国の学校制度は人権に関する情報やものの見方を広めるにあたって重要な出発点である。学校のカリキュラム、教科書及び教材は人権のテーマを含むべきであり、国家間及び人種と種族グループ間の相互の尊重と寛容の促進を目的にするべきである。」

「33．第七条の要件に沿った適切な教育戦略には、尊重と尊厳の平等及び真正な相互関係に基づいて、十分な人的及び経済的資源に支えられた、異文化間のバイリンガル教育を含む異文化間教育が含まれる。異文化間教育のプログラムは公正な利益をバランス良く反映すべきであり、意図であれ結果であれ、同化の手段として機能させてはならない。」

人権教育、反差別教育の重要性は言うまでもないだろう。人権教育は抽象的な理念ではない。当該社会の歴史を踏まえて構築、実践されなければならない。それゆえ勧告三五は次のように述べる。

「35．民族間の理解を促進するためには、均衡のとれた客観的な歴史表現が重要であるので、過去に特定の集団に対する残虐行為があった場合、状況に応じて追悼記念日やその他の公式行事を開催することによって、そのような人類の悲劇を追悼したり、紛争解決の実現を祝うことが望ましい。真実和解委員会も人種憎悪の存続を阻止し、民族間に寛容の風土を醸成する上で、重要な役割を果たしうる。」

歴史認識が強調されている。ナチス・ドイツによるユダヤ人虐殺、旧ユーゴスラヴィアにおける民族浄化、ルワンダにおけるツチ虐殺など、人類史における重大人権侵害はもちろんのこととして、それぞれの社会における人種・民族間の対立、紛争に伴う人権侵害について、歴史の事実を認め、記憶し、記念し、追悼することが不可欠である。真実和解委員会とは、ジェノサイドや人道に対する罪などの重大人権侵害が行われた後に真相解明、被害者補償、和解を目的として設置される委員会のことである（＊6）。

「37．上級の公人がヘイト・スピーチを断固として拒否し、表明された憎悪に満ちた思想を非難すれば、それは、寛容と尊重の文化の促進に重要な役割を果たすことになる。教育的方法と同様に有効なのは、異文化間対話の促進を、文化としての開かれた議論と制度的対話手段をとおして行うことであり、さらには、社会のあらゆる場面で機会均等を促進することであり、これらは、積極的に奨励されるべきである。」

条約第四条(c)は公務員によるヘイト・スピーチの禁止を掲げるが、大統領、首相をはじめとする政治家など影響力のある上級の公人がヘイト・スピーチを断固拒否することで寛容と尊重の文化を創ることができる。

「38．人種主義的ヘイト・スピーチと闘うための文化や情報における戦略が、体系的なデータ収集と分析にもとづいて打ち立てられるよう、委員会は勧告する。それによって、ヘイト・スピーチが出現する情況、スピーチの相手側又は対象となる聴衆、伝達手段、ヘイトメッセージに対するメディアの反応を分析するためである。この分野で国際協力することによって、データ比較の可能性が高まるばかりでなく、国境を越えたヘイト・スピーチと闘うための知識と手段も増えるからである。」

六　差別容認法学との決別

勧告三五は最後に再びヘイト・スピーチ規制と表現の自由の関係に言及している。

「45．人種主義的ヘイト・スピーチを禁止することと、表現の自由が進展することとの間にある関係は、相互補完的なものとみなされるべきであり、一方の優先がもう一方の減少になるようなゼロサムゲームとみなされるべきではない。平等および差別からの自由の権利と、表現の自由の権利は相互に支えあう人権として、法律、政策および実務に十分に反映されるべきである。」

この考え方は、人種差別撤廃委員会において長年にわたって何度も確認されてきたものであり、極めて重要である。

「46．世界のさまざまな地域にヘイト・スピーチが蔓延してゆくことは、人権への重大な現代的挑戦であることに変わりない。ひとつの国が本条約全体を誠実に実施するということは、ヘイト・スピーチ現象に対抗するより広範な世界的取り組みの一部をなすものなのであり、不寛容と憎悪から解放された社会ビジョンを生きた現実として実現しよう、普遍的人権を尊重する文化を促進しようという、最もすばらしい希望を表現していることなのである。」

以上、一般的勧告三五を紹介した。一見して日本の議論との隔たりはあまりにも大きい。日本の議論は国際常識を顧みることなく、圧倒的マジョリティである日本人の自由を絶対化して、マイノリティの自由を無視する。日本政府や悪質な差別集団だけではない。憲法学は憲法第二一条をほとんど絶対化し、日本人の表現の自由だけを要求し、マイノリティの表現の自由は無視する。しかも、そうした思考様式をしていることに無自覚であるように見える。憲法学の多数説は、日本国憲法はアメリカ憲法と同様に表現の自由を特に重要としているから、表現の自由を守るために、表現を委縮させないようにするべきであり、処罰は困難であると主張する。しかし、憲法学の多数説には根拠がない。

第一に、日本国憲法の構造はアメリカ憲法の構造と全く異なる。日本国憲法には個人の尊重（第一三条）や法の下の平等（第一四条）があるが、アメリカ憲法にはこれに対応する条文がない。日本国憲法第二一条とアメリカ憲法修正第一条の規定形式は全く異なる。その逆に欧州諸国には日本国憲法第二一条に類似した規定がある。国際自由権規約も同様である。日本国憲法前文が示す基本精神はアメリカ憲法とはまったく違う。

第二に、日本国憲法が表現の自由を重視しているのは事実であるが、日本国憲法はそれ以上に個人の尊重（第一三条）や法の下の平等（第一四条）を重視している。第二一条が第一三条や第一四条よりも優先するなどということがありうるだろうか。第一三条や第一四条の趣旨を活かすためにもヘイト・スピーチの処罰が必要である。

第三に、日本国憲法は、①第二一条で表現の自由を定め、②同第一二条で権利の濫用を戒め、国民の責任を明示している。これと同様に、世界人権宣言は、①第一九条で意見及び表現の自由を定め、②同第二九条で一定の条件の下での自由の制約を明示している。国際自由権規約は、①第一九条第二項で表現の自由を保障し、②同条第三項で権利行使に特別の義務と責任が伴うことを明示している。全く同じ構造である。ところが、憲法学はまったく意表をついて、第二一条と第一二条の関連をほとんど消去してしまう。

第四に、人種差別撤廃委員会が確認しているように、表現の自由の尊重とヘイト・スピーチの処罰は矛盾せず、両者は両立し、相互補完的関係にある。両立するように憲法及び法律を解釈するべきである。ところが、憲法学は理由を示すことなく両者を対立させる。

第五に、人種差別撤廃委員会は、マイノリティの表現の自由の尊重を求める見解を何度も表明してきた。マジョリティがマスメディアの表現手段を独占する社会でマジョリティによるヘイト・スピーチを容認する現実は、マイノリティの人格権や諸権利を侵害し、その表現を抑圧する。表現手段が制約されたマイノリティにいっそうの沈黙を強いる。マイノリティの声が社会に届かない状況が強要される。憲法学はこの状況にお墨付きを与える。

ヘイト・スピーチが流行語になってしまった現在、「差別容認法学」との決別が求められているのではないだろうか。

第3節　国連ラバト行動計画

二〇一三年三月の国連人権理事会第二二会期に提出された国連人権高等弁務官事務所報告書は『差別煽動禁止に関するラバト行動計画』を全文掲載している（＊7）。

国連ラバト行動計画は人種差別撤廃委員会の一般的勧告三五とともに、ヘイト・クライム／ヘイト・スピーチに関する現在の国際人権法における到達水準を示している。また、ラバト行動計画の準備段階における資料が公表され、そこにはヘイト・クライム／ヘイト・スピーチに関する法状況の国際的動向が詳細に提示されている。それゆえ本節では国連ラバト行動計画に関する基礎情報を紹介して、今後の議論の素材としたい。

一　国連ラバト行動計画への道

国連人権高等弁務官は二〇〇八年に国際自由権規約第一九条（表現の自由）と第二〇条（憎悪唱道の禁止）

の関係を検討する専門家セミナーを開催した。

国連人権高等弁務官は二〇一一年～一二年に、検討を深めるためにさらに一連のセミナーを開催した。近年、憎悪やシニシズムを社会に浸透させる一連の事件が発生して、警鐘が鳴らされてきた。不幸なことに暴力行為や死傷結果が生じてきた。オンラインでも伝統的なメディアでも、過激集団による宣伝や、悪意で描かれた肖像画が掲げられた。世界が憎悪に直面している。人権高等弁務官は、移住者を極端に否定的に描いた肖像画に警鐘を発した。外国人嫌悪の増加に注意を喚起し、ヘイト・スピーチを非難する必要性、人種暴力を煽動する者を訴追する必要性を指摘した。特定の宗教信者に対する憎悪に基づく戯画を非難し、暴力事件を非難してきた。表現の自由概念はさまざまな社会において数世紀かけて確立してきたが、その実際の適用はいまだ普遍的なものとなっていない。世界各地で表現の自由は手に負えない抵抗に出会っている。それゆえ表現の自由と憎悪煽動の関係を理解するために、専門家ワークショップを開催した。二〇〇八年一〇月のジュネーヴにおける会議に続き、次の五つのワークショップが開催された。①ウィーン(二〇一一年二月)、②ナイロビ（二〇一一年四月）、③バンコク（二〇一一年七月）、④サンティアゴ（二〇一一年一〇月）、⑤ラバト（二〇一二年一〇月）。五回目のラバト専門家会議がまとめの会議であり、最終的に「ラバト行動計画」を作成した。主要な課題は、国内レベルでも地域レベルでも、差別、敵意、暴力の煽動に当たる国民的、人種的、宗教的憎悪の唱道に関する立法、司法、行政の実行を包括的に評価し、国際人権法によって保護された表現の自由を完全に尊重することである。

また、国際人権機関も決定的な役割を果たしている。二〇一一年一一月、自由権規約委員会は意見及び表現の自由に関する一般的所見第三四号を採択し、人種差別撤廃委員会は人種的ヘイト・スピーチに関する一般的所見第三五号を検討した。さらに、人種主義・人種差別問題特別報告者、表現の自由特別報告者が憎悪煽動禁止に関する共同文書を提出した。表現の自由と憎悪煽動禁止のバランスを取ることはそう単純なことではない。基本的な自由を制約するためには、国際人権法の下で厳密に定義された基準が必要である。国際自由権規約第一九条第三項は、そうした制約を正当化するための明確な基準を呈示している。しかし、現実に適用するには、さらなるガイダンスを必要とする。

第一に、憎悪煽動と定義され、禁止されるべき表現の諸形態を、文脈に応じて区別する問題がある。その地方の状況、歴史、文化や政治などの要因が考慮されなければならない。

第二に、制約は、その目的が民族的宗教的集団に属する個人やコミュニティを、敵意、差別、暴力から保護することであると明らかになるように定式化されなければならない。表現の自由は、吟味し、公開で討論し、批判できることが必要である。

第三に、国内法における制裁に関して注意深い区別が必要である。①刑事犯罪に当たる表現形式、②刑事犯罪ではないが民事訴訟をなしうる表現形式、③刑事制裁も民事制裁も生じないが寛容や尊重という観点で関心を呼ぶ表現形式。

こうした議論を通じてラバト行動計画が策定された。本章ではその経過を追いかけながら、国際人権法におけるヘイト・スピーチの現在の認識を確認したい。なお、人権高等弁務官事務所が掲げた課題は、国際自由権規約第一九条と第二〇条の関係の解明であり、直接には人種差別撤廃条約第四条の解釈論ではない。とはいえラバト行動計画の関連資料が人種差別撤廃条約第四条の理解にとっても重要な意味を持つことは言うまでもない。

二　ジュネーヴ専門家セミナー

1　セミナーの概要

まず、二〇〇八年のジュネーヴ専門家セミナーの様子を紹介しよう。二〇〇八年一〇月二～三日に開催された専門家セミナーの正式名称は「市民的政治的権利に関する国際規約第一九条と第二〇条の関係――表現の自由と、差別、敵意、暴力の煽動に当たる宗教的憎悪の唱道の関係に関する専門家セミナー」である（＊8）。二日間のセミナーは、次の四つのテーマに分けられた。①国際法の枠組み、自由権規約第一九条と第二〇条の相互関連、国家の義務。②表現の自由の制約の限界――基準と適用。③差別、敵意、暴力の煽動に当たる宗教的憎悪の唱道の観念の分析。④その他の「煽動」の諸形態の類比。

2　国際法の枠組み

①「国際法の枠組み、自由権規約第一九条と第二〇条の相互関連、国家の義務」ではフランク・ラ・リュ、アグネス・カラマード、ナジラ・ガネアが基調報告をした。

ラ・リュ（国連人権理事会の表現の自由特別報告者）は表現の自由を権威主義体制や独裁と闘うための主要なメカニズムであると位置づける。すべての人権には責任が伴うが、表現の自由を制約するには、制約が法律に根拠を有すること、他人の権利や公の秩序の保護のためであること、人種主義や人種差別に基づく暴力の唱道は禁止するべきことを確認する。憎悪表現が明確に定義されなければならない。ヘイト・スピーチの定義においては煽動が個人や集団に直接結びつけられる必要がある。国家のシンボルや主観的価値への批判がヘイト・スピーチとされてはならないと言う。

カラマード（人権NGOの「第一九条」事務局長、元アムネスティ・インターナショナル事務局）は憎悪やヘイト・スピーチと闘う際の法と犯罪化の役割について論じた。第二次大戦後、非差別が重要な課題となった。表現の自由が国際人権法において中心的役割を担ったのは、意見、表現、良心に対する完全な支配が、ジェノサイド等の人道上の重大悲劇につながったという認識ゆえである。第一九条の権利は基本的だが、絶対的ではない。言論に対する制約は①法律によらなければならず、②正当な目的に従うべきであり、③その目的のために必要であり、均衡がとれていなければならない。カラマードは第二〇条の制約は義務的であり、憎悪の煽動からの保護は国家の義務であり、各国の事情に応じて解釈の余地があると言う。ヘイト・スピーチの犯罪化は手段の一つである。規制を強化すれば保護が強化されるという証拠はない。マイノリティはメインストリーム・メディアから排除され沈黙を余儀なくされるので、マイノリティのメディアが重要であると言う。

ガネア（宗教と人権国際ジャーナル編集長、オクスフォード大学講師）は国際機関や国内機関による解釈の実例を取り上げる。例えば第二〇条二項の「唱道」は、プライヴェート・スピーチが処罰されてはならないという意味である。スピーチが制約されるのは、差別、敵意、暴力の煽動というレベルに達した場合である。ガネアによると、①表現の自由の制約に関する議論は自由権規約の下でのすべての義務から切り離すことができない。②ランダムな暴力行為がなされたことは表現の自由の制約を正当化し得ない。③憎悪によって暴力を煽動する場合、より幅の広い侵害を意味している。④第二〇条は制裁について注意深い検討を要する。⑤制裁以外にも国内でその他の措置がなされる必要がある。

こうした基調報告を受けて専門家及びオブザーバー（政府代表、ＮＧＯなど）による討論が行われた。

3　表現の自由の制約

②「表現の自由の制約の限界――基準と適用」ではアスマ・ジャハンギル、アブデルファタ・アモル、モーゲンス・シュミットが基調報告をした。

ジャハンギル（国連人権理事会・宗教の自由特別報告者、国際法律家委員会委員）は宗教的憎悪は９・11以前から存在したと言う。宗教間の対話や教育をはじめ、政府には宗教に基づく差別に対して使える手段がある。宗教の名によって行われた暴力行為を不処罰に終わらせてはならない。宗教に関する法律が曖昧な場合には問題解決ではなく悪化につながる。世界を「敵と味方」に分けないように学ぶ必要がある。人種と宗教は異なるので人種的事例の解決と宗教的事例の解決についてさらに議論が必要である。

アモル（国際自由権規約委員会委員）は主に第一九条三項について論じた。アモルは第一九条三項は第二〇条によって補強されたと見るが、不確実さが残り、明確な解釈がないと言う。第一九条三項には個人と集団の責任と義務が含まれていると強調する。責任と義務は表現の自由を促進する目的に従わなければならない。第一九条三項は制約の必要性を正確に示すが、制約の必要性の判断は国家によって、文化によってさまざまでありうる。

シュミット（ユネスコ表現の自由部局事務局次長）は相互理解を強化し、平和、思想・良心・宗教の自由、表現の自由を確保するユネスコの任務を参照する。表現の自由とプレスの自由は相互依存関係にある。プレスの自由の制約には二つの条件がある。①制約が法律によること、②公共の領域や他人の権利を保護するために必要なことである。真実の言明を理由に処罰されてはならない。ヘイト・スピーチ処罰については差別、敵意、暴力の煽動の意図があったと証明される必要がある。表現の自由の抑止は最小限の手段でなければならないことは言うまでもない。

4　憎悪の唱道

③「差別、敵意、暴力の煽動に当たる宗教的憎悪の唱道の観念の分析」ではヴィチット・ムンターボーン、パトリス・マイヤー・ビシュ、モハメド・サイード・エルタエフが基調報告をした。

ムンターボーン（チュラロンコン大学教授）は憎悪の唱道の定義のために用いられるべき基準について論じた。表現の自由も宗教の自由も、寛容、相互尊重、人間存在に固有の多様性にかかわる。宗教の中傷は「冒瀆」にかかわる。冒瀆を禁止する諸国があるが、宗教や表現の制約は例外的であるべきだ。自由権規約委員会の一般的所見によって宗教の自由と表現の自由の関係を明確にする必要がある。第二〇条は人権全体に照らして解釈されるべきである。煽動は公然たる憤怒であり、憎悪は単に好き嫌いではない。

マイヤー・ビシュ（フリブール大学倫理人権研究所所長）は「敬意を保った批判」と宗教の多様性を強調

した。文化が攻撃されていると文化の自由は実現できないので、尊重、認識、誠実が重要となる。ビシュは自由の文化的内実を強調した。第一九条と第二〇条の解釈には、自由権規約第二七条、社会権規約第一三条ないし第一五条が関連する。表現の自由は文化的伝統や遺産へのアクセスとのつながりがある。

エルタエフ（弁護士、カタール外務省人権顧問）は宗教問題に関する批判的考察の制約に焦点を定める。表現の自由と宗教の自由は排他的ではなく補足的関係にある。普遍性、不可分性、相互依存性の原則が重要である。第二〇条の下でどのような行為が禁止されるかは文脈に応じて判断されるので、一般的基準が必要である。第二〇条の目的はマイノリティの保護であり、自力執行力がないので各国は適切な法律を制定しなければならない。その際、新しい基準ではなく、既存の基準の解釈を発展させることで対処できる。

5　煽動概念

④「その他の『煽動』の諸形態の類比」ではドゥドゥ・ディエン、パトリック・ソーンベリ、ナタン・レルナーが基調報告をした。

ディエン（国連人権理事会元・人種主義人種差別特別報告者）は憎悪事件が起きる政治的文脈を分析し、デンマークにおける預言者モハメッドの戯画の出版のような表現の自由に関する論争を文明間の対話のレベルで議論した。9・11以後、人権それ自体がイデオロギー的な読み方をされ、緊張の原因になっている。差別について分析せずに表現の自由にアプローチすることはできない。反差別法があっても人種主義や差別のメンタリティの根源に迫りえていない国がある。人種主義と闘うためには非差別を超えて、コミュニティ間の相互作用を促進するべきである。ディエンは人種主義における三つの傾向を指摘している。①反ユダヤ主義やイスラモフォビア等の人種主義暴力のうねり、②民主主義社会における政党による人種主義の道具としての利用、③人種主義の知的科学的正当化である。

ソーンベリ（人種差別撤廃委員会委員、キール大学教授）はヘイト・スピーチと人種差別撤廃条約について論じた。条約はネオ・ナチ復活期に作られ、次に冷戦期、そしてアパルトヘイトや植民地主義との闘いの時期を経てきた。すでに一七三ヶ国が当事国である。条約は宗教による差別に言及していないが、人種差別撤廃委員会は人種差別と宗教差別の交錯を取り上げてきた。人種差別撤廃条約第四条の人種主義の禁止条項を留保している諸国があるが、第四条は条約の中核的条文である。ヘイト・スピーチを処罰している諸国では、煽動があれば、煽動の意図がなくても処罰するべきとされている。

レルナー（テル・アヴィヴ大学教授）は煽動からの保護のために表現の自由に制約を課す条件を論じ、宗教的憎悪の唱道に適用できるかどうかを検討した。自由権規約第一九条、第二〇条、人種差別撤廃条約第四条、ジェノサイド条約第三条に煽動処罰規定がある。寛容、ヘイト・スピーチ、敵意といった用語を明確に定義し、人権条約委員会の一般的所見を再検討するべきである。刑法には教育効果があり、ヘイト・スピーチの諸形態を変化させることができるが、宗教に対する犯罪と宗教批判との間の区別が重要である、と言う。

以上の基調報告を踏まえて、専門家、各国代表、ＮＧＯ代表により、さまざまな議論が行われた。ジュネーヴ専門家セミナーは議論経過報告書をまとめたが、議論の成果をまとめて特別の文書とすることはしていない。ジュネーヴ専門家セミナーに続いて各地域ごとの専門家ワークショップが開かれることになった。

三　欧州専門家ワークショップ

ジュネーヴ専門家セミナーを受けて、各地で国連人権高等弁務官主催のワークショップが開かれた。最初は二〇一一年二月九～一〇日、ウィーン（オーストリア）の「国民的人種的宗教的憎悪の煽動禁止に関する欧州専門家ワークショップ」である（*9）。

ルイ＝レオン・クリスチャン（ルーヴァン・カソリック大学教授）が事前に準備した詳細な研究論文に基づいて基調報告を行った。クリスチャンによると、欧州地域のヘイト・スピーチに関する法実務は多様であり、アプローチの仕方はさまざまである。多くの事件が法廷に持ち込まれることなく終わるが、判決が下されても公開出版されず、情報にアクセスすることが容易ではない、という。こうした限界の前でクリスチャンは各国の規制法の状況と、数は少ないが判決例を調査・分析している。クリスチャンによると、欧州のほとんどの国が何らかのヘイト・スピーチを禁止している。その文言は国際自由権規約第二〇条と同じではない。一般的に欧州諸国で表現の自由に関する制約を行うには「明白かつ現在の危険」のような方法で定義された条文を有している。例えば不敬罪は古くからあるが、ヘイト・スピーチ規定は比較的新しい。敵意や暴力を予防するのに、刑法は重要ではあるが十分ではない。メディアやインターネットの役割が増大している。欧州はEUや欧州評議会などを通じて統合過程にあり、ヘイト・スピーチ対策にも協力する方向である。

クリスチャンによると、ヘイト・スピーチ法の文言や形式的要件はさまざまである。保護対象については、国際自由権規約の要請を超えて、さらにジェンダーや性的志向に関連するヘイト・スピーチからの保護を立法している国もある。「犯意・故意」の理解も多様であり、「過失」や「不注意」で足りる国もある。公的領域での犯罪だけを規制する国と、私的領域でも規制する国がある。憎悪煽動の結果について、煽動だけで処罰する国と、結果が生じて初めて処罰する国がある。刑罰は罰金から刑事施設収容までさまざまである。ヘイト・スピーチ一類型のみを規制する国と、多様なヘイト・スピーチを規制する国がある。後者の例はジェノサイドの否定（「アウシュヴィッツの嘘」罪）、宗教感情の表明、冒瀆、国民的統一への攻撃、一定の集団に属する個人への侮辱などがある。クリスチャン報告に続いて他の専門家委員による報告がなされ、その後に討論が行われた。クリスチャンの基調報告論文から、各国の立法例の比較部分の一部を紹介しておこう。

第一に、「暴力又は差別の煽動」や「不調和又は敵意」の煽動という表現を用いるのはボスニア・ヘルツェゴヴィナ、モンテネグロ、ルーマニア、セルビア、トルコである。憎悪煽動を刑の加重事由にするのはアルメニア、ボスニア、リトアニア、モンテネグロ、セルビア、スロヴェニア、ウクライナである。暴力煽動を処罰しているのに憎悪煽動に触れていないのはオーストリア、キプロス、ギリシア、イタリア、ポルトガルである。

第二に、煽動のない憎悪表現それ自体を処罰する国はない。特定の人種の劣等性又は優越性に関する人種主義者の言明は処罰される。ある国民や宗教の劣等性・優越性の唱道を処罰するのはアゼルバイジャン、クロアチア、デンマーク、リヒテンシュタイン、ポーランド、ロシア、スロヴェニア、スイスである。他人に憎悪を煽動する場合の用例は「挑発」（フランス）、「宣伝」（ブルガリア）、「悪意」（キプロス）、「分断」（モンテネグロ、ルーマニア、セルビア、トルコ）、「脅迫、敵意、屈辱の雰囲気をつくり出す」（ルーマニア）である。憎悪煽動を目的とする集団を支援することを犯罪とするのはベルギー、チェコ、イタリア、ルクセンブルク、ロシア、単に煽動を支持することを処罰するのはルクセンブルクとイギリス、ファシスト・人種主義者のシンボル所持を処罰するのはルーマニアである。

第三に、保護の対象について、一般的に憎悪煽動を処罰するのはモンテネグロであるが、ほとんどの国は自由権規約第二〇条の文言（国民的、人種的又は宗教的憎悪）を採用している。グルジア、マルタ、スロヴァキア、マケドニアは国民的人種的民族的憎悪、イギリスは人種的宗教的性的憎悪である。各国は様々な要素を追加している。「国民の尊厳を低下させる」がアルメニア、アゼルバイジャン、ハンガリー、モルドヴァ、ルーマニア、ロシア、トルコである。「教会や宗教界の構成員」がオーストリア、「性、性的志向、市民の地位、出生、財産、年齢、宗教的哲学的信念、健康状態、障害又は身体的特徴」がベルギー、「国民的人種的宗教的政治的階級的憎悪」がエストニアとリトアニアなど、多様である。

第四に、それとは明示していない場合であっても、多数の国は煽動が公開で行われたことを要件としているが、アルメニアとフランスは私的領域で行われても犯罪とし、公開で行われた場合を加重事由としている（クリスチャンは二ヶ国だけ示しているが、ノルウェーにも同様の規定がある）。「公共の秩序を脅かした責任」がオーストリアとドイツ、「職務上、常習、又は複数人によって行われた」場合を加重事由とするのがオランダである。

第五に、関連する犯罪として、①集団侮辱を処罰するのは、アンドラ、キプロス、チェコ、デンマーク、フィンランド、ドイツ、ギリシア、アイスランド、イタリア、リトアニア、オランダ、ポーランド、ポルトガル、ロシア、スロヴァキア、スペイン、スイス、トルコ、ウクライナである。②ホロコーストの否定や修正主義の犯罪を処罰する（「アウシュヴィツの嘘」罪類型）のは、オーストリア、ベルギー、フランス、ドイツ、ルクセンブルク、スイスである（クリスチャンは六ヶ国を示しているが、ポルトガル、ルーマニアなど他にもある）。③さまざまのヘイト・クライム（暴行・脅迫を伴う場合、多くの国で加重事由とされている）。④差別との闘いに関連する犯罪。⑤冒瀆の罪。

四　アフリカ専門家ワークショップ

1　ワークショップの概要

二〇一一年四月六〜七日、ナイロビ（ケニア）で国連人権高等弁務官主催の「国民的人種的宗教的憎悪の煽動禁止に関するアフリカ専門家ワークショップ」が開催された（＊10）。

ドゥドゥ・ディエンが事前に準備したアフリカ諸国におけるヘイト・スピーチに関する資料「憲法、立法、政策」に基づいて基調報告を行った。資料にはアフリカ地域四六ヶ国の法律情報が紹介され、続いてルワンダ国際刑事法廷におけるヘイト・スピーチ判決、アフリカ地域の各国情報、国際法廷情報が明らかにされている。ディエンはアフリカにおける憎悪煽動禁止に関して三点を強調した。①民族と人種が国民形成や紛争に際して中心的役割を果たしたことである。その極端な例がルワンダである。②憎悪煽動禁止規定よりも、表現の自由やメディアの自由の規定のほうが多く存在することである。③多くの諸国では部族主義と宗教が顕著である。これに対して市民社会による人権擁護が弱体であると言う。

ディエンによれば、アフリカにおける法制度はさまざまである。国内法廷に持ち込まれた例もあるが、伝統的メカニズムのなかで処理される場合もある。アフリカ社会にとって憎悪煽動は深刻な危険をもたらしている。人種と民族の融合、文化と宗教の融合が生じており、多民族社会となっているので、国際自由権規約に合致した立法が優先的に行われるべきであり、民族間緊張を緩和するための明確な政治決定が、国家レベルでも地域レベルでも重要である。アフリカにおける民主主義を妨げる要因を克服しなければならない。以下ではディエン作成の資料から、各国の状況をアドホックに紹介しておきたい。

第一に、表現の自由、プレスの自由、思想良心の自由などに関する憲法の条文だけが紹介されている諸国がある。アンゴラ憲法三二条（表現、集会、デモの自由）、ボツワナ憲法第一二条（表現の自由）、ブルンジ憲法第三一条（表現の自由）、中央アフリカ憲法第八条（良心の自由）、同第一三条（情報の自由）、コンゴ民主共和国憲法第二二条（思想良心宗教の自由）、同第二三条（表現の自由）、エリトリア憲法第一四条（平等、差別の禁止）、エチオピア憲法第二五条（平等権）、ケニア憲法第七〇条（平等の権利）、同第七九条（表現意見の自由）、リベリア憲法第一一条（自由と平等）、同第一五条（表現の自由）等である。

第二に、憲法に加えて、刑法その他の法律情報が紹介されている諸国がある。

①アルジェリア憲法第二七条は人種差別との闘い、第二九条は法の下の平等、第三六条は意見の自由、第四一条は表現の自由を定め、刑法第二九八条は名誉毀損罪を定めている。

②アイボリー・コーストでは、二〇〇八年の刑法改正（法律二〇〇八―二二二号）によって刑法第一九九条（人種主義、外国人嫌悪、部族主義、人種差別、宗教差別）、第二〇〇条（その処罰規定）、第二〇〇条の一（名誉毀損罪）などを定めている。

③ジブチ憲法第一一条（思想良心宗教の自由）に加えて表現の自由法が制定されている。

④エジプト憲法第四七条（意見表現の自由）、第四八条（プレスの自由）、第四九条（学問研究の自由）に加えて、刑法第九八条は煽動をしたり、宗教を貶めたりする観念の促進・表明を犯罪としている。刑法第一七六条は「人種、出身、言語、信念ゆえに人々の集団の一つに対する差別を教唆した者が、教唆によって公共の秩序を害した場合、刑事施設収容される」とする。刑法第一七八条は、公共の道徳を侵害する文書、広告、写真、シンボリックなものを製造・所有することを犯罪としている。

⑤ガンビア憲法第四章は基本権規定であり、人種等の差別なく権利を享受するとしている。第五章には言論表現の自由、思想良心の自由などが明記されている。ガンビア刑法第一〇・一一七条は、宗教を侮辱する目的などをもって礼拝所などを攻撃する行為を犯罪としている。宗教儀礼や宗教感情を保護する刑罰規定も複数ある。

⑥ギニアビサウ憲法第四条は人種主義政党を禁止し、第五六条は表現の自由を定める。刑法第一〇二条「人種差別」は「差別、憎悪、人種暴力を煽動し、鼓舞する組織を設立した者、組織的宣伝に加わった者、以上の組織や活動に参加した者、財政支援をした者は一年以上八年以下の刑事施設収容とする。公開集会で文書、アナウンス、その他の社会的伝達手段によって人種差別を煽動又は鼓舞する意図をもって人種又は民族的出身ゆえに個人又は集団に対して暴力行為を惹起した者は一年から五年の刑事施設収容とする」とする。

⑦リビア刑法第三一八条は公共の秩序を乱す方法で集団に対して公然と憎悪又は侮辱の煽動をした者は処罰されるとする。

⑧モロッコ・プレス法第三八条は公共の場所又は集会で演説、叫び、威嚇によって、文書、印刷物で、公共空間におけるポスターによって、オーディオ・ヴィジュアルや電子メディアによって、挑発を行ったこと

を犯罪とする。プレス法第三九ｂｉｓ条は、同じ手段によって人種、出身、皮膚の色、民族、宗教ゆえに、個人又は諸個人に、人種差別、憎悪、暴力を煽動した者、戦争犯罪や人道に対する罪を支持した者を処罰するとしている。

⑨ニジェール憲法第二三条は思想、意見、表現、良心、宗教の自由を定めている。刑法第一〇二条は人種又は民族差別行為、地域主義宣伝、良心や礼拝の自由に反する出来事は、一年以上五年以下の刑事施設収容又は追放とするとしている。

⑩セネガル憲法第五条は人種民族宗教差別を犯罪とすると規定している。刑法第一六六条ｂｉｓは、行政官などが正当な理由なしに個人に民族的理由で差別的取り扱いをすることを犯罪としている。一九八一年一二月一〇日の法律第八一―七七号が人種民族宗教差別の抑止を規定しているという（条文は紹介されていない）。

⑪シエラレオネ憲法第六条は各種の差別を禁止するとともに、憲法第二五条は表現と意見の自由を定める。公共秩序法第二〇条は戦争宣伝を禁止し、第四四条第一項は差別、敵意、暴力にあたる国民的人種的宗教的憎悪の唱道を禁止している。

⑫タンザニア刑法第四三条は、法的権限がないのに個人又は人の集団に対する戦争や戦争類似の事態を行い、行う準備をし、準備することを犯罪としている。刑法第五五条は暴力の煽動及び差別、敵意、暴力にあたる国民的宗教的憎悪の唱道を犯罪としている。

⑬ウガンダ憲法第二九条は言論表現の自由、思想良心の自由、宗教の自由を保障している。刑法第七六条Ｂは人種、出身地、政治的意見、皮膚の色、信条、性別又は職務を理由に、人に対する暴力行為を煽動した

者を一四年未満の刑事施設収容としている。

⑭ジンバブエ憲法第二〇条は表現の自由を定めている。法と秩序維持法第四四条第一項は差別、敵意、暴力にあたる国民的人種的宗教的憎悪の唱道を禁止している。

2　欧州とアフリカの法状況

以上、ウィーン・ワークショップとナイロビ・ワークショップの資料の一部を紹介した。ルワンダにおけるツチ虐殺に際してのヘイト・スピーチがルワンダ国際刑事法廷で裁かれたケースの紹介もなされているが、割愛する（＊11）。最後に若干の感想を述べておこう。

第一に、欧州とアフリカの状況には大きな差異があることがわかる。歴史、人種・民族構成、地政学的要因、民主主義の定着度など、両者の隔たりは大きい。植民地支配をした側と植民地にされた側の隔たりは、今なお非常に大きい。ただ、振り返って見れば欧州も第二次大戦以前は長い戦乱の歴史を有するので、その限りではさほど大きな差異とは言えないかもしれないが、現在の欧州とアフリカを比較すると著しい差異が目立つ。

第二に、欧州でもアフリカでも憲法に表現の自由、思想信条の自由などが規定されていることは共通である。もっとも、その適用の状況にはやはり差異が大きい。紛争地や独裁政権などの下では憲法の条文に反して表現の自由が制約されがちである。

第三に、ヘイト・スピーチ規制についても、かなり法整備を進めてきた欧州と、規制法を持つ国家が少数のアフリカでは異なる。アフリカではヘイト・スピーチ規制、特に宗教に対する侮辱の罪などは、マイノリティ保護のためでなく政府権力を保護するために用いられる面が指摘されている。ジャーナリストに対する不当な弾圧の道具となる場合もある。

その意味でディエンが「市民社会による人権擁護が弱体である」と指摘し、「アフリカ各地では、人種と民族の融合、文化と宗教の融合が生じており、多民族社会となっているので国際自由権規約に合致した立法が優先的に行われるべきであり、民族間緊張を緩和するための明確な政治決定が国家レベルでも地域レベルでも重要である。アフリカにおける民主主義を妨げる要因を克服しなければならない」と提言していることの意味がよくわかる。

五　バンコク専門家ワークショップ

1　ワークショップの概要

二〇一一年七月六～七日、国連人権高等弁務官事務所主催で「国民的、人種的又は宗教的憎悪の煽動の禁止に関するアジア太平洋の専門家ワークショップ」がバンコク（タイ）で開催された（＊12）。①ワークショップの議長はヴィチット・ムンターボーンが担当し、基調報告を行った。②特別報告者報告としてフランク・ラ・リュ、ギトゥ・ムイガイ（国連人権理事会・人種差別特別報告者）及びハイナー・ビーレフェルト（国連人権理事会宗教の自由特別報告者）による共同報告が行われた。③条約委員会による報告としてゾンケ・マジョディナ（国際自由権規約委員会委員）、ファン・ヨンガン（人種差別撤廃委員会委員）による報告が行われた。④各国の法と実務に関する報告としてエイミィ・シン（ＮＧＯの「第一九条」アジア計画事務局長）による報告が行われた。⑤制度や政策に関する報告としてフー・ファリン（香港大学教授）による報告が行われた。

2　アジアにおける憎悪煽動禁止法

ムンターボーンによる基調報告「国民的、人種的又は宗教的憎悪の煽動の禁止に関する研究――アジア太平洋地域からの教訓」はこの地域の約六〇ヶ国の法制度の調査に基づいた詳細な研究である。各国の憲法、刑法、民法、特別法などの制定状況が詳しく紹介されている。以下ではムンターボーン報告書から刑事規制に関する部分を紹介する。アジア太平洋地域には、ヘイト・スピーチから保護する刑法が多数存在する。

①ブルネイ

刑法第二九八条　人の宗教感情を傷つける故意をもって、その人に聞こえる言葉を発し、音声を発した者、又はその人に見えるようにジェスチャーをした者、又はその人に見えるように物を提示した者は、一年以下の刑事施設収容又は罰金とし、又は両刑を併科する。

刑法第五〇五条　ある階級や人々の共同体に、他の階級や人々の共同体に対する犯罪を行うよう煽動し又は煽動しそうな演説、噂又は報告を行い、出版し、回覧した者は、五年以下の刑事施設収容又は罰金に処する。

②カンボジア

刑法第五九条は重罪実行の煽動（文書、出版物、デッサン、彫刻、絵画、記章、フィルム又はその他）を処罰することとする。

刑法第六一条　第五九条に掲げられた手段の一つによって、差別、敵意又は暴力にあたる国民的人種的宗教的憎悪を挑発した者は、一月以上一年以下の刑事施設収容又は一〇〇万以上一〇〇〇万リエル以下の罰金とし、又は両刑を併科する。

③インドネシア

刑法第一五六条　インドネシア住民の一又は複数の集団に対する敵意、憎悪、侮辱の感情を公然と表明した者は、四年以下の刑事施設収容又は三〇〇ルピアの刑に処する。本条及び次条において、集団とは人種、出身国、宗教、出自、世系（門地）、国政又は憲法上の地位によって、インドネシア住民の他の部分と区別される住民の一部を意味する。

④マレーシア

刑法第二九八条　人の宗教的又は人種的感情を傷つける故意をもって、その人に聞こえる言葉を発し、又は音声を発した者、又はその人に見えるようにジェスチャーをした者、又はその人に見えるように物を提示した者は、三年以下の刑事施設収容又は罰金とし、又は両刑を併科する。

マレーシア刑法第二九八条Aは異なる集団間の敵意の促進も犯罪としている。

⑤ミャンマー

刑法第五〇五条(d)　ある階級や人々の共同体に、他の階級や人々の共同体に対する犯罪を行うよう煽動し又は煽動しそうな演説、噂又は報告を行い、出版し、回覧した者は、二年以下の刑事施設収容又は罰金とし、又は両刑を併科する。

⑥シンガポール

刑法第二九八条　人の宗教的又は人種的感情を傷つける故意をもって、その人に聞こえる言葉を発し、又は音声を発した者、又はその人に見えるようにジェスチャーをした者、又はその人に見えるように物を提示した者、又はその人に見えるか聞こえるように出来事を惹起した者は、三年以下の刑事施設収容又は罰金とし、又は両刑を併科する。

⑦ヴェトナム

刑法第八七条　人民管理を阻害するために以下の行為のいずれかを行った者は、五年以上一五年以下の刑事施設収容に処する。(b)ヴェトナム国民の共同体に憎悪、民族的偏見及び／又は分断をまき散らし、平等の権利を侵害すること。

⑧バングラデシュ

刑法第一五三条Aによると、異なる階級間の敵意や憎悪の感情を促進し又は促進しようとする行為は刑事制裁の対象である。

⑨ブータン

刑法第四五八条によると、国民的、人種的、民族的、言語的、カーストに基づいて、又は宗教的に、暴力を煽動する憎悪を唱道した場合、市民に不安を引き起こす犯罪とされる。

⑩アルメニア

刑法第二二六条　1．国民的、人種的、宗教的憎悪の煽動、人種的優位性又は国民の尊厳を侮辱するための行為は、二〇〇以上五〇〇以下の基本給与の罰金、又は二年以下の矯正労働、又は二年以上四年以下の刑事施設収容に処する。2．本条第1項に掲げられた行為であって、(a)公然と又はマス・メディアを通じて、暴力又は暴力の威嚇、(b)公的地位の濫用、(c)組織された集団によるものについては、三年以上六年以下の刑事施設収容に処する。

⑪アゼルバイジャン

刑法第二八三条　民族的、人種的、社会的又は宗教的憎悪及び敵意を煽り、又は民族的誇りを損傷するための行為、及び市民の権利を制限し、又は市民に、その民族的、人種的出身、社会的地位、宗教への姿勢に基づいて特権を与える行為は、それらの行為が公然と又はメディアを用いてなされた場合、一〇〇〇以上二〇〇〇以下の名目金額の罰金、又は三年以下の自由の制限、又は二年以上四年以下の刑事施設収容に処する。

⑫キルギス

刑法第二九九条によると、国民的、人種的、宗教的憎悪は特別な犯罪とされる。

⑬ウズベキスタン

刑法第一五六条によると、民族的、人種的、宗教的憎悪の煽動は五年以下の刑事施設収容とされている。

⑭イスラエル

刑法第一七三条によると、他人の宗教的感情や信念を侮辱する印刷物、文書、絵画、肖像を出版した者、又は公共の場で及び相手に聞こえるように、宗教的感情や信念を侮辱する言葉や音声を発した者は、一年の刑事施設収容とされている。

⑮シリア

刑法第三〇七条によると、宗派や人種の分断や、信仰集団のなかに紛争をつくり出すことを意図した文書や演説、又は主張することは禁止されている。

⑯アフガニスタン

刑法第三四八条　演説、行為、文書その他の手段を通じて、自らの宗教行為を公然と行っている宗教信仰者を明白に攻撃した者は、三月以下の刑事施設収容、及び三〇〇〇以上一二〇〇〇以下のアフガニーの罰金に処する。

⑰ヨルダン

刑法は次のように規定する（ムンターボーン報告書からは条文番号は不明）。「宗教的又は人種的偏狭を引き起こし、又は引き起こそうと意図し、国民を形成する異なる共同体や人種の間に不和を煽動しようとする行為、又は文書又は口頭によるコミュニケーションは、六月以上三年以下の刑事施設収容、又は五〇ディナー以下の罰金に処する」。

⑱中国

刑法第二四九条　民族的憎悪又は差別の唱道は、事案が重大な場合、三年以下の刑事施設収容、刑事拘禁又は監視、又は政治的権利の剥奪に処する。特に重大な場合、三年以上一〇年以下の刑事施設収容に処する。

刑法第二五〇条　マイノリティの国民を差別又は侮辱する出版物に責任のある者は、事案が重大な場合、及び重大な結果を生じた場合、三年以下の刑事施設収容、又は刑事拘禁又は監視に処する。

刑法第二五一条　宗教的信念への市民の権利を違法に剥奪した国家機関職員、マイノリティ国民の習慣を侵害した国家機関職員は、事案が重大な場合、二年以下の刑事施設収容、又は刑事拘禁に処する。

⑲東ティモール

刑法第一三五条　1．宗教的又は人種的差別、憎悪又は暴力を煽動又は奨励する組織を設立・結成し、又は組織的宣伝活動を行った者、又はその組織に参加し、前文で言及された活動を行った者、財政を含む支援を提供した者は、四年以上一二年以下の刑事施設収容に処する。

2．公開集会で、配布又はメディアのために準備された文書により、人種、皮膚の色、民族的出身又は宗教を理由に、人種的又は宗教的差別を煽動又は奨励する意図をもって、人又は人の集団に対する暴力を唱道した者は、二年以上八年以下の刑事施設収容に処する。

⑳ラオス

刑法第八七条　文書、言葉その他の方法により、他の人々の名誉を重大に侵害した個人は、三月以上一年以下の刑事施設収容、又は自由剥奪を伴わない矯正刑、又は五〇〇〇以上一万キプス以下の罰金に処する。文書、言葉その他の方法により、誤った非難を広めることで他の人々の名声に重大な損害を引き起こした個人は、三月以上一年以下の刑事施設収容、又は自由剥奪を伴わない矯正刑、又は五〇〇〇以上一万キプス以下の罰金に処する。

㉑オーストラリア

連邦の人種差別法（一九七五年）は人種差別撤廃条約第四条履行のために制定されたが、第四条(a)の適用を留保しているので、刑事責任ではなく民事責任を定めている。同法第九条は民事責任の根拠となる人種差別の定義を定め、同第一七条は煽動も違法として、次のように定める。「本節で規定された理由によって違法行為を行うことを煽動すること」「そのような行為を行うことを財政支援その他の方法により援助又は促進すること」。

㉒ニュージーランド

一九九〇年の人権章典がヘイト・スピーチを民事上の違法事由とするのみならず、一部について刑事責任を定めている。

人権章典第一三一条　皮膚の色、人種、又は民族的又は国民的出身に基づいて、ニュージーランドにおける人々の集団に、敵意又は悪意を煽動する意図をもって、侮辱又は嘲笑した者は、犯罪を行ったものであり、三月以下の刑事施設収容、又は七〇〇〇ドル以下の罰金に処する。(a)威嚇、虐待又は侮辱に当たる文書を出版又は配布し、又は威嚇、虐待又は侮辱に当たる言葉をラジオ又はテレビにより放送した場合（以下略）。

3　小括

アジア地域にはイスラム教国も少なくない。イスラム教国の刑法では、イスラム教に対する独自の犯罪規定もあるが省略した。ここでは次の点を確認しておきたい。

第一に、アジア・太平洋地域には各地に多様なヘイト・スピーチ処罰法がある。東南アジア・南アジアではヴェトナム、カンボジア、ラオス、マレーシア、シンガポール、インドネシア、東ティモール、ブータン、バングラデシュに各種の関連規定がある。中央アジアではキルギス、アゼルバイジャン、ウズベキスタン、アフガニスタン。西アジア・中東では、イスラエル、ヨルダン、シリア。オーストラリアは民事規制だが、ニュージーランドは刑事規制もある。ヘイト・スピーチ法が多数あるのに憲法学はこれらを無視する。

第二に、ムンターボーン報告書は次のようにまとめている。アジアにはさまざまなヘイト・スピーチ規制があり、その規定形式・用語は単一ではない。国民的、人種的、宗教的憎悪の煽動（アルメニア、アゼルバイジャン、キルギス）、宗教感情を傷つける故意をもった言葉を発する（マレーシア、ブルネイ）、敵意又は憎悪の感情を促進（バングラデシュ）、敵意の感情を表明する（インドネシア）、差別の煽動（カンボジア）、宗教感情を侮辱する（イスラエル）、宗派や人種の分断を主張する（シリア）、人種的敵意を煽動する（ニュージーランド）、違法行為を煽動する（オーストラリア）。

六　サンティアゴ専門家ワークショップ

1　ワークショップの概要

二〇一一年一〇月一二～一三日、国連人権高等弁務官事務所主催で「国民的、人種的又は宗教的憎悪の煽動の禁止に関するアメリカ州の専門家ワークショップ」がサンティアゴ（チリ）で開催された（＊13）。

エドゥアルド・ベルトーニのまとめによると、国際自由権規約、人種差別撤廃条約に加えて、米州人権条約第一三条第五項も参照された。米州人権条約第一三条第五項は「戦争宣伝、又は人種、皮膚の色、宗教、言語、又は国民的出身などを含む理由に基づいて、他人又は集団に対して、違法な暴力又はその他の類似の行為の煽動になる国民的、人種的又は宗教的憎悪の唱道は、法律によって処罰され得る犯罪とみなされるべきである」とする。米州人権条約第一三条第五項と国際自由権規約第二〇条第二項は似ているが、米州人権条約は「違法な暴力又はその他の類似の行為の煽動になる憎悪の唱道」に限定されている。

アメリカ州の各国国内法の検討にあたって、刑罰モデルと非刑罰モデルの二つに分けて審議が進められた。第一に、刑罰モデルは三種類に分けられる。①憎悪の煽動禁止条項を含む刑法。②憎悪、ジェノサイド、差別の煽動禁止を含む特別法。③メディア統制の行政刑罰法規。第二に、非刑罰モデルでは二つの情報が示される。①差別を禁止する憲法規定。②憎悪煽動を禁止するその他の法律。

次に、国際自由権規約の解釈について次の七つの成立要件が検討された。①憎悪の深刻性、②発言者の意図、③発言の内容又は形式、④発言の程度、射程、聴衆の規模、⑤被害発生の蓋然性、⑥発言によって呼びかけられた行為発生の切迫性、⑦文脈。

2　アメリカ州における憎悪煽動禁止法

基調報告としてエドゥアルド・ベルトーニ（パレルモ大学教授、元米州人権委員会・表現の自由特別報告者）が準備した論文「アメリカ州における憎悪煽動禁止に関する研究」は、アメリカ州各国の憎悪煽動禁止法に関する包括的研究である。ベルトーニによる分析及び関連条文調査（刑法、特別法、憲法など）のほとんどが資料として収録されている。

ベルトーニによると、アメリカ州には三五ヶ国が存在し、そのうち三〇ヶ国が国際自由権規約の当事国であり、人種差別撤廃条約の当事国も三〇、米州人権条約の当事国は二四である。ベルトーニ論文はハイチ、スリナム、キューバ、ドミニカ、パラグアイを除く三〇ヶ国の情報を分析対象としている。刑罰モデルと非刑罰モデルの分類を前提とした五つの分類に即して、刑法、特別法、憲法などの条文を徹底収集し、関連条文を引用したうえで分析している。刑罰モデルのうち、刑法については、さらに三つの下位分類もなされている。すなわち、①憎悪煽動、②ジェノサイド煽動、③差別煽動の三つである。

第一に、北米三ヶ国である。カナダは、①刑罰モデルに関して、憎悪煽動禁止、ジェノサイド煽動禁止の刑法を有し、他に行政刑罰法規があり、②非刑罰モデルとして憲法の差別禁止条項を持つ。メキシコは、①刑法には規定がなく、特別刑法、行政刑罰法規があり、②憲法の差別禁止、その他の法律がある。アメリカ合州国は、①刑法はなく、特別刑法だけがあり、②非刑罰モデルの法規定は特にない。

第二に、中米七ヶ国である。ベリーズは、②憲法の差別禁止規定しかない。コスタリカは、①刑法に差別煽動禁止、②憲法に差別禁止がある。エルサルバドルは、①刑法にジェノサイド煽動禁止、②憲法に差別禁止がある。グアテマラは、①刑法にジェノサイド煽動禁止、行政刑罰法規、②憲法に差別禁止、その他の法律がある。ホンデュラスは、②憲法に差別禁止がある。ニカラグアは、①刑法にジェノサイド煽動禁止、差別煽動禁止、②憲法に差別禁止がある。パナマは、①特別刑法、②憲法の差別禁止、その他の法律がある。

第三に、カリブ地域一〇ヶ国である。アンティグア・バーブーダは、①特別刑法があり、②憲法の差別禁止がある。バハマは、①行政刑罰法規、②憲法の差別禁止がある。バルバドスは、①特別刑法、②憲法の差別禁止がある。ドミニカ共和国（ドミニカとは別の国）は、関連規定がない。グレナダは、②憲法の差別禁止がある。ジャマイカは、①特別刑法、行政刑罰法規、②憲法の差別禁止がある。セントキッツ・ネーヴィスは、②憲法の差別禁止がある。セントルシアは、①刑法に憎悪煽動禁止、ジェノサイド禁止があり、②憲法に差別禁止がある。セントヴィンセント・グレナディンズは、②憲法の差別禁止がある。トリニダード・トバゴは、①特別刑法、②憲法の差別禁止、その他の法律がある。

第四に、南米九ヶ国である。アルゼンチンは、①刑法に憎悪煽動禁止、特別刑法、行政刑罰法規があり、②その他の法律がある。ボリヴィアは、①刑法に差別煽動禁止、行政刑罰法規、②憲法の差別禁止、その他の法律がある。ブラジルは、①特別刑法、②憲法の差別禁止、その他の法律がある。チリは、②憲法の差別禁止だけがある。コロンビアは、②憲法の差別禁止がある。エクアドルは、①刑法に憎悪煽動禁止、差別煽動禁止、行政刑罰法規、②憲法の差別禁止がある。ガイアナは、①特別刑法、②憲法の差別禁止がある。ペルーは、①刑法に差別煽動禁止、②憲法の差別禁止、その他の法律がある。ウルグアイは、①刑法に憎悪煽動禁止、特別刑法、②その他の法律がある。ヴェネズエラは、①行政刑罰法規、②憲法の差別禁止がある。

以上をもとに、ベルトーニは次のようにまとめている。アメリカ州全体では、①刑罰モデルとして、刑法に憎悪煽動禁止をもつのが五ヶ国、ジェノサイド煽動禁止が五ヶ国、差別煽動禁止が五ヶ国、特別刑法が一一ヶ国、行政刑罰法規が九ヶ国あり、②非刑罰モデルとして、憲法の差別禁止が二六ヶ国、その他の法律が九ヶ国である。

次に刑法に憎悪煽動禁止、ジェノサイド煽動禁止、差別煽動禁止の少なくとも一つを有するのはアルゼンチン、ボリヴィア、カナダ、コスタリカ、エクアドル、エルサルバドル、グアテマラ、ニカラグア、ペルー、セントルシア、ウルグアイの一一ヶ国である。各国刑法は、例えば国籍、人種、宗教、ジェンダー、性的志向を理由とした態度を取り上げている。言語、政治的意見、社会経済的地位、職業、精神的能力その他の理由を掲げる例もある。客体は特定の個人又は集団でなければならない。憎悪煽動の禁止はジェノサイド煽動や差別の禁止のような他の犯罪類型に間接的に組み入れられている。アルゼンチン刑法は「テロリズム」の章に規定がなされている。コスタリカとエクアドルでは「人種差別」、エルサルバドル、グアテマラ、ニカラグアでは「差別とジェノサイド」、パナマでは「国際社会に対する犯罪」に位置付けられている。その意味で犯罪の性質は多様とも言える。また、寛容に関連する歴史的背景は、欧州、アフリカ、アジア諸国とは異なる。それゆえ裁判所による規定解釈の在り方にも差異が見られるであろう。

次にベルトーニは特別刑法における煽動禁止を見る。アメリカ州二九ヶ国のうち少なくとも一一ヶ国が特別刑法にヘイト・スピーチ法を有している。アンティグア・バーブーダ、アルゼンチン、バルバドス、ブラジル、チリ、ガイアナ、ジャマイカ、メキシコ、トリニダード・トバゴ、アメリカ合州国、ウルグアイである。欧州の大陸法の系譜と英米のコモン・ローの系譜が存在するためである。アルゼンチン、パナマ、ウルグアイは刑法典と特別刑法の両方に禁止規定を有する。特別刑法におけるヘイト・スピーチ法は、人種・宗教差別禁止法（アルゼンチン、ブラジル、ガイアナ、メキシコ）、ジェノサイド禁止法（アンティグア・バーブーダ、ジャマイカ、アメリカ合州国、ウルグアイ）がある。ブラジルには、一九五一年の「アフォンソ・アリノス法」と一九八九年の「カオ法」がある。

刑罰モデルの最後に行政刑罰法規である。憎悪煽動の禁止がマスメディア統制法の中に規定されているのはアルゼンチン、バハマ、カナダ、エクアドル、グアテマラ、ジャマイカ、メキシコ、ヴェネズエラである。バハマ、グアテマラ、ヴェネズエラは刑法も特別刑法もないが、行政刑罰法規がある。ベルトーニ論文巻末には付録として各国の条文が引用紹介されている。

①カナダ

刑法第三一八条一項（ジェノサイドの唱道）ジェノサイドを唱道又は促進した者は、訴因犯罪につき有罪とし、五年以下の刑事施設収容に処す。

同条第四項　本節において「特定できる集団」とは、皮膚の色、人種、宗教又は民族的出身によって区別される公衆の一部を意味する。

刑法第三一九条第一項（憎悪煽動）公共の場における発言の発表によって、特定できる集団に対する憎悪を煽動した者は、その煽動が平穏を侵害しそうになった場合、有罪とし、(a)二年以下の刑事施設収容、又は(b)略式判決による有罪に処す。

同条第二項　私的会話以外の発言の発表によって、特定できる集団に対する憎悪を故意に促進した者は、有罪とし、(a)二年以下の刑事施設収容、又は(b)略式判決による有罪に処す。

カナダ人権法第一三条は「ヘイト・メッセージ」を行政刑罰法規とし、禁止された差別理由に基づいて特定できる個人又は複数の人々への犯罪としている（＊14）。

②セントルシア

刑法第三五八条（ジェノサイドの唱道）ジェノサイドを唱道又は促進した者は、訴因犯罪につき有罪とし、一五年以下の刑事施設収容に処す。

同条第四項　本節において「特定できる集団」とは、皮膚の色、人種、宗教又は民族的出身によって区別される公衆の一部を意味する。

刑法第三五九条（憎悪煽動）公共の場における発言の発表によって、特定できる集団に対する憎悪を煽動した者は、その煽動が平穏を侵害しそうになった場合、訴因犯罪につき有罪とし、一五年以下の刑事施設収容に処す。

同条第二項　私的会話以外の発言の発表によって、特定できる集団に対する憎悪を故意に促進した者は、訴因犯罪につき有罪とし、一〇年以下の刑事施設収容に処す。

③アンティグア・バーブーダ

ジェノサイド法第五条に「ジェノサイドを行わせるために直接又は公然と煽動する犯罪」が明示され、同法第六条でも「ジェノサイドを行う共謀又は煽動」が明記されている。

公共秩序法第三三条第一項　次の者は本節における犯罪について有罪に処す。(a)威嚇、虐待、侮辱となる文書を出版又は配布した者、(b)公共の場又は公開集会で、威嚇、虐待、侮辱の言葉を用いて、人種、出身地、政治的意見、皮膚の色又は信条によって区別される公衆の構成員又は一部に対して、憎悪を引き起こし、又は引き起こしそうになった者。

④アメリカ合州国

ベルトーニは二〇〇九年制定のヘイト・クライム法（マシュー・シェパード法）の条文を引用紹介している。本法は基本的にヘイトに動機を有する暴力事犯を対象とするものである。また、ジェノサイド法（一〇九一節）c項はジェノサイドの煽動を犯罪としている。

⑤ガイアナ

人種敵意法第二条一項　その人種を理由に、公衆の一部又は個人に対して、敵意又は悪意を故意に煽動し、又は煽動しようとした者は、有罪に処する。(a)公共の場で言葉を発し、又は無線有線によって公衆に伝達した場合、(b)自分で言葉を発し、又は公共の場で他人に記録を伝達した場合、(c)印刷物を含む文書や図画を出版する方法によって。

⑥ジャマイカ法

他人に対する犯罪法第三三条　ジェノサイドを唱道又は促進した者は、訴因犯罪につき有罪とし、一〇年以下の刑事施設収容とし、労役を課すことができる。

放送ラジオ法第三〇条は、人種、皮膚の色、信念、宗教又は性別に関して他人を貶める言説に許可を与えないとしている。暴力や犯罪活動の煽動も犯罪としている。

⑦トリニダード・トバゴ

治安法第三条は社会に特定の一部の人々に対する悪意又は敵意の感情を作り出し、促進することを犯罪としている。人種、皮膚の色、宗教、職業などを掲げている。

⑧バハマ

行政法規のコミュニケーション法は「民族、国籍、人種、ジェンダー、性的志向、年齢、宗教又は心身の障害を根拠に、個人又は集団に対して憎悪を煽動しそうになること」を行政犯としている。

3　小括

アメリカ州について、その特徴を若干整理しておこう。

第一に、アメリカ州は欧州やアジア・アフリカと比較すると一つのまとまりを持っていると考えられてきたが、実際には地域により歴史的政治的経験が異なり、多様である。北米、中米、カリブ地域、南米のそれぞれが異なり、北米のなかでもカナダとアメリカ合州国とでは異なる。カリブ地域でも英語、スペイン語、フランス語の諸国がある。法文化の面でも、欧州の大陸法の系譜に立つ諸国と英米法のコモン・ローの系譜に立つ諸国がある。

第二に、多くの諸国が国際自由権規約、人種差別撤廃条約、米州人権条約を批准しているので、予想以上に多くの諸国にヘイト・スピーチ法が存在する。「予想以上に」と述べたのは、アメリカ合州国は表現の自由を最大限尊重する国家として知られ、ヘイト・スピーチの処罰はほとんどできないと憲法学者が執拗に強調してきた。ヘイト・スピーチを処罰しないアメリカと、ヘイト・スピーチを処罰する欧州との比較が行われてきた。その影響下で、アメリカ州諸国においてもヘイト・スピーチ規制は困難であるかのごとき誤った印象が広まってきた。しかし、カナダがヘイト・スピーチ規制法を持ち、メキシコが特別法と行政刑罰法規を持つように、北米においてさえアメリカ合州国は特異な存在である。念のために補足しておくが、アメリカ合州国にヘイト・スピーチ禁止法が存在しないと言うのも事実に反する。アメリカ合州国にはジェノサイドの煽動罪がある。

第三に、今回はスペイン語・ポルトガル語の条文の紹介ができなかったため比較は難しいが、セントルシア刑法の規定がカナダ刑法の規定に準じているところを見ると、アメリカ州内部での相互影響関係が注目される。この点は今後の課題である。

第四に、ベルトーニによると、米州人種差別撤廃条約の作成作業が進められているという。二〇〇〇年、米州諸国機構は「人種主義とあらゆる形態の差別と不寛容を予防、処罰、撤廃するための条約草案」を検討するために常設委員会を設置した。二〇〇五年、「人種主義とあらゆる形態の差別と不寛容に対する米州条約草案を準備するための作業部会」が設置された。米州諸国機構国際法部局と米州人権委員会が検討作業に協力している。草案作成作業中であるが、二〇一〇年、米州諸国機構は決議二六〇六によってさらなる検討を呼びかけた。やがて米州人種差別撤廃条約が採択されるであろう。その意味でヘイト・スピーチを処罰できないとするアメリカ合州国の例外性、特異性が際立つことになる。

第五に、国際自由権規約の解釈についてベルトーニが提示した次の七つの成立要件が注目される。「第一に、憎悪の深刻性。第二に、発言者の意図。第三に、発言の内容又は形式。第四に、発言の程度、射程、聴衆の規模。第五に、被害発生の蓋然性。第六に、発言によって呼びかけられた行為発生の切迫性、第七に、文脈」。というのも、ラバト行動計画ではヘイト・スピーチの成立要件を明示するための六要件について語られている（本節八項参照）。人種差別撤廃委員会一般的勧告第三五においてもヘイト・スピーチの犯罪規定については、ラバト行動計画に従って五項目の文脈を考慮するべきだとしている（本章前節参照）。

七　ラバト行動計画の作成過程

1　人権高等弁務官事務所報告書

本項では、二〇一三年三月の国連人権理事会第二二会期に提出された国連人権高等弁務官事務所報告書に基づいてラバト会議とラバト行動計画を紹介する（＊15）。報告書は冒頭に次のように要約している。

「国連人権高等弁務官事務所は、国民、人種又は宗教に基づく憎悪煽動の禁止について一連の専門家ワークショップを組織した。ワークショップでは、この問題に関する立法のパターン、司法実務、政策が検討された。この報告は、このイニシアティヴの諸結果を要約するものである。本報告は特に、二〇一二年一〇月にラバトで開催された総括的専門家会議の詳細を提供する。ラバト会議では、専門家ワークショップの結論と提言がまとめられ、差別、敵意又は暴力の扇動となる国民的、人種的又は宗教的憎悪の唱道の禁止に関するラバト行動計画が、専門家たちによって採択された。」

2　行動計画作成に至る経過

二〇〇八年専門家セミナーのフォローアップとして、国連人権高等弁務官事務所は二〇一一年と一二年に一連のワークショップを開催した。ワークショップでは、この問題に関する立法のパターン、裁判の実務、様々な政策を議論した。近年、世界各地で憎悪や冷笑的態度が浸透していることに警鐘を鳴らす多くの事件が生じている上、多くは暴力的な反応を招き、死者が出た。猛烈な悪意に満ち、憎悪の詰まった主張は最悪の犯罪の引き金となりうる。憎悪には多くの顔があり世界のあらゆる場所に存在しているという。

国連人権高等弁務官は、多くの国のメディア、政治家その他の行為者によってマイノリティ集団が極めて否定的に描写されることに警告を発して来た。拡大する外国人嫌悪の態度を抑えるための措置を求め、ヘイト・スピーチを直ちに非難し、人種的暴力を煽動した容疑のある人々や、人種差別的で暴力的な行動をとった人々を迅速に非難する必要を強調してきた。一部の特定の宗教の信奉者に対する憎悪と偏狭の表明を公に非難し、宗教指導者と政治指導者に、人々の平穏を回復するために力を尽くすよう強く促した。

表現の自由の概念は、様々な文化の法的伝統において数百年に渡って確立されて来たが、その実際的な適用と承認は普遍的と言うには依然としてほど遠いという。世界の多くの地域で、表現の自由は今でも政治的反対意見を黙らせ、批判を窒息させることによって利益を得る人々からの抵抗に直面している。

人権高等弁務官は表現の自由と憎悪煽動の関係についての理解を強化するため、国際人権法に反映された、関連立法、司法及び政策を検討するための一連の専門家ワークショップを世界各地で組織した。二〇一二年一〇月、国連人権高等弁務官事務所はモロッコのラバトで全体を総括する専門家会議を招集し、専門家ワークショップの諸提言を議論した結果、「ラバト行動計画」が採択された。その基本目的は国際人権法によって保護された表現の自由の十全な尊重を促しつつ、差別、敵意又は暴力の煽動となる憎悪についての、立法、司法及び政策の履行に関して、包括的な評価を行うことにあったという。

四回に及ぶ専門家ワークショップの審議の結果、各国における立法の不十分さや、すでに導入されているが誤った仕方で用いられる可能性のある、曖昧で不明瞭な規定の問題に光が当てられた。議論はこれらの法律の不均等で一貫した基準を欠いた適用例があることを示したが、この問題は多くの場合、法律を適用し審判を行うために専門的に設置され、適切な情報や人材や予算を備えた機関がないために、より複雑になっていたという。不敬罪を規定する法律の否定的な影響、情報の自由の削減に関係する諸問題、インターネットの使用、ジャーナリストや人権を擁護する人々に対するハラスメント、曖昧で非生産的な立法を通してマイノリティ集団構成員が迫害され、委縮効果を持つ事例等が挙げられた。国際的専門家機関は、憎悪煽動に関する人権法規定の履行を指導する決定的な役割を有しており、この役割を果たすことで国際法の漸進的な発展に資するべきである。

表現の自由と憎悪煽動禁止の間のバランスをとることは単純な課題ではない。基本的自由へのいかなる制限も国際人権文書、とくに国際自由権規約と人種差別撤廃条約から導き出される厳密に定義された限界のうちに留まらなければならない。国際自由権規約第一九条第三項はそのような制限の正当性を測るべき明確な基準を規定する。表現の自由の重要性を憎悪煽動の禁止との関係で考慮するとき、現実の世界ではさらなる指針が必要となる。

「第一に、憎悪煽動として定義され、それゆえに禁止されるべき表現を他から区別する課題が、文脈に依存することが銘記されるべきである。その際、その地域の諸条件、歴史、文化的および政治的緊張関係といった、それぞれの事例の個別の状況が考慮に入れられなければならない。したがって、憎悪煽動に関係する事例について効果的な審判を下す過程においては、独立した司法権が不可欠の要素となる。」

「第二に、表現の自由の制限は、その目的について次のことが明白であるような仕方でのみ行われなければならない。制限の唯一の目的は、民族的、国民的または宗教的集団に属し特定の信念や意見を有する個人や共同体を、敵意、差別または暴力から保護することにあり、信念体系、宗教または制度をそれ自体として批判から保護することを目的とはしない。表現の自由への権利は、宗教的信念を含む信念体系、意見および制度を批判的に精査し、公然と論じ、批判することが、特定の個人や集団に対する暴力、敵意または差別を煽動する憎悪を唱導しない限りにおいて常に可能であるべきであることを意味する。」

「第三に、国内で行われる制裁に関しては、次の三つの表現形態を、注意深く区別することが必要不可欠である。(a)犯罪と看做されるべき表現形態、(b)刑法で罰することは出来ないものの民事訴訟を正当化する表現形態、(c)刑法および民法による制裁を発生させないとはいえ、他人の信念に対する寛容、市民的礼節および尊重に関して憂慮すべき表現形態という。」

憎悪唱道禁止についてのラバト行動計画の目的は、この困難な状況における人権の制度的履行と保護を容易にし、かつ強化することにある。ラバト行動計画に含まれる結論と勧告は、憎悪煽動の禁止の国際的義務を実施するうえで、各国の立法と司法を含む全ての利害関係者をよりよく導くことを目指している。人権高等弁務官は、この重要なイニシアティヴが国際人権上の義務の十全な実施に向けて、各国の努力に確かに推進力を与えることを望んでいる。このイニシアティヴが、民族、国民又は宗教による分断に基づく偏見の悪化に対抗し、憎悪と復讐の悪循環を断とうとする努力を助けることを望むという。

憎悪煽動に関する議論を国際人権法に基づいて行うことで、一連の専門家ワークショップは三つの目的を追求した。①国際自由権規約第一九条および第二〇条に明示されている表現の自由の十全な尊重を保障しつつ、国民、人種または宗教に基づく憎悪煽動という概念を巡る立法のパターン、裁判の実務、そして様々な政策のよりよい理解を得ること。②国際人権法に合致する仕方で、そのような煽動の禁止の実施状況に関する包括的な現状評価を得ること。③全てのレベルにおいて、可能な行動を策定することである。かくして二〇一二年一〇月、国連人権高等弁務官事務所はラバトで全体を総括する専門家会議を開催した。ラバト会議は専門家ワークショップの様々な結論と勧告をまとめ、専門家達によるラバト行動計画の採択に至った。以上がラバト行動計画の採択に至る経過である。

八　ラバト行動計画の内容

1　文脈

ラバト行動計画（正式名称は「差別、敵意又は暴力の扇動となる国民的、人種的又は宗教的憎悪の唱道の禁止に関するラバト行動計画」）の内容を順次紹介する。報告書はまずラバト行動計画を必要とした文脈を確認している。

「8．世界がかつてなく相互に繋がり、様々な社会の構成がより多文化的な性質を持つに従い、世界の様々な地域で近年、憎悪煽動の問題に新たな注意を集めるような多くの出来事があった。過去数十年の間に世界中で起きた衝突の多くが、様々な度合いにおいて、国民、人種または宗教に基づく憎悪煽動を含んでいたことも、強調されねばならない。」

「9．すべての人権は普遍的であり、互いに分離し得ず、相互に依存し、関連している。他の人権との関係における表現の自由に関する議論において、この相互依存はもっとも明らかである。表現の自由の権利の実現は、様々な視点や観点に発言の機会を与える、活発で多面的な公共的利益に関わる議論を可能にする。表現の自由の尊重は、国際的な平和と安全を促進する役割と同様に、民主主義と持続可能な人間社会の発展を確かなものとする上で、決定的な役割を果たす。」

議論のベースとなる自由の理解についても留意事項が示される。

「10．表現の自由と宗教および信条の自由は、お互いに緊張関係にあるとか、あるいは矛盾するとさえ、しばしば主張される。現実には、これらの自由は相互依存および相互強化の関係にある。自由な公共的言論が人々の持っている多様な信念の尊重に依存するように、自分の宗教や信条を実践するかどうかの自由は、表現の自由が尊重されていなければ存在し得ない。同様に、表現の自由は、宗教的な事柄についての建設的な議論が行われ得るような環境を作り出すうえで、不可欠である。実際、開かれた議論における自由で批判的な思考は、宗教の様々な解釈が宗教的信条を支える根源的な価値に忠実であるか、それを歪めるものであるかを検査するための、もっとも確かな方法である。」

こうした文脈でラバト行動計画の議論が組織化された（＊16）。

2　憎悪煽動の禁止を履行する

以上を背景として、専門家が長期にわたり透明な環境で深く考慮した事柄として結論と勧告が示される。立法、司法の制度基盤、そして政策における様々な結論は、差別、敵意または暴力の煽動を構成する、国民、人種または宗教に基づく憎悪の唱道の国際的な禁止を実施することに関わるすべての利害関係者に、導きの糸を提供するものである。そこで、まず「立法」に関する議論の結論が次のようにまとめられた。

「14．国家レベルでの立法を導くよう意図された国際人権諸基準のもとで、『ヘイト・スピーチ』と名付けられる表現は、他者の権利の尊重、公共の秩序、あるいは時に国家安全保障まで含む様々な根拠によって、国際自由権規約第一八条と第一九条で制限されている。各国はまた、差別、敵意または暴力の『煽動』に当たる表現を『禁止』するよう義務づけられている（国際自由権規約第二〇条第二項、及び人種差別撤廃条約第四条で、いくつかの異なる条件とともに定められている）。」

「15．様々なワークショップでの議論は世界中の多くの国内法の枠組みにおいて憎悪煽動の法的な禁止が不在であり、一方、憎悪煽動を禁止する法律が個別の場合に応じて異なる用語を用いており、国際自由権規約第二〇条としばしば不整合をきたしていることを明らかにした。国内法における憎悪煽動の定義が広ければ広いほど、法律の恣意的な運用に道が開かれる。国民、人種または宗教に基づく憎悪煽動を構成する犯罪に関する用語法は国ごとに異なり、ますます曖昧になっており、表現の自由の制約や制限についての新たな範疇も、各国内法に組み入れられつつある。このことは国際自由権規約第二〇条の誤った解釈と、国際自由権規約第一九条に含まれない表現の自由の制限の危険を招来する。」

「16．いくつかの国は、人種と宗教に基づく憎悪煽動を犯罪と看做すが、他のいくつかの国は、人種や民族の区別に基づく憎悪煽動のみを犯罪と看做す。いくつかの国は、他の根拠によっても憎悪煽動の禁止を認める。国家の定める諸規則は民法と刑法のあいだで異なる。多くの国では憎悪煽動はもっぱら犯罪行為であるが、いくつかの国では、それは刑法と民法の両方、あるいは民法のもとにおいてのみ違反となる。」

さらに、国際自由権規約第二〇条に関する一般的勧告三四に言及した上で次のようにまとめている。

「18．国際自由権規約第二〇条が表現の自由の制限に高い敷居を求めるのは、根本原則として、言論の制限が例外でありつづけなければならないからである。そのような敷居は、同規約第一九条の諸規定を考慮に入れなければならない。実際、表現の自由の制約についての（合法性、比例原則、必要性の）三つの部分からなるテストは、憎悪煽動を含む事例にも当てはまる。というのも、そのような制約は、法律によって規定され、正当な利益だけに奉仕すべく厳密に定義され、民主的社会においてその正当な利益を保護するために必要不可欠なものでなければならないからである。これは、他のことに加えて、次のいくつかのことを意味する。表現の自由の制約は、明確かつ厳密に定義され、切迫した社会的必要に応じるものであること。自由を侵害する度合いが可能な限り最も少ない手段であって、広汎で焦点を欠いた仕方で言論を制約することのないよう、過度に広汎でないこと。保護法益のためにもたらされる便益が、その制約が正当なものとする制裁を含む表現の自由への害を上回るだけの、適切な比例性を実現すること。」

以上が憎悪煽動に対処するために立法に関する検討のまとめとしての結論である。

3　司法と政策

立法に続いて「司法」に関して、ラバト行動計画は次のように述べる。

「27. 国際的な諸基準と国際司法に照らして定期的に更新され、そのメンバーがしかるべき法的プロセスの規則を尊重しつつ公正かつ客観的な仕方で行動するような独立の司法的制度基盤は、すべての個別事例に関する事実と法的性格が国際人権諸基準と整合する仕方で確実に評価されるうえで、決定的に重要である。人権を保護するため、この司法的制度基盤は、パリ原則に沿って設立される各国独自の人権機関のような、抑制と均衡のメカニズムに補完されるべきである。」

そして、表現の自由との関連で差別煽動の処罰のための成立要件を吟味し、次のように六要件を検討している。

「29. 表現の自由と憎悪煽動の制約に関する定義の敷居と、国際自由権規約第二〇条の適用のための敷居は高くあるべきであるということが提案された。深刻さが敷居を超えたかどうかを認定するためには、憎悪煽動はもっとも深刻で、強く実感される種類の誹謗を含まなければならない。憎悪の深刻さを判断するためには、主張された言明や危害の残酷さおよび意図、そのような発言がなされる頻度、量、範囲が、考慮されるべき要素として考えられる。この点に関して、ある表現が犯罪と看做される上で確認すべきものとして、六部分からなる成立要件が提案された。

(a) 文脈：ある発言が、標的とされた集団に対する差別、敵意または暴力を煽動する可能性が高いかどうかを判断するとき、文脈は非常に重要である。文脈は、意図及び／又は因果関係の両方に、直接関係しうる。文脈を分析するに際しては、その発言が行われ広められた時点で広範に成立していた社会的および政治的文脈のうちに、その言語行為を位置づけるべきである。

(b) 発言者：発言者の社会における位置や地位、とくにその発言が向けられた聴衆をとりまく状況におけるその個人ないし組織の立場が、考慮されるべきである。

(c) 意図：国際自由権規約第二〇条は、意図があることを予定している。この条項は、当該発言の単なる頒布や伝達ではなく、「唱道」と「煽動」に関わるので、不作為や不注意は、ある行為が同規約第二〇条の違反となるために十分とは言えない。このため、ある行為が違反となるには、言語行為の対象と主体およびその聴衆のあいだに成立する三者関係の作動が必要とされる。

(d) 内容と形式：発言の内容は、裁判所の審議にとって鍵となる点の一つであり、煽動の不可欠の要素である。内容分析は、発言が挑発的かつ直接的である度合い、発言によって展開された議論の形式、スタイルおよび性質、あるいは展開された様々な議論のあいだのバランスなどに関係する。

(e) 言語行為の範囲：範囲という概念は、その言語行為の届く範囲、公共的な性格、影響力、聴衆の人数といった要素を含む。考慮すべき他の要素として、発言が公共的な場でなされるかどうか、拡散のためにいかなる手段が用いられるか、例えば一つの小冊子なのか、マスメディアを通して放送されたり、インターネットによるものなのか、発言の頻度、伝達の量と範囲、聴衆がその煽動に応じて行動する手段を持っていたかどうか、その発言（あるいは作品）が限定された環境で流通するのか一般公衆にとって広く入手可能なのかといった点がある。

(f) 切迫の度合いを含む、結果の蓋然性：煽動は定義上、未完成犯罪である。その発言が犯罪に該当するうえで、煽動発言によって唱道された行為が実際に行われる必要はない。しかしながら、ある程度の危害リスクは確認されなければならない。これが意味するのは、裁判所が、発言と実際の行為の間の因果関係が相当程度直接的に成立していると認識し、当該発言が標的とされた集団に対する実際の行為を引き起こすことに成功する高い確率があると判断しなければならないということである。」

刑法の犯罪成立要件は英米法と大陸法とで異なり、イスラム法や中国法なども基本的な枠組みが異なる。しかし、国際刑事裁判所規程を策定する中で諸法体系に共通する要素を引き出す作業が行われた。ニュルンベルク裁判・東京裁判等の国際刑事裁判は当初は英米法を基礎に形成されたので英米法的な表現が用いられがちであるが、ドイツ法、フランス法など大陸法系の思考も踏まえている。右の六要件を列挙するスタイルもドイツ法的な思考ではなく英米法的な作法によるが、おおむね共通する理解を得ることができるだろう。(a)の文脈は犯罪成立の客観的条件としての主体・客体関係といえよう。(b)の発言者は構成要件論的に言えば実行行為者である。(c)意図は故意に相当する。大陸法における故意については事実の認識と違法性の認識などの議論があるが、そこまでの検討がなされたというよりは、英米法のメンズ・レアとしての意図が想定されている。(d)の内容と形式は実行行為そのものである。(e)の言語行為の範囲は、やはり構成要件的行為の一部に該当する。(f)の切迫の度合いを含む結果の蓋然性は、危険犯として構成した場合の危険の程度であり、具体的危険犯に相当すると言えよう。次に「政策」に関して次のように述べている。

「35．法的対応は重要だが、立法はヘイト・スピーチ問題に対応するためのより広い道具立ての一部に過ぎない。ヘイト・スピーチに関連するいかなる立法も、社会的良識と寛容を養成し、変化と公共的議論を理解しようとする、様々な政策、実践および手段を志向する多様な社会セクターのイニシアティヴによって補完されるべきである。その目的は、諸個人、公務員、司法制度の成員のあいだに、平和と寛容と相互尊重の文化を創造し、強めるとともに、メディアの諸組織と宗教や共同体の指導者に、より高い倫理的な意識を持たせ、一層の社会的責任を果たさせることにある。各国、メディア、社会は、憎悪煽動の様々な行為に対して反対発言が行われ、国際人権法に沿った適切な手段による対応がなされるよう保障するための共同責任を有する。」

法的対応以外にさまざまな政策も必要だが、とりわけ政治指導者や宗教指導者が寛容の精神で行動することが求められる。

「36．政治と宗教の指導者たちは、暴力と敵意と差別を引き起こしうる不寛容なメッセージや表現の使用を避けるだけでなく、不寛容、差別的ステレオタイプの押しつけ、ヘイト・スピーチの事例に対して、断固として迅速に反対発言をする極めて重要な役割を持っている。憎悪煽動への対応として暴力は決して許されないということも、銘記されるべきである。」

「37. 不寛容の根本原因に積極的に対処するためには、現在よりも大幅に広い政策的な諸手段が必要である。そのような諸手段は、例えば、相互的な知識と交渉による文化間対話の様々な領域、複数性や多様性についての教育、マイノリティ集団や先住民族が表現の自由の権利を行使しうるように力づける様々な政策といった領域において、必要である。」

また、インターネットなどの新しいメディアについても言及している。

「40. 自由な表現と平等の実現を可能にするうえで、メディアやその他の公共的コミュニケーションの諸手段の重要性は根本的である。伝統的なメディアは世界中で重要な役割を果たし続けているが、注目すべき変化を遂げつつもある。デジタル放送、携帯電話、インターネットとソーシャルネットワークなどの新たな技術は、情報の拡散を大幅に増進し、ブロガーたちが情報を交換するインターネット空間のような、コミュニケーションの新たな形態を作り出す。」

4　各国への勧告

各国に対する勧告が列挙されているが、日本にとっても重要なので引用しておこう。

「42. 各国は、諸個人と様々な共同体に対する、国籍、民族的背景、宗教や信念に基づく否定的ステレオタイプの押しつけや差別と闘うための広汎な努力への関与を強めるべきである。」

「43. 各国は、ジェンダーに関する他者理解を含む文化間理解を促進するべきである。この点で、すべての国家は、平和の文化を建設する責任と、憎悪煽動が処罰されない状態に終止符を打つ義務を有する。」

「44．各国は、人権の価値と原理についての教員研修を促進し、かつ自ら提供し、全ての年齢の生徒の学校カリキュラムの一部として文化間理解を導入あるいは強化するべきである。」

「45．各国は、治安部隊、警察官、司法に関わる人々を、憎悪煽動の禁止に関わる諸問題について訓練し、それに敏感に応じるようにさせるための機能を強化すべきである。」

「46．各国は、平等のために働く諸機関を創設するか、社会的対話を促進するだけでなく憎悪煽動の諸事例について申立を受理することに関して管轄権を有する、（パリ原則に沿って設立された）国内人権機関の内部で、平等のための機能を強化するべきである。そのような機能を効率化するうえでは、新たに採用された指針、試験、良質の実務が、恣意的な実務を回避し、国際的な一貫性を向上させるために必要となる。」

5　小括

最後に若干のコメントをしておこう。

第一に、議論の基礎とされたのは国際自由権規約であって、人種差別撤廃条約ではない。言うまでもなく人種差別撤廃条約第四条も参照されているが、国際自由権規約第二〇条を基礎とした検討であるため、「差別の唱道」の定義に向けた議論となっている。とはいえ先に指摘したように、人種差別撤廃条約第四条の解釈にとっても参考になる。人種差別撤廃委員会もその一般的勧告三五でラバト行動計画に依拠している。

第二に、表現の自由とともに宗教の自由に関する国際自由権規約の条項も参照されている。日本での議論では、宗教の自由、信仰の自由の問題はあまり重要視されていないが、世界的にみると宗教対立が国際紛争や国内紛争に至る場合も少なくないため、喫緊の課題となっている。

第三に、差別の唱道の犯罪化の必要性と、必要を超えた不当な、あるいは過剰な犯罪化の危険性との間でバランスを取った議論が求められている。不敬罪が例として示されているように、マジョリティ側の宗教を守るための弾圧に利用される場合もある。

最後に、最も重要なことは、表現の自由とは何か、いかにあるべきかという基本イメージである。表現の自由を保障することと、憎悪煽動、ヘイト・スピーチを処罰することとは矛盾・対立しない。それどころか両者は相互依存的、相互補完的である。表現の自由を守ることとヘイト・スピーチを処罰することが相互補完的であるという国際常識をよく理解する必要がある。日本の憲法学は両者が矛盾対立すると決めつけているが、その理由を示していないし、ここで紹介した国際常識に反対する論拠を提示していない。

〈註〉

（＊1）人種差別撤廃条約について、村上正直『入門・人種差別撤廃条約』（部落解放人権研究所、二〇〇九年）、同『人種差別撤廃条約と日本』（日本評論社、二〇〇五年）、『人種差別撤廃条約の批准と国内実施』（反差別国際運動日本委員会、一九九五年）。International Convention on the Elimination of All Forms of Racial Discrimination: Hearing Before the Committee on Foreign Relations, Nabu Press, 2011. Selected Decisions of the Committee on the Elimination of Racial Discrimination: International Convention on the Elimination of All Forms of Racial Discrimination, Thirty-sixth to

Seventy-fifth Sessions (August 1988-august 2011), United Nations,2012. Ion Diaconu, Racial Discrimination, Eleven International Publishing, 2011.

（＊2）日本政府による「世系」という訳語については批判が少なくない。①世界人権宣言や日本国憲法で門地とされてきた言葉を変更する理由がない。②人種差別撤廃条約の人種の定義に被差別部落が入るのを回避するという特定目的による意図的な訳語の変更である。ただし、本稿では被差別部落が含まれるという解釈の下で世系を用いる。

（＊3）CERD, General Recommendation No.15 on article 4 of the Convention, 17 March 1993.

（＊4）CERD, General Recommendation No.7 relating to the Implementation of the article 4.

（＊5）CERD, General Recommendation No.35. Combating racist hate speech. 26 September 2013.　人種差別撤廃委員会一般的勧告三五翻訳委員会（反差別国際運動日本委員会、アジア・太平洋人権情報センター、人種差別撤廃ＮＧＯネットワーク／監訳：窪誠・大阪産業大学経済学部教授）による邦訳があり、ＮＧＯの反差別国際運動日本委員会のウェブサイト、及び冊子『知ってほしいヘイト・スピーチについて　使ってほしい国連勧告を』（反差別国際運動・ヒューライツ大阪、二〇一四年）に掲載されている。以下では委員会訳を参照しつつ、文脈に応じて一部変更して引用する。草案を作成したのはパトリック・ソーンベリ委員である（イギリス）。ソーンベリ委員は二〇一一年二月に行われた日本政府報告書審査における報告担当者であった。

（＊6）真実和解委員会について、前田朗「真実・正義・補償に関する特別報告書」『統一評論』五七八号（二〇一二年）、五七九号（二〇一三年）。

（＊7）A/HRC/22/17/Add.4.

（＊8）セミナーの記録は人権高等弁務官事務所報告書（A/HRC/10/31/Add.3）としてまとめられ、国連人権理事会第一〇会期に提出された。参加者は専門家、国連加盟国代表、国際諸機関代表、ＮＧＯ等である。専門家はアブデルファタ・アモル（自由権規約委員会委員）、アグネス・カラマード（人権ＮＧＯの「第一九条」事務局長）、ドゥドゥ・ディエン（人権理事会の元・人種主義人種差別特別報告者）、モハメド・サイード・エルタエフ（カタール外務省人権顧問）、ナジラ・ガネア（宗教と人権国際ジャーナル編集長）、アスマ・ジャハンギル（人権理事会の宗教の自由特別報告者）、フランク・

ラ・リュ（人権理事会の表現の自由特別報告者）、ナタン・レルナー（テル・アヴィヴ大学教授）、パトリス・マイヤー・ビシュ（フリブール大学倫理人権研究所所長）、ヴィチット・ムンターボーン（チュラロンコン大学教授）、モーゲンス・シュミット（ユネスコ表現の自由部局事務局次長）、パトリック・ソーンベリ（人種差別撤廃委員会委員、キール大学教授）である。ドゥドゥ・ディエンは日本軍「慰安婦」問題に関する報告書（『国際法から見た「従軍慰安婦」問題』明石書店）を作成した国際法律家委員会事務局長であった。二〇〇五年に日本における人種差別に関する人権理事会報告書をまとめたことで知られる。レルナーは著書に『人種差別撤廃条約』（解放出版社）、『宗教と人権――国際法の視点から』（東信堂）がある。ソーンベリは人種差別撤廃委員会における日本政府報告書審査担当責任者であった。セミナーが直接扱った条約条文は次の通りである。

〈第一九条　1　すべての者は、干渉されることなく意見を持つ権利を有する。2　すべての者は、表現の自由についての権利を有する。この権利には、口頭、手書き若しくは印刷、芸術の形態又は自ら選択する他の方法により、国境とのかかわりなく、あらゆる種類の情報及び考えを求め、受け及び伝える自由を含む。3　2の権利の行使には、特別の義務及び責任を伴う。したがって、この権利の行使については、一定の制限を課すことができる。ただし、その制限は、法律によって定められ、かつ、次の目的のために必要とされるものに限る。(a)　他の者の権利又は信用の尊重。(b)　国の安全、公の秩序又は公衆の健康若しくは道徳の保護〉

〈第二〇条　1　戦争のためのいかなる宣伝も、法律で禁止する。2　差別、敵意又は暴力の扇動となる国民的、人種的又は宗教的憎悪の唱道は、法律で禁止する。〉

（＊9）Report of the expert workshop for Europe on the prohibition of incitement to national, racial or religious hatred. 基調報告は、Louis-Léon Christians, Study for the workshop on Europe (9 and 10 February 2011, Vienna), Expert workshop on the prohibition of incitement to national, racial or religious hatred.　報告書は国連人権高等弁務官事務所ウェブサイトに掲載されている。専門家はアグネス・カラマード、エイダン・ホワイト（国際ジャーナリスト連盟事務局長）、アレクサンダー・ヴェルコースキー（ロシアのウルトラ・ナショナリズム情報を調査する「ＳＯＶＡ情報分析センター」事務局長）、アナスタシア・クリックリー（人種差別撤廃委員会委員、アイルランド国立大学社会科学部長）、ディミトリーナ・ペトロヴァ（人権ＮＧＯ「平等権基金」事務局長）、フランク・ラ・リュ、ギトゥ・ムイガイ（国連人種主義・人種差別問題特別報告者、ナイロビ大学准教授）、ハイナー・ビーレフェルト（国連宗教の自由特別報告者、エアランゲン＝ニュルンベルク大学教授）、ホセ・ヴェラ・ジャルディム（元ポルトガル議会副議長、元リスボン大学教授）、ルイ＝レオン・クリスチャン（ルーヴァン・カソリック大学教授）、マーク・ラティマー（人権ＮＧＯ「国際マイノリティの権利」事務局長）、マイケル・オフラーティ（国連自由権規約委員会委員、ノッティンガム大学教授）、ナジラ・ガニア（オクスフォード大学講師）、エミュー・オルフン（ＯＳＣＥムスリム差別問題担当事務局代表）である。

（＊10）Report of the expert workshop for Africa on the prohibition of incitement to national, racial or religious hatred.　基調報告は、Doudou Diène, Study of the prohibition of incitement to national, racial or religious hatred in Africa. Workshop for Africa (Nairobi, 6-7 April 2011).　参加者はチャロカ・ベヤニ（ケニア人のロンドン大学教授、国連人権理事会の国内避難民特別報告者）、ドゥドゥ・ディエン、フローレンス・シンビリ＝ジャオコ（ケニア人権委員会委員長）、フランク・ラ・リュ、ギトゥ・ムイガイ、ハイナー・ビーレフェルト、ヘンリー・マイナ（「第一九条・東部アフリカ」事務局長）、ホサム・バガト（人権ＮＧＯの「エジプト人権イニシアティヴ」創設者）、オマル・ファルク（東部アフリカ・ジャーナリスト連盟事務局長）、オジアス・トゥングララ（ジンバブエ人権連盟議長）、ゾンケ・ザネル・マジョディナ（国連自由権規約委員会委員）である。

（＊11）ジェノサイドについては、前田朗『ジェノサイド論』（青木書店、二〇〇二年）、同『人道に対する罪』（青木書店、二〇一一年）参照。

（＊12）Report of the Expert Workshop for Asia and the Pacific on the Prohibition of Incitement to National, Racial or Religious Hatred, Bangkok, 6-7 July 2011.　基調報告は、Vitit Muntarbhorn, Study on the prohibition of incitement to national, racial or religious hatred: Lessons from the Asia Pacific Region.　専門家はアメール・ビラル・スーフィ（パキスタンの弁護士）、エイミィ・シン（ＮＧＯの「第一九条」アジア計画事務局長）、ブシュラ・ゴハール（パキスタン国会議員）、フランク・ラ・リュ、フー・ファリン（香港大学教授）、ガリヤ・アゼノヴァ（カザフスタンの言論の保護国際財団代表）、ギトゥ・ムイガイ、ファン・ヨンガン（元中国外交官、人種差別撤廃委員会委員）、キャサリン・ゲルバー（ク

イーンズランド大学准教授）、モハメド・エルタエフ（カタール外務省人権局法律顧問）、ナタン・レルナー、ラフェンディ・ジャミン（インドネシアの人権活動集団事務局長）、ティースタ・セタルヴァト（インドの『地方自治の闘い』編集者）、ヴィチット・ムンターボーン、ヤヒア・シュカイアー（国際メディア法律家協会員）、ザイナー・アンワル（NGOの「イスラムの姉妹たち」創立者）、ゾンケ・ザネル・マジョディナ。

（＊13）Report of the Expert Workshop for the Americas on the Prohibition of Incitement to National, Racial or Religious Hatred, Santiago de Chile, 12-13 October 2011. セミナーの基調報告は、Eduardo Bertoni, A study on the prohibition of incitement to hatred in the Americas. 専門家はエドゥアルド・ベルトーニ（パレルモ大学教授、元米州人権委員会・表現の自由特別報告者）、フランク・ラ・リュ、ハイナー・ビーレフェルト、ホセ・フランシスカ・カリザイ（人種差別撤廃委員会委員）、パウラ・マルティンス（NGO「19条」南米責任者）、リカルド・ロンバーナ（パナマ・ジャーナリズム委員会倫理委員長）、サンティアゴ・カントン（米州人権委員会事務局長）、クレア・ロバーツ（米州人権委員会委員、アフリカ出身者子孫の権利特別報告者）、タッド・スタンケ（アメリカのNGOヒューマン・ライツ・ファースト）、トビー・メンデル（カナダのNGO法とデモクラシー・センター事務局長）である。

（＊14）カナダのその後の状況について、小谷順子「アメリカとカナダの違いに学ぶヘイトスピーチ規制の法律と判例」『ジャーナリズム』二八二号（朝日新聞社、二〇一三年）。

（＊15）A/HRC/22/17/Add.4. 11 January 2013. 同報告書はすでに日本語訳（翻訳：高橋若木、監修：前田朗）がウェブサイト「beyond-the-racism」に公表されている。

（＊16）さらに次のように述べられている。「11. 国際自由権規約第二〇条に定められた成立要件を満たしている様々な事件の犯人が、起訴されることも処罰されることもないでいることは、憂慮すべきである。一方で、マイノリティ集団構成員は、曖昧な国内立法、司法、諸政策の誤用によって事実上迫害されており、このことは他の人々にも委縮効果を生んでいる。現状、（1）『本当の』憎悪煽動が訴追されずにいる状態と、（2）国内の憎悪煽動禁止法の外見のもとで行われるマイノリティ集団の迫害の二分法が、広く見られるように思われる。世界中の国々での憎悪煽動禁止法は雑多であり、ときに過度に狭量であったり、曖昧であったりすると言える。」

第8章　ヘイト・スピーチ法の制定状況

第1節　本章の課題

一　本格的研究の再開

ヘイト・クライム／ヘイト・スピーチ法研究の課題について、筆者はヘイト・クライム／ヘイト・スピーチを歴史的文脈に位置づけて、日本における具体的現象形態と歴史的性格を俎上に載せ、国際人権法における人種差別対策の実例を紹介しながら、人種差別禁止法やヘイト・クライム／ヘイト・スピーチ法の必要性を論じた（＊1）。

その後、二〇一〇年一一月一〇日の第二東京弁護士会主催講演会「現代排外主義と人種差別規制立法」に参加したが、これは筆者にとって貴重な経験であった（＊2）。

第一に、日本国憲法の民主主義・平和主義・基本的人権・法の下の平等というタテマエの下で、実際にはマイノリティに対する差別と人権侵害が一貫して継続してきた。被害当事者、人権ＮＧＯ、弁護士、研究者の努力を通じて一定程度の解決を見てきたにもかかわらず、差別がさまざまに現象形態を変えながら今日まで継続・再生産されてきた。しかも二一世紀になってから深刻な差別状況が作られていることを改めて確認できた。

第二に、長期にわたって継続してきた人種・民族差別の上に多様な差別が重層的に重なり合い、相互に影響しあいながら人権無視の差別社会が形成されている。深刻な現代排外主義が生み出され、この社会に定着しつつあるのではないかという危惧をめぐって意見交換することができた。差別の構造性・組織性にも改めて視線を及ぼすことになった。

第三に、差別と排外主義の現実を前に、従来は見落とされ、あるいは軽視されてきたヘイト・クライム／ヘイト・スピーチに焦点が当てられ、現状分析及び規制のための立法問題について検討を始めることができた。そして何より、研究は始まったばかりであり、本格的に論じるだけの基礎情報がまだまだ欠落していることを確認できた。ここから筆者のヘイト・クライム／ヘイト・スピーチ研究第二幕が始まった。

二　主要な研究課題

そこで明らかになったことは、何よりもこのテーマについての研究が手薄であり、立法の当否について具体的に議論しうる状況になっているとは言えないことである。講演会においても同じことを繰り返し述べながら、さらに歩みを進める試みを行った。特に重要と考える課題は次のようなものである。

第一に、そもそも概念把握さえ十分にできていない。例えば日本政府見解を見ると、人種差別禁止法とヘイト・クライム法の区別すらできていない疑いがある。公表された研究論文も概念整理ができていないものが少なくない。ヘイト・クライムとヘイト・スピーチの区別すらできていない研究や、両者の関連も不明確なまま論じている研究が数多い。

それゆえ、優先的課題は議論の前提となる基礎知識の習得であり、そのために諸外国の実情を把握することである。憲法学においては表現の自由との関連でアメリカにおけるヘイト・スピーチ法の合憲性をめぐる判例の紹介・検討がなされてきた。とはいえ、問題の本質を的確に把握したとは言えないため一面的な研究にとどまっている。アメリカ全体の動向も、その他の諸国の情報も系統的に紹介されたとは到底言えない。「定義」さえほとんど検討されてこなかった。社会学的調査・検討も不十分であるし、加害と被害の心理学的な調査・研究もなされてこなかった。定義抜きにヘイト・スピーチについて大胆な断定を行う憲法学者が多い。

第二に、立法事実論が不可欠である。民間の調査があるだけで、日本政府による調査が全くなされていない。また、刑事法学的に言えば、ヘイト・クライム／ヘイト・スピーチの罪質論、保護法益論が重要である。

第三に、統計法である。議論の前提となるデータを具体的に明らかにする必要がある。NGOによる若干の調査はあるが、政府による調査はなされてこなかった。諸外国における統計の手法や結果の紹介もほとんどなされてこなかった。

第四に、比較法研究である。諸外国のヘイト・クライム／ヘイト・スピーチ法とその運用実態の研究が不可欠である。国際人権法におけるヘイト・スピーチ対策の研究も必須である（本書第6章及び第7章参照）。

第五に、立法政策論である。例えば確信犯を処罰しても却って「勲章」になりかねない。犯罪抑止効がないばかりか潜在的逆効果をもちかねないという議論を検討する必要がある。

第六に、憲法論である。結果として「人種差別表現の自由」を唱える憲法論の見直しが必要である。まず憲法第一三条と第一四条を論じなくては議論にならないが、これを無視する議論のほうが圧倒的に多い。そのため憲法論を適切に展開するための準備作業が必要である（本書第11章）。

第七に、警察・検察・裁判所に規制権限を与えることについては不安が残る。警察権限の肥大化、恣意的適用の恐れがある。刑事立法のインフレが指摘されている現在の日本の状況も考慮する必要がある。

第八に、ヘイト団体に公共施設を利用させて差別集会を開かせることが許されるのか。ヘイト団体規制と結社の自由、思想信条の自由をめぐる検討が必要である。表現の自由と結社の自由、表現の自由と思想信条の自由の関連性も不明確なままである。

第九に、以上のことを踏まえて、具体的な犯罪規定を検討する必要がある。保護法益、行為類型、成立要件、訴追条件、刑罰などを的確に定める必要がある。刑事手続き面での検討も必要になるだろう。刑事司法の適正な運用と、メディアや市民による監視について改めて問う必要がある。

第一から第五の課題について論じることがないままに、第六の課題だけを取り上げて唐突に結論を出す見解が多い。必要不可欠な基礎情報を考慮することなく思いつきの結論を唱えている。まともな比較法研究を行うことも現実に基づいた具体的な情報を手にすることもなく、「表現の自由」と「人種差別規制立法」という言葉だけをいきなり対比する。その結果、人種差別の刑事法的規制は「表現の自由」に違反する疑いがあり、「憲法違反のおそれが強いから法的規制は困難である」という趣旨の結論を引き出してきた。表現の自由の憲法的保障を「優越的保障」と見なしてきたから、「人種差別の刑事規制は表現の自由の保障に合致するか」という問いを立てれば、ほとんど無条件に「刑事規制は表現の自由の保障に抵触する」という結論が出される。不毛な二者択一を改めることが重要である。

こうした現状を克服するために、ヘイト・クライム／ヘイト・スピーチについての基礎的研究が必要である。比較法学の方法論に照らしても、現状は学問以前の状況にある。日本における現状や対策の方法についても、国際的動向についても、全体を見渡しつつ個別の論点ごとに具体的な情報に基づいて議論を積み重ねる必要がある。本章では、以上のうち比較法研究の課題を取り上げて若干の紹介・検討を行うことにする。

三　ヘイト・スピーチ法の紹介——人種差別撤廃委員会情報

人種差別禁止法、ヘイト・クライム／ヘイト・スピーチ法の比較法研究は、大雑把に言うと次の三つの流れで構成されてきた。①アメリカ（連邦、州）におけるヘイト・スピーチ規制法の憲法学的研究（特に表現の自由との関係）。②ドイツにおける民衆煽動罪（「アウシュヴィッツの嘘」罪）の刑事法的研究。③国際自由権規約や人種差別撤廃条約など人権条約に関する国際人権法研究。

前二者については、それぞれ個別の優れた研究を生んできたとはいえ、比較法研究がなぜかくも一国主義的になされているのか不思議に感じられるのが実状である。なぜ当該国家の法状況を調査・研究しているのか、十分に自覚的なのかどうか不明であった。それらがあたかも別個独立の分野であるかのように扱われ、相互に対話したり、補完し合ったりすることも少なかった。一国主義的な外国法紹介だけを基にして直ちに結論を引き出す大胆さに驚かされる。ヘイト・クライムとヘイト・スピーチの関連を問うことも十分なされてこなかった。第三の国際人権法研究との接合を試みる研究は実に少ない。

このため従来の比較法研究によってはヘイト・クライム／ヘイト・スピーチ法の国際動向を明らかにすることが不可能である。国際動向を明らかにしないための研究方法をあえて選択してきたからである。

そこで本章では、ヘイト・クライム／ヘイト・スピーチ法について研究するための基礎知識を明らかにすることを目標とする。つまり、学問研究を始めるためのスタートラインに辿りつくことを目標とする。

本章では、国際動向を見るために、人種差別撤廃条約に基づいて設置された人種差別撤廃委員会に提出された各国政府報告書をもとに、各国の状況を紹介したい。人種差別撤廃委員会第七〇会期から第八二会期にかけての報告書をもとに、立法状況を紹介する。

なお、国連人権高等弁務官事務所主催による専門家セミナーが開かれ、ラバト行動計画が策定されたが、そこにおいて各国の立法状況の研究が行われた（第7章3節参照）。本章とは異なる形で情報調査が行われたので、本章と併せて見ることによって、より詳しくヘイト・クライム／ヘイト・スピーチ法の状況を知ることができる。

人種差別撤廃委員会に提出された政府報告書であるから、当然のことながら「政府」報告書という限界があり、各国の状況が十分明らかになるわけではない。日本の人種差別状況を知るために読んではいけない資料が日本政府報告書であることは、人権NGOにとっては常識に属する。日本政府報告書は差別の実態を無視するからである。同様に各国報告書は政府の立場から見えることを取捨選択してまとめたものである。実態を示すと言うよりも政府の関心の所在を示す報告書である。政府の立場から見えにくいことも少なくないし、政府にとって都合の悪いことを報告しない。そのため、NGOが「政府報告書は実態を踏まえていない」として、NGO報告書を作成して委員会に提出してきた。委員会もNGO報告書を基にして政府報告書の審議を行ってきた。実態を知るためには政府報告書だけを見るのでは明らかに不十分である。

しかし、法制定状況を的確に知るためには、政府報告書は最適の資料である。公的機関による法適用状況も政府報告書が最も重要な資料と言えよう。ＮＧＯではカバーできない範囲だからである。もちろん、公的機関による法適用状況とは、当局が認知した事例に対する適用だけであり、認知できなかった事例や、あえて認知しなかった事例は登場することがない。そうした限界を補うのがＮＧＯ報告書である。従って、各国における人種差別の実態を知るためにはＮＧＯ報告書を見ることが必要であるが、本章ではＮＧＯ報告書を紹介する作業は行わない。本章の課題はあくまでも各国における法制定状況を確認することだからである。ＮＧＯ報告書も射程に入れると、分量が数倍に膨れ上がってしまう。

他方、政府報告書には単に条文を引用しているもの、条文さえ引用せずに簡潔に述べるものもあり、立法経過の議論や、立法後の法意識の変容を明らかにしているものはわずかである。そうした詳細の研究は今後も従来型の比較法研究に期待するところが大きい。こうした限界があることを指摘しつつ、本章では人種差別撤廃委員会に提出された各国政府報告書を紹介することによって世界の動向を大まかに知ることを目標とする。

各国報告書のスタイルは共通のものもあるが、必ずしも統一的なスタイルになっていないものもあり、精粗も様々であり、直接比較できない面もある。以下では人種差別撤廃条約第四条の人種差別思想煽動・流布に関連する項目を紹介する。ヘイト・スピーチ処罰規定が全文引用されているものもあれば、概略紹介にとどまるものもある。何度も報告書を提出してきた政府は、以前報告した条文については省略する場合がある。ある時点の政府報告書を見ても基本状況が判明しない場合も少なくない。長期にわたって政府報告書を継続的にフォローすることが望ましいが、その準備はできていない。今後も継続調査するが、本章では第七〇会期から第八二会期における報告書を基に法制定状況を紹介する。

また、政府報告書審査の結果として出された人種差別撤廃委員会からの勧告も瞥見しておきたい。①各国における差別の実態はＮＧＯ報告書に詳しいが、その紹介の余裕がないので、これに代えて委員会が指摘した事実を紹介する。②委員会勧告を見ることによって、各国のヘイト・クライム／ヘイト・スピーチ対策の到達点を一定程度知ることができる。③どの国も多くの勧告を受けている。換言すると、人種差別撤廃条約の要求を完全に履行できている国はない。各国とも対策に試行錯誤を重ねていることがわかる。

なお、各国の法体系はさまざまであり、司法制度、法令用語なども多彩である。本章では人種差別撤廃委員会に提出された英文資料を基に、その概要を紹介する。重訳の場合もあり、訳語の選定を十分に検討することはできないため、細部について思わぬ誤解があるかもしれない（＊3）。

第２節　人種差別撤廃委員会第七〇会期

人種差別撤廃委員会第七〇会期（二〇〇七年二月一九日〜三月九日）に審査が行われたアンティグア・バーブーダ、カナダ、チェコ、コンゴ民主共和国、インド、イスラエル、リヒテンシュタイン、マケドニアの報告書を紹介する。

１　アンティグア・バーブーダ

憲法第三条は人種、出生場所、政治的意見、皮膚の色、信条又は性別にかかわらず、すべての市民に権利と自由を保障する（＊４）。憲法第一四条は差別的法律や差別的帰結を有する法律を禁止する。憲法第一二条は表現の自由を保障するが、表現の自由には他人の権利の侵害は含まれない。憲法第三条は人種差別からの自由を保障している。アンティグア・バーブーダは条約署名時に次の宣言をした。「条約の受諾は、憲法の制約を超えた義務の受諾や憲法で保障された範囲を超えた司法手続きの導入の義務の受諾を含まない。条約第四条を、法律制定の必要があると考慮した場合にのみ条約第四条の範囲における措置を講じることが求められていると解釈する」。最近、条約第四条実施のため放送法と情報の自由法を制定した。両者は人種的優越性や憎悪に基づく観念の流布を扱う。条約第四条(c)については憲法第一四条一項が対応している。

人種差別撤廃委員会は次のような勧告をした（＊５）。国内法を条約に適合させる追加努力がなされず、条約第四条の要求に適合した法律制定の検討がなされていない。人種的優越性や憎悪に基づく観念の流布、人種差別の煽動、暴力行為と暴力の煽動を法律で処罰される犯罪とし、人種差別促進・煽動団体を違法であり禁止すると宣言するよう勧告する。

２　カナダ

刑法第七一八条二項(a)(i)は、暴行、器物損壊、脅迫、ハラスメントその他の犯罪が人種、国民的又は民族的出身等に基づく憎悪、偏見又は先入観に動機を有したと言う証拠があれば、これらの要因は刑罰加重事由とする（＊６）。偏見や憎悪に基づく犯罪件数は少ないが、憎悪動機が証明された場合にはより重い刑罰が科される。カナダ・ラジオ・テレビ・テレコミュニケーション事業体は、番組には人種、国民的又は民族的出身、皮膚の色、宗教、性別、性的志向、年齢又は心身の障害に基づく憎悪や侮辱に個人、集団、階層をさらすようなコメントや表現を含んではならないとする。自主規制組織であるカナダ放送基準委員会は倫理綱領を定め、番組が差別とならないようにしている（次回報告書は本章第9節）。

人種差別撤廃委員会は次のように勧告した（＊7）。刑法第七一八条二項が人種差別を刑罰加重事由としているが、条約第四条に従って人種主義暴力を犯罪とせず、人種主義団体について刑事責任を定めていない。委員会一般的勧告第一五号に従えば条約第四条は義務的性格を有することを想起し、条約第四条に完全に合致するように法律改正を行うよう勧告する。

3 チェコ

前回の第六回報告書の時点以後、法律に変化はないという（＊8）。刑法には次のような犯罪が規定されている。「人の権利と自由を抑圧する目的をもった運動の支援・促進」（刑法第二六〇条、第二六一条、第二六一条a）、「国民、民族集団、人種及び宗派の中傷」（刑法第一九八条）、「人の集団に対する憎悪又はその権利と自由の制限の煽動」（刑法第一九八条a）、「住民の集団及び諸個人に対する暴力」（刑法第一九六条）である。

チェコは過激主義犯罪と闘う政策を展開している。二〇〇二年二月、過激主義予防における社会活動に関する決議、同年三月、過激主義と闘う教育活動に関する決議等を決定した。内務省は過激主義・人種主義・外国人嫌悪と闘う委員会を設置し、過激主義に関する年次報告書を作成した。二〇〇三年、外務省は人種主義と闘う行動計画草案を作成した。

人種差別撤廃委員会は次のような勧告をした（＊9）。刑法第二六〇条以下の諸規定を、チェコ政府によると「ナチスや共産主義者のジェノサイド」条項だと言うが、階級闘争によるヘイト・クライムや人種主義プロパガンダとの説明もあり混乱しているため人種主義との闘いが弱体化している。異なる性質の犯罪が一緒に規定されているため刑法の適用が的確でない。二〇〇四年以後ネオナチ集団メンバーが減り、ネオナチ集団予防の政府ガイドラインがつくられたことに留意するが、ネオナチ団体やメンバーに対する訴追等の措置が組織的でない。委員会は、ネオナチ集団やメンバーとなることを予防、訴追、処罰するよう勧告する。ロマの子どもが捜査機関によって虐待を受け、自白を強制されたとの情報に関心を有する。警察による違法行為に関する捜査が十分でない。委員会は刑務所人口の民族的構成、特にロマの人口比率に関する情報提供を要請する（次回報告書は本章第8節）。

4 コンゴ民主共和国

一九九六年六月のプレスの自由行使に関する法律第九六―

〇〇二号第七六条及び第七七条二項が、条約第四条の要請に対応しているという（＊10）。

①刑法第七六条「発言、文書、印刷物、描写、彫刻、図像、絵画、記章又はその他の文書メディア又は口頭メディアであって、公共の場所又は集会において販売、配布、撒布又は展示され、又は公然と公開することで、刑法第二二条及び第二三条の下で犯罪とされている行為を行うことを実行者に直接煽動した者は、その挑発が結果を生み出した場合、従犯として処罰される。」②刑法第七七条二項「その出身、又は特定民族集団、国民、人種、イデオロギー、又は宗教のメンバーであること又はメンバーでないことを理由に、人又は人の集団に対して差別、憎悪又は暴力を直接煽動したすべての者は、刑法第七六条と同様に処罰される。」報告書には刑法第二二条及び第二三条の内容が示されていない。

人種差別撤廃委員会のコンゴ民主共和国への勧告は人権高等弁務官事務所ウェブサイトに掲載されていない（＊11）。

5　インド

インド憲法及び刑法は条約第四条に対応した諸規定を有する（＊12）。憲法第一五条は宗教、人種、カースト、性別又は出生場所に基づいて特権や制限を受けないとする。憲法第四六条は被害を受けやすい人々を不正義や搾取から保護するべきだと明言する。

刑法第一五三条A、第一五三条B、第五〇五条二項がさまざまな理由に基づく憎悪の煽動を犯罪としている。①刑法第一五三条A「発言された言葉、書かれた言葉、記号、又は目に見える表象その他の方法によって、宗教、人種、出生場所、居住地、言語、カーストやコミュニティ、その他のいかなる理由であれ、これらの理由に基づいて、異なる宗教、人種、言語又は地域集団やカーストやコミュニティの間に、不和又は敵対、憎悪、悪意の感情を促進し、又は促進しようとした者、並びに異なる宗教、人種、言語又は地域集団カーストやコミュニティの間に不和を持続させる偏見となる行為や、公共の平穏を妨害し、又は妨害しそうな行為を行った者は、三年以下の刑事施設収容又は罰金、もしくは両者を併科する。」②刑法第一五三条B「発言された言葉、書かれた言葉、記号、又は目に見える表象その他の方法によって、宗教、人種、言語又は地域集団やカーストやコミュニティのメンバーであることを理由として、人々の階層がインド憲法やインドの主権と統合を確立し支持している法律に忠誠と忠義を尽くせないようにする非難を行い又は出版した者、並びに宗教、人種、言語又は地域集団やカーストやコミュニティのメンバーであることを理由として、人々の階層がインド市民としての権利を否定又は剥奪されるように主張、相談、助言、宣伝又は出版した者、並びに宗教、人種、言語又は地域集団やカーストやコミュニティのメンバーであることを理由として、人々の階層の義務に関する主張、相談、嘆願又は声明を行い又は出版した者、及びそれらの主張、相談、嘆願又は声明がそれらのメンバーやその他の人々に不和又は敵意、憎悪、悪意の感情を引き起こし又は引き起こしそうにした者は、三年以下の刑事施設収容又は罰金、もしくは両者を併科する。」③刑法第五〇五条二項「異なる宗教、人種、言語又は地域集団やカーストやコミュニティの間に、不和又は敵意、憎悪、悪意の感情をつくり、促進する意図を持って、又はつくり出しそうになった者は、三年以下の刑事施設収容又は罰金、又は両者を併科する。」

一九八一年のアパルトヘイト予防法はアパルトヘイトを犯罪とし、死刑、終身刑、その他の有期刑とする。また、団体が人種差別活動を促進し、煽動することは禁止されている。報告書に具体的適用例の記載はない。

人種差別撤廃委員会は次のように勧告した（＊13）。カースト偏見や人種的民族的偏見がインド社会に深く根付いている。カーストに基づく差別や人種的民族的偏見の社会的容認をなくす努力を強化し、公教育におけるカースト間の寛容と他民族の尊重を喚起し、メディアにカーストや民族的マイノリティの表彰を確保するよう勧告した。

6　イスラエル

刑法第一四四条Aは人種主義を煽動する意図を持った出版を行った者を五年以下の刑事施設収容とする（＊14）。人種主義は「皮膚の色、人種的出身又は国民的民族的出身を理由に、迫害、屈辱、中傷、敵意又は暴力の表示、並びにコミュニティ又は住民の一部に対する敵意を引き起こすこと」と定義される。刑法第一四四条A～Eは人種主義を煽動する意図を持った出版や物の配布を、それが結果を惹起しなかった場合も、禁止している。①刑法第一四四条D一項は、人種主義的動機なしに、人又は人の自由や財産に対して犯罪を行った者を処罰するとしている。それには脅迫、強要、フーリガニズム、公共秩序犯などが含まれる。②二〇〇二年五月改正刑法第一四四条D二項及び三項は暴力やテロリズム行為を呼びかける出版や、その称賛、支援、激励などにつき、呼びかけが暴力を惹起しそうになった場合、犯罪とした。③二〇〇四年一一月改正刑法第一四四条Fは「公衆に対する人種主義又は敵意に動機づけられた犯罪」を定め、刑罰加重とした。宗教、宗教集団、民族的出身、性的志向ゆえに、又は移住労働者であるがゆえに人種主義的動機で犯罪が行われた場合である。④

一九九〇年のテレビ・ラジオ法は、人種的煽動を含む放送を禁止している。一九八二年のテレコミュニケーション法も人種的煽動を禁止している。さらに、一九六五年の中傷禁止法第四条は国民、人種、宗教集団に対する中傷を禁止している。

人種差別撤廃委員会は次のように勧告した（＊15）。刑事事件の告発、捜査、訴追に関する詳細な情報が提供されていない。検事局が政治家や公務員のアラブ人マイノリティに対するヘイト・スピーチの訴追を抑制する政策を採用しているという情報がある。人種的動機の犯罪やヘイト・スピーチを予防し、刑法を効果的に適用する努力を強化するべきである。表現の自由の行使には特別の義務と責任が伴い、人種的観念を流布しない義務がある。政治家による人種、皮膚の色、世系、国民的民族的出身に基づく烙印付けやステレオタイプ化に対する断固たる措置を講じるべきである（次回報告書は本章第12節）。

7　リヒテンシュタイン

刑法第二八三条は人種主義の促進・煽動等を犯罪としているが、条文は引用されていない（＊16）。前回二〇〇一年の第二回政府報告書に関連条文が引用されている（＊17）。刑法第二八三条は以下の行為を二年以下の刑事施設収容としている。①人又は人の集団の人種、民族的出身又は宗教を理由とする、人又は人の集団に対する憎悪又は差別の公然煽動。②人種、民族的又は宗教集団メンバーを組織的に軽蔑又は中傷するイデオロギーの公然流布。③同様の目的での宣伝活動の組織、促進、参加。④彼、彼女又は彼らの人間の尊厳を侵害する方法で、人又は人の集団の人種、民族的又は宗教に基づいて、人又は人の集団を軽蔑又は差別する象徴、仕草、暴力又はその他の形態の行為を電磁的手段で公然伝達。⑤ジェノサイド又はその他の犯罪の否定、ひどい矮小化又は正当化、並びにその目的で象徴、仕草又は暴力行為を電磁的手段で公然伝達すること。⑥人又は人の集団の人種、民族的又は宗教に基づいて人又は人の集団に公共利用のためのサービス提供の拒否。⑦人種差別促進・煽動に従事する組織に参加し、そのメンバーとなること。

前回報告書によると、条約第一条一項に従って、人種差別に当たる内容の文書、音響、映像記録、象徴、表象その他の物を製作、貯蔵、流通、公然賛美、展示、提供又は陳列した者は処罰される。刑法第三二一条はジェノサイドの規定であり、ジェノサイド条約や国際刑事裁判所規程と同様の定義を採用している。刑法第三二一条二項はジェノサイドの共謀を一〇年以下の刑事施設収容としている（次回報告書は本章第13節）。

人種差別撤廃委員会は次のような勧告をした（＊18）。刑法第二八三条が人種差別煽動を禁止しているが、条約第四条(b)が要求する人種主義団体の禁止が含まれてない。こうした法の予防的役割が重要であり、条約第四条(b)に従って特別立法を行うよう勧告した。

8　マケドニア

憲法上、市民はジェンダー、人種、皮膚の色、国民的社会的出身、政治的及び宗教的信念、財産及び社会的地位に照らして権利と自由において平等であるとされている（＊19）。

①刑法第一三七条「市民の平等侵害」によると、ジェンダー、人種、皮膚の色、国民的社会的出身、政治的及び宗教的信念、財産、社会的地位、言語又は個人の属性又は条件の差異に基づいて、憲法、法律、批准した国際条約が定める個人や市民の権利を否定、制限、優遇した者は刑事施設収容とされる。②刑法第一三八条「言語と文字を使う権利侵害」によると、市民に対して、憲法、法律、批准した国際条約が保障する言語と文字を否定又は制限する行為は制裁を受ける。③刑法第三一九条「国民、人種、宗教的憎悪、不和及び不寛容の煽動」によると、実力行使、虐待、安全への威迫、国民的民族的又は宗教的象徴への嘲笑、記念碑、墓への侮蔑その他の方法で、国民、人種、宗教的憎悪、不和又は不寛容を教唆又は煽動した者は刑事施設収容とされる。④刑法第四一七条「人種差別その他の差別」によると、人種、皮膚の色、国籍又は民族的出身に基づいて、国際社会で承認された基本的人権と自由を侵害した者は制裁を受ける。

二〇〇四年の刑法改正により次の条項が追加された。刑法第一三七条及び第一三八条の犯罪については法人による犯罪が追加された。⑤刑法第一四四条「安全に対する威迫」の罪が国民、民族、人種又は宗教的背景によって行われた場合は刑罰加重事由とされた。⑥ 刑法第四〇七(a)条「ジェノサイド、人道に対する罪、戦争犯罪の容認又は正当化」によると、刑法第四〇三条〜第四〇七条に規定された犯罪を情報システムを通じて、公然と否定、ひどく矮小化、容認又は正当化した者は一年以上五年以下の刑事施設収容とされる。否定、矮小化、容認、正当化がその国民、民族、人種的出身又は宗教ゆえに、人又は人の集団に対して憎悪、差別又は暴力を煽動する意図をもってなされた場合は、四年以上の刑事施設収容とされる。⑦刑法第四〇三条はジェノサイドの罪、刑法第四〇三(a)条は人道に対する罪（殺人、重大傷害、物理的殲滅、奴隷化、住民の移送又は強制移送、拷問、強姦、ジェンダー搾取、強制売春、強制妊娠、強制避妊手術、誘拐又は失踪等）である。報告書には第四〇四条〜第四〇五条は記載されていないが、戦争犯罪の規定と推測できる。報告書に刑罰の記載があるのは刑法第四〇七(a)条だけで、他の条文の紹介には刑罰の記載がない。具体的適用事例は報告書に記載されていない。

人種差別撤廃委員会は次のように勧告した(＊20)。「ジャーナリスト行動綱領」がメディアを通じてなされたヘイト・スピーチ犯罪の禁止と処罰を定めているが、条約第四条の要請に合致していない。委員会は「ジャーナリスト行動綱領」及び刑法第三一九条の罪を行ったジャーナリストへの刑事制裁の適用について、効果的な措置を講じるよう勧告する。刑法第一三七条、第一三八条、第三一九条、第四一七条などに関して裁判所による適用がほとんどなされず認識が不足し、信頼性に欠ける。これらの諸規定の認識を強化し、刑事司法システムにおいて機能させ、警察官、弁護士、検察官、裁判官に教育し、人種差別を予防する効果的履行を確保するよう勧告する。

第3節　人種差別撤廃委員会第七一会期

人種差別撤廃委員会第七一会期(二〇〇七年七月三〇日〜八月一七日)に審査が行われたコスタリカ、コンゴ民主共和国、インドネシア、キルギス、モザンビーク、ニュージーランド、韓国の報告書を紹介する(＊21)。

9　コスタリカ

憲法第三三条は「すべての人は法の前に平等であり、いかなる差別も人間の尊厳に反して行われてはならない」と定める(＊22)。憲法裁判所は、客観的かつ合理的理由なしに異なる取扱いをすれば法の前の平等が侵害されるとしてきた。

コスタリカ法は人種差別を刑事犯罪ではなく「七日ユニット(七日の身柄拘束又は七日分の罰金)」に相当する軽犯罪に分類している。刑法第三七三条は次のように規定する。「公的及び私的施設の管理人又は監督者、工業又は商業施設の管理人は、人種、性別、年齢、宗教、婚姻状態、政治的意見、社会的出身又は経済状態の考慮に基づいて偏見を持った差別措置を取った場合、二〇以上六〇ユニット以下の責任を問われる。犯行が繰り返された場合、裁判官は、付加刑として一五日以上六〇日以下の公的職務や地位の停止を命じることができる。」

コスタリカ現行法には国際条約に合致した人種差別の定義がないことを認めざるを得ないという。ただし、刑法は関連して国際犯罪、ジェノサイド、共謀、犯罪の賞賛、憎悪の煽動に言及している。刑法第二七六条は「公然と犯罪を称賛し、有罪判決を受けた者を称賛した者は、一月以上一年以下の刑事施設収容又は一〇以上六〇ユニットの刑事責任を問われる」とする。政府は、集団又は私的団体による国民的又は民族的出身に基づく差別及び人種差別を犯罪とする改正を検討中であるが、立法の日程は具体化されていない。

10 コンゴ民主共和国

二〇〇三年の暫定憲法第一四条は全ての民族集団の独立性とその権利の平等を保障している（＊23）。憲法第一二条は法の前の平等を定め、第一三条は教育、公共サービスその他について宗教、性別、家族的出身、社会的地位、住居、意見又は政治的信念、人種、民族集団等に基づく差別を禁止している。

条約第四条について、プレスの自由の行使のための条件を設定した一九九六年の法律第九六―〇〇二号第七六条及び第七七条は、刑法第二二条及び第二三条とともに、文書やオーディオヴィジュアル・メディアを通じてなされる犯罪を定めている。刑法第七六条によると、言論、書かれた文書、印刷文書、図画、彫刻、図像、絵画、記章その他の事物、又は音声メディア、画像の手段により、公共の場所又は集会において又は公然と、刑法第二二条及び第二三条のもとでの犯罪に当たる行為を実行するように直接煽動することは犯罪とされている。刑法第七七条二項によると、人又は人の集団に対して、その出身、又は特定民族集団、国民、人種、イデオロギー又は宗教のメンバーであること又はメンバーでないことに基づいて差別、憎悪又は暴力を直接煽動した者も同様である。

11 インドネシア

一九九九年の人権法第一条三項によって差別を受けた者を定義しているという（＊24）。それゆえ、直接又は間接的に差別によって制約、ハラスメント又は追放されることはない。宗教、民族集団、人種、民族性、団体への加入、社会的地位、経済状態、性別、言語又は政治的信念に基づく差別を引き起こす行為は犯罪とされる。二〇〇〇年の人権裁判所法により、差別行為は人権裁判所の管轄とされている。一九九九年の人権法第三条、第一七条及び第二六条は政府職員や公共体職員に差別行為を禁止している。

政府報告書はさらに一九九九年の雇用原則法、一九九九年の雇用差別禁止ＩＬＯ条約に関する法、二〇〇三年の被雇用者法、二〇〇二年の政党法などを掲げているが、差別的処遇に関するもので、ヘイト・スピーチに関する直接の規定ではないようである。

12　キルギス

憲法第九条は「国民の平和的共存を妨げようとしたり、国内の民族紛争を唱道したり助長しようとする行為は憲法に反する」とする（＊25）。一九九二年のマスメディア法第二三条によると「マスメディアは次のタイプの情報を放送してはならない。(c)他の人民や国民に対する戦争、暴力、残虐行為、民族的又は宗教的排斥又は不寛容。(d)人々の名誉に対する侮辱」。違反行為は同法第二四条及び第二五条により訴追対象とされる。一九九七年の情報アクセス自由法第一〇条三項によると「他の人民や国民に対する戦争、暴力、残虐行為、民族的又は宗教的排斥又は不寛容」は禁止されている。違反行為は同法第一一条で訴追対象とされる（次回報告書は本章第13節）。

13　モザンビーク

憲法第三五条は「すべての市民は法の前に平等であり、皮膚の色、人種、性別、民族的出身、出生場所、宗教、教育水準、社会的地位、職業又は政治的選択にかかわらず、同じ権利と同じ義務を享受する」（＊26）。憲法第五四条は信仰や宗教を理由にした差別を禁止している。憲法第五二条は結社の自由を定め、同条三項は「暴力、人種主義、外国人嫌悪を促進する結社」を禁止している。結社法は、人種主義を促進又は煽動する団体を禁止しているというが、報告書に条文は示されていない。

14　ニュージーランド

すべての煽動と人種主義行為を根絶する施策の中心は一九九三年の人権法である（＊27）。人権法第一三一条は人種的不調和の煽動を犯罪とし「人の集団の皮膚の色、人種、民族的又は国民的出身に基づいて、ニュージーランドにおける人の集団に対して、敵意又は悪意を掻き立て、又は侮辱又は嘲笑を行う故意で、(a)脅迫、侮蔑、侮辱する文書を配布し、又はラジオ又はテレビを通じて放送した者は、三月以下の刑事施設収容又は七〇〇〇ドル以下の罰金とする」。二〇〇二年の量刑法第九条一項によると、被害者が特定の集団に属することを理由に攻撃された場合、必要的刑罰加重事由とされる。

人権法第六一条及び第六三条は人種的不調和と人種的ハラスメントを扱うが、「人」に対する禁止規定である。ニュージーランド法では「人」には個人だけでなく、集団や組織が含まれる。人権法はこうした集団の設立を禁止していないが、人の集団の皮膚の色、人種、民族的又は国民的出身に基づいてニュージーランドにおける人の集団に対して、敵意又は悪意を掻き立て、もしくは侮辱又は嘲笑を行う組織は違法とされる。人権法第一三一条について人種的不調和の煽動で訴追できるのは個人及び集団である。

15　韓国

憲法第一一条はすべての市民は法の前に平等であり、政治的、経済的、社会的又は文化的生活の領域において、ジェンダー、宗教、社会的地位によって差別されないとする（＊28）。人種差別行為は刑法第三〇七条及び第三〇九条が出版による中傷を犯罪とし、第三一一条が侮辱を犯罪としている。報告書に条文は引用されていない。二〇〇三年の外国人労働者雇用法は雇用における平等を定め、第二二条は国籍を理由とする外国人への差別を禁止している。

第４節　人種差別撤廃委員会第七二会期

人種差別撤廃委員会第七二会期（二〇〇八年二月一八日～三月七日）に提出されたベルギー、ドミニカ共和国、フィジー、ニカラグア、イタリア、モルドヴァ、アメリカ合州国の報告書を紹介する。

16　ベルギー

一九八一年の人種主義と外国人嫌悪に関する法律が一九九九年五月に改正された（＊29）。主刑を言渡された者に対して、裁判所が裁量で付加刑として五年以上一〇年以下の一定の政治的権利（公職就任権、公務員就任権、被選挙権）の取消しを言渡すことが出来るようにした。一九八九年七月の連邦選挙に際する支出・政党助成に関する法律第一五条は、欧州人権条約が保障する自由と権利に明白に敵対を表明する政党に対する助成を取消すことを認めている。同法に基づいて二〇〇五年八月、閣議は実際の施行措置を定めた。

人種差別撤廃委員会は次のような勧告をした（＊30）。「国民戦線」メンバーに有罪判決が出たがヘイト・スピーチが続いている。フラームス・ベラングが二〇〇七年五月一〇日の法律第二一条に基づいて、人種的優越性と憎悪の主張の流布が犯罪とされるのは表現の自由に反すると主張して憲法裁判所に提訴した裁判に関心を有する。条約第四条及び一般的勧告一五に照らして、条約第四条は意見・表現の自由と合致すると考えるべきである。委員会はベルギーに、政治家、公人、一般公衆における外国人嫌悪や人種的偏見と闘う措置を強化するよう勧告する。長い裁判の結果、人種主義と差別宣伝を行うフラームス・ブロックが解散となった。その継承団体フラームス・ベラングの活動に留意する。委員会はベルギーが条約第四条(b)を実施する特別の規定を持たないことに関心を有する。一般的勧告第一五を想起しつつ、条約第四条を完全かつ適切に実施するよう勧告する。人種主義者の犯罪に関する統計数値が限られている。捜査、訴追、判決、被害者補償に関する統計も不十分である。

17　ドミニカ共和国

憲法第八条六項は表現の自由を定める(＊31)。「何人も、事前検閲なしに自己の意見を、文書又はその他の表現手段によって、画像や口頭の形式で、自由に表現できる。表明された意見が他人の尊厳や道徳、公共の秩序、又は社会の道徳原則に対する脅威となる場合、法律によって定められた刑罰が適用される。匿名であれ、その他のいかなる表現手段によるものであれ、法の破壊を煽動する国家転覆の宣伝は禁止される」。憲法第八条七項は公共の秩序に違反しない限り結社の自由を認める。意見の表現に関する法律六一三〇号第三三条二項は特定の人種又は宗教のメンバー集団への中傷がなされた場合、住民に憎悪を煽動する意図があれば、一月以上一年以下の刑事施設収容及び二五以上二〇〇ペソ以下の罰金とする。統計や適用事例は示されていない。

人種差別撤廃委員会は次のような勧告をした(＊32)。議会で審議中の改正刑法草案に人種差別に対する制裁規定があるが、まだ採択に至っていないことに留意する。刑法改正において条約第四条及び一般的勧告第一五号（一九九三年）を十分に考慮するよう勧告する。レジャー施設などの公共の場における人種差別がある。公共の施設・場所の利用が人種、皮膚の色、国民的又は民族的出身を理由に否定されることのないように勧告する。差別に対して改正刑法草案に規定を設けるよう勧告する。

18　フィジー

ヘイト・スピーチや先住民族の優越性の主張に対処する措置を取っている(＊33)。一九九七年の憲法第三〇条は表現の自由の規定だが、その制約も明示している。憲法第三〇条二項(b)によると、法律によって表現の自由を制約できるのは他人の名誉、プライヴァシー、尊厳、自由権を保護・維持するためになされる場合である。それにはヘイト・スピーチからの自由の権利（the right to be free from hate speech）が含まれる。ヘイト・スピーチは憲法第三八条において、いかなる形態であれ、憲法第三八条に記述された理由に基づいて差別を促進し、又は促進する効果を有する表現と定義されている。フィジーは条約第四条の要請する立法措置が世界人権宣言と条約第五条の考慮のもとで行われると考えている。政府は人種的優越性又は憎悪に基づく観念を流布する団体、暴力行為、それらの行為の煽動に反対している。このような団体は非難され、法律によって抑止される。

公共秩序法第一七条は「人種的敵対の煽動」を次のように規定する。「（1）話された又は読まれるべき言葉によって、標識によって、もしくは目に見える表象その他によって、次のような言説を広めること。（i）人種又はコミュニティに対する人種的好悪又は憎悪を煽動する、（ii）異なる人種やコミュニティ間の敵対感情や悪意を助長すること、（iii）公共の平穏を損なうこと。（2）自分のもの以外の人種やコミュニティに関して、その構成員に恐怖、警告又は不安感を引き起こすような傷害や脅迫の言説を行うこと。（3）軍人、警察官、刑事施設職員に暴力を煽動し、法律に従わないことや不法秩序を助言する言説を行うこと。以上の行為は、一年以下の刑事施設収容又は五〇〇ドル以下の罰金、もしくは両者の併科とする。」刑法第六五条は「煽動的意図」を、例えば「人に憎悪又は侮辱を引き起こすこと又は不満を亢進させること」としている。

人種差別撤廃委員会は次のように勧告した（＊34）。現行刑法は条約第四条に関連する法律であるが、フィジー政府は人種主義団体の禁止に反対し、人種主義的理由の犯罪について刑罰加重事由としていない。報告書が差別事件に関する統計を示していないことは残念である。条約第四条の要請に応じて追加立法を行うよう強く勧告する。人種的憎悪と憎悪の煽動に関する統計データを報告するよう勧告する。

19　ニカラグア

憲法第三条は「平和と正当な国際秩序を求める闘争はニカラグア国民の譲ることのできない約束である。それゆえニカラグア国民はすべての形態の植民地主義、帝国主義的支配と搾取に反対し、抑圧と差別に対して闘うすべての人民と連帯する」とする（＊35）。

一九七四年の刑法は人権侵害又は人権侵害の煽動、他人に対する身体暴力の実行を処罰する。刑法第五四九条及び第五五〇条に基づいて、特定集団に対する平穏侵害又は人権侵害は法的効力を持たないとされる。一九九六年の刑法改正法第二条一〇項は、伝統的法が自治裁判所によって適用されることを認めた。国家の法律ではなく先住民族の慣習法が適用されるべき場合は自治裁判所が審理する。

人種差別撤廃委員会は次のように勧告した（＊36）。新刑法に人種差別犯罪が盛り込まれたが、人種差別促進団体に対する制裁を定めた新刑法第四五条及び第一一三条は不明確である。条約第四条(b)に従って人種差別促進・煽動団体を禁止し、団体参加及びその活動に参加した者を処罰する犯罪を明確にするよう勧告する。

20　イタリア

政府報告書は人種差別と闘う法規制の状況を概説している（＊37）。特に難民や外国人に関する法、言語的マイノリティ、宗教共同体、ロマ、人身売買をテーマとして現状を報告し、差別に対処する機関として差別と闘う措置のための政府機関、差別と反ユダヤ主義に反対する委員会、ショアーに関する国際タスクフォース、スポーツイベント監視センターなどを説明している。イタリア報告書はその都度ごとにテーマを設定しているため、条約実施状況の全体をカバーしていないし、条約第四条に関する記述も今回は見られない。

人種差別撤廃委員会は次のように勧告した（＊38）。政府は人種差別や不寛容と闘うためにといっているが、政治家による外国人やロマを標的とした言説を含むヘイト・スピーチ事件が報告されている。人種的に動機づけられた犯罪やヘイト・スピーチの予防を強化し、関連する刑法規定の履行を確保するよう勧告する。表現の自由には特別の義務と責任が伴うことを呼びかける。特に政治家によって、人種、皮膚の色、世系、国民的又は民族的出身に基づいて人に烙印、ステレオタイプ、プロファイルする傾向に対処するよう勧告する（次回報告書は本章第12節）。

21　モルドヴァ

過激活動と闘う法律が制定されている（＊39）。過激活動と闘う法律によると、過激活動とは公然たる団体又は宗教団体、マスメディアその他の機関を通じて、人種的、国民的及び宗教的憎悪、並びに社会的憎悪の煽動の目的を持って活動を計画、組織、準備、実行する目的をもった活動であり、次のものが含まれる。暴力又は暴力の呼びかけ。国民の尊厳の侮辱。イデオロギー的、政治的、人種的又は宗教的憎悪もしくは敵意を動機とする大衆的騒動、フーガリニズム、蛮行。人種、国籍、民族的出身、言語、宗教、性別、意見、政治姿勢、財産又は社会的出身に依拠した市民の排除、優越性、劣等性の促進。過激活動と闘う法律によると、過激文書とは記録や匿名の公開情報その他の情報であって、過激活動を呼びかけ、過激活動の必要性を正当化し、戦争犯罪や、民族的、社会的、人種的、国民的又は宗教的集団の一部又は全部の殲滅に関連する犯罪の実行を正当化するものをいう。公然教唆とは、文書又は電子的マスメディアを通じて国民的、人種的、宗教的不調和、国民の名誉と尊厳の損壊、人権の直接又は間接的制限を唆すことである。

①過激活動と闘う法律第六条は過激活動を行う目的を持った団体の設立を違法とする。司法大臣は検事総長に過激活動団体への警告を要請することができる。警告を受けた団体は不服があれば裁判所に提訴することができる。②法律第七条はマスメディアを通じた過激文書の流布を禁止する。検事総長は過激文書流布に警告を与えることができる。不服があれば裁判所に提訴できる。③法律第八条は過激活動のために公共テレビ放送を利用することを禁止する。④法律第九条は過激文書の出版と流布を禁止する。過激文書か否かは裁判所が認定する。団体が一二ヶ月の間に二回過激文書を流布すれば、裁判所は当該団体の出版権を停止させることができる。⑤法律第一三条は集会における過激活動を禁止する。大衆集会の組織者は集会法に基づいて過激活動をさせないようにしなければならない。法律の適用事例は紹介されていない（次回報告書は本章第10節）。

人種差別撤廃委員会は次のように勧告した（＊40）。過激活動と闘う法律があるが、人種的、国民的及び宗教的憎悪を含む過激活動をする組織が実際に違法と宣言されず、捜査事例が報告されていない。委員会は法律を条約第四条に完全に合致させて適用するよう勧告する。警察官、検察官、裁判官その他の法執行官に人種的憎悪や差別に関する研修を義務付けるべきだと勧告する。次回報告書で法律適用状況、捜査や犯行者に課された制裁、被害者への補償について報告するよう要請する。

22　アメリカ合州国

条約第四条の要請はアメリカ憲法の表現の自由、結社の自由に抵触するので、条約批准時に条約第四条には留保を付したという（＊41）。暴力を引き起こそうとする言論を制約することができるのは限定的な条件の下でのみであるとして、一九九二年のＲＡＶ事件連邦最高裁判決を紹介している。ただし、二〇〇三年のヴァージニア対ブラック事件では、ヴァージニア最高裁が人又は人の集団に対する脅迫の故意を持った十字架燃やしを禁止する規定を憲法違反としたのに対して、憲法修正第一条の表現の自由の保護は絶対的ではなく、脅迫の故意を持った十字架燃やしは真に脅威あるものである場合には禁止できると判断した。ヘイト・クライムについて司法省公民権局は人種的、民族的又は宗教的憎悪に動機を持つ暴力や脅迫を禁止している。権利侵害の共謀もこれに含まれる。連邦刑法第二四一条は憲法が保障する権利又は特権の自由な行使又は享受に関して、人に傷害、威嚇又は脅迫をする同意を行った二人以上の者について違法とする。大半の共謀条項と異なって、この共謀には共謀者の一人が実行行為を行うことを必要としない。刑罰は犯行の事情により、傷害結果を惹起した場合には、終身の刑事施設収容や死刑に至るまでの幅がある。

人種差別撤廃委員会は次のように勧告した（＊42）。一定の形態のヘイト・スピーチや十字架燃やしのような脅迫が憲法修正第一条によって保護されないことを評価するが、条約第四条の適用に広範な留保を付していることは残念である。委員会の一般的勧告第七及び第一五に注意を喚起し、条約第四条適用留保の撤回を要請する。人種的優越性や憎悪に基づく観念の禁止は表現の自由と合致し、表現の自由の権利の行使には特別の義務と責任が伴い、人種主義的観念を流布させない義務があると勧告する。

第5節　人種差別撤廃委員会第七三会期

人種差別撤廃委員会第七三会期（二〇〇八年七月二八日～八月一五日）において審査が行われた各国政府の報告書、及びその結果として出された委員会勧告を紹介する。同会期にはオーストリア、エクアドル、スイス、ナミビア、ロシア、スウェーデン、トーゴなどが報告書を提出して審査を受けた。

23　オーストリア

人種差別の煽動や人種主義行為の根絶のための措置に関して何よりも重要なのは法規範である（＊43）。刑法第二八三条は人種差別煽動を犯罪とする。ナチス禁止法もある。刑法第三三条により、人種主義行為は刑罰加重事由とされている。行政手続行為法によって、人種的理由による差別は行政犯とされる。結社法と集会法により、不法な結社や集会は解散させることができる。今回が一七回目の報告書のためか、条文は引用されていない。人種差別を促進・煽動する団体の禁止は、二〇〇二年の結社法第一二条一項に規定され、刑法第二八三条やナチス禁止法に規定する行為を行えば、解散させることができる。結社でなくても組織的プロパガンダ活動が一定の条件を満たせば集会とみなし、一九五三年の集会法第六条に従って禁止される。

人種差別撤廃委員会は次のような勧告を出した（＊44）。政府は刑法第二八三条の検証を行っているが、規定が公共の秩序を脅かす行為に向けられ、民族集団の構成員である個人に対して向けられた行為に限定されている。刑法第二八三条が被害に曝されやすい集団、民族的マイノリティ、移住者、難民認定申請者、外国人に属する人々への人種差別行為をカバーし、公共の秩序に制限されないようにして、条約第四条に合致させるように推奨する。委員会は、表現の自由は特別の責任を伴うものであり、人種主義的観念を流布しない義務を含むことを呼びかける。政治家が人種、皮膚の色、世系及び国民的又は民族的出身に基づいて人々を標的にし、烙印を押しているのに反対する措置を講じるように勧告する。

24 エクアドル

憲法は法の下の平等を規定するとともに、先住民族の集団の権利を保障している(＊45)。次の人種主義行為は犯罪である。あらゆる手段による人種主義の普及又は煽動、人種差別暴力行為又は財政支援は、六月以上三年以下の刑事施設収容である。人種差別暴力が身体傷害を惹起した場合、二年以上五年以下の刑事施設収容である。人種差別暴力が死の結果を惹起した場合、一六年以上二五年以下の特別長期刑事施設収容である。実行犯が公務員の場合は刑罰加重事由となる。エクアドルは、この規定が条約第四条の履行を目的としているとしつつ、差別と偏見に対処するのに不十分であると認め、非差別と寛容の教育に力を入れるとしている。

人種差別撤廃委員会は、政府が憲法で先住民族の権利を保障しようとしていることに留意しつつ、先住民族の集団の権利保障のための特別立法を行うように勧告した(＊46)。委員会はロマに対する差別に関する一般的勧告第二七号に注意を喚起し、国家公務員による差別からロマを保護する戦略と計画を策定するよう勧告した。

25 スイス

条約第四条に関する刑法第二六一条があるが、政府報告書に条文は引用されていない(＊47)。具体例な適用状況について詳しい情報が掲載されている(第9章第5節参照)。他方、人種差別のシンボルを公然と展示・着用したり、その他の方法で公衆がアクセスできるようにすることを犯罪化する立法提案がある。極右過激派のシンボルだけでなく、暴力や人種差別を唱道するすべての過激運動のシンボルに適用しようという意見もある。

人種差別撤廃委員会は次のような勧告をした(＊48)。スイスが条約第四条を留保していることに関心を有する。憲法が表現の自由と集会の自由の重要性を表明していることを考慮しつつ、表現の自由や集会の自由は絶対的ではなく人種主義促進・煽動団体の設立や活動は禁止されるべきだと呼びかける。人種主義や外国人嫌悪が台頭し、そうした政党や団体が活動している。条約第四条の義務的性格に照らして、スイスが条約第四条の留保を撤回し、人種主義促進・煽動団体は違法で禁止されると宣言するよう勧告する。この文脈で一般的勧告第一五号に注意を喚起する。委員会はさらに次のように勧告した。スイスにおいて皮膚の黒い人に対する警察による過剰な実力行使が増加している。あらゆる形態の人種差別慣行及び警察による過剰な実力行使の根絶のための措置を取るよう促す。法執行官の活動に関する不服申立てを調査する独立機関の設置。申立てられた実行者への懲戒手続き及び刑事手続き、被害者への適切な補償。警察官への研修訓練の継続。マイノリティの警察官への採用等。

26　ナミビア

憲法第二三条は「人種差別の慣行及びアパルトヘイトのイデオロギーは禁止され、それらの慣行及びその宣伝は、議会立法によって、通常裁判所で裁かれる犯罪とされる」とする（＊49）。一九九一年の人種差別禁止法（一九九八年改正法）は条約第四条に従った人種差別禁止を履行する基本法である。憲法第一〇条二項は、性別、人種、皮膚の色、民族的出身、宗教、信条、社会的経済的地位を理由とする差別を禁止する。国籍、世系による差別の禁止も含まれる。人種差別禁止法第一条によると人種主義団体の定義において皮膚の色、人種、国籍、民族的又は国民的出身だけに言及されている。差別の禁止について多くの最高裁判決があり、積極的是正措置も行われている。

人種差別撤廃委員会は次のような勧告を出した（＊50）。一九九八年人種差別禁止改正法のヘイト・スピーチ禁止条項が実害のある場合に限定されている。政府公務員によるマイノリティに対する言葉による攻撃についての具体的措置に関する情報が報告されていない。条約第四条に即してヘイト・スピーチを予防し、これと闘い、処罰するために法律を見直すよう勧告する。意見・表現の自由の行使には特別の義務と責任が伴うことについて、一般的勧告第一五号を参照するよう勧告する。人種、皮膚の色、世系、国民的又は民族的出身に基づいた、人々やコミュニティに対する、政治家による攻撃、烙印、ステレオタイプの傾向に対処する措置が必要である。

27　ロシア

二〇〇二年の連邦法第一一四—FZは過激主義を犯罪として定め、人権と自由を保障している（＊51）。連邦法第一一四

―ＦＺ第一条は次のような定義を掲げる。①暴力や、暴力に出るよう訴えて、人種的民族的又は宗教的対立や社会的不調和を煽動するための活動の計画、組織、準備及び実行する団体、組織、マスメディア及び個人。②イデオロギー的政治的人種的民族的憎悪又は敵意、又は特定の社会集団に対して向けられた憎悪又は敵意に動機を持つ大規模騒乱、フーリガン、蛮行を行うこと。③宗教に対する姿勢、又は社会的人種的民族的宗教的言語的理由に基づいて、市民を排除し、又は優越性・劣等性を唱道すること。④ナチスの装備品やシンボルを公然と掲げること。⑤ナチスの装備品やシンボルを掲げる行為を公然と呼びかけること。⑥連邦法第一一四―ＦＺは、以上の行為を行う過激主義団体に対して裁判所が解散命令を出すことができるとする。

二〇〇二年改正刑法第二八二条一項はイデオロギー的政治的人種的民族的憎悪又は敵意、もしくは特定の社会集団に対して向けられた憎悪又は敵意に動機を持つ犯罪の計画又は実行のために組織された団体を、過激主義団体としている。改正刑法第二八二条二項は過激主義団体を自発的に退会した者には刑事責任を問わないとし、公的地位にある者については刑罰加重事由としている。二〇〇四年五月、連邦検事総局は、反テロ法による調査を強化する命令第一三号を出し、すべての市民が平等に民族、人種、宗教の権利を享受できるようにしている。過激主義犯罪の捜査のために、国家統計を作成し、公表している（次回報告書は本章第13節）。

ロシア報告書の主な内容は過激主義やテロリズムに関するもので、そこにヘイト・クライム／ヘイト・スピーチが含められている（＊52）。

28　スウェーデン

国民的又は民族的集団に対するアジテーションは刑法一六章八節で犯罪とされる（＊53）。メディアにおける表現の自由はプレスの自由法及び表現の自由基本法によって強く保障される。国民的又は民族的集団に対するアジテーションの犯罪は、憲法で保護されるメディアで行われた場合、処罰される。民族的マイノリティの保護のための刑罰法規が適用される。

条約第四条(b)に関連して、人種主義活動を行う団体であっても法律違反を行わなければ禁止されない。違反行為は、団体その他の集団を通じての人種主義声明の流布が国民的又は民族的集団に対するアジテーションの規定に当たる場合である。最高裁判所は一九九六年にナチスのシンボルや人種主義意見の表現を国民的又は民族的集団に対するアジテーションで有罪とした。民主的コントロールを越えた団体設立を予防するため、刑法一八章四節は違法な軍事的行動を禁止する。

以上の犯罪の共謀、準備、未遂、共犯は刑法二三章に従って処罰される。犯罪が人種、皮膚の色、国民的又は民族的出身、宗教信念、性的志向その他の事情に基づいて個人又は集団に対して行われた場合、刑罰加重事由となる。

条約第四条(c)に関連して、政府の指令に基づいて、公務員は法の前の平等を踏まえて職務を行う。民族差別の支持又は促進は懲罰事由及び民事訴訟の原因になる。具体的な適用事例や統計は掲載されていない。

人種差別撤廃委員会は次のような勧告を出した（＊54）。第四条に効力を与える法律規定が存在し、政府はこれが条約の要請に適っているというが、人種憎悪を促進・煽動する団体を違法とし禁止する明白な刑罰規定がない。条約第四条(b)に沿って人種主義団体を禁止する立場を採用し、法改正を行うように勧告する。この点で委員会は一般的勧告第一五号を想起する。政府がヘイト・クライムと闘う努力をしているが、二〇〇〇年以後、人種的動機によるヘイト・クライムが増加し、白人パワー音楽と宣伝が普及している。関連する法律はあるが十分に適用されず、検事総局が立件したヘイト・クライム事例がごく僅かしかない。裁判所、検察及び警察の間で異なったヘイト・クライムの定義が用いられている。人種的に動機づけられたヘイト・スピーチを予防し、訴追する努力を強化し、関連する刑罰法規を適用するように勧告する。ストックホルム警察に設置されたヘイト・クライム課は優れた実例である。ヘイト・スピーチなど人種主義的行為を訴追するため検察官に研修コースを用意するよう勧告する。国家機関がヘイト・クライムの定義を共有するよう勧告する。

29　トーゴ

憲法第四八条四項は「人種主義、地域主義、外国人嫌悪の表現は法律により処罰される」とする（＊55）。①一九八〇年の刑法第五九条二項は被害者の民族性、宗教又は国籍に関する軽蔑を含む侮辱を定め、(a)公然又は文書による重大な侮辱を故意に行った者は罰金(二〇〇〇以上三万以下のCFAF、刑罰加重する場合は四〇〇〇以上六万以下)、(b)一〇日以上三〇日以下の労役（裁判所の監督下での社会奉仕労働）とする。②刑法第一八二条二項は公道における無許可デモの組織者を、一月以上六月以下の刑事施設収容及び／又は二万以上一〇万CFAF以下の罰金とする。③刑法第一八三条は公道における無許可デモが公共施設、地域住民財産、駐車中の車両の損壊をもたらした場合、一月以上六月以下の刑事施設収容とする。④一九九八年のプレス放送法第八六条及び第八七条は印刷、売買、配布又は公共の場や集会で展示するなど文書によって、公然と展示されたプラカード、ポスター、絵画、印刷物、記章によって、もしくは文書又はオーディオ・ビジュアル・コミュニケーションによって人種的又は民族的憎悪を表現することを、三月以上一年以下の刑事施設収容、又は一〇万以上一〇〇万CFAF以下の罰金とする。一九九八年のプレスコードは国家当局、民間出版社、国営及び民営ラジオ・テレビによる人種的又は民族的憎悪の煽動を罰金又は刑事施設収容とする。

憲法第七条二項は地域、民族集団又は宗教に特定した政党を認めないとする。一九九一年の政党憲章は地域、民族的又は宗教的特質を優先した差別を禁止する。トーゴでは人種差別や人種主義を煽動する運動や活動はないが、一九九〇年の建国当時は民族的不寛容の状況があり、人種的憎悪の新聞記事も見られた。他民族に対して攻撃的な民族集団もあるという。政府は民間のトーゴ非暴力協会と協力して民主主義における自由と非暴力に関するセミナーを開催している。

人種差別撤廃委員会は次のような勧告を出した（＊56）。条約第四条の要請が十分に国内法に反映していない、特に人種主義活動に対する援助や財政支援を違法とし、人種主義宣伝流布団体を禁止することが反映していないので、これらを犯罪とするように勧告する。政府が刑罰によらずに国民的和解をめざしているが、人種的憎悪を有する政治指導者やジャーナリストに刑罰を科さないとしている。政治家やメディアが人種、皮膚の色、世系及び国民的又は民族的出身に基づいて人に烙印を押していることと効果的に闘うための措置を講じるよう勧告する。

30　ドイツ

インターネットの普及によって極右勢力とそのシンパによる活動領域が広がり、捜査に苦労している（＊57）。条約第四条(a)について、刑法第八六条が反憲法的団体による宣伝流布を犯罪としている。第八六条(a)は、ナチスなど特定の政党や組織のシンボルの使用を禁止する。①刑法第一三〇条の民衆煽動罪の規定は、極右の外国人排斥と闘うためのドイツ刑法で最重要な規定である。②刑法第一二九条は人種憎悪や人種差別を正当化する団体を禁止する。③刑法第一三一条は暴力を賛美する文書を流布することを処罰するとしている。④二〇〇二年六月の国際刑法に違反する犯罪法典により刑法第一三〇条が改正され、憎悪煽動文書の流布にメディアやインターネットを通じた流布も含まれるようになった（統計及び適用事例は第9章第6節参照）。

条約第四条(b)について、基本法第九条二項及び私的団体法があり、刑法や憲法秩序に違反する目的や活動の団体は禁止される。私的団体法はEU以外も含む外国人団体にも適用される。刑法第一二九条が団体禁止を明示する。

人種差別撤廃委員会は次のように勧告した（＊58）。刑法第八六条(a)と第一三〇条の犯罪の定義がインターネット上の人種主義宣伝を犯罪として訴追する基礎となっているが、インターネット上のヘイト・スピーチ事件が報告されている。インターネット上のヘイト・スピーチや人種主義宣伝を含む人種的動機による犯罪を防止する努力を強化すること。表現の自由の権利には特別の義務と責任、特に人種主義思想を流布しない義務を伴う。この点でサイバー犯罪条約追加議定書を批准するように勧告する。

第6節　人種差別撤廃委員会第七四会期

人種差別撤廃委員会第七四会期（二〇〇九年二月一六日～三月六日）に提出された各国政府報告書を基に紹介する。同会期にはブルガリア、クロアチア、フィンランド、モンテネグロ、パキスタン、スリナム、チュニジア、トルコ等が報告書を提出して審査を受けた。

31　ブルガリア

ブルガリアは条約第四条の実施に必要な措置をすべて講じているという（＊59）。刑法は人種、民族、宗教、国民の平等に対する犯罪を設けている。刑法第三章「市民の権利に対する罪」第一節「国民や人種の平等に対する罪」には次の条項がある。①刑法第一〇八条はファシスト又はその他の反民主主義イデオロギーの流布を犯罪としている。ファシスト又はその他の反民主主義イデオロギー、又は共和国憲法によって確立された社会・国家制度を強制的に変更することを煽動した者は、三年以下の刑事施設収容とされている。②刑法第一六二条第一項　人種的国民的敵意、憎悪又は人種差別を煽動又は教唆した者は、三年以下の刑事施設収容及び公的非難（公民権停止）に処する。第二項　国籍、人種、宗教又は政治信念のゆえに、彼又は彼女に対して暴力を加え、もしくは財産に損害を与えた者は、三年以下の刑事施設収容及び公的非難に処する。第三項　前項までに規定された行為を行うための組織又は集団を組織し、その長となり、それを目的とした者は、六年以下の刑事施設収容及び公的非難に処する。第四項　前項の組織又は集団の構成員は、三年以下の刑事施設収容及び公的非難に処する。第五項　裁判所は、前項までに規定された犯罪について、必要的和解を命じることもできる。③刑法第一六三条第一項　国民的人種的所属を理由に、住民集団、個々の市民又はその財産を攻撃する目的をもって群衆に加わった者は、次の刑に処する。(a)教唆者及び指導者　五年以下の刑事施設収容。(b)その他の参加者　一年以下の刑事施設収容又は集団労働。第二項　群衆や参加者の一部が武装していた場合、次の刑に処する。(a)教唆者及び指導者　六年以下の刑事施設収容。(b)その他の参加者　三年以下の刑事施設収容。第三項　攻撃により重大な身体傷害又は死を惹起した場合、教唆者及び指導者は三年以上一五年以下の刑事施設収容、その他の参加者は、より重い刑に服していない限り、五年以下の刑事施設収容に処する。

第三章第二節「宗教に対する罪」には次の条項がある。④刑法第一六四条　言論、出版、行動、その他の方法によって、宗教的理由に基づく憎悪を煽動した者は、三年以下の刑事施設収容又は集団労働に処する。⑤刑法第一六五条第一項　暴行又は脅迫により、市民が自己の信仰を告白し、又は国家の法律、公共の平穏、良俗に違反しない儀式及び職務を執り行うことを妨げた者は、一年以下の刑事施設収容に処する。第二項　前項と同じ方法で、他人に宗教儀式及び職務を行うことを強制した者には、同一の刑が科される。第三項　第一六三条の行為について、住民集団、個々の市民、又はその財産に対して、彼等の宗教と関連して行われた場合、刑罰は同条に定める刑罰と同等とする。

第三章第三節「市民の雇用の権利に対する罪」の刑法第一七二条は国籍、人種又は宗教を理由として職業を強制又は剥奪した者に刑罰を科す（適用状況について第9章第6節参照）。

人種差別撤廃委員会は次のような勧告をした（＊60）。一部の組織や政党がマイノリティに属する者に対する人種的ステレオタイプや憎悪を煽動している現象、及びネオナチ・スキンヘッドの登場に関心を表明する。これらの組織や政党を処罰する効果的措置を講じるよう勧告する。民族集団間における寛容を促進する措置を講じるよう勧告する。

32　クロアチア

政府は人種主義煽動、ヘイト・スピーチ、人種主義団体を非難してきた（＊61）。刑法第一七四条は個人及び集団によるこれらの行為類型を含む。差別の禁止は刑事施設収容法にも明示されている。刑事施設収容を科す場合、被収容者は人種、皮膚の色、性、言語、宗教、政治その他の信念、国民又は社会的出身、財産、出生、教育、社会的地位又はその他の特徴を理由に不平等処遇を受けてはならないとする。

人種差別撤廃委員会は次のような勧告をした（＊62）。刑法においてヘイト・クライムを定義し、禁止しているが、実際にはマイノリティに対する多くの暴力事件が訴追されていない。条約第四条(b)が要求する人種差別組織を禁止する法律がない。ヘイト・クライム及び人種的動機による暴力を予防し、訴追するための措置を講じるよう促す。条約第四条に関する一般的勧告第一五号を想起する。政府が準備している新刑法を包括的なものとし、条約第四条の規定に完全に合致し、人種差別を促進する組織を禁止するよう勧告する。

33　フィンランド

政府報告書は、これまでに人種差別撤廃委員会から受けた勧告について回答を行っているが、その第一はインターネット上の人種差別である（＊63）。この問題は現在も継続していて、厳格な法律、効果的な監督、積極的国際協力によって対処可能となる。インターネットに人種差別文書を掲載することは重大犯罪であり、警察が率先して対処行動しなければならないことを示さなければならない。インターネット上の人種主義文書の書き手を特定することには困難があり、差別文書を削除することも困難である。明らかに犯罪的な内容を有するメッセージを公開しないようにできなかったオペレータも正犯又は共犯の責任を問われることがある。一定の条件の下では編集者が管理責任を果たさなかったために、マスメディア表現の自由法第一三条によって罰金を言い渡されることもある。しかし、同法はフィンランド国内の事件にしか適用できないので外国のサーバーを通じて入ってきた差別文書に適用できない。実際、多くの差別文書がアメリカ合州国から発せられている。

関連する刑罰法規は、刑法第六章第五節に刑罰加重事由の規定がある。犯罪規定としては、第一一章第八節の民族アジテーション、同章第九節の差別、第一七章第一(a)節の犯罪集団の活動への参加、同章第一〇節の宗教の神聖を汚すこと、第二四章第九節の中傷、同章第一〇節の重大な中傷、第二五章第七節の脅迫、第四七章第三節の労働差別、同章第三(a)節の高利貸業の差別、マスメディア表現の自由法第一二節の正犯及び共犯の犯罪責任、第一三節の編集者の過誤、第三章の強制手段、がある（次回報告書は本章第13節）。

人種差別撤廃委員会は次のような勧告をした（＊64）。委員会は、政府がインターネット上の人種差別煽動と闘い続けていることに留意する。インターネット上の人種主義煽動のような人種差別の現代的諸形態と闘うために、国内及び国際的に努力を続けるよう促す。政府に、欧州サイバー犯罪条約追加議定書を批准する手続きを進めるよう要請する。

34　モンテネグロ

憲法は表現・意見の自由を保障する（＊65）。人種、国民、宗教的憎悪を教唆する表現は禁止され、差別と暴力からの刑法的保護は法に基づいてすべての市民に平等に与えられる。二〇〇三年一一月の刑法第一五章「人及び市民の自由と権利に対する犯罪」には次のような規定がある。①言語・文書を自由に用いる権利の侵害（刑法第一五八条）――罰金又は一年未満の刑事施設収容。②市民の平等の侵害（刑法第一五九条）――三年未満の刑事施設収容。職務中に公的権限で行った場合、三月以上五年以下の刑事施設収容。③国民又は民族的関係又は文化の表現の権利の侵害（刑法第一六〇条）――罰金又は一年未満の刑事施設収容。職務中に公的権限で行われた場合、三年未満の刑事施設収容。④宗教信仰及び宗教儀式の執行の自由の侵害（刑法第一六一条）――罰金又は二年未満の刑事施設収容。公務員が行った場合、三年未満の刑事施設収容。

刑法第一七章「名誉及び評判に対する犯罪」はモンテネグロに居住する国民、国民集団、又は民族集団を公然と侮辱した者に三〇〇〇以上一万ユーロ以下の罰金を科している。刑法第二九章「憲法と安全に対する犯罪」は暴力又は暴力の威嚇によって憲法支配を変更させようとした者に、三年以上一五年以下の刑事施設収容としている。

結社の自由は保障されるが、人種、宗教、国民的憎悪又は敵意を煽動する団体の形成はできない。マイノリティに対する差別規定を有する団体には司法大臣が登録を拒否する。政治団体、労働組合なども憲法秩序の暴力による破壊、権利と自由の侵害、国民、人種、宗教その他の憎悪又は敵意を煽動する活動を支援することは禁止される。

人種差別撤廃委員会はモンテネグロ政府に対して勧告を出したが、条約第四条に関連する記述はない（＊66）。

35 パキスタン

政府報告書によると、パキスタン刑法は条約第四条の要請を満たしている（＊67）。刑法はコモンローに基づいており、主要部分は一八六〇年刑法である。刑法は宗教、人種、出生地、居住地、言語、カースト又はコミュニティ、又はその他の理由に基づいて、不調和、敵対感情、憎悪、悪意を促進又は教唆する行為を規制する。団体は人種差別を宣伝、促進、教唆することができない。刑法第一五三条Aが教唆に関する規定である。「刑法第一五三条A(a) 話し言葉、書き言葉、サイン、可視的な表現その他によって、宗教、人種、出生地、居住地、言語、カースト又はコミュニティ、又はその他の理由に基づいて、それらの間に不調和、敵対感情、憎悪、悪意を促進又は教唆し、もしくはその未遂を行った者、(b)前項と同一視しうる理由で、公共の平穏を妨げ、又は妨げそうになった者、(c)異なる宗教、人種、言語又は地域集団、カースト、又はコミュニティ、又は人の集団間に、調和の維持を損なう行為を行い、もしくは行うことを他人に教唆した者、(d)前項までと同じ理由で、そうした活動への参加者が犯罪的実力行使や暴力を用いることを意図して、又はそれが犯罪的実力行使又は暴力であると知りながら、実行、運動、訓練その他類似の活動を組織し、又は他人に組織することを教唆した者、もしくは同様の目的又は認識でそうした活動への参加者に参加させ又は他人を参加させるよう教唆した者は、五年以下の刑事施設収容とする。(一部省略)」

一九六五年の西パキスタン拡声器規制条例は憎悪や教唆を広めるメディアの利用を予防しようとしている。一九九七年の反テロリズム法第六条二項(c)は宗教宗派又は民族集団に憎悪や侮辱を教唆する行為を掲げる。

人種差別撤廃委員会は次のような勧告をした(*68)。パキスタンにおける人種差別団体の規制に関する情報が欠如している。次回報告書において条約第四条(b)の人種主義団体を規制する努力についての情報を提供するよう勧告する。

36　スリナム

スリナム憲法は人種主義や差別と闘い、予防するために十分な保障を与えているという(*69)。刑法第一七五条は人種、宗教、人生観に基づいた人への差別に関する規定である。改正草案では、職業又は習慣として、もしくは二人以上が共同して行った場合、二年以下の刑事施設収容及び/又は第二カテゴリーの罰金に処するとしている。更に次の改正案が用意されている。①改正刑法草案第一七六条(b)　人種、宗教、人生観、ジェンダー、性的志向又は身体的精神的欠損に基づいて、人に差別をするための活動に参加し、財政的又はその他の方法で支援した者は、三月以下の刑事施設収容及び/又は第一カテゴリーの罰金に処する。②改正刑法草案第一七六条(c)　人種、宗教、人生観、ジェンダー、性的志向又は身体的精神的欠損に基づいて、職務執行、職業、業務において故意に差別をした者は、六月以下の刑事施設収容及び/又は第一カテゴリーの罰金に処する。

人種差別撤廃委員会は政府に勧告を出したが、条約第四条に関連する記述はない(*70)。

37　チュニジア

チュニジアは条約第四条の履行に必要な措置を講じているという(*71)。一九九三年八月の改正プレス法第四四条は「人種、宗教又は住民の間に直接憎悪を促進し、人種隔離や宗教的過激主義に基づいた意見を広めた者」は処罰される。一九九三年一一月の刑法第五二条bisはテロリスト攻撃を処罰するとし、「憎悪又は人種的宗教的ファナティズムの煽動行為は、その手段の如何に関わらず、同様とする」として、処罰される。刑法第一六五条は「宗教礼拝又は儀式を妨げ、もしくは混乱させた者は、六月の刑事施設収容及び罰金に処す」としている。刑法第一六六条は「法的権限がないのに、暴力又は脅迫によって、人に宗教を強制したり、妨げた者は、三月の刑事施設収容に処する」とする。一九八八年五月の政党組織法は政党設立の自由を定めるが、同法第二条は政党に対して人権を尊重し、暴力や人種主義を避けるよう求めている。

人種差別撤廃委員会は次のような勧告を出した（＊72）。政府の公的政策にもかかわらず、人種差別行為がしばしば起きているので、個人、集団又は組織による事実上の人種差別を的確に評価するために研究するよう勧告する。条約第四条の要請を満たす人種差別犯罪法と、犯罪の重大性に見合った刑罰を備えた単独立法を制定するよう勧告する。

38　トルコ

政府報告書によると、トルコ法は条約第四条に合致しているという（＊73）。政党法第八二条は「地域主義と人種主義の禁止」を定める。政党構成員について同法第一二条は法の下の平等と無差別を定める。二〇〇四年一一月の結社法は特定人種の優越性を唱える結社の設立を禁止する。民法は法と道徳に反する結社の設立を認めていない。

人種差別撤廃委員会は次のような勧告を出した（＊74）。条約第四条は自力執行力がなく特別立法の制定を必要とする。トルコ刑法第二一六条は社会階層、人種、宗教、宗派又は地域差に基づく敵意や憎悪の煽動を禁止しているが、公共の秩序に対する明白かつ切迫した危険のある行為に限定されているため、公共の秩序を脅かさない敵意の煽動には適用されない。トルコ法は条約第四条をカバーしていない。条約第四条に関する一般的勧告第一五号に照らして、条約第四条の完全かつ適切な履行を確保するよう勧告する。刑法第二一六条が条約第四条に合致するように解釈・適用されるよう勧告する。

第7節　人種差別撤廃委員会第七五会期

人種差別撤廃委員会第七五会期（二〇〇九年八月三日〜二八日）に提出され、審査を受けた各国政府報告書を紹介する。同会期ではアゼルバイジャン、チャド、チリ、中国、コロンビア、エチオピア、ギリシア、ペルー、フィリピン、ポーランド、アラブ首長国連邦などが審査を受けた。

39　アゼルバイジャン

憲法第四七条三項は人種、民族、宗教、社会的不調和や敵対を煽動するアジテーションや宣伝を禁止する（＊75）。二〇〇〇年の刑法は憎悪や人種的動機による犯罪を規定する。ジェノサイド（第一〇三条）、せん滅（第一〇五条）、奴隷化（第一〇六条）、住民の強制移送や強制移住（第一〇九条）、性暴力（第一〇八条）、強制拘禁（第一一〇条）、アパルトヘイト（第一一一条）、拷問（第一一三条）、市民の平等侵害（第一五四条）、宗教儀式の妨害（第一六七条）、民族、人種又は宗教的敵意の煽動（第二八三条）。刑法第一二〇条二項は殺人罪について民族、人種又は宗教的憎悪又は敵意による場合を加重処罰としている。

人種差別撤廃委員会は次のように勧告をした（＊76）。オンブズパーソンに報告された人種差別行為が今回報告書の対象期間だけで四万件もの多数に昇るのに、裁判所の判決がごくわずかしかない。なぜ人種差別事案がごくわずかしか取り上げられないのか検討するよう促す。刑事司法における人種差別の予防に関する一般的勧告第三一を想起するよう強調する。侮辱、中傷、人種憎悪に関する刑法第一四七条、第一四八条及び第二八三条の適用が、多数のジャーナリストの長期刑事施設収容をもたらしていることに関心を有する。委員会は、中傷に関する法律が国際条約に沿ったものとなるよう促す。

40　チャド

チャド憲法第五条は国民の統一を損なう民族、人種などの宣伝を禁止する（＊77）。憲法第一四条は法の下の平等を掲げる。一九九四年のプレス制度法は表現の自由を保障するが、同法第四七条は特定民族に属する人々の集団を侮辱し、宗教的憎悪や暴力の煽動を犯罪とし、一年以上三年以下の刑事施設収容とする。慣習レベルでは市民の間の不平等を促進する伝統が存在する。女性差別撤廃条約や子どもの権利アフリカ憲章に加盟している。

人種差別撤廃委員会は次のように勧告をした（＊78）。条約第四条の規定を履行する特別法がない。条約第四条は義務的であるとした一般的勧告第一、第七、第一五を想起し、条約第四条に効力を持たせるために特別法を制定するか、現行法に関連規定を盛り込むよう勧告する。

41　チリ

憲法は表現の自由と事前検閲の禁止を掲げる（＊79）。意見表明の自由に関するチリ法は、何らかの社会コミュニケーション手段によって人種、性別、宗教又は国籍を理由として、個人又は集団に対する憎悪又は敵意を煽動する出版物を製作した者に罰金を課す。再犯の場合、罰金の上限は二〇〇UTMである。

人種差別撤廃委員会は次のように勧告した（＊80）。先住民族や移住者に対して全体主義者による差別と暴力事案が見られる。人種主義、差別及び外国人嫌悪が犯罪とされていない。差別行為を犯罪とする反差別法をすみやかに制定し、社会におけるさまざまな集団の間で外国人嫌悪や人種的偏見と闘う努力をし、次回報告書において人種的動機による犯罪の捜査、訴追、判決に関する情報を報告すること。

42　中国

一九九七年改正の刑法第二四九条は「民族憎悪又は差別を唱導した者は、事案が重大な場合、三年以下の刑事施設収容、刑事拘禁又は監視、もしくは政治的権利の剥奪に処する。事案が特に重大な場合、三年以上一〇年以下の刑事施設収容とする」とする（＊81）。刑法第二五〇条は「民族的マイノリティを差別又は侮辱する文書の出版に直接責任のある者は、事案が重大な場合、及び重大な結果を惹起した場合、三年以下の刑事施設収容、刑事拘禁又は監視に処する」とする。刑法第一五一条は「宗教的信念への市民権を不法に剥奪し、民族的マイノリティの慣習を妨げた国家機関職員は、事案が重大な場合、二年以下の刑事施設収容又は刑事拘禁に処する」とする。二〇〇〇年一二月二八日のインターネット安全国家委員会決定は、インターネットを利用して民族憎悪、民族差別を唱導し又は民族の一体性を貶めた者は、関連する刑法規定に従って処罰されるとする。二〇〇五年の公共の安全行政刑法第四七条は「民族集団の間に憎悪又は差別を煽動した者、もしくは民族マイノリティ集団を差別又は侮辱する内容を出版した者は一〇日以上一五日以下の拘留とし、一〇〇〇ウォンの罰金を併科できる」とする。

人種差別撤廃委員会は次のように勧告した（＊82）。人種差別の申立及び人種差別に関する裁判所判決の情報がない。なぜ司法判断がほとんどないのか検討するように呼びかける。申立がなされていないとすれば被害者が補償を求める手立てもなく、被害者が自分の権利を認識できない。刑事司法当局にも人種差別事案に関する鋭敏さが欠けているのではないか。刑事司法における人種差別の防止に関する一般的勧告第三五に注意を喚起する。

43　コロンビア

二〇〇〇年の刑法には差別の禁止に関する諸規定があり、国際人道法や武力紛争における差別を禁止する（＊83）。刑法第二章は「国際人道法によって保護された人及び財産に対する犯罪」であり、刑法第一四七条は「人種差別行為」であり、武力紛争に際して行われる人種隔離を犯罪とする。差別行為による場合の加重処罰規定もある。刑法第一六六条四項は、強制失踪犯罪のような場合に人種差別があれば刑罰加重を定める。しかし、ヘイト・スピーチ規定はない。二〇〇七年の法改正草案には「差別の煽動」規定が導入されているというが、報告書には具体的な条文草案が引用されていない。

人種差別撤廃委員会は次のような勧告をした（＊84）。政府がアフリカ系住民や先住民族に対する差別に対処しているが、人種差別禁止の一般規定がなく条約第四条に従った煽動禁止規定もなく、改正法が成立していない。条約に合致する法改正を行うよう勧告する。武力紛争時における殺害や強制失踪などの重大人権侵害に対する対処を勧告する。

44　エチオピア

条約第四条で定められている人種差別は刑法で犯罪とされている（＊85）。①刑法第四八六条(b)は、いかなる手段であれ人種憎悪を流布することを犯罪とし、刑事施設収容又は罰金とする。重大事件では三年以下の刑事施設収容である（重大でない場合は「単純な刑事施設収容」としているが、その刑期は報告書に記載されていない）。②一九九二年の「プレスの自由宣言」第一〇条第二項(b)は、民族的又は人種的優越性や劣等性に基づく非難、人種的ステレオタイプや憎悪について一年以上三年以下の刑事施設収容、又は一万以上五万ビル以下の罰金とする。③二〇〇七年の「放送サービス宣言」第三〇条第四項(a)は放送によって人間の尊厳や個人の自由を侵害してはならないとし、民族的優越性や劣等性に基づく観念は被害民族集団に属する者の尊厳の侵害に当たるとしている。放送権剥奪もありうる。④刑法第二六九条はジェノサイドの罪を定め（定義はジェノサイド条約とはやや異なる）、刑法第二七四条はジェノサイドの罪の実行の挑発や共謀を処罰するとしている。⑤刑法第二四〇条一項(a)は「市民や住民が武装し、他者に武器を取るよう呼びかけるなどの方法での内戦」の教唆を重大犯罪とする。⑥刑法第四八〇条は口頭、文書、図画、ジェスチャーその他によって、コミュニティ又は個人に対する暴力行使を教唆する行為を犯罪とする。人種主義的活動への財政援助も犯罪である。人種差別を促進し、煽動する組織や宣伝活動を行う団体は禁止される。⑦刑法第八四条により、ある犯罪が人種的動機によって行われた場合は刑罰加重事由とされている。

人種差別撤廃委員会は次のように勧告した（＊86）。憲法第二五条が法の下の平等を定めるが、人種差別は法律で規定されていない。憲法の規定を履行するために条約第一条に沿って人種差別を定義する法律を制定し、人種差別の撤廃に関する一般的勧告第七及び条約第四条に関する一般的勧告第一五を考慮するように促した。

45　ギリシア

一九七九年の法律九二七号は「人種差別を目的とする行為を処罰する」としている（＊87）。①故意にかつ公然と、口頭、印刷、文書、描写、その他の手段であれ、人種的又は国民的出身、又は宗教（一九八四年改正）を根拠に、個人又は個人の集団に対する差別、憎悪又は暴力を惹起する行為を煽動すること。②人種差別の傾向を持つ組織的宣伝又は活動を意図する組織をつくり、もしくは参加すること（以上は二年以下の刑事施設収容又は罰金）。③公然と、口頭、印刷、文書、描写、その他の手段であれ、人種的又は国民的出身、もしくは宗教（一九八四年改正）を根拠に、個人又は個人の集団に対する攻撃的観念を表明すること（一年以下の刑事施設収容又は罰金）。③二〇〇五年の法律三三〇四号第一六条一項は「民族的又は人種的出身、宗教その他の信念、障がい、年齢又は性的志向を根拠に、公衆に対して商品やサービスの提供に関して、差別的取扱いの禁止に違反した者は、六ヶ月の刑事施設収容又は一〇〇〇以上五〇〇〇ユーロ以下の罰金とする」とする。④一九八七年のラジオ・テレビ局設置法や二〇〇〇年のテレビ局に関する大統領令が放送において憎悪煽動を放送してはならないと定める。

人種差別撤廃委員会は次のように勧告した（＊88）。人種的動機による犯罪を訴追し処罰するための法律が実効的でない。人種的動機犯罪を実効的に訴追、処罰するよう呼び掛ける。次回報告書において人種差別行為を処罰する刑事法が法廷でどのように適用されているかを報告するよう要請する。一定の集団やメディアによって人種主義的ステレオタイプやヘイト・コメントが宣伝されているので、憎悪言論を処罰する効果的措置を講じるよう勧告する。ネオナチ集団を禁止し、異なる民族的出身の人々に対する寛容を促進するよう勧告する。

46 ペルー

政府報告書によると、条約第四条に対応した法律があるという(＊89)。二〇〇〇年の差別行為と闘う法律(二七二七〇号)によって改正された刑法第三二三条は、差別犯罪を人種、民族的出身、宗教又は性別のみならず、遺伝的要因、家系、年齢、障害、言語、民族的文化的アイデンティティ、衣服、政治的その他の意見、経済状態も含めて、考慮することになった。犯罪成立要素として、実行者の故意、他人の権利享受・行使の妨害を示し、差別行為のみならず、差別行為の煽動、身体的又は心理的暴力行為による差別をも犯罪とし、二年以上三年以下の刑事施設収容、又は六〇以上一二〇日以下の社会奉仕としている。

人種差別撤廃委員会は次のように勧告した(＊90)。先住民族やアフリカ系住民に向けられたメディアにおける人種差別、特にテレビや出版物におけるステレオタイプに関心を有する。政府による人種差別が日常的であるという報告もある。メディアにおける人種差別や人種的偏見と闘う適切な措置を講じるよう勧告する。メディア倫理綱領を策定するなど、異なる人種的集団の間における理解、寛容、友好を促進するよう勧告する。

47 フィリピン

条約第四条についてはこれまでの報告に加えて、先住民族権利法第七二条は、先住民族の土地や所有地に対する権限のない又は不法な侵襲を犯罪としており、残虐な取扱いや屈辱的な取扱いの規制も含まれる(＊91)。同法第七三条は犯行者が公務員の場合、刑罰加重するとしている。「二〇〇七年の宗教・人種的プロファイリング禁止法案」(ドゥマルパ法案)が国会上程中であるという。

人種差別撤廃委員会は次のように勧告した(＊92)。包括的な反差別法が存在しないので、人種、皮膚の色、世系又は国民的出身に基づく差別を撤廃するために包括的法を制定するよう勧告する。二〇〇七年の「反宗教・人種プロファイル法」案の状況に関する追加情報を求める。優越性、人種憎悪、人種差別の煽動や煽動の流布を犯罪とし、人種差別の煽動を行う団体を禁止する法律がない。条約第四条の要求に合致する特別法を制定するべきである。

48 ポーランド

刑法第二五六条及び第二五七条は国民、民族、人種及び宗教の差異、又はいかなる宗派にも属さないことゆえに公然と憎悪を煽動した者、その国民、民族、人種又は宗教関係ゆえに、もしくはいずれかの宗派に属さないことゆえに住民のなかの集団又は諸個人を公然と侮辱した者、もしくはそれらの理由で、他人の人間の尊厳を侵害した者は訴追されるとする（＊93）。刑法第一一九条一項・二項は集団又は個人に対して暴力を用いたり、違法な脅迫をすること、そうした犯罪の実行を公然と煽動することを禁止する（＊94）。

人種差別撤廃委員会は次のように勧告した（＊95）。アラブ人、アジア人、アフリカ出身者に対する人種的動機による犯罪は証拠があれば訴追できるという政府の説明に留意する。これらの人々に対する人種暴力や虐待が生じている。人種動機によるヘイト・クライムを徹底的に捜査し、実行者を裁判にかけるよう勧告する。インターネットにユダヤ人の墓の損壊、反ユダヤ・ヘイト・スピーチ、反ユダヤ文書の流布がなされている。次回報告書において、これに関する措置の情報を提供するよう促す。スポーツ領域での人種憎悪現象に対処しているが、人種憎悪が続いている。スポーツにおける人種主義に反対するキャンペーンを行うよう勧告する。政府は人種憎悪促進団体は存在しないと述べるが、全ポーランド青年、国民ラディカル・キャンプ、ポーランド家族連盟のような人種憎悪促進団体が活動している。人種憎悪や人種差別の促進や人種主義文書・イデオロギーの配布を犯罪とする法律を制定し、責任者を訴追・処罰する確固たる措置を講じるよう促す。

49 アラブ首長国連邦

一九八七年の連邦刑法（二〇〇五年改正）には暴力を禁止する一連の規定がある（＊96）。①刑法第三一二条は聖なるイスラム教を貶め、イスラム宗派を侮辱した者は刑事施設収容又は罰金とする。宗教信念に対する罪、人身に対する罪、名誉に対する罪、侮辱罪がある。②刑法第一〇二条は刑罰加重事由を定め、犯罪を行った際の残虐さなどが加重事由とされる。アラブ首長国連邦だけでなく、イスラム諸国にはイスラムを保護する刑罰規定が目立つ。とりわけ西欧諸国におけるイスラム侮辱、ムハマド侮辱戯画事件等を指す。

人種差別撤廃委員会は次のように勧告した（＊97）。宗教的差別に言及した法律があるが、人種差別、特に国民的出身に基づく差別に対処する法律がない。人種差別を禁止する法律を制定するか、現行法を修正するよう勧告する。条約第四条を実現する法律規定がないことに留意する。一般的勧告第一、第七、第一五に注意を喚起する。国内法に条約第四条の要求を反映した規定を設けるよう勧告する。

第8節　人種差別撤廃委員会第七六会期

人種差別撤廃委員会七六会期（二〇一〇年二月一五日～三月一二日）に提出された各国政府報告書を紹介する。同会期には日本政府が第三～六回報告書を提出したが、以下では日本以外の諸国について紹介する（日本政府審査については本書第6章参照）。グアテアラ、パナマ、カンボジア、アルゼンチン、カザフスタン、カメルーン、スロヴァキア、アイスランド、モナコ、オランダなどである。

50　グアテマラ

グアテマラにはマヤ、ガリフナ、シンカの三先住民族が居住し、教育、言語、就業、女性に対する暴力などについて政府が差別是正のために努力している（＊98）。さまざまな施策をとっているが人種差別禁止の基本法がない。前回審査において人種差別禁止法の制定、先住民族の権利保護その他多数の勧告が出された。グアテマラは例えば情報登録法、食料・栄養物法など個別にさまざまに規制していると説明した。例えば採鉱・鉱物法、先住民族聖地法、地方開発法、農業法などの法案が準備されているが、個別分野であり基本法ではない。ヘイト・スピーチ法はないようである。

人種差別撤廃委員会は次のように勧告した（＊99）。優越性又は人種憎悪の観念に基づく思想の流布、先住民族やアフリカ系住民に対する人種差別や暴力の煽動を犯罪とする国内法が存在しない。条約第四条に従って、人種差別現象を犯罪とする法律を制定し、国内法を条約に合致させるために法改正するように勧告する。

51　パナマ

政府報告書は条約第四条に関して憲法第三九条を引用している（＊100）。憲法第三九条は「ある人種や民族集団のいわゆる優越性を提示する思想や理論に基づく結社、あるいは人種差別を正当化し、促進する結社は、承認されてはならない」と規定する。人種差別団体の規制である。

国内・外国広告及びプロパガンダ条約第四条の規定に従って一九九一年四月三〇日の決定によって広告委員会が設立された。健康大臣及び内務・司法大臣（メディア理事）によって構成され、健康、衛生、食糧、薬品などに関する広告が人種、皮膚の色、民族的出身に基づく差別なしに行われることに責任を有する。憲法上の団体規制と条約に基づいた広告に関する差別禁止があるが、ヘイト・スピーチ法はないようである。パナマ報告書自身が「人種の坩堝」と述べているように先住民族に加えてアジア系、アフリカ系、ユダヤ系、アラブ系など多彩な人口構成である。

人種差別撤廃委員会は次のように勧告した（＊101）。歴史的に人種差別が存続し、アフリカ系住民や先住民族の周縁化や貧困化を招いている。条約第四条に従って人種に基づく差別を禁止し、人種差別行為を犯罪とする法規定が存在しない。非差別に関する憲法規定に十分な効力を持たせ、人種に基づく差別を明白に禁止し、実効的に救済を可能にする法律を制定するよう勧告する。条約第四条に従って特別刑法を制定するよう勧告する。

52 カンボジア

政府報告書によると、すべての形態の差別は刑法に違反し、すべての煽動（優越性思想、憎悪、暴力の教示、皮膚の色や出身についての差別の煽動）は犯罪である（＊102）。ＵＮＴＡＣ暫定刑法第六一条は次のように規定する。「第五九条に掲げられた手段のいずれかによって、差別、敵意、暴力の煽動にあたる国民、人種、宗教的憎悪を惹き起こした者は、一月以上一年以下の刑事施設収容及び／又は一〇〇万以上一〇〇〇万リエル以下の罰金に処する」。一九九五年のプレス法第七条第六項によると、メディアは人種、皮膚の色、民族、性別、言語、信念、宗教、政治的意見・姿勢、出生、出身、財産その他の状態への差別を煽動する情報を出版しないよう求められる。同法第一一条は他人に暴力を行うよう公然と命令したり直接煽動した場合、犯罪としている。

人種差別撤廃委員会はカンボジアが長期の武力紛争から再建する過程にある事情を考慮した上で、被害にさらされやすい集団を攻撃や威嚇から完全に保護し、犯罪者を裁判にかけることができるように差別予防のため司法制度を整備するよう促した（＊103）。

53 アルゼンチン

一九九四年憲法改正によって憲法第四三条第一項は「憲法、条約、法律によって認められた権利や保障を、明らかに恣意的または不法な方法で」攻撃することを禁止した。同条第二項は「いかなる形態の差別」をも禁止した（＊104）。条約第四条に従って、一九八八年法律第二三五九二号は差別に関連する不法犯罪行為を処罰している。刑法に処罰規定が盛り込まれているというが、報告書から具体的規定は判明しない。報告書によると警察に対して反差別国家計画に従った訓練がなされ、二〇〇五年以来、警察専門訓練計画を実施している。

ドメスティック・バイオレンスへの対処や被害者の権利保護も強調されている。差別・外国人排斥と闘う国家機関が設立されて活動している。

人種差別撤廃委員会は次のように勧告した（＊105）。政府報告書には差別行為に関する被害申立や、対応する法的措置に関する情報、人種主義的攻撃や、人種的理由によって警察が行う虐待行為に関する情報がない。次回報告書において、人種差別に関する犯罪の捜査、訴追、処罰についての統計を報告するよう要請する。条約の基準が十分に履行されるように、法執行官に訓練を行うよう促す。

54　カザフスタン

政府報告書は、前回の審査結果としてカザフスタンには人種差別禁止法がないと指摘されたことに対して、人種差別禁止法が必要ないと考える理由を次のように説明する（＊106）。①法第一四条第二項は出身、社会的公的財産的地位、性別、人種、国籍、言語、宗教、意見、居住場所その他の理由に基づく差別を一般的に禁止する。②行政犯罪法第六二条第五項が民族、人種又は宗教的憎悪もしくは敵意に動機付けられた犯罪を定める。③人種的国民的優越性の宣伝・煽動についてては、憲法第二〇条第三項が差別を煽動する結社を禁止する。④刑法には「人類の平和と安全に対する犯罪」の章があり、社会、国民、民族、人種、宗教の敵意の煽動を犯罪としている。規定は侵略行為、報復、報復の威嚇、財産の破壊損傷、孤立化、隔離、権利の制限などを列挙している。⑤憲法委員会が憲法及び法律の運用において差別の内容に考慮している。

また、カザフスタンは人種差別撤廃委員会による条約第四条(a)の完全実施のための法律制定勧告に対して次のように説明する。①憲法は平等原則を規定する。②労働法は労働の権利と自由に関して機会平等を定める。③刑法第三章「市民の憲法上その他の権利と自由に対する犯罪」に刑法第一四一条（市民の平等権の侵害）がある。第一項「出身、社会的公的財産的地位、性別、人種、国籍、言語、宗教、意見、居住場所、任意の結社の構成員であること、その他の条件に基づいて、人権又は自由を直接又は間接に制限することは、罰金又は三月以下の刑事施設収容、又は一年以下の刑事施設収容に処する」。第二項「同じ犯罪が、自己の公的地位を利用して、又は任意の結社の責任者によって行われた場合、第一項に比較して二倍の罰金又は刑事施設収容、若しくは三年以下の特別の地位乃至特別の活動の資格剥奪とする」。刑法第三三七条第二項は人種、国民、民族的不寛容・排除を主張する任意結社の設立や責任者を処罰する。刑法第三三七の一条第二項は当該結社への積極的参加を犯罪とする。④行政犯罪法第八二条は公務員が人の言語選択権を制限し、言語に基づく差別を行った場合、五月以上一二月以下の月額罰金に処するとしている。

人種差別撤廃委員会は、人種差別の定義が条約と合致していないこと、条約が求める刑事規制を含んだ人種差別禁止法がないことを指摘した（＊107）。すべての領域から人種差別をなくし、これと闘うための包括的な人種差別禁止法がなく、条約第四条(a)(b)に従って人種差別を犯罪化する立法がないことを指摘した。包括的な人種差別禁止法を制定し、現行法を条約第四条(a)(b)に完全に合致させるように勧告した。

55　カメルーン

政府報告書は条約第四条に関して「一般的に言って、差別的慣行はカメルーンの公的政策に反する」と始まる（＊108）。①刑法第二四一条は「人種や宗教を侮辱すること」で、次のように規定している。刑法第二四一条「人種や宗教を侮辱すること」（1）多数の市民や住民が属する人種や宗教に対して、刑法第一五二条に定義されている侮辱的行動を行った者は、六日以上六月以下の刑事施設収容および五〇〇〇以上五〇万以下のカメルーン・フランの罰金に処する。（2）犯罪がプレスやラジオを手段として行われた場合、罰金の上限は二〇〇万カメルーン・フランに増額する。（3）犯罪が市民の間に憎悪や恥辱を引き起こす意図で行われた場合、上の（1）（2）で定められた刑罰は二倍にする。②刑法第一五二条は「侮辱的行動」を「公衆に開かれた場所で、身振り（ジェスチャー）、言葉又は叫びを手段とする、もしくは公衆の関心を獲得しようと計画された方法を手段とする、中傷、侮辱又は威嚇」としている。さらに、刑法第二四二条「差別」の規定がある。③刑法第二四二条「差別」その者の人種や宗教ゆえに、公衆に開かれているアクセスや、雇用へのアクセスを、他人に拒否した者は、一月以上二年以下の刑事施設収容及び五〇〇〇以上五〇万以下のカメルーン・フランの罰金に処する。④刑法第三〇五条は名誉毀損の罪、一九八八年の法律は広告における差別を規制する。⑤二〇〇七年六月四日、国家人権・自由委員会は北部の紛争地域ンベサやバウオックで起きた民族紛争を非難するプレス・リリースを出した。刑法がいつ制定されたのかは不明である。ラジオが例示されテレビは明記されていない。報告書からは刑法における「人種」概念の射程は不明である。

人種差別撤廃委員会は次のように勧告した（＊109）。憲法及び法律が非差別を規定し、刑法の見直しを行ったが、条約第一条の定義に沿った人種差別の禁止が法律に盛り込まれていない。条約第一条、第二条及び第四条に従って人種差別を禁止する法的措置を講じるよう勧告する。そのために刑法を改正するよう勧告する。条約第三条に従って人種主義的隔離やプロパガンダを法律で禁止し処罰するように勧告する。

56　スロヴァキア

刑法にはさまざまの関連規定がある（＊110）。新刑法は人種的動機に基づく行為を犯罪化し、人種差別を宣伝・煽動する組織、又はその組織への参加を不法としている。国家が人種差別を宣伝・煽動することや関与することも許されない。インターネットによって人種、国民、民族集団への憎悪を煽動したり、中傷する情報を流布することを犯罪化している。刑法第一二二条第二項によると、その犯罪は書面による場合も、印刷物、フィルム、ラジオ、テレビ、コンピュータ・ネットワークその他同様の効果を有する手段を用いた流布による場合も、又は同時に二人以上の人の前で行われた場合も、既遂となる。被害を受けた人が異なる人種であることを要件としていない。同じ人種に対して行われた場合も、人種を理由としてなされれば訴追対象となりうる。刑法は権利や自由を制限する活動の支持や宣伝を犯罪と定義している。ネオナチその他の運動への共感を公然と表明することや、ホロコーストを疑問視、否定、容認又は正当化することも犯罪である。刑法の運用については、いわゆる保護された人に行われた加重犯罪（刑法第一三九条）、国民、民族又は人種憎悪、皮膚の色その他の理由に基づく憎悪に基づく犯罪（刑法第一四〇条）、特に重大な方法による犯罪（刑法第一三八条）の有罪率が増加している。人種的動機による犯罪について、人種差別と闘う目的で、訴追と刑罰に関する新しい原則が採用され、より重い刑罰が導入された。

人種差別撤廃委員会は人種的動機による犯罪、ロマ、ユダヤ人、ＥＵ以外からの移住者に対する暴力を予防する努力を強化し、人種的動機暴力犯罪が適切に捜査、訴追され、犯行者が処罰されるよう促した（＊111）。人種的動機を刑罰加重事由として考慮することも含まれる。委員会はロマやハンガリー人など少数者に対する偏見と闘うよう勧告した。

57　アイスランド

①一般刑法第一八〇条第一項は人種差別的理由に基づく商品やサービスの拒否を罰金又は六ヶ月以下の刑事施設収容とし、同条第二項は人種差別的理由に基づいて公共に開かれた場所へのアクセスを拒否することにも適用されるとする（＊112）。②刑法第二三三条(a)は人種差別的理由に基づいて嘲

笑、中傷、侮辱、威嚇などの攻撃をした者には罰金又は二年以下の刑事施設収容とする。③放送法第五条は外国からのテレビ放送が人種や国籍に基づく憎悪を助長する場合には、一時的に放送を遮断するとしている。④情報保護法は出身、皮膚の色、人種、政治的意見、その他の信念に関する保護を定める。

人種差別撤廃委員会は「アイスランドにおけるポーランド人に反対する協会」のオンライン登録者が急増しているとし、インターネット上のヘイト・スピーチなどの人種主義行為に警戒を怠らないよう促した（＊113）。偏見と闘い、理解と寛容を育む努力をあらゆる分野で強化するよう勧告した。

58　モナコ

政府報告書によると、モナコ政府は条約第四条(a)に従って人種差別と闘うために二〇〇五年七月一五日に公開表現の自由に関する法律を制定した（＊114）。主な内容は次の通りである。

第一条　メディアが文書を出版する自由は保証される。この自由の行使は、人間の尊厳、プライヴァシー、家族生活、他人の財産の自由、思想や意見の表現における多元主義、法と秩序の緊急の必要を、尊重するのに必要な制限にのみ服する。

第九条　外国で出版された新聞又は定期刊行物は、第一条第二項に規定された制限の下で、自由に販売及び配布することができる。

第一〇条　音響映像情報の自由は、第一条第二項に規定された制限の下で、並びに公共サービスの必要およびメディアによって課された技術的拘束の下で、保証される。

第一五条　公共の場所又は公開集会において発せられた言葉、叫び、威嚇によって、公共の場所又は公開集会において販売され、配布され、販売のために提供され、乃至は展示された文書、印刷物、図画、彫刻、絵画、紋章、イメージその他の、書かれ、話され、見えるようにされた補助媒体によって、公開の景観に展示されたポスター、掲示、又は音響映像メディアによって、一人又は複数の実行者に犯罪の実行を煽動した者は、その犯罪が実際に実行された場合、計画された重罪又は主要な軽罪の共犯と見なされる。この規定は、刑法第二条に定義されているように、煽動の結果、未遂にとどまった場合にも適用される。

第一六条　第一五条に掲げられた手段のいずれかによって、その出身、特定の民族集団、国民、人種又は宗教に帰属しているか否かによって、もしくはその実際の性的志向又は想定された性的志向によって、個人又は集団に対して、憎悪又は暴力を煽動した者は、同じ刑罰の責を負う。前項に掲げられた行為のいずれかについて有罪が言渡された場合、その決定の全部又は一部を、文書形式で、有罪とされた者の費用で告示又は広告するとの決定をすることができる。告示又は広告された決定には、本人の同意があれば被害者の氏名、または被害者の法的代理人又は受益者の氏名を掲載することができる。

第一八条　第一五条に掲げられた手段のいずれかによって、公国の居住者又は一時的滞在者に対して憎悪を煽動することによって平穏を害そうとした者は、前条に規定された刑罰の責を負う。

第二四条　同じ手段による私人に対する中傷は、一月以上一年以下の刑事施設収容及び／又は刑法第二六条第三項に規定された罰金に処する。ある民族集団、国民、人種又は特定宗教、乃至は性的志向の一員であることや一員でないことに基づいて、同じ手段による中傷が個人又は集団に行われた場合、一月以上一年以下の刑事施設収容及び／又は刑法第二六条第三項に規定された罰金に処する。本条記載の行為のいずれかに有罪が言渡される場合、第一六条に規定された条件の下で、その決定の全部又は一部を、文書形式で、有罪とされた者の費用で告示又は広告するとの決定をすることができる。

第二五条　ある民族集団、国民、人種又は特定宗教、乃至は性的志向の一員であることや一員でないことに基づいて、個人又は集団に同じ手段による軽罪が行われた場合、六日以上六月以下の刑事施設収容及び／又は刑法第二六条第三項に規定された罰金に処する。本条記載の行為のいずれかに有罪が言渡される場合、第一六条に規定された条件の下で、その決定の全部又は一部を、文書形式で、有罪とされた者の費用で告示又は広告するとの決定をすることができる。

また、モナコ報告書によると、スポーツにおける不寛容と闘うための一連の規定を含むスポーツに関する法案が用意されている。サッカー大会において口汚いののしりや人種憎悪の煽動が予想される場合の対処を想定している。二〇〇六年八月八日に政府が用意した情報システムに関する犯罪規制法案は刑法第二九四条第四項に人間の尊厳を損なう暴力的なメッセージの処罰規定を設けることにしている。新刑法には人種差別の定義と、犯罪に人種差別的動機が伴う場合の加重処罰規定を盛り込むことを予定している。

人種差別撤廃委員会は次のように勧告した（＊115）。二〇〇五年七月一五日の公開表現の自由に関する法律が人種憎悪と暴力の唱道と煽動を犯罪としたが、条約第四条を十分に履行する規定が含まれていない。条約第四条の規定は義務的であるとした委員会の一般的勧告第一、第七、第一五に注意を喚起する。人種差別煽動と人種差別プロパガンダを禁止する法律の予防的性格を強調する。刑法を改正して人種主義、反ユダヤ主義の犯罪に刑罰を加重し、条約第四条の規定に十分な効力を持たせるよう勧告する。

59 オランダ

政府報告書は冒頭で最近の重要な人種主義事件として、オランダ人と民族的マイノリティの対立のなかで発生した二〇〇四年一一月二日のテオ・ファン・ゴッホ殺害事件とその後の政府の施策を示している（＊116）。インターネット上の人種差別についても一項目を設けている。条約第四条に関しては、二〇〇四年の刑法改正によって、差別事件の刑罰の上限を上げたという（適用事例は第7章第8節）。

人種差別撤廃委員会は人種主義、外国人排斥、不寛容を予防し、地方選挙や国政選挙期間における政治討論を積極的にするよう促した（＊117）。インターネットその他のメディアによる人種的優越性の思想の流布と闘う努力を強化するよう勧告した。これらの犯罪の発生率や、その訴追や判決についての詳細を報告するよう勧告した。

第9節　人種差別撤廃委員会第七七会期

人種差別撤廃委員会第七七会期（二〇一〇年八月二日〜二七日）に提出された各国政府報告書をもとに見ていく。同会期にはオーストラリア、ボスニア・ヘルツェゴヴィナ、デンマーク、エルサルバドル、エストニア、フランス、モロッコ、ルーマニア等が報告書を提出して、委員会の審査を受けた。

60 オーストラリア

二〇〇四年法律二号はテレコミュニケーション犯罪に関する改正法で、故意に脅迫、嫌がらせ、攻撃といった方法でインターネット・サービスを利用することを犯罪とした（＊118）。二〇〇七年市民権法改正によって市民権の得喪に関連する非差別原則を導入した。先住民族の土地所有権に関連して、二〇〇七年四月一五日のネイティヴ権限法改正が成立した。憲法には人種差別を禁止する特別規定はないが、人権尊重が基本である。各州には反差別法がある。政府は条約批准の際に第四条(a)に留保を付した。第四条(a)でカバーされている事態のすべてを犯罪とする立場は採用していない。コモンウェルスの一九七五年の人種差別法が人種に基づく差別の禁止と被害補償を定めている。オーストラリアには連邦における統一法典がなく、州ごとにまちまちの対応をしている（＊119）。

①首都圏州は二〇〇四年に人権法を制定した。オーストラリア最初の人権章典であり、国際自由権規約と同様の基本権を定める。二〇〇八年、人権法改正法が採択された。一九九一年の差別法が人種差別と人種憎悪教唆を禁止する。中傷は犯罪であるが、定義が紹介されていない。二〇〇二年の刑法二・四節には教唆犯罪（第四七条）がある。二〇〇五年人権委員会法によって二〇〇六年に人権委員会が設置され、人権コミッショナーと差別コミッショナーが人種差別、憎悪、中傷の訴えを取り扱う。

②ニューサウスウェールズ州には二〇〇一年に立法審査会設置提案があり、二〇〇三年に設置された。二〇〇〇年、「コミュニティ関係委員会及び多文化主義原則に関する法律」ができ、異なる言語、宗教、人種的民族的背景の人々を承認し、各種の権利を認めている。一九七七年の反差別法は性、人種、年齢の間の区別を特に必要とする場合について定める。二〇〇四年の反差別規則が詳細を定める。

③クイーンズランド州では、二〇〇二年から二〇〇七年にかけて反差別委員会が一九九一年反差別法に基づく七三件の被害申立てを取り扱う。

④北部領域では、人権章典に関する議論が進行中である。

⑤タスマニア州では、二〇〇六年、人権擁護のための法改正の議論が始まり、二〇〇七年に人権章典の提案がなされたが、報告書時点では成立していない。一九九八年反差別法第一九条は人種や集団構成員であることに基づいた個人や集団への憎悪、重大な侮辱、重大な嘲笑を教唆するいかなる行為も禁止する。同法第二一条は法律違反行為の幇助を、第二〇条は差別の促進を禁止する。先住民族に関して一九九五年のアボリジニ土地法、一九七五年のアボリジニ遺跡法、一九八四年博物館法などがある。

⑥南オーストラリア州では、二〇〇六年、一九八四年の平等機会法改正により、正当化されない差別やハラスメントからの保護が追及される。

⑦ヴィクトリア州では、二〇〇六年に人権章典ができ二〇〇七年一月一日に施行された。先住民族の個人的権利と集団的権利や、人種に基づく差別からの自由が盛り込まれている。二〇〇四年の多文化ヴィクトリア法によって社会各層に多文化主義が導入され、二〇〇一年の人種的宗教的寛容法が人種的宗教的中傷を禁止している。一九九五年平等機会法の再検討により、ヴィクトリア人権章典を検討中である。

⑧西オーストラリア州では、二〇〇七年に人権法が提案された。二〇〇四年の刑法改正法により人種的中傷の犯罪規定

が改正された。二段階の犯罪構造の適用（複合犯罪）がなされている。もっとも重大な犯罪に最大一四年までの重罰化がなされた。暴行脅迫などの犯罪について「人種」的動機を刑罰加重事由にした。二〇〇六年の平等機会改正法は「人種に基づいて攻撃する行動」を違法とした。「人種に基づいて攻撃する行動」とは人種、又はその人種に関係する特徴に基づいて、その人の親戚や団体帰属について、プライヴェートな場合以外で、侮蔑、侮辱、屈辱又は脅迫する行動を行うことである。

人種差別撤廃委員会は次のような勧告をした（＊120）。先住民族の権利に影響を与える問題について政府による法規制がなされていないので、差別予防のために適切な立法措置を講じるよう勧告する。政府が条約第四条(a)を留保し、人種的憎悪行為が犯罪とされていないことに留意する。政府が立法の不備を補い、条約第四条(a)の留保を撤回し、ヘイト・クライムを処罰するよう勧告する。人種的憎悪行為やその教唆に関する告発、訴追、判決に関する情報を提出するよう強調する。

61　ボスニア・ヘルツェゴヴィナ

政府報告書は前回審査の結果としての委員会勧告に逐条で答えている（＊121）。刑法第一四五条及び第一四六条の実際の法運用について回答を求める勧告がなされたので、その回答が中心である。報告書は連邦及び一〇州の情報を詳細に列挙しているが、連邦の情報のみ紹介する。①刑法第一六三条は憲法秩序に対する犯罪を定めるが、そのなかに国民的人種的宗教的憎悪の煽動を手段とするものが含まれる。②刑法第一六六条は殺人罪の規定だが、第二項では、人種的国民的宗教的理由による殺人の場合に刑罰加重が定められている。③刑法第一七七条「個人の平等侵害」（1）人種、皮膚の色、国民的民族的背景、宗教、政治その他の信念、性別、性的志向、言語、教育、社会的地位又は社会的出身に基づいて、国際条約、憲法、法律、その他の規則又は連邦の一般行為によって提供された人の公民権を否定又は制限した者、又はこれらの差異、背景、その他の地位に基づいて、人に正当化されない特権や有利な地位を与えた者は、六月以上五年以下の刑事施設収容に処する。（2）連邦の公務員又は責任ある者が、前項の犯罪を行った場合、一年以上八年以下の刑事施設収容に処する。（3）連邦組織における公務員又は責任ある者が、連邦の構成員又はその他の居住者の言語や文字の平等な使用の原則に違反して、連邦組織、企業又はその他の法人に自己の権利を行使するために提出する文書において、その者の言語又は文字の自由な使用を制限又は否定した場合、罰金又は一年以下の刑事施設収容に処する。（4）連邦組織の公務員又は責任ある者が、連邦内及び特定の組織で、自由な雇用の市民権を否定又は制限した場合、六月以上五年以下の刑事施設収容に処する。

人種差別撤廃委員会は次のような勧告をした（＊122）。ヘイト・クライム法が制定され、新しい法の準備がなされているが、政治家によるヘイト・スピーチが続いているので、民族的偏見と闘い、ヘイト・スピーチに刑法を適用し、寛容と平和的共存のための国内キャンペーンを強化・促進するよう勧告する。政府が多文化間対話、寛容、相互理解を継続し、異なる民族集団の文化と歴史に注意を払うよう勧告する。

62　デンマーク

政府報告書によると、デンマークはヘイト・スピーチ予防の努力を行ってきた（＊123）。二〇〇九年一月、政府は「共通の安全な未来──若者の間の過激主義を予防するための行動計画」を策定した。ヘイト・クライム被害者が過激主義に走ることもあるので、予防策はより広範に対話、役割モデル、キャンペーン、民主的訓練などに及ぶ。二〇〇六年、検察局はヘイト・クライムに関連する刑法第二六六条B違反について新しいガイドライン「通達第九／二〇〇六」を出した。刑法第二六六条B違反で予審にかけられた事件はすべて最終判決に至る記録を検察局に提出することになった。全国の警察が把握した情報が集約され、ヘイト集団の登場や人種主義に基づく組織的犯罪の状況を把握できる。検察局は事件処理の関連情報を警察に送付する。刑法第二六六条Bや人種差別禁止法の該当条文が紹介されていないのは、以前の報告書に掲載されているためであろう。

人種差別撤廃委員会は次のような勧告をした（＊124）。政府による各種の努力に留意するが、事案の処理において検察官が非常に大きな権限を有していることは、被害者が被害を告発するのを控えさせることにならないか。最近、政治家によって刑法第二六六条Bの見直しが提案されているが、政府が規定の改廃を考えていないことを歓迎する。条約第一四条に基づく個人報告の多くがヘイト・クライムに関するものである。検察官の権限を制約して、刑法第二六六条Bについて検察官の決定を評価・監督する独立の多文化機関を設置するよう勧告する。それによってヘイト・クライム被害者が犯行者の処罰を求める告発手続きを断念しなくても済むようになる。

63　エルサルバドル

①刑法第二九二条は次のように規定する（＊125）。「公務員、公的従業員、公共機関従業員又は公の当局が国籍、人種、ジェンダー、宗教又はその他の人の属性に基づいて、人に、憲法に掲げられた個人の権利を否定した場合、一年以上三年以下の刑事施設収容、及び同じ期間のその地位又は職務の剥奪・停止の責任を問われる」。②刑法第二四六条「職場において、ジェンダー、妊娠、出身、市民的身分、人種、社会的地位、身体条件、宗教又は政治的信条、労働組合の構成員であること又は構成員でないこと、労働協定を支持していること又は支持していないこと、もしくは企業におけるその他の労働者の地位・関係に基づいて、重大な差別が生じたことに責任のある者、及び差止め命令又は行政制裁措置に従って法の下の平等を回復させなかった者、生じた財政的損害を補償しなかった者は、六月以上二年以下の刑事施設収容を課される」。エルサルバドルは優越性の主張や人種憎悪の行為や考えを処罰し、人種、又は異なる皮膚の色や民族的出身の人の集団に対する暴力行為又は暴力の教唆を処罰する。人種差別団体や活動、人種差別煽動団体や活動は存在し得ないという。団体規制について具体的情報は示されていない。

人種差別撤廃委員会は次のような勧告をした（＊126）。条約第四条に合致した立法がなされていない。刑法が公務員による人種主義行為だけを取り上げて、私人による差別行為を取り上げていない。締約国には条約の規定に効力を持たせる積極的立法措置を取る義務があるので、条約に合致した立法を行うための審議を行うよう勧告する。

64　エストニア

二〇〇一年六月六日、議会が採択した刑法第一〇章は政治的市民的権利に対する犯罪としての平等侵害犯罪を三つ定めている（＊127）。社会的憎悪の煽動、平等侵害、遺伝的リスクに基づく差別である。二〇〇四年七月一日の刑法改正によって社会的憎悪の煽動と平等侵害について、その行為が加重事情の下で行われたか否かにより三段階の刑罰が用意された。①刑法第一三四条「誘拐」（1）彼又は彼女を人種、ジェンダー、その他の理由によって迫害又は屈辱を与えるような状態で、及び彼又は彼女がそのような取り扱いからの法的保護を失うか、その状態から逃れることをできなくさせて、暴力又は詐欺によって、人を連れ去ることは、罰金又は五年以下の刑事施設収容に処する。（2）前項の行為が複数人に対して、又は一八歳未満の者に対して行われた場合は、二年以上一〇年以下の刑事施設収容に処する。②刑法第一五一条「社会的憎悪の煽動」（1）国籍、人種、皮膚の色、性別、言語、出身、宗教、政治的意見、財産状態又は社会的地位に基づいて、憎悪又は暴力を公に煽動する行為は、三〇〇ユニット以下の罰金又は拘留に処する。（2）前項の行為が複数回行われた場合、又はそれにより法によって保護された他人の権利や利益、又は公共の利害に重大な損害を惹起した場合、三年以下の刑事施設収容に処する。③刑法第一五二条「平等侵害」（1）彼又は彼女の国籍、人種、皮膚の色、性別、言語、出身、宗教、政治的意見、財産状態又は社会地位に基づいて、人の権利を不法に制限し、もしくは人に不法に特恵を与えることは、三〇〇ユニット以下の罰金又は拘留に処する。（2）前項の行為が複数回行われた場合、又はそれにより法によって保護された人の権利や利益、もしくは公共の利害に重大な損害を惹起した場合、罰金又は一年以下の刑事施設収容に処する。④刑法第一五三条「遺伝的リスクに基づく差別」（1）彼又は彼女の遺伝的リスクに基づいて、人の権利を不法に制限し、又は人に不法に特恵を与えることは、三〇〇ユニット以下の罰金又は拘留に処する。（2）前項の行為が複数回行われた場合、又はそれにより法によって保護された人の権利や利益、もしくは公共の利害に重大な損害を惹起した場合、罰金又は一年以下の刑事施設収容に処する。

人種差別撤廃委員会は次のような勧告を出した（＊128）。刑法第一五一条は重大な結果を生じた場合しかヘイト・スピーチを規制していない。政府が条約第四条(a)(b)を実施するよう留意する。条約第四条に関する委員会の一般的勧告第一五に照らして国家は意見・表現の自由をその責任の範囲で実現し、人種的憎悪に基づく意見の宣伝の禁止を意見・表現の自由の権利と両立させるべきである。刑法を条約に合致するように改正し、人種主義組織を禁止するよう勧告する。刑法改正に際して民族的人種的宗教的憎悪を動機とする事案の刑罰加重を考慮するよう勧告する。

65　フランス

フランスにはいくつかの人種差別行為処罰規定がある（＊129）。最近のものでは二〇〇五年三月二五日の法律二〇〇五―二八四号によって刑法が改正され、公然性のない中傷、侮辱、差別的性質の教唆を犯罪とし、地方裁判所と地区裁判所の管轄とした。①刑法第六二四―三条「その人の出身、又は特定の民族集団、国民、人種又は宗教の構成員であるか構成員でない――現にそうであれ、そう考えられたものであれ――ことに基づいて、人又は集団に公然性のない中傷をすれば、第四カテゴリーの犯罪に設定された罰金を課す。ジェンダー、性的志向、障害に基づく公開ではない中傷も同じ刑罰を課す」。②刑法第六二四—四条「その人の出身、又は特定の民族集団、国民、人種又は宗教の構成員であるか構成員でない——現にそうであれ、そう考えられたものであれ——ことに基づいて、人又は集団に公然性のない侮辱をすれば、第四カテゴリーの犯罪に設定された罰金を課す。ジェンダー、性的志向、障害に基づく公開ではない侮辱も同じ刑罰を課す」。両者の特徴は言うまでもなく、非公然の中傷、侮辱であっても刑罰を課していることである。他の国ではあまり類例のない、相当議論になる規定である。③「人道に対する罪に疑いを挟む」というタイトル（「アウシュヴィッツの嘘」を含む規定）がある。二〇〇四年三月九日の法律によって、一八八一年七月二九日の法律に第六五—三条が挿入された。差別、憎悪又は人種主義もしくは宗教的暴力の教唆、人道に対する罪に疑いを挟むこと、人種主義的性質の中傷、及び人種主義的性質の侮辱は、他のプレス犯罪に設けられている時効三ヶ月に代えて、一年の時効とする。時効はインターネットその他いかなるメディアによるものであれ、犯罪が行なわれた時から開始するとされた。④一八八一年七月二九日の法律第一四条は、外国出版物・新聞の国内での流通、配布、販売について内務大臣に許可権限を与えていたが、二〇〇四年一〇月四日の法律によって廃止された。⑤一九三六年一月一〇日の法律は、その出身、又は特定の民族集団、国民、人種又は宗教の構成員であるか構成員でないことに基づいて、人又は集団に対する差別、憎悪、暴力を教唆したことにより訴えられた結社、もしくは同様の差別、憎悪、暴力を正当化する考えや理論を広めたと訴えられた結社、又は事実上の団体に解散を命じる権限を大統領に与えている。⑥一九四九年七月一六日の法律第一四条は青年向けの出版物に関する一九八七年法律によって改正され、一八歳未満の者に提供、贈与、販売されるための出版物が、人種差別や憎悪を含んでいるために青年にとって危険な場合、出版を禁止する命令権限を内務大臣に与えている。大臣命令によって公開展示や広告も禁止される。⑦政府はプレスの自由に関する一八八一年七月二九日の法律第二四ｂｉｓ条によって規定された修正主義の犯罪を、刑法によって規定された人道に対する罪のすべてに及ぼした。第二次大戦時に行われた人道に対する罪だけではなく、国際裁判所の最終判決で確定した人道に対する罪に拡張することになった。ナチス犯罪だけでなく旧ユーゴスラヴィア国際刑事法廷判決で確定した旧ユーゴにおける民族浄化を否定することも対象となる。二〇〇八年一一月、政府は「人種主義と外国人嫌悪」に関する枠組み決定を採択し、国際刑事裁判所の最終判決で確定した犯罪を否定したり、まったく取るに足りないものとすることに刑罰を課すこととし、今後、国内法を改正するとしている。

人種差別撤廃委員会は次のような勧告をした（＊130）。政府は人種主義と闘う行動計画を策定しているので、それが条約やダーバン宣言に合致したものとなるよう優先事項として次の勧告をする。移民や民族集団についての統計整備、人種差別被害者の特定、人種差別の類型と原因の調査、移民や民族集団を支援する手段の確認、人種差別問題を取り扱う措置の基準策定、海外領土の先住民族住民に特別の注意を払うこと。差別的な政治的発言がなされていること、人種主義行為の現象があること、インターネット上に人種主義が見られることに関心を有する。民族集団等の住民に影響を与える問題を取り扱う際に、政府が相互理解、寛容、友好を促進する政治意思をもつように勧告する。特に政治指導者による人種主義発言を強く非難し、インターネット上の人種主義の蔓延と闘う適切な措置を取るよう勧告する。

66　モロッコ

①二〇〇三年一一月一一日の改正刑法第四三一の一条ｂｉｓは差別犯罪を定める（＊131）。「国民的出身、社会的出身、皮膚の色、人種、家族状況、健康状態、障害、政治的意見又は労働組合役員であることを理由として自然人の間で区別すること、もしくは人が特定の人種、国民、民族集団又は宗教の構成員であることや、そう考えられたことのために自然人の間で区別すること」。一月以上二年以下の刑事施設収容及び一二〇〇ディラム以上五万ディラム以下の罰金を科され、自然人だけではなく法人に対しても成立する。②刑法第四三一の一条ｂｉｓ第二項は構成員の出身、人種、家族状況、健康状態、障害、政治的意見又は労働組合活動のために、もしくは特定の人種、国民、民族集団又は宗教の構成員であることや、そう考えられたことのために、法人に対してなされた区別を規定する。差別犯罪に科される刑罰は便益やサービスを与えないこと、雇用の否定、人に対する制裁、解雇にいたる差別行為に適用される。犯罪の定義には経済活動も含まれる。③二〇〇二年一〇月三日の改正プレス法第三九条ｂｉｓはマスメディア、公開の議論、公開集会、公開の場所における人種差別を禁止している。一月以上一年以下の刑事施設収容及び三〇〇〇ディラム以上三万ディラム以下の罰金を課される。人種差別の煽動にも適用される。差別行為実行者だけでなく、資金提供も含む人種差別の援助などの共犯にも適用される。共犯にも同じ刑罰が適用される。④二〇〇二年七月二三日の結社法は差別を推進する結社の設立を禁止する。同様の規定は最近制定された政党法にも含まれている。結社法第三条は人種主義的基盤に基づいた結社、又は差別の煽動を

目的とする結社は違法であるとする。違反すれば民事制裁として当該結社は無効と宣言され、当該犯罪を行った個人は一万ディラム以下の罰金を課される。差別の違法化は人種差別だけではなくすべての現象の差別――差別、差別の煽動、又は人種的優越性の考えに基づく政治組織の設立にあてはまる。差別に基づく政党は禁止される。二〇〇七年の政党法第四条によると特定の宗教、言語、人種又は地域に基づく政党は違法とされる。

人種差別撤廃委員会は次のような勧告をした（＊１３２）。刑法が条約第四条に規定されている犯罪全体をカバーしていないので、刑事司法全体を見直す際に条約第四条に完全な効果を与える規定を刑法に盛り込むよう勧告する。人種主義的動機を刑罰加重事由として刑事立法に取り入れるよう勧告する。

67 ルーマニア

条約第四条に関連する立法は四つに分類できる（＊１３３）。①刑法、②ファシズム・シンボル禁止法、③「アウシュヴィッツの嘘」法、④オーディオ・ヴィジュアル法である。憲法第三〇・七条は、国民、人種、階級、宗教的憎悪の煽動と、差別の煽動は法律によって禁止されるとする。二〇〇〇年の法律一三七号第一五条はすべての形態の差別の予防と禁止を掲げる。①二〇〇六年の改正刑法第三一七条は差別の煽動を次のように定義する。人種、国籍、民族的出身、言語、宗教、ジェンダー、性的志向、意見、政治的関係、信念、財産、社会的出身、年齢、障害、慢性の非伝染病又はＨＩＶを理由とする憎悪の煽動。差別の煽動は、六月以上二年以下の刑事施設収容又は罰金を課される。②ファシズム・シンボル法として、二〇〇二年の緊急法律三一号はファシスト、人種主義者、外国人嫌悪の性質を持った組織とシンボル、平和に対する罪や人道に対する罪を犯した犯罪者を美化することを禁止した。二〇〇六年法律一〇七号と同年法律二七八号によって一部修正された。法律第二条(a)によるとファシスト、人種主義者、外国人嫌悪の組織とは三人以上によって形成された集団で、一時的であれ恒常的であれファシスト、人種主義者、外国人嫌悪のイデオロギー、思想又は主義、民族的、人種的、宗教的に動機付けられた憎悪と暴力、ある人種の優越性や他の人種の劣等性、反セミティズム、外国人嫌悪の煽動、憲法秩序又は民主的制度を変更するための暴力の使用、過激なナショナリズムを促進するものである。これには組織、政党、政治運動体、結社、財団、企業その他の法律団体で、前記の定義の要素に合致するものも含まれる。第二条(b)によるとファシスト、人種主義者、外国人嫌悪のシンボルとは旗、紋章、バッジ、制服、スローガン、公式・決まり文句の挨拶、その他のシンボルで、前記の定義で述べられた考え、思想及び主義を促進するものである。「公式・決まり文句の挨拶」とは「ハイル・ヒトラー！」のようなものを指すのであろう。第三条によるとファシスト、人種主義者、外国人嫌悪の組織の設立は三年以上一五年以下の刑事施設収容及び一定の権利停止である。組織への参加や支援も同じ刑罰である。ファシスト・シンボルの配布、販売、その準備は六月以上五年以下の刑事施設収容と一定の権利停止である。シンボルの公の場での利用も同じ刑罰である。公の場におけるプロパガンダ、行為、その他の手段による、平和に対する罪や人道に対する罪を犯した犯罪者の美化、ファシスト、人種主義者、外国人嫌悪のイデオロギーの促進は三月以上三年以下の刑事施設収容及び一定の権利停止である（第五条）。③「アウシュヴィッツの嘘」法として、上記のファシスト・シンボル法第六条によるといかなる手段であれ、公の場でホロコースト、ジェノサイド又は人道に対する罪、もしくはその帰結を問題にし、否定し、是認し又は正当化することは六月以上五年以下の刑事施設収容及び一定の権利停止又は罰金を課される。二〇〇六年法律一〇七号は一九三三～四五年の時期のホロコーストの定義にロマ住民を含めた。それゆえホロコーストとは国家によって支持された組織的迫害、ナチス・ドイツとその同盟者及び協力者によるヨーロッパ・ユダヤ人の絶滅である。第二次大戦時に国内に居住するロマ住民が強制移動や絶滅の対象とされたことを含む。二〇〇二年の緊急法律三一号第一二条と第一三条によると、平和に対する罪及び人道に対する罪を犯した犯罪者の像、彫像、記憶板（刻銘）を公共の場所に建てることを禁止している。平和に対する罪及び人道に対する罪を犯した犯罪者の名前を、通り、大通り、広場、市場、公園その他の公共の場所の名称にすることが禁止される。④オーディオ・ヴィジュアル法として二〇〇二年の法律五〇四号はオーディオ・ヴィジュアル番組における差別と闘うために二つの重要規定を取り入れている。第二九条によると広告やテレビショッピングには人種、宗教、国籍、ジェンダー又は性的志向に基づく差別を含んではならない。テレビ視聴者やラジオ聴取者の宗教や政治信念に攻撃を引き起こしてはならない。同法四〇条によると人種、宗教、国籍、ジェンダー又は性的志向に基づく憎悪の教唆を含む番組を放送することは禁止される。法律に基づいて独立の公共機関としてオーディオ・ヴィジュアル委員会が設置される。

ルーマニアには包括的な人種差別禁止法はないようである。ヘイト・スピーチ法は刑法第三一七条がある。ファシスト・シンボル法、「アウシュヴィッツの嘘」法などは、第二次大戦時のロマ虐殺や、社会主義政権時代の悲劇という複雑な歴史を反映したものである。ファシスト・シンボル法は緊急法律としてつくられた。社会主義崩壊後一〇年ほど過ぎると、その時代を懐かしんだり、政治的に逆行する主張が登場したのかもしれない。

人種差別撤廃委員会は次のような勧告をした（＊１３４）。委員会は、刑法が条約第四条に規定された行為を完全にはカバーしていないことに留意する。刑法を改正して条約第四条に完全な効力を与える規定を取り入れるよう勧告する。

第10節　人種差別撤廃委員会第七八会期

人種差別撤廃委員会第七八会期（二〇一一年二月一四日～三一一日）に提出された政府報告書を素材に、アルメニア、ボリビア、キューバ、アイルランド、リトアニア、モルドヴァ、ノルウェー、ルワンダ、セルビア、スペイン、ウルグアイ、イエメンの状況を紹介する。

68　アルメニア

二〇〇三年八月のアルメニア刑法は条約第四条に由来する（＊１３５）。①刑法第二二六条によると国民、人種又は宗教的憎悪や敵意の煽動、人種的優位性の表明、もしくは国民の尊厳を侮辱することを目的とした行為は犯罪とされ、最低賃金の二〇〇以上五〇〇倍以下の罰金、又は二年以下の矯正労働、又は二年以上四年以下の刑事施設収容に処する。同条二項は刑罰加重として、同様の行為を公に又はマスメディアを通じて暴力又は暴力行使の威嚇や権力濫用によって行った場合、三年以上六年以下の刑事施設収容とする。②刑法第六三条は刑罰加重事由として国民、人種又は宗教的憎悪、又は宗教的熱狂に基づいて犯罪を行ったことを掲げる。人種差別煽動団体の禁止は刑法第二二六条に含まれていないが、憲法第四七条二項は権利や自由は国民、人種及び宗教的憎悪、暴力のプロパガンダ、及び戦争を煽動することを目的とする場合は制限されるとする。③二〇〇一年のＮＧＯ法や政党法は人種的敵意の煽動を目的とする団体の制限を定める。

人種差別撤廃委員会は人種差別を促進・煽動する活動を行う団体を禁止する法がないことを指摘し、条約第四条に合致するように勧告した（＊１３６）。人種主義と闘うために採択された法律の効果的履行を勧告する。人種集団の追放を唱える集団があることに注意を喚起し、人種差別を煽動する集団を非合法化するよう勧告する。

69　ボリビア

ボリビアには人種的優位性や人種差別を煽動するプロパガンダを処罰する法はまだない（＊137）。憲法第一四条二項は性別、皮膚の色、年齢、性的志向、ジェンダー・アイデンティティ、出身、文化、国籍、市民権、言語、宗教的信念、イデオロギー、政治的関係等によるすべての差別を禁止し、処罰するとしている。最高通達第二一三号は文書、口頭、ラジオ、テレビその他の社会的コミュニケーション又はマスメディアにおける差別的特徴をもった求人広告を禁止する。近年、重大な差別煽動の事例がみられるのでメディアにおける人種差別犯罪を処罰する必要がある。立法議会で審議している。

人種差別撤廃委員会は人種主義ヘイト・スピーチを行う団体やジャーナリストがいることを指摘し、刑法に処罰規定がないとし、条約第四条を履行するように勧告した（＊138）。メディアの社会的役割やジャーナリストの社会的責任を教育するよう勧告する。若者が人種憎悪を促進する団体に加わっているので学校教育において人種主義と闘い、人権を尊重するように勧告する。先住民族出身者に対する人種主義暴力があり、コカバンバ、サンタクルス、パンドでは悪化しているとし、告発があれば捜査し、犯行者を特定し、訴追するとともに、被害者に補償を行うよう勧告する。

70　キューバ

キューバ革命はすべての人権促進・保護をめざしたもので、不平等や差別に対する闘争が含まれる（＊139）。キューバは人種差別を非難してきた。憲法第四一条はすべての市民の平等を定め、同第四二条は人種、皮膚の色、性別、国民的出身、宗教的信念に基づく差別その他の差別を禁止し、法によって処罰するとしている。同第四三条はさまざまの自由や権利について非差別を定める。①一九七八年一二月の刑法第二九五条一項は他人を差別した者や、人の性別、人種、皮膚の色又は国民的出身に対して発言や行為によって差別を煽動し、憲法上の権利の平等行使・享受を妨害した者に六月以上二年以下の自由剥奪及び／又は二〇〇以上五〇〇単位の罰金を科す。同条二項は人種的優位性や憎悪に基づく観念を広めた者や、人種集団、皮膚の色の異なる集団又は民族集団に対して暴力を行ったり、暴力を煽動した者にも同じ刑罰を科す。②一九八五年の結社法は人種主義結社や隔離主義結社の組織を禁止する。同法は異なる国民集団の歴史や文化を学ぶ結社の組織を促している。

人種差別撤廃委員会は人種差別に関する情報が十分ではないと指摘し、刑法が人種的動機を刑罰加重事由としていないので、刑罰加重事由とする法改正を勧告した（＊140）。刑法がアパルトヘイトの罪について一〇年以上二〇年以下の刑事施設収容又は死刑を定めているとし、犯罪としていることを歓迎しつつ、死刑廃止又は執行停止を勧告する。

71　アイルランド

他人に対して暴力行為を煽動することはコモンロー上の犯罪である（＊141）。①一九八九年の憎悪煽動禁止法は文書を印刷したり、配布したり、言葉を用いたり、文書を屋外に掲示したり、私邸内でもそれが屋外の人に見えたり聞こえる場合、又は映像や音声記録を配布し、展示することは、脅迫、虐待、侮辱であり、それらが憎悪を煽動しようとした場合、犯罪とする。②一九三九年の国家に対する攻撃法は人種憎悪煽動を含む違法活動を促進する団体を違法であると宣言し、禁止する。国内外で人種、皮膚の色、国籍、宗教、民族的国民的出身、性的志向又はトラベラー集団構成員であることにより、集団に対して憎悪を煽動する行為は、憎悪煽動禁止法により禁止される。③人種主義・外国人嫌悪に関するサイバー犯罪条約議定書、及び人種主義と外国人嫌悪と闘うＥＵ枠組決定の批准については、検討中である。④一九九四年の刑事司法法（公共秩序法）も公共の秩序に違反する人種主義行為と闘うために使われ、人種憎悪煽動は刑事犯罪である。犯罪実行を促進、助長、擁護する団体の構成員となることも犯罪である。⑤一九九七年の刑法第七条一項によると犯罪実行の教唆、幇助、相談は犯罪であり、正犯と同様に処罰される。

人種差別撤廃委員会は刑事司法法や人種憎悪禁止法の見直し作業が行われているにもかかわらず、その情報が報告されていないとし、人種差別からの人々の保護を強化するように勧告した（＊142）。条約第四条の要請を完全には満たしていないとし、人種主義的動機を裁判所が必ずしも考慮に入れていないと指摘した。条約第四条(b)の要請に従って人種主義団体を禁止する立法を行い、人種主義的動機を刑罰加重事由として考慮し、犯罪の人種主義的側面についての専門家訓練を行うよう勧告する。

72　リトアニア

政府報告書によると、人種差別の克服のためにＥＵの法原則を採用している（＊143）。二〇〇四年四月二九日の外国人・無国籍者・難民等の地位に関する最低基準、二〇〇四年一二月一三日の研究・学生留学に関する外国人受入れ条件に関する規則などである。①刑法第一七〇条一項によると、ジェンダー、性的志向、人種、民族的背景、言語、出身、社会的地位、宗教、信念又は意見に基づいて、個人又は集団に対して嘲笑、侮辱を表明、憎悪を煽動、差別を助長し、それが口頭であれ文書であれ公開の言明によって又はマスメディアを通じて行われた場合、犯罪となる。②刑法第一七〇条二項によると、ジェンダー、性的志向、人種、民族的背景、言語、出身、社会的地位、宗教、信念又は意見に基づいて、個人又は集団に対して暴力又は実力行使を行うことを公然と煽動し、もしくはそうした活動に財政その他の支援を行った場合、犯罪となる。③刑法第一六九条によると、人種、国籍、言語、出身、宗教、信念又は意見に基づいて、政治、経済、社会、文化、労働の活動に参加する権利を妨害し、人権や自由を制約する行為は犯罪である。④刑法第三一二条によると、人種、国民又は宗教的理由に基づいて墓又はその他の公の尊重の施設を冒涜する行為は犯罪である。⑤行政刑法第二一四条によると、国民、人種、宗教の不和を宣伝する情報を製作、所持、配布又は陳列すると行政犯である。同様の宣伝をする団体を設立し、参加することも行政犯である。⑥人種主義的動機による犯罪を刑罰加重事由とする刑法改正作業が進行中である。二〇〇八年一月二九日の改正法案は一定の社会的集団(年齢、ジェンダー、性的志向、障害、人種、民族的背景、言語、出身、社会的地位、宗教、信念又は意見）に対する憎悪犯罪の刑罰を加重するもので、議会に提出され、審議中である。⑦マスメディアに関する公共情報法第一九条三項はジェンダー、性的志向、障害、人種、民族的背景、言語、出身、社会的地位、宗教、信念又は意見に基づいて、戦争や憎悪、嘲笑、冷笑、差別、暴力、実力行使を煽動する情報の宣伝を禁止する。公共情報製作者・ジャーナリスト倫理綱領も同様の定めを置く。⑧二〇〇四年一月二二日制定の結社法第三条二項は憎悪煽動活動を行う結社を禁止する。二〇〇四年三月二三日制定の政党法も同様である。二〇〇四年から〇七年の記録では、結社登録が拒否された事例はない。

人種差別撤廃委員会は国内マイノリティに関する法が審議中であることに留意し、同法が条約第四条に適うように早急に制定することを促した（＊144）。メディアやインターネットにおける人種的偏見と闘う努力がなされているが、人種主義事件が生じていると指摘し、訴追を行い、犯行者を処罰し、被害者に適切な補償を行うように勧告する。人種差別予防に関する一般的勧告第三一号を活用するように勧告する。

73　モルドヴァ

二〇〇七年一二月、政府は刑法改正案を議会に提出し、検討中である（＊145）。①二〇〇二年の刑法第一七六条はジェンダー、人種、皮膚の色、言語、宗教、政治的その他の見解、国民的社会的出身、民族的マイノリティ構成員、財産、階級その他の状況を下に、憲法上の基本権や自由を侵害することを犯罪とする。②刑法第三四六条は民族、人種又は宗教的敵意もしくは不和を煽動、民族的名誉と尊厳を攻撃、基本権の直接又は間接の制限、又は民族、人種、宗教的理由で市民の優遇を目的として、印刷又は電気メディアを通じた故意の行為及び公然たる呼びかけは処罰されるとしている。③二〇〇七年の刑法第一七六条改正は禁止された行為の特定が明確でないために必要となったという。現行法はモルドヴァ市民でない者や無国籍者に対する差別と考えられる基本権侵害についての責任を規定している。改正案は非差別原則に合致する要件を明確にするものである。改正案は国際条約で確立された基準に従って、合理的客観的正当化事由に基づかずに区別、排除、制限又は優先することについての責任を定めている。改正案はジェンダー、人種、皮膚の色、言語、宗教、信念、国民的社会的出身、民族的マイノリティ構成員又は性的志向に基づく基本権侵害、もしくは同様の基準に基づいて、個人、集団、コミュニティに、区別、排除、制限又は優先することについて刑事責任を定めている。刑法第三四六条改正案は、その集団について人種、国籍、民族的出身、言語、宗教等に基づいて、屈辱、差別の煽動又は憎悪を目的として、印刷又は電気メディアを通じた公然たる呼びかけを処罰するとしている。④二〇〇八年一月の差別予防克服法草案は国際基準に従って「直接差別と間接差別」「抑圧」「差別の煽動」を定義している。労働法、教育法、人権法その他の幅広い法分野に適用される。二〇〇三年二月、過激活動に関する規制が考慮され、人種的民族的暴力の煽動、民族集団への屈辱、フーリガン、憎悪行為、人種の優越性主張などを克服する努力が行われている（前回報告書は本章第4節）。

人種差別撤廃委員会は人種差別克服のための努力を歓迎しつつ、刑法第一七六条などの効果的履行の手段が不十分であり、実際の捜査件数が少ないと指摘した（＊146）。反差別規定の効果的な履行、人種差別被害者の援助、人種差別被害申立てのアクセス確保などを勧告する。

74 ノルウェー

一九〇二年の普通刑法が二〇〇三年に一部改正され、民族差別からの保護が強化された（＊147）。二〇〇五年、新刑法が制定されたが、報告書執筆時点ではまだ発効していなかった。一九〇二年刑法の第一三五条と三四九条は新刑法第一八五条と第一八六条に変更された。第一八五条は従来の第一三五条を人種差別撤廃委員会の勧告に従って改正したものである。第一八五条一項第三文は差別される者、ヘイト・スピーチにさらされる者がいる場でなされた発言だけであっても犯罪とする。公然性を要件としていない。新刑法は障害を持つ者に対するヘイト・クライムも追加した。被害者に向かって発言を行えばヘイト・スピーチが成立するのは、フランス刑法と同様に珍しい規定である（フランスについて本章第9節参照）。従来は憎悪煽動犯罪であるから公然性を要するのが一般的であった。改正法では憎悪煽動ではなくても差別発言を処罰すべき場合があることになった。また、ノルウェー刑法は法定刑の幅が広い特徴があるが、刑法第七七条はヘイト・スピーチについて刑罰を厳格に定めているという。

人種差別撤廃委員会は移民、難民認定申請者、難民に対する差別事案が見られ、被害者の精神衛生に影響がありトラウマが残ることなどを指摘し、差別事件への対処の強化を勧告した（＊148）。過激集団による人種主義発言が政治家や、メディア、インターネットに広がり、ヘイト・スピーチが見られるとし、条約第四条は義務的性格を有しているとし、表現の自由と公然たる人種主義発言との間のバランスをはかり、人種差別促進団体を禁止するためにヘイト・スピーチとヘイト・クライムを明確に定義し、人種主義に対処する戦略を発展させるために公の議論を行うことが効果的であると勧告する。

75　ルワンダ

憲法第三四条が表現の自由を保障しているが、表現の自由といえども絶対的自由ではない（＊149）。人間の尊厳、平等、自由の尊重が求められる。差別と隔離主義の犯罪を予防・訴追する法律では、文書であれ行動であれ、人種、宗教、皮膚の色、性別、言語などに基づく差別発言が犯罪とされる場合がある。刑法第三九三条(a)は「中傷又は公然たる侮辱によって、人の集団又は所与の人種又は宗教に対して嫌悪又は憎悪を表明し、もしくはそのような嫌悪又は憎悪を誘発させる行為をした者は、一月以上一年以下の刑事施設収容及び／又は五〇〇〇フラン以下の罰金の責を負う」とする。差別と隔離主義の犯罪を予防・訴追する法律第六条は差別犯罪につき有罪とされた団体や政党等に対して六月以上一年以下の活動停止及び五〇〇万以上一〇〇〇万フラン以下の罰金を科すとしている。住民に対する差別行為が重大深刻な場合には、裁判所は刑罰を二倍にし、団体解散もできる。

人種差別撤廃委員会は、ルワンダが歴史的経験を教訓としてジェノサイド処罰を明示しているとし、ジェノサイド犯罪の定義があいまいであり、国際刑法でジェノサイドの成立要件とされている「意図の要件」がないことに懸念を表明した（＊150）。刑法が必ずしも条約第四条の要請に対応していないので、委員会の一般的勧告第一五を引証しつつ、条約第四条を履行するのに必要な刑法改正を行うよう勧告する。

76 セルビア

刑法には差別犯罪に関するいくつかの規定がある（＊151）。①刑法第一二八条は国籍、民族、人種、宗教に関連して、又は政治その他の信念、性別、言語、教育、社会的地位、社会的出身、財産状態その他の人的特徴に基づいて、憲法や法律で保障された個人の権利を剥奪・制限し、個人に便益や優先を与えた者は三年の刑事施設収容としている。公務員が職務中に行った場合には三月以上五年以下の刑事施設収容となる。②刑法第三一七条はセルビアに居住する人民や民族コミュニティのなかに国民的、人種的、宗教的憎悪又は不寛容を煽動又は悪化させた者は六月以上五年以下の刑事施設収容である。強制、虐待、安全の約束、国民的人種的宗教的シンボルの嘲笑、商品の損壊、記念碑や墓の冒瀆によって行われた場合、一年以上八年以下の刑事施設収容となる。公的地位にある者の権限濫用や、暴動や暴力による場合、二年以上一〇年以下の刑事施設収容となることがある。③刑法第三八七条は人種、皮膚の色、国籍、民族、その他の人的特徴に基づいて国際法上普遍的に承認された基本的権利を侵害した者は六月以上五年以下の刑事施設収容とする。ある人種の優越性観念を宣伝、人種的不寛容を宣伝又は人種差別を煽動した場合、三月以上三年以下の刑事施設収容とする。④憲法第五条三項は人権やマイノリティの権利を侵害し、人種憎悪煽動を目的とする政党活動を禁止し、市民結社法は憎悪煽動目的結社の一時的禁止を定める。場合によっては全面禁止もありうる。報告書執筆時期には裁判所による結社禁止命令は一件も出ていない。⑤放送法は差別、憎悪、暴力を煽動する番組放送の予防を定める。公共情報法も差別、憎悪、暴力を煽動する観念や意見の出版（ヘイト・スピーチ）を禁止する。

人種差別撤廃委員会は次のような勧告をした（＊152）。人種差別克服のための努力がなされているが人種差別とヘイト・スピーチが残存しているとし、ヘイト・クライムとヘイト・スピーチを予防する効果的立法、人種主義者や過激集団の訴追と必要な場合には結社禁止、人種主義的動機による犯罪への対処の強化、スポーツにおける人種主義の克服努力、寛容の文化と文化的多様性を促進するNGOの支援等を勧告する。

77　スペイン

二〇〇三年九月に刑法改正が行われ、人種主義と不寛容と闘うための規定が盛り込まれた（＊153）。①刑法第二二条四項は刑事責任の加重事由として、人種主義、反ユダヤ主義又はその他の形態の人種・民族差別を掲げる。②刑法第一六一条二項は遺伝子操作、クローン人間、優生学的措置に関連する犯罪を定める。③刑法第一七〇条は民族集団に対する脅迫を犯罪としている。刑法第一九七条五項は人種的出身を示す秘密情報の暴露を犯罪とする。④刑法第五一〇条は人種主義、反ユダヤ主義又は民族集団・人種構成員であることを理由とする差別、憎悪、暴力の煽動を規制する。⑤刑法第五一一条は公的地位にある者が民族、人種又は国民的出身に基づいて他者に公共サービスを拒否することを犯罪としている。⑥刑法第五一五条は不法結社をイデオロギー、宗教又は信念のゆえに、又は特定の民族集団、人種又は国民に属する構成員である事実ゆえに、差別、憎悪、暴力を促進する結社と定義する。⑦刑法第六一〇条はジェノサイド犯罪を定める（適用事例については第7章第10節参照）。⑧二〇〇七年七月、スポーツにおける暴力・人種主義・外国人排斥・不寛容に反対する法が制定された。

人種差別撤廃委員会は次のように勧告した（＊154）。メディアが移住者に対して人種主義的ステレオタイプや偏見を広めているので人種主義と闘う包括的戦略を採用し、人種主義事案を監視し、ヘイト・スピーチと闘うメディアの責任を促すよう勧告する。移住者やジプシーに対する隔離学校「ゲットー」が存在するので学校運営に関する適切な措置を講じるように勧告する。

78　ウルグアイ

一九八九年の刑法改正によって憎悪、侮辱又は暴力の煽動や、皮膚の色、人種、宗教、国民的民族的出身、性的志向又は性的アイデンティティを理由にそれらの行為を行うことを犯罪とした（＊155）。二〇〇三年七月の法律一七六七七号は刑法一部改正であり、憎悪、侮辱又は暴力の煽動を犯罪とし、煽動について三月以上一八月以下の刑事施設収容、その実行につき六月以上二四月以下の刑事施設収容とした。一九四二年の法律は人種抗争又は憎悪を勧誘・挑発することを促進・組織した者について一〇月以上五年以下の刑事施設収容としていた。人種主義団体への参加も三月以上一〇月以下の刑事施設収容であった。二〇〇三年の法律一七六七七号によって規制法が完成した。

人種差別撤廃委員会は、刑法が条約第四条の要請に合致していないので人種的優位性の理論の流布を犯罪とし、人種差別促進・煽動団体を禁止するよう勧告した（＊156）。

79 イエメン

政府報告書によると、一連の立法措置によって国際条約の要請に合致しているという（＊157）。憲法第四一条は法の下の平等を定め、刑事訴訟法第五条は何人も国籍、人種、出身、言語、信念、職業、教育歴、社会的地位を理由に処罰されないとする。①刑法第一九四条は「宗教又は宗教的信念、慣行、教育の嘲笑又は軽蔑、信仰集団への侮辱の公然たる煽動、もしくは信仰集団の優越性の観念を、公共の秩序を傷つける方法で、公然と放送した者は、三年以下の刑事施設収容又は罰金に処する」とする。②刑法第一九五条は「軽蔑、嘲笑又は侮辱の対象とされた宗教がイスラム教の場合、刑罰は五年以下の刑事施設収容又は罰金とする」。

人種差別撤廃委員会は人種差別事件の訴追に関する統計情報がないので次回報告書において報告するように勧告した（＊158）。人種的優越性の宣伝・撒布のような人種差別撤廃条約第四条に規定された行為が犯罪とされていないので、刑法を改正し、効果的に執行するように勧告する。

第11節　人種差別撤廃委員会第七九会期

人種差別撤廃委員会第七九会期（二〇一一年八月八日～九月二日）に提出され、審査を受けた各国政府報告書を基に、アルバニア、チェコ、グルジア、ケニア、モルディヴ、パラグアイ、ウクライナ、イギリスの状況を紹介する。

80 アルバニア

憲法第一五条は基本的自由と人権を定め、憲法第一六条は平等適用を謳う（＊159）。基本的自由の制限は憲法第一七条によって公共利益の保護のためにのみ認められる。労働法、外国人法などが「不当な差別」の定義を行い、難民法も定められているが、包括的な人種差別禁止法はないようである。二〇〇八年一一月二七日、刑法（一九九九年）改正が行われた。①刑法第七四条はジェノサイドや人道に対する罪に好意的な文書をコンピュータ上で配布し、ジェノサイドや人道に対する罪にあたる行為（事実）を否定し、矮小化し、承認し又は正当化する文書をコンピュータ・システムを用いて、公に提供又は配布した者は、三年以上六年以下の刑事施設収容とする。「アウシュヴィッツの嘘」規定である。②刑法第八四条は「コンピュータ・システムを用いた人種主義及び外国人嫌悪の動機を伴った脅迫」について、人の民族的所属、国籍、人種又は宗教のゆえに、コンピュータ・システムを用いてなされた、人に対する殺人や重大傷害の脅迫は罰金又は三年以下の刑事施設収容とする。③刑法第一一九条及び第一一九条(a)は人種主義又は外国人嫌悪の内容を持つ文書をコンピュータ・システムを用いて公然と配布し又は配布しようとした者は、罰金又は二年以下の刑事施設収容とする。④刑法第一一九条(b)は民族的所属、国籍、人種又は宗教ゆえに、コンピュータ・システムを用いて、人に対して公然となされた侮辱についても同じ刑罰を定めている。口頭や文面で行われた場合については、それ以前から定められていたが、二〇〇八年改正はこれらの人種主義犯罪がコンピュータを通じて行われた場合の規制を追加した。たとえば、ジェノサイド（刑法第七三条）、人道に対する罪（刑法第七四条）、国民の平等の侵害（刑法第二五三条）、国籍、人種及び宗教間の憎悪や紛争の煽動（刑法第二六五条）、国民的憎悪の呼びかけ（刑法第二六六条）である。

人種差別撤廃委員会は次のような勧告をした（＊160）。国内法を条約と調和させる努力をしていることや、マイノリティ法草案があることを認めつつ、包括的な人種差別禁止法がなく、人種主義団体規制法がないことを指摘し、条約第四条に従った人種差別禁止法を制定するよう勧告した。

81　チェコ

チェコは二〇〇九年七月二一日に国際刑事裁判所規程に加入した（＊161）。同年六月に外務省が主催したホロコースト時代の財産に関する会議、二〇一〇年一月の欧州ショアー遺産研究所の設立が報告されている。二〇〇九年の法律第四〇号によって刑法が改正され、人種的動機による犯罪に追加がなされた。①一九六一年の刑法第一九六条は二〇〇九年法律によって第三五二条になり、「住民及び個人に対する暴力」の罪は人種、民族、国民その他の集団構成員であることを動機とする犯罪となった。②刑法第一九八条の「国民、民族集団、人種及び信念の中傷」の罪は改正によって刑法第三五五条「国民、人種、民族その他の人の集団の中傷」の罪となり、犯罪実行手段として印刷された言葉、フィルム、ラジオ、テレビ、公にアクセスできるコンピュータ・ネットワークその他の効果を有するものが加えられた。集団侮辱罪である。③刑法第二五九条のジェノサイドの罪は刑法第四〇〇条となり、対象に階級その他同様の集団が加えられた。刑罰の上限は二〇年以下の刑事施設収容に加重された。ジェノサイド実行の公然たる煽動の刑罰の上限も二〇年である（前回報告書は本章第２節）。

人種差別撤廃委員会はチェコ政府の報告書審査結果としての勧告を公表したが、国連人権高等弁務官事務所のサイトに掲載されていない（＊１６２）。

82　グルジア

憲法第一四条は「すべての者は人種、皮膚の色、言語、性、宗教、政治その他の意見、国民的民族的社会的所属、出身、財産所有、居住地に関わらず、生まれながら自由であり、法の前に平等である」としている（＊１６３）。①刑法第一四二条は民族又は人種的理由に基づいて敵意や紛争を煽動する目的でなした作為又は不作為、並びに人種、皮膚の色、社会的出身、国民又は民族的アイデンティティに基づいてなされた直接又は間接の人権侵害、もしくは以上の理由に基づく個人の偏重を犯罪とする。作為とともに不作為の犯罪が掲げられているのは注目に値するが具体例は明らかではない。他人の作為によって人種差別煽動状況が作り出されたのを知りながら容易にそれを止めることのできる立場の者が、不作為によってその状況を維持し続けた場合であろうか。間接の人権侵害も犯罪となることがあることに注意が必要である。②重大犯罪に人種、宗教、国民的又は民族的理由が伴えば刑罰加重事由となる。殺人罪（刑法第一〇九条）は通常は七年以上一五年以下の刑事施設収容のところ、偏見が動機の場合は一三年以上一七年以下の刑事施設収容となる。重大傷害罪（刑法第一一七条）は三年以上五年以下の刑事施設収容のところ、偏見が動機の場合は七年以上九年以下となる。暴行罪（刑法第一二六条）は一年以上三年以下の刑事施設収容のところ、偏見が動機の場合は四年以上六年以下。死者への冒涜罪（刑法第二五八条）は罰金、コミュニティ労働（社会奉仕命令）、矯正労働、又は一年以下の刑事施設収容のところ、偏見が動機の場合は三年以下の自由制限、又は三年以下の刑事施設収容である。拷問罪（刑法第一四四条）は罰金、又は七年以上一〇年以下の刑事施設収容のところ、偏見が動機の場合は九年以上一五年以下の刑事施設収容、又は五年以下の特別な地位に就任する権利の剥奪である。なお、二〇〇三年刑法改正により人道に対する罪の規定に人種主義と不寛容が追加された。ジェノサイドの罪の定義にも人種主義要素が追加された。条文や法の適用状況に関する報告はなされていない。

人種差別撤廃委員会は次のような勧告をした（＊１６４）。刑法に人種主義的議論、人種的優越性に基づいた観念の流布、人種憎悪の表明、人種差別の煽動を禁じる規定を追加すること、民法や行政法に直接差別と間接差別の定義を導入すること、人種、宗教、国民又は民族的理由を刑罰加重事由とすることを勧告する。

83　ケニア

憲法第七〇条は個人の基本的権利と自由について人種、部族、出生地・居住地その他の地方の関係、政治的意見、皮膚の色、信条又は性別によることなく保障されるとしている（＊165）。憲法第八二条は人種、部族、出生地・居住地その他の地方の関係、政治的意見、皮膚の色、信条又は性別による差別的取扱いを禁止する。①刑法第六三条は違法な集会、自警団や違法な宣誓をする集団を禁止する。政党法は民族政党や宗教政党を禁止する。ヘイト・スピーチ法案が提案されているが、制定には至っていない。②刑法第七七条は破壊的意図を持った行為を明文で禁じている。破壊的意図とは異なる人種やコミュニティ間の憎悪や敵意の感情を促進することを意図することである。③刑法第九六条は暴力の煽動や法への不服従を禁止している。④刑法第一三八条は宗教的な感情を損なうことを意図した文書や発言を禁じている。⑤国民統合法は人種的民族的侮辱や差別的慣行を禁じている。

人種差別撤廃委員会は次のように勧告した（＊166）。二〇〇八年統合法と刑法がヘイト・スピーチと憎悪の煽動を禁止しているが、立法の射程が狭く条約第四条に記載された犯罪をカバーしない。条約第四条に完全な効力を与えるために射程を広くするよう勧告する。政治家がヘイト・スピーチをしているのでヘイト・スピーチと憎悪煽動に関する法律に実効性を持たせ、暴力を惹起する政治プロパガンダの責任を明らかにするよう勧告する。

84　モルディヴ

前回報告が一九九二年であり、それ以後、報告書を提出していなかった。今回の報告書は僅か三頁しかない（＊167）。報告した検事総長は、モルディヴは長期政権を終わらせ、はじめての民主的選挙で民主化したばかりであること、長い間報告書を出していなかったが今回提出したこと、十分な統計がないことを弁解していた。委員会で繰り返し質問されたのが「イスラム一〇〇％」である。モルディヴは国民一〇〇％がイスラム教という世界でもまれな国である。憲法第九条はイスラムでない者は市民権を得ることができないとする。憲法第一〇条はイスラムのうちスンニ派と定める。憲法は元首、大臣、議員、裁判官にはスンニ派しかなれないと明示する。さんご礁リゾート地で観光業が盛んなためインド、バングラデシュ等から移住労働者が多数来ている。移住労働者は正規と不正規を合わせると数万を越える。観光業が中心のため人身売買も起きているので対策を講じ始め、二〇一一年二月に「人身売買対策行動計画」を策定した。検事総長の口頭説明では、前政権はモルディヴが同質の国民、同じ民族、宗教、言語の国であり人種差別は存在しないとしていたが、現政権は移住労働者が増加しており、社会に亀裂が生まれてきて人種差別の防止が必要であると認めているという。二〇〇八年の憲法第一七条(a)は人種、国民的出身、皮膚の色、性別、年齢、精神又は身体障害、政治的その他の意見、財産、出生その他の地位、生まれた島（出身地）によって差別されないとする。人種差別禁止法はないが、法案が提出されて二〇一二年には成立する見込みとの説明であった。ヘイト・クライム法はない。二〇〇八年の雇用法は差別を禁じている。他方、パリ原則に従った国内人権委員会を設立している。拷問禁止条約選択議定書をアジアで初めて批准し、国内拷問予防機関をアジアで初めて設置したという。

人種差別撤廃委員会は反差別法の準備を行っていることを歓迎しつつ、人種差別を予防・禁止する包括的立法がないと指摘し、反差別法の定義を条約第一条に合致するものとし、条約第四条にできる限り合致させるように勧告した（＊168）。

85 パラグアイ

国内法は人種差別に言及せず、犯罪化もしていない（＊169）。ＮＧＯは差別犯罪が起きているので差別煽動を不法行為とする人種差別禁止法の制定を提唱しているが、議会で審議が進んでいない。憲法は多文化主義を採用し、先住民族の特別権利を認める。憲法自体が拷問とジェノサイドを禁止する。広告自主規制法は差別と嘲笑の予防のためのルールを定めている。刑法第二三三条は「人民の調和的共存を妨げるような方法で、彼又は彼女の信念を根拠にして、公然と集会で又は第一四条三項に定める出版において、他人を侮辱した者は、三年以下の刑事施設収容又は罰金に処する」とする。第一四条三項によると「出版」とは文書出版、オーディオ・ビデオ、それらの再生及びその他の記録メディアを指す。

人種差別撤廃委員会は次のように勧告した（＊170）。条約第一条に従った定義が採用されていない。条約第四条(a)に従った犯罪化がなされていない。人種主義と人種差別を予防するための立法を促し、条約第四条に従った犯罪化を行うよう勧告する。条約第四条に関連する刑事手続きや判決について情報提供がないので次回報告書において情報を提供すること、その際に一般的勧告第三一を考慮するように勧告する。

86　ウクライナ

憲法第三七条は戦争もしくは暴力、民族、人種又は宗教的敵意、人権と自由の破壊を煽動する政党や組織の設立を禁止する（＊171）。市民結社法第四条にも同様の規定がある。憲法第二四条は人種、皮膚の色、政治的又は宗教的信念、性、民族的又は社会的出身、その他の特徴に基づいて、直接又は間接に市民の権利を制限することを禁止する。①印刷メディア法第三条、テレビ・ラジオ放送法第二条、情報法第四六条に人種、民族又は宗教的憎悪を煽動するためにメディアを利用することを禁止する規定がある。②刑法第一六一条は人種、民族、宗教に基づく市民の平等権侵害を犯罪とする。第一六一条第一項によると、民族的、人種的又は宗教的敵意もしくは憎悪を煽動する目的、市民の宗教的信念と結びついて名誉と尊厳を引き下げ又は攻撃を惹き起こす目的を持った故意の行為、及び人種、皮膚の色、政治的、宗教的又はその他の信念、性、民族的又は社会的出身、財産状態、居住地、言語又はその他の特徴に基づいて市民の権利を直接又は間接に制限すること、もしくは市民に直接又は間接の特権を与えることは、最低収入総額の五〇倍以下の罰金、又は二年以下の期間一定職務に就任する権利や一定の活動を行う権利の剥奪に処す、とされている。③刑法第一六一条第二項によると、上記の行為に暴力、詐欺又は脅迫が伴ったり、それが公務員によって行われた場合、二年以下の懲罰的所得制限、又は五年以下の自由剥奪に処するとされる。一項及び二項に掲げられた行為が組織集団によって行われた場合、もしくは人の死又は重大な結果を惹起した場合は、刑罰は二年以上五年以下の自由を剥奪するとされる。④刑法第六七条一項によると、人種、民族又は宗教的敵意による攻撃動機があった場合は、刑罰加重事由とされる。⑤二〇〇九年一一月五日の刑法改正により刑法第一一五条第二項の殺人罪、第一二一条第二項の重大傷害罪などに人種、民族又は宗教的敵意による攻撃動機があった場合は、刑罰加重規定が追加された。

人種差別撤廃委員会は次のように勧告した（＊172）。合法的に居住する外国人や無国籍者がウクライナ国籍者と同じ権利・義務を有するというが、非市民に対する差別からの保護が法律上は保障されない。刑法第一六一条の適用において、非市民についても同じ保護を提供するように勧告する。ヘイト・クライム申立があった場合に迅速に効果的な捜査を行い、ヘイト・クライム犯行者が公職にある場合にも刑事裁判にかけられるように勧告する。「社会国民会議」「ウクライナ愛国者」など過激団体の活動に関して外国人やマイノリティに対する攻撃が繰り返されているので、これらの団体の活動を監視し、外国人やマイノリティを暴力から保護する措置を講じるよう勧告する。刑法第一六一条は条約第四条の下で意見・表現の自由を差別と暴力から保護することができるようにするべきである。

87 イギリス（連合王国）

①一九八六年公共秩序法は人種的憎悪を煽動する意図をもって侮辱的又は口汚い言葉や動作を用い、出版することを犯罪とする（＊173）。人種的憎悪とは皮膚の色、人種、国籍又は民族的国民的出身によって定義づけられる人々の集団に対する憎悪である。二〇〇一年、人種的憎悪煽動の最高刑は二年以上七年以下の刑事施設収容に引き上げられ、外国の集団に対する人種的憎悪にも広げられた。宗教や信念が除外されているが、イングランドとウェールズの法は宗教的憎悪煽動も禁止する。②二〇〇六年人種・宗教憎悪法は、宗教的信念の有無により定義づけられる人の集団に対する憎悪を煽動する意図を持った脅迫言動を禁止する。③スコットランドが設置した「宗教的憎悪に関する政党間作業部会」の報告書が二〇〇二年一二月に公表された。報告書はスコットランドに宗教的憎悪の煽動犯罪があってはならないとし、二〇〇三年スコットランド刑事司法法第七四条に宗教的憎悪の加重規定を導入するよう提案する。④条約第四条(a)～(c)について条約批准の際に表現の自由や集会結社の自由など一定の留保を付した。イギリス法はマジョリティの意見に反するような見解を表明する自由を保障してきた。この保障は人種主義集団の文書にも及ぶ。表現の自由と暴力や憎悪からの保護のバランスを取る必要があるという。

人種差別撤廃委員会は次のように勧告した（＊174）。二〇一一年八月に起きた暴動や暴力に人種主義的側面があったことを指摘し、捜査と訴追を勧告した。メディアによる民族的マイノリティ、移民、難民に対する攻撃への対処も勧告し、イギリス政府が条約第四条を制限的に解釈していることに遺憾の意を表明した。表現の自由は絶対的権利ではないとイギリス政府も認めていることに触れ、条約第四条に関する解釈宣言を撤回するよう勧告した。実際にメディアにおいて人種差別や憎悪煽動の発言が増加しているからである。

第12節　人種差別撤廃委員会第八〇会期

人種差別撤廃委員会八〇会期（二〇一二年二月一三日～三月九日）で審査が行われたのは、次の政府報告書である。クウェート、メキシコ、ポルトガル、ヴェトナム、カナダ、ヨルダン、トルクメニスタン、セネガル、ラオス、カタール、イタリア、イスラエル。

88　クウェート

①条約第二条について憲法の平等規定、女性の地位委員会、子どもと家族委員会、人権委員会、ゲスト（移住）労働者シェルター、人権高等委員会について記載している（*175）。人権委員会は内務省の内部委員会、人権高等委員会は司法省の内部委員会にすぎず、いずれも独立人権機関ではない。②条約第四条について一般論しか述べていない。憲法第二九条は「すべての人民は、人間の尊厳において及び法の前の公的権利と義務において平等であり、人種、出身、言語又は宗教に関して差別されない」とする。一九七九年の行政機関法第二五条について追加修正案が国家に提出されている。公務員が性別、出身、言語又は宗教に基づいて市民を差別することを禁止している。公務員採用における差別の禁止が中心で、刑罰も科される。修正案は国会に提出され検討中である。

人種差別撤廃委員会は次のように勧告した（*176）。刑法が条約第四条の規定と完全に合致していない。人種的優越性や憎悪に基づく観念の流布や人種憎悪の煽動を禁止し、人種主義団体を禁止する特別法がない。一般的勧告第七と第一五を想起しつつ、刑法を条約第四条に完全に合致させ、人種的優越性や憎悪に基づく観念の流布や人種憎悪の煽動を禁止し、人種主義団体を禁止する特別立法をするよう勧告する。行政機関における公務員による差別を禁止する一九七九年の市民サービス法の改正がなされていない。性別、出身、言語、宗教に基づく差別を禁止するよう市民サービス法を改正するよう勧告する。

89　メキシコ

条約第二条に関して二〇〇一年八月一四日に憲法第一条が改正され、民族、国民的出身、ジェンダー、年齢、障害、社会的地位、健康状態、宗教、意見、志向、市民的地位その他の理由によるいかなる差別も禁止する条文が入った（*177）。差別予防撤廃法が二〇〇三年六月一一日に採択された。二〇〇四年三月二七日、法律に基づいて差別予防国家委員会が設置された。差別予防撤廃法は次のように二九項目に及ぶ差別を列挙して、禁止する。①公私教育へのアクセスや、就学許可・奨学を妨げること。②平等原則に違反し、従属的地位を強化する役割を果たす教育内容、教材、教育方法をつくること。③自由な雇用（職業）選択を禁止し、雇用へのアクセス機会を制限すること。④賃金、給与、平等労働条件に関して差異を設けること。⑤職業訓練計画へのアクセスを制限すること。⑥リプロダクティヴ・ライツ（生命再生産の権利）に関する情報へのアクセスを否定・制限することや、子どもの数や生む期間を決める権利行使を妨げること。⑦医療サービスへのアクセスを否定したり条件を課すこと、自己の医療措置に関する決定に参加する権利行使を妨げること。⑧市民的政治的その他の結社への平等条件での参加を妨げること。⑨政治参加の権利、特に選挙の投票や立候補の権利、政府の政策立案や履行における地域や参加へのアクセスを否定・制限すること。⑩所有権や資産運用処分権の行使を妨げること。⑪司法運営へのアクセスを妨げること。⑫自己に影響を与える司法手続きや行政手続きにおける聴問権を否定すること、通訳の援助を拒否すること。⑬人間の尊厳や統合への侮辱にあたる慣行を押し付けること。⑭配偶者やパートナーの自由な選択を妨げること。⑮条約第四条によって規定された状況で、メディアにおけるメッセージや映像を通じて攻撃し、嘲笑し、暴力を促進すること。⑯表現の自由を制限し、思想や宗教に関する良心を妨げること。⑰宗教職務の自由を妨げること。⑱国内法や国際法の適用による場合以外に情報へのアクセスを制限すること。⑲子どもが健全に成長発達する最低条件を妨げること。⑳社会的安全や医療保障へのアクセスを否定すること。㉑食糧、家屋、レクリエーション、適切な医療の権利を制限すること。㉒公共サービスへのアクセスを否定すること。㉓個人を搾取・虐待すること。㉔スポーツ、レクリエーション、文化活動への参加を制限すること。㉕公的活動や私的活動における言語、慣習、文化の利用を制限すること。㉖自然資源の開発、経営、利用について利用権、許可、認可を制限し否定すること。㉗憎悪、暴力、侮辱、嘲笑、名誉棄損、中傷、迫害、排除を煽動すること。㉘個人の身体上の外観、衣装、会話、ジェスチャー、性的志向の公表を理由として心身の虐待を行うこと。㉙一般に、条約第四条の下で差別的と考えられる行動。

二〇一〇年四月八日、憲法改正草案により、国際人権法の理解を国内法に取り入れることで、人権保障を強化しようとしている。条約第四条に関して、差別予防撤廃法第九条は「第四条の状況で、伝達メディアにおけるメッセージや映像を通じて、侵害、嘲笑、暴力煽動を引き起こす」ことは差別行為であるとする。二〇〇九年九月一〇日の改正刑法第一三八条は一定の条件の下での殺人等を重罪とする。その条件の一つは次のようなものである。「8．犯行者が被害者の社会的経済的地位に動機づけられた場合、ヘイト（憎悪）があったものとする。特定の社会集団との関係、社会的民族的出身、国籍又は出生地、皮膚の色又は遺伝的特徴、性別、言語、ジェンダー、宗教、年齢、意見、障害、健康状態、身体的外観、性的志向、ジェンダー・アイデンティティ、市民的地位、職業。」

人種差別撤廃委員会は次のように勧告した（＊178）。重要な法改正を行ったが、人種差別禁止連邦法は条約第四条に合致した人種差別の禁止を含んでいない。先住民族に影響を与える法が連邦各州で様々に異なる。先住民族やアフリカ系住民に対する人種差別の煽動や、人種的動機に基づく暴力を犯罪と定義する国内法がない。条約第一条の差別の定義に従って連邦法改正案が出されていることに留意する。先住民族の権利について、条約第四条に従って人種差別現象を犯罪とする特別法を制定するよう勧告する。

90　ポルトガル

①条約第一条について、二〇〇三年の労働法改正によりEU指針に従って直接差別と間接差別を区別したという（＊179）。②条約第二条について、憲法第一三条は平等と非差別の原則を掲げている。行政手続法第一五条は市民に対する人種差別を禁止している。労働改正、刑法改正などが行われている。刑法第二四〇条には人種差別の禁止に加えてジェンダー差別の禁止などが追加された。刑法第二四六条では、人種差別犯罪で有罪とされた者に一定期間選挙権を停止できることにした。量刑に関する刑法第七一条が改正された。③条約第四条について、二〇〇七年九月四日の刑法改正があげられている。刑法第二四〇条は人種差別に動機を有する犯罪に、皮膚の色、民族、国民的出身、性別、性的志向などの形態の犯罪を追加した。ヘイト・クライムおよび「アウシュヴィッツの嘘」規定が含まれる。条文は次のようになったが、〈　〉部分が追加された部分である。

刑法第二四〇条「人種、宗教又は性的差別」一項　(a)人種、〈皮膚の色、民族的又は国民的出身〉、宗教、〈性別又は性的志向〉に基づいて、人又は集団に対して差別、憎悪もしくは暴力を煽動又は鼓舞する団体を設立し、乃至は組織的宣伝活動を行った者、又は(b)前項(a)で述べられた団体又は活動に参加した者、もしくは財政拠出などの支援をした者は、一年以上八年以下の刑事施設収容とする。

二項　公開集会、文書配布により、その他の形態のメディア・コミュニケーションにより、又は公開されるべく設定されたコンピュータ・システムによって、(a)人種、皮膚の色、民族的又は国民的出身、宗教、〈性別又は性的志向〉に基づいて、人又は集団に対して、暴力行為を促進した者、(b)人種、民族的又は国民的出身、宗教、〈性別又は性的志向〉に基づいて、特に戦争犯罪、平和に対する罪及び人道に対する罪の否定を通じて、人又は集団を中傷もしくは侮辱した者、乃至は(c)人種的、宗教的〈又は性的〉差別を煽動又は鼓舞する意図をもって、人種、皮膚の色、民族的又は国民的出身、宗教、〈性別又は性的志向〉に基づいて、人又は集団を脅迫した者は、六月以上五年以下の刑事施設収容とする。

次に刑法第二四六条は第二四〇条で有罪とされた者につき一定期間選挙権を停止することができる。人種主義団体の禁止については前回報告書に書かれている（＊180）。二〇〇四年報告書によると、人種主義団体を禁止する立法はないが憲法が禁止しており、直接適用される。国家革新党という小政党が移住者の増加を理由に移住者入国制限を主張しているが、暴力行為に及んでいないので解散措置は講じていない。人種的動機による刑罰加重もある。刑法第一三二条(f)の殺人罪、刑法第一三二条第二項の身体の完全性に対する犯罪について人種的動機は刑罰加重事由としている。他の犯罪についても人種的動機は一般的な加重事由とされる。量刑は刑法第七一条に規定され、犯罪の目的及び動機が加重事由として考慮される。また、一九九六年七月六日の法律第二〇／九六号は外国人排斥、人種主義犯罪事件の刑事手続きについて、NGOが補充尋問することを認めている（私訴）。

人種差別撤廃委員会は次のように勧告した（＊181）。移住者や外国人に対する人種的ステレオタイプや偏見が蔓延している。ブラジル人や中国系住民に対する差別が報告されている。一部の極右政治家による人種主義発言事件が見られる。スポーツにおいても人種主義と不寛容がある。人種主義、外国人嫌悪、不寛容現象を予防し、訴追する措置を講じるよう促す。政治家による人種主義発言を非難し、スポーツにおける寛容を促進するよう勧告する。

91 ヴェトナム

憲法は平等、差別の禁止を要請しているが、具体的な該当条文は引用されていない（＊182）。民族間の平等規定は国籍法、国会選挙法、刑法、刑事訴訟法、民法、民事訴訟法、労働法、教育法などに明記されている。五四の民族がいるので、当然、平等規定がある。選挙法は民族マイノリティのためのクォータ制を採用している。包括的な人種差別禁止法はないようである。条約第四条に関連して、二〇〇三年、共産党中央委員会は民族マイノリティ問題に関する決定第二四号を出して民族問題への対応を重要視している。刑法では、すべての犯罪者は性別、民族、信念、宗教、社会階級・地位による差別なしに法の下に平等であるとされている。刑法第八七条は民族的憎悪、差別、隔離、平等侵害の煽動行為を犯罪化していると書かれているが、具体的な条文は紹介されていない。二〇一一年一月一四日、政府は民族問題に関する決定二〇一一年第五号を出している。

人種差別撤廃委員会は次のような勧告をした（＊183）。マイノリティ集団に対する事実上の差別が継続しているが、包括的で効果的な中立メカニズムが存在しない。人種差別の申立事例が少ない理由を調査し、包括的で効果的な中立メカニズムを用意するよう勧告する。人種差別と闘う法と政策が欠落している。刑法第八七条は用語が広範であり、一部の民族的マイノリティに対して濫用される可能性がある。一般的勧告第一五に従って条約第四条に完全に合致するよう現行法を包括的に再検討するよう勧告する。刑法第八七条を差別にさらされやすいマイノリティ等を保護するために明確に規定するように勧告する。

92　カナダ

政府報告書は、条約第二条に関連してジェンダー暴力、法執行の訓練、被害者支援をテーマに各種情報を列挙している（＊184）。先住民族女性に対する暴力についての報告があるが家庭内暴力が中心であり、人種主義暴力が主題ではない。国連人権理事会は普遍的定期審査（ＵＰＲ）でカナダに人種主義暴力に対処する立法を促したが、受け容れていない。カナダは人種主義暴力を通常の刑法で犯罪としている。暴行、傷害などの暴力行為は犯罪とされており、暴力行為の煽動も、暴力行為が実際になされたか否かを問わずに、犯罪とされている（独立教唆）。①刑法第七一八条二項(a)(i)は犯罪が人種、国民的又は民族的出身、言語、皮膚の色、宗教、性別、年齢、心身の障害、性的志向その他類似の要因に基づいた偏見、予断、憎悪に動機を持つ場合を刑罰加重事由としている。②刑法第四三〇条（４．１）は偏見、予断、憎悪に基づいて、主に教会、モスク、シナゴーグ、寺院、墓地などの宗教施設のために用いられる財産を破壊する特別の犯罪を規定している。ヘイト・スピーチについては一九七〇年以来、刑法で対処している。③刑法第三一八条は皮膚の色、人種、宗教、民族的出身又は性的志向によって「識別される集団」に対するジェノサイドの主張や促進を禁止している。④刑法第三一九条一項は公共の場で平穏を侵害するような発言で「識別される集団」に対する憎悪を煽動することを禁止している。刑法第三一九条二項は私的な会話以外の発言で「識別される集団」に対する憎悪を恣意的に促進することを禁止している。検事総長は「識別される集団」とは皮膚の色、人種、宗教、民族的出身又は性的志向によって区別される公衆であるとし、「発言」とは、広く「語られ、書かれ、電気的又は電磁的に記録され、又はその他の言葉並びにジェスチャー、サイン、その他の可視的表現」であるとしている。⑤インターネット上の憎悪プロパガンダについては、二〇〇一年の刑法改正により刑法第三二〇条一項が置かれた。憎悪プロパガンダがオンラインに乗せられた場合に裁判所が削除命令を出すことができる。当該情報を投稿・記載した人物は裁判官の面前で、削除するか否かの判断のために聴問の機会を与えられる。これは刑事訴追とは別の手続きである。投稿者が不明の場合や外国からの投稿の場合にも削除できる。⑥カナダ人権法第一三条は差別的慣行として人種、国民的又は民族的出身、皮膚の色、宗教、年齢、性別、性的志向、婚姻状態、家族状態、障害又は赦免された有罪判決をもとに人を憎悪又は侮辱にさらすようなことを、電波放送又はインターネットを通じて繰り返し伝達することを掲げている。⑦二〇〇八年、カナダ人権委員会は第一三条とインターネットに関連して『月報告書（Moon Report）』を出して、第一三条を廃止してヘイト・スピーチを刑法で禁止し、暴力を主張、正当化、威嚇する表現を禁止する提案をした。二〇〇九年六月、人権委員会がカナダ議会に提出した特別報告書では、第一三条を廃止するのではなく憎悪や侮辱の定義を追加する提案をした（前回報告書は本章第2節）。

カナダ政府報告書は政府レベルだけでなく州ごとの情報を含んでいるが、条約第四条に関する記述があるのは四州である。①ニューファンドランド・ラブラドル州は、二〇〇六年の人権法第一四条改正で差別文書の出版・展示を禁じる規定に「家族状態」と「年齢」による差別の禁止を追加した。②ケベック州は、二〇〇八年一〇月、州政府の政策文書『多様性――追加された価値』が公表された。③オンタリオ州は、刑法のヘイト・クライム規定を見直すための連邦と州の司法省会議を開催し、二〇〇六年、『オンタリオにおけるヘイト・クライム』を公表した。④ブリティッシュ・コロンビア州は『危険な事件対応モデル』を作成した。コミュニティが人種主義やヘイト活動に対処するのに三段階・三年計画の対処とした。政府はブリティシュ・コロンビア・ヘイト・クライム班を支援している。

人種差別撤廃委員会は次のように勧告した（＊185）。特定の行為を犯罪とし、人種主義暴力処罰立法を拒否し、人種主義団体を違法であると宣言せず、人種主義活動のみを禁止しているのは残念である。一般的勧告第一、第七、第一五が条約第四条は義務的性格を有するとしているので、条約第四条を完全に履行する法律を制定するよう勧告する。

93 ヨルダン

パレスチナ、イラク、チェチェン、アルメニア、クルドの難民を受け入れてきて、中東諸国からの難民受け入れに苦労してきた上に、最近はシリア難民まで来ているため憲法上の平等と非差別をヨルダン国民に限っている（＊186）。一九五二年の憲法は人種、言語、宗教による差別を禁止する。平等規定もあるが国民についてのものである。①二〇〇六年六月一五日の法律によって人種差別撤廃条約は国内法に統合された。二〇〇二年に国立人権センターが設立された。しかし、総合的な人種差別禁止法はないようである。②条約第四条について、刑法第一五〇条は「異なる信仰集団や他の国民構成員の間に、信仰や人種の対立を引き起こし、紛争を作り出す意図や効果をもつような著述、演説又は行動を行った場合、六月以上三年以下の刑事施設収容及び五〇ディナール以下の罰金に処する」とする。③刑法第一三〇条は「戦時又は戦争が勃発しそうな時に、国民感情を弱体化させ、又は人種又は信仰の対立を引き起こすためにプロパガンダを広めた者は、一定期間の重労働の刑罰に処する」としている。戦時のもので平時ではない。また、国民感情の弱体化が主題である。刑法第八〇条は煽動、参加、従犯などを定義している。④団体禁止について、刑法第一五一条が、第一五〇条に規定された基準で設立された団体に所属した者に同じ刑罰を科すとしている。当該団体は解散となる。⑤オーディオ・ヴィジュアル法第二〇条は、放送におけるテロ、人種主義、宗教的不寛容を禁止し、印刷出版法第七条は、ジャーナリストの行動規範を定める。⑥刑法第二七八条は他人の宗教感情を害する印刷物の配布などを処罰し、刑法第二七六条は宗教儀式の妨害・攻撃を、刑法第二七七条は墓地や宗教施設への攻撃を処罰する。刑法第二七三条は預言者や伝道師に対する侮辱を犯罪とする。

人種差別撤廃委員会は次のように勧告した（＊187）。刑法の諸規定が条約第四条に完全に合致せず、国民に含まれる集団に制限がなされており、市民でない者に条約第五条の完全な保護がなされていない。委員会は、条約第四条と第五条に従って刑法を改正するよう勧告する。人種差別を根絶する立法に関する一般的勧告第七に注意を喚起する。

94　イタリア

憲法第三条は性別、人種、言語、宗教、政治的意見による差別なしに法の下に平等であるとする（＊188）。条約第二条に関連して、独立の人権委員会の存在や、移民法などの説明があり、さまざまな差別反対のプロジェクトが説明されている。包括的人種差別禁止法には言及がない。条約第四条に関連して、一九七五年の法律第六五四号を改正した一九九三年六月二五日の法律第二〇五号（マンチーノ法）及び二〇〇六年二月二四日の法律第八五号が挙げられている。人種差別を煽動する目的を有する団体の結成は処罰されるという（適用事例は第9章第12節参照)。

人種差別撤廃委員会は次のように勧告した(*189)。法律第六五四号が人種差別を処罰し、マンチーノ法は通常犯罪が人種的動機をもって行われた場合に刑罰加重事由としているが、人種的動機が唯一の場合に考慮され、複合的な動機が考慮されていない。人種的優越性の宣伝について刑罰を適用した判決に関する情報がない。委員会は刑法第六一条を改正して、複合的動機の場合にも人種的動機を刑罰加重事由とするように勧告する。条約第四条に従って人種的優越性の観念の流布及び人種主義暴力の煽動を訴追するための措置を講じるよう勧告する。ロマ、シンティ、カミナンティに対する人種主義的言説やステレオタイプが蔓延している。政治家による人種主義発言の訴追事例がない。表現の自由は人種主義的優越性の観念の流布や人種憎悪の煽動を保護しない。メディアやインターネット、特にソーシャルネットワークにおける人種差別が増加している。条約第四条が言及している行為を行った政治家を訴追する措置を講じるよう勧告する。表現の自由は平等と非差別原則を否定するものではなく、表現の自由の行使には特別の責任が伴う。人種主義発言を訴追し被害者が補償を受けられるようにし、メディアを監視するよう強調する。メディアが、市民でない者や民族的マイノリティにステレオタイプの報道をしないように勧告する。欧州サイバー条約追加議定書を批准してコンピュータ・システムを通じた人種主義行為を犯罪化するよう勧告する。メディア関係者に偏見を流布しない責任と、市民でない者、ロマ、シンティに関して偏見を持って報じないように注意喚起するよう勧告する。

95 ラオス

条約第二条に関して憲法第八条は異なる民族集団の連帯と平等を規定し、それぞれの伝統や文化を保持すると定める(*190)。分離や差別は禁止される。ラオスの二七%が貧困であり、民族問題は貧困問題として現象しているとのことで、各種の貧困対策、とくに農村地域の貧困対策が語られている。条約第四条に関して、二〇〇六年の人民革命党大会は、ラオス諸民族の緊密な一体性をうたい、多元的な民族間の連帯と一体性を損なう煽動と闘うとしている。人種差別・民族差別は処罰される。民族を動機とする暴力の煽動も犯罪とされる。ただし、報告書には具体的な記述がない。

人種差別撤廃委員会は次のように勧告した(*191)。前回勧告に応じて刑法第六六条が「連帯を隔てること」に対処しているが、人種的優越性の観念の流布や人種差別の煽動を禁止せず、人種差別を促進する団体や活動も禁止していない。

一般的勧告第七号及び第一五号を想起しつつ、委員会は条約第四条に完全に合致した刑法規定を導入するよう勧告する。刑法第四一条の刑罰加重事由に人種的動機を加えるよう勧告する。次回報告書において刑法第六六条の適用に関して報告するよう要請する。

96　カタール

カタール憲法は二〇〇三年四月に人民投票で承認され、二〇〇五年六月に施行された（＊192）。憲法第一八条が自由や平等を定める。第三四条は「平等の権利と義務」を定め、第三五条が法の下の平等と、性別、出身、言語、宗教による差別からの保護を定める。①条約第二条に関して、第三五条に加えて憲法第五二条は財産と人身の保護を定めている。ただし、「合法的に居住する者」の権利保障である。②条約第四条に関して、一九七九年の印刷出版法第四七条は、社会に不和を引き起こし、信仰、人種、宗教の争いを引き起こしそうな出版を六月以下の刑事施設収容又は三〇〇〇カタール・リヤルの罰金とする。

二〇〇四年の刑法第二五六条は啓示宗教を汚すこと、神や預言者（マホメット）を侮辱すること、宗教施設を破壊することを犯罪とする。①イスラム・シャリア法で保護された啓示宗教を汚すこと、②口頭、文書、画像、メッセージその他の手段で預言者を侮辱すること、③啓示宗教の宗教儀式などに用いられる建造物などを破壊すること、以上につき七月以下の刑事施設収容としている。刑法第二六三条はイスラム教に対する侮辱を詳細に定めている。カタール法はイスラム教、キリスト教、ユダヤ教を差別していないとしている。宗教や預言者に対する侮辱の罪はイスラムだけでなく、キリスト教などにも成立する。条約第四条の要求する人種差別煽動の禁止と違い、イスラム教の保護規定である。

人種差別撤廃委員会は次のように勧告した（＊193）。印刷出版法第四七条や刑法第二五六条に留意するが、現行法は条約第四条に即していない。条約第四条に完全に合致するように改正して、人種的優越性の観念の流布や人種憎悪の煽動を禁止し、人種差別を煽動する団体を禁止するよう勧告する。この点で一般的勧告第七及び第一五に注意を喚起する。

97　トルクメニスタン

憲法第一八条の下で権利と自由の不可分性、保障が定められ、憲法第二条は人種差別を支援、擁護しないとし、憲法第三〇条は人種・民族主義政党を禁止する（＊194）。①公共団体法、印刷その他メディア法、刑法などが差別を禁止するが、包括的な人種差別禁止法はない。刑法第一四五条はジェンダー、人種、民族性、言語、出身、財産状態、公的地位、出生地、宗教、信仰又は公共団体所属に基づいて権利や自由を侵害することを犯罪としている。刑法第一六八条はジェノサイドの罪を定めている。②条約第四条について、刑法第一七七条は社会的、国民的、民族的又は宗教的憎悪もしくは敵意をあおり、民族の名誉を害し、宗教、社会的、国民的、民族的又は人種的背景に基づいて、市民に優越的地位や劣等性を帰するプロパガンダを行う故意の行為について刑事責任を定める。異なる国民性、民族的背景又は人種の市民の間に対立が生じて暴力、身体的報復、その威嚇、財産破壊、追放、隔離、権利制限などが起きる場合を想定している。憲法第三〇条の下で戦争の唱導、人種的国民的宗教的憎悪の唱導は禁止される。その他、人身売買の禁止やテロの犯罪化に言及している。

人種差別撤廃委員会は次のように勧告した（＊195）。政府高官による国民的民族的マイノリティに対するヘイト・スピーチ事件が報告されているが、刑法第一七七条及び行政刑法の関連規定が条約第四条に完全に対応していない。条約第四条に列挙された行為が制裁を科されるように法律を見直すよう勧告する。刑法第一七七条の文言が「民族的誇りを攻撃する」のように広範であり、表現の自由に不必要な介入をもたらす可能性があることに関心を有する。一般的勧告第一五及び第一九（意見・表現の自由）に照らして刑法第一七七条の規定を表現の自由に不必要な介入をもたらさないように改正するよう勧告する。

98　イスラエル

政府報告書には、条約第二条に関連してかなり詳しい記述がある（＊196）。憲法第二条第一項(a)が人種差別を禁止し、各種の基本法や法令において差別が禁止される（前回報告書は本章第2節）。政府にはマイノリティ省があり、マイノリティ問題大臣のもと差別の予防や対策を行っている。人種差別の禁止や、人種差別団体を支援しないことも定める。検事総長が、二〇〇八年四月一三日、人種差別に関するガイドラインを作成・公表している。敵対行為の被害者補償法も制定されている。条約第四条について、①刑法第一四四条Aによると、人種主義とは「皮膚の色、人種的出身又は国民的民族的出身を理由に、コミュニティ又は住民の一部に対して迫害、屈辱、中傷、敵意・憎悪・暴力の表示、又は敵意の惹起」とされる。②刑法第一四四条Bは人種主義の煽動の意図をもって文書を出版した者は、それが被害結果を伴わなくても、五年以下の刑事施設収容とする。③刑法第一四四条Dは出版する意図をもって人種主義煽動文書を保有した者は一年以下の刑事施設収容とする。④二〇〇二年、刑法第一四四条D2とD3が追加された。暴力やテロリズム、又はその称賛、支援、激励行為を呼び掛ける出版が、実際に暴力やテロリズムをもたらす恐れがある場合、犯罪としている。⑤二〇〇四年一一月、刑法第一四四条Fの「憎悪犯罪」が追加された。公衆に対して人種主義や敵意を動機として行われた攻撃が、一定の加重事由の下で行われた場合、裁判所は刑罰を二倍に加重することができる。⑥刑法第一三三条は、住民の間に、憎悪を鼓舞することを禁止し、五年以下の刑事施設収容としている。テレコミュニケーション法、テレビ・ラジオ法なども人種主義煽動の放送を禁止している（適用事例について第9章第12節参照）。

人種差別撤廃委員会は次のように勧告した（＊197）。人種主義の煽動、人種主義団体、団体参加者に関する刑法があるが、人種主義の定義が制限的であり、人種主義の煽動を訴追するのに検察官の裁量が広い。政府は言論の自由を強調するが、委員会は人種的優越性や憎悪に基づく思想の流布の禁止は意見・表現の自由と両立すると呼び掛ける。人種主義煽動の犯罪成立要件における故意の立証に要する現行基準を改正するよう勧告する。人種主義の定義に民族的出身、出身国、宗教的姿勢に関する煽動を含めるように勧告する。占領下パレスチナ地域に居住するパレスチナ人やアフリカ出身者に対する人種主義的外国人嫌悪の行為が増加している。人種主義発言をした政治家や公務員に対する捜査、訴追に関する詳細な情報がない。公的な議論において政治家や公務員によるあらゆる人種主義と外国人嫌悪の発言を強く非難し、人種主義現象の流行と戦うよう勧告する。刑事司法における人種主義の予防に関する一般的勧告第三一を想起し、犯行者の地位にかかわらず、人種主義行為を訴追することの重要性を検察官に周知徹底するよう要請する。

第13節　人種差別撤廃委員会第八一会期

人種差別撤廃委員会第八一会期（二〇一二年八月六日〜三一日）に報告書を提出して審査を受けたのは、オーストリア、フィジー、リヒテンシュタイン、フィンランド、韓国、タイ、セネガル、タジキスタンである。

99　オーストリア

ナチス再興活動は一九四七年のナチス禁止法の下で犯罪とされる（＊198）。同法違反事件は年間三〇件程度起きており、同じ数の有罪判決が出ている。ナチス禁止法はインターネット上での行為にも適用される。二〇〇六年以来、インターネットにおける人種主義発言の予防のための欧州評議会サイバー条約追加議定書の締約国である。①一九七四年の刑法第二八三条は憎悪煽動を犯罪とし、教会、宗教共同体、民族集団を保護している。敵対行為の煽動や激励だけでなく、人間の尊厳を侵害する方法での集団に対する憎悪煽動や、侮辱又は軽蔑も犯罪である。憎悪煽動を理由とする訴追は年間一五件程度であり、その大半が反イスラム活動である。②二〇一一年の改正により刑法第二八三条は保護される人の集団が拡大された。刑法第二八三条一項「教会、宗教社会、並びに人種、皮膚の色、言語、宗教又は信念、国籍、世系又は国民的民族的集団、性別、障害、年齢又は性的志向によって定義されるその他の集団、並びにそれらの集団に明らかに属する構成員に対して、公共の安全を危険にするような方法又は広範な公衆に知覚できる方法で、他人に暴力その他の敵対行為を公然と煽動又は激励した者は、二年以下の刑事責任を負う。」③犯罪直接実行者だけでなく、他人に犯罪実行を指示した者も刑事責任を問われる。人種主義者への財政支援などの援助は、憎悪煽動への寄与とみなされる。④一九五三年の結社法および集会法によると刑法第二八三条や一九四七年のナチス禁止法に違反する活動を行う違法な結社や集会を解散させることができる。集会法第六条によると刑法に違反する集会をあらかじめ禁止できる。集会法第一三条によると集会において違法行為が行われた場合には集会を解散できる。⑤刑法第三三条五項によると人種的又は外国人嫌悪の動機は刑罰加重事由とされる。憎悪犯罪ではなく一般に犯罪とされる事案で人種的動機は刑罰加重事由である。

人種差別撤廃委員会は次のように勧告した（＊199）。条約第四条の留保を撤回する意思を表明したことを歓迎し、刑法第二八三条を改正して憎悪煽動に対処する努力に留意するが、刑法第二八三条の射程を条約第四条に定められた人種憎悪と差別に対処し得るように見直すよう勧告する。スキンヘッド、極右勢力その他の集団がネオナチ化している。委員会は人種憎悪を禁止する効果的措置を講じ、スポーツ団体と協力してスポーツにおける人種主義を根絶するよう勧告する。選挙に際して政治家がマイノリティに対する偏見を促進する煽動的な言葉を用いている。政治家による差別発言を徹底的に捜査し、訴追するよう促す。人種差別を促進・煽動する候補者と組織に対する措置を講じるべきである。

100　フィジー

政府は人種差別の撤廃と、人種的優越性の主張や憎悪に基づく観念の流布に反対している（＊200）。①二〇一二年の公共秩序法は公共の安全を維持し、特定集団の優越性や人種に基づく人種差別の煽動をする組織の集会や宣伝を制限する。②二〇〇九年のメディア法は、メディアを通じてなされる人種及び民族を理由とする差別を禁止、制限することによって条約を実施する姿勢を示している。メディア法によるとメディア組織には一〇万ドル以下の罰金、発行人又は編集人には二万五〇〇〇ドル以下の罰金、ジャーナリストや職員には一〇〇〇ドル以下の罰金、メディア組織又は被雇用者に文書による謝罪、被害者への一〇万ドル以下の賠償が課される。

人種差別撤廃委員会は次のような勧告をした（＊２０１）。公共秩序法が人種差別を禁止しているが、条約第一条及び第四条に合致していない。人種差別と闘うための包括的立法がなされていない。包括的な人種差別禁止法を制定し、条約第一条及び条約第四条の規定に完全に合致させるように勧告する。人種的動機に基づく犯罪の申立て、訴追、判決に関する裁判所や人権委員会における情報がない。公用語を話さないマイノリティにとって裁判手続きが障壁となっている。統計情報を提供するよう要請する。

101　リヒテンシュタイン

政府報告書は前回審査における委員会の勧告を受けて記載されている（＊２０２）。警察は人種主義団体の存在を認知していないが、海外で活動する集団と連絡を取り合っている人物に関する情報を保有している。人種主義者や右翼過激派の人物が参加する集会を阻止・解散させた。二〇〇七年、右翼過激思想の持ち主のクラブハウス経営を禁止した。その団体構成員は逮捕され、刑事施設拘禁の執行猶予判決を受けた。右翼ポピュリスト政党はない。二〇〇九年の研究によると右翼過激派の三〇～四〇名ほどのサークルがあるが、顕著なリーダーはいない。警察と検察がこの集団を慎重に監視している。政府が任命した暴力保護委員会は教育や文書記録化の具体的計画を設定している（前回報告書について本章第2節）。

人種差別撤廃委員会は次のように勧告した（＊２０３）。刑法第二八三条第一項が人種差別促進・煽動団体の構成員となることを犯罪としているが、人種主義団体を禁止する法律がない。条約第四条に関する一般的勧告第一五号を想起し、条約第四条に従って人種主義促進団体を禁止する法律を制定するように勧告する。

102　フィンランド

前回審査の結果、委員会がフィンランドに対してインターネット上のレイシズムに関する勧告を出した（＊２０４）。警察はインターネット監視を行い、そのための予算を増加している（前回報告書について本章第6節）。インターネット上の移民批判やヘイト・スピーチは増加しているので、監視を続けている（適用状況については本書第9章第13節参照）。コンピュータを通じて行われる人種主義と外国人嫌悪行為を犯罪化するための欧州評議会サイバー犯罪条約追加議定書を批准した。人種主義や差別文書に関する包括的立法として二〇一一年刑法改正がなされ、人種主義者やその他のヘイト・スピーチに介入する手立てを確保した。民族煽動に関する刑罰規定が追加され、情報技術を通じて流布されるヘイト・スピーチに対処している。刑罰加重事由として、すべての犯罪について人種主義的動機のみならず障害をもった人や性的マイノリティに対する憎悪事件での刑罰加重を可能とした。条約第四条に関する法規定は刑法第六章の量刑規定、刑法第一一章の人道に対する罪（民族煽動、加重民族煽動、法人の刑事責任）、刑法第一七章の公共秩序に対する犯罪（犯罪組織活動への参加）、刑法第二四章（プライヴァシー、公共の平穏、人の名誉に対する犯罪）、刑法第二五章（人身の自由に対する犯罪）がある。

人種差別撤廃委員会は次のように勧告した（＊205）。インターネット上のヘイト・スピーチに対処するため刑法改正を行ったが、インターネット上のヘイト・スピーチが続いている。インターネット上の人種憎悪と人種差別の煽動と闘う努力を強化するため、ヘイト・スピーチに関するデータを効果的に収集し、若者、メディア、政治家に意識を持たせるキャンペーンを行うよう勧告する。

103 韓国

前回審査の結果、委員会は韓国政府に人種的動機に基づく刑事犯罪を禁止・処罰する特別立法を行うよう勧告した（＊206）。国際刑事裁判所の管轄下におけるジェノサイドや人道に対する罪以外に、人種差別に基づいた犯罪行為を処罰する法律はない。その種の犯罪はほとんど起きたことがないからだという。人種差別煽動に関しては、人種的優越性に基づく広告は刑法第三〇七条の中傷、又は刑法第三一一条の侮辱の罪で処罰される。人種差別暴力は刑法第二五章の暴行傷害などで処罰され、それらの教唆や幇助も処罰される。犯罪実行の動機は刑罰を決定する際に考慮されるので、裁判官は量刑に際して人種差別動機を考慮に入れることができる。韓国政府は現在、人種的動機による犯罪を犯罪統計にいれていないが、外国人の人身売買に関する統計は特に計上している。二〇〇九年以来、検事局は人身売買の女性被害者を効果的に調査するために統計を取っており、人身売買の予防と統制に役立つことが期待される。

人種差別撤廃委員会は次のように勧告した（＊２０７）。二〇〇七年に差別禁止法案が国会に上程されたが、法案が成立していない。差別禁止法を採択するよう速やかに措置を講じるよう促す。二〇〇九年の社会権規約委員会、二〇一一年の子どもの権利委員会による勧告を想起する。差別禁止法に差別行為の処罰規定がない。現行法は条約第四条に合致していない。条約第二条及び第四条の規定の義務的性格があるので刑法に人種差別を犯罪とする規定を取り入れるよう促す。人種主義者によるヘイト・スピーチがメディアやインターネット上で広まっている。委員会は、表現の自由には人種的優越性の流布や人種的憎悪の煽動を保護するものではないことを留意する。一般的勧告第七、第一五、第三〇に応じてメディア、インターネット、ソーシャルネットワークを監視して、人種的優越性に基づく観念の流布や、外国人に対する人種的憎悪の煽動を行う個人や集団を特定するよう勧告する。それらの行為の実行者を訴追し、処罰するよう勧告する。

104　タイ

憲法は人間の尊厳と権利を保障し、諸個人及びコミュニティに文化や伝統を維持する権利の促進を定める（＊２０８）。憲法は表現の自由を定め、事前検閲など表現の制約を禁止する。人種主義宣伝に直接対処する法律はない。①刑法は、他人に犯罪を実行させること、犯罪の実行を宣伝し（刑法第八三条〜第八八条）、呼びかけること、他人を侮辱すること、そのような宣伝をすることを犯罪とする（刑法第三九三条）。宗教に対する侮辱も犯罪としている（刑法第二〇六条〜二〇七条）。②一九五五年のラジオ・テレビ法は真実でないニュースや情報を放送して、国家や人民に損害をもたらすことを禁止し、二〇〇〇バート以下の罰金又は一年以下の刑事施設収容、もしくは併科としている。人種主義は暴力や、他の人種に対する侮辱につながる。この種の行為にはタイ社会は即座に反対する。テレビドラマや映画で、人種主義的方法で一定の人種や民族の文化や伝統を侮辱した場合、タイ社会はすぐに反対の声を上げる。フィルム・ヴィデオ法草案を作成し、法秩序や人民の道徳価値観に反する内容を禁止しようとしている。③タイは条約第四条を留保している。条約第四条(a)〜(c)について、国家がそのような法律制定が必要と考えた場合にだけ、適用されるとしている。法律と社会条件が十分に相互補完的であるという。

人種差別撤廃委員会は次のような勧告をした（＊２０９）。条約第一条の人種差別の定義を導入すること。条約第四条の留保は人種的優越性や憎悪に基づく観念の流布の禁止に合致しない。条約第四条の規定は義務的であるので、留保を撤回し、第四条に規定された犯罪を刑法に取り入れるよう促す。報告書には人種差別に関する統計情報が含まれていないので、裁判所の判決等の情報を提供するよう勧告する。

105　セネガル

二〇〇一年の憲法は人権尊重と、人種差別との闘いを掲げているので、法律にも採用されている（*210）。しかし、条約第二条に関する記述がない。①条約第一条に関する人種差別の定義について一九八一年一二月一〇日の法律八一―七七号第三条が紹介されている。「人種、皮膚の色、門地（世系）、国民的又は民族的出身に基づく区別、排除、制限又は優先であって、政治、経済、社会、文化その他の公的生活領域において、人権と基本的自由の、平等の基礎での認識、享受、行使を無効にし、損なう目的又は効果を有するもの」。②条約第四条に関連して、一九七九年の民商法典が不法団体の結成を禁止している。一九八一年法によって不法な政党も禁止している。一九八一年一二月一〇日の法律で処罰規定が盛り込まれた。プロパガンダの禁止も「その活動が、人種、民族、宗教的差別と、差別の煽動を、全体として又は部分的に、目的とするもの」という形で盛りこんだ。

刑法には次の諸規定がある。①刑法第一六六条bis「行政職員、司法職員、選挙で選ばれた公務員、公当局の職員、又は国家公務員、国家・公的機関・国家団体・政府から財政援助を受けている公私の団体の雇用者が、自然人又は法人に、正当な理由なしに、人種、民族又は宗教的差別に基づいて、権利の行使を否定した場合、三月以上二年以下の刑事施設収容及び一万以上二〇〇万フラン以下の罰金に処す。」②刑法第二五六条bis「次の者には、刑法第五六条と同じ刑罰（一月以上二年以下の刑事施設収容及び二五万以上三〇万フラン以下の罰金）を課す。人種的優越性を主張し、人種的優越性又は人種的憎悪の感情を喚起し、もしくは人種、民族又は宗教的差別を煽動する目的で、物又は映像、印刷物、文書、演説、ポスター、彫刻、絵画、写真、フィルム又はスライド、写真カタログ、その複製、又は記章を、無料であれ私的であれ、いかなる形態であれ、直接であれ間接であれ、投函し、展示又は企画し、利用できるようにした者、もしくはいかなる方法であれ、配布し、又は配布のために作出した者。」③刑法第二八一条「計画して、又は重罪の故意をもって、又は人種、民族、宗教的差別の動機で人を殺した場合、謀殺に分類される。」④刑法第二九五条、第二九六条は傷害罪について同様に定めて、刑罰を加重する。

人種差別撤廃委員会は次のように勧告した（*211）。人種差別行為に対する不服申立ての様々な回路があり、寛容と社会的調和の文化を持つことに留意するが、差別に関する裁判所判決がないことをもってセネガルに人種差別がないとしているのは遺憾である。刑事司法における人種差別の予防に関する一般的勧告第三一を想起し、被害者救済の法や補償がないことを是正するよう勧告する。

106　タジキスタン

①公務員には人権や自由を擁護する義務があり、行政犯罪法第五〇一条は公務員の違法行為を犯罪とする（＊212）。②刑法第三一四条は政府による職権濫用、第三一六条は権限踰越の責任を定め、これは被害者の民族的出身、性別、皮膚の色、国民的民族的又は社会的背景、世系、信仰又は政治的意見にかかわりなく適用される。③国軍法第一三条から第一六条は国軍の行為に関連して上記の差別的動機による行為を違法とする。

人種差別撤廃委員会は次のような勧告をした（＊213）。刑法、労働法、行政法に一連の関連規定があるが包括的な人種差別禁止法がなく、現行法は条約第四条に合致しない。包括的な人種差別禁止法を制定するよう強調する。条約第四条は義務的性格を有するので条約第四条の全ての要素を考慮した立法をするよう勧告する。政府報告書には人種差別事例の具体的情報がない。人種差別行為に対する不服申立て、予防措置、被害者救済について検討するよう勧告する。

第14節　人種差別撤廃委員会第八二会期

人種差別撤廃委員会第八二会期（二〇一三年二月一一日～三月一日）に報告書を提出して審査を受けたのは、アルジェリア、ドミニカ共和国、キルギス、モーリシャス、ニュージーランド、ロシア連邦、スロヴァキアである。

107　アルジェリア

人の名誉や評判に対する中傷行為を禁じた刑法がある（＊214）。従来は以下の通りであった。刑法第二九六条は人の名誉や評判に対する偏見となるような申立や非難は中傷であり、その出版や複製は、相手の名前を直接名指していなくても、特定できれば犯罪であるとする。刑法第二九八条は個人に向けられた中傷については五日以上六月以下の刑事施設収容及び／又は一五〇以上一五〇〇以下のアルジェリア・ディナールの罰金とし、民族的・概念的集団又は特定の宗教に属する者に向けられた中傷については一月以上一年以下の刑事施設収容及び三〇〇以上三〇〇〇以下のアルジェリア・ディナールの罰金とする。刑法第二九七条は特定の非難を含まない攻撃的表現、侮辱、悪口は侮辱罪であるとする。刑法第二九八条ｂｉｓは、特定の集団に属する者に向けられた侮辱は五日以上六月以下の刑事施設収容及び／又は一五〇以上一五〇〇以下のアルジェリア・ディナールの罰金とする。二〇〇一年に刑法が改正された。刑法第二九八条は、個人に向けられた中傷について罰金を五〇〇〇以上五〇万以下のアルジェリア・ディナールに、集団に向けられた中傷について罰金を一万以上一〇万以下に改正した。

人種差別撤廃委員会は次のような勧告を出した（＊215）。法律は人種差別を条約に沿って犯罪としていない。民族集団に対する中傷や侮辱は犯罪とされているが、条約第四条の全内容が法律規定に反映されていない。刑法に人種差別の禁止を盛り込む改正を行うよう勧告する。一般的勧告第七号及び第一五号に注意を向けるよう勧告する。

108 ドミニカ共和国

憲法第四九条は表現の自由を定め、反論権を「公表された情報によって自分が被害を受けたと考える者は、反論と訂正を求める権利を有する」としている（＊216）。この権利は外国人にも保障され、文書、ラジオ、テレビ、インターネットを問わない。二〇〇八年、文化大臣はアフリカ系住民が国家に貢献したことに光を当てる文化政策を策定した。条約第四条に関して言えば、報告書の対象期間に、人種的優越性の宣伝、促進、人種憎悪、それらと類似の現象は起きていない。過激主義はドミニカ共和国には存在しない。

人種差別撤廃委員会は次のような勧告をした（＊217）。憲法第三九条、刑法第三三六条、三三七条は条約の定義に合致した人種差別概念を採用していない。移住者に関する立法と政治措置が人種、皮膚の色、国民的出身に基づく差別をしないように勧告する。ドミニカには構造的で広範なレイシズムが存在し、皮膚の色と国民的出身に基づく差別がある。一般的勧告第七及び第一五を考慮して、人、集団、組織によって行われている差別を禁止する規定を導入するよう勧告する。レイシズム、外国人嫌悪、不寛容に反対するキャンペーンが必要である。マスメディアは人種的偏見を促進するべきではない。

109 キルギス

刑法に人種差別や差別煽動に関する規定がある（＊218）。憲法第一六条は人権と自由の保障を定め、性別、人種、言語、障害、民族的背景、宗教、年齢、政治的信念、教育、出身などによる差別を禁止する。刑法第三七三条はジェノサイドを犯罪としている。刑法第九七条は民族間、人種、宗教的憎悪又は敵意に基づく殺人、刑法第二九七条は憲法秩序を転覆する暴力の呼びかけ、刑法第二九九条は民族、人種、宗教又は宗教間の憎悪煽動、刑法第二九九の一条が憎悪煽動団体の処罰を定める（前回報告書は本章第3節）。

人種差別撤廃委員会は次のような勧告をした（＊219）。刑法の規定が条約第四条の要求を完全にカバーしていない。一般的勧告第一、第七、第一五に照らして第四条は義務的性格を有するので第四条を完全に履行するために刑法に追加規定を設けるように勧告する。刑法は人種憎悪煽動を処罰しているが、政治家やメディアにおけるマイノリティに対する差別発言が訴追も処罰もされていない。政府に政治家やメディアにおける差別発言を強く非難するよう勧告する。差別発言を捜査、訴追、処罰するための適切な措置を講じ、差別発言を予防するためにメディアの教育訓練などの予防措置を講じるよう勧告する。

110　モーリシャス

憲法第三条は人種、出身地、政治的意見、皮膚の色、性別などによる差別を、憲法第一二条は表現の自由を規定する（＊220）。刑法第二八二条は「人種憎悪の煽動」、刑法第二八三条は「治安を害する煽動」、刑法第二八四条は「法への不服従の煽動」を定める。差別的メッセージや人種主義メッセージの流布のためのインターネット利用は、二〇〇一年の情報コミュニケーション技術法により犯罪とされる。文化の多元的性格を促進するため二〇〇一年に独立放送局が設置され、多彩な言語・文化を反映した番組を促している。

人種差別撤廃委員会は次のような勧告をした（＊221）。刑法第二八二条が条約第四条に列挙された行為の訴追を可能にしているという政府の確認を留意する（報告書からは刑法第二八二条の具体的な内容は判明しない）。人種差別促進・煽動団体を禁止し、人種的動機を刑罰加重事由とするよう勧告する。一般的勧告第七及び第一五に注意を払うよう促す。皮膚の色、先祖、身分などに基づいて人々の間に優越性・劣等性の感情がある。人種的民族的優越性を撤廃するため平等意識啓発キャンペーンを行うよう勧告する。

111　ニュージーランド

世界人権宣言、条約第四条、条約第五条を政府は尊重している（＊222）。前回報告書で報告した内容が維持されている。

①特別のヘイト・スピーチ法はないが、人権法第一三一条は人種的不和の煽動を犯罪とする。②二〇〇二年の量刑法第九条によると裁判所は量刑に際して犯行者が当該犯罪を人種、皮膚の色、国籍、宗教、ジェンダー・アイデンティティ、性的志向、年齢、障害などの特徴を共有する人々の集団に対する敵意のゆえに行ったたか、その敵意がその特徴ゆえに生じたのか、犯行者が被害者はその特徴を有していると信じたのか否かを考慮しなければならない。

人種差別撤廃委員会は次のような勧告をした（＊２２３）。人権法によって人種的不和の煽動を非難しているが、サイバースペースで行われている人種憎悪煽動に対する包括的戦略が欠けている。インターネット上の人種憎悪煽動に条約第四条に従って対処する包括的立法をするよう勧告する。内閣のメンバーが中央アジア・中東出身者の皮膚の色、出身国、宗教に関して煽動的発言をしたが、司法大臣及び人種関係委員会がこれを強く非難したのを歓迎する。一定の民族的及び宗教的集団に対するステレオタイプや偏見と闘うために啓発を通じて民族的調和を促進する努力を強化するよう勧告する。

１１２　ロシア

ロシアは条約第四条(a)(b)に従って人種的優越性に基づく思想の流布を非難し、犯罪としている（＊２２４）。刑法第二八〇条は過激活動の公然たる呼びかけ、第二八二条は憎悪宣伝や軽蔑、第二八二条一項は過激組織の結成、第二八二条二項は過激組織の活動の組織化を、政治、イデオロギー、人種、民族的又は宗教的憎悪に基づいて、もしくは社会集団に対する憎悪に基づいて行う場合を規制している。二〇〇二年の過激主義と闘う連邦法を基に、過激主義活動であって憎悪を煽動する場合も処罰対象としている。差別的動機による憎悪犯罪の規制がなされている（前回報告書は本章第5節）。

人種差別撤廃委員会は次のような勧告をした（＊２２５）。ロシアが過激主義組織と闘っているが、委員会は次のことに深い関心を有する。中央アジア出身者、コーカサス出身者、アジア系、アフリカ系などの人々に対する人種的動機に基づく暴力事件、殺人事件が増加している。路上で騒乱を煽動する人種主義活動がネオナチやサッカーの試合で頻発している。当局が人種主義活動を十分に非難していない。裁判所が人種的動機による犯罪について刑の執行猶予を認めている。人種差別過激組織と闘う努力を強化すること、司法当局が人種的動機による犯罪を取り扱えるよう十分に訓練を行うこと、ヘイト・クライム統計をとること。ヘイト・スピーチに関して、排除や優越性を主張するネオナチ集団が増加している。政治家が人種主義的レトリックを用いて、ロマ、移住者を犯罪者扱いしている。人種差別思想がインターネットを通じて拡散されている。委員会は次のように勧告する。人種的優越性の主張や人種差別の煽動を明確に非難すること、不寛容や憎悪の煽動を行う政治家に条約第四条(c)に従って適切な制裁を科すこと、メディアが寛容を促進し民族的多様性を尊重するよう促すこと、インターネット上のヘイト・スピーチと闘うために効果的なメカニズムを設立すること。

113　スロヴァキア

二〇一一年六月二七日、政府の常設専門機関として「レイシズム・外国人嫌悪・反ユダヤ主義予防撤廃委員会」が発足した(＊226)。委員は三二人、そのうち一二人は市民社会代表、三人は独立した専門家である。二〇一一年に過激主義と闘う規則三七九号を承認した。刑法第四二三条は国民、人種、信念の中傷、刑法第四二四条は国民的、人種的、民族的憎悪の煽動、刑法第四二一条は基本権と自由の抑圧を目的とした集団の支援・促進、刑法第四二二条は過激文書の製作、流布、所持を犯罪とする。

人種差別撤廃委員会は次のように勧告した(＊227)。過激主義と人種的動機による犯罪が混合しているため、それぞれについての詳細が明らかでない。ヘイト・クライムを訴追し、人種主義団体の活動を抑制する効果的措置を講じるよう勧告する。人種主義団体への資金援助や参加を犯罪とするよう勧告する。ヘイト・クライム発生件数、性格、判決、年齢、ジェンダーなどの統計データを報告するよう要請する。メディアとインターネットにおけるヘイト・スピーチが増加している。ソーシャルネットワークやスポーツ分野でロマ、ハンガリー人、市民でない者を標的としたヘイト・スピーチが見られる。マイノリティや外国人に対する人種憎悪を煽動した個人や集団を特定し、政治家やメディアによるヘイト・スピーチを捜査し、制裁を科すよう勧告する。マイノリティに対するヘイト・スピーチを監視する独立機関がないので独立機関を設置するよう勧告する。人種的動機による全ての犯罪が国内法と条約に沿って訴追されるよう迅速な措置を講じるよう勧告する。

〈註〉

(＊1)前田朗『ヘイト・クライム』(三一書房労組、二〇一〇年)、同『増補新版ヘイト・クライム』(三一書房、二〇一三年)。

（＊2）その記録は『現代排外主義と差別的表現規制』（第二東京弁護士会人権擁護委員会、二〇一一年）。本書第1章第2節参照。

（＊3）各国の歴史、文化、法体系、司法制度はさまざまであり、用いられる概念も多種多様である。一国の法現象を対象とする比較法研究であれば、法現象（法意識、法規範、判例、学説）の研究に必要な限りで背景事情もできるだけ広く射程に入れた研究がなされるのが通常である。数ヶ国の法現象を比較する場合にも、法現象の異同を論ずるにあたって多様な事情を考慮に入れることになる。本章では一〇〇ヶ国以上を対象とするので、そうした手法を採用する余裕も能力もない。人種差別撤廃委員会に提出された報告書をもとにヘイト・スピーチ法の概要を簡潔に紹介するにとどまる。また、訳語の検討を十分に行うことができない。というのも名誉毀損、侮辱、中傷、差別等に関連する言葉は非常に多くあり、日本語と完全な対応関係にない。実に多くの類似表現が用いられている。刑罰の定め方においても、一年以下の自由刑について「一年に至る」「一年を超えない」「一年を上限とする」等々の多様性がある。多くの政府の報告書は、それぞれの国語から国連公用語（英語、フランス語、ロシア語、中国語、スペイン語）に翻訳されている。本書では英文報告書をもとに紹介しているため重訳の場合が少なくない。地名、人名など固有名詞の表記については現地語音声を調査していない。

（＊4）CERD/C/ATG/9. 29 March 2006

（＊5）CERD/C/ATG/CO/9. 11 April 2007.

（＊6）CERD/C/CAN/18. 5 April 2006. カナダについて小谷順子「アメリカとカナダの違いに学ぶヘイトスピーチ規制の法律と判例」『ジャーナリズム』二八二号（朝日新聞社、二〇一三年）、同「憎悪表現（ヘイト・スピーチ）規制消極論とその背景」『法と民主主義』四九〇号（二〇一四年）、師岡康子『ヘイト・スピーチとは何か』（岩波新書、二〇一三年）一一一頁以下、成嶋隆「ヘイト・スピーチ再訪（1）」『獨協法学』九二号（二〇一三年）。

（＊7）CERD/C/CAN/CO/18. 25 May 2007.

（＊8）CERD/C/CZE/7. 11 January 2006.

（＊9）CERD/C/CZE/CO/7. 11 April 2007.

（＊10）CERD/C/COD/15. 3 November 2006.

（＊11）コンゴ民主共和国への委員会の最終所見は国連人権高等弁務官事務所ウェブサイトに掲載されていない（二〇一四年一一月二三日）。委員会第七〇会期に続いて、第七一会期においてもコンゴ民主共和国の情報が掲載されているが、第七一会期における各国に関する最終所見がサイトに掲載されていない。註（＊21）参照。

（＊12）CERD/C/IND/19. 29 March 2006.

（＊13）CERD/C/IND/CO/19. 5 May 2007.

（＊14）CERD/C/471/Add.2. 1 September 2005.

（＊15）CERD/C/ISR/CO/13. 14 June 2007.

（＊16）CERD/C/LIE/3. 20 December 2005.

（＊17）CERD/C/394/Add.1. 6 November 2001.　人種差別撤廃委員会第六〇会期（二〇〇二年三月四日〜二二日）に提出された報告書である。

（＊18）CERD/C/LIE/CO/3. 7 May 2007.

（＊19）CERD/C/MKD/7. 23 October 2006.

（＊20）CERD/C/MKD/CO/7. 13 June 2007.

（＊21）人種差別撤廃委員会第七一会期における委員会から各国政府（コスタリカ、コンゴ民主共和国、インドネシア、キルギス、モザンビーク、ニュージーランド、韓国）への勧告を含む最終所見が国連人権高等弁務官事務所のウェブサイトに掲載されていない（二〇一四年一一月二三日）。

（＊22）CERD/C/CRI/18. 30 August 2006.

（＊23）CERD/C/COD/15. 3 November 2006.

（＊24）CERD/C/IDN/3. 4 April 2006.

（＊25）CERD/C/KGZ/4. 13 June 2006.

（＊26）CERD/C/MOZ/12. 10 April 2007.

（＊27）CERD/C/NZL/17. 18 July 2006.

（＊28）CERD/C/KOR/14. 18 August 2006.

（＊29）CERD/C/BEL/15. 13 September 2006.　ベルギーについてエリック・ブライシュ『ヘイト・スピーチ』（明石書店、二〇一四年）参照。

（＊30）CERD/C/BEL/CO/15. 11 April 2008.

（＊31）CERD/C/DOM/12. 8 June 2007.

（＊32）CERD/C/DOM/CO/12. 16 May 2008.

（＊33）CERD/C/FJI/17. 10 January 2007.

（＊34）CERD/C/FJI/CO/17. 16 May 2008.

（＊35）CERD/C/NIC/14. 17 October 2007.

（＊36）CERD/C/NIC/CO/14. 19 June 2008)

（＊37）CERD/C/ITA/15. 29 March 2006.

（＊38）CERD/C/ITA/CO/15. 16 May 2008.

（＊39）CERD/C/MDA/7. 6 September 2006.

（＊40）CERD/C/MDV/CO/7. 16 May 2008.

（＊41）CERD/C/USA/6. 24 October 2007.　Michael Herz and Peter Molnar, The Content and Context of Hate Speech,Cambridge University Press, 2012.　アメリカとドイツのヘイト・クライム法の比較をしたものとして、Christine Marie Shavers, Criminal Law Dealing with

Hate Crimes, Functional Comparative Law Germany vs. USA, Academic Research, 2014. アメリカにおける十字架燃やしについて、Edward Cleary, Beyond the Burning Cross, Vintage Books, 1994. さらに、Steven Heyman, Hate Speech and the Constitution, vol.2, The Contemporary Debate: Reconciling Freedom of Expression and Equality of Citizenship, Garland Publishing, 1996. Nicholas Wolfson, Hate Speech, Sex Speech, Free Speech, Praeger, 1997. Jeannine Bell, Policing Hatred, New York University Press, 2002. など。

（＊42）CERD/C/USA/CO/6. 8 May 2008.

（＊43）CERD/C/AUT/17. 8 May 2007.

（＊44）CERD/C/AUT/CO/17. 22 September 2008.

（＊45）CERD/C/ECU/19. 23 October 2006.

（＊46）CERD/C/ECU/CO/19. 22 September 2008.

（＊47）CERD/C/CHE/6. 16 April 2007.

（＊48）CERD/C/CHE/CO/6. 23 September 2008.

（＊49）CERD/C/NAM/12. 26 September 2007.

（＊50）CERD/C/NAM/CO/12. 22 September 2008.

（＊51）CERD/C/RUS/19. 23 October 2006.

（＊52）ロシア政府に対する人種差別撤廃委員会の勧告を含む最終所見が国連人権高等弁務官事務所のウェブサイトに掲載されていない（二〇一四年一一月二三日）。

（＊53）CERD/C/SWE/18. 7 May 2007.

（＊54）CERD/C/SWE/CO/18. 23 September 2008.

（＊55）C/TGO/17. 26 September 2007.

（＊56）CERD/C/TGO/CO/17. 23 September 2008.

（＊57）CERD/C/DEU/18. 31 January 2008. ドイツについて楠本孝『刑法解釈の方法と実践』（現代人文社、二〇〇三年）、櫻庭総『ドイツにおける民衆扇動罪と過去の克服――人種差別表現及び「アウシュヴィッツの嘘」の刑事規制』（福村出版、二〇一二年）など多数。アメリカとドイツのヘイト・クライム法の比較をしたものとして、Christine Marie Shavers, Criminal Law Dealing with Hate Crimes, Functional Comparative Law Germany vs. USA, Academic Research, 2014.

（＊58）CERD/C/DEU/CO/18. 22 September 2008.

（＊59）CERD/C/BGR/19. 14 March 2009.

（＊60）CERD/C/BGR/CO/19. 23 March 2009.

（＊61）CERD/C/HRV/8. 27 February 2008.

（＊62）CERD/C/HRV/CO/8. 24 March 2009.

（＊63）CERD/C/FIN/19. 15 October 2007.

（＊64）CERD/C/FIN/CO/19. 13 March 2009.

（＊65）CERD/C/MNE/1. 7 November 2008.
（＊66）CERD/C/MNE/CO/1. 16 March 2009.
（＊67）CERD/C/PAK/20. 19 March 2008.
（＊68）CERD/C/PAK/CO/20. 16 March 2009.
（＊69）CERD/C/SUR/12. 31 January 2008.
（＊70）CERD/C/SUR/CO/12. 13 March 2009.
（＊71）CERD/C/TUN/19. 17 September 2007.
（＊72）CERD/C/TUN/CO/19. 23 March 2009.
（＊73）CERD/C/TUR/3. 13 February 2008.
（＊74）CERD/C/TUR/CO/3. 24 March 2009.
（＊75）CERD/C/AZE/6. 16 May 2008.
（＊76）CERD/C/AZE/CO/6. 7 September 2009.
（＊77）CERD/C/TCD/15. 19 March 2009.
（＊78）CERD/C/TCD/CO/15. 21 September 2009.
（＊79）CERD/C/CHL/15-18. 13 March 2009.
（＊80）CERD/C/CHL/CO/15-18. 7 September 2009.
（＊81）CERD/C/CHN/10-13. 24 March 2009.
（＊82）CERD/C/CHN/CO/10-13. 15 September 2009.
（＊83）CERD/C/COL/14. 5 May 2008.
（＊84）CERD/C/COL/CO/14. 28 August 2009.
（＊85）CERD/C/ETH/7-16. 11 March 2009.
（＊86）CERD/C/ETH/CO/7-16. 7 September 2009.
（＊87）CERD/C/GRC/19. 3 April 2009. ギリシアは二〇一四年九月九日、ヘイト・スピーチの刑罰を加重する人種差別禁止法改正を行い、差別煽動の刑罰は二年以下から三年以下に改正された。近年、極右政党「黄金の夜明け」が差別と暴力を煽動し、実行していることへの対処だという（『東京新聞』二〇一四年九月一七日記事参照）。
（＊88）CERD/C/GRC/CO/19. 14 September 2009.
（＊89）CERD/C/PER/14-17. 20 April 2009.
（＊90）CERD/C/PER/CO/14-17. 3 September 2009.
（＊91）CERD/C/PHL/20. 8 July 2008.
（＊92）CERD/C/PHL/CO/20. 23 September 2009.
（＊93）CERD/C/POL/19. 19 May 2008.
（＊94）拷問禁止委員会に提出されたポーランド政府報告書（CAT/C/POL/5-6. 15 November 2012）に関連する記述がある。『ヘイト・クライムとの闘いに関する法執行官プログラム（ＬＥＯＰ）』が二〇〇六年以来実施されている。プログラムは内務省が組織し、欧州安全協力機構（ＯＳＣＥ）民主的制度・人権局の協力で警察が実施している。二〇〇八年九月、スルプスカの警察学校で「反差別・警察フォーラム」が開催され、警察及びマイノリティ団体代表やＮＧＯからも参加した。プログラムは二つの内容から成る。一つは警察官のための多面的な教育訓練システムで、二〇〇九年九月、警察の指揮官レベルに行われた。中央レベルで、トレーナーのためのヘイト・クライムと闘う五日間の専門コースである。専門コースは四種類となっており、五〇人の警察官が受講した。もう一つは警察専門家、OSCE専門家、NGOなどが講師となる、地方レベルの一日訓練で、警察官対象である。各地で行われ、二万人の警官が受講した。さらに『ヘイト・クライム——トレーナーのためのガイドライン』を出版した。二〇〇七年、「差別と効果的に闘うための検察官の役割」というプロジェクトを立ち上げ、人種、民族的出身、宗教、宗派、年齢、性的志向に基づく差別と闘う検察官育成を行い、ワークショップに二四〇名の検察官が参加した（以上、報告書五八～五九頁、パラグラフ二六三～二七〇）。差別予防に関連して刑法改正の議論をしている。①刑法草案第一一九条「その国民、民族、政治又は宗教的意見の故に、もしくは宗教的信念がないことの故に、並びに性別、ジェンダー、年齢、障害又は性的志向に基づいて、人の集団又は特定個人に対して暴力を用い、又は不法な脅迫を行った者は三月以上五年以下の自由剥奪刑に処する」。②刑法草案第二五六条「ファシストまたはその他の全体主義国家システムを公然と促進し、又は、国籍、民族的出身、人種、宗教ないし宗教的信念のないこと、性別、ジェンダー、年齢、障害又は性的志向における差異を理由に、憎悪を煽動、流布し、又は侮辱した者は罰金、自由制限刑、又は二年以下の自由剥奪刑に処する」。③刑法草案第二五七条「その国民、民族、政治又は宗教的意見、宗教的信念のないことの故に、並びに性別、ジェンダー、年齢、障害又は性的志向、もしくは他人の神聖不可侵性を侵害するその他の理由に基づいて、人の集団又は特定個人を公然と中傷した者は三年以下の自由剥奪刑に処する」（以上、報告書八八頁、パラグラフ四三二）。

（＊95）CERD/C/POL/CO/19. 14 September 2009.
（＊96）CERD/C/ARE/12-17. 27 March 2009.
（＊97）CERD/C/ARE/CO/17. 21 September 2009.
（＊98）CERD/C/GTM/12-13. 17 September 2009.
（＊99）CERD/C/GTM/CO/12-13. 19 March 2010.
（＊100）CERD/C/PAN/15-20. 21 April 2009.
（＊101）CERD/C/PAN/CO/15-20. 19 March 2010.
（＊102）CERD/C/KHM/8-13. 15 June 2009.
（＊103）CERD/C/KHM/CO/8-13. 16 March 2010.
（＊104）CERD/C/ARG/19-20. 8 June 2009.
（＊105）CERD/C/ARG/CO/19-20. 29 March 2010.
（＊106）CERD/C/KAZ/4-5. 13 May 2009.

（＊107）CERD/C/KAZ/CO/4-5. 16 March 2010.

（＊108）CERD/C/CMR/15-18. 11 March 2009.

（＊109）CERD/C/CMR/CO/15-18. 30 March 2010.

（＊110）CERD/C/SVK/6-8. 18 September 2009.

（＊111）CERD/C/SVK/CO/6-8. 16 March 2010.

（＊112）CERD/C/ISL/20. 27 October 2008.

（＊113）CERD/C/ISL/CO/19-20. 16 March 2010.

（＊114）CERD/C/MCO/6. 13 June 2008.

（＊115）CERD/C/MCO/CO/6. 26 March 2010.

（＊116）CERD/C/NLD/18. 3 March 2008.

（＊117）CERD/C/NLD/CO/17-18. 16 March 2010.

（＊118）CERD/C/AUS/15-17. 2 June 2010.

（＊119）オーストラリアについて師岡康子『ヘイト・スピーチとは何か』（岩波新書、二〇一三年）一二二頁以下。Katharine Gelber & Adrienne Stone, Hate Speech and Freedom of Speech in Australia, The Federation Press, 2007. キャサリン・ゲルバー（ニューサウスウェールズ大学講師）論文によると、反中傷法の規定は連邦とタスマニアでは民事管轄のみであり、西オーストラリアは刑事管轄のみである（罰金、一四年以下の刑事施設収容）。他の五州には民事と刑事の両方がある。刑事についてみると、ニューサウスウェールズ（罰金、六月以下の刑事施設収容）、クイーンズランド（罰金、六月以下の刑事施設収容）、南オーストラリア（罰金、三年以下の刑事施設収容）、ヴィクトリア（罰金、六月以下の刑事施設収容）、首都圏（罰金のみ）となっている。さらに同書五頁には動機に関する一覧があり、人種と民族は連邦及び全州に規定がある。その他はニューサウスウェールズ（HIV、トランスジェンダー／性自認、同性愛）、クイーンズランド（宗教、トランスジェンダー、セクシュアリティ）、南オーストラリアと西オーストラリア（人種と民族のみ）、タスマニア（宗教、ジェンダー、セクシュアリティ、障害）、ヴィクトリア（宗教）、首都圏（HIV、トランスジェンダー、セクシュアリティ）である。さらに、Katharine Gelber, Reconceptualizing Counterspeech in Hate-Speech Policy, in: Herz and Molnar, The Content and Context of Hate Speech, Cambridge University Press, 2012.

（＊120）CERD/C/AUS/CO/15-17. 13 September 2010.

（＊121）CERD/C/BIH/7-8. 21 April 2009.

（＊122）CERD/C/BIH/CO/7-8. 23 September 2010.

（＊123）CERD/C/DNK/18-19. 31 August 2009. デンマークの状況についてエリック・ブライシュ『ヘイトスピーチ』（明石書店、二〇一四年）六六頁以下参照。

（＊124）CERD/C/DNK/CO/18-19. 20 September 2010.
（＊125）CERD/C/SLV/14-15. 2 November 2009.
（＊126）CERD/C/SLV/CO/14-15. 14 September 2010.
（＊127）CERD/C/465/Add.1. 1 April 2005.
（＊128）CERD/C/EST/CO/8-9. 23 September 2010
（＊129）CERD/C/FRA/17-19. 22 July 2010.　フランスについて成嶋隆「ヘイト・スピーチ再訪（1）」『獨協法学』九二号（二〇一三年）、光信一宏「フランスにおける人種差別的表現の法規制（1）」『愛媛法学会誌』四〇巻一・二号（二〇一四年）。極右政党「国民戦線」のマリー・ルペン党首発言をめぐる動きについて『共同通信』二〇一三年七月三日記事参照。
（＊130）CERD/C/FRA/CO/17-19. 23 September 2010.
（＊131）CERD/C/MAR/17-18. 9 November 2009.
（＊132）CERD/C/MAR/17-18. 13 September 2010.
（＊133）CERD/C/ROU/16-19. 22 June 2009.
（＊134）CERD/C/ROU/CO/16-19. 13 September 2010.
（＊135）CERD/C/ARM/5-6. 20 July 2010.
（＊136）CERD/C/ARM/CO/5-6. 4 April 2011.
（＊137）CERD/C/BOL/17-20. 10 August 2010.
（＊138）CERD/C/BOL/CO/17-20. 8 April 2011.
（＊139）CERD/C/CUB/14-18. 20 January 2010.
（＊140）CERD/C/CUB/CO/14-18. 8 April 2011.
（＊141）CERD/C/IRL/3-4. 23 September 2010.
（＊142）CERD/C/IRL/CO/3-4. 4 April 2011.
（＊143）CERD/C/LTU/4-5. 24 August 2010.
（＊144）CERD/C/LTU/CO/4-5. 4 April 2011.
（＊145）CERD/C/MDA/8-9. 7 July 2010.
（＊146）CERD/C/MDA/CO/8-9. 6 April 2011.
（＊147）CERD/C/NOR/19-20. 12 August 2010.
（＊148）CERD/C/NOR/CO/19-20. 8 April 2011.
（＊149）CERD/C/RWA/13-17. 9 August 2010.
（＊150）CERD/C/RWA/CO/13-17. 19 April 2011.
（＊151）CERD/C/SRB/1. 1 October 2009.
（＊152）CERD/C/SRB/CO/1. 13 April 2011.
（＊153）CERD/C/ESP/18-20. 2 November 2009.　スペインについて光信一宏「ジェノサイドを否定する言論とスペイン憲法裁判所：二〇〇七年一一月七日のスペイン憲法裁判所大法廷判決」『愛媛法学会誌』三六巻三・四号（二〇一〇年）。
（＊154）CERD/C/ESP/CO/18-20. 8 April 2011.
（＊155）CERD/C/URY/16-20. 9 August 2010.
（＊156）CERD/C/URY/CO/16-20. 8 April 2011.
（＊157）CERD/C/YEM/17-18. 14 June 2010.

（＊158）CERD/C/YEM/CO/17-18. 4 April 2011.
（＊159）CERD/C/ALB/5-8. 6 December 2010.
（＊160）CERD/C/ALB/CO/5-8. 14 September 2011.
（＊161）CERD/C/CZE/8-9. 9 August 2010.
（＊162）人種差別撤廃委員会は二〇一一年九月にチェコ政府に対する勧告としてCERD/C/CZE/CO/8-9を公表したが、国連人権高等弁務官事務所のサイトに掲載されていない（二〇一二年九月一七日現在）。
（＊163）CERD/C/GEO/4-5. 25 February 2011.
（＊164）CERD/C/GEO/CO/4-5. 20 September 2011.
（＊165）CERD/C/KEN/1-4. 13 January 2011.
（＊166）CERD/C/KEN/CO/1-4. 14 September 2011.
（＊167）CEDR/C/MDV/5-12. 9 August 2010.
（＊168）CERD/C/MDV/CO/5-12. 14 September 2011.
（＊169）CERD/C/PRY/1-3. 15 December 2010.
（＊170）CERD/C/PRY/CO/1-3. 12 September 2011.
（＊171）CERD/C/UKR/19-21. 23 September 2010.
（＊172）CERD/C/UKR/CO/19-21. 14 September 2011.
（＊173）CERD/C/GBR/18-20. 13 August 2010.　イギリスについて師岡康子「人種・民族差別禁止法の意義――日本における制定にむけて」『法学セミナー』二〇一二年三月号、同「イギリスにおける人種・民族差別撤廃法の発展」『自由と正義』二〇一二年七月号。
（＊174）CERD/C/GBR/CO/18-20. 14 September 2011.
（＊175）CERD/C/KWT/15-20. 1 July 2010.
（＊176）CERD/C/KWT/15-20. 4 April 2012.
（＊177）CERD/C/MEX/16-17. 7 December 2010.
（＊178）CERD/C/MEX/CO/16-17. A April 2012.
（＊179）CERD/C/PRT/12-14. 13 September 2011
（＊180）CERD/C/447/Add.1. 6 May 2004.
（＊181）CERD/C/PRT/CO/12-14. 13 April 2012.
（＊182）CERD/C/VNM/10-14. 21 September 2011.
（＊183）CERD/C/VNM/CO/10-14. 16 April 2012.
（＊184）CERD/C/CAN/19-20. 8 June 2011.　カナダについて小谷順子「アメリカとカナダの違いに学ぶヘイトスピーチ規制の法律と判例」『ジャーナリズム』二八二号（朝日新聞社、二〇一三年）、成嶋隆「ヘイト・スピーチ再訪（1）」『獨協法学』九二号（二〇一三年）。
（＊185）CERD/C/CAN/CO/19-20. 4 April 2012.
（＊186）CERD/C/JOR/13-17. 21 September 2011.
（＊187）CERD/C/JOR/CO/13-17. 4 April 2012.
（＊188）CERD/C/ITA/16-18. 21 June 2011.
（＊189）CERD/C/ITA/CO/16-18. 4 April 2012.
（＊190）CERD/C/LAO/16-18. 12 May 2011.

（＊１９１）CERD/C/LAO/CO/16-18. 13 April 2012.
（＊１９２）CERD/C/QAT/13-16. 13 September 2011.
（＊１９３）CERD/C/QAT/CO/13-16. 13 April 2012.
（＊１９４）CERD/C/TKM/6-7. 13 September 2011.
（＊１９５）CERD/C/TKM/CO/6-7. 13 April 2012.
（＊１９６）CERD/C/ISR/14-16. 17 January 2011.
（＊１９７）CERD/C/ISR/CO/14-16. 3 April 2012.
（＊１９８）CERD/C/AUT/18-20. 17 April 2012.
（＊１９９）CERD/C/AUT/CO/18-20. 23 October 2012.
（＊２００）CERD/C/FJI/18-20. 10 May 2012
（＊２０１）CERD/C/FJI/CO/18-20. 23 October 2012
（＊２０２）CERD/C/LIE/4-6. 14 February 2012.
（＊２０３）CERD/C/LIE/CO/4-6. 23 October 2012.
（＊２０４）CERD/C/FIN/20-22. 14 February 2012.
（＊２０５）CERD/C/FIN/CO/20-22. 23 October 2012.
（＊２０６）CERD/C/KOR/15-16. 2 March 2012.
（＊２０７）CERD/C/KOR/CO/15-16. 23 October 2012.
（＊２０８）CERD/C/THA/1-3. 5 October 2011.
（＊２０９）CERD/C/THA/CO/1-3. 15 November 2012.
（＊２１０）CERD/C/SEN/16-18. 31 October 2011.
（＊２１１）CERD/C/SEN/CO/16-18. 24 October 2012.
（＊２１２）CERD/C/TJK/6-8. 29 September 2011.
（＊２１３）CERD/C/TJK/CO/6-8. 24 October 2011.
（＊２１４）CERD/C/DZA/15-19. 15 October 2012.
（＊２１５）CERD/C/DZA/CO/15-19. 20 February 2013.
（＊２１６）CERD/C/DOM/13-14. 7 March 2012.
（＊２１７）CERD/C/DOM/CO/13-14. 19 April 2013.
（＊２１８）CERD/C/KGZ/5-7. 8 June 2012.
（＊２１９）CERD/C/KGZ/CO/5-7. 19 April 2013.
（＊２２０）CERD/C/MUS/15-19. 16 October 2012.
（＊２２１）CERD/C/MUS/CO/15-19. 18 April 2013.
（＊２２２）CERD/C/NZL/18-20. 14 June 2012.
（＊２２３）CERD/C/NZL/CO/18-20. 17 April 2013.
（＊２２４）CERD/C/RUS/20-22. 6 June 2012.
（＊２２５）CERD/C/RUS/CO/20-22. 17 April 2013.
（＊２２６）CERD/C/SVK/9-10. 27 August 2012.
（＊２２７）CERD/C/SVK/CO/9-10. 17 April 2013.

図表14　本章で紹介した諸国

ヨーロッパ	チェコ、リヒテンシュタイン、マケドニア、ベルギー、イタリア、モルドヴァ、オーストリア、スイス、ロシア、スウェーデン、ドイツ、ブルガリア、クロアチア、フィンランド、モンテネグロ、ギリシア、ポーランド、スロヴァキア、アイスランド、モナコ、オランダ、ボスニア・ヘルツェゴヴィナ、デンマーク、エストニア、フランス、ルーマニア、アイルランド、リトアニア、ノルウェー、セルビア、スペイン、アルバニア、ウクライナ、イギリス、ポルトガル、キプロス
アフリカ	コンゴ民主共和国、モザンビーク、ナミビア、トーゴ、チュニジア、チャド、エチオピア、カメルーン、モロッコ、ルワンダ、ケニア、セネガル、アルジェリア、モーリシャス、ブルキナファソ
アジア・太平洋	インド、イスラエル、インドネシア、キルギス、ニュージーランド、韓国、フィジー、パキスタン、トルコ、アゼルバイジャン、アルメニア、中国、フィリピン、アラブ首長国連邦、カンボジア、カザフスタン、オーストラリア、イエメン、グルジア、モルディヴ、クウェート、ヴェトナム、ヨルダン、トルクメニスタン、ラオス、カタール、タイ、タジキスタン
アメリカ州	アンティグア・バーブーダ、カナダ、コスタリカ、ドミニカ共和国、ニカラグア、アメリカ合州国、エクアドル、スリナム、チリ、コロンビア、ペルー、グアテマラ、パナマ、アルゼンチン、エルサルバドル、ボリビア、キューバ、ウルグアイ、パラグアイ、メキシコ、ジャマイカ、ヴェネズエラ

第9章　ヘイト・スピーチ法の適用状況

第1節　本章の課題

前章に引き続き人種差別撤廃委員会に提出された各国政府報告書を基に、ヘイト・スピーチに関する法の適用状況を紹介する。

政府報告書には立法状況だけが掲載されて、適用状況が掲載されていないものも少なくない。適用状況についての記載があっても、政府の方針・姿勢を示すに過ぎないものもあれば、統計データがまとめられているものもある。具体的な判例が紹介されているものもある。以下では、統計データや具体的な判例に関する記述を中心に紹介する。

なお、各国の法体系はさまざまであり、司法制度、法令用語なども多彩である。本章では人種差別撤廃委員会に提出された英文資料を基に、その概要を紹介する。重訳の場合もあり、訳語の選定を十分に検討することはできないため、細部については思わぬ誤解があるかもしれない。地名、人名、組織名などの固有名詞の表記は正確さを期していない。通常であれば原音（現地語）に近い表記を心がけるべきであるが、１００ヶ国以上の状況を紹介するため、そうした調査は行っていない。

第2節　人種差別撤廃委員会第七〇会期

1　カナダ

①二〇〇二年のサンドゥーガ事件で、被告人はシナゴーグに火炎瓶を投げて放火したと有罪答弁した。アルバータ高裁は、事実審裁判官が被告人の責任の程度を誤解し、重大な加重事由を考慮しなかったがゆえに一年の刑事施設収容は明らかに不適切であると判断した（＊1）。事実審裁判官は犯罪の動機に宗教集団に対する憎悪の動機が含まれることを見落したとして、刑期を一年から二年半に加重した。②最近のエル・メーヘビ事件では、ユダヤ人小学校図書館に放火した被告人に裁判所は四〇ヶ月の刑事施設収容を言渡した。

2　チェコ共和国

①強まりつつあったインターネットにおける極右過激派の動きが止まっている（＊2）。過激主義のシンボルを着用したり、極右音楽イベントの開催や、ビルの壁にネオナチのシンボルを描いた事例があるが実行犯を特定できない。ナチスの制服など第三帝国の記念品を販売した事例、ロシアへの旅行者がネオナチ運動の宣伝商品を持ち帰った事例もある。ヒトラーの『我が闘争』の翻訳出版もなされた。②警察は一九九八年以来、統計を取っている。二〇〇二〜〇五年の間における人種的不寛容、人種主義憎悪、人種的動機による犯罪などの過激主義犯罪は四七三件（二〇〇二年）、三三五件（二〇〇三年）、三六六件（二〇〇四年）、一〇八件（二〇〇五年五月末日まで）であり、これは全事件の〇・一％前後である。③犯罪類型ごとの統計では「人の権利と自由を抑圧する目的をもった運動の支援・促進」（刑法第二六〇条）は九五件、七七件、五〇件（二〇〇二年から〇四年まで。以下同じ）。「人の権利と自由を抑圧する目的をもった運動への共感の公然表明」（刑法第二六一条）は一二三件、一一三件、八七件。「人の集団に対する憎悪又はその権利と自由の制限の煽動」（刑法第一九八条ａ）は一〇五件、七一件、一〇一件。「人の集団に対する憎悪又はその権利と自由の制限の煽動」（刑法第一九八条ａ）は一八件、一一件、一三件。「住民の集団及び諸個人に対する暴力」（刑法第一九六条）は七一件、四一件、四五件。④過激主義行動の実行犯の教育歴について報告がなされている。義務教育修了が二一一人（二〇〇二年）、九九人（二〇〇三年）、一八七人（二〇〇四年）。義務教育中途が一四三人、一二三人、一一二人。中等教育が二六人、二五人、三七人。大学が二人、一人、四人。その他各種学校（子ども、

外国人も含む）が、一〇一人、八六人、六六人。年齢層別には、二〇〇二年から二〇〇四年のすべてについて二〇歳代がもっとも多く、三〇％を超える。次いで一八歳以上が二〇％程度である。つまり一八歳から二九歳までが五〇％を超える。次いで一五～一七歳が一五％前後、三〇歳代が一五％以下と続く。

3　イスラエル

統計は年ごとに変動している（＊3）。犯罪のほとんどがアラブ・マイノリティに対するものである。二〇〇〇～〇二年、人種憎悪の煽動に基づく訴追はユダヤ人に対する件もアラブ人に対する件も増加した。①一九九六年九月二四日のイド・アルバ事件最高裁判決は、人種主義の煽動に関する重要先例である。最高裁は次のように判断した。ユダヤ法に基づくユダヤ国家をつくり非ユダヤ人を排除するというカチ運動のシナリオは人種主義イデオロギーに基づく政党に舞台を提供する。人種主義は人種主義理論における信念だけではない。人種主義は異なる人種や国民・民族的背景を基にした憎悪のような他者に対する憎悪でもある。この憎悪は古臭い社会的不安である。イスラエル法はこうした人種主義を撤廃しようとするものである。人種主義は民主的社会組織の破壊である。人種主義はイスラエルの国際的義務を破壊するので、人種主義と闘う必要はユダヤ人が歴史から学んだ教訓の一つである。それゆえいずれの民主主義も人種主義の煽動がかかわる限りは言論自由の原則を廃止する権利を有する。②二〇〇〇年一一月二七日のベンジャミン・カハネ事件では、アラブ人の村々の破壊を呼びかけるカハネ・チャイのリーフレットを配布したことが刑法第一三三条及び第一三四条三項の煽動で訴追された。裁判所は、煽動犯罪処罰は国家の安定性の保護だけでなく、市民の間のコミュニティの結合を維持しようとするものだとした。③タチヤナ・サスキン事件では、預言者モハメドを『コーラン』の上に立つ豚として描いたリーフレットの投函について、人種主義行為及び宗教的感受性を侵害した刑法第一四四条(d)及び第一七三条の違反で、地方裁判所がサスキンを二年以下の刑事施設収容及び一年の執行猶予とした。一九九七年一二月三〇日の最高裁判決はサスキンの上訴を棄却した。④二〇〇〇年一二月四日のハズト事件最高裁判決は、ティベリウスのモスクの基礎石を物理的に移動させた被告人について事件の重大性を理由に未決拘禁期間を延長した下級審決定を支持した。⑤二〇〇四年六月一六日のホーヘン・ヨセフ事件治安判事裁判所は、サッカー試合中に人種主義を煽動する意図をもって「アラブ人に死を」と叫んだ被告人に対する訴追を支持した。被告人は「試合が白熱したためにスローガンを叫んだだけだ」と抗弁したが、裁判所は刑法第一四四条Bの定める言葉の重大性に当たると判断した。⑥二〇〇〇年一二月二八日のロン・フォーベット事件テルアヴィヴ治安判事裁判所は、被害者に品位を傷つける方法で暴行した公務員に六月の刑事施設収容と八月の執行猶予を言渡した。被告人控訴は棄却されたが、被告人の妻が亡くなったので刑の執行は猶予された。このほかに係属中の事件一七件が列挙されている。⑦政府報告書には、二〇〇二年から二〇〇五年にかけてサッカーの試合中に「アラブ人に死を」「アラブ人を殺せ」と叫んだ事件が九件である。二〇〇四年六月一六日、イェルサレム治安判事裁判所は、サッカーの試合中に「アラブ人に死を」と叫んだ被告人に、六日の刑事施設収容の執行猶予等とした。⑧被告人は地方裁判所に控訴した。イェルサレム治安判事裁判所は、違法デモに参加して「アラブ人に死を」と叫んだ被告人を無罪としたが、地方裁判所に控訴された。イェルサレム地方裁判所は事件を治安判事裁判所に差し戻し、二〇〇五年三月三日のイェルサレム治安判事裁判所は六月の刑事施設収容と六月の執行猶予を言渡した。⑨インターネットに関する事案として、検事局特別部は、人種的表現、暴力の煽動、人種的侮辱、ホロコーストの否定を掲載したネオナチ・ウェブサイトを開設した被告人を刑法第一四四条D二項及び第一四四条Bの暴力の煽動と人種主義の煽動で訴追し、二〇〇五年一月に有罪認定がなされたが、報告書の時点で判決（量刑言渡し）はまだ出ていない。

第3節　人種差別撤廃委員会第七一会期

4　ニュージーランド

少数ながら特定の民族集団がハラスメントや侮蔑を受けているとの報告がある（＊4）。新聞報道によると、二〇〇五年、人種的動機をもった犯罪の訴追事例が増えているが事件は単発的性格のものである。一九九四年以来、人権法第一三一条の訴追事例は九件である。人権法により、人権委員会は諸個人や集団の間の調和を維持・発展させる任務がある。人権委員会はワイタンギ条約の人権側面をよりよく理解するため調査、教育、議論を促進することを求められている。警察は民族的コミュニティの関係を改善し、多民族からの採用を増員し、警察官に人種的不調和の煽動に関して教育訓練している。

第4節　人種差別撤廃委員会第七二会期

5　ベルギー

①フラームス・ブロックという政党をめぐって議論が続いている(＊5)。一九九九年五月、憲法第一五〇条が追加され、人種主義的性質のプレス犯罪を刑事裁判所の管轄とした。刑事裁判所は一九八一年の人種主義と外国人嫌悪に関する法律違反事件だけでなく、刑法第四四三条の名誉毀損罪、一九九五年の歴史否定主義に関する法律違反事件を扱うことになった。反レイシズムの訴追を容易にする改正は旧フラームス・ブロックを念頭に置いたものである。二〇〇三年二月二六日、ブリュッセル控訴裁判所は、三つの非営利団体がフラームス・ブロックと結びついているとされた件で、三つの団体が訴追されることになった行為が証明されれば、それはフラームス・ブロックという政党によって行われたことになり「政治犯罪」であるとして、管轄権を否定した。これに対して二〇〇三年一一月一八日、破棄院は「政治犯罪」という概念は明確に規定されているとし、政治犯罪概念を限定的に解釈した。二〇〇四年四月二一日、ゲント控訴裁判所は、三団体に一九八一年法律違反（人種差別煽動団体のメンバーであること）で約一二〇〇〇ユーロの罰金を命じた。フラームス・ブロックは法的地位を失っていたので対象とはならなかった。二〇〇四年一一月九日、破棄院はこの判決を支持した。これによりフラームス・ブロックは解散となり、二〇〇四年一一月一四日、新たにフラームス・ベラングが設立された(＊6)。②二〇〇六年四月一八日、ブリュッセル控訴裁判所は、国民戦線の指導者とその助手に人種憎悪、差別、隔離主義の煽動で有罪を言渡した。助手は一〇年間の被選挙権取消しと外国人統合センターでの二五〇時間の社会奉仕を命令された。破棄院に上告中である。

6　フィジー

二〇〇一年八月二〇日、フィジー高裁はリオギ事件について「煽動的意図」を公正でリベラルな精神で解釈すれば憲法が保障する表現の自由に抵触しないと判断した(＊7)。自由で民主主義的な社会においては政府が開かれた批判にさらされるのは当然である。政治的な検閲がなされてはならない。政府は、政府に対する民主的批判に対して煽動法を適用すべきでないと考えている。過激団体であっても、その政治的意見を理由にして活動制限をするべきではなく、団体構成員が犯罪を行った場合に訴追が可能となるという。

7　アメリカ合州国

9・11以後、アラブ系アメリカ人やムスリムに対するヘイト・クライムを優先事項として訴追する努力がなされている（＊8）。①インターネット上のヘイト・クライムについて、ルノ対ACLU事件連邦最高裁判決はインターネット上のコミュニケーションは憲法修正第一条の保護を受けるが、言論が特定個人や集団に対する直接の確実性のある脅威となる場合は憲法上の保護を失うとした。②インターネット・ヘイト・クライムの特定や実行犯割り出しの困難性の故に、刑事事件として立件された事案は少ない。司法省少年司法・非行予防局は民間団体と協力してマニュアル『インターネットにおけるヘイト・クライムを捜査する』を出版した。③ラザニ事件で、二〇〇六年四月三日、アラブ系アメリカ人女性に殺害予告のEメールを送った被告人が六月の自宅拘禁及び三年の保護観察を言渡された。④ミドルマン事件で、二〇〇五年一〇月一四日、アラブ系アメリカ人団体に脅迫Eメールを送った被告人が一〇月の刑事施設収容を言渡された。⑤ブラティサック事件で、二〇〇六年三月一三日、イスラム・アメリカ・センターに脅迫Eメールを送った被告人が二年の保護観察を言い渡された。いずれも日本では通常の脅迫罪であろう。⑥一九九八年、ペンシルヴァニアで白人優越主義者とその団体がウェブサイトにおけるテロ脅迫、ハラスメントのかどでペンシルヴァニア民族脅迫法違反の告発を受けた。白人優越主義者ライアン・ウィルソンとその団体アルファHQ等である。州の公民局職員に対して「木に吊るす」という脅迫や、事務所を襲撃するという脅迫がウェブサイトに掲載された。告発を契機にウィルソン等は問題のサイトを撤去することに同意した。このため裁判にはならずに解決した。

第5節　人種差別撤廃委員会第七三会期

8　オーストリア

一九九九〜二〇〇四年の間に刑法二八三条（人種差別煽動犯罪）の事件数（数は人員、裁判所判決は当該年度に終結した数）は次の通りである（＊9）。

一九九九年――警察への届け出四一、訴追二、有罪判決三、無罪判決一

二〇〇〇年――警察への届け出四〇、訴追七、有罪判決一、無罪判決〇

二〇〇一年――警察への届け出三八、訴追一六、有罪判決一一、無罪判決六

二〇〇二年――警察への届け出九七、訴追一三、有罪判決九、無罪判決一

二〇〇三年――警察への届け出三四、訴追二七、有罪判決一三、無罪判決六

二〇〇四年――警察への届け出二九、訴追一七、有罪判決一四、無罪判決四

同じ期間のナチス禁止法の事件は次の通りである。

一九九九年――警察への届け出四一三、訴追四五、有罪判決二五、無罪判決二

二〇〇〇年――警察への届け出六〇四、訴追一四、有罪判決三二、無罪判決四

二〇〇一年――警察への届け出五五四、訴追四〇、有罪判決二四、無罪判決三

二〇〇二年――警察への届け出六一八、訴追二五、有罪判決二〇、無罪判決二

二〇〇三年――警察への届け出七六五、訴追三七、有罪判決三一、無罪判決三

二〇〇四年――警察への届け出七二四、訴追二五、有罪判決二七、無罪判決七

9　スイス

二〇〇五年一二月一三日、反レイシズム連邦委員会は一九九五年から二〇〇二年までの刑法第二六一条に関する判決の統計を公表した（＊10）。裁判所に持ち込まれた事案は二一二件で、判決や決定は二七七ある。二一二件の約半数は却下された。残りにつき刑事手続きが進行した。一一〇件のうち八〇％は最終的に有罪となった。具体的事例も記載されている。①「ダヴィデの星の前、ゲスラーの帽子の前でお辞儀をさせてくれ」という表現は、ユダヤ人に対する憎悪と差別の煽動に当たるとして訴追がなされた。物事の本質に即して裁判所はこれを憎悪、ユダヤ人の絶滅の呼びかけであるとした。ウィリアム・テルは結局ゲスラーを殺したからである。②一九九九年、チューリヒの司法当局は「ユダヤ人と仕事をすれば騙される。ヒトラーの『我が闘争』を読め。五〇年前の真実は今も真実だ」という表現は、ユダヤ人の組織的名誉毀損のイデオロギーの宣伝に当たると判断した。実行者は六〇〇フランの罰金である。③さまざまな運搬場から一〇〇人もの運転手がやって来る倉庫の職場で、被告人は被害者を「セルビアの豚」「尻の穴」と呼んだ。二〇〇二年、バーゼルの司法当局は「セルビアの豚」は人間の尊厳を損ない、他人の名誉

を毀損する犯罪に当たるとし、五〇〇フランの罰金とした。④連邦最高裁は、ナチスドイツが人間殲滅にガス室を使用したことに疑いをはさむことはホロコーストの重大な過小評価であると判断した。一九九八年にアールガウ地裁が下した有罪判決を維持し、歴史修正主義者である被告人に一五ヶ月の刑事施設収容と八〇〇フランの罰金が確定した。⑤チューリヒ高裁は、有色人へのサービスを拒否して「お前の国からの客なんていらない」と言った企業主に六〇〇フランの罰金とした。⑥二〇〇四年五月二七日、連邦最高裁は刑法第二六一条の公然性の概念を明確にした。人種主義的行為は公然と行われた場合に犯罪となる。それまで最高裁は、大きな集団の人々の前で行われれば、その人々に結びつきはなくても犯罪が成立するとしていた。このため極右的見解を広めるスキンヘッドの集会は、入場チェックを行う私的集会や非公開集会という形で開催することができた。最高裁は刑法第二六一条の公然性に関して、非常に小さな私的サークルで行われたのでなければ処罰されるとした。入場チェックにより参加者を選抜したとしても、それだけでは私的とはみなされない。⑦アルメニア・ジェノサイドを否定した事案で、最高裁は当該犯罪は公共秩序犯罪であるとした。それゆえ個人の法的権利は間接的に保護されるに過ぎない。個人被害者は当事者として現在した必要がない。

10　ドイツ

政府報告書には、二〇〇〇〜〇四年の犯罪統計が紹介されている（＊11）。①刑法第八六条（民衆煽動罪）の有罪判決は三八三件（二〇〇〇年）、四三八件（二〇〇一年）、四四七件（二〇〇二年）、四二二件（二〇〇三年）、四〇二件（二〇〇四年）である。圧倒的に男性が多いことと、二〇％近くが青年（一八〜二〇歳）であることも示されている。刑法第八六条(a)の有罪判決は四六七件（二〇〇〇年）、七〇七件（二〇〇一年）、六三一件（二〇〇二年）、五九一件（二〇〇三年）、五九〇件（二〇〇四年）である。報告書は犯罪件数が増えていると評価しつつ、二〇〇二年がピークだったとしている。②刑法第一三〇条一項の有罪判決は一八六件（二〇〇〇年）、三二九件（二〇〇一年）、三三〇件（二〇〇二年）、二九七件（二〇〇三年）、二四六件（二〇〇四年）。刑法第一三〇条二項の有罪判決は三二件（二〇〇〇年）、八五件（二〇〇一年）、九四件（二〇〇二年）、四九件（二〇〇三年）、四七件（二〇〇四年）。刑法第一三〇条三項の有罪判決は七件（二〇〇〇年）、四四件（二〇〇一年）、一七件（二〇〇二年）、一八件（二〇〇三年）、二四件（二〇〇四年）。ここでも報告書は二〇〇一〜〇二年に一つのピークがあったと言う。この時期、刑法

第一二九条及び第一二九条(a)の統計はない。③二〇〇三年九月、ミュンヘンで極右テロリスト組織が解散させられた。ナチス的政権を復興するためドイツの現行社会秩序を廃棄するために爆弾闘争をする目的の組織であった。二〇〇三年一一月にミュンヘンのユダヤ文化センターを攻撃する計画を持っていることが発覚した。バヴァリア最高裁は二〇〇五年四月から五月にかけて指導者と七人のメンバーをそれぞれ七年、及び一年四ヶ月の刑事施設収容とした。④二〇〇五年三月七日、ブランデンブルク高裁は、あるテロリスト組織の指導者と九人のメンバーに、八ヶ月以上四年六ヶ月以下の少年施設収容を言い渡した。二〇〇三年七月に組織された「自由団」という名の組織であり、外国人経営の商店やレストランを襲撃して外国人の営業を止めさせることを目的としていた。⑤二〇〇四年三月一〇日、連邦最高裁は「ラントサー事件」として知られる事件の判決を出した。ラントサー音楽グループは有罪が確定した。このグループは一九九七年に三人のメンバーによって結成されたが、反憲法的団体の宣伝と煽動を行うCDを製作・流布したので、刑法第一二九条一項の犯罪団体と認定された。⑥二〇〇五年末、極右団体は一八三あり、そのメンバーは三万九〇〇〇人であった。一九九三年当時は六万四五〇〇人、一九九八年は五万三六〇〇人だった。一九九二年以来、一七の団体が解散させられた。二〇〇〇年九月、連邦内務大臣はネオナチ団体の「ドイツの血と名誉」とその青年部を解散させた。⑦イスラム集団の中に人種主義、反ユダヤ主義が増えている。「カリフ国家」という団体の機関誌が反ユダヤの煽動記事を載せている。イスラエルを否定するハマスを支持する団体も活動していた。連邦内務大臣は「イスラム主義カリフ国」、「アル・アクサ協会」などに解散命令を出した。

第6節　人種差別撤廃委員会第七四会期

11　ブルガリア

政府報告書によると、検事局は二〇〇四年に、刑法第三章第一節及び第二節の罪を九件捜査した(＊13)。そのうち八件は国民・人種平等に対する罪、一件は宗教に対する罪である。二〇〇五年には一二件取り扱った。そのうち一〇件は国民・人種平等に対する罪、二件は宗教に対する罪である。人種主義、反セミティズム、外国人嫌悪その他の差別思想を流布する運動や組織は存在しない。個人や小規模グループによる個別の事件が存在する。①二〇〇〇年一二月、ヒトラーの『わが闘争』が首都ソフィアの書店に置かれたため、捜査が行われ一〇〇部が押収された。憲法第三九条第一項は表現の自由を保障し、同条第二項は表現の自由といえども他人の権利を損ない、犯罪を行うために利用してはならないとしている。二〇〇一年、ソフィア検事局は刑法第一六二条の嫌疑で二人の市民について捜査を開始した。二〇〇五年六月、二人は同書を二〇〇〇部出版したことで起訴された。②二〇〇一年、国際的な支援を得たスキンヘッドのグループによるインターネット・サイトに、ナチスのシンボル、『わが闘争』本文、その他のファシスト文書が掲載された。同サイトは削除され、検事局により被疑者は身柄拘束され、起訴された。③二〇〇一年九月、サモコフ市で一団の生徒たちがロマの生徒たちを襲撃した。これを知った被害者の親たちが学校へ向かい、その途上で三人の市民に殴打を加えた。警察は、ロマ生徒を襲撃した九人の生徒、及び市民を殴打した二人のロマを特定し、事件の予防のために警備を強化した。

12　クロアチア

政府報告書によると、この分野の統計数字は大きなものではない（＊13）。二〇〇〇年一月から二〇〇五年末までに刑法第一七四条（人種主義煽動罪）違反事件として四件が記録されたが、被害者に対して人種的不寛容が表明された事件は一件だけである。二〇〇四年二月六日、ザグレブを訪問したアフリカ系学生グループに対してスキンヘッド集団の中の二人が言葉と動作で攻撃したものである。被害者は一〇人で、九人はフランス市民、一人はカメルーン市民であった。

13　フィンランド

政府報告書によると、インターネット上の人種主義文書の書き手を特定することには困難があり、差別文書を削除することも困難である（＊14）。明らかに犯罪的な内容を有するメッセージを公開しないようにできなかったオペレータも正犯又は共犯の責任を問われることがある。一定の条件の下では、編集者が管理責任を果たさなかったために、マスメディア表現の自由法第一三条によって、罰金を言い渡されることもある。しかし、同法はフィンランド国内の事件にしか適用できない。民族アジテーションに関する判例では、刑法第一一章第八節に規定された民族アジテーションの事案はまれである。二〇〇六年には「マイノリティのためのオンブズマン」がインターネット上の事案について四〇件の捜査を要請した。同年末時点で、そのうち一五件は中央検事局による捜査中である。二〇〇五年には九件であった。二〇〇二年一月から二〇〇六年九月までに、民族アジテーション事案の判決は二件である。一件は訴追が却下された。もう一件では、被告人はヘルシンキ控訴審によって三〇〇ユーロの罰金を言い渡された。判決理由によると、ユダヤ人を侮辱するように唆す反セミティズムの印刷物は宗教を攻撃して汚したものであり、民族アジテーションの行為であったと判断された。

14 パキスタン

刑法第一五三条Aが人種差別の教唆を定めているが、一九九八年高等裁判所判決はマスルーア・アーサン対アルデシャ・コワスジェ事件において、これらの教唆は言論の自由に含まれないと判断した(＊15)。

15 チュニジア

二〇〇五年三月二八日、チュニス控訴裁判所は被告人に三年の刑事施設収容を言い渡した原審判決を支持した(＊16)。被告人は、二〇〇四年一〇月五日、ノーマライゼーションと「シオニズム化」と闘う委員会の主張に基づいたパンフレットを準備し、配布した。パンフレットは、ユダヤ人に反対し、いかなる形であれユダヤ人との協議や和解に反対して人々が立ち上がるように訴えるものであった。一九九四年九月二八日、国連恣意的拘禁作業部会は、本件について国際自由権規約第一九条と第二〇条に違反するか否かを検討し、被告人の行為は犯罪であり、意見表現の問題ではないとした。

第7節　人種差別撤廃委員会第七五会期

16 アゼルバイジャン

近年、人種的動機による殺人事件は報告されていない(＊17)。政府報告書は奴隷化、人身売買、強制国外追放などについて書いている。急進的イスラム原理主義者による宗教的憎悪による犯罪防止のために、諸外国からの要請に従って宗教的憎悪煽動やテロリズム行為を行った被疑者一二人を国外退去としたが、三人はアル・カイーダ、三人はミシル・イスラム・ジハーディ、五人はアル・ジャマ・アル・イスラミヤのメンバーである。民族、人種又は宗教的敵意の煽動に関する刑法第二八三条に関するものかどうか明示されていない。

17 ギリシア

二〇〇五年、極右勢力が国際的に「ヘイト祭り」を開催しようとしたので、政府は人種的憎悪を促進するイベントを非難した(＊18)。政府とNGOが強い反対をしたので「ヘイト祭り」は中止となった。

18　ペルー

地方裁判所に訴追されたのは一二件（二〇〇六年）、一六件（二〇〇七年）、一四件（二〇〇八年）で、計四二件だが、その七四％がリマ地域で発生しているという（＊19）。

19　ポーランド

①二〇〇〇〜〇三年、人種主義的理由で行われた事件が刑事訴追されたのは三五件であり、その内七件は裁判が終結し、二八件は却下された（＊20）。二〇〇四年、二四件、二〇〇五年、二九件。二〇〇四年には二〇件、二〇〇五年には三七件が終結。②人種主義憎悪煽動に関する刑法第二五六条と第二五七条について見ると、二〇〇〇年には刑法第二五六条違反の訴追は九人で、内六人について判決が出て、五人は刑事施設収容、一人は罰金。刑法第二五七条違反の訴追は一三人で、六人について判決が出て、四人が刑事施設収容、二人が罰金。二〇〇一年は、刑法第二五六条について、訴追一六人、判決一六人、刑事施設収容一〇人、自由制限刑五人、罰金一人。刑法第二五七条について、訴追九人、判決六人、刑事施設収容四人、自由制限刑一人、罰金一人。二〇〇二年は、刑法第二五六条について、訴追七人、判決六人、刑事施設収容二人、罰金二人。刑法第二五七条について、訴追八人、判決八人、刑事施設収容六人、罰金二人、等々。③二〇〇四年一一月以後、内務省の人種主義・外国人嫌悪監視チームが情報収集を行って、分析している。人種主義・外国人嫌悪に関する裁判の具体例として、次のものが掲げられている。④二〇〇四年五月三一日、自宅のバルコニーにカギ十字を描いた赤旗を掲げて国家をファシズム化することを公然と促進したことで被告人が訴追された。タルノフゼク地裁は、二〇〇四年八月二三日判決で、刑法第二五六条違反として一二ヶ月の自由制限刑及び四〇時間の社会奉仕命令を言い渡した。⑤二〇〇三年八月二六日、被告人は、刑法第二五七条違反で訴追された。アメリカ市民を彼女の人種的関係ゆえに侮辱し、背中を叩き、彼女の名前を侮蔑的に呼ぶことで人間の尊厳を侵害したというものである。ワルシャワ・スロドミエスキ地裁は二〇〇四年八月九日判決で、六月の刑事施設収容を命じた。

第8節　人種差別撤廃委員会第七六会期

20　カンボジア

政府報告書によると、実際の運用について次のように説明されているが、具体例や統計は示されていない（＊21）。人種差別を宣伝・煽動する組織は人道に対する行為であり犯罪なので、許されていない。UNTAC暫定刑法第三六条に基づいて、他人の権利の重大侵害は犯罪とされている。カンボジア政府はすべての人種差別に反対する政策を採用している。公務員の地位に関する法律には多くの差別禁止規定がある。

21　スロヴァキア

「人種的動機による犯罪と過激主義の廃止のための協調行動委員会」が設置され、警察やNGOと協力している（＊22）。すべての形態の不寛容、外国人排斥、過激主義や人種主義の表現の事例に関する情報を収集し、これらと闘うための協調行動を策定している。①二〇〇六年五月三日のスロヴァキア政府決定は「過激主義と闘う政策概念」を定め、過激主義の定義を行った。過激主義と闘うための効果的で包括的な努力をしている。さらに、人種的動機による犯罪については警察庁長官の指令の下にモニターが行われている。②二〇〇七年一〇月一日、ブラチスラヴァ地方警察に青年・過激主義局が設置され、人種的動機による犯罪を監視している。③「人種主義・外国人排斥監視センター」が設置され、人種主義と外国人排斥に関する情報収集、記録、分析を行い、内務省に提供している。④刑法にはヘイト・クライム条項や「アウシュヴィッツの嘘」罪規定があり、実務で運用されている他、人種差別を扱う専門部局が設置されている。ただ、今回の報告書では具体的な運用状況は必ずしも明らかではない。

22　アイスランド

①二〇〇二年四月二四日、最高裁判決は、週末新聞インタヴューに応じて、不特定の集団に対して、嘲弄、中傷、屈辱を加えた被告人について、有罪を確定させる判決を言い渡した（＊23）。判決は被告人の表現の自由と、国籍、皮膚の色、人種のゆえに攻撃を加えられないことのいずれが優先するかを判断する必要があるとした。判決は新聞における被告人の表現は根拠のない一般化であり、人種的優越の妥当な根拠が見出せないとした。裁判所は、被告人の発言が他の皮膚の色の人を貶めて白人の優位を図るものだったと判断した。②人

種差別行為に関する刑法第一八〇条に関する事件は最近報告がないという。③人種差別的侮辱に関する刑法第二三三条(a)については、皮膚の色や同性愛に関連して最近四件の報告があったが、証拠不十分その他の理由で不起訴に終わっている。④インターネット上で若者グループが「アイスランドにおけるポーランド人に反対する協会」をつくったため、警察が捜査しているが、外国のサーバーに投稿されているため、捜査に限界があると報告されている。

23　オランダ

政府報告書は最近の重要な人種主義事件として、オランダ人と民族的マイノリティの対立のなかで発生した、二〇〇四年一一月二日のテオ・ファン・ゴッホ殺害事件とその後の政府の施策を示している(＊24)。インターネット上の人種差別についても一項目を設けている。人種差別撤廃条約第四条に関しては、二〇〇四年の刑法改正によって差別事件の刑罰の上限を上げたことを紹介した後、二〇〇二年から二〇〇七年にかけての差別事件に関する多くの判決をまとめている。①二〇〇二年一月三一日、リューヴァルデン地裁判決は難民認定申請者が通う学校に放火した若者二人に人種主義的動機を考慮して三〇ヶ月の刑事施設収容を言渡した。②二〇〇二年二月二二日、レルモンド地裁判決は民族的マイノリティ集団に向かって「外国人は出て行け」「ホワイト・パワー」「汚い外国人、汚いトルコ人」などと叫んだ男性を、四〇日間に八〇時間の社会奉仕命令と一ヶ月間の刑事施設収容（執行猶予付）とした。③二〇〇二年六月一一日、ドルトレヒト地裁判決は新国民党のウェブサイトが、モロッコ出身者を危険視し、犯罪者扱いし、アパルトヘイトの必要性を唱えたことについて、新国民党議長に刑法第一三七条d（差別の煽動）で有罪とし、高齢で健康状態が悪いことから、罰金六六〇ユーロを言渡した。④二〇〇二年九月一七日、破毀院判決はイラン出身者をその人種の故に入場拒否したとして訴追されたナイト・クラブのドアマンについて証拠不十分で無罪とした。⑤二〇〇三年二月一二日、アルンヘム控訴審判決は人種主義的動機でトルコ人を跳ねた兵士に一二ヶ月の刑事施設収容と二年間の運転禁止を言渡した。国防省はこの兵士を解雇した。⑥二〇〇三年四月二九日、ゼルトゲンボシュ控訴審判決は「ストップ難民」というタイトルで、難民を批判したパンフレットをデモの際に配布した三人が、軍靴を履き、ネオナチの標識を付していたこと、「外国人は出て行け」と叫んでいたこと、三人のうち二人は同種前科があることに着目して、二人はそれぞれ六週間と四週間の刑事施設収容、残りの一人は四週間の刑事施設収容（二週間は執行猶予）を言渡した。⑦二〇〇三年六月一四日、ゼルトゲンボシュ控訴審判決はティルブルクでソマリア人の家を襲撃した被告人に八年の刑事施設収容を言渡した。⑧二〇〇三年六月二四日、ハーグ控訴審判決は差別的偏見、ネオナチ的表現を含んだCDを配布するために所持していた被告人に一二〇時間の社会奉仕と一ヶ月の刑事施設収容を命じた。⑨二〇〇三年九月一一日、アムステルダム控訴審判決は、公開集会でムスリム、ユダヤ人、スリナム人、アンティル諸島人を侮辱する発言をした極右政党のオランダ民族同盟議長に四ヶ月の刑事施設収容（二ヶ月は執行猶予）を言渡した。⑩二〇〇三年一〇月一六日、ゼルトゲンボシュ地裁判決はムスリム系小学校に手製爆弾を投げ込んだ男に一二ヶ月の刑事施設収容（六ヶ月は執行猶予）を言渡した。⑪二〇〇三年一二月三日、ドルトレヒト地裁はトルコ人を入場拒否したとして訴追されたバーのドアマンについて、常連客と騒ぎを起こしそうな客を区別しただけで、人種差別の証拠不十分として無罪を言渡した。⑫二〇〇四年四月一五日、破毀院判決は難民や避難民を犯罪者扱いした印刷物を所持していた元警官の控訴を棄却した。⑬二〇〇五年三月一五日、ハーグ地裁判決はインタヴューや著作でムスリムへの侮辱発言を繰り返した団体に対する規制申立の仮処分審問において、団体禁止をする必要を認める証拠不十分とした。⑭二〇〇五年八月三〇日、ゼルトゲンボシュ地裁判決はウーデンのベディル小学校への放火を行ったグループ各員に一五〇日から九ヶ月の刑事施設収容などを言渡した。⑮二〇〇五年一二月一九日、ハーグ地裁判決はイラク人家族を襲撃して財産を破壊した二〇歳の男性に三六ヶ月の刑事施設収容（六ヶ月は執行猶予）を言渡した。被害者は以前から近隣の人種主義者による犯罪被害を受けていた。⑯二〇〇五年一二月二九日、アムステルダム地裁判決はモロッコ人やトルコ人を批判したオランダ・シオニスト連盟議長を不起訴とした検察官の決定に対する異議申立について、議長発言が公開討論の過程におけるものであり、その文脈ではただちに侮辱や中傷には当たらないとして、申立を却下した。⑰二〇〇六年一月二〇日、ハーレム地裁判決は各地で破壊行動をしてカギ十字やトレードマークのホワイト・パワーを描いた極右青年集団に一〇〇～二〇〇時間の社会奉仕命令と被害補償を命じた。⑱二〇〇六年五月二四日、ロッテルダム地裁判決はアウシュヴィッツにかけて嘘の「ハウスヴィッツ」というヴィデオ・プロモーションを作成し、インターネットで普及しようとした被告人に四〇時間の社会奉仕命令を言渡した。⑲二〇〇六年六月三日、ブレダ地裁判決は自転車にカギ十字を描いたとして起訴された男性に犯行が立証されていないとして無罪を言渡した。⑳二〇〇六年六月二〇日、アムステルダム地裁判決は交通管理者に「汚いニガー」などの侮辱をした被告人に五〇〇ユーロの罰金を命じた。㉑二〇〇六年一〇月五日、ドルトレヒト地裁判決はアンティル諸島人に対する殺人未遂で、三人の極右集団にそれぞれ三年、二年、二一ヶ月の刑事施設収容を言渡した。㉒二〇〇六年一〇月一九日、アムステルダム控訴審判決はナチのシンボルのついたバッジやエンブレムをスキポール空港に輸入した嫌疑で起訴された男性を、映画産業に販売する目的だったとして無罪を言渡した。㉓二〇〇六年一一月六日、ブレダ地裁は皮膚の黒い女性に向かって「ホワイト・パワーは永遠よ、いまこそホワイト・パワーよ」と叫んだ若い女性に五〇〇ユーロ（うち二五〇ユーロは執行猶予付）の罰金を言渡した。㉔二〇〇六年一一月一七日、アムステルダム控訴審判決は「風刺ウェブサイト」と称してユダヤ人や同性愛者への侮辱をした男性に一週間の刑事施設収容（執行猶予）と五〇〇ユーロの罰金を言渡した。

第9節　人種差別撤廃委員会第七七会期

24　ボスニア・ヘルツェゴヴィナ

①政府報告書は二〇〇五年二月から二〇〇八年四月までの状況の報告である（＊25）。憲法裁判所の報告によると、条約違反で告発がなされたのは一〇件である。そのうち二件が審理に付すべき理由があるとされ、二〇〇五年四月二二日、一件について条約違反があると判断された。憲法裁判所の人権委員会に付議された事案はない。②委員会勧告を受けて、政府は条約完全実施のために政府機関に通知を出した。司法省の記録では、刑法第一四五条および第一四六条に関する事案はまだない。それゆえ有罪判決も裁判記録もなく、検察庁にも平等侵害の事案を受理した記録はない。両性の平等法に違反したとされた刑事事件が二件ある。一件は捜査が開始されたが、他の一件は捜査が行われていない。③ボスニア・ヘルツェゴヴィナ裁判所戦争犯罪局では、人道に対する罪としての迫害について情報を収集している。捜査を行ったのは八九件（一五〇人以上）。起訴に至ったのは二七件（三〇人以上）。第一審判決は八件、そのうち六件は有罪、二件は無罪。第二審判決は六件、そのうち五件は有罪、一件は無罪である。④旧ユーゴスラヴィア国際刑事法廷からの移送法によって、関連事案が国際刑事法廷から移送されている。報告書はその情報についての分析はまだできてないと言う。事案の移送に伴い、証拠法、証人保護をはじめとする手続法と規則の見直しが行われた。二〇〇四年三月以後に移送されて、戦争犯罪や人道に対する罪は検事局の管轄下に置かれた。二〇〇七年に検察局戦争犯罪部門は、六一三件のうち一七二件（五一〇人の被疑者）につき捜査を開始した。起訴したのは一九件（三

二人）、第一審判決は一〇件（一一被告人）で、そのうち九件（一〇人）について有罪が確定している。⑤刑法第一六三条について検察庁が扱った事件は四件あり、うち二件が実際に手続きに入り、一件は捜査中、もう一件は有罪答弁が行われて終結した。連邦警察は、二〇〇五年から二〇〇七年にかけて、刑法第一六三条、第一六六条、第一七七条について三四件の事案を扱った。

25 デンマーク

①刑法第二六六条Bの適用状況は検察局のウェブサイトに公表している（＊26）。二〇〇〇年から二〇〇八年一〇月二三日までに、刑法第二六六条B違反事件は五三件であり、その多くは人に対して民族的背景や皮膚の色を取り上げてなされた発言であった。二〇〇四年から二〇〇八年では、告発がなされたのが二四件、被告発人員が二六人、有罪件数が一三件、略式罰金が四件、無罪が二件であった（最終結果の出ていないものもある）。他方、同じ時期について、検察官が捜査の必要なしとしたものが四五件、いったん捜査に着手したが中止したものが三〇件、訴追撤回が二四件あった。②検察局が二〇〇八年四月に公表した報告書によると、二〇〇七年に判決が出た事例では、犯罪の全部又は一部が被害者の人種等に基づくものが八件、人種等に基づかなかったとされたのが二件であった。八件の多くは暴力が伴った事例であった。検察局によると、この報告書は、人種等に基づく犯罪の実態を表しているわけではない。人種的動機による疑いがあっても、その動機を刑事裁判で証明することができるとは限らない。被告人を特定できない事例もある。③司法省とコペンハーゲン大学が行った二〇〇八年一月の犯罪被害年次調査によると、暴力被害者の六%は明らかに人種主義の帰結であり、四%はその可能性があった。強盗被害者の四%は人種主義によるものであり、五%はその可能性があった。④同様のことは、刑法だけではなく、人種差別禁止法違反事件についても言える。二〇〇七年に検察局が受理した人種差別禁止法違反事件は六件であった。一件はある店員が他の顧客に対するのと同じ価格での販売を拒否したために罰金刑を受けた。三件は人種差別の証拠がないため捜査が中止された。二件は、報告書作成時で未決であった。

26 エストニア

二〇〇四年七月までに、社会的憎悪の煽動に関連して公安警察によって捜査が行われた事件は一件だけであった（＊27）。公安警察の任務は憲法秩序の保護である。公安警察は過激な運動や集団の違法活動を取り扱う任務を有している。NGO、マイノリティ集団の代表などによって、メディアや個人の言動のなかで、国民、人種、宗教的憎悪が見られると指摘されている。独立の専門家が国民的人種的憎悪の煽動があると判断すれば、公安警察が捜査を開始する。しかし、独立の専門家がそのように判断した事例はまだない。公安警察は社会的憎悪の煽動や過激な運動について年次報告書を公表している。若者には普通教育課程でこうした問題について教育が行われている。①二〇〇三年六月一七日、ナルヴァ市地裁判決はスキンヘッド運動のメンバーであった複数の者が国民的人種的憎悪を公然と行ったことで、刑事施設収容を言渡した。刑法第一三四条及び第一五二条に関する刑事手続きがとられたことはない。二〇〇四年時点で、刑法第一五一条の社会的憎悪の煽動に関して三件の手続きがとられた。政府報告書執筆時点で、一件は裁判所の判断が下されたが、二件はまだ審理中であった。②二〇〇四年秋、インターネットにおいて社会的憎悪の煽動を行ったとして起訴された人物の事例がある。捜査段階であるが、公安警察は一九九五年から二〇〇三年までにインターネットで、国民的宗教的政治的信念に基づいた憎悪と暴力の公然たる煽動がなされた、と主張している。誰でも無制限にアクセスできるインターネット事例である。刑法第一五一条に基づいて起訴が行われたが、報告書時点では審理中である。

27　フランス

一九三六年一月一〇日の法律の規定により、二〇〇〇年以後、三つの団体が解散命令を受けた(＊28)。ラディカル連合(二〇〇二年八月六日)、エルザス団（二〇〇五年五月一九日)、トリブ・カ（二〇〇六年七月二八日）である。

28　モロッコ

①二〇〇七年一月一二日のウルザザテ裁判所による一審判決があるというが、報告書からは具体的内容は不明である（＊29)。②検察官は、新聞『アル・シャマル』二〇〇五年二八三号がアフリカ人に対して攻撃的な記事を掲載したので、経営者と編集者を召喚した。編集者はタイトル選択に際して誤りがあったと述べ、新聞は三ページを使って謝罪を表明した。検察官は裁判長にその記事を提出して、当該記事の削除命令を求めた。結局、新聞スタンドや書店から回収された。

29 ルーマニア

平和に対する罪及び人道に対する罪を犯した犯罪者の名前を、通り、大通り、広場、市場、公園又はその他の公共の場所の名前につけることを禁止した二〇〇二年の緊急法律三一号第一二条と第一三条により、二〇〇三年以後、イアシ地区では二五の通り、広場、軍隊墓地の名称が変更され、首都やスロボジア地区でも像が撤去された(＊30)。

第10節 人種差別撤廃委員会第七八会期

30 アイルランド

人種的動機による犯罪についての中央統計局の統計が紹介されている(＊31)。警察認知件数は六四件(二〇〇三年)、六八(二〇〇四年)、一〇〇(二〇〇五年)、一七二(二〇〇六年)、二一四(二〇〇七年)、一七二(二〇〇八年)。訴追件数は二一(〇三年)、一六(〇四年)、四七(〇五年)、七〇(〇六年)、八五(〇七年)、五〇(〇八年)。有罪判決が四(〇三年)、九(〇四年)、二〇(〇五年)、二六(〇六年)、二九(〇七年)、三(〇八年)。事案の具体的内容は紹介されていない。

31 ノルウェー

①二〇〇七年一二月二一日の最高裁判決は一九〇二年刑法第一三五条が人種主義表現からの純粋の保護を意味するとした(＊32)。二〇〇三年七月に『ヴェルデンス・ガング』という新聞のインタヴューでユダヤ人について述べた発言に適用された事案である。「ヴィグリッド」組織の指導者が次のように述べた。「ユダヤ人を根絶するために、社会で力を手にしたい」、「ユダヤ人が主敵だ。奴らはわれわれを殺してきたじゃないか。邪悪な殺人者なんだ。人間じゃない。始末しなければならないパラサイトなんだ」、「ユダヤ人はわれわれを何百万も殺してきた。我が国で権力を手に入れている」。最高裁判所は、実行者は明らかにユダヤ人の統合を侵害する行為を助長・支持したとし、この発言は重大な性格を持った侵害であり、集団の人間の尊厳を貶めたのであり、刑法第一三五条に違反するとした。②警察庁は二〇〇九年に『ヘイト・クライム二〇〇七年』を発表した。二五七件の事件が記録され、人種的動機は二〇九件、宗教的動機が一九件、性的志向に基づくのが二九件であった。

32 セルビア

一九九二年から二〇〇八年までの間、三六六件の人種差別事件につき五七二人に対して起訴が行われた（＊33）。最近の件数は六二件（〇八年）、五二（〇七年）、四九（〇六年）、五四（〇五年）、三四（〇四年）である。内訳は、刑法第三一七条が二六八件（七三・二％）、刑法第一三一条（宗教の自由や宗教施設への攻撃）が七〇件、刑法第一二九条（言語の権利侵害）が二〇件、刑法第一七四条（国民的民族的集団への公の嘲笑）が五件である。

33 スペイン

①「アウシュヴィッツの嘘」規定に関連して、二〇〇七年一一月七日、憲法裁判所は刑法第六〇七条二項の合憲性について判断した（＊34）。第二次大戦専門書店の店主が、ユダヤ人コミュニティに対する迫害とジェノサイドを繰り返し否定するドキュメンタリー・写真出版物を販売・頒布した事案である。二〇〇〇年のバルセロナ高等裁判所判決は、刑法第六〇七条二項を適用して、ジェノサイド犯罪を否定・正当化した観念を撒布したことで書店主を有罪としたが、同条項の違憲性問題が提起されたため、憲法裁判所に持ち込まれた。憲法裁判所は、ジェノサイドの否定は意見や観念の単なる伝達であれば、その観念が忌わしく人間の尊厳に反するものであっても、犯罪に分類されることはないとした。従って、憲法裁判所は刑法第六〇七条二項第一文の「否定」条項は違憲であるとした。しかし、憲法裁判所は「正当化」とは犯罪実行を間接的に煽動し、皮膚の色、人種、国民的民族的出身によって定義される集団の憎悪を誘発する観念の公然たる撒布であり、ジェノサイドの「正当化」はまさに犯罪であるとし、「正当化」条項は合憲であると判断した。②二〇〇四年一一月三〇日、ラ・リオハ高等裁判所は移民集団に対して人種主義的敵意を表明したビラを公的施設の事務所で配布した二人の被告人を刑法第五一〇条一項の人種差別煽動で有罪とした原判決を支持した。③二〇〇七年一二月一二日、ソリア高等裁判所は学校で女性生徒がアラブ出身であることを理由に子どもたちが侮辱行為をした事案で、ハラスメント事案であり加重事由に当たる可能性があるとの申立てを認めた。④二〇〇六年一一月一六日、イェイダ刑事裁判所はインターネットで人種主義と外国人排斥を煽動した二人の被告人を刑法第五一〇条で有罪とした。刑法第五一〇条を適用した最初の判決である。

34 ウルグアイ

政府報告書執筆時点で告発のあった事案は五二件であった（＊35）。人種を理由とする差別（三九・五％）、ジェンダー（二五％）、宗教（一〇・四％）、障害（一〇・四％）、HIV（六・二五％）であった。

第11節　人種差別撤廃委員会第七九会期

35 アルバニア

政府報告書には犯罪統計（二〇〇二～〇八年）が紹介されている（＊36）。第二五三条（国民の平等の侵害）の事例はない。刑法第二六五条（国籍、人種及び宗教間の憎悪や紛争の煽動）については、二〇〇三年に事件が一件、判決が三件、二〇〇四年に判決が一件である。刑法第二六六条（国民的憎悪の呼びかけ）については、二〇〇二年に事件が二件、判決が二件、二〇〇四年に事件が二件、判決はなし、二〇〇六年に事件が一件、判決が一件である。ただし、詳細は不明である。法改正後の状況もまだ不明である。

36 チェコ

政府報告書には国民、国籍又は人種に対する攻撃や、人種的憎悪の煽動の犯罪統計が紹介されている（＊37）。改正前の条文に関する統計である。刑法第二六〇条（個人の権利や自由を抑圧するための活動の支援や促進）は三五件（二〇〇五年）、二九件（二〇〇六年）、四七件（二〇〇七年）、四二件（二〇〇八年）。刑法第二六一条（個人の権利や自由を抑圧するための活動への共感を公に表明する犯罪）は七三件（二〇〇五年）、七二件（二〇〇六年）、六三件（二〇〇七年）、六八件（二〇〇八年）。刑法第一九八条（国民、民族集団、人種及び信念への中傷）は六三件（二〇〇五年）、六三件（二〇〇六年）、二八件（二〇〇七年）、四一件（二〇〇八年）。刑法第一九八条(a)（人の集団に対する憎悪の煽動、又は権利や自由を制限するための煽動）は一四件（二〇〇五年）、二三件（二〇〇六年）、一三件（二〇〇七年）、一件（二〇〇八年）。刑法第一九六条二項（住民及び個人に対する暴力）は二九件（二〇〇五年）、五九件（二〇〇六年）、一八件（二〇〇七年）、二五件（二〇〇八年）。このように人種的憎悪の煽動や暴力行為が数多く捜査・訴追されていることがわかるが、統計の出典や、認知数か処理数かが不明である。

37 パラグアイ

一九八一年の法律で先住民国内機関が設立され、法人格を持った自治機関となっている（＊38）。二〇〇六年八月の法律によってオンブズマン事務所が設立され、憲法及び「ダーバン宣言・行動計画」などのモニターをしている。先住民族がオンブズマン事務所に報告した事件は二六件（二〇〇七年）二件（二〇〇八年）、八件（二〇〇九年）、六件（二〇一〇年）である。

38 ウクライナ

政府報告書は法の運用状況に関する資料も掲載している（＊39）。たとえば、統計データとして、刑法第一六一条の人種等に基づく平等権侵害事件は三件（二〇〇六年）、二件（二〇〇七年）、六件（二〇〇八年）、一件（二〇〇九年）である。①二〇〇二年に、キーフのブロッキー・シナゴーグの近傍の礼拝堂を攻撃した事件の首謀者は刑法第一六一条違反で裁判にかけられた。②二〇〇六年に、ジトミルのユダヤ人墓地で墓を破壊した複数人が刑法第二九七条（墓を汚した罪）で有罪となった。③二〇〇七年二月に、セヴァストポルのホロコースト被害記念碑を破壊した人物が裁判にかけられた。④二〇〇七年二月に、オデッサのユダヤ人墓地でホロコースト被害記念碑や墓を壊した三人が刑法第二九七条違反で裁判にかけられた。⑤二〇〇八年、オデッサで発行されている『われらの任務』に「最良のユダヤ人を殺せ」という記事を掲載した編集者ヴォリン-ダニロフは、二〇〇九年一月、オデッサのプリモルスク控訴審で、刑法第一六一条二項違反として一八ヶ月の自由剥奪となった。⑥二〇〇九年二月九日、クリミアのシムフェロポルのチステンケ移住地でムスリムの墓を壊した三人が二年の自由剥奪を言渡された。⑦二〇〇八年から〇九年、軍隊と刑事機関の合同捜査によって刑法第二九七条違反の破壊行為を行った一一名が特定され、八名についてキエフ、ドニプロペトロフスク、ジトミルで刑事手続きが始まった。⑧二〇〇八年、オデッサ政党コミュニティの主張として反セミティズムのリーフレットを配布したウクライナ市民が特定され、刑法第一六一条違反の刑事手続きがとられた。⑨二〇〇八年一月二四日、ドニプロペトロフスクでイスラエル市民ラビ・ドフベル・ベイトマンを攻撃した者が特定され行政犯罪法第一七三条（乱暴行為）で罰金となった。⑩二〇〇八年三月、キロヴォラド地区では過激な集団が人種主義リーフレットを配布し、一四名の関与が確認された。捜査当局の警告によりこの集団は解散した。⑪二〇〇八年八月、ドニプロペトロフスクでアルバニア人を若者集団が攻撃し刑法第二九六条第二項違反で刑事手続きが始まった。⑫二〇〇九年四月、ドニプロペトロフスクで国家保安隊により、外国人に対して用いるための違法な武器販売店の捜査が行われ、スキンヘッド集団のリーダーが刑法第一九三条の責任を問われた。⑬二〇〇九年四月、シェルカシのスキンヘッド運動の活動家が反セミティズム文書を配布したため、刑法第一七三条違反で罰金となった。⑭二〇〇九年八月、地方新聞『世紀』が反セミティズム記事を掲載したため刑法第一六一条第一項違反容疑で刑事手続きが始まった。⑮二〇〇九年一〇月、インターネット新聞に人種主義的性質の記事が配信され、オデッサの国家保安隊により、刑法第一六一条一項違反容疑で捜査が行われている。⑯二〇〇九年一一月三〇日、クメルニツキー地区のホロコースト被害記念碑破壊により刑法第二九七条違反で刑事手続きが行われ、二人の関与が特定された。

第12節　人種差別撤廃委員会第八〇会期

39　ポルトガル

①リスボンで人種主義リーフレットを配布した事件で、二〇〇五年七月六日、リスボン刑事裁判所は刑法第二四〇条の人種主義犯罪で被告人に有罪を言渡し、二〇〇五年九月二六日に確定した（＊40）。②二〇〇二年に、中北部のフンダオで皮膚の色に関連して下劣な理由で殺害されたアフリカ出身の労働者の事件で、二〇〇六年二月一四日、フンダオ刑事裁判所は人種主義犯罪であるとは認めず、一九年の刑事施設収容とした。③ジスベルタ事件は人種主義事件ではなく、ブラジル出身の女性トランスセクシュアルの人物に対する、若者による殺害又は遺棄致死事件で、若者たちについて二つの刑事裁判が進行中であるという。

40　カナダ

カナダ反人種主義行動計画の一部として全国ヘイト・クライム標準情報収集が行われている（＊41）。二〇〇八年以後、カナダ司法統計センターが報告を出している。二〇〇八年のヘイト・クライム警察統計によると一〇三六件報告されている。二〇〇六年が八九二件、二〇〇七年が七六五件である。ただし、犯罪全体のなかで占める比率は低いという。二〇〇八年のヘイト・クライムの動機は、人種・民族が五五％、宗教が二六％、性的志向が一六％である。最高裁は、一九九〇年のカナダ対テーラー事件判決において、人権法第一三条によってカナダ権利自由章典（憲法の一部）の表現の自由を制約することを正当だと判断した。

41　イタリア

政府報告書によると、政治的討論において犯罪的な人種主義的論拠を用いた場合、文書、演説等に犯罪的性質があるか否かを司法機関が判断する（＊42）。二〇〇九年に有名な政治家に関する二つの判決が出た。①二〇〇九年一〇月二六日、ヴェニス司法裁判所は略式手続で、トレヴィソ副市長のジャンカルロ・ジェンティリニを人種的憎悪で有罪とし、四〇〇〇ユーロの罰金及び三年間の公共集会参加禁止を言い渡した。ジェンティリニは二〇〇八年、ヴェニスで開かれた北部同盟党の集会で移住者に対する侮辱的言葉を侮辱的調子で用いた。弁護人は控訴すると表明した。②二〇〇九年七月、破棄院はヴェローナ市長のフラヴィオ・トシに対する二ヶ月の刑事施設収容（プロベーション付き）とする有罪判決を確認した。トシは二〇〇一年、議員だった時期に、ヴェローナでジプシー・キャンプを移転させる署名運動を起こした。北部同盟党は七人のシンティ市民およびノマドのための全国行動という団体から裁判を起こされた。二〇〇四年一二月、ヴェローナ司法裁判所は人種主義的思考の促進と、差別行為の煽動により六ヶ月の刑事施設収容とした。二〇〇七年一月、ヴェニス控訴裁判所は人種憎悪の煽動の訴因は認められないとして、二ヶ月の刑事施設収容とした。次いで二〇〇八年一〇月、ヴェニス控訴裁判所は、人種主義的思考のプロパガンダがあったとして有罪とし、二〇〇九年七月、破棄院がこれを認めた。③報告書によると、二〇〇五年以来、スポーツイベントにおける人種主義対策に力を入れている。サッカー、ラグビー、マラソン、クリケット、テーブル・テニスなどで、人種差別発言をしないように、また差別的表示のTシャツを着用しないようにとのキャンペーンを行っている。

42　イスラエル

二〇〇六年一二月七日の最高裁判決はリーディングケースとして何度も引用されている（＊43）。イツハク・オリオンとイェフダ・オヴァディア事件で、アラブ系イスラエル人に対する暴力行為によって訴追され、イェルサレム地裁で有罪(三年以下の刑事施設収容、約七五〇〇NIS の被害者補償）を言渡された二人の控訴を棄却したものである。地裁は量刑事由で、犯罪が人種主義に動機づけられた事実が重要であると示した。最高裁は地裁の判断を確認し、平等と人権保護の価値を尊重する社会においては、人種主義によって動機づけられた犯罪が認められる余地はないとした。二〇〇八年一一月二三日、イェルサレム地裁はボアニトフ・アリク等事件で、八人の被告人がネオナチ集団構成員としてヘイト・クライムを含む犯罪の煽動を行ったケースで、有罪答弁をもとに、七年から一二ヶ月の刑事施設収容（一八ヶ月の執行猶予付）を言い渡した。

以上の二件は著名事件のようであるが、そのほかの三三の事件・裁判例が一覧表で示されている（検察庁記録、二〇〇九年一一月）。ここでは二二件のみ紹介しておく。①ペルマン事件。二〇〇一年一月三日起訴。被告人は違法なデモに参加し、「アラブ人に死を」と叫んだ。イェルサレム区裁判所で無罪となったが、二〇〇五年一月二七日、イェルサレム地裁に控訴。区裁判所に差戻され、二〇〇五年三月三日、六ヶ月の刑事施設収容（六ヶ月の執行猶予）。②ペルマン等事件（上記と同一人物ほか）。二〇〇一年一一月六日起訴。被告人らは人種主義的出版物を保有していたとして、ティベリウス区裁で、有罪判決。③コーヘン事件。二〇〇二年六月一一日起訴。人種主義を煽動する文書を保有し、サッカーの試合中に「アラブ人に死を」と叫んだ。二〇〇四年六月一六日、イェルサレム区裁は六〇日の拘留と二五〇〇NISの罰金とした。被告人がイェルサレム地裁に控訴し、地裁は、二〇〇五年五月一五日、伝聞証拠による認定であるとし、区裁の有罪を破棄差戻し。区裁は、別の直接証人の証言を得て、二〇〇六年三月一三日、有罪判決。④ベングヴィル事件。二〇〇三年三月三一日起訴。人種主義を煽動し、テロリスト団体を支持する情報を出版した。二〇〇七年六月二五日、イェルサレム区裁は被告人に六〇日の社会奉仕命令。双方控訴。二〇〇八年九月一七日、イェルサレム地裁は検事控訴を棄却、被告人控訴を認容し、二〇〇時間の社会奉仕命令に減刑。被告人上訴するも、最高裁は、二〇〇八年一二月七日、上告棄却。⑤ジフ事件。二〇〇三年七月二一日起訴。違法な集会に参加し、「アラブ人はいらない。爆弾はいらない」と書いたシャツを着用した。イェルサレム区裁は、社会奉仕命令を言渡した。⑥タチャン事件。二〇〇三年八月五日起訴。被告人は「アラブ人に死を」と叫んだ。イェルサレム区裁は二〇〇五年三月三一日、人種主義の煽動で有罪とし、二五〇時間の社会奉仕命令と一〇〇〇NISの罰金。同年一二月二五日、最高裁は被告人の上告を棄却した。⑦レダーマン事件。二〇〇四年二月四日起訴。人種主義的動機による暴行。イェルサレム区裁で有罪判決。⑧プリエルとエイアル事件。二〇〇四年六月七日起訴。サッカーの試合中に「アラブ人に死を」と叫んだ。イェルサレム区裁は有罪答弁のもと社会奉仕命令を下した。⑨ニシム事件。二〇〇四年六月七日起訴。サッカーの試合中に「アラブ人に死を」と叫んだ。イェルサレム区裁は有罪答弁のもと社会奉仕命令を下した。⑩エリヤフ事件。二〇〇四年六月七日起訴。サッカーの試合中に「アラブ人に死を」と叫んだ。イェルサレム区裁は人種主義の煽動で有罪判決。⑪アマル事件。二〇〇四年六月七日起訴。サッカーの試合中に「アラブ人に死を」と叫んだ。イェルサレム区裁は二〇〇五年一二月一日に無罪判決。⑫ミズラッチ事件。二〇〇四年一〇月三一日起訴。人種主義の煽動、サッカーの試合でナイジェリア選手に対して「アラブ人」と呼んで脅迫した。イェルサレム区裁で無罪となったが、検察官控訴。イェルサレム地裁は被告人を有罪として、量刑判断のために区裁に差し戻した。⑬ヘルシュコヴィチ事件。二〇〇四年一一月一一日起訴。不法な「カチ」運動のシンボルと「カハナの命」というスローガンをつけたシャツを着用し、カハナの写真を載せた旗を持っていた。イェルサレム区裁、二〇〇五年一二月二一日、被告人はテロリスト団体を支持したことで有罪となり、二〇〇六年六月二七日、四ヶ月の刑事施設収容と社会奉仕命令を受けた。控訴したがイェルサレム地裁により棄却。⑭バルー事件。二〇〇四年一二月二〇日起訴。サッカーの試合中に「アラブ人に死を」と叫んだ。テルアヴィヴ区裁は二〇〇六年三月二一日、人種主義の煽動で六ヶ月の刑事施設収容（執行猶予）及び七五〇ＮＩＳの罰金とした。⑮ブルームバーグ等事件。二〇〇五年一月一九日起訴。財産破壊、人種主義の煽動、テロリスト団体支持につき、イェルサレム区裁は二〇〇六年四月二四日、一名の被告人と、二名の被告人がそれぞれ有罪とした。二〇〇六年一一月八日、一名の被告人が、六ヶ月の刑事施設収容（執行猶予）と一〇〇〇ＮＩＳの罰金。もう一名も四ヶ月の刑事施設収容（執行猶予）と七五〇ＮＩＳの罰金。控訴し、イェルサレム地裁では証拠不十分で破棄差し戻しとなった。しかし、区裁で再度有罪判決。⑯ガネム事件。二〇〇五年三月三日起訴。マガール村のキリスト教徒に対する攻撃宣言を出版し、暴力の煽動と脅迫で起訴。ナザレ少年区裁は「マガール村友好基金」に五〇〇〇ＮＩＳの支払いを命令した。⑰アルバート事件。二〇〇五年八月二一日起訴。警察官職務執行妨害と人種主義の煽動。クファールサバ区裁は二〇〇六年九月四日、無罪判決。⑱オフェン事件。二〇〇五年一〇月一七日起訴。自分の車に人種主義的ステッカーを貼った。イェルサレム区裁は二〇〇六年七月三日、被告人立会いの下での聴聞がなかったとして、公訴棄却。二〇〇九年二月一八日、再起訴、二〇一〇年二月、三ヶ月の刑事施設収容（執行猶予）及び一二〇時間の社会奉仕命令。⑲ヤーコフ等事件。二〇〇五年一一月六日起訴。三人の被告人が、不法な「カチ」運動のシンボルのシャツを着用し、人種的内容の文書を配布。イェルサレム区裁は二〇〇七年九月二四日、三人目の被告人は、六ヶ月の刑事施設収容（執行猶予）と二〇〇時間の社会奉仕命令。控訴し、イェルサレム地裁で無罪。

⑳リーター事件。二〇〇五年一一月二九日起訴。不法な「カチ」運動のシンボルのシャツを着用し、パレスチナ女性に傷害を負わせた。テロリスト団体支持と人種主義の煽動。クファールサバ区裁は一五〇〇NISの罰金とした。㉑パウチ等事件。二〇〇六年一月一日起訴。シャフラで二〇〇五年に四人のアラブ人を殺害したエデン・ナタンザダーを称賛するパンフレットを配布した。ハイファ区裁は二〇〇八年一〇月六日、合理的な疑いが残るとして三人に無罪判決。㉒ベングヴィル（先の事件と同一人物）事件。二〇〇六年一月二四日起訴。違法な「カチ」運動のプロパガンダ文書を保有。裁判継続中。以上のように、イスラエルでは、ヘイト・クライムの裁判事例が多数報告されている。ヘイト・スピーチだけの事件、民族差別プロパガンダ所持や出版の罪なども起訴され、有罪判決が出ている。

第13節　人種差別撤廃委員会第八一会期

43　オーストリア

警察統計によると、ナチス禁止法違反の申立は三六〇件（二〇〇七年）、三六九件（二〇〇八年）、三九六件（二〇〇九年）。憎悪煽動は、七三件（〇七年）、五二件（〇八年）、三三件（〇九年）（＊44）。検察統計によると、刑法第二八三条（憎悪煽動）違反件数は申立七三件、訴追一四件、有罪三件、無罪三件（二〇〇八年）、申立三三件、訴追一三件、有罪五件、無罪四件（二〇〇九年）、申立七九件、訴追七件、有罪九件、無罪一件（二〇一〇年）である。

44　リヒテンシュタイン

①二〇一一年三月、政府は右翼過激派に関する最初の報告書を出した（＊45）。報告書には、リヒテンシュタインにおける右翼過激派現象に関する包括的文書が含まれ、事件発生日、対抗措置、背景情報、若者の集会に関する情報が収められている。前回報告以後、人種差別とつながりのある刑事事件は二三件報告されている。二〇〇七年にはクラブハウス閉鎖、二〇〇八年にはフェスティヴァルにおける大衆の喧嘩騒動、二〇〇九年と二〇一〇年にはトルコ人店舗に対する三件の放火事件があり、罰金と刑事施設収容が言渡された。②二〇〇四年から二〇一〇年の統計が紹介されている。人種主義的差別者の事件は二〇〇四〜〇六年には報告が四件、手続き開始が二件、判決は〇件、二〇〇七年には報告が四件、手続き開始が一件、判決は一件、二〇〇八年には報告が三件、手続き開始が一件、判決が一件、二〇〇九年には報告が六件、手続

き開始が二件、判決が一件、二〇一〇年には報告が六件、手続き開始が二件、判決が一件である。

45　フィンランド

前回審査の結果、人種差別撤廃委員会からインターネット上のレイシズム対策について勧告を受けたので、フィンランド警察はインターネット監視を行い、そのための予算を増加している（＊46）。インターネット上の移民批判やヘイト・スピーチは増加しているので、監視を続けている。監視強化の主要部分は、公衆にインターネット上の犯罪について積極的に教育することである。二〇一〇年三月以後、レイシスト文書をチェックする体制ができた。二〇一〇年、警察が受け取ったレイシズム通報は一〇二八件であり、そのうち二二は対処することになった。通報の大半はオンライン討論サイトでの中傷事案であったが、訴追できる犯罪ではなく、被害者は相手を特定できない。不寛容の表現がすべて犯罪の要件を満たすわけではない。警察は、犯罪があると思料した場合に捜査に着手する。教育文化省はフィンランドの子どもを守るノー・レイシズムという長期計画を支援している。この計画は若者にレイシズムについて理解させ、レイシズムを特定し、それに対処することを理解させる計画である。

第14節　人種差別撤廃委員会第八二会期

46　キルギス

①内務省（テロ及び過激主義と闘う情報センター）によると、一九九九年一月一日から二〇一一年四月三一日の間に一一八四件の事例が報告され、刑法第二二六条（テロ）が三一件、第九七条（憎悪動機の殺人）が三三七件、第二九七条（憲法秩序転覆呼びかけ）が七二件、第二九九条（憎悪煽動）が六八六件、第二九九の一条（憎悪煽動団体）が一〇件である（＊47）。②最高裁判所は二〇〇七年以降、憎悪煽動に関する統計を公表している。第九七条(憎悪動機の殺人)は一件(〇九年)、三件（一〇年）、二件（一一年三月末まで）。第二九九条（憎悪煽動）は二三件（〇七年）、四〇件（〇八年）、五二件（〇九年）、五八件（一〇年）、九件（一一年三月末まで）である。

47　ニュージーランド

①人権法第六一条は人種的不和を違法とし、第一三一条は人種的不和の煽動を犯罪としている（＊48）。人権法第六一条

（人種的不和の不法性）違反でなされた告発は三一件（二〇〇七年）、二三件（二〇〇八年）、三〇件（二〇〇九年）、二一件（二〇一〇年）である。人権法には表現の自由の規定もあり、単に人種に言及しただけでは不法とはならず、民族的敵意を引き起こそうとするものでなければ犯罪とならない。適用事例は二〇〇九年に一件あったが、有罪とはならなかった。②『刑事司法統計年報二〇〇九年』は人種的に動機づけられた犯罪など偏見犯罪に関する情報を取り上げている。警察は今後も調査を続ける。政府は人種的に動機づけられた犯罪の公的統計を有していないが、警察は人種的動機による差別、ハラスメント、人種主義事件を報告するようになってきた。メディアも言葉による侵害から身体的虐待まで、人種的に動機づけられた暴力事件を報道するようになってきた。

48　ロシア

二〇〇八年から一一年の統計では刑法第二八〇条（過激活動の公然たる呼びかけ）の捜査当局の認知件数は二九件（〇八年）、四五件（〇九年）、五一件（一〇年）、六一件（一一年）である（＊49）。第二八二条（憎悪宣伝や軽蔑）は一八二件（〇八年）、二二三件（〇九年）、二七二件（一〇年）、二四二件（一一年）である。第二八二条一項（過激組織の結成）は一八件（〇八年）、一九件（〇九年）、二三件（一〇年）、一七件（一一年）である。第二八二条二項（過激組織の活動の組織化）は二四件（〇八年）、二〇件（〇九年）、二七件（一〇年）、六五件（一一年）である。暗数があるため、認知件数が現実を正確に反映しているわけではない。特に被害者が必ずしも迅速に届け出るわけではないし、犯行時に動機が判明するとは限らない。①二〇一一年三月三日、ヴァシリエフ、ゴルディエフ、クヒャー及びポリャコフがコーカサス出身、アジア系、アフリカ系の人々に対する九件の襲撃事件及び爆発物所持について有罪を言渡された。ヴァシリエフは殺人罪及び刑法第二八〇条（過激活動の公然たる呼びかけ）により二〇年、ゴルディエフは八年、クヒャーは一〇年、ポリャコフは七年の刑事施設収容とされた。②二〇一一年七月一一日、モスクワ軍事法廷は、殺人罪及び刑法第二八〇条（過激活動の公然たる呼びかけ）により「国家社会主義協会」メンバー五人に終身、七人に有期の刑事施設収容を言渡した。内務省はボランティア団体の協力を得てメディアやインターネットにおける過激犯罪実行の準備の監視を続けている。③二〇一一年三月三一日、クリミア地区捜査当局は『永遠のユダヤ人』という映像（一九四〇年、フリッツ・ヒッペル制作）をサイトから削除するようカモフニチ裁判所に申立てをした。④二〇一一年八月三一日、カレリア共和国内務省は、不祥人物がインターネットのビジネス・ニュース・サイトに性別、人種、民族的背景に基づく憎悪を助長する投稿をしたことを認知した。⑤二〇一一年九月一一日、バショコートスタン共和国でバシュキル人民に対する憎悪を助長・支持する文書をインターネットに投稿したイスマイロフに対して刑法第二八〇条（過激活動の公然たる呼びかけ）違反容疑で刑事手続きが始まった。⑥二〇一一年一〇月二一日、「不法移民に反対するスラブ人連盟」の過激な映像をソーシャル・ネットワークに投稿した件で刑法第二八〇条（過激活動の公然たる呼びかけ）違反容疑の刑事手続きが始まった。⑦二〇一一年一一月二日、モスクワでナチスを積極的に支持する過激なインターネット投稿について刑法第二八〇条（過激活動の公然たる呼びかけ）違反容疑で刑事手続きが始まった。⑧二〇一一年一一月二二日、ベレボの町でインターネットに過激な内容の投稿をした人物について刑法第二八〇条（過激活動の公然たる呼びかけ）違反容疑で刑事手続きが始まった。⑨連邦・コミュニケーション情報技術マスメディア局は民族的憎悪煽動などの監視を継続している。二〇〇六年から一一年にかけて一九七件について人種憎悪の煽動があると判断し、三九件（〇六年）、四四件（〇七年）、二八件（〇八年）、三三件（〇九年）、二八件（一〇年）、二五件（一一年）の警告を発した。

49　スロヴァキア

①二〇〇九年、人種主義的動機による犯罪は一三二件であった（＊50）。六八件は処理済である。七九人の犯罪者が有罪となったが、うち一五人が少年であった。刑法第四二三条（国民、人種、信念の中傷）が七件である。刑法第四二四条（国民的、人種的、民族的憎悪の煽動）が九件である。刑法第四二一条（基本権と自由の抑圧を目的とした集団の支援・促進）及び刑法第四二二条（過激文書の制作、流布、所持）が一一二件である。②二〇一〇年、人種主義的動機による犯罪は七九件であった。四八件は処理済である。七九人の犯罪者が有罪となったが、うち一〇人が少年であった。刑法第四二一条（基本権と自由の抑圧を目的とした集団の支援・促進）及び刑法第四二二条（過激文書の制作、流布、所持）が七一件であった。刑法第四二四条（国民的、人種的、民族的憎悪の煽動）が二件である。刑法第四二四条(a)（人種、国民、国籍、皮膚の色、民族的出身、家族的出身に基づく人に対する煽動、中傷）が一件であった。③二〇一一年、人種主義的動機による犯罪は二四三件であった。一〇七件は処理済である。七九人の犯罪者が有罪となったが、うち一〇人が少年であった。刑法第四二一条（基本権と自由の抑圧を目的とした集団の支

援・促進）及び刑法第四二二条（過激文書の制作、流布、所持）が二二七件であった。刑法第四二四条（国民的、人種的、民族的憎悪の煽動）が六件である。刑法第四二四条(a)（人種、国民、国籍、皮膚の色、民族的出身、家族的出身に基づく人に対する煽動、中傷）が一件であった。

警察はロマ、ユダヤ人、ＥＵ以外からの移住者に対する暴力の防止に努め、過激な右翼による集会を監視している。警察活動の明確化のため、過激主義を五つに分類している。①右翼過激主義（レイシズム、ファシズム、ナチズム等）、②左翼過激主義（アナーキズム、反グローバリズム等）、③宗教的過激主義、④エコロジカル過激主義、⑤スポーツにおける暴力、である。近年、スポーツ・イベント参加者による暴力や過激主義の表明が増加している。レイシスト、フーリガンと称して、フットボール・ファンの一部が右翼過激主義に加わっているが、特定の指導者や集団によるものではなく自然発生的である。

〈註〉

（＊1）CERD/C/CAN/18. 5 April 2006.

（＊2）CERD/C/CZE/7. 11 January 2006.

（＊3）CERD/C/471/Add.2. 1 September 2005.

（＊4）CERD/C/NZL/17. 18 July 2006.

（＊5）CERD/C/BEL/15. 13 September 2006.

（＊6）エリック・ブライシュ『ヘイトスピーチ』（明石書店、二〇一四年）一六三頁以下参照。

（＊7）CERD/C/FJI/17. 10 January 2007.

（＊8）CERD/C/USA/6. 24 October 2007.

（＊9）CERD/C/AUT/17. 8 May 2007.

（＊10）CERD/C/CHE/6. 16 April 2007.

（＊11）CERD/C/DEU/18. 31 January 2008.

（＊12）CERD/C/BGR/19. 14 March 2009.

（＊13）CERD/C/HRV/8. 27 February 2008.

（＊14）CERD/C/FIN/19. 15 October 2007.

（＊15）CERD/C/PAK/20. 19 March 2008.

（＊16）CERD/C/TUN/19. 17 September 2007.

（＊17）CERD/C/AZE/6. 16 May 2008.

（＊18）CERD/C/GRC/19. 3 April 2009. ギリシアの状況について『東京新聞』二〇一四年九月一七日記事参照。

（＊19）CERD/C/PER/14-17. 20 April 2009.

（＊20）CERD/C/POL/19. 19 May 2008.

（＊21）CERD/C/KHM/8-13. 15 June 2009.

（＊22）CERD/C/SVK/6-8. 18 September 2009.

（＊23）CERD/C/ISL/20. 27 October 2008.
（＊24）CERD/C/NLD/18. 3 March 2008.
（＊25）CERD/C/BIH/7-8. 21 April 2009.
（＊26）CERD/C/DNK/18-19. 31 August 2009.
（＊27）CERD/C/465/Add. 1. 1. April 2005.
（＊28）CERD/C/FRA/17-19. 22 July 2010.　フランスの最近の状況について畑山敏男「二〇一二年大統領選挙・国民議会選挙と『マリーヌの国民戦線（ＦＮ）』―右翼ポピュリズム政党の勢力回復が意味するもの」『佐賀大学経済学論集』四六巻一号（二〇一三年）。
（＊29）CERD/C/MAR/17-18. 9 November 2009.
（＊30）CERD/C/ROU/16-19. 22 June 2009.
（＊31）CERD/C/IRL/3-4. 23 September 2010.
（＊32）CERD/C/NOR/19-20. 12 August 2010.
（＊33）CERD/C/SRB/1. 1 October 2009.
（＊34）CERD/C/ESP/18-20. 2 November 2009.　憲法裁判所判決について光信一宏「ジェノサイドを否定する言論とスペイン憲法裁判所：二〇〇七年一一月七日のスペイン憲法裁判所大法廷判決」『愛媛法学会誌』三六巻三・四号（二〇一〇年）。
（＊35）CERD/C/URY/16-20. 9 August 2010.
（＊36）CERD/C/ALB/5-8. 6 December 2010.
（＊37）CERD/C/CZE/8-9. 9 August 2010.
（＊38）CERD/C/PRY/1-3. 15 December 2010.
（＊39）CERD/C/UKR/19-21. 23 September 2010.
（＊40）CERD/C/PRT/12-14. 13 September 2011.
（＊41）CERD/C/CAN/19-20. 8 June 2011.
（＊42）CERD/C/ITA/16-18. 21 June 2011.
（＊43）CERD/C/ISR/14-16. 17 January 2011.　イスラエルではヘイト・クライム／ヘイト・スピーチの訴追・処罰がかなり行われている。これほど多くの裁判例が明示されている報告書は、北欧諸国や、オランダなど一部の西欧諸国だけである。イスラエルでヘイト・クライム処罰が多いことの理由は慎重に検討する必要がある。国家形成期だけではなく、今日もイスラエルはユダヤ人国家として、パレスチナ人を差別・迫害し、殺害している。これに対してパレスチナ人はパレスチナ国家形成を目指して闘ってきたが実現していない。自暴自棄になった一部のパレスチナ人が「自殺爆弾」などの暴力的攻撃を行い、ユダヤ人とパレスチナ人の間の暴力の連鎖が形成されている。そのイスラエルにおけるヘイト・クライム／ヘイト・スピーチであり、ヘイト・クライム法とその適用（処罰）であるから、長く、複雑な歴史を無視して安易に理解することはできない。ただ、イスラエル国家は自らのパレスチナ人政策にもかかわらず、人民によるヘイト・クライム／ヘイト・スピーチに対しては少なくともこれを抑止し、処罰する政策をとっている。

（＊44）CERD/C/AUT/18-20. 17 April 2012.
（＊45）CERD/C/LIE/4-6. 14 February 2012.
（＊46）CERD/C/FIN/20-22. 14 February 2012.
（＊47）CERD/C/KGZ/5-7. 8 June 2012.
（＊48）CERD/C/NZL/18-20. 14 June 2012.
（＊49）CERD/C/RUS/20-22. 6 June 2012.
（＊50）CERD/C/SVK/9-10. 27 August 2012.

第10章　ヘイト・スピーチ法の類型論

第1節　法体系

前2章において国際社会におけるヘイト・スピーチ法制定・適用状況を紹介した。本章では、それらの情報をいくつかの観点で分類・整理する。第7章のラバト行動計画に至る資料の紹介の際にも各国情報を紹介したので、その一部も含む。人種差別撤廃委員会に提出された各国政府の条約履行状況報告書を基にした紹介のため、情報には制約がある。各国報告書には精粗の差が大きく、情報が系統的に収録されているわけではない。人種差別禁止法やヘイト・クライム法の全体状況を基に分類する必要があるが、本書で紹介したのは条約第四条の履行状況に関する部分だけである。報告書に記載のある場合に限られるが、ヘイト・スピーチ法に関連する制定年代、法体系、法形式に着目して情報を整理する。

一　制定年代

第一にヘイト・スピーチ法の制定年代である（図表15参照）。

①オーストリアのナチス禁止法は一九四七年、刑法（煽動）は一九七四年である。キューバ刑法（煽動）

図表15　主なヘイト・スピーチ規制法年表

1947年	オーストリア、ナチス禁止法
1974年	オーストリア、刑法（煽動）
1978年	キューバ、刑法（煽動）
1980年	トーゴ、刑法（侮辱）
1981年	セネガル、政党法
1986年	イギリス、公共秩序法
1991年	ナミビア、人種差別禁止法
1992年	キルギス、マスメディア法
	エチオピア、プレスの自由宣言
1993年	ニュージーランド、人権法（煽動）
	チュニジア、刑法改正（煽動）
1994年	チャド、プレス制度法（煽動）
1997年	中国、刑法改正（侮辱）
1998年	ナミビア、人種差別禁止法改正
	トーゴ、プレス放送法（憎悪表現）
2000年	アゼルバイジャン、刑法（煽動）
	ペルー、刑法改正（煽動）
2001年	エストニア、刑法（煽動）
	アルジェリア、刑法改正（中傷）
	モーリシャス、情報コミュニケーション技術法
2002年	イスラエル、刑法改正（煽動）
	オーストリア、結社法（団体禁止）
	ロシア、連邦法
	モロッコ、プレス法（煽動）
	モルドヴァ、刑法（煽動）
	メキシコ、差別予防撤廃法
2003年	モンテネグロ、刑法（侮辱）
	アルメニア、刑法（煽動）
	スペイン、刑法改正
	ウルグアイ、刑法改正（煽動）
2004年	イスラエル、刑法改正（煽動）
	マケドニア、刑法改正（アウシュヴィツの嘘）
	トルコ、結社法（団体禁止）
2005年	モナコ、公開表現自由法（煽動）
	フランス、刑法改正（非公然中傷）
	ノルウェー、刑法改正（非公然中傷）
2006年	ルーマニア、刑法改正（煽動）
	イギリス、人種・宗教憎悪法
2008年	アルバニア、刑法改正（アウシュヴィツの嘘）
2009年	チェコ、刑法改正（中傷）
2011年	フィンランド、刑法改正
2012年	フィジー、公共秩序法（煽動）

は一九七八年、トーゴ刑法（侮辱）は一九八〇年、セネガルの政党法は一九八一年である。②一九九〇年代にはナミビアの人種差別禁止法、キルギスのマスメディア法、エチオピアのプレスの自由宣言、ニュージーランドの人権法（煽動）、チュニジアの刑法改正（煽動）、チャドのプレス制度法（煽動）、中国の刑法改正（侮辱）、ナミビアの人種差別禁止法改正、トーゴのプレス放送法（憎悪表現）と続く。③二〇〇〇年代にはアゼルバイジャンの刑法（煽動）、ペルーの刑法改正（煽動）、エストニアの刑法（煽動）、アルジェリアの刑法改正（中傷）、モーリシャスの情報コミュニケーション技術法、イスラエルの刑法改正（煽動）、オーストリアの結社法（団体禁止）、ロシアの連邦法、モロッコのプレス法（煽動）、モルドヴァの刑法（煽動）、メキシコの差別予防撤廃法、モンテネグロの刑法（侮辱）、アルメニアの刑法（煽動）、スペインの刑法改正、ウルグアイの刑法改正（煽動）、イスラエルの刑法改正（煽動）、マケドニアの刑法改正（アウシュヴィッツの嘘）、トルコの結社法（団体禁止）、モナコの公開表現自由法（煽動）、フランスの刑法改正（非公然中傷）、ノルウェーの刑法改正（非公然中傷）、ルーマニアの刑法改正（煽動）、イギリスの人種・宗教憎悪法、アルバニアの刑法改正（アウシュヴィッツの嘘）、チェコ、刑法改正（中傷）である。④二〇一〇年代にはフィンランドの刑法改正、フィジーの公共秩序法（煽動）である。

ヘイト・クライム／ヘイト・スピーチという言葉は一九八〇年代に英米で使われ始めた（＊1）。もっとも、右の諸国の法はこの言葉を用いていない。ヘイト・スピーチという言葉が使われる以前から、憎悪の唱道や憎悪の煽動などの刑法が制定されていた。各国の法制定のきっかけはさまざまであろうが、関連する法律の制定はおおむね次のような時期になされているのではないだろうか。

①第二次大戦終了後、ニュルンベルク裁判において人道に対する罪としての迫害の刑事責任が問われ、一

九四八年にジェノサイド条約が制定されジェノサイドの煽動が犯罪とされた時期である。②一九六五年に人種差別撤廃条約第四条、一九六六年に国際自由権規約第二〇条第二項が規定された時期である。③一九九〇年前後に旧ソ連・東欧社会主義圏が崩壊して国家体制が変更され、新たな独立国家が続出した時期である。新刑法が制定されたり、刑法改正が相次いだ。④二〇〇八年にEU議会がヘイト・スピーチに関する枠組み決定を定めた時期である。

他方、二〇一四年に刑法改正を行ったギリシアのように、以前からヘイト・スピーチ規制法を有していたが、経済不況と外国人の流入に対して排外主義とヘイト・スピーチが悪化したために刑罰を加重した例がある。国内事情の変化による法改正である。

二　法体系・法類型

比較法学においては法体系や法類型に着目した分類方法が古くから採用されてきた。

①コモン・ローと成文法――刑事法に関して古くから知られるのは、コモン・ロー（英米法）と成文法（大陸法）の対比であった。コモン・ロー諸国では、ヘイト・スピーチを規制するイギリスと、ヘイト・スピーチの刑事規制ができないと誤解されてきたアメリカとを対比することができる。ニュージーランドは刑事規制を行うが、オーストラリアは連邦レベルでは刑事規制法がない（州法には存在する）。コモン・ローに固有の特徴はない。大陸法諸国ではフランス、ドイツ、スイス、オーストリアをはじめ多くの諸国の刑法に規定がある。もっとも、それを大陸法であるがゆえと解釈できるかどうかは不明である。

図表16　EU及びイスラム協力機構の加盟国

EU	オーストリア、ベルギー、ブルガリア、キプロス、チェコ、ドイツ、デンマーク、スペイン、エストニア、フィンランド、フランス、ギリシア、クロアチア、ハンガリー、アイルランド、イタリア、リトアニア、ラトビア、ルクセンブルク、マルタ、オランダ、ポーランド、ポルトガル、ルーマニア、スロヴァキア、スロベニア、スウェーデン、イギリス
イスラム協力機構	アゼルバイジャン、アフガニスタン、アラブ首長国連邦、アルジェリア、アルバニア、イエメン、イラク、イラン、インドネシア、ウガンダ、ウズベキスタン、エジプト、オマーン、ガイアナ、カザフスタン、カタール、ガボン、カメルーン、ガンビア、ギニア、ギニアビサウ、キルギス、クウェート、コートジボアール、コモロ、サウジアラビア、シエラレオネ、ジブチ、シリア（但し資格停止中）、スーダン、スリナム、セネガル、ソマリア、タジキスタン、チャド、チュニジア、トーゴ、トルクメニスタン、トルコ、ナイジェリア、ニジェール、パキスタン、パレスチナ、バーレーン、バングラデシュ、ブルキナファソ、ブルネイ、ベナン、マリ、マレーシア、モザンビーク、モーリタニア、モルディヴ、モロッコ、ヨルダン、リビア、レバノン

②資本主義法と社会主義法——旧ソ連・東欧社会主義崩壊以前は、資本主義法と社会主義法という分類が存在した。今日ではキューバ、中国等に関連法律があるが、社会主義法としての特徴があるわけではないようである。むしろ、人種差別撤廃条約に従ったものかもしれない。

③アジア法、欧米法、イスラム法——今日では、比較法研究の分類方法は多様であり、定説があるとは言えない。アジア法という名称を用いる例もあるが、そこには何ら共通性がない。欧米法とイスラム法の対比が有力であるが、日本における研究ではイスラム法は重要視されてこなかった。欧米をEU諸国、イスラムをイスラム協力機構に分けて見ておこう（図表16参照）。EU諸国ではEU議会の決議以後、すべての国が何らかのヘイト・スピーチ法を有している。他方、イスラム協力機構加盟国で何らかのヘイト・スピーチ法を持つのはアゼルバイジャン、アラブ首長国連邦、アルジ

エリア、アルバニア、イエメン、インドネシア、カザフスタン、カメルーン、クウェート、スリナム、セネガル、タジキスタン、チャド、チュニジア、トーゴ、トルクメニスタン、トルコ、パキスタン、ブルキナファソ、モロッコ、ヨルダンである。もっとも、その内容に即してみると、EU諸国におけるヘイト・スピーチ法と異なる様相を呈している。制定年代や実行行為や動機についての詳細な検討を要する。

三　地域別

ラバト行動計画を準備した専門家セミナーがジュネーヴ（欧州）、ウィーン（欧州）、ナイロビ（アフリカ）、バンコク（アジア）、サンティアゴ（アメリカ州）、ラバト（アフリカ）で開催されたように、①欧州、②アフリカ、③アジア、④アメリカ州という地域別分類が可能である（本書第7章参照）。国連人権理事会理事国の選挙枠のように、北米・西欧、ロシア・東欧、アフリカ、アジア太平洋、中南アメリカといった分類もほぼ同様である。

①欧州諸国は、EUがヘイト・スピーチに関する枠組み決定をしたように、ヘイト・スピーチ法が多い。EUに加盟していない東欧地域の諸国も制定する例が増えている。②アフリカは、ヘイト・スピーチ法を持つ国も多数あるが、ドゥドゥ・ディエンが述べているように、本来のヘイト・スピーチ法とは限らず、国家や宗教の権威を守るための法律という面がある。③アジアは広大な地域であり、一括することは難しい。西アジア、中央アジア、南アジア、東アジア、太平洋地域などに分けることができる。西アジアなどイスラム地域の場合、アフリカと共通する面がある。他方、東アジアでは中国に関連法律があるが、適用状況は明ら

かでない。日本や韓国には十分な法律がない。④アメリカ州では、アメリカ合州国を別として、カナダ、メキシコをはじめ多くの諸国に何らかの関連法律がある。

第2節　法形式

ドイツの民衆煽動罪のように刑法にヘイト・スピーチ条項のある国と、イギリスの人種関係法や公共秩序法のように特別法に関連規定のある国がある。刑法と特別法の両方を有する国もある（図表17及び18参照）。

アメリカ州における憎悪煽動禁止法を研究したベルトーニは、①憎悪の煽動禁止条項を含む刑法、②憎悪、ジェノサイド、差別の煽動禁止を含む特別法、③メディア統制の行政刑罰法規、の三つに分類している（本書第7章第3節参照）。

第一に、刑法に規定を有する国が極めて多い。七〇ヶ国以上の刑法に規定されている。刑法にヘイト・スピーチ規定があるということは、ヘイト・スピーチが殺人罪、傷害罪、誘拐罪、放火罪、財産犯罪（窃盗罪、詐欺罪等）と同じレベルで法規制されているという意味である。つまり当該社会において基本的な重要犯罪だと認識されている。

第二に、特別法に規定されているのは、①ベルギー（歴史否定主義法、人

図表17　ヘイト・スピーチの法形式

刑法典	①個人的法益（人間の尊厳 人格権）
	②社会的法益（公共の平穏 公共の秩序）
特別法	③人種差別禁止法
	④マス・メディア法
	⑤各種行政法規

図表18　ヘイト・スピーチ法の形式

刑法典	カナダ、チェコ、コンゴ民主共和国、インド、イスラエル、リヒテンシュタイン、マケドニア、コスタリカ、韓国、ニカラグア、オーストリア、スイス、ロシア、スウェーデン、トーゴ、ドイツ、ブルガリア、クロアチア、フィンランド、モンテネグロ、パキスタン、スリナム、チュニジア、トルコ、アゼルバイジャン、中国、コロンビア、エチオピア、ペルー、ポーランド、アラブ首長国連邦、カンボジア、アルゼンチン、カザフスタン、カメルーン、スロヴァキア、アイスランド、オランダ、ボスニア・ヘルツェゴヴィナ、デンマーク、エルサルバドル、エストニア、フランス、モロッコ、ルーマニア、アルメニア、キューバ、リトアニア、モルドヴァ、ノルウェー、ルワンダ、セルビア、スペイン、ウルグアイ、イエメン、アルバニア、グルジア、ケニア、パラグアイ、ウクライナ、メキシコ、ポルトガル、ヴェトナム、ヨルダン、カタール、セネガル、トルクメニスタン、タイ、アルジェリア、キルギスタン、モーリシャス、ベラルーシ
特別法	アンティグア・バーブーダ（放送法、情報の自由法）、インドネシア（人権裁判所法、人権法）、キルギス（マスメディア法、情報アクセス自由法）、モザンビーク（結社法）、ベルギー（歴史否定主義法、人種主義法）、ドミニカ共和国（意見表現の自由法）、フィジー（公共秩序法、メディア法）、モルドヴァ（過激活動と闘う法）、ナミビア（人種差別禁止法）、チャド（プレス制度法）、モナコ（公開表現の自由法）、アイルランド（憎悪煽動禁止法）、イギリス（公共秩序法、人種宗教憎悪法）、ニュージーランド（人権法）
刑法典及び特別法	オーストリア（刑法、ナチス禁止法、結社法、集会法）、トーゴ（刑法、プレス放送法）、トルコ（刑法、結社法）、カンボジア（刑法、プレス法）、フランス（刑法、プレスの自由法）、モロッコ（刑法、プレス法、結社法）、ルーマニア（刑法、ファシズム・シンボル法、オーディオ・ヴィジュアル法）、ヨルダン（刑法、オーディオ・ヴィジュアル法）
法律なし	グアテマラ、パナマ、オーストラリア連邦（各州法に規定あり）、モルディヴ、クウェート、ラオス、日本

種主義法）、ナミビア（人種差別禁止法）、アイルランド（憎悪煽動禁止法）、イギリス（公共秩序法、人種宗教憎悪法）のようなヘイト関連法と、②アンティグア・バーブーダ（放送法、情報の自由法）、キルギス（マスメディア法、情報アクセス自由法）、ドミニカ共和国（意見表現の自由法）、チャド（プレス制度法）、モナコ（公開表現の自由法）のようなメディア関連法がある。

第三に、刑法と特別法の両方を有する国も少なくない。オーストリアには刑法、ナチス禁止法、結社法、集会法などの関連法がある。トーゴは刑法とプレス放送法、ルーマニアは刑法、ファシズム・シンボル法、オーディオ・ヴィジュアル法、ヨルダンは刑法とオーディオ・ヴィジュアル法である。

第四に、刑法に規定されている場合にはその保護法益がどのように理解されているかも重要であるが、その情報を明らかにできていない。ドイツにおける議論では民衆煽動罪を、①人間の尊厳のような個人的法益と見るか、②公共の秩序のような社会的法益と見るか、③その両者を含むと見るかが問題となる。あるいは、④メディア規制のための特別法とする例もある。

櫻庭総によると、民衆煽動罪の保護法益について、ドイツでは二つの見解が唱えられている（＊3）。第一は保護法益を「公共の平穏」と理解する。理由は、刑法第一三〇条の位置が刑法典各則第七章「公共の秩序に対する罪」のなかに置かれているからである。従って、民衆煽動罪は、個人的法益を保護する侮辱罪とは性格が異なることになる。この見解に対しては、公共の平穏概念は不明確であるといった批判が差し向けられる。第二は保護法益を「人間の尊厳」とする見解である。民衆煽動罪は第一義的に人間の尊厳を保護するものであり、公共の平穏は間接的に保護されると見ることになる。

実際には多くの論者が、人間の尊厳と公共の平穏の両方を保護するものと見ているようだが、両方を保護するにしてもどちらを優先して理解するかでさまざまに見解が分かれている。刑法第一三〇条第三項の「アウシュヴィッツの嘘」罪については、一九九四年改正に際して「人間の尊厳に対する攻撃」という文言が削除されたため、人間の尊厳を保護法益とすることでは説明がつかないとされ、第三項については公共の平穏で説明する見解が多いと言う。他方、「歴史的事実」を保護法益とする見解も唱えられた。櫻庭によると、オステンドルフは次のように述べていると言う。

「ナチス犯罪という歴史的事実の否定を処罰する場合、犠牲者の追憶を保護するためにそれが行われるのは、ナチス体制の犠牲者の利害のためだけでもなければ、生き延びた当事者の利害のためだけでもない。ナチス支配により何らかの形で暴力及びテロを体験したすべての生存者が、自らの受苦への真実要求、つまり歴史的アイデンティティーのなかで保護されるべきなのである。それ以上に、この事実、そしてこの事実を知ることが、［過ちを］繰り返さないための最大の防止策なのである。それゆえ、意見表明の自由の制限に対する個人の利害関心を考慮することだけではなく、ナチス専制の再発防止という一般的利益も考慮されねばならない。」（櫻庭一六二～一六三頁）

櫻庭は「この見解はホロコースト否定表現の刑事規制の本質を言い表している点で注目に値しよう。しかしながら、それを保護法益と理解するかどうかは別問題である」とする。その上で、櫻庭は人道に対する罪に着目する。

「民衆扇動罪における『人間の尊厳への攻撃』に『過去の克服』を読み込む別の方法としては、それをナチス犯罪の典型である『人道に対する罪』の延長上に位置づけることも考えられよう。つまり『人間の尊厳への攻撃』概念における『共同体における同等の人格としての生存権を否定され、価値の低い存在として扱われる』という部分に着目し、民衆扇動罪をナチス犯罪である『人道に対する罪』の第一段階を防止する規定として理解するのである。」(櫻庭一七二頁)

櫻庭はドイツにおける判例・学説を検討した結果、最後に次のように述べている。

「ドイツの刑法第一三〇条をめぐる議論は、マイノリティに対する差別扇動行為をナチス・ドイツによるユダヤ人虐殺の原因と言う構造的側面から把握し、『過去の克服』を内面化する試みに基づく刑法規範として結実した点に注目すべき意義がある。しかし、それは一九六〇年代の創設時のように、刑罰法規以外の精神的、政治的取組と一体化したものでなければ、実効性の観点からも、濫用の危険性の観点からも、批判を生むこととなるのである。」(櫻庭一七九頁)。

楠本孝は、ドイツにおける民衆煽動罪に関する判例を検討して、「個人の人格権として把握されるのは、人が主体的に作り上げてゆくものとしての人格であって、このような意味での人格について、人は価値尊重欲求を有しており、これを侵害するのが侮辱であり名誉毀損である。これに対して、人間の尊厳への攻撃とは、その人自身によってもどうしようもなく決定されている人格の中核部分も含めた人間存在そのものを否定し又は相対化しようとするものである。人間の尊厳は、人間それ自体に固有のものとして内在しているものであって、個人の業績を基準にして尊厳が割り当てられるといったものではない」とし、「さらに、人間の尊厳への攻撃とは、いわば人間の尊厳を破壊し尽くし、否定しさる場合だけを包含するものなのか、これを下回る攻撃は、人間の尊厳を傷つけても、『人間の尊厳への攻撃』とみなされないのか、ということも問題になる。人間の尊厳を尊重することの中に表現されているのは、人間を人格、すなわち、その素質に応じて自分自身をその特性において意識し、自由に自己決定し、自らの環境を形成し、かつ他者と交際しうる存在として認知することである。平等者が他の平等者と交際する可能性は、彼が平等者であることを否定された場合だけでなく、他者が彼に率直に、偏見なくかつ先入観なしに出会う可能性が深刻に制限されている場合も、既に侵害されている。他者を重大な犯罪的寄食者として表示することによって、他者との率直で、偏見なく、かつ留保なく交際し得る可能性は深刻に侵害される」と解説する(＊4)。

他方、金尚均は、「ヘイトスピーチは、単に『公共の平穏』を害するから処罰されると解するべきではない。それは、一般的に社会におけるマジョリティからマイノリティに対して向けられる。民主主義は、全ての社会構成員が自分の存在する社会におけるさまざまな決定に参加することができるというのが基本である。しかし、ヘイトスピーチは、一定の属性を有する個人又は集団に向けられることによって、当該集団に属する個々の人々を蔑むことになる。それが意味するところは、彼らを同じ社会の民主制を構築する構成員とは認めないということにあり、それにより、民主制にとって不可欠な社会参加の平等な機会を阻害することになる。ヘイトスピーチの有害性は、主として、社会のマイノリティに属する個人並び集団の社会参加の機会を阻害するところにあり、それゆえ、ヘイトスピーチを規制する際の保護法益は、社会参加の機会であり、それは社会的法益に属すると再構成すべきである」と主張する(＊5)。

保護法益を人間の尊厳と見るか、社会参加の機会を中心に理解するべきか、さらに議論が必要と思われるが、他の可能性も検討するべきであろう。

第3節　実行行為

一　行為類型

ヘイト・スピーチ関連規定に定められた実行行為も多様である。ヘイト・スピーチ行為を、①差別表明型、②名誉毀損型、③歴史否定型、④脅迫型、⑤迫害型、⑥ジェノサイド煽動型、⑦暴力付随型の七類型に分けることができる（本書第5章参照）。しかし、刑法に条項を持つ場合、人種差別撤廃条約や国際自由権規約にいちおう従って煽動・唱道を処罰するとしている例が多い。このため右の行為類型に正確に対応しているわけではない（図表19）。

中傷、侮辱、嘲笑などを規定しているチェコ、ニュージーランド、韓国、ドミニカ共和国、トーゴ、フィンランドなどがあるが、個人侮辱罪か、集団侮辱罪を含むかが不明のものもある。①差別表明型や②名誉毀損型に該当するか、一部重なる規定と考えられる。クリスチャンによると、欧州で集団侮辱を処罰するのはアンドラ、キプロス、チェコ、デンマーク、フィンランド、ドイツ、ギリシア、アイスランド、イタリア、リトアニア、オランダ、ポーランド、ポルトガル、ロシア、スロヴァキア、スペイン、スイス、トルコ、ウクライナがある（第7章第3節）。

③歴史否定型については、節を改めて検討する（本章第5節）。

煽動、教唆の規定を持つ国が多く四〇ヶ国を超えるが、用語は差別の煽動、憎悪の煽動、憎悪の促進、不和、対立を引き起こす、唱道、公然教唆、憎悪の誘発、敵意を掻き立てる等、多様である。クリスチャンによると、欧州では「暴力又は差別の煽動」や「不調和又は敵意」の煽動（ボスニア・ヘルツェゴヴィナ、モ

図表19　主な制定法における実行行為の規定

中傷、侮辱、嘲笑	チェコ、ニュージーランド、韓国、ドミニカ共和国、トーゴ、フィンランド、モンテネグロ、チャド、ポーランド、アラブ首長国連邦、カメルーン、アイスランド、フランス、アルメニア、アルバニア、パラグアイ、タイ、アルジェリア
煽動、教唆(※)	カナダ、チェコ、コンゴ民主共和国、インド、イスラエル、リヒテンシュタイン、マケドニア、コスタリカ、韓国、ニカラグア、オーストリア、スイス、ロシア、スウェーデン、トーゴ、ドイツ、ブルガリア、クロアチア、フィンランド、モンテネグロ、パキスタン、スリナム、チュニジア、トルコ、アゼルバイジャン、中国、コロンビア、エチオピア、ペルー、ポーランド、アラブ首長国連邦、カンボジア、アルゼンチン、カザフスタン、カメルーン、スロヴァキア、アイスランド、オランダ、ボスニア・ヘルツェゴヴィナ、デンマーク、エルサルバドル、エストニア、フランス、モロッコ、ルーマニア、アルメニア、キューバ、リトアニア、モルドヴァ、ノルウェー、ルワンダ、セルビア、スペイン、ウルグアイ、イエメン、アルバニア、グルジア、ケニア、パラグアイ、ウクライナ、メキシコ、ポルトガル、ヴェトナム、ヨルダン、カタール、セネガル、トルクメニスタン、タイ、アルジェリア、キルギス、モーリシャス、ベラルーシ
歴史否定発言	フランス、ドイツ、オーストリア、スイス、リヒテンシュタイン、スペイン、ポルトガル、ギリシア、スロヴァキア、マケドニア、ルーマニア、アルバニア、イスラエル
人道に対する罪 又は ジェノサイド	リヒテンシュタイン、マケドニア、コスタリカ、アゼルバイジャン、エチオピア、ルワンダ、チェコ、グルジア、トルクメニスタン、ドイツ、フランス、カナダ、グアテマラ、ニカラグア、セントルシア、アンティグア・バーブーダ、ジャマイカ、アメリカ合州国、ウルグアイ

(※)差別の煽動、憎悪の煽動、憎悪の促進、不和、対立を引き起こす、唱道、公然教唆、憎悪の誘発、敵意を掻き立てる、などの表現も含まれる。

ンテネグロ等)、憎悪煽動を刑の加重事由にする例(アルメニア、リトアニア等)、暴力煽動を処罰するが憎悪煽動に触れていない例(オーストリア、キプロス等)がある(第7章第3節参照)。

これらは①差別表明型や②名誉毀損型だけでなく、④脅迫型に近い性質も有すると考えられる。

刑法にジェノサイドや人道に対する罪を定める多くの国では、⑤迫害型、⑥ジェノサイド煽動型が採用されている。人種差別撤廃条約に基づく政府報告書に関連記載のあるのはリヒテンシュタイン、マケドニア、コスタリカ、アゼルバイジャン、エチオピア、ルワンダ、チェコ、グルジア、トルクメニスタンである。政府報告書に記載がないが、ドイツ、フランス、カナダをはじめ刑法にジェノサイドや人道に対する罪の規定があることが知られる国は多く存在する。

他方、アメリカ州の検討を行ったベルトーニは、刑罰モデル（刑法）について憎悪煽動、ジェノサイド煽動、差別煽動の三つに分類している。グアテマラ、ニカラグア、セントルシア、ジャマイカなどのようにジェノサイド煽動が犯罪とされている国があるという。ジェノサイド禁止法を有するのはアンティグア・バーブーダ、ジャマイカ、アメリカ合州国、ウルグアイであるという（第7章第3節参照）。

なお、⑦暴力付随型は、ヘイト・クライムとして規定される場合もあれば、通常の暴力犯罪の刑罰加重事由とされる場合もあり、多様である。

二　手段・方法

1　手段・方法の特定

侮辱や煽動について、①その手段・方法を特定しない立法例、②手段・方法を特定する立法例、③特定のメディア領域についての立法例、がある。②の手段・方法を例示する規定では、限定的列挙が例示的列挙がありうるが、そこまでの詳細は判明しない。③では、放送法、出版法、オーディオ・ヴィジュアル法など、それぞれの分野に即した規定となっている。手段・方法を特定しているのは例えば次の通りである。

①コンゴ民主共和国「発言、文書、印刷物、描写、彫刻、図像、絵画、記章又はその他の文書メディア又は口頭メディアであって、公共の場所又は集会において販売、配布、撒布又は展示され、又は公然と公開すること」。②インド「発言された言葉、書かれた言葉、記号、又は目に見える表象その他の方法によって」。③ニュージーランド「文書を配布し、又はラジオ又はテレビを通じて放送した者」。④トーゴ「印刷、売買、配布又は公共の場や集会で展示するなど文書によって、公然と展示されたプラカード、ポスター、絵画、印刷物、記章によって、もしくは文書又はオーディオ・ビジュアル・コミュニケーションによって」。⑤パキスタン「話し言葉、書き言葉、サイン、可視的な表現その他によって」。⑥エチオピア「口頭、文書、図画、ジェスチャーその他によって」。⑦ギリシア「口頭、印刷、文書、描写、その他の手段であれ」。⑧モナコ「公共の場所又は公開集会において発せられた言葉、叫び、威嚇によって、公共の場所又は公開集会において販売され、配布され、販売のために提供され、乃至は展示された文書、印刷物、図画、彫刻、絵画、紋章、イメージその他の、書かれ、話され、見えるようにされた補助媒体によって、公開の景観に展示されたポスター、掲示、又は音響映像メディアによって」。⑨ルーマニア「ファシスト、人種主義者、外国人嫌悪のシンボルとは旗、紋章、バッジ、制服、スローガン、公式・決まり文句の挨拶、その他のシンボル」による思想の促進とする。⑩アイルランド「文書を印刷したり、配布したり、言葉を用いたり、文書を屋外に掲示したり、私邸内でもそれが屋外の人に見えたり聞こえる場合、又は映像や音声記録を配布し、展示すること」。

⑪リトアニア「口頭であれ文書であれ公開の言明によって又はマスメディアを通じて行われた場合」。⑫モルドヴァ「印刷又は電気メディアを通じた故意の行為及び公然たる呼びかけ」。⑬パラグアイ「文書出版、オーディオ・ビデオ、それらの再生及びその他の記録メディア」。⑭カナダ「発言」とは、広く「語られ、書かれ、電気的又は電磁的に記録され、又はその他の言葉並びにジェスチャー、サイン、その他の可視的表現」とする。⑮カタール「口頭、文書、画像、メッセージその他の手段」。⑯セネガル「物又は映像、印刷物、文書、演説、ポスター、彫刻、絵画、写真、フィルム又はスライド、写真カタログ、その複製、又は記章」。⑰カメルーンは「犯罪がプレスやラジオを手段として行われた場合」を刑罰加重事由としている。

2　インターネット

コンピュータやインターネットを通じての煽動処罰を明示した例としては次のものがある。

①リヒテンシュタイン「公然煽動」に加えて「電磁的手段で公然伝達」とする。②モルドヴァ「文書又は電子的マスメディアを通じて」。③スロヴァキア「書面による場合も、印刷物、フィルム、ラジオ、テレビ、コンピュータ・ネットワークその他同様の効果を有する手段を用いた流布による場合も」。④アルバニア「コンピュータ・システムを用いて、公に提供又は配布した者」。⑤チェコ「印刷された言葉、フィルム、ラジオ、テレビ、公にアクセスできるコンピュータ・ネットワークその他の効果を有するもの」。⑥ポルトガル「公開集会、文書配布により、その他の形態のメディア・コミュニケーションにより、又は公開されるべく設定されたコンピュータ・システムによって」。

ただし、コンピュータやインターネットを明示していない諸国でも、公然性があれば、ヘイト・スピーチ規定が適用される可能性が高い。公然性があるとは、外部から容易にアクセスできる状態にした場合を指す。日本刑法における公然性は、不特定多数が閲覧できる状態にしたことで足り、現に閲覧したことを要しないとされている。各国の解釈がどのようになされているかは今後の調査課題である。

3　公然と非公然

侮辱にしても煽動にしても通常は公然性を要件とすると考えられる。クリスチャンは、欧州について、煽動のない憎悪表現それ自体を処罰する国はないとし、特定の人種の劣等性又は優越性に関する人種主義者の言明は処罰されること、他人に憎悪を煽動する場合の用例は挑発、宣伝、悪意、分断、脅迫、敵意、屈辱の雰囲気をつくり出すといった用語が用いられるとしている。ただし、クリスチャンによると、明示していない場合であっても、多数の国は煽動が公開で行われたことを要件としているが、アルメニアとフランスは私的領域で行われても犯罪とし、公開で行われた場合を加重事由としているという。クリスチャンは二ヶ国を示しているが、ノルウェーにも同様の規定がある。

①二〇〇三年のアルメニア刑法第二二六条では、国民、人種又は宗教的憎悪や敵意の煽動、人種的優位性の表明、もしくは国民の尊厳を侮辱することを目的とした行為を犯罪とし、同条二項は刑罰加重として、同様の行為を公に又はマスメディアを通じて、暴力又は暴力行使の威嚇や、権力濫用によって行った場合を掲げる。二項で公然性のある場合を刑罰加重事由としているので、一項の犯罪は公然性がなくても成立すると

解釈できる。②二〇〇五年改正のフランス刑法第六二四―三条及び第六二四―四条は「人または集団に公然性のない中傷をすれば」と明示する。③二〇〇五年改正のノルウェー刑法第一八五条一項三文は、ヘイト・スピーチにさらされる者がいる場でなされた発言を犯罪とする。公然性を要件としていない。

公然性（公になされたこと）を要件とせず、被害者に向かって発言を行えばヘイト・スピーチが成立するということは、煽動がなくても侮辱や中傷があれば成立するという意味である。これらの規定をどのように理解するかは、実体刑法のみならず刑事訴訟法の証明も含めた、より詳細な研究を待たなければならない。

第4節　犯罪動機（保護の対象）

差別の原因・動機として示されるのは人種、民族、言語、宗教などが多いが、それ以外にもバリエーションがある（図表20参照）。犯罪動機ということは換言すると保護の対象である。クリスチャンによると、欧州では国際自由権規約に基づく立法例が多いようである。

①人種――人種動機を明示する法律が最も多い。人種差別撤廃条約第一条の人種差別の定義でも冒頭に置かれている。カナダ、チェコ、コンゴ民主共和国、インド、イスラエル、リヒテンシュタイン、マケドニア、コスタリカ等、その国の法体系や地域にかかわらず、多くの諸国で人種動機によるヘイト・スピーチ犯罪が規定されている。ヘイト・スピーチ規定に人種概念が書かれていないのはモンテネグロ、チャド、中国、アラブ首長国連邦、イエメン、ケニア、メキシコ、ヴェトナム、カタール、タイなど少数派である。

②国民的出身――国民的出身は条約第一条に明示されていないが、カナダ、チェコ、コンゴ民主共和国、

図表20　主な制定法における憎悪の動機

	人種	国民的出身	民族的出身	宗派・宗教	イデオロギー・政治的意見	出生場所	居住地	言語	カースト・家系・世系	皮膚の色	性的志向・性的アイデンティティ	移住労働者	性別・ジェンダー	年齢	社会的地位	障害
カナダ	○	○	○	−	−	−	−	−	−	−	−	−	−	−	−	−
チェコ	○	○	○	○	−	−	−	−	−	−	−	−	−	−	−	−
コンゴ民主共和国	○	○	○	○	○	−	−	−	−	−	−	−	−	−	−	−
インド	○	−	−	○	−	○	○	○	○	−	−	−	−	−	−	−
イスラエル	○	○	○	○	−	−	−	−	−	○	○	○	−	−	−	−
リヒテンシュタイン	○	−	○	○	−	−	−	−	−	−	−	−	−	−	−	−
マケドニア	○	○	−	○	−	−	−	−	○	−	−	−	−	−	−	−
コスタリカ	○	−	−	○	○	−	−	−	−	−	−	−	○	○	−	−
インドネシア	○	−	○	○	○	−	−	○	−	−	−	−	○	−	○	−
キルギス	○	−	○	○	−	−	−	−	−	−	−	−	−	−	−	−
ニュージーランド	○	○	○	−	−	−	−	−	−	○	−	−	−	−	−	−
ドミニカ共和国	○	−	−	○	−	−	−	−	−	−	−	−	−	−	−	−
フィジー	○	−	−	−	−	−	−	−	−	−	−	−	−	−	−	−
モルドヴァ	○	○	−	○	○	−	−	−	○	−	−	−	○	−	○	−
アメリカ合州国	○	−	○	○	−	−	−	−	−	−	−	−	−	−	−	−
オーストリア	○	−	−	−	−	−	−	−	−	−	−	−	−	−	−	−
エクアドル	○	−	−	−	−	−	−	−	−	−	−	−	−	−	−	−
ロシア	○	−	○	○	○	−	−	−	−	−	−	−	−	−	−	−
スウェーデン	○	○	○	○	−	−	−	−	−	○	○	−	−	−	−	−
トーゴ	○	−	○	−	−	−	−	−	−	−	−	−	−	−	−	−
ブルガリア	○	○	−	○	○	−	−	−	−	−	−	−	−	−	−	−
モンテネグロ	−	○	○	−	−	−	−	−	−	−	−	−	−	−	−	−
パキスタン	○	−	−	○	−	○	○	○	○	−	−	−	−	−	−	−
チュニジア	○	−	−	○	−	−	−	−	−	−	−	−	−	−	−	−
アゼルバイジャン	○	−	○	○	−	−	−	−	−	−	−	−	−	−	−	−
チャド	−	−	○	○	−	−	−	−	−	−	−	−	−	−	−	−
チリ	○	○	−	○	−	−	−	−	−	−	−	−	○	−	−	−
中国	−	−	○	−	−	−	−	−	−	−	−	−	−	−	−	−
エチオピア	○	−	○	−	−	−	−	−	−	−	−	−	−	−	−	−
ギリシア	○	○	−	○	−	−	−	−	−	−	−	−	−	−	−	−

ペルー	○	–	○	○	○	–	–	–	○	○	–	–	○	○	–	○
ポーランド	○	○	○	○	–	–	–	–	–	–	–	–	–	–	–	–
アラブ首長国連邦	–	–	–	○	–	–	–	–	–	–	–	–	–	–	–	–
カンボジア	○	–	○	○	○	○	–	○	–	○	–	–	○	–	–	–
カザフスタン	○	–	○	○	–	–	–	–	–	–	–	–	–	–	–	–
カメルーン	○	–	–	○	–	–	–	–	–	–	–	–	–	–	–	–
スロヴァキア	○	○	○	–	–	–	–	–	–	–	–	–	–	–	–	–
アイスランド	○	–	–	–	○	–	–	–	–	○	–	–	–	–	–	–
モナコ	○	○	○	○	–	–	–	–	–	–	○	–	–	–	–	–
ボスニア・ヘルツェゴヴィナ	○	○	○	○	○	–	–	○	–	○	○	–	○	–	○	–
エルサルバドル	○	–	–	○	○	–	–	–	–	–	–	–	○	–	–	–
エストニア	○	○	–	○	○	–	–	○	–	○	–	–	○	–	○	–
フランス	○	○	○	○	–	–	–	–	–	–	○	–	○	–	–	○
モロッコ	○	○	–	–	○	–	–	–	○	○	–	–	–	–	–	○
ルーマニア	○	○	○	○	○	–	–	○	–	–	○	–	○	○	○	○
アルメニア	○	○	–	○	–	–	–	–	–	–	–	–	–	–	–	–
キューバ	○	○	–	–	–	–	–	–	–	○	–	–	○	–	–	–
アイルランド	○	○	○	○	–	–	–	–	–	○	○	–	–	–	–	–
リトアニア	○	–	○	○	○	–	–	○	–	–	○	–	○	–	–	–
ルワンダ	○	–	–	○	–	–	–	–	–	–	–	–	–	–	–	–
セルビア	○	○	–	○	–	–	–	–	–	–	–	–	–	–	–	–

スペイン	○	○	○	○	–	–	–	–	–	–	–	–	–	–	–	–
ウルグアイ	○	○	○	○	–	–	–	–	–	○	○	–	–	–	–	–
イエメン	–	–	–	○	–	–	–	–	–	–	–	–	–	–	–	–
アルバニア	○	○	○	○	–	–	–	–	–	–	–	–	–	–	–	–
グルジア	○	○	○	–	–	–	–	–	–	○	–	–	–	–	○	–
ケニア	–	–	–	○	–	–	–	–	–	–	–	–	–	–	–	–
ウクライナ	○	–	○	○	○	–	○	○	–	○	–	–	○	–	–	–
イギリス	○	○	○	○	–	–	–	–	–	○	–	–	–	–	–	–
メキシコ	–	○	○	○	○	○	–	○	–	○	○	–	○	–	–	○
ポルトガル	○	○	○	○	–	–	–	–	–	–	○	–	○	–	–	–
ヴェトナム	–	–	○	○	○	–	–	–	–	–	–	–	○	–	○	–
ヨルダン	○	–	–	○	–	–	–	–	–	–	–	–	–	–	–	–
カタール	–	–	–	○	–	–	–	–	–	–	–	–	–	–	–	–
セネガル	○	–	○	○	–	–	–	–	–	–	–	–	–	–	–	–
トルクメニスタン	○	○	○	○	–	–	–	–	–	–	–	–	–	–	○	–
オーストリア	○	○	○	○	–	–	–	○	○	○	○	–	○	○	–	○
韓国	○	–	–	–	–	–	–	–	–	–	–	–	–	–	–	–
タイ	–	–	–	○	–	–	–	–	–	–	–	–	–	–	–	–
モーリシャス	○	–	–	–	–	–	–	–	–	–	–	–	–	–	–	–
ベラルーシ	○	–	○	○	–	–	–	○	–	–	–	–	–	–	–	–

※時期によって内容に変遷のある国も含まれる。
※暴力を伴うヘイト・クライム規定における憎悪の動機も含まれる。
※「イデオロギー」「政治イデオロギー」「政治的意見」など、異なる表現のものを一括した。

イスラエル、マケドニア、ニュージーランド、モルドヴァ等、かなり多くの立法例がある。
③民族的出身――民族的出身は条約第一条に明示されている。カナダ、チェコ、コンゴ民主共和国、イスラエル、リヒテンシュタイン、インドネシア、キルギス、ニュージーランド、モルドヴァ等、多くの諸国において採用されている。
④宗派・宗教――宗派・宗教は条約第一条には含まれないが、チェコ、コンゴ民主共和国、インド、イスラエル、リヒテンシュタイン、マケドニア、コスタリカ、インドネシア、キルギス、ドミニカ共和国など実に多くの諸国で採用されている。
⑤イデオロギー・政治的意見――条約第一条には含まれないが、コンゴ民主共和国、コスタリカ、インドネシア、モルドヴァ、ロシア、ブルガリア、ペルー、カンボジア等の立法例がある。
⑥出生場所――インド、パキスタン、カンボジア、メキシコで採用されている。
⑦居住地――インド、パキスタン、ウクライナで採用されている。
⑧言語――インド、インドネシア、パキスタン、カンボジア、ボスニア・ヘルツェゴヴィナ、エストニア、ルーマニア、リトアニア、ウクライナ、メキシコ、オーストリア、ベラルーシで採用されている。
⑨カースト・家系・世系――インド、マケドニア、モルドヴァ、パキスタン、ペルー、モロッコ、オーストリアで規定されている。
⑩皮膚の色――条約第一条の定義に掲げられ、イスラエル、ニュージーランド、スウェーデン、ペルー、カンボジア、アイスランド、ボスニア・ヘルツェゴヴィナ、エストニア、モロッコ、アイルランド、リトアニア、ウルグアイ、グルジア、ウクライナ、イギリス、メキシコなど立法例が多い。

⑪性的志向・性的アイデンティティ——比較的最近になって取り上げられるようになったと思われるが、イスラエル、スウェーデン、モナコ、ボスニア・ヘルツェゴヴィナ、フランス、ルーマニア、キューバ、アイルランド、リトアニア、ウルグアイ、メキシコ、ポルトガル、オーストリア等にすでに立法例がある。
⑫移住労働者——イスラエルの例がある。移住労働者の権利については移住労働者権利保護条約参照。
⑬性別・ジェンダー——コスタリカ、インドネシア、モルドヴァ、チリ、ペルー、カンボジア、ボスニア・ヘルツェゴヴィナ、エルサルバドル、エストニア、フランス、ルーマニア、キューバ、リトアニア、ウクライナ、メキシコ、ポルトガル、ヴェトナム等、多くの立法例がある。なお、女性差別撤廃条約参照。
⑭年齢——コスタリカ、ペルー、ルーマニア、オーストリアで採用されている。
⑮社会的地位——インドネシア、モルドヴァ、ボスニア・ヘルツェゴヴィナ、エストニア、ルーマニア、グルジア、ヴェトナム、トルクメニスタンの例がある。
⑯障害——ペルー、フランス、モロッコ、ルーマニア、メキシコ、オーストリアで規定されている。なお、障害者権利保護条約参照。

第５節　歴史否定犯罪（アウシュヴィッツの嘘）

「アウシュヴィッツのガス室はなかった」「ユダヤ人虐殺はなかった」と公然と発言することはドイツでは犯罪とされていることはかなりよく知られる。「アウシュヴィッツの嘘」犯罪、「ホロコースト否定」犯罪である。カナダやオーストラリアでは犯罪とはされないが、民事の不法行為とされ、損害賠償命令が出ることもあるが、ドイツでは刑法典に規定された犯罪である。しかし、「アウシュヴィッツの嘘」犯罪はドイツの専売特許ではない。他の欧州諸国にも同様の刑法があるが、これまでほとんど研究されてこなかったため、あたかもドイツだけの特殊例のごとく誤解を受けてきた。そこで以下では本書第8章をもとにして、欧州を中心に「アウシュヴィッツの嘘」犯罪、「ホロコースト否定」犯罪の状況を紹介する。

一　歴史否定犯罪法の制定状況

1　ドイツ

ドイツ刑法は民衆煽動罪と呼ばれる犯罪類型を掲げている。「アウシュヴィッツの嘘」犯罪とも呼ばれる(＊2)。刑法第一三〇条は数回の改正を経ているが、一九九四年改正により、第一項が憎悪煽動、第二項が憎悪扇動による人間の尊厳への攻撃であり、第三項が「アウシュヴィッツの嘘（ホロコースト否定）」である。第三項は次のように述べる。

「公共の平穏を乱すのに適した態様で、公然と又は集会で、第二二〇条a第一項に掲げる態様でのナチスの支配下で行われた行為を是認し、その存在を否定し又は矮小化する者は、五年以下の自由刑（刑事施設収容）又は罰金刑に処される。」

第二二〇条a第一項とは民族謀殺のことを意味する。欧州において多くのユダヤ人が殺され、迫害された事実から、このような周知の事実を否定し、矮小化することが、ユダヤ人の人間の尊厳への攻撃となるので、公共の平穏又は人間の尊厳を保護するために当該行為を犯罪としている（重大なアウシュヴィッツの嘘）。

ドイツではこのような考え方で「アウシュヴィッツの嘘」犯罪が制定され、適用されてきた。ただし、次に見るように、ドイツ以外の欧州諸国にいくつもの類似刑罰規定が存在する。「アウシュヴィッツの嘘」犯罪はドイツだけの特殊例ではない。「アウシュヴィッツの嘘」犯罪がドイツだけの特殊例であるとの誤解は、ドイツ刑法だけを研究し、その他の諸国を無視してきた日本側の閉鎖的な問題意識の結果である。

2　フランス

二〇〇四年三月九日の法律によって、一八八一年七月二九日の法律に第六五―三条が挿入された。「人道に対する罪に疑いを挟む」というタイトル（「アウシュヴィッツの嘘」を含む規定）であり、差別、憎悪又は人種主義、又は宗教的暴力の教唆、人道に対する罪に疑いを挟むこと、人種主義的性質の中傷、及び人種主義的性質の侮辱は、他のプレス犯罪に設けられている時効三ヶ月に代えて、一年の時効とするというものである。時効はインターネットその他いかなるメディアによるものであれ、犯罪が行われた時から開始するとされた。

特徴をまとめると、①「人道に対する罪に疑いを挟む」犯罪が以前から存在する。いつ規定されたのかは要調査である。②「人道に対する罪に疑いを挟む」犯罪が、差別、憎悪又は人種主義、又は宗教的暴力の教唆や、人種主義的性質の中傷、及び人種主義的性質の侮辱と並べて規定されている。ヘイト・スピーチの一種である。③二〇〇四年改正によって時効が三ヶ月から一年に延長された。

3　スイス

連邦最高裁は、ナチス・ドイツが人間殲滅にガス室を使用したことに疑いを挟むことはホロコーストの重大な過小評価であると判断した。一九九八年にアールガウ地裁が下した有罪判決を維持し、歴史修正主義者に一五ヶ月の刑事施設収容と八〇〇〇フランの罰金が確定した。また、アルメニア・ジェノサイドを否定した事案で、最高裁は当該犯罪は公共秩序犯罪であるとした。それゆえ個人の法的権利は間接的に保護されるに過ぎない。個人被害者は当事者として現在の必要がない。

①ドイツと同様に「アウシュヴィッツの嘘」犯罪が規定され、適用されているが、具体的な条文は引用されていない。②アルメニア・ジェノサイドの否定も犯罪とされる。ナチス・ドイツによるユダヤ人迫害に限らず、アルメニア・ジェノサイドなどのホロコースト否定に及ぶ。③罪質・保護法益が公共秩序犯罪とされる。④適用された刑罰が一五ヶ月の刑事施設収容と八〇〇〇フランの罰金である。法定刑は不明であるが、少なくとも一五ヶ月の刑事施設収容を言い渡せるだけの刑罰が予定されている。

4　リヒテンシュタイン

刑法第二八三条はヘイト・スピーチを犯罪とし、二年以下の刑事施設収容としている。そのなかでジェノサイド又はその他の犯罪の否定、ひどい矮小化又は正当化、並びにその目的で象徴、仕草又暴力行為を電磁的手段で公然伝達することを、犯罪としている。「ジェノサイド又はその他の犯罪」が何を意味するのか条文から直ちに明らかにはならないが、ナチス・ドイツに隣接した小国の刑法であるから、ナチス・ドイツによるジェノサイド、ユダヤ人迫害を意味することは間違いないだろう。

なお、刑法第三二一条はジェノサイドの規定であり、ジェノサイド条約や国際刑事裁判所規程と同様の定義を採用している。刑法第三二一条二項はジェノサイドの共謀を一〇年以下の刑事施設収容としている。

5　スペイン

「アウシュヴィッツの嘘」規定に関連して、二〇〇七年一一月七日、憲法裁判所は刑法第六〇七条二項の合憲性について判断した。第二次大戦専門書店の店主が、ユダヤ人コミュニティに対する迫害とジェノサイドを繰り返し否定するドキュメンタリー・写真出版物を販売・頒布した事案である。バルセロナ高等裁判所判決は、刑法第六〇七条二項を適用して、ジェノサイド犯罪を否定・正当化した観念を流布したことで書店主を有罪としたが、憲法裁判所に持ち込まれた。憲法裁判所は、ジェノサイドの否定は意見や観念の単なる伝達であれば、その観念が忌わしく人間の尊厳に反するものであっても、犯罪に分類されることはなく、従って刑法第六〇七条二項第一文の「否定」条項は違憲であるとした。しかし、憲法裁判所は「正当化」とは犯罪実行を間接的に煽動し、皮膚の色、人種、国民的民族的出身によって定義される集団の憎悪を誘発する観念の公然たる流布であり、ジェノサイドの「正当化」はまさに犯罪であるとし、「正当化」条項は合憲であると判断した。

①「アウシュヴィッツの嘘」規定が、ドイツやフランスと同様に刑法典に規定されている。②憲法裁判所は

「否定」を犯罪として処罰することは違憲であるとし、「正当化」を犯罪として処罰することは合憲であるとした。③その理由が、意見や観念の単なる伝達であるか、それとも犯罪実行を間接的に煽動し、皮膚の色、人種、国民的民族的出身によって定義される集団の憎悪を誘発する観念の公然たる流布であるかの差異に求められている。④罪質・保護法益に関連して、人間の尊厳に反するか否かが問われ、単なる伝達は人間の尊厳に反するとしても犯罪とはならないと限定している。

6　ポルトガル

二〇〇七年九月四日に改正された刑法第二四〇条二項(b)は歴史否定犯罪を「公開集会、文書配布により、その他の形態のメディア・コミュニケーションにより、又は公開されるべく設定されたコンピュータ・システムによって、(b)人種、民族的又は国民的出身、宗教、性別又は性的志向に基づいて、特に戦争犯罪又は平和に対する罪及び人道に対する罪の否定を通じて、人又は集団を中傷又は侮辱した者」と定める。

①特別法ではなく刑法典に規定されている。②否定の対象が「特に戦争犯罪又は平和に対する罪及び人道に対する罪」とされていて、人道に対する罪に限定されていないが、ジェノサイドには言及がない。③ナチス・ドイツによるユダヤ人迫害に限定されず、その他の戦争犯罪や人道に対する罪も含まれると読める。④罪質・保護法益は明示されていないが、「人種、民族的又は国民的出身、宗教、性別又は性的志向に基づいて」及び「人又は集団を中傷又は侮辱した者」の語句から通常のヘイト・スピーチ規定と同様に考えられている。⑤スペインでは「否定」処罰は違憲とされたが、ポルトガルでは「否定」が犯罪とされ、「正当化」の語句

がない。

7　スロヴァキア

刑法第一二二条第二項によるとヘイト・スピーチ犯罪は、書面による場合も、印刷物、フィルム、ラジオ、テレビ、コンピュータ・ネットワークその他同様の効果を有する手段を用いた流布によって、又は同時に二人以上の人の前で行われた場合に既遂となる。ネオナチその他の運動への共感を公然と表明することだけではなく、ホロコーストを疑問視、否定、容認又は正当化することも犯罪化している。

①刑法典に規定され、ヘイト・スピーチの一種とされている。②ホロコーストを疑問視、否定、容認又は正当化することとされている。ホロコーストとあるので、ユダヤ人迫害に限られるのであろうか。「疑問視」に「歪曲」や「矮小化」が含まれるかどうかは判然としない。否定、容認等も犯罪とされている。

8　マケドニア

刑法第四〇七(a)条「ジェノサイド、人道に対する罪、戦争犯罪の容認又は正当化」は、刑法第四〇三条〜第四〇七条に規定された犯罪を、情報システムを通じて、公然と否定、ひどく矮小化、容認又は正当化した者は一年以上五年以下の刑事施設収容とする。否定、矮小化、容認、正当化が、その国民、民族、人種的出身又は宗教ゆえに、人又は人の集団に対して憎悪、差別又は暴力を煽動する意図をもってなされた場合は、四年以上の刑事施設収容とされる。
①刑法典に規定されているが、刑法第四〇三条～第四〇七条に続いて規定されているので、戦争犯罪関連条項とのつながりも意識されている。②否定の対象はジェノサイド、人道に対する罪、戦争犯罪とされ、ユダヤ人迫害に限定されていない。社会主義政権時代の歴史はどのように位置づけられているのだろうか。③実行行為は否定、矮小化、容認、正当化とされている。④憎悪、差別又は暴力を煽動する意図をもってなされた場合は刑罰加重事由とされている。すなわち、否定、ひどく矮小化、容認又は正当化した者は一年以上五年以下の刑事施設収容であるのに対して、煽動する意図をもってなされた場合は、四年以上の刑事施設収容とされる。

9　ルーマニア

二〇〇二年の緊急法律三一号のファシスト・シンボル法第六条によると、いかなる手段であれ、公の場で、ホロコースト、ジェノサイドあるいは人道に対する罪、又はその帰結を、疑問視し、否定し、容認し又は正当化することは、六月以上五年以下の刑事施設収容及び一定の権利停止又は罰金を課される。さらに、二〇〇六年法律一〇七号は一九三三～四五年の時期のホロコーストの定義にロマ住民を含むことにした。それゆえホロコーストとは国家によって支持された組織的迫害、ナチス・ドイツとその同盟者及び協力者によるヨーロッパ・ユダヤ人の絶滅である。同時に定義には、第二次大戦時に国内に居住するロマ住民の一部が強制移動や絶滅の対象とされたことを含む。二〇〇二年の緊急法律三一号第一二条と第一三条は、平和に対する罪及び人道に対する罪を犯した犯罪者の像、彫像、記憶板（刻銘）を公共の場所に建てたり維持することを禁止する。平和に対する罪及び人道に対する罪を犯した犯罪者の名前を、通り、大通り、広場、市場、公園又はその他の公共の場所の名前につけることが禁止される。

①刑法典ではなく、特別法に規定されている。②対象は一九三三〜四五年の時期のホロコーストを取り上げて、ヨーロッパ・ユダヤ人の絶滅、及びロマ住民の強制移動や絶滅である。③疑問視、否定、是認又は正当化である。④刑罰は六月以上五年以下の刑事施設収容及び一定の権利停止又は罰金とされている。

10　アルバニア

二〇〇八年一一月二七日の改正刑法第七四条はジェノサイドや人道に対する罪に好意的な文書をコンピュータ上で配布し、ジェノサイドや人道に対する罪にあたる行為（事実）を否定し、矮小化し、容認し又は正当化する文書をコンピュータ・システムを用いて、公に提供し、又は配布した者は、三年以上六年以下の刑事施設収容とする。つまり、「アウシュヴィッツの嘘」規定である。

①刑法典に規定されている。②否定対象はジェノサイドや人道に対する罪である。ユダヤ人迫害に限定されるのか、それともより一般的な規定なのかは不明である。③コンピュータ上の犯罪を追加したことである。④実行行為は、好意的な文書の配布、否定、矮小化、容認又は正当化である。⑤刑罰は三年以上六年以下の刑事施設収容である。

検事局特別部は、人種的表現、暴力の煽動、人種的侮辱、ホロコーストの否定を掲載したネオナチ・ウェブサイトを開設した被告人を刑法第一四四条D二項及び第一四四条Bの暴力の煽動と人種主義の煽動で訴追し、二〇〇五年一月に有罪認定がなされた。

刑法第一四四条Aは人種主義を煽動する意図を持った出版を行った者を五年以下の刑事施設収容としている。刑法第一四四条A〜Eは人種主義を煽動する意図を持った出版や物の配布を、それが結果をもたらさなかった場合も、禁止している。刑法第一四四条D一項は、人種主義的動機なしに、人、人の自由や財産に対して犯罪を行った者を処罰するとしている。それには脅迫、強要、フーリガニズム、公共秩序犯などが含まれる。「アウシュヴィツの嘘」の特別の定めがあるわけではなく、暴力の煽動と人種主義の煽動を定めた規定の解釈として「アウシュヴィツの嘘」処罰が可能と考えられている。「アウシュヴィツの嘘」が通常のヘイト・スピーチ処罰規定に含まれるということである。

二　歴史否定犯罪法の特徴

網羅的に調査したわけではないので、同様の立法例や適用事例は他にもあると考えられる。オーストリア、ギリシアにも同様の規定がある。今後も調査を続けるが、ここでは以上の情報をまとめておく。条文そのものが引用されている場合もあれば、その概要しか紹介されていないものもあるため正確な比較は困難であるが、今後の研究のための手掛かりを提示しておきたい。以下では、加害と被害の関係、法形式、否定の対象、実行行為、刑罰について見て行こう。

1　加害国側と被害国側

まず加害国側に位置するか、被害国側に位置するかを見ておこう。これまでの研究ではドイツ法だけが紹介されてきたため、ユダヤ人迫害を行ったドイツが反省と謝罪を示すことによって周辺国と和解し、欧州で生き残りをはかるために民衆煽動罪を制定したかのような誤解が語られてきた。そのことは同時にドイツの特殊性を想定させてきた。しかし、「アウシュヴィッツの嘘」犯罪法はドイツに特殊な規定ではない。西欧、中欧、南欧、東欧に同種の法を見ることができる。①加害側に立ったドイツ、オーストリア、あるいはフランコ政権のスペインにこの種の法律がある。②被害側のフランスにも処罰規定がある。③中立国だったスイスとリヒテンシュタインにも、④加害と被害の双方を同時に経験した東欧諸国にも、同種の法律がある。ドイツが特殊な例であるとか、ドイツが欧州での生き残りのために選択したという説明には根拠がない。

2　法形式

①刑法典に規定しているのはドイツ、スペイン、ポルトガル、スロヴァキア、マケドニア、アルバニア、リヒテンシュタインである。②フランスとルーマニアは特別法である。なお、オーストリア、スイスは条文

を確認できていないが、刑法典のようである。「アウシュヴィッツの嘘」犯罪が刑法典に規定されているのは、それが殺人罪、傷害罪、窃盗罪、強盗罪、詐欺罪、放火罪、強姦罪などと同様に、基本犯罪だという認識があるということである。このことは「アウシュヴィッツの嘘」犯罪だけでなく、ヘイト・スピーチ処罰法についてもいえることである。EU加盟国のすべてが何らかのヘイト・スピーチ処罰法を有しているが、その過半数が刑法典に規定されている。ヘイト・スピーチ犯罪が基本犯罪であることが明瞭である。日本での議論にはこうした基本認識が欠落しているために、本筋を見落とした奇妙な議論に転落してしまう。ヘイト・スピーチ規制は特定の集団の保護のために特別法をつくるのではなく、当該社会にとって基本的な条件だから基本法である刑法典に定めている。

3　否定の対象

何を否定、正当化する発言が処罰対象とされているか。ナチス・ドイツによるユダヤ人迫害などを念頭に置いているのはドイツ、ルーマニアである。スロヴァキアもおそらく同様であろう。他方、ユダヤ人迫害に限らない人道に対する罪を対象とするのがフランス、スイス、ポルトガル、マケドニアである。アルメニアは不明である。もともとは第二次大戦時における戦争犯罪や人道に対する罪、ナチス・ドイツによるユダヤ人迫害などが想定されていたであろう。しかし、東欧諸国の場合、旧社会主義政権時代の犯罪を考慮する可能性もある。フランス法もユダヤ人迫害に限らず、国際刑事裁判の判決を否定することが対象とされ、例えば旧ユーゴスラヴィア国際刑事法廷が裁いた人道に対する罪も含まれる。スイス法はさらに過去にさかのぼり、アルメニア・ジェノサイドの否定も犯罪とされる。

4　実行行為

①疑いを挟むこと、疑問視を犯罪とするのは、フランス、スロヴァキア、ルーマニアである。②否定がドイツ、スイス、リヒテンシュタイン、ポルトガル、スロヴァキア、マケドニア、ルーマニア、アルバニア。③（ひどく）矮小化がドイツ、リヒテンシュタイン、マケドニア、アルバニア。④容認がドイツ、スロヴァキア、マケドニア、ルーマニア、アルバニア。⑤正当化がリヒテンシュタイン、スペイン、スロヴァキア、マケドニア、ルーマニア、アルバニア。⑥好意的な文書の配布がアルバニア等である。

スペインでは否定を処罰することは違憲とされ、正当化の処罰だけが残った。しかし、否定を処罰する国は少なくない。この点は、それぞれの国家の憲法における表現の自由の規定様式や、解釈例によって左右されるかもしれない。刑罰法規の明確性の原則も関連するであろう。日本では、ヘイト・スピーチの処罰が表現の自由に違反するとか、明確性の原則に違反すると断定する粗雑で乱暴な見解があるが、欧州諸国における憲法と刑罰規定の連関についてより詳細な研究を行った上での慎重な比較検討が必要である（＊6）。

第6節　刑罰

ヘイト・スピーチに対する刑罰規定について、①法定刑と②宣告刑が判明している例を見て行こう。

一　法定刑

まず、法定刑である（図表21参照）。一年から三年程度の刑事施設収容とする例も少なくないが、刑罰の比較的重い例を見てみよう。①マケドニアでは歴史否定発言が一年以上五年以下の刑事施設収容、煽動意図発言が四年以上の刑事施設収容である。②パキスタンでは憎悪促進・教唆が五年以下の刑事施設収容である。③ルーマニアではファシスト組織設立が三年以上一五年以下の刑事施設収容、歴史否定発言が六月以上五年以下の刑事施設収容である。④セルビアでは憎悪・不寛容煽動が六月以上五年以下の刑事施設収容である。⑤アルバニアでは歴史否定発言が三年以上六年以下の刑事施設収容である。⑥イギリスでは憎悪煽動が二年以上七年以下の刑事施設収容である。⑦ポルトガルでは差別・憎悪煽動が一年以上八年以下の刑事施設収容、歴史否定発言が六月以上五年以下の刑事施設収容である。⑧イスラエルでは人種主義煽動意図出版が五年以下の刑事施設収容である。ベルトーニによると、⑨セントルシアではジェノサイド唱道及び憎悪煽動が一五年以下の刑事施設収容、憎悪促進が一〇年以下の刑事施設収容である。⑩ジャマイカではジェノサイド煽動は一〇年以下の刑事施設収容である。

日本刑法の法定刑と比較するのは難しいが、主要な刑罰を列挙しておこう。日本刑法では、傷害罪は一五年以下の懲役、暴行罪は二年以下の懲役、逮捕監禁罪は三月以上七年以下の懲役、脅迫罪は二年以下の懲役、強要罪は三年以下の懲役、未成年者誘拐罪は三月以上七年以下の懲役、人身売買罪は三月以上五年以下の懲役、名誉毀損罪は三年以下の懲役、威力業務妨害罪は三年以下の懲役、窃盗罪は一〇年以下の懲役、強盗罪

図表21　ヘイト・スピーチの刑罰（法定刑）の例

インド	憎悪を引き起こした者	3年以下の刑事施設収容又は罰金、又は併科
マケドニア	歴史否定発言 煽動意図発言	1年以上5年以下の刑事施設収容 4年以上の刑事施設収容
ニュージーランド	人種的不調和煽動	3月以下の刑事施設収容又は7000ドル以下の罰金
ドミニカ共和国	中傷＋煽動意図	1月以上1年以下の刑事施設収容及び25以上200ペソ以下の罰金
フィジー	人種的敵対煽動	1年以下の刑事施設収容又は500ドル以下の罰金、又は併科
エクアドル	人種主義普及・煽動	6月以上3年以下の刑事施設収容
トーゴ	憎悪表現	3月以上1年以下の刑事施設収容又は10万以上 100万CFAF以下の罰金
ブルガリア	煽動・教唆	3年以下の刑事施設収容及び公的非難
モンテネグロ	公然侮辱	3000以上1万ユーロ以下の罰金
パキスタン	憎悪促進・教唆	5年以下の刑事施設収容
チャド	憎悪煽動	1年以上3年以下の刑事施設収容
チリ	憎悪煽動	罰金
中国	マイノリティ差別・侮辱の重大事案	3年以下の刑事施設収容
エチオピア	憎悪流布	刑事施設収容又は罰金
ギリシャ	憎悪煽動 攻撃表明	2年以下の刑事施設収容又は罰金 1年以下の刑事施設収容又は罰金
ペルー	差別行為煽動	2年以上3年以下の刑事施設収容又は罰金
カンボジア	煽動・憎悪	1月以上1年以下の刑事施設収容
カメルーン	侮辱	6日以上6月以下の刑事施設収容
アイスランド	中傷、侮辱	罰金又は2年以下の刑事施設収容
エストニア	憎悪煽動	3年以下の刑事施設収容
モロッコ	公然差別	1月以上1年以下の刑事施設収容
ルーマニア	差別教唆 ファシスト組織設立 歴史否定発言	6月以上3年以下の刑事施設収容 3年以上15年以下の刑事施設収容 6月以上5年以下の刑事施設収容
アルメニア	煽動、侮辱目的行為	最低賃金の200倍以上500倍以下の罰金、 又は2年以下の矯正労働、又は2年以上4年以下の刑事施設収容
キューバ	差別煽動	6月以上2年以下の自由剥奪及び／又は200以上500単位以下の罰金
ルワンダ	中傷・侮辱による憎悪	1月以上1年以下の刑事施設収容又は5000フラン以下の罰金
セルビア	憎悪・不寛容煽動	6月以上5年以下の刑事施設収容
ウルグアイ	煽動	3月以上18月以下の刑事施設収容
イエメン	嘲笑・軽蔑・侮辱の煽動	3年以下の刑事施設収容又は罰金
アルバニア	歴史否定発言 人種主義文書配布	3年以上6年以下の刑事施設収容 罰金又は2年以下の刑事施設収容
パラグアイ	公然侮辱	3年以下の刑事施設収容又は罰金
ウクライナ	憎悪煽動	最低収入総額の50倍以上の罰金又は2年以下の一部権利剥奪
イギリス	憎悪煽動	2年以上7年以下の刑事施設収容
ポルトガル	差別・憎悪煽動 歴史否定発言	1年以上8年以下の刑事施設収容 6月以上5年以下の刑事施設収容
ヨルダン	対立を引き起こす行為	6月以上3年以下の刑事施設収容及び50ディナールの罰金
カタール	不和を引き起こす出版	6月以下の刑事施設収容又は3000カタール・リアルの罰金
セネガル	人種的優越性主張、 憎悪感情喚起	1月以上2年以下の刑事施設収容及び 25万以上30万フラン以下の罰金
イスラエル	人種主義煽動意図出版 人種主義煽動意図文書保有	5年以下の刑事施設収容 1年以下の刑事施設収容
オーストリア	公然煽動・激励	2年以下の刑事責任
アルジェリア	民族的中傷	1月以上1年以下の刑事施設収容及び300以上 3000以下アルジェリア・ディナールの罰金

は五年以上の有期懲役（二〇年以下）、強制わいせつ罪は六月以上一〇年以下の懲役、強姦罪は三年以上の有期懲役（二〇年以下）である。

各国刑法における他の犯罪の法定刑が明らかでないため日本と各国を直接比較することはできないとはいえ、ヘイト・スピーチの法定刑の重さは歴然としている。ヘイト・スピーチの本質や被害について正しい認識をすれば、必然的に刑罰が重くなる。ヘイト・スピーチを単なる悪口や汚い言葉などと言って放置する日本と、国際社会の常識はおよそ別次元ということが容易に理解できるであろう。

二　宣告刑

次に実際の適用事例における宣告刑である（図表22参照）。判決の量刑が判明した事例は必ずしも多くはないが、各国の統計に見るように、多くの諸国で実際にヘイト・スピーチ関連規定が適用されてきた。ヘイト・スピーチにはさまざまな行為類型があり被害の程度も多様であるため、宣告刑についての一般的傾向を抽出することはできない。法定刑に重い刑事施設収容が掲げられている場合もあれば、罰金や社会奉仕命令などを掲げる例もある。また、行政処分としての団体解散がなされる場合もある。いくつかの例を見ておこう（第9章参照）。

1　刑事施設収容

表22　主な適用事例

イスラエル	1997年、地方裁判所は、預言者モハメドを『コーラン』の上に立つ豚の姿で描いたリーフレットを投函した被告人を2年以下の刑事施設収容及び1年の執行猶予とした。 2004年、治安判事裁判所は、サッカー試合中に人種主義を煽動する意図をもって「アラブ人に死を」と叫んだ被告人に対する訴追を支持した。 2005年、イェルサレム区裁判所は、違法なデモに参加して「アラブ人に死を」と叫んだ被告人に6か月の刑事施設収容を言い渡した。 2006年、テルアヴィヴ区裁判所はサッカーの試合中に「アラブ人に死を」と叫んだ被告人に6か月の刑事施設収容と罰金とした。
ベルギー	2004年、ゲント控訴裁判所は、フラームス・ブロックという政党の関連3団体に約12000ユーロの罰金を命じた。破棄院はこの判決を支持し、フラームス・ブロックは解散となった。
スイス	2002年、バーゼルの司法当局は、運搬場で被害者を「セルビアの豚」と呼んだ被告人を500フランの罰金とした。 1998年、連邦最高裁は、ナチスドイツが人間殲滅にガス室を使用したことに疑いをはさむ発言をした歴史修正主義者15カ月の刑事施設収容と8000フランの罰金とした。
ドイツ	2005年、バヴァリア最高裁は、ミュンヘンで秩序破壊目的の極右テロリスト組織を解散、指導者と7人のメンバーをそれぞれ7年、及び1年4カ月の刑事施設収容とした。
ポーランド	2004年、タルノフゼク地裁は、カギ十字を描いた赤旗を掲げて国家をファシズム化することを公然と促進した被告人に12か月の自由制限刑及び40時間の社会奉仕命令を言い渡した。 2003年、ワルシャワ・スロドミエスキ地裁は、アメリカ市民女性の人種的関係ゆえに侮辱し、背中を叩き、彼女の名前を侮蔑的に呼んだ被告人に6月の刑事施設収容を命じた。
アイスランド	2002年、最高裁は、週末新聞インタヴューに応じて、不特定の集団に対して嘲弄、中傷、屈辱を加えた被告人に有罪を確定させた。
オランダ	2002年、レルモンド地裁判決は、民族的マイノリティ集団に向かって「外国人は出て行け」「ホワイト・パワー」「汚い外国人、汚いトルコ人」などと叫んだ男性を40日間に80時間の社会奉仕命令と1ヶ月間の刑事施設収容とした。 2006年、ロッテルダム地裁判決は、アウシュヴィッツにかけて嘘

	の「ハウスヴィッツ」というヴィデオ・プロモーションを作成しインターネットで普及しようとした被告人に40時間の社会奉仕命令を言渡した。 2006年、ブレダ地裁は、皮膚の黒い女性に向かって「ホワイト・パワーは永遠よ、いまこそホワイト・パワーよ」と叫んだ若い女性に、罰金500ユーロを言渡した。
エストニア	2003年、ナルヴァ市地裁は、スキンヘッド運動のメンバーであった複数の者が国民的人種的憎悪を公然と行ったことで、刑事施設収容を言い渡した。
フランス	2000年以後、ラディカル連合、エルザス団など3つの団体が解散命令を受けた。
ノルウェー	2007年、最高裁は、『ヴェルデンス・ガング』という新聞のインタヴューでユダヤ人の人間の尊厳を貶める発言をした被告人に、刑法第135条に違反するとした。
ウクライナ	2009年、オデッサのプリモルスク控訴審は、発行物『われらの任務』に「最良のユダヤ人を殺せ」という記事を掲載した編集者を18カ月の自由剥奪とした。 2008年、キロヴォラド地区で過激な集団が人種主義リーフレットを配布し、14名の関与が確認され、捜査当局の警告によりこの集団は解散した。
ポルトガル	2005年、リスボン刑事裁判所は、人種主義リーフレットを配布した被告人に人種主義犯罪で有罪を言渡した。
イタリア	2009年、ヴェニス司法裁判所は、集会で移住者に対する侮辱的言葉を侮辱的調子で用いたトレヴィソ副市長に4000ユーロの罰金及び3年間の公共集会参加禁止を言い渡した。 2009年、破棄院は、ヴェローナでジプシー・キャンプを移転させる署名運動をおこしたヴェローナ市長に2か月の刑事施設収容判決を確認した。
ロシア	2011年、クリミア地区捜査当局は『永遠のユダヤ人』という映像をサイトから削除するようカモフニチ裁判所に申立てた。 2011年、バショコートスタン共和国で、バシュキル人民に対する憎悪を助長・支持する文書をインターネットに投稿した被疑者に対して刑事手続きが始まった。 2011年、「不法移民に反対するスラブ人連盟」の過激な映像をソーシャル・ネットワークに投稿した件で、刑法第280条違反容疑で刑事手続きが始まった。

①イスラエルのタチヤナ・サスキン事件では、預言者モハメドを『コーラン』の上に立つ豚として描いたリーフレット投函行為を地方裁判所が二年以下の刑事施設収容及び一年の執行猶予とした。別件で、イェルサレム治安判事裁判所は、違法デモに参加して「アラブ人に死を」と叫んだ被告人に六月の刑事施設収容と六月の執行猶予を言渡した。②チュニジアのチュニス控訴裁判所はノーマライゼーションと「シオニズム化」と闘う委員会の主張に基づくパンフレット準備・配布行為に三年の刑事施設収容とした。③ポーランドのタルノフゼク地裁は、自宅のバルコニーにカギ十字を描いた赤旗を掲げて、国家をファシズム化することを公然と促進した行為に一二ヶ月の自由制限刑及び四〇時間の社会奉仕命令とした。④オランダのアムステルダム控訴審判決は、公開集会でムスリム、ユダヤ人、スリナム人、アンティル諸島人を侮辱する発言をした極右政党議長に四ヶ月の刑事施設収容（二ヶ月は執行猶予）とした。⑤エストニアのナルヴァ市地裁は、スキンヘッド運動メンバーによる公然憎悪行為に刑事施設収容を言い渡した。⑥ウクライナのオデッサ・プリモルスク控訴審は、「最良のユダヤ人を殺せ」という記事掲載を一八ヶ月の自由剥奪とした。

2　罰金

①スイスのチューリヒ司法当局は「ユダヤ人と仕事をすれば騙される。ヒトラーの『我が闘争』を読め。五〇年前の真実は今も真実だ」という表現行為に六〇〇フランの罰金とした。別件で、バーゼル司法当局は被害者を「セルビアの豚」「尻の穴」と呼んだ行為について五〇〇フランの罰金とした。②フィンランドのヘルシンキ控訴審は、ユダヤ人を侮辱するように唆す反セミティズムの印刷物発行に三〇〇ユーロの罰金を

言い渡した。③イタリアのヴェニス司法裁判所は、集会で移住者に対する侮辱的言葉を侮辱的調子で用いたトレヴィソ副市長を四〇〇〇ユーロの罰金及び三年間の公共集会参加禁止とした。

3　社会奉仕命令

①ベルギーのブリュッセル控訴裁判所は、国民戦線の指導者とその助手による人種憎悪、差別、隔離主義の煽動について、助手を一〇年間の被選挙権取消しと外国人統合センターでの二五〇時間の社会奉仕とした。②オランダのレルモンド地裁は、民族的マイノリティ集団に向かって「外国人は出て行け」「ホワイト・パワー」「汚い外国人、汚いトルコ人」などと叫んだ行為に四〇日間に八〇時間の社会奉仕命令と、一ヶ月間の刑事施設収容（執行猶予付）とした。別件で、ハーレム地裁判決は各地で破壊行動をしてカギ十字やトレードマークのホワイト・パワーを描いた行為に一〇〇〜二〇〇時間の社会奉仕と被害補償を命じた。③イスラエルのイェルサレム区裁は、違法な集会に参加し、「アラブ人はいらない。爆弾はいらない」と書いたシャツを着用した行為に社会奉仕命令を言渡した。

4　団体解散

①ドイツ連邦内務大臣はネオナチ団体の「ドイツの血と名誉」とその青年部を解散させた。②ウクライナのキロヴォラド地区で人種主義リーフレットを配布した過激な集団が、捜査当局の警告により解散した。③

フランスでは、二〇〇〇年以後、ラディカル連合、エルザス団、トリブ・カという三つの団体が解散命令を受けた。

〈註〉

（＊1）師岡康子『ヘイト・スピーチとは何か』（岩波新書、二〇一三年）三八～三九頁、及び本書第三章参照。

（＊2）楠本孝『刑法解釈の方法と実践』（現代人文社、二〇〇三年）、桜庭総『ドイツにおける民衆扇動罪と過去の克服――人種差別表現及び「アウシュヴィッツの嘘」の刑事規制』（福村出版、二〇一二年）参照。

（＊3）桜庭総『ドイツにおける民衆扇動罪と過去の克服』前註。

（＊4）楠本孝「ドイツにおけるヘイト・スピーチに対する刑事規制」『法と民主主義』四八五号（二〇一四年）。

（＊5）金尚均「名誉毀損罪と侮辱罪の間隙」『立命館法学』三四五・三四六号（二〇一二年）。

（＊6）日本政府は表現の自由と明確性の原則を理由にして「ヘイト・スピーチ法はそもそも制定することができない」と断定してきた。憲法学や刑法学においても理由を示すことなく日本政府に同調する見解がみられる。日本国憲法における表現の自由の理解が適切でないことについては本書第11章第1節及び第2節参照。明確性の原則についても理解が適切とは言えないが、本書で詳述する余裕はない。あるべき表現の自由を侵害することなく、禁止される行為と許される行為を区分けする刑事立法が可能であることは、世界百数十ヶ国の刑事立法によって証明されている。ヘイト・スピーチ法を明確性の原則に従って解釈・運用することも世界各国で実践されている。日本の検察官や裁判官が世界のなかで極度にかけ離れて無能であると言うのであればともかく、国際社会における通常の法律家であれば適切に解釈・運用できる法律を制定することは可能である。恣意的な運用の恐れはすべての刑事立法について言えることであり、ヘイト・スピーチ法の解釈・運用をジャーナリスト、弁護士、法律学者が監視することで適切な運用を実現する必要があることは言うまでもない。

第11章　ヘイト・スピーチの憲法論

第1節　憲法学の変遷と現状

一　本節の課題

ヘイト・クライム／ヘイト・スピーチの憲法論を展開するのであれば、何よりもまず憲法第一三条及び第一四条が主題とされなければならない。ところが、これまでは両条項がほとんど無視されてきた。日本政府に対する人種差別撤廃委員会は「表現の自由と人種差別表現の処罰は両立する」と繰り返してきた。ところが憲法学はこれを無視してきた。「表現の自由」と一言唱えれば、それ以上の説明は必要ないと考えているのだろうかと不思議な印象を受ける。憲法第二一条の表現の自由は重要であるが、憲法第一二条には自由に伴う責任が明示されている。ところが、憲法教科書は憲法第一二条に言及しない。

暴力を伴ったヘイト・クライムは暴行・傷害罪、器物損壊罪等による対処がなされるので、憲法論が具体的に問われるのは主に表現・言葉によるヘイト・スピーチ、特に人種差別撤廃条約第四条(a)が規定する「人種差別煽動処罰」問題である。条約第四条だけでも複数の行為類型が予定されている。本書第5章で見たようにヘイト・スピーチは多様かつ複合的な行為から成り、その行為類型に即した議論が必要であるが、憲法学はそうした配慮をしない。「表現の自由か、ヘイト・スピーチの規制か」という不可解な二者択一を持ち出すのが憲法学である。脅迫型、迫害型、ジェノサイド煽動型は明らかにヘイト・スピーチであるにもかかわらず、憲法学はこれらを無視する。

憲法学はヘイト・クライム／ヘイト・スピーチをめぐる議論の土俵を取り違えている疑いが強い。本節では憲法学ではどのように議論がなされてきたかを確認する。もっとも、憲法学の内在的批判に踏み込む準備ができていないので、憲法学の変遷と現状の大筋を確認するにとどめる。次節において憲法学への外在的批判に着手するが、本格的な内在的批判は別の機会に譲ることにする。

二　憲法学の定説——教科書に見る憲法学の現在

現在の憲法学は、ほぼそろって人種差別の煽動処罰に消極的な姿勢を取っているといえよう。以下では代表的な憲法学教科書をもとに現状を概観する。

1　芦部信喜の見解

芦部信喜は、表現の自由について個人権的要素と民主主義的要素に加えて請求権的・社会権的性格も有することを確認した上で、アクセス権、報道の自由（取材の自由、取財源秘匿の自由）、放送の自由、営利的言論、性表現について論じ、続いて名誉毀損的表現を取り上げる（＊1）。もっとも、ここでは差別表現に踏み込んでいない。芦部は破壊活動防止法におけるせん動処罰について論じて次のように述べる。

「教唆犯と別個にせん動罪という犯罪類型を設けるには、それに値する強度の社会的保護法益の存在が個別具体的に問われる必要があろう。また、特定の社会的保護法益を保護するためにせん動罪を設ける不可欠な理由があるとしても、従来の判例の言うせん動の定義は、不明確とのそしりを免れないものがあるので、その定義に従って、右に言う『慫慂』なり『勢のある刺戟を与える』表現が刑法理論で言う抽象的危険犯として処罰されるというのでは、表現の自由の保障の趣旨に反するおそれがあろう。学説が古くは『危険』の基準、七〇年代以降はブランデンバーグ法理を参照して、害悪の重大性・切迫性の要件が充足されてはじめて、せん動罪規定自体の合憲性なり、せん動に当たるとして起訴された特定の表現行為の可罰性なりが判定されなければならないと説いてきたのも、その故であり、それには十分の理由があると言ってよい」。（四二六〜四二七頁）

右は破壊活動防止法の「せん動」についての見解であって、煽動一般についての議論ではないが、煽動処罰に否定的な憲法学説の一つとして確認しておこう。

次に芦部は「表現内容中立規制の審査基準」について論じる。差別表現規制についても内容中立規制の議論は重要であるが、芦部はアメリカにおける徴兵カード焼却事件、国旗焼却事件、日本における道路上でのビラ配り事件、屋外広告物規制事件、選挙運動の自由について詳細に論じながら、差別表現やヘイト・スピーチには論及しない。

2　佐藤幸治の見解

佐藤幸治は、表現の自由について「①個人の人格の形成と展開（個人の自己実現）にとって、また、②立憲民主制の維持・運営（国民の自己統治）にとって、不可欠であって、この不可欠性の故に『表現の自由の優越的地位』が帰結する」と説明する（二四九頁）（＊2）。次に佐藤は「せん動」を取り上げ、煽動処罰一般が表現の自由侵害であるというユニークな見解を提示する。また、差別的表現については「難しい課題を提起する」とし、「平成一四年に国会に提出された人権擁護法案の内容などを読むと、表現の自由（および集会・結社の自由）との関係で看過しえない重大な問題が含まれていることが知られる」とする。そして、佐藤は憎悪煽動の問題を「差別的表現（ヘイト・スピーチ）」と呼ぶ（二七〇頁）。

3　辻村みよ子の見解

辻村みよ子は、表現の自由の規制に関する違憲審査基準について事前抑制の禁止、明確性の原則、明白かつ現在の危険、より制限的でない他の選びうる手段の基準（ＬＲＡ）を列挙し、ブランデンバーグ原則を重視する（＊3）。辻村は明確性の原則について、刑罰法規が「委縮的効果」を持たない必要性を説明する。「犯罪煽動表現」について表現の自由との関係が問題となるとし、佐藤幸治説を引用する。

4　初宿正典の見解

初宿正典は、表現の自由を自己実現と民主制の前提条件であると確認し、表現の自由の概念とその方法について幅広い一般的説明を行い（つまり限定せず）、表現の自由の保障に言及し、その制限と合憲性判断基準を論じる（＊4）。公共の福祉論、表現の自由の優越的地位と二重の基準論、事前抑制の原則的禁止を概説した上で明確性について論じる。初宿は表現の内容に関する規制について名誉侵害の表現行為、プライヴァシー侵害の表現行為、犯罪方法等の伝授と並べて犯罪の煽動と差別的表現を取り上げて、規制には委縮的効果が懸念されるので「明白で差し迫った」具体的な危険を要すると言う。

5　長谷部恭男の見解

長谷部恭男は、表現の自由の優越的地位の根拠として民主的政治過程の維持と個人の自立を検討した上で、合憲性の判断基準として過度の広汎性の法理、漠然性のゆえに無効の法理に言及した後、内容に基づく規制と内容中立規制に関連して「せん動」と差別的言論について検討する（＊5）。長谷部は「せん動」について「重大な危害が生ずる差し迫った危険が存在したこと」の立証を求める。また、差別的言論規制について「内容に基づく表現規制であるにもかかわらず、その外延を規定することが困難であること」などから「なお一般的支持を得るにはいたっていない」と述べるにとどまる。

6　渋谷秀樹の見解

渋谷秀樹は、他の憲法教科書よりも立ち入った記述をする（＊6）。「差別的表現とは、少数者集団に対する侮辱、名誉毀損、憎悪、排斥、差別などを内容とする表現行為である。アメリカ合衆国ではこのような表現行為は、憎悪の言論と呼ばれてその合憲性が議論されているが、これには必ずしも少数者ではない特定の集団に対する直接的・間接的な、その存在意義を揶揄あるいは否定するような誹謗中傷的・皮肉的表現も含まれる。このような表現の対象者が特定されれば、侮辱罪、名誉毀損罪等で処罰可能であるが、対象者が特定されない集団の場合、既存の実定法秩序によっては対応できないので、新たな規制の是非が問題となる」（三四八頁）。「憎悪の言論と呼ばれてその合憲性が議論されている」とあるのは意味不明であるが、「憎悪の言論の刑事規制の合憲性が議論されている」という趣旨であろう。渋谷は差別的表現の規制について思想の自由市場論を持ち出して規制消極論の立場を明示し、対抗言論を唱える。

7　赤坂正浩の見解

赤坂正浩は、「煽動的表現の自由」と「差別的表現の自由」を明言する（＊7）。赤坂によると「煽動的表現の自由とは、『犯罪や違法行為を煽動する表現を国家から妨害されない市民の権利』を意味する」（七一頁）という。その規制の合憲性審査については明白かつ現在の危険やブランデンバーグ原則を紹介しつつ、破壊活動防止法に関する最高裁判例を紹介している。赤坂は「差別的表現の自由」について「差別的表現の自由とは、『マイノリティに対する差別・排斥・憎悪・侮辱等を内容とする表現を国家から妨害されない市民の権利』ということになる」（七二頁）と定義する。

8　憲法学の特徴

以上、憲法学の代表的な教科書の記述を紹介してきた。その特徴をまとめておこう。

第一に、「表現」の理解であるが、憲法学は「表現」をあらゆる表現としている。言語表現に限らず、人間の意思表示に関連するあらゆる事柄が表現になりうるというのが一般的であるが、具体的根拠は示されない。「表現」とはそういうものだと決めつけているように見える。「憲法第二一条で保障される表現の自由に関する『表現』の概念定義を行う」という問題意識は見られない。

第二に、表現の「自由」の理解についても同じことが言える。あらゆる表現の自由の保障であり、表現内容に関する区別は認められないとされる。憲法第二一条に「一切の表現の自由」とあるため、「一切の」表現の自由の優越的地位を認めるとされる。絶対的保障ではないものの、憲法上の自由権のなかで別格の保障を認めるという理解が一般的である。それゆえ憲法第一三条や第一四条との関連について言及する例が少ない。

第三に、あらゆる表現の自由を優越的に保障するのだから、差別表現の自由に対する刑事規制は慎重でなければならないとされる。明白かつ現在の危険の原則やブランデンバーグ原則が参照される。日本国憲法には書かれていないにもかかわらず、突如として「アメリカ憲法判例に当然従うべきだ」という断定的主張がなされる。表現の自由と差別表現の自由の刑事規制を絶対的に対立させる理由が示されることはない。憲法学教科書は理由を示さずに結論を述べることが非常に多い。

第四に、憲法学はヘイト・スピーチ（憎悪煽動）と差別表現の概念の区別をしようとしない。佐藤幸治がいきなり「差別的表現（ヘイト・スピーチ）」と述べているように、ヘイト・スピーチを差別的表現と等置し、多くの重要問題に目を閉ざす。ヘイト・スピーチの行為類型や複合的性格には目を向けない。

第五に、国際自由権規約第二〇条第二項にほとんど言及がない。国際自由権規約委員会は日本政府に刑事規制の勧告をしているが、憲法学はこれを完全に無視する。

第六に、人種差別撤廃条約第四条(a)(b)については、日本政府がその適用を留保していることを肯定的に紹介している。人種差別撤廃委員会から第四条留保の撤回や、ヘイト・クライム／ヘイト・スピーチ規制法を制定するよう勧告を受けていることには言及しない。

第七に、憲法学は煽動処罰が国際常識であることには絶対言及しない。あたかも世界では煽動処罰がなされていないかのごとく真逆に描き出す。

第八に、渋谷秀樹は差別的表現に「対抗表現」を対置すべきと明言している。他の論者はそのように明言していないが、おそらく同様の考えであろうと推測される。人種差別問題に取り組んできた人権ＮＧＯ、人権活動家であれば、人種差別の煽動に対して被害者による対抗表現・対抗言論は意味をなさず、実践不可能であると考える者が多い。これに対して、憲法学者はほとんど理由も示さずに「対抗表現によるべきだ」と断定する。しかし、現実的可能性や具体的内容は示されない。被害者による対抗言論と社会的な対抗言論の区別や、その差異に言及することも少ない。

一般に対抗言論は、最初の言論によって批判を受けた側によって行使されることが念頭に置かれているが、批判を受けた当事者が反論するべきだと決めることはできない。社会的対抗言論の可能性もある。憲法学者は従来、その区別をすることなくヘイト・スピーチに対する対抗言論を唱えてきたように見える。もっとも、内野正幸が被害者による対抗言論と社会的対抗言論を区別して、ヘイト・スピーチには社会的対抗言論がなされるべきことを説いている。渋谷秀樹の主張も社会的対抗言論を含む趣旨であるかもしれない。しかし、社会的対抗言論がいつ、どのようにしてなされうるのか。社会的対抗言論が的確になされる保証がどこにあるのだろうか。そして、社会的対抗言論をどれだけ行ったとしても被害はなくならない。万全の社会的対抗言論を常に用意できるのでなければ、社会的対抗言論の主張は「被害者は被害を甘受せよ」と言っているに等しい。

三　憲法学の変遷——八〇年代憲法学における議論

本項では、少し時期をさかのぼって憲法学理論が現在のようになる前の状況を見て行くことにする。内野正幸『差別的表現』から市川正人『表現の自由の法理』に至る経過である。内野の問題提起がどのような経過をたどったか、そして内野がいかにして自説を「撤回」するに至ったかを見ることで、今日の状況が理解できる。当時の議論は憲法学内部だけで行われたのではなく、かなり政治的議論がなされた。そのことの意味も考える必要がある。以下では、ヘイト・クライム／ヘイト・スピーチ全体ではなく、「表現・言葉によるヘイト・スピーチ」に限定する。特に人種差別撤廃条約第四条(a)が規定する「人種差別煽動処罰」問題である。内野の著作タイトルのように当時は「差別的表現」という用語が使われていた。

1　差別表現をめぐる論争

内野が著書『差別的表現』において差別表現の刑事規制を提案し、「論争」が行われた（＊8）。それは市川正人『表現の自由の法理』によって決着を見ることになった。前項で見た憲法学教科書は、その後に憲法学の世界で共通理解とされたことを前提として書かれている。さらに内野正幸『表現・教育・宗教と人権』（＊9）における「改説」によって最終決着したと言えよう。そこに収録された内野論文はそれ以前のものであるが、著書に収録して改めて発表したことで現時点の内野の理解を再確認したと言える。なお、ここでは「撤回」「改説」という表現を用いているが、内野自身は「差別的表現」が「若いころからのテーマであり、それは出版当時に学界の内外で評価された。しかし、その後、憲法その他の分野で多数の文献が出され、私自身のフォローしきれないところとなった」という、あいまいな表現を用いている。ともあれ、内野説をめぐる応答がヘイト・スピーチに関する議論の契機となったことは間違いない。そこで内野説をめぐる応答の様子の一端を確認することが必要となる。ただし、以下で検討するのは憲法学界における応答と言うよりも学界の外での応答を含む。

さて、内野の問題提起は一九九〇年のことである。それ以前から差別表現と表現の自由をめぐる議論は続けられてきた。とりわけ七〇年代から八〇年代にかけて部落差別とそれに対する批判としての解放運動の展開のなかで、差別表現をめぐる問題が激しく争われた。

一九八五年に出版された部落差別研究所編『表現の自由と「差別用語」』は当時の状況を知るには便利な一冊である（＊10）。同書は部落解放同盟の運動方針に対する痛烈な批判の書であり、その点を考慮して読む必要があるが、「第Ⅰ部　部落問題を主として見た表現の自由と『差別用語』問題」（成沢栄寿執筆）は一三〇頁に及ぶ力作であり、数々の差別用語問題・事件を取り上げて論評を加えている。さらに運動団体等の見解、新聞・放送・雑誌・図書館の網領・指針、取り決め集、「差別用語」問題をめぐってなど多数の文書資料が収録され、当時の議論状況を知るためには格好の文献と言えよう。同書を丁寧に検証する余裕はないが、本稿の関心に照らしてその特徴を三点まとめておこう。

第一に、同書の主たる問題関心が部落解放同盟による糾弾闘争への批判であるため、「糾弾闘争による被害」が強調されていることである。このため「差別表現による被害」には関心が向けられない。表現の自由と差別用語の問題が「糾弾闘争から表現の自由を守る」という文脈だけで語られるため、「差別表現が具体的に被害を生じている」ことや、「差別表現の助長・容認が表現の自由を掘り崩す」ことはほとんど考慮されない。結果として表現の自由の主張が同時に差別表現の自由の主張となり、「差別に反対する表現に対する批判」となり、差別による被害を放置する立論になっている。この時期の日本における問題はこのような構図のもとで現象していたと理解するしかないのだろう。

第二に、同書の主題が部落解放同盟批判であることから、朝鮮人や中国人に対する差別や差別発言などの問題が取り上げられない。主題の限定ゆえか日本における差別と差別発言の問題全体を考える姿勢がない。同年代に出版された、在日朝鮮人の人権を守る会『在日朝鮮人の基本的人権』、在日朝鮮人の人権を守る会『国際人権規約と在日朝鮮人の基本的人権』などを参照することがない（＊11）。それは同書の限界であり、当時の人権運動における横のつながりの弱さが反映しているのかもしれない。

第三に、一九六五年の人種差別撤廃条約、一九六六年の国際自由権規約に言及がない。人種差別撤廃条約は人種、民族、宗教だけでなく、世系（門地）に動機を有する差別を禁止し、人種差別禁止法の制定とヘイト・スピーチの処罰を求めている。ところが、二〇年も後の同書がこれらを無視する。

以上、三点指摘したが、これは後知恵の批判ではないし、ないものねだりでもない。当時の議論水準の限界を確認することができる。

2　旧内野説の登場

このような時期に出版されたのが一九九〇年の内野正幸『差別的表現』である。内野は人種差別撤廃条約や国際自由権規約を取り上げ、そして「自由主義諸国の苦悩」と題して各国の立法例を紹介する。アメリカの人種的集団ひぼうの禁止、イギリスのヘイト・クライム法、フランスの人種差別禁止法の集団侮辱と憎悪・暴力煽動、カナダの憎悪煽動罪などを紹介・検討し、立法例について、①人種的集団に対する憎悪煽動、②差別煽動、③名誉毀損、④侮辱の四つに類型化している。さらに、法律による規制範囲について人種差別撤廃条約四条ⓐは禁止の対象にあまり限定をつけていないこと、立法例にも同様の例があること、ドイツやフランスの立法には「本来自由であるべきだと思われるような表現行為に対してまで、適用される傾向」があることを指摘する。内野は「部落差別的表現の規制」について賛成論と反対論を検討し、具体的な提案として部落差別解放同盟・差別規制法要綱（案）、松本健男案、森井暲案、山下多美男案を紹介・検討した上で、自らの案を掲げる。内野正幸案は次のとおりである。

「(第一項) 日本国に在住している、身分的出身、人種または民族によって識別される少数者集団をことさらに侮辱する意図をもって、その集団を侮辱したものは、……の刑に処す。(第二項) 前項の少数者集団に属する個人を、その集団への帰属のゆえに公然と侮辱した者についても、同じとする。(第三項) 前二項にいう侮辱とは、少数者集団もしくはそれに属する個人に対する殺傷、追放または排除の主張を通じて行う侮辱を含むものとする。(第四項) 本条の罪は、少数者集団に属する個人またはそれによって構成される団体による告訴をまってこれを論ず。」

内野の提案は憲法学に大きな波紋を呼んだだけではなく、当時の社会的論争のなかに差し出された形になった。本節の関心からは旧内野説の意義を次の四点にまとめることができる。

第一に、差別表現を「表現の自由」だけの問題として位置付けるのではなく、まずは差別と差別表現がもたらす被害に視線を送り、憲法学上の位置づけを問い直している。闇雲に表現の自由を唱えるのではなく差別構造のなかにおける差別表現の被害に着目した。

第二に、「身分的出身、人種または民族によって識別される少数者集団」とあるように、部落差別問題だけでなく差別の全体を射程に入れた立論がなされている。

第三に、人種差別撤廃条約、国際自由権規約及び諸外国の立法を紹介し、議論を国際人権法のレベルに引き上げた。アメリカのみならず、イギリス、フランス、ドイツ、カナダを射程に入れたのは画期的であり、四半世紀を経た現在でもこの水準に達している憲法学者はごくまれである。

第四に、差別的表現の類型化が試みられている。多くの論者がいまでもヘイト・スピーチに諸類型があることを無視しているが、内野は当時から類型を配慮していた。

内野提案の後、さまざまな立法提案がなされた。「外登法問題と取り組む全国キリスト教連絡協議会」の外国人住民基本法（案）、日弁連の多民族・多文化の共生する社会の構築と外国人・民族的少数者の人権基本法の制定を求める宣言、日弁連の外国人・民族的少数者の人権基本法要綱試案、東京弁護士会外国人の権利に関する委員会差別禁止法制検討プロジェクトチームの人種差別撤廃例要綱試案、自由人権協会の人種差別撤廃法要綱、「移住労働者と連帯する全国ネットワーク」の「外国籍住民との共生に向けて」、「人権の法制度を提言する市民会議」の「日本における人権の法制度に関する提言」などである。これらについて筆者はかつて次のように評した。

「人種差別禁止法をつくる考えはＮＧＯの間で共有されるようになってきたが、特定の人種差別行為について犯罪化するための立法提案に関しては、まだ十分な検討がなされていない。一般的な禁止規定にとどまっていたり、犯罪とされるべき実行行為の特定がなされていない。内野が紹介した諸案と最近の議論を比較しても、議論の水準があがったとはいえないのが実情である。」（＊12）

櫻庭総も「以上の諸法案ないし諸提案についても、やはり『対象行為をいかに確定するか』（何が可罰的な差別表現か）という問題は依然として解決していない」と評して、内野説を評価して引用している（＊13）。ところが、内野提案は後に「撤回」されることになる。

3　成澤栄壽の見解

内野の提案は憲法学に大きな波紋を呼んだ。内野自身も「それは出版当時に学界の内外で評価された」という認識を示す。ここでその全体をフォローする余裕はない。本節の関心からは、憲法学上のいかなる論点がどのように論じられたかを知ることが必要であるが、ここでは「学界の内外」の「外」に広がる論議を確認する。それゆえ右に紹介した部落問題研究所編『表現の自由と「差別用語」』の「姉妹編」とされる、一九九三年の成澤栄壽編『表現の自由と部落』の反応を見ておくことにする（＊14）。当時の議論の水準を示す格好の素材である。以下では同書のうち成澤栄壽、奥平康弘、川口是の論文を紹介する。

第一に、成澤栄壽の基調論文「序説―言論・表現の自由と『部落解放同盟』」である。成澤論文は本書の巻頭論文である。論旨は一貫して部落解放同盟による「差別用語」に対する糾弾への批判である。それはここでの検討課題ではないが、成澤論文をここで取り上げるのは、前書では射程外であった人種差別撤廃条約や国際人権法に関連する記述が登場するからである。成澤は、部落解放同盟が反差別国際運動（ＩＭＡＤＲ）を国連ＮＧＯとして登録しようとしていることを批判する。部落問題研究所は当時、反差別国際運動の国連ＮＧＯ「登録阻止の運動を展開した」という。「登録」が「理想化された国連の権威の悪用」になるという認識だからである。その具体的な証拠として成澤があげるのが人種差別撤廃条約の「人種差別」に部落差別が含まれるか否かの問題である。部落解放同盟が「人種差別撤廃条約の人種差別には部落差別も含まれる」と主張したのに対して、成澤は次のように述べる。

「たしかに国際的には、性や障害あるいは人種や民族に基づく差別を法規制する動きがある。これらは外見上わかるか、実際上判別が困難であっても、一般に外見上わかると見なされており、区別することによって尊重・配慮されるべき性質をもっている。『解同』（部落解放同盟のこと―引用者）は封建的身分に歴史的起因をもつ部落問題の属性（本質）を見誤り、疑似民族問題としてとらえている。だから右の国際的な差別法規制の動きを利用するのである。不当にも人種差別撤廃条約の『人種差別』に部落差別を該当させることになれば、『解同』とその追随・同調者たちにより、思想・信条の自由、言論・表現の自由、集会の自由などの侵害に悪用される可能性がある。」（四〇頁）

後述するように、成澤はかなり特異な見解を述べている。時代の限界と言えようか。

4　奥平康弘の見解

第二に、奥平康弘の論文「言論・表現の自由」である（＊15）。奥平は冒頭で「差別表現」を表現の自由との関連で考えるために「原理論のレベルで接近しようと思う」「表現の自由の原理を究明する」と言う。そして、奥平は「言論が言論であるかぎりは、他人に対してただちに現実に害悪を与えない」と断定する。論拠は示されない。そしてただちに論点を、言論が他人に害悪を与える「おそれ」があるか否かに移動させる。次いで言論抑圧が生ずるのは、抑圧する側が「自分の立場こそは絶対的に正しい」という「無謬性の原則」によるという。そして奥平は「表現の自由」とは「メッセージの送り手と受け手のあいだに生ずる『コミュニケーション』『対話』を、どこまでも自由に開かれたものにすることだ」と言う。言論の「受け手」は不特定多数であるから、「いろんな考えの人たちが『受け手』になる可能性がある」ので、ある者が不当な差別表現と受け取ったとしても、その者はすべての受け手の「代表者」ではなく、差別表現に関する「対話」を打ち切らせる権利はないとし、部落解放同盟による糾弾権を全面的に否定する。奥平は表現が差別的であるかどうかをだれが判定するのかという問題を提示し、「差別する者」と「差別される者」という機械的な分け方は不適切であることも指摘する。

奥平論文の初出は『部落』五二一号（一九九〇年四月）であり、内野説に対する直接の批判ではなく、内野説が引用されることもない。しかし、後述するように内野説を直接批判した川口是論文とともに本書に収録されることによって、内野説批判として機能することになった。

5　川口是の見解

第三に、川口是の論文「部落差別的表現の規制立法を批判する」である（*16）。川口は冒頭で内野『差別的表現』は「部落解放同盟あるいはその立場に同調する法律専門家の見解と同一ではないが、にもかかわらず大きな流れとしては、『本書』が部落差別的表現を規制する法律の—しかも罰則をともなったものとしての—成立にひとつの役割を果たすことは、客観的には否定できない」として、内野説への政治的批判を始める。川口はまず立法事実について論じる。法令の制定には、その法令を必要とする社会的事実が必要であるが、部落差別的表現の増加傾向について立法事実があるかと問う川口はこれを否定する。内野が示した事例は部落解放基本法制定要求国民運動中央実行委員会編『全国のあいつぐ差別事件』（解放出版社）からの引用にすぎず、内野説には「あまりにも事実関係の基礎づけが薄弱であるように思えてならない」という。

次に川口は「立法化でなにがえられるのか」と問い、内野提案が実現したとしても犯罪の成立要件に絞りをかけているため「処罰の対象となるものは、きわめて限られてくることになり、そのようなものを新たに犯罪として取り締まることにより、どのような効果が期待できるのだろうかという疑問がぬぐえない」という。続いて、犯罪化すれば警察による捜査が行われることになり、「聞き込み、呼び出し（任意出頭）などが行われることになったらそこにかもし出されるであろう雰囲気に対して、私としては陰うつという言葉を思いうかべないわけにはいかない」と述べる。以上のように川口は立法事実がないこと、立法してもさほど効果が期待できないこと、犯罪捜査が行われると雰囲気が陰うつになることをもって、内野説に対する批判としている。

6　小括

以上、成澤、奥平、川口の論文を簡潔に見た。『表現の自由と部落問題』には他にも重要な論文があり、前書とは違って部落差別だけではなく天皇批判発言や黒人差別等にも言及している。当時の議論状況を知るには重要文献であるが、ここでは成澤、奥平、川口論文に言及するにとどめる。本節の関心からは次の諸点を確認しておきたい。

第一に、「糾弾闘争による被害」のみが語られ「差別表現による被害」には関心が示されない。それどころか、奥平は「言論が言論であるかぎりは、他人に対してただちに現実に害悪を与えない」と驚愕の断定をしている。表現の自由研究の第一人者によるこの断定の意味はあまりにも「重い」。奥平の立場からは、いかなる差別表現も「現実に害悪を与えない」のだから、文字通りあらゆる差別表現の自由が貫徹しなければならない。この見解が正しいとすれば、現行刑法の名誉毀損罪や侮辱罪の規定も憲法違反として廃止されなければならない。部落解放同盟を批判する政治目的に走るあまり、こうした見解が憲法の「原理論のレベル」と称して堂々と語られていたことに注目しておきたい。

第二に、前書では朝鮮人や中国人に対する差別表現が取り上げられていないが、同書では黒人差別等が取り上げられ民族問題にも言及がなされている。差別を解消し平等を実現することは、もちろん本書の立場である。そのうえで部落解放同盟の運動方針への批判をしている。ただ、民族差別と部落差別は本質的に異なるという主張としてしかなされていない。民族差別と部落差別は歴史的社会的に異なるという当然のことを述べて、そこからいきなり、部落差別は人種差別撤廃条約にいう「人種差別」には当たらないという珍妙な結論が唱えられる。

人種差別撤廃条約第一条は人種差別を「人種、皮膚の色、世系又は民族的若しくは種族的出身に基づくあらゆる区別、排除、制限又は優先であって、政治的、経済的、社会的、文化的その他のあらゆる公的生活の分野における平等の立場での人権及び基本的自由を認識し、享有し又は行使することを妨げ又は害する目的又は効果を有するものをいう」と定義する。ここでは「人種」以外に「世系」や「民族的出身」が列挙されている。

部落差別が「民族的出身」による差別でないことは当たり前のことである。部落解放同盟が主張したのは、部落差別は「世系（descent）」による差別だから「人種差別」に当たるという、当時としてもごく自然な解釈であった。人種差別撤廃委員会は世系の事例としてインドのカースト制、ダリット差別を取り上げてきた。

人種差別撤廃委員会は二〇〇一年、二〇一〇年及び二〇一四年の三度にわたって、日本政府報告書の審査に際して、部落差別が人種差別撤廃条約の対象に含まれることを明言している。これが世界の常識である。それにもかかわらず、成沢論文は「国際社会に、合理的根拠を示さないまま部落問題を人種問題のなかに加えようとする傾向」という表現で、部落差別は人種差別に含まれないという特異な見解を唱える。憲法学者の奥平と川口は法律家としての見識を披露すべき時に、沈黙することによって成澤論文を支えてしまった。

また、同書は朝鮮人差別や中国人差別とそれに関連する差別表現は取り上げようとしない。当時、筆者は床井茂編『いま在日朝鮮人の人権は』、在日朝鮮人・人権セミナー『在日朝鮮人と日本社会』などに関わっていた(*17)。すでに日本人側の諸団体にも朝鮮人差別に反対して取り組む運動団体がいくつもできて、横のつながり、ネットワークができていたが、同書を見るとそういう状況とはまったく無縁のようである。

第三に、同書は人種差別撤廃条約にはかろうじて言及するが、国際自由権規約や諸外国の立法例には言及しない。国際自由権規約は一九六六年の条約であり、日本政府については一九七九年に発効した。国際自由権規約第二〇条第二項は「差別、敵意又は暴力の扇動となる国民的、人種的又は宗教的憎悪の唱道は、法律で禁止する」と定める。歴史家の成沢はともかくとして、法律家の奥平や川口がなすべきことは国際自由権規約の国際的な解釈例を明らかにして、その意義を解明することであったはずだが、そうした作業は一切なされない。

また、内野はアメリカ、イギリス、フランス、西ドイツ、カナダの立法例を紹介した上で、アメリカの裁判例と学説を詳細に紹介した。しかし、成澤、奥平、川口は諸外国の立法・判例・学説には関心を示さない。自由で民主主義的な諸国において差別表現にどのような対処をしているのか、そこにどのような苦悩が刻まれているのかは全くどうでもよいことなのだろうか。言うまでもなく奥平は表現の自由の研究者であり、他の著書においてはアメリカの立法・判例・学説を実に綿密に調査研究してきた。しかし、本論文では「原理論のレベル」という言葉で記述の限定を施しているためか諸外国の立法例には関心を示さない。奥平の思考のなかにだけ存在する「原理論のレベル」の記述がいかなる意味を有するのかは、よくわからないと言うしかない。

川口に至っては、ヘイト・スピーチを犯罪とし、警察が捜査を行うと雰囲気が陰うつになると決め付けている。EU加盟国すべてにヘイト・スピーチ規制法があり、現に適用されていることを川口はどう見るのだろうか。川口にとっては、EU諸国はそれほど陰うつな社会なのだろうか。

以上、旧内野説の登場と、それに対する批判を瞥見した。内野『差別的表現』の出版は一九九〇年であり、わずか四半世紀前のことであるにもかかわらず、ヘイト・スピーチ法研究という観点から見ると隔世の感がある。表現の自由を全体として射程に入れた研究は極めて不十分であり、国際人権法や諸外国の例を参照する研究も不在であった。内野の問題提起が優れていたのは、そうした状況を打開する理論と立法提案を大胆に提起したからである。それでは内野の問題提起はその後いかなる経路をたどるであろうか。

一九八〇年代から九〇年代にかけて差別表現の処罰立法は憲法の表現の自由に反する等の議論が盛んになされ、今日の憲法学における通説が形成されていったと見られる。しかし、当時の議論状況を見ると、判例において具体的に問われたわけではないことや、憲法学において処罰立法を提案したのは旧内野説だけであったことから、残念ながら議論は具体的な内実を持ったものとはなりえなかったように思われる。

そのため、第一に、議論は現実に向き合うことなく、観念だけを取り上げることになったように思われる。

差別表現には被害がないかの如く断定する暴論が堂々と語られたことに特徴的である。第二に、議論はアメリカ憲法判例を日本に直輸入することに収斂していった。それは表現の自由の理解の発展を促す一面があったが、かなり偏向した理解に自閉していった。第三に、一九六〇年代から国際人権法の発展がみられ、日本政府も遅ればせながら一九七九年に国際人権規約を批准するなど国際人権法の摂取に向かいつつあったにもかかわらず、憲法学は国際人権法を軽視し続けたように見える。

その後、内野自身が旧説を改めることによって旧内野説が「過去」のものとなり、憲法学は差別表現の処罰立法に否定的な態度を取るのが一般的となり、しかも、その際にあえて理由を示すことさえ必要とはされないほどに「共通理解」がしっかりと形成されることになった。

四　憲法学における議論の展開

1　市川正人の見解

次に二〇〇三年の市川正人『表現の自由の法理』を見て行こう（＊18）。他にも多くの重要研究業績が存在するが、ここでは旧内野説から新内野説への転換を見て行くことが主たる関心事であり、市川の研究を見ることがもっともふさわしい。

市川は表現の自由に関する裁判法理について検討しているが、それは表現の自由の優越的地位や、二重の基準論が日本では必ずしも機能していないという認識から、優越的地位や二重の基準を定着させるためにはどうすれば良いかという関心で書かれている。つまり、日本の判例においては表現の自由がなお十分に保障されていないので、よりいっそう表現の自由を促進するために理論的研究を行うとする。

差別表現に関して市川はまず「アメリカにおける差別的表現の規制」について、①アメリカ合州国最高裁のR．A．V．判決を検討し、②次に批判的人種理論の挑戦によって始まった差別的表現禁止をめぐる論争を検討する。そのうえで市川は、③日本における差別表現規制をめぐる論争、すなわち旧内野説とそれへの批判を整理して、差別表現規制法の可否を論じ、人権擁護法案について検討を加える。市川によると、一九九二年の最高裁判決は、ミネソタ州におけるヘイト・スピーチ事件につき被告人を有罪とした「偏見を動機とする犯罪条例」が合州国憲法修正第一条に違反し、文面上無効であると判断した。本判決についてはそれ以前から紹介されていた。判例法理としては、表現内容の規制・内容中立二分論として展開されてきた。本判決自体について市川は次のように評価している。

「差別的表現禁止法を人種などに関するけんか言葉の禁止として正当化する手法は、これまでの判例の流れからして最も自然な手法であるが、本判決はこの手法を否定したのである。また、本判決は、差別的表現の禁止を、少数者の人権擁護のためのやむにやまれざる政府目的を達成するために必要不可欠な規制と構成する手法をも否定した。／本判決が差別的表現禁止法に対してこのような厳しい姿勢をとったのは、差別的表現禁止法に対し、特定の争点につき非寛容の思想ないし偏見をもつ側にのみ負担を課す（見解差別的効果を有する）ものであるとの否定的な評価を加えているからであろう。この点、結果同意意見が、『差別についてのわが国の長く苦痛に満ちた経験』ないし『現代アメリカ社会における「人種、肌の色、信条、宗教［及び」性」の役割』を考慮して、けんか言葉たる差別的表現の禁止に関して理解を示しているのと対照的である。本判決は、差別的表現禁止法を正当化しようとする手法すべてについて判断を加えたものではないが、差別的表現禁止法を正当化することがかなり困難になったことは確かである。」（同書四四頁）

市川の評価の前提、そしてアメリカ最高裁判例の前提には「思想の自由市場」の論理がある。あくまでも「思想」であり、「表現」であるという位置づけである。市川は次に批判的人種理論の挑戦について検討する。批判的人種理論とは一九八〇年代末頃からアメリカに登場した理論であり、この文脈では差別表現禁止を唱える見解として位置づけられる。例えば、批判的人種理論は「人種差別的表現は、その表現が侮辱している人種に属する人々の尊厳に対する攻撃であるが、そのような攻撃は、すべての人が等しく尊重と配慮を受けるべきと言う社会の基本的原理と矛盾する」として、差別表現の禁止を主張する。これに対して一九九〇年代に激しい論争が行われた。人種差別的表現規制法が誤って適用される恐れがあることや、逆にマイノリティによる言論に適用される恐れが指摘された。さらに「そもそも、人種差別主義者は、その人種差別思想を表明する権利があるのではないか」という主張もなされたという。ここには「差別表現の自由」の主張が端的に表明されている。これらの論争の紹介を踏まえて市川は次のように述べる。

「まさに表現の自由の保障について特別な国であるアメリカがヨーロッパなみの『普通の国』になるかどうかが問題となっているのである。グローバル化とはアメリカ資本主義の貫徹であるとよく言われるが、このことはグローバル化がそれだけではないことを示していよう。国際的な人権保障のありようや冷戦の崩壊がアメリカの『表現の自由』理論を揺さぶっているのも、グローバル化の一側面なのである。これは、アメリカ的な『自由』のありようが問われているということでもある。そして、アメリカの『表現の自由』理論（特に判例のそれ）が直ちに根本的に転換する可能性は低いが、『思想の自由市場』論の形式性を克服しつつも、国家による思想統制を許さないような『表現の自由』理論へと展開していく兆しは感じられるのである。」（同書五二～五三頁）

2 旧内野説をめぐって

次に市川は旧内野説とそれへの批判を瞥見する。集団的名誉毀損ないし集団的侮辱の罪の新設を唱える江橋崇、処罰違憲説に立つ横田耕一、松井茂記の見解などを紹介し、差別表現規制法の可否について論じる。すなわち、一方では個人の尊厳（憲法一三条前段など）、他方で表現の自由（憲法二一条）があることに触れた上で「こうした考え方の下では、差別的表現のような問題のある言論についても言論でもって対抗するのが筋であり（対抗言論の原則）、言論で対抗するなどといった悠長なことをいっていられない緊急の場合にのみ思想・意見の流布を抑止することが許される。さらに、表現の自由が規制に弱いデリケートな性格をもっていることも考慮に入れられねばならない。すなわち、大抵の人は処罰される危険を冒してまで表現活動をしないので、規制が存在する結果、過度の自主規制がなされてしまう可能性が高いのである（規制の萎縮的効果）。それゆえ、表現の自由の規制は過度に広汎なものであってはならず、また、何が禁止される表現行為であるかを明確に示していなければならない（明確性の原則）」という（同書五八頁）。

つまり、対抗言論の原則、規制の萎縮効果論、明確性の原則などから、差別表現の刑事規制はほぼ全面的に否定される。「例外的にどうしても必要な場合にだけ必要なかぎりで制約される」（六一頁）としているが、具体的にはその現実的可能性はあまりないという趣旨と読んだほうが良いだろう。なお、市川は憲法第一三条にいちおう言及している。市川の結論は次のようにまとめられている。

「以上の私の立場からすれば、人種差別撤廃条約四条ａｂをそのまま禁止・処罰するような法律は日本国憲法の下では認められない。他方、ブランデンバーグ判決の基準をみたすような人種集団に対する暴力行為の煽動や、侮辱を自己目的とするような特にひどい侮辱的表現を処罰するきわめて限定的な人種差別的表現処罰法ならば、規定の文言が明確であるかぎり、日本国憲法の下でも許容される可能性がある。しかし、憲法上の許容性と立法することの政策的適否とはまた別の問題である。後者についても、表現の自由が真に根づいたとは言い難いわが国において、差別的表現処罰法が有する効果をも考慮に入れて、慎重に検討すべきである。」（六三頁）

市川説は表現の自由に関する本格的研究であり、それまでの議論状況を踏まえて用意周到に検討された見解であり、大きな影響力を有した。その後の憲法学説が市川説と基本的に同様の帰結に至っているのも頷けよう。結果として「差別表現の自由はあるか」との問いに対する日本憲法学の到達点は「差別表現は自由であり、原則として刑事規制してはならない」というものとなった。多くの憲法学者が、このように明示的に表現してはいないものの、「差別表現の刑事規制は憲法上許されるか」という形の設問に対して、それは許されない、あるいは、ごくごく限定的にしか許されないと回答している。さすがに「差別表現は自由である」と明言することには心理的抵抗があるために、表現方法を変えているのであろう。

なお、繰り返しになるが、憲法学では差別表現と差別煽動表現の区別が十分になされていないように見える。ヘイト・スピーチの本質や行為類型についての議論も見られない。

3　新内野説の提示

九〇年代における論争を経て内野は説を改めることになった。その時期の論考を収めた内野正幸『表現・教育・宗教と人権』をもとに確認しておこう(＊19)。もっとも、前にも紹介したように内野自身は「改説」とは考えていない節もある。「憲法その他の分野で多数の文献が出され、私自身のフォローしきれないところとなった」と述べている。同書第一章「表現の自由と差別的表現」は六節から成り、六本の論考を収めている。初出年を見ると第一節「表現の自由の守備範囲」は一九九五年、第二節「PCと差別的表現」は一九九六年、第三節「集団を傷つける言論」は一九九四年、第四節「差別的表現のおかれた位置」は一九九七年であるが、第五節「差別的表現と民事救済」は二〇〇七年、第六節「インターネットと表現の自由・名誉毀損」は二〇〇八年である。第一節から第四節までは内野の問題提起をめぐる論争とそれに続く時期と言えるが、その後、第五節までに一〇年の空白期がある。「フォローしきれないところとなった」という表現ではあるが、普通であれば、沈黙を余儀なくされ一〇年の歳月を経てやや違った視角から論じることができるようになった、と理解するほうが正当ではないだろうか。

内野は第二節で、アメリカにおけるPCの紹介をしている。その特徴は次の一節に見ることができる。

「反差別主義の流れがいわば圧制的になると、その流れに逆らいにくいような雰囲気が作り出されてしまい、そこでは、それに背こうとする者は、いわば悪者扱いされかねない。ここからは、ややもすると、のけ者扱いに反対する立場にあったはずの反差別主義者たちが、自分たちに反対する人をのけ者扱いにする、というパラドックスが生じてしまうおそれがあろう。いいかえれば、多文化主義という多様性尊重論が、自己への反対論を含めた諸思想の多様性を価値的に認めたがらないことがある、という話にもなってくる。あるいは、特定の価値観を押し付けないことを内容とするはずの多元主義が、多元主義という価値観を押し付けようとする、という逆説である。」（同書二一〇〜二一一頁）

次に内野は差別的表現について「再考」し、第一に「表現行為を権力行為としてとらえる視点が必要になる」という。第二に、差別的表現という枠組みの適用範囲を明確にし、「差別的政策が、差別主義のメッセージを発信するものとして差別的表現に属する」と見るのは問題であろうという。第三に、差別的表現がマイノリティ集団のメンバーに向けられる場合への配慮であるが、同時に「内容的に不正な表現」にも留意している。

内野はさらに思想の自由市場の意味を再検討した上で、「集団を傷つける言論とは何か」として、差別的表現や「アウシュヴィッツの嘘」に関連する事案や、特定の宗教を信じている人々の心を傷つける言論などを例示する。次のような記述に新内野説の特徴が如実に表れている。

「このような集団を傷つける言論は、特定の個人を傷つける場合と比べて、傷つけられた側の傷が、より深くないものとなる。したがって、そのような言論は、表現の自由の重要性にかんがみ、原則として、その自由が憲法上保障される、と考えるべきであろう。例外として、集団が社会的少数者の集団か宗教者の集団であって、言論が、その集団をことさらに侮辱する意図をもって行われた場合は、その言論は憲法上自由であるとはいえなくなる、と理解すべきであろう。もっとも、このような例外は、おもに机上の議論であって、実際上は、まれにしか起こらないと思われる。そうすると、大まかにいえば、差別的表現や神冒瀆的表現を含め集団を傷つける言論についても、それを国家権力が規制することを憲法は禁止している、ということに

なる。」（同書二九～三〇頁）

また、内野は差別的表現や不快な表現に対しては「それに抗議する言論などによって臨むにとどめるべきなのである」（同書三〇頁）と、対抗言論を主張する。

なお、註において市川の著作を冒頭に掲げて、その後の文献を補充する形となっている。市川からの批判に積極的に反論する記述は見られない。

第四節では、日本政府が人種差別撤廃条約第四条を留保した上で批准したことを「賢明な態度であった」と評価した上で、差別的表現には「個人攻撃性のあるものと、ないものとに類型化できる」という分類を行う。これは「攻撃が向けられる客体」の分類であるように見えるが、「他者加害的」という表現も用いられているので、加害と被害の関係も念頭に入れており、「個人攻撃的でない場合には被害がない」という趣旨と読み取れる。明言しているわけではないが、前後の流れからみると、そういう意味であろう。

4　小括

以上、本節の関心に即して新内野説を見てきた。流れをまとめると次のようになる。一九八〇年代まで、部落差別発言や人種差別発言に対する法的対処はあまり検討されてこなかった。部落差別発言に対する法的対処がなされないために、被害者がいわば自力救済的に立ちあがり、そのことが社会的問題として理解されるようになった。一九九〇年、内野『差別的表現』が出版されると、憲法学内部でもより広い論壇でも、差別表現にいかに対処するべきかの議論が行われることになった。憲法学の一部には、江橋崇のように内野の提起を受けて差別表現の刑事規制に賛同する見解もあったものの、多くはこれに否定的な反応を示した。憲法学以外においても激しい反対を呼ぶことになった。

並行して、アメリカ憲法判例の研究がいっそう進んだ。ちょうど一九九〇年頃からアメリカにおけるヘイト・クライム規制法が増加し、ヘイト・スピーチ規制も含まれるようになり始め、これを否定する最高裁判決が登場した。その動向もいち早く日本に紹介された。日本国憲法の表現の自由規定はアメリカ憲法型であるという誤解をもとに、アメリカ型の議論が支配的となり、内野の問題提起は立法提案としては葬り去られることになった。内野の主張もかなりトーンダウンした。一九九四年には実質的に撤回論文を書き、それを二〇一〇年の『表現・教育・宗教と人権』に収録した。本節では内野の「改説」と表現した。内野はその後も『差別的表現』を註記しているが、立法提案については実質的に撤回したと言ってよい。内野への批判的応答は他にも多いが、市川の『表現の自由の法理』がもっともまとまった表現の自由研究であり、論争はここで一段落したと言えよう。

しかし、問題に決着がついたわけではない。アメリカやイギリスでは一九八〇年代からヘイト・クライム／ヘイト・スピーチ研究と法規制が始まったが、二一世紀になってその動きは加速している。内野や市川はそうした動きを踏まえていない。西欧諸国はもとより、北欧諸国や東中欧諸国でも人種差別撤廃条約四条関連の立法例が急速に増えている。欧米以外でも同様の動きが多く見られる。世界の動向を無視して、アメリカが世界のすべてであるとでも言うような日本憲法学の「常識」が続く限りは、この状況に変化はないかもしれない。

以上が内野説をめぐるおおよその経過である。本節ではその後の研究状況をフォローしない。市川の著作は二〇〇三年、内野の著作は二〇一〇年にそれぞれ出版されているが、一九九〇年代以後のヘイト・クライム／ヘイト・スピーチ法の立法状況や理論状況を度外視している。憲法学や刑法学においては、九〇年代後半以後、欧米諸国のヘイト・クライム／ヘイト・スピーチ規制についての研究が登場している（本書第2章第4～5節）。以下では本節のまとめに代えて、個別の論点について若干の指摘をしておこう。

第一に、憲法第一三条と第二一条の関係をどのように理解するべきなのか。市川は一方では個人の尊厳（憲法第一三条前段など）、他方で表現の自由（憲法第二一条）があることに触れた上で、「こうした考え方の下では、差別的表現のような問題のある言論についても言論でもって対抗するのが筋」とする。憲法第一三条と第二一条を対比した上で、第二一条が優先するという理解を示しているが、その理由が示されない。表現の自由の優越的地位を根拠とするのであろうが、表現の自由の優越的地位を根拠にして憲法第一三条の要請を退けることができるのだろうか。

第二に、対抗言論である。渋谷秀樹の『憲法』が「政府の規制を肯定すると、差別的言論の認定権を政府にゆだねることとなり、その恣意的な適用が懸念される。また、特定人が対象ではないので、不利益は拡散される。ここでは表現の自由のもつ思想の市場機能を信頼して、差別的表現については、対抗表現によって対処すべきである」（同書三四八頁）と、対抗言論を唱えていた。奥平康弘も対抗言論論者である。しかし、差別表現の被害者や、人権NGOは「人種差別表現や部落差別表現に対して、果たして対抗言論は可能なのか」と議論を重ねてきた。ヘイト・スピーチが典型であるが、相手の存在そのものを否定し、「死ね」「日本から出て行け」「おまえは人間ではない」と叫ぶ差別発言に対して対抗言論が可能であるとは考えられない。筆者は在日朝鮮人・人権セミナーという小さな市民団体で活動してきた。そのため「朝鮮人は死ね。日本から出て行け。東京湾に沈めてやる」と言った罵声を何度も浴びせられた。現場の実態を知る者には、およそ対抗言論などありえないと言うしかない。暴力（暴行・脅迫）を使わない場合であっても、大音量でしつように「死ね」「叩き殺せ」と連呼する相手に対して、いかにして対抗言論が可能だと言うのであろうか。具体的な現実に即した実践を示すべきである。

第三に、内野の言う多文化主義のパラドックスが理解しがたい。内野は「反差別主義の流れがいわば圧制的になると、その流れに逆らいにくいような雰囲気が作り出されてしまい、そこでは、それに背こうとする者は、いわば悪者扱いされかねない。ここからは、ややもすると、のけ者扱いに反対する立場にあったはずの反差別主義者たちが、自分たちに反対する人をのけ者扱いにする、というパラドックスが生じてしまうおそれがあろう」という主張をしている。ところで「反差別主義の流れがいわば圧制的になると」とは、いったいいかなる事態を指すのだろうか。「人種差別の流れが圧制的になる」事態ならばナチス・ドイツのユダヤ人差別、南アフリカのアパルトヘイト、旧ユーゴスラヴィアの民族浄化、ルワンダのジェノサイド、関東大震災朝鮮人虐殺を想起すればすぐにわかる。ところが、「反差別主義の流れが圧制的になる」という言葉の意味はよくわからない。九九％の構成員がマジョリティの日本人である日本においてそのようなことがあるのだろうか。

第四に、集団に対する差別と個人の被害の関係である。内野は「このような集団を傷つける言論は、特定の個人を傷つける場合と比べて、傷つけられた側の傷が、より深くないものとなる。したがって、そのような言論は、表現の自由の重要性にかんがみ、原則として、その自由が憲法上保障される、と考えるべきであろう」と述べる。この言葉はいったい何を意味しているのであろうか。個人に対する差別表現と、集団に対する差別表現のいずれがより大きな被害を生むかは単純に解答することはできない。日本における朝鮮人差別が典型だが、「特定の個人を傷つける場合」よりも「集団を傷つける言論」のほうがはるかに深く人を傷つけることは容易に想像できる。筆者は朝鮮大学校における授業で学生に質問したところ、多くの学生が「自分を名指しで侮辱された場合よりも、朝鮮人であるがゆえに侮辱されたと感じたほうが、より怒りが大きい」と答えた。内野のような単純な理解では現実を捉えることができないのではないだろうか。内野の理解の背後には、奥平康弘が言う「言論が言論にとどまる限りは被害がない」という奇怪な思考が横たわっているのかもしれない。しかし、差別表現が多大の被害を生むことは、いまさら主張するのもためらわれる事実である。セクシュアル・ハラスメントでもいじめでも、言葉による被害は深刻である。表現とは何かを少しでも考えたことのある者には多言を要しないであろう。

第五に、内野の言う「机上の議論」である。内野は「例外として、集団が社会的少数者の集団か宗教者の集団であって、言論が、その集団をことさらに侮辱する意図をもって行われた場合は、その言論は憲法上自由であるとはいえなくなる、と理解すべきであろう。もっとも、このような例外は、おもに机上の議論であって、実際上は、まれにしか起こらないと思われる。そうすると、大まかにいえば、差別的表現や神冒瀆的表現を含め集団を傷つける言論についても、それを国家権力が規制することを憲法は禁止している、ということになる」と述べ、「その集団をことさらに侮辱する意図をもって行われた場合」は「机上の議論」であり「まれにしか起こらない」と言う。しかし、本書第1章で見たように、異様な排外主義の差別団体が朝鮮人や中国人に対して激しい差別・中傷・罵詈・雑言を浴びせている。排外主義団体が各地の路上で、ネット上で猛烈な差別発言を繰り返してきた。これらは内野にとっては「机上の空論」であり「まれにしか起こらない」のであろうか。果たして内野は現実世界を見ているのだろうか。

以上、ヘイト・スピーチ規制と関連する分野での日本憲法学の変遷と現状を見てきた。アメリカ憲法判例に学び、あたかも精緻な法理論を展開してきたように見える憲法学だが、その実際を一つ一つ確認すると、ヘイト・スピーチとは何かを理解していないこと、ヘイト・スピーチの実態（特に被害）を度外視していること、国際人権法を踏まえていないこと、諸外国の法状況に関する比較法研究がおざなりにされていること等、いくつもの限界を指摘することができる。

以上のことを踏まえて、さらに憲法学の解釈論に内在した検討を行うことが必要であるが、先に述べたように本書では憲法解釈論の内在的批判に踏み込む余裕はない。むしろ、従来の憲法学とは異なる形でヘイト・スピーチ規制の憲法解釈を提示することに関心を移したい。ただし、その前に、先に述べた日本国憲法とアメリカ憲法の関係について補足しておく。

5　アメリカ憲法と日本国憲法の構造的差異

表現の規制に関する内容中立原則なるものはアメリカ憲法の判例法理である。アメリカ判例に学ぶべき点が多々あるにしても、そのまま日本国憲法の解釈に持ち込むには、それを正当化する論理が必要である。しかし、十分な理由が示されたことはなく、むしろアメリカ憲法と日本国憲法の間には大きな差異が目立つ。

①アメリカ憲法の表現の自由規定（修正第一条）と日本国憲法第二一条は、規定様式が全く異なる。修正第一条は「連邦議会は、国教の樹立に関し、自由な宗教活動を禁止し、言論または出版の自由、平和的に集

会し、苦情の救済を求めて政府に請願する人民の権利を縮減する法律を制定してはならない。」である。
②アメリカ憲法には日本国憲法第一三条に相当する規定がない（独立宣言にはある）。
③アメリカ憲法には日本国憲法第一四条に相当する規定がない。平等思想の内実が日本国憲法とは大きく異なる。
④日本国憲法第二一条及び第一二条は、アメリカ憲法よりもフランス憲法の内容となっているフランス人権宣言第一一条と類似した形式である。
日本国憲法第一二条は「この憲法が国民に保障する自由及び権利は、国民の不断の努力によつて、これを保持しなければならない。又、国民は、これを濫用してはならないのであつて、常に公共の福祉のためにこれを利用する責任を負ふ。」である。つまり、濫用の防止と責任である。

フランス人権宣言第一一条は「思想および意見の自由な伝達は、人の最も貴重な権利の一つである。したがって、すべての市民は、法律によって定められた場合にその自由の濫用について責任を負うほかは、自由に、話し、書き、印刷することができる。」である。すなわち、第一に表現の自由の保障であり、第二にその制約原理（濫用の防止）である。
⑤日本国憲法第二一条及び第一二条は、アメリカ憲法よりも国際自由権規約（市民的政治的権利に関する国際規約）第一九条第二項及び第三項と類似した形式である。
国際自由権規約第一九条第二項は「すべての者は、表現の自由についての権利を有する。この権利には、口頭、手書き若しくは印刷、芸術の形態又は自ら選択する他の方法により、国境とのかかわりなく、あらゆる種類の情報及び考えを求め、受け及び伝える自由を含む。」であり、第三項は「2の権利の行使には、特

別の義務及び責任を伴う。したがって、この権利の行使については、一定の制限を課すことができる。ただし、その制限は、法律によって定められ、かつ、次の目的のために必要とされるものに限る。(a)他の者の権利又は信用の尊重。(b)国の安全、公の秩序又は公衆の健康若しくは道徳の保護。」である。すなわち、第一に表現の自由の保障であり、第二にその制約原理（責任）である。

⑥アメリカ憲法と日本国憲法とではその基本精神が異なる。最も重要なのは、日本国憲法が第二次大戦時の侵略やファシズムへの反省を明記しており、その精神に基づいて解釈されるべきことである。自由と権利の保障や民主主義といった点ではアメリカ憲法と日本国憲法には共通点がありアメリカに学ぶべき点があることは否定しないが、両憲法が明記している基本精神は大きく異なることを忘れてはならない。

これまでの憲法学の多数説は、憲法構造の違いを無視してアメリカ憲法の法理を直輸入するものであり、日本国憲法の基本原理を踏まえているとは言い難い。

第二節　ヘイト・スピーチ規制の憲法解釈

前節ではヘイト・スピーチに関連する憲法学説の変容と現在を確認した。そこで明らかになったことは、憲法学説がそもそもヘイト・スピーチとは何かを理解していないことである。そこで本節ではヘイト・スピーチとは何かを正しく把握した憲法解釈を提示する試みに着手する。なお、憲法学説（解釈論）の内在的批判に踏み込む余裕はないため、以下では筆者の私見を提示しつつ、その全体を通じて憲法学批判とする（憲法学説の内在的検討については本書第2章で紹介した小谷順子論文を参照）。

一　憲法から見たヘイト・スピーチ

憲法学の多くは、ヘイト・スピーチと言えばただちに憲法第二一条の表現の自由の問題であると決めつけ、その他の憲法条項には言及しない。このような解釈方法は適切とは言えない。本書第5章で検討したようにヘイト・スピーチ行為には様々の行為類型が含まれる。差別表明型、名誉毀損型、歴史否定型、脅迫型、迫害型、ジェノサイド煽動型であるが、その全体が差別と差別の煽動であるがゆえにヘイト・スピーチという名称のもとに一括して検討する必要がある。差別表明型、名誉毀損型、歴史否定型、ジェノサイド煽動型等に即した考察が必要となる。そのためには憲法の基本精神と全体構造を正しく理解することが第一歩である。

1　憲法の基本精神――解釈基準

ヘイト・スピーチの憲法論を展開するためには、まず何よりも日本国憲法とは何か、なぜ大日本帝国憲法を「改正」して、日本国憲法としなければならなかったのか、を明らかにする必要がある。換言すれば、日本国憲法の基本精神を踏まえて条文解釈をする必要がある。日本国憲法は第二次大戦とファシズムへの反省の上に成立した。大日本帝国憲法の下、日本軍国主義のアジア侵略と戦争が内外に多大の被害を生み出した歴史への反省である。

一九四三年のカイロ宣言は日本国の侵略の制止を掲げ、「日本国ハ又暴力及強慾ニ依リ日本国ノ略取シタル他ノ一切ノ地域ヨリ駆逐セラルヘシ」、「朝鮮ノ人民ノ奴隷状態ニ留意シ軈テ朝鮮ヲ自由且独立ノモノタラシムル」とし、日本の無条件降伏を追及することにしている。

一九四五年のポツダム宣言は「無分別ナル打算ニ依リ日本帝国ヲ滅亡ノ淵ニ陥レタル我儘ナル軍国主義的助言者」を批判し、「無責任ナル軍国主義カ世界ヨリ駆逐セラルルニ至ル迄ハ平和、安全及正義ノ新秩序カ生シ得サルコトヲ主張スルモノナルヲ以テ日本国国民ヲ欺瞞シ之ヲシテ世界征服ノ挙ニ出ツルノ過誤ヲ犯サシメタル者ノ権力及勢力ハ永久ニ除去セラレサルヘカラス」とし「日本国国民ノ間ニ於ケル民主主義的傾向ノ復活強化」を掲げ、「日本国国民ノ自由ニ表明セル意思ニ従ヒ平和的傾向ヲ有シ且責任アル政府カ樹立」を求めた。それゆえ大日本帝国憲法の「改正」として日本国憲法制定が要請された。

憲法前文第一段落は「日本国民は……諸国民との協和による成果と、わが国全土にわたつて自由のもたらす恵沢を確保し、政府の行為によつて再び戦争の惨禍が起ることのないやうにすることを決意」するとしている。第一に、「諸国民との協和による成果」に言及している。第二に、「政府の行為によつて再び戦争の惨禍が起ることのないやうにすることを決意」するとしている。憲法の基本精神である平和主義と国際協調主義の前触れが明らかになっている。

憲法前文第二段落は「日本国民は、恒久の平和を念願し、人間相互の関係を支配する崇高な理想を深く自覚するのであつて、平和を愛する諸国民の公正と信義に信頼して、われらの安全と生存を保持しようと決意した。われらは、平和を維持し、専制と隷従、圧迫と偏狭を地上から永遠に除去しようと努めてゐる国際社会において、名誉ある地位を占めたいと思ふ。われらは、全世界の国民が、ひとしく恐怖と欠乏から免かれ、平和のうちに生存する権利を有することを確認する」としている。①平和主義（恒久の平和を念願）、②国際協調主義（平和を愛する諸国民の公正と信義に信頼）を前提にして、③国際社会における「名誉ある地位」を願い、④「圧迫と偏狭を地上から永遠に除去」することを国際社会の課題とし、⑤「全世界の国民が、ひとしく恐怖と欠乏から免かれ」ることを求めている。ヘイト・スピーチはまさに憲法前文の「圧迫と偏狭」「恐怖と欠乏」に関連する事態であり、憲法の基本精神にかかわる。

憲法前文第三段落は「われらは、いづれの国家も、自国のことのみに専念して他国を無視してはならないのであつて、政治道徳の法則は、普遍的なものであり、この法則に従ふことは、自国の主権を維持し、他国と対等関係に立たうとする各国の責務であると信ずる」としている。ここでも国際協調主義が再確認される。日本国憲法は第二次大戦とファシズムへの反省に立って制定されたものであり、その基本精神に従って解釈されなければならない。ヘイト・スピーチの憲法論にとっても、これが最大の要諦である。遠藤比呂通は「アウシュヴィッツが二度とあってはならないということは、教育に対する最優先の要請です」というアドルノの言葉を引用して、この視点から「表現の自由とヘイト・スピーチ」について再検討する。そして「日本国憲法下の表現の自由を考えるとき何よりも重要なのは、民主主義と憲法九条の思想的連関を明らかにすることであろう」と述べる（＊20）。重要な指摘である。憲法前文及び第九条が宣明している平和主義の観点をしっかりと踏まえるべきである。

2　人格権――憲法第一三条

日本国憲法第一三条は「すべて国民は、個人として尊重される。生命、自由及び幸福追求に対する国民の権利については、公共の福祉に反しない限り、立法その他の国政の上で、最大の尊重を必要とする」とする。個人の尊重、人格権、幸福追求権の規定である。第一三条を直ちに権利請求の根拠とすることができるか否かについては議論がある。憲法学上、政府が個人の尊重に反する行為を積極的に行った場合には、当該行為が違憲であると判断されることがありうるが、政府の不作為に対して個人が政府に作為を求める規定とは理解されていない。これは国家の役割をめぐる議論につながる。近代国家における自由と人権が、かつては「国家からの自由」と理解されたように、国家は介入しないことが求められた。もっとも、個人の尊重や人格権の場合、単に自由権ではないので、不介入が最初から予定されていたと見るべきかどうかは疑問も残る。現代国家においては国家が市民の権利を実現するために積極的に介入することを求められる場合がある。佐藤幸治は憲法第一三条の権利を「包括的基本的人権」と位置づけて、個人の尊重について次のように述べる。

「では、『個人として尊重される』とは、いかなる意味か。それは、上述のように、一人ひとりの人間が人格的自律の存在として最大限尊重されなければならないということである。この『個人の尊重』は、『個人の尊厳』、さらには『人格の尊厳』の原理と呼ぶこともできる。次の一四条は『人格の平等』の原理を規定しており、一三条と一四条と相まって、日本国憲法が『人格』原理を基礎とすることを明らかにするものである。『人格の尊厳』は当然に『人格の平等』を意味する理であるが、『人格の尊厳』は、他の人格との関係をひとまずカッコに入れて、『人格』それ自体のあり方ないし内的構造を示すものである。」(＊21)

辻村みよ子は憲法第一三条の権利を「包括的権利と基本原則」に位置づけて次のように述べる。

「一三条前段の『すべて国民は、個人として尊重される。』という規定は、いわゆる個人主義の原理を掲げたものと解される。個人主義の原理とは、『人間社会における価値の根源が個人にあるとし、何にもまさって個人を尊重しようとする原理』である。一方では、『他人の犠牲において自己の利益を主張しようとする利己主義』を否定し、他方では『「全体」のためと称して個人を犠牲にしようとする全体主義』を否定することで、『すべての人間を自主的な人格として平等に尊重』している。」(*22)

第一三条は「すべて国民は」と定めるが、これは日本国籍保持者に限定される趣旨ではなく、日本社会構成員が含まれると解釈するべきであるし、そのように解釈されている。

また、「個人の尊重であるから人種・民族差別問題とは関係ない」と解釈するべきではない。個人の尊重の原理は個人主義の立場であるから人種や民族が憲法第一三条の主体になることはない。しかし、人種・民族等の属性に対する攻撃は他者のアイデンティティに対する侵害であり、諸個人の尊重を妨げる行為である。憲法第一三条は「他人の犠牲において自己の利益を主張しようとする利己主義」を否定するものであって、ヘイト・スピーチの否定も当然ここに含まれる。ヘイト・スピーチが憲法第一三条の人格権を侵害することは、金尚均が指摘している。

人格権の保障を憲法の基本精神に立って再検討すれば、第二次大戦とファシズムによる被害を受けた人々の人格権の再建こそが第一の課題でなければならない。日本の戦争と軍国主義による被害を受けたアジア各国人民の人格権の保障は日本国憲法の前提である。憲法学が憲法第一三条に言及することはあまりないが、刑法学は積極的に言及してきた。ヘイト・スピーチの保護法益論としてドイツの民衆煽動罪において「人間の尊厳」が焦点となってきたことを参考に、楠本孝、櫻庭総、金尚均等はヘイト・スピーチが人格権や人間の尊厳を侵害することを繰り返し指摘している(本書第2章参照)。

3　法の下の平等――憲法第一四条

日本国憲法第一四条第一項は「すべて国民は、法の下に平等であつて、人種、信条、性別、社会的身分又は門地により、政治的、経済的又は社会的関係において、差別されない。」と定める。「国民」が差別されないことを規定するが、ここにいう国民はつねに日本国籍保持者に限定されるものではない。国政選挙権のように、事柄の性質上、日本国籍保持者に限定される場合を除いて、日本国籍保持者以外にも法の下の平等は適用される。また、国民が「差別されない」ことを明示しているが、政府による非差別の保障がどこまで義務的であるかについての見解は多様でありうる。政府が積極的に差別を行った場合には違憲であると判断されることがあるが、政府が社会的差別を是正できなかったからと言って直ちに政府の責任が問われるわけではない。「人種、信条、性別、社会的身分又は門地」が明記されているが、限定的列挙ではなく例示的列挙であると理解されている。人種等に類比できる事柄に基づいて不合理な差別を行うことも禁止されており、民族もここに含まれる。

法の下の平等の意味について、佐藤幸治は「元来平等は国家による不平等な取扱いを排除するという自由権的文脈で捉えられていた」としつつも次のように述べる。

「しかし、上述の平等観念の変容とも結びつきながら展開してきた現代積極国家にあって、国家は自ら差別してはならないだけでなく、社会に事実上存在する不平等を除去しなければならないという、積極的ないし社会権的内容を盛り込んで平等権を捉えようとする考え方が強くなってきた。そして、このことと関連して、社会の中の根強い差別意識のため、通常の社会経済的過程から疎外されている者が存すると認められる場合に、国家は、その者の平等を保障するための措置をとる義務を負うとともに、その者を通常の過程に参与させるために必要やむをえないと考えられるときは、一時的にその者に対して一般の人に対すると異なる特別の優遇措置を講ずることが求められるという考え方が登場する。」（＊23）

辻村みよ子は形式的平等と実質的平等に関連して次のように述べる。

「しかし、上記のように、平等の観念自体に変化が生じ、実質的平等保障の要請が強まっていることによって、一四条にも実質的平等の保障が含まれると解することも妥当となる。ただし、実質的平等をも保障しているると理解する場合にも形式的平等の原則が放棄されたわけではない。理論上はあくまで形式的平等要請が原則であり、法律上の均一的な取扱いが要請されるが、一定の合理的な別異取扱いの許容範囲内で実質的平等が実現されると解するのが筋であろう。」（＊24）

ここでも第一三条と同じ構図で考えることができる。誰もが法の下に平等であって、差別されない権利を有している。日本において人種その他の理由による差別を許さないことの中核には、かつて日本の戦争とファシズムによって被害を受けたアジアの人民が含まれるのが当然である。このことを抜きに憲法第一四条を解釈してはならないだろう。憲法第一四条は、アジアの人民が日本で「ヘイト・スピーチを受けない権利」の根拠である。

4　生存権――憲法第二五条

日本国憲法第二五条一項は「すべて国民は、健康で文化的な最低限度の生活を営む権利を有する」として、生存権を規定している。「すべて国民」としているが、日本国籍保持者のみならず日本社会構成員全員が有する権利である。

ヘイト・スピーチは他者の存在に対する攻撃であり、アイデンティティに対する攻撃である。「殺せ」「日本から叩き出せ」と言った罵声は、被害者の人間存在そのものを否定している。

京都朝鮮学校襲撃事件民事訴訟第一審の京都地裁判決は「排除」に着目した。判決は「本件活動による業務妨害及び名誉毀損が人種差別撤廃条約上の人種差別に該当すること」において、被告人らが差別意識を有していたこと、自分たちの考えを表明するために示威活動を行ったことから「本件活動が、全体として在日朝鮮人に対する差別意識を世間に訴える意図の下に行われた」とした。その上で判決は被告らによる数々の差別的発言を確認し、「本件活動に伴う業務妨害と名誉毀損は、いずれも、在日朝鮮人に対する差別意識を世間に訴える意図の下、在日朝鮮人に対する差別的発言を織り交ぜてされたものであり、在日朝鮮人という民族的出身に基づく排除であって、在日朝鮮人の平等の立場での人権及び基本的自由の享有を妨げる目的を有するものといえるから、全体として人種差別撤廃条約一条一項所定の人種差別に該当する」と判断し、「民法七〇九条所定の不法行為に該当すると同時に、人種差別に該当する違法性を帯びている」とした。

ここで注目するべきことは、「排除」と明言し、「人権及び基本的自由の享有を妨げる目的を有するもの」と判断したことである。人種差別撤廃条約第一条一項の定義は「人種、皮膚の色、世系又は民族的若しくは種族的出身に基づくあらゆる区別、排除、制限又は優先」とする。「区別、排除、制限又は優先」のうち「区別」や「制限」に当たるが、判決は「排除」に着目した。単に差別的な表現を行ったというものではなく、「排除」する行為である。よく誤解されるように、ヘイト・スピーチは単なる汚い表現や悪意の表明だけではない。他者を排除する意思の表明であり、排除する行為である。他者の安全や存在を危殆化する行為であり、放置しておくと「迫害」につながる行為である。「迫害」が組織的に行われた場合、人道に対する罪となることがあることを想起するべきである。さらに、ヘイト・スピーチの極限形態であるジェノサイド煽動型は、生存権だけではなく生命権（憲法第一三条）をも侵害する危険性を有する。

ヘイト・スピーチは、差別表明型や名誉毀損型だけではなく脅迫型や迫害型もあり、他者を排除し、迫害する犯罪である。差別の煽動はまさに排除の意思表明である。社会的排除は、被害者の生存権の侵害であり、生命の具体的危険にもなる。

私人によるヘイト・スピーチでは日本政府が被害者の生存権を侵害したわけではない。しかし、日本社会において他者の生存権を侵害する人権侵害が生じているにもかかわらず、政府がこれを規制することなく、ヘイト・スピーチを放置し続けていれば政府の責任が問われるべき事態である。

憲法前文は「圧迫と偏狭を地上から永遠に除去」すること、「全世界の国民が、ひとしく恐怖と欠乏から免かれ」ることに言及している。日本社会構成員は「圧迫と偏狭」や「恐怖と欠乏」からの自由を保障されなければならない。誰もが迫害されることなく社会生活を維持できなければならない。ヘイト・スピーチの法律論を試みた法学者の中で、憲法第二五条に着目したのは金尚均である。遠藤比呂通が憲法第九条を引き合いに出したのも、同じ趣旨かもしれない。

5　経済的権利

日本国憲法第二九条一項は「財産権は、これを侵してはならない」と規定する。日本におけるヘイト・スピーチの議論で経済的権利に言及されることはまずない。人種差別撤廃委員会での議論を聞けば、人種差別が経済的権利に与える影響、とりわけヘイト・スピーチの結果、被害者の経済的権利が失われることがたびたび指摘されている。ヘイト・スピーチと経済的権利について検討する必要がある。

新大久保（東京）におけるヘイト・デモでは、店舗が並ぶ路地にまで入り込んで「韓国人の店で物を買うな」と叫ぶ行為が行われた。個別の被害者にとっては威力業務妨害罪である。しかし、単に個別の行為を取り上げるだけでは不十分である。ヘイト・デモが繰り返し押しかけ、騒然とした状況を作り出し営業妨害を繰り返したことによって、二〇一二年秋から一三年夏にかけて、新大久保のコリアンタウンは客が激減した。各店舗の売り上げは低下し、仕事も減り、労働者の人員も減った。地価にも影響を与えたのではないだろうか。具体的な被害として見えにくい面があるが、ヘイト・スピーチを放置しておくと膨大な財産損害が生じていると考えるのが自然である。

私人によるヘイト・デモであり、日本政府がヘイト・スピーチを行ったわけではないから日本政府に直接の責任はないように見えるかもしれない。しかし、デモに許可を与えたのは公安委員会である。デモが新大久保のコリアンタウンに押し掛けて、ヘイト・スピーチを繰り返してること、多大の被害発生を知りながら、公安委員会はあえて許可をしてきた。被害者から見れば、公安委員会はヘイト集団の「共犯」である。人種差別をなくす責任を有する政府（地方政府も含む）がヘイト・スピーチに加担して、被害者の財産を侵害している。突発的に生じた私人による単独のヘイト・スピーチならば、実行者である私人の責任である。しかし、組織されたデモによるヘイト・スピーチの場合は、許可を与えた公安委員会の責任と考えるべきである。

6　表現の自由と責任――憲法第二一条と一二条

日本国憲法第二一条第一項は「集会、結社及び言論、出版その他一切の表現の自由は、これを保障する。」とする。憲法学は表現の自由の保障を持ち出してヘイト・スピーチ規制に消極的である。この解釈は憲法の基本精神に反する疑いがあるのではないだろうか。

第一に、憲法第一三条や第一四条を無視する根拠がない。憲法学は第二一条の表現の自由を「優越的地位」と称して、事実上絶対化する議論を展開してきたが不適切である。憲法第二一条をいくら強調しても、憲法第一三条及び第一四条を覆す理由にはならない。憲法第二五条を無視することは許されない。

この点で注目されるのは、芦部信喜が法の下の平等を「人権総論」ではなく「人権各論」に位置づけていることである。法の下の平等が人権各論に位置するのであれば、同じく人権各論に位置する表現の自由と同等の位置にあることになり、表現の自由には人格権に加えて民主主義という根拠ゆえに優越的地位が認められるので、法の下の平等よりも表現の自由が優越するという仕組みになっている(＊25)。

第二に、表現の自由の根拠は人格権と民主主義に求められる。人格権とはまさに憲法第一三条である。憲法第一三条の人格権を破壊するヘイト・スピーチを、人格権を根拠にする表現の自由を口実に許すのは論理矛盾である。

第三に、民主主義についても同じことが言える。ヘイト・スピーチはターゲットとされたマイノリティの社会参加を阻み、民主主義を否定する行為である。金尚均は「ヘイトスピーチの有害性は、主として、社会のマイノリティに属する個人並び集団の社会参加の機会を阻害するところにあり、それゆえ、ヘイトスピーチを規制する際の保護法益は、社会参加の機会であり、それは社会的法益に属すると再構成すべきである」と指摘する（＊26）。民主主義を根拠に表現の自由の優越的地位を唱えながら、表現の自由を口実に民主主義の破壊を擁護するのは論理矛盾である。人格権と民主主義に根拠を有する表現の自由を根拠に、他者の生存権や生命権を危険にさらすことが許されないことは言うまでもない。

第四に、マジョリティの表現の自由とマイノリティの表現の自由を考える必要がある。憲法第二一条は表現の自由の主体を特定してはいないが、憲法の基本精神から言ってマイノリティの表現の自由を強く保障するべきことは当然である。マイノリティの表現の自由をマジョリティの表現の自由より優先する理由はないかもしれない。だが、マジョリティの表現の自由を口実にマイノリティの表現の自由を否定することは許されない。ヘイト・スピーチはマイノリティを沈黙させる「沈黙効果」を有する。憲法の基本精神に立てば、マイノリティの表現の自由を保障するために何をすべきかを検討するべきであるのに、憲法学はそれを否定してきた。

第五に、憲法第一二条は「この憲法が国民に保障する自由及び権利は、国民の不断の努力によつて、これを保持しなければならない。又、国民は、これを濫用してはならないのであつて、常に公共の福祉のためにこれを利用する責任を負ふ」とする。自由と権利には責任が伴う。表現の自由には責任が伴わなくてはならない。表現の自由とは何をやってもいいということではあり得ない。

第六に、憲法学は、治安維持法の歴史を持ち出して表現の自由の保障をほとんど絶対化する議論を展開してきた。この解釈は憲法の基本精神に反する疑いがある。第二次大戦とファシズムの歴史的教訓は、アジア諸国に対する侵略と差別を煽動した表現の濫用を戒めることでなければならない。表現の自由の歴史的教訓こそ、ヘイト・スピーチ規制の根拠なのである。

結論として、表現の自由を守るためにヘイト・スピーチを刑事規制するべきである。それが日本国憲法の基本精神に従った正当な解釈である。国際人権法もヘイト・スピーチ規制を要請している。ヘイト・スピーチの処罰は国際社会の常識である。

〈註〉

（＊1）芦部信喜『憲法学Ⅲ人権各論（1）［増補版］』（有斐閣、二〇〇〇年）。芦部は検閲・事前抑制の禁止、漠然性・過度の広汎性のゆえに無効の理論、厳格審査の基準、「明白かつ現在の危険」の基準について論じ、ブランデンバーグ法理とこれへの批判を紹介し、次のように述べる。「たしかに、『危険』の基準は、そもそも刑罰またはそれと同じ制裁によって一定の表現を直接に禁止する法令に関わる事件において構成されたもので、一般的な方法または間接的な方法で表現の自由に規制的効果を及ぼすような法令に関わる事件にまで適用できるか疑問であるし、また広く表現の自由の規制立法一般の合憲性を判定する基準として用いると、切迫性・重大性の認定には複雑な相対立する利益の衡量を必要とするので、裁判官に主観的な判断を許すことになり、その結果規制権力の側の利益だけが重視されるおそれが出たり、そうでなくとも裁判官に過大な負担を課したりする、という批判にも相応の理由がある。／そこで、『危険』の基準をわが国で活用する場合には、自由を擁護するうえで同基準がもつすぐれた特色を認めつつも、批判論の趣旨を考慮に入れて過大に評価せず、主として特定の表現内容を規制する法規、たとえば、違法行為のせん動（あおる行為）を処罰する法律にかかわる事件で、その合憲性ないし有罪・無罪を判定する審査基準として用いるなど、適用範囲を一定の分野の問題に限定するのが妥当であろう。」（四二〇頁）とする。

（＊2）佐藤幸治『日本国憲法論』（成文堂、二〇一一年）。

（＊3）辻村みよ子『憲法・第四版』（日本評論社、二〇一二年）。

（＊4）初宿正典『憲法2基本権・第三版』（成文堂、二〇一〇年）。

（＊5）長谷部恭男『憲法・第五版』（新世社、二〇一一年）。

（＊6）渋谷秀樹『憲法』（有斐閣、二〇一〇年）。渋谷は次のように述べる。「政府の規制を肯定すると、差別的言論の認定権を政府にゆだねることとなり、その恣意的な適用が懸念される。また、特定人が対象ではないので、不利益は拡散される。ここでは表現の自由のもつ思想の市場機能を信頼して、差別的表現については、対抗表現によって対処すべきである」（三四八頁）。「対抗表現」によるべきと明示している点で踏み込んだ記述と言えよう。

（＊7）赤坂正浩『憲法講義（人権）』（信山社、二〇一一年）。

（＊8）内野正幸『差別的表現』（明石書店、一九九〇年）。

（＊9）内野正幸『表現・教育・宗教と人権』（弘文堂、二〇一〇年）。

（＊10）部落差別研究所編『表現の自由と「差別用語」』（部落問題研究所出版部、一九八五年）。

（＊11）在日朝鮮人の人権を守る会『在日朝鮮人の基本的人権』（二月社、一九七七年）、在日朝鮮人の人権を守る会『国際人権規約と在日朝鮮人の基本的人権』（守る会、一九七九年）。

（＊12）前田朗『ヘイト・クライム』（三一書房労組、二〇一〇年）。

（＊13）櫻庭総『ドイツにおける民衆扇動罪と過去の克服』（福村出版、二〇一二年）二五～二七頁。

（＊14）成澤栄壽編『表現の自由と部落』（部落問題研究所、一九九三年）。

（＊15）奥平康弘「言論・表現の自由」成澤栄壽編『表現の自由と部落』所収。

（＊16）川口是「部落差別的表現の規制立法を批判する」成澤栄壽編『表現の自由と部落』所収。

（＊17）床井茂編『いま在日朝鮮人の人権は』（日本評論社、一九九〇年）、在日朝鮮人・人権セミナー『在日朝鮮人と日本社会』（明石書店、一九九九年）。

（＊18）市川正人『表現の自由の法理』（日本評論社、二〇〇三年）。

（＊19）内野正幸『表現・教育・宗教と人権』（弘文堂、二〇一〇年）。

（＊20）遠藤比呂通「表現の自由とは何か――或いはヘイト・スピーチについて」金尚均編『ヘイト・スピーチの法的研究』（法律文化社、二〇一四年）。その具体化として、遠藤は、京都朝鮮学校事件について「人種差別を助長し及び扇動する団体及び組織的宣伝活動を違法であると禁止する必要は、攻撃にさらされる立場からすれば、あまりにも当然なことなのである。／それができないのは、本当に表現の自由の観点からみて問題があるからなのだろうか。／『日本国憲法下の表現の自由』からすれば、そうではない。／日本において、アウシュヴィッツに匹敵する『南京大虐殺』や『従軍慰安婦』について、戦争責任の追及も戦後責任の追及も余りに不十分であるからなのではないだろうか。」と述べる。遠藤はかつて差別的表現の刑事規制に消極的だったが、所説を改めるとし、「苦しみを受けている被害の再発がどの程度抑止できるのか」という問いに向き合い、結論として「公人による『慰安婦』に対するヘイト・スピーチを禁止することを緊急にやらなければならない」という。

（＊21）佐藤幸治・前掲書一七三～一七四頁。

（＊22）辻村みよ子・前掲書一五三～一五四頁。

（＊23）佐藤幸治・前掲書一九八頁。

（＊24）辻村みよ子・前掲書一七二頁。

（＊25）芦部信喜『憲法学Ⅲ人権各論（1）［増補版］』（有斐閣、二〇〇〇年）参照。

（＊26）金尚均「名誉毀損罪と侮辱罪の間隙」『立命館法学』三四五・三四六号、二〇一二年。

〈初出一覧〉

＊初出は次の通りである。ただし、大幅に加筆する一方、削除・圧縮し、再編成をしたため、原形をとどめていない場合もある。

第1章　ヘイト・クライムの現在

第1節　問題意識と課題

初出：「ヘイト・クライム法研究の論点」『法の科学』四四号（二〇一三年）

第2節　ヘイト・クライム／ヘイト・スピーチ現象

初出：「レイシズムとヘイト・クライム」『統一評論』五三二号（二〇一〇年）、「二〇一〇年の民族差別と排外主義」『統一評論』五四三号（二〇一一年）、「差別集団・在特会に有罪判決」『統一評論』五五〇号（二〇一一年）、『在特会差別街宣に賠償命令」『マスコミ市民』五二四号（二〇一二年）、「差別・排外主義の在特会に賠償命令」『統一評論』五六五号（二〇一二年）

第2章　先行研究と本書の構成

書き下ろし

第3章　ヘイト・クライムの定義と条件

第1節　ヘイト・クライムの定義

初出：「ヘイト・クライムを定義する（一）～（六）」『統一評論』五三六号、五三七号、五四一号、五四二号（二〇一〇年）、五四六号、五四七号（二〇一一年）、「アメリカのヘイト・クライム法」『統一評論』五五一号（二〇一一年）

第2節　ヘイト・クライムの条件

初出：「ヘイト・スピーチ発生条件を探る（一）（二）」『統一評論』五八一号、五八二号（二〇一四年）

第4章　ヘイト・クライムの被害者
第1節　ヘイト・クライムの被害者
初出：「誰がヘイト・クライム被害を受けるか（一）～（三）」『統一評論』五五六、五五七号、五六六号（二〇一二年）、五六八号（二〇一三年）
第2節　ヘイト・クライムの被害
初出：「ヘイト・クライムはなぜ悪質か（一）～（五）」『アジェンダ』三〇号、三一号（二〇一〇年）、三二号、三三号、三四号（二〇一一年）

第5章　ヘイト・スピーチの類型論
第1節　ヘイト・スピーチ行為の分類
初出：「ヘイト・スピーチの基礎知識」『女たちの21世紀』七八号（二〇一四年）、「ヘイト暴力をいかに把握するか」『アジェンダ』四七号（二〇一四年）
第2節　人道に対する罪としての迫害
初出：「人道に対する罪としての迫害」『Let's』八二号（二〇一四年）
第3節　人道に対する罪としての「慰安婦」
初出：「強制連行は人道に対する罪（一）（二）」『統一評論』五三〇号、五三一号（二〇〇九年）
第4節　戦争宣伝とヘイト・スピーチ
初出：「戦争宣伝の禁止」『Let's』六一号（二〇〇八年）、六二号、六三号、六四号（二〇〇九年）

第6章　国際人権法における差別禁止
第1節　国際人権法のメカニズム
初出：「国際人権メカニズムの現在（一）（二）」『統一評論』五二六号、五二七号（二〇〇九年）

第2節　世界人権宣言を読む
初出：「世界人権宣言を読む（一）（二）」『統一評論』五二二号、五二三号（二〇〇九年）
第3節　国際人権法と日本
初出：「自由権規約委員会が日本政府に勧告」『統一評論』五一九号（二〇〇九年）、「国連人権理事会の普遍的定期審査」『統一評論』五二一号（二〇〇九年）
第4節　人種差別撤廃条約と日本
初出：「人種差別撤廃委員会と日本（一）（二）」『統一評論』五三四、五三五号（二〇一〇年）、「人種差別撤廃委員会の三度の勧告（一）（二）」『統一評論』五八七号、五八八号号（二〇一四年）
第5節　マイノリティ権利宣言と日本
初出：「マイノリティ権利宣言と日本」『統一評論』五四四号（二〇一一年）
第6節　先住民族権利宣言と日本
初出：「先住民族権利宣言と日本」『統一評論』五三三号（二〇一〇年）

第7章　ヘイト・スピーチの国際人権法
第1節　人権条約におけるヘイト・スピーチ
初出：「差別表現の自由はあるか（一）（二）」『統一評論』五六〇号（二〇一二年）
第2節　人種差別撤廃委員会一般的勧告三五
初出：「『人種主義的ヘイト・スピーチと闘う』勧告」『統一評論』五八〇号（二〇一四年）
第3節　国連ラバト行動計画
初出：「差別煽動禁止に関する国連ラバト行動計画（一）〜（六）」『統一評論』五七一、五七二、五七三、五七四、五七五、五七六号（二〇一三年）

第8章　ヘイト・スピーチ法の制定状況

第9章　ヘイト・スピーチ法の適用状況

初出：「ヘイト・クライム法研究の課題」『法と民主主義』四四八号、四四九号（二〇一〇年）、「ヘイト・クライム法研究の展開」『現代排外主義と差別的表現規制』（第二東京弁護士会人権擁護委員会、二〇一一年）、「ヘイト・クライム法研究の現在」村井敏邦先生古稀祝賀論集『人権の刑事法学』（日本評論社、二〇一一年）、「ヘイト・クライム法研究の射程」『龍谷大学矯正・保護総合センター研究年報』（二〇一二年）、「人種差別撤廃委員会第八〇会期（一）（二）」『統一評論』五五八号、五五九号（二〇一二年）、「差別禁止法をつくろう！　差別禁止法の世界的動向と日本」『解放新聞東京版』七七九号、七八〇号（二〇一二年）、「ヘイト・クライム法研究の進展」『Let's』八一号（二〇一三年）、「ヘイト・クライム法研究の地平」足立昌勝先生古稀記念論文集『近代刑法の現代的論点』（社会評論社、二〇一四年）

第10章　ヘイト・スピーチ法の類型論

初出：第5節は「東アジアにおける歴史否定犯罪法の提唱（一）」『統一評論』五八三号（二〇一四年）。それ以外は書き下ろし

第11章　ヘイト・スピーチの憲法論

第1節　憲法学の変遷と現状

初出：「差別表現の自由はあるか（一）～（四）」『統一評論』五六一号、五六二号、五六三号（二〇一二年）

第2節　ヘイト・スピーチ規制の憲法解釈

初出：「ヘイト・スピーチの憲法論」『部落解放』七〇三号（二〇一五年）

あとがき

分厚い本になってしまった。原稿が増えすぎたため最後になって大幅に減らしたが、それでもこの分量である。ヘイト・スピーチについて本格的に議論するための基礎情報を網羅したいという第一目標は何とか達成できたと思う。出発点に立ったことがないのにゴールで颯爽とガッツポーズを決めている議論の時代を早く終わらせたいものだ。

とはいえ、ようやく議論の出発点にたどり着いたというのが正直なところである。憲法学の内在的検討はできていないし、ヘイト・スピーチ法の条文提案もこれからである。刑法理論の検討、ヘイト団体の公共施設利用問題、包括的な人種差別禁止法の提案なども、本書では見送らざるを得なかった。次の課題としたい。

本書の出版に当たって実に多くの方々にご教示・ご指導いただいた（以下敬称略）。

二〇〇九年一二月の京都朝鮮学校襲撃事件の被害者・原告や弁護団に多くのことを教わった。金尚均（龍谷大学教授）及び弁護団の冨増四季、豊福誠二、上瀧浩子、康仙華（以上、弁護士）には、見事な勝訴を獲得した粘り強い裁判闘争に敬意を表すとともに、深く感謝したい。

また、ヘイト・クライム研究会での報告や討論が本書の内容に大きく反映されている。研究会は京都朝鮮学校襲撃事件を受けて二〇一〇年夏に金尚均と相談して立ち上げ、当初は龍谷大学で開催し、京都朝鮮学校事件弁護団、支援の会の市民、関西の研究者に参加していただいた。二〇一三年からは東京で開催することが多くなり、金尚均、明戸隆浩（関東学院大学講師）、寺中誠（東京経済大学教員）、師岡康子（弁護士）、私の五名がコーディネータとなり現在に至っている。問題意識を共有する研究者、弁護士、ジャーナリスト、市民の共同で多様な研究を続けている。

前著『増補新版ヘイト・クライム』及び『なぜ、いまヘイト・スピーチなのか』に続いて三一書房編集部にお世話になった。本書を三一書房創業七〇周年記念出版として位置づけていただいたことにも感謝したい。

私事にわたるが、二〇一五年一二月、私は還暦を迎える。本書は私自身の還暦記念出版の第一弾である。研究生活及び人権活動の一つの節目として二〇一五年をより有意義な一年にしたいものである。

すべての原稿に目を通して意見を述べてくれた妻・弓恵に感謝する。弓恵の支えがなければ本書を仕上げることはできなかった。

なお、本書出版に当たって東京造形大学特別研究費（二〇一四年度）の助成を受けた。

前田　朗（Maeda Akira）

1955年、札幌生まれ。中央大学法学部、同大学院法学研究科を経て、現在、東京造形大学教授（専攻：刑事人権論、戦争犯罪論）。朝鮮大学校法律学科講師、日本民主法律家協会理事、NGO国際人権活動日本委員会運営委員。

著書に『ヘイト・クライム』（三一書房労組）、『増補新版ヘイト・クライム』、『領土とナショナリズム』［共著］、『なぜ、いまヘイト・スピーチか』［編］、『闘う平和学』［共著］（以上、三一書房）。『ヘイトスピーチって何？　レイシズムってどんなこと？』（共著、七つ森書館）。『戦争犯罪論』、『ジェノサイド論』、『侵略と抵抗』、『人道に対する罪』、『9条を生きる』（以上、青木書店）、『軍隊のない国家』（日本評論社）、『非国民がやってきた!』、『国民を殺す国家』、『21世紀のグローバル・ファシズム』（以上、耕文社）、『文明と野蛮を超えて』、『平和への権利を世界へ』（共編、以上、かもがわ出版）等。

ウェブサイト：http://www.maeda-akira.net/

E-mail：maeda@zokei.ac.jp

ヘイト・スピーチ法 研究序説

―差別煽動犯罪の刑法学―

2015年３月１日　第１版第１刷発行

著　　者　前田　朗

発 行 者　小番　伊佐夫

発 行 所　株式会社 三一書房

〒101-0051 東京都千代田区神田神保町3-1-6

電話：03-6268-9714　FAX：03-6268-9754

メール：info@31shobo.com

ホームページ：http://31shobo.com/

D　T　P　市川　貴俊

印刷製本　中央精版印刷

ISBN978-4-380-15000-5 C0032

Printed in Japan

定価はカバーに表示しています。

乱丁・落丁本はお取替えいたします。

私たちが生きる日本社会を、悪意と暴力に満ちた社会にしないために——
「ヘイト・スピーチ」を克服する思想を鍛えるためのガイドブック！

なぜ、いまヘイト・スピーチなのか

——差別、暴力、脅迫、迫害

前田朗 編

A5判　13009-0　1400円（税別）

増補新版 ヘイト・クライム
——憎悪犯罪が日本を壊す

前田 朗 著

吹き荒れる差別排外主義に抗するために！ 辛淑玉氏、特別寄稿
目の前の「小さな差別」に目をふさぎ、声を上げない社会は、より大きな差別が起きたときに、断固として「ノー！」と言えるだろうか……排外主義を考える基本図書。

A5判 13012-0 1400円（税別）

◆日本図書館協会選定図書

闘う平和学
——平和づくりの理論と実践

加藤朗・木村朗・前田朗 共著

平和をつくるための理論と実践を、よりいっそう自覚的に、よりいっそう積極的に、そして継続的に展開する平和研究。

四六判 14000-6 1700円（税別）